Lehr- und Handbücher der Politikwissenschaft

Herausgegeben von
Dr. Arno Mohr

Lieferbare Titel:

Barrios · Stefes, Einführung in die Comparative Politics

Bellers · Kipke, Einführung in die Politikwissenschaft, 4. Auflage

Benz, Der moderne Staat, 2. Auflage

Bierling, Die Außenpolitik der Bundesrepublik Deutschland, 2. Aufl.

Deichmann, Lehrbuch Politikdidaktik

Detjen, Politische Bildung

Gabriel · Holtmann, Handbuch Politisches System der Bundesrepublik Deutschland, 3. Auflage

Jäger · Haas · Welz, Regierungssystem der USA, 3. Auflage

Kempf, Chinas Außenpolitik

Krumm · Noetzel, Das Regierungssystem Großbritanniens

Lehmkuhl, Theorien Internationaler Politik, 3. Auflage

Lemke, Internationale Beziehungen, 2. Auflage

Lenz · Ruchlak, Kleines Politik-Lexikon

Maier · Rattinger, Methoden der sozialwissenschaftlichen Datenanalyse

Naßmacher, Politikwissenschaft, 5. Auflage

Pilz · Ortwein, Das politische System Deutschlands, 3. Auflage

Reese-Schäfer, Politisches Denken heute, 2. Auflage

Reese-Schäfer, Politische Ideengeschichte

Reese-Schäfer, Politische Theorie heute

Reese-Schäfer, Politische Theorie der Gegenwart in fünfzehn Modellen

Riescher · Ruß · Haas (Hrg.), Zweite Kammern, 2. Auflage

Rupp, Politische Geschichte der Bundesrepublik Deutschland, 3. Aufl.

Schmid, Verbände

Schubert · Bandelow (Hrg.), Lehrbuch der Politikfeldanalyse 2.0

Schumann, Repräsentative Umfrage, 4. Auflage

Tömmel, Das politische System der EU, 3. Auflage

Wagschal, Statistik für Politikwissenschaftler, 2. Auflage

von Westphalen (Hrg.), Deutsches Regierungssystem

Wilhelm, Außenpolitik

Xuewu Gu, Theorien der internationalen Beziehungen · Einführung

Lehrbuch der Politikfeldanalyse 2.0

herausgegeben von
Univ.-Prof. Dr. Klaus Schubert
und
Univ.-Prof. Dr. Nils C. Bandelow

2., vollständig überarbeitete und erweiterte Auflage

Oldenbourg Verlag München

Bibliografische Information der Deutschen Nationalbibliothek

Die Deutsche Nationalbibliothek verzeichnet diese Publikation in der Deutschen Nationalbibliografie; detaillierte bibliografische Daten sind im Internet über <http://dnb.d-nb.de> abrufbar.

© 2009 Oldenbourg Wissenschaftsverlag GmbH
Rosenheimer Straße 145, D-81671 München
Telefon: (089) 4 50 51-0
oldenbourg.de

Lektorat: Wirtschafts- und Sozialwissenschaften, wiso@oldenbourg.de
Herstellung: Anna Grosser
Coverentwurf: Kochan & Partner, München
Gedruckt auf säure- und chlorfreiem Papier
Druck: Grafik + Druck, München
Bindung: Thomas Buchbinderei GmbH, Augsburg

ISBN 978-3-486-58892-7

Vorwort

Nach dem Erscheinen der ersten Auflage dieses Lehrbuchs im Jahr 2003 hat sich die Politikfeldanalyse weiter als Teildisziplin der Politikwissenschaft etabliert und ausdifferenziert. Der Erfolg der Politikfeldanalyse spiegelt sich auch in dem Interesse an dieser Einführung wieder, das eine Neuauflage notwendig und möglich gemacht hat.

Mit der zweiten Auflage wird das Konzept eines Lehrbuchs für fortgeschrittene Studierende, Wissenschaftler und Nachfrager politikfeldanalytischer Beratung grundsätzlich fortgesetzt. Der Band gibt jeweils führenden Fachvertretern die Möglichkeit, verschiedene Positionen in Originaltexten vorzustellen. Mit der Neuauflage wurde allen Autoren die Gelegenheit gegeben, die teilweise wesentlichen Neuerungen der jeweils vorgestellten Perspektiven aufzunehmen. Zudem wurde der Band durch zusätzliche Beiträge unter anderem zu methodischen und methodologischen Fragen erweitert. Durch diese zusätzlichen Beiträge ist diese Neuauflage weit mehr als eine Aktualisierung des ersten Bandes. Der Titel „Lehrbuch der Politikfeldanalyse 2.0" soll diese grundlegende Überarbeitung der gesamten Struktur deutlich machen.

Bei der Bearbeitung der Texte wurden wir von verschiedenen Seiten unterstützt. Zu ganz besonderem Dank sind wir Jochen Dehling verpflichtet, der unermüdlich Texte unterschiedlichen Reifegrades korrigiert und die Endfassungen schließlich für die Veröffentlichung formatiert hat. Carina Vallo hat alle Texte unter anderem im Hinblick auf ihre Verständlichkeit für fortgeschrittene Studierende kommentiert und uns bei der Entwicklung bzw. Überarbeitung der Fragen unterstützt, mit denen die Erschließung und Reflexion der einzelnen Texte erleichtert werden soll. Weiterer Dank geht an unsere Lehrstuhlteams in Münster und Braunschweig, die an vielen Stellen an dieser Neuauflage verlässlich mitgewirkt haben.

Wir danken den Autorinnen und Autoren für ihre Bereitschaft, unsere mitunter weitreichenden Bitten um Überarbeitungen wohlwollend umzusetzen. Für die Weiterentwicklung des Bandes sind wir auch in Zukunft auf das Feedback der geschätzten Leserinnen und Leser angewiesen. Wir freuen uns über jede Kritik und Verbesserungsvorschläge, um diese bei späteren Auflagen berücksichtigen zu können.

Münster und Braunschweig 2008   *Klaus Schubert, Nils C. Bandelow*

Inhaltsübersicht

Einführung

Teil I: Ideengeschichtliche Grundlagen

Teil II: Basiskategorien

Teil III: Akteure und Methoden

Teil IV: Erklärungen

Teil V: Anwendungen

Teil VI: Reflektionen

Politikfeldanalyse: Dimensionen und Fragestellungen

Klaus Schubert und Nils C. Bandelow

1 Einleitung

Politik wird von Menschen gemacht. Menschen mit Interessen und Zielen, Menschen in Ämtern und Positionen. Nehmen wir das Beispiel Wirtschaftspolitik: Neben dem Bundesminister für Wirtschaft sind allein in der Bundesregierung zumindest auch der Finanzminister, der Arbeits- und Sozialminister, je nach Inhalten und Bedeutung des Themas auch der Gesundheits- oder Umweltminister und der Bundeskanzler beteiligt. Die Wirtschaftspolitik ist aber nicht alleine Sache der Bundesebene. Alle 16 Bundesländer betreiben ihre eigene Wirtschaftspolitik, verfügen über entsprechende Ämter und Personen und sind etwa über ihre Vertreter im Bundesrat an der Wirtschaftspolitik des Bundes beteiligt. Die Wirtschaftspolitik der Bundesrepublik ist zudem integraler Bestandteil der Wirtschaftspolitik der Europäischen Union. Auch im Exekutivorgan der Europäischen Union, der Europäischen Kommission, sind daher mehrere Kommissare mit wirtschaftspolitischen Fragen beschäftigt, federführend je nach konkreten Inhalten z. B. die Kommissare für Wettbewerb bzw. für Wirtschaft und Währungsangelegenheiten.

Die bisher genannten Akteure umfassen lediglich die politische Exekutive. Hinzu kommen noch Vertreter der Legislative, der Verwaltungen und Behörden, der Parteien, der Interessenverbände, der Medien – um nur die wichtigsten zu nennen. Nicht zuletzt sind auch führende Wirtschafts- und Sozialwissenschaftler an der wirtschaftspolitischen Entscheidungsfindung beteiligt. Mit anderen Worten: In modernen Demokratien ist an allen politischen Entscheidungen gleichzeitig eine Vielzahl von Personen (Akteuren) beteiligt. Diese müssen in einem Dickicht von unterschiedlichen Interessen, Werten und Verpflichtungen ihre jeweiligen Positionen und Strategien finden, um ihre Ziele zu erreichen.

Keiner dieser Akteure kann unter diesen Bedingungen seine Ziele individuell, unabhängig von anderen Akteuren realisieren. Selbst Akteure in hohen und höchsten politischen Positionen sind auf andere Akteure angewiesen und müssen ihre Ziele über Kooperationen oder im Konflikt mit anderen Akteuren, gegen diese oder an diesen vorbei durchsetzen. Politik muss so als fortlaufender Prozess verstanden werden. Sie erschöpft sich nicht in einmaligen und

„finalen" Beschlüssen, sondern besteht aus aufeinander folgenden, sich immer wieder gegenseitig beeinflussenden Entscheidungen.

Vor diesem Hintergrund setzt die erfolgreiche Durchsetzung eigener Ziele für jeden der beteiligten Akteure inhaltlich-sachliche Informationen zu folgenden Fragen voraus:

- Wie ist das zu behandelnde politische Problem entstanden?
  (historischer Bezug)

  Beispielsweise gibt es in Deutschland seit Mitte der 1970er Jahre eine Debatte über Kostensteigerungen im Gesundheitswesen. Aktuelle Reformen knüpfen an die Ergebnisse und Erfahrungen von über 30 Reformpaketen der vergangen Jahrzehnte an. Dabei wird oft übersehen, dass Politik nicht immer nur darin besteht, etwas zu verändern, sondern oft auch darin, Kontinuität aufrecht zu erhalten (die oft auch Sicherheit bedeutet).

- Unter welchen Kontextbedingungen ist das aktuell gegebene Problem zu lösen?
  (situativer Bezug)

  Die Gesundheitsreform 2007 war zum Beispiel geprägt von den Kompromisszwängen in der Großen Koalitionen, die sich aus der im Wahlkampf zugespitzen Gegenüberstellung der Finanzierungsmodelle Bürgerversicherung und Gesundheitsprämie ergeben haben.

- Welche alternativen Lösungsstrategien gibt es?
  (komparativer Bezug)

  Bei der Finanzierung des Gesundheitswesens gab es neben dem Status quo und den beiden konträren Wahlkampfpositionen noch andere Finanzierungsmodelle, die etwa durch den Transfer ausländischer Vorbilder gewonnen wurden.

- Wie sind die alternativen Lösungen im Hinblick auf allgemeine Ziele und Werte zu beurteilen?
  (normativer Bezug)

  Im Gesundheitswesen stehen sich etwa die Ziele der Finanzierbarkeit, der Solidarität, des Wachstums und der Qualität der Versorgung gegenüber. Diese Ziele lassen sich nicht gleichzeitig optimieren. Die verschiedenen Akteure gewichten die Ziele jeweils unterschiedlich.

- Welche rechtlichen Verfahren und Instrumente stehen zur Lösung des Problems zur Verfügung und welcher rechtliche Rahmen muss beachtet werden?
  (rechtlicher Bezug)

  Bei der Reform der Finanzierung des Gesundheitswesens müssen beispielsweise Bestandsrechte der aktuell Versicherten beachtet werden. Es gibt im Gesundheitswesen eine einschlägige Rechtsprechung des Europäischen Gerichtshofes zu den Leistungskatalogen, die bei Reformen zu berücksichtigen sind. Darüber hinaus muss beachtet werden, dass größere Reformen des Gesundheitswesens in der Regel der Zustimmungspflicht durch den Bundesrat unterliegen.

- Wie soll das Problem konkret – technisch-praktisch – gelöst werden und mit welchen Hindernissen und Beschränkungen muss gerechnet werden?
  (technischer Bezug)

  Das Beispiel des Gesundheitsfonds zeigt mit den daraus resultierenden Problemen, dass gerade bei komplexen Gegenständen eine klare Verwaltungsverantwortlichkeit definiert werden muss. Beispielsweise ist zu klären, welche Aufgaben das Bundesversicherungs-amt bei der Definition ausgleichsfähiger Krankheiten in dem neuen Fonds hat.

Es ist offensichtlich, dass diese Vielzahl von Faktoren und Möglichkeiten eine Komplexität erzeugt, die von einzelnen Akteuren praktisch nicht bewältigt werden kann. Im Einzelfall mag es für beteiligte Akteure sogar Erfolg versprechend sein, sich über bestimmte Aspekte dieser Komplexität hinwegzusetzen – etwa über die programmatischen Ziele des Koalitions-partners, um sich gegen diesen zu profilieren. Angesichts der gegebenen Komplexität besteht auch immer eine Tendenz möglichst viele, für die eigenen Ziele unwichtige Faktoren zu ignorieren. Dennoch: Zumindest aus politikfeldanalytischer Sicht erhöhen sich mit entspre-chenden sachlichen Informationen, entsprechendem inhaltlichen Kenntnisstand und prob-lemadäquatem Wissen die Chancen zur erfolgreichen Bearbeitung der Probleme bzw. bei entsprechender fachlicher Unterstützung und politischer Beratung die Chancen zur Durchset-zung von politischen Zielen. Selbst dann, wenn die Missachtung der gegebenen politischen Komplexität Absicht und Teil der eigenen politischen (Durchsetzungs-)Strategie ist, muss wenigstens bekannt sein, was man nicht beachten will (und nur in solchen Fällen kann man dann von „rationaler Ignoranz" sprechen).

Politische Akteure stehen damit vor ähnlichen Problemen wie Führungskräfte in Wirt-schaftsunternehmen. Letztere haben die Möglichkeit, auf das Instrumentarium und die Erfah-rungen einer etablierten wissenschaftlichen Disziplin zurückzugreifen. Der Praxisorientie-rung ist in den Wirtschaftswissenschaften ein wesentlicher Teil wissenschaftlichen Arbeitens gewidmet. Die Politikwissenschaft hat diesen Anwendungsbezug dagegen lange Zeit ver-nachlässigt und – z. B. in Bezug auf die administrativen Aspekte politischen Handelns – den Verwaltungswissenschaften überlassen. In der deutschen Politikwissenschaft konnte sich erst etwa seit Mitte der 1980er Jahre die aus den USA stammende Policy-Analyse (Politikfeld-analyse) entwickeln, zu deren wichtigsten Zielen es gehört, diese Lücke zu schließen. Eine erste kurze Definition dieser Teildisziplin lautet: Politikfeldanalyse befasst sich mit den konkreten Inhalten, Determinanten und Wirkungen politischen Handelns. Sie entspricht daher einerseits der Rolle der Betriebswirtschaftslehre in den deutschen Wirtschaftswissen-schaften. Andererseits unterscheidet sich die Politikfeldanalyse von der Betriebswirtschafts-lehre dadurch, dass politische Entscheidungen in einem anderen institutionellen und norma-tiven Rahmen getroffen werden als Unternehmensentscheidungen. Die Politikfeldanalyse muss insbesondere den Anforderungen an Transparenz und demokratische Öffentlichkeit politischer Entscheidungen genügen.

Im Folgenden werden zunächst die begrifflichen und theoretischen Grundlagen der Politik-feldanalyse vorgestellt. Anschließend werden Ziele der Politikfeldanalyse, Ertrag und Kritik diskutiert. Im letzten Teil dieses einleitenden Beitrages wird die Struktur des Lehrbuchs insgesamt, gemeinsam mit weiterführenden Hinweisen präsentiert.

2   Begriffliche und theoretische Grundlagen

Begriffe

Die oben genannte Definition basiert auf dem Titel des einflussreichen Lehrbuchs von Thomas S. Dye (1976): „Policy Analysis is what governments do, why they do it, and what difference it makes."

An dieser Definition orientiert sich im Kern auch heute noch das begriffliche Grundverständnis der Politikfeldanalyse:

> Politikfeldanalyse fragt danach,
>
> - was politische Akteure tun,
>
> - warum sie es tun und
>
> - was sie letztlich bewirken.

Diese Interpretation führt die Dye'sche Definition in einem wichtigen Punkt weiter: Das Akteurverständnis wird über Regierungen (governments) hinaus ausgedehnt. Politische Akteure im eingangs genannten Sinne sind sowohl Individuen (Politiker, Verbandsvertreter, Journalisten, Wissenschaftler etc.) als auch Organisationen (der Deutsche Bundestag, das Finanzministerium, die Kassenärztliche Vereinigung, der Deutsche Gewerkschaftsbund etc.). Das konkrete Akteurverständnis ergibt sich aus der Fragestellung, dem Ziel und dem analytischen Rahmen der jeweiligen Untersuchung. In diesem Lehrbuch werden von Autoren aus unterschiedlichen theoretischen Grundverständnissen heraus und mit unterschiedlichen inhaltlichen Perspektiven verschiedene Akteurverständnisse vorgestellt.

Trotz aller Unterschiede nutzt die Politikfeldforschung zentrale Begriffe in einem gemeinsamen Verständnis. Im Mittelpunkt steht der Begriff „Policy". Policy bezeichnet eine von drei Politikdimensionen, die im angelsächsischen Sprachraum semantisch unterschieden werden. Policy ist der inhaltliche, materielle Teil von Politik. Policies können zum Beispiel Gesetze, Verordnungen, Entscheidungen, Programme und Maßnahmen sein, deren konkrete materielle Resultate die Bürger direkt betreffen, gegebenenfalls an den Bürgern vorbeigehen oder auch nur symbolische Funktion haben.

Von diesem inhaltlichen Politikbegriff werden die beiden anderen Dimensionen „Polity" und „Politics" abgegrenzt. Polity bezieht sich auf die strukturellen (verfassungsmäßigen oder normativen) Aspekte von Politik. Sie bezeichnet konkrete (tatsächliche oder gewünschte) politische Ordnungen. Hier sind also einerseits die politischen Ideen und Ideologien angesprochen, andererseits werden unter Polity aber auch die aus diesen Ideen hervorgegangenen, formalen, institutionellen Ordnungen politischer Systeme subsumiert. Letztere werden in der Regel durchaus auch als geografisch gesehene Einheit oder Gesamtheit verstanden.

Der prozessuale Aspekt von Politik wird durch den Begriff „Politics" erfasst. Politics bezeichnet den mehr oder weniger konflikthaften Prozess des Politikgestaltens, bei dem auf die unterschiedlichen, teilweise gegensätzlichen, teilweise gleichlaufenden, teilweise neutralen, teilweise koalierenden Interessen und Parteien und deren politische Absichten, Forderungen etc. Rücksicht genommen werden muss. In diesem Prozess werden politische Ideen im Rahmen bestimmter politischer Ordnungen in konkrete politische und sozioökonomische Forderungen, Vereinbarungen, Pläne und Entscheidungen gefasst.

Übersicht 1: Dimensionen des Politikbegriffs

Bezeichnung	Dimension	Erscheinungsformen	Merkmale
Polity	Form	- Verfassung - Normen - Institutionen	- Organisation - Verfahrensregelungen - Ordnung
Policy	Inhalt	- Aufgaben und Ziele - Politische Programme	- Problemlösung - Aufgabenerfüllung - Wert- und Zielorientierung - Gestaltung
Politics	Prozess	- Interessen - Konflikte - Kampf	- Macht - Konsens - Durchsetzung

Quelle: leicht verändert nach Böhret/Jann/Kronenwett 1988: 7.

Diese Dreiteilung ist ganz offensichtlich nur eine konzeptionelle Differenzierung. Einerseits ist sie analytisch durchaus sinnvoll, andererseits laufen diese Dimensionen in der Praxis immer zusammen und müssen zusammenhängend gedacht werden. Denn wir haben es in der politischen Realität natürlich nicht nur mit Inhalten von Politik zu tun (z. B. der Reform des Gesundheitswesens), sondern immer auch mit der Auseinandersetzung zwischen Parteien, Verbänden und Interessengruppen über diese Inhalte. Diese Auseinandersetzungen finden innerhalb konkreter politischer Verfassungen und konkreter politischer Strukturen (z. B. der Bundesrepublik Deutschland) statt. Insofern bildet die politische Ordnung den Rahmen, innerhalb dessen über politische Konflikt- und Konsensstrategien materielle Politik gestaltet wird.

Lässt man die Dreiteilung aus analytischen Gründen aber gelten, dann unterscheidet sich die typische Fragestellung der Politikfeldanalyse von den „klassischen" und „politischen" Fragestellungen der Politik. Zur klassischen Fragestellung der Politikwissenschaft gehört die nach der „richtigen" (z. B. guten, gerechten) politischen Ordnung. So kann z. B. der Durchbruch und die Entwicklung der bürgerlichen Demokratie im 18. und 19. Jahrhundert (Polity) auf Grundlage gegebener gesellschaftlicher Spannungen (Politics), etwa dem Konflikt zwischen dem aufstrebenden Bürgertum und der entstehenden Arbeiterklasse einerseits und der zunehmend an Bedeutung verlierenden Aristokratie sowie ständestaatlichen Ordnung andererseits erklärt werden. In diesem Spannungsfeld war die konkrete Ausgestaltung der entstehenden bürgerlich-demokratischen Ordnung zunächst durchaus offen und ließ Raum für ein erhebliches Maß an Varianz. Zur Erklärung der konkreten Ausgestaltung der entstehenden bürgerlichen Ordnung dienen dann die konkreten politischen Entscheidungen: In Deutschland konnte sich unter restaurativen politischen Bedingungen eine starke sozialpolitische Komponente etablieren (Einführung des Bismarck'schen Sozialversicherungssystems), in Großbritannien förderten die im Rahmen vergleichsweise liberaler Bedingungen getroffenen politischen Entscheidungen dagegen die Etablierung einer marktliberalen politischen Ordnung.

Eine typische politische Fragestellung zielt darauf, welche politischen Akteure sich in konkreten Situationen durchsetzen. So bieten beispielsweise Parteien zu anstehenden Wahlen unterschiedliche politische Programme an (vieles davon Policies), deren Konkurrenz im Rahmen der gegebenen Verfassung (Polity) den Verlauf der politischen Auseinandersetzung (Politics) prägt.

Die Politikfeldanalyse will dagegen konkrete politische Ergebnisse erklären. Ein mögliches Politikergebnis ist bspw. die Senkung der Steuersätze. In der Politikfeldanalyse lässt sich etwa danach fragen, warum in einem gegebenen politischen System (Polity) zu einem Zeitpunkt eine Steuersenkung durchsetzbar war und zu einem anderen Zeitpunkt nicht. Zur Erklärung werden dann u. a. die jeweiligen politischen Prozesse (Politics) herangezogen. Die Politikfeldanalyse kann aber auch – vergleichend – danach fragen, warum in einem bestimmten politischen System, etwa der Bundesrepublik Deutschland, eine Steuersenkung nicht durchsetzbar war, die in einem anderen System, etwa in Großbritannien, mit Erfolg durchgesetzt wurde. Bei einer solchen Fragestellung dienen die institutionellen Unterschiede (Polity) als „veränderliche" Variable (siehe Übersicht 2).

Übersicht: 2:   Konstellationen von abhängiger und unabhängiger Variable bei unterschiedlichen politikwissenschaftlichen Fragestellungen

	abhängige Variable	unabhängige Variable
Klassische Fragestellung	Polity	Politics, Policy
Politische Fragestellung	Politics	Polity, Policy
Politikfeldanalyse	Policy	Polity, Politics

Quelle: Schubert 1991: 27

Im Verständnis der meisten Policy-Forscher ist die Politikfeldanalyse sowohl eine interaktions- als auch eine problemorientierte Wissenschaft (vgl. zu den Begriffen Scharpf 2000). Sie ist interaktionsorientiert, da sie konkrete politische Entscheidungsfindungsprozesse analysiert und das Zustandekommen der in der Praxis verwirklichten Lösung erklärt. Sie ist aber auch problemorientiert, indem sie zur sachadäquaten Lösung politisch-inhaltlicher Fragen beitragen will bzw. nach „besten Lösungen" sucht.

Theorieverständnis

Bisher wurde argumentiert, dass Politikfeldanalyse eine praxisorientierte Teildisziplin der Politikwissenschaft ist. Sie verfolgt aber durchaus auch theoretische Ziele. Um Wissen über Politik, für die Politik bereitstellen zu können, muss es Mittel und Wege geben, Politik und das Wissen darüber zu reflektieren. Das Kondensat dieser „wissenschaftlichen Verarbeitung" von praktischem Wissen besteht in der Entwicklung von „abstraktem Wissen". Dieses abstrakte Wissen spiegelt sich in Konzepten und Ansätzen mit unterschiedlichem Abstraktionsgrad wider. Hierzu wurden Begriffe eingeführt, die allerdings immer wieder uneinheitlich verwendet werden und damit immer wieder mehr zur Verwirrung beitragen als Klarheit und Übersicht zu schaffen. Nicht nur in der Politikwissenschaft gibt es kein einheitliches Verständnis darüber, was zum Beispiel eine „Theorie", ein „Konzept", ein „Modell" etc. ausmacht. Die genauere Spezifizierung zum Beispiel des Begriffs „Theorie" hängt von den zugrundeliegenden methodologischen (wissenschaftstheoretischen) Annahmen ab. Für die exakte Planung und Durchführung von Forschungsprozessen ist aber ein eindeutiges Verständnis der begrifflichen Grundlagen unumgänglich.

In Anlehnung an die verbreitete aber meist nur implizit bleibende Verwendung dieser Begriffe in der Forschungspraxis wird folgende Abgrenzung vorgeschlagen: Als „Konzept" werden Begriffsdefinitionen bzw. begriffliche Unterscheidungen sowie die damit verbundenen inhaltlichen Überlegungen bezeichnet. Der Begriff „Akteur" lässt sich beispielsweise definieren als: „An politischen Entscheidungen beteiligte Person oder Organisation". Diese begriffliche Klärung kann fortgesetzt werden, indem man zwischen individuellen, kollektiven und korporativen Akteuren unterscheidet (vgl. etwa Bandelow in diesem Band). Mit Konzepten werden also Abgrenzungen und Spezifizierungen vorgenommen, wie sie für einen exakten, nachvollziehbaren Forschungsprozess unverzichtbar sind.

In „(theoretischen) Ansätzen" werden dagegen einzelne Begriffe, Konzepte oder andere (Aussagen-)Elemente in Beziehung zueinander gesetzt. „Ansatz" ist dabei ein Sammelbegriff für eine Vielfalt von weiteren wissenschaftlichen Begriffen wie „analytischer Rahmen", „Theorie" und „Modell".

Worin unterscheidet sich nun aber eine Theorie von einem analytischen Rahmen oder einem Modell? Die bekannten amerikanischen Policy-Forscher Ostrom und Sabatier schlagen eine eindimensionale Trennung von „conceptual framework" (analytischer Rahmen), „theory" und „model" vor (Ostrom 1999; Sabatier 1999: 5-6; Schlager 1999).

Nach Ostrom, Sabatier und Schlager enthalten Theorien konkrete Annahmen über die Zusammenhänge zwischen den Elementen. Die Theorie kollektiven Handelns gibt beispielsweise an, unter welchen Bedingungen zu erwarten ist, dass Gruppen von Individuen kollektive Güter erzeugen, und unter welchen Bedingungen dies nicht zu erwarten ist (vgl. Schubert 1992).

Abbildung 1: Analytischer Rahmen, Theorien und Modelle nach Ostrom/Sabatier

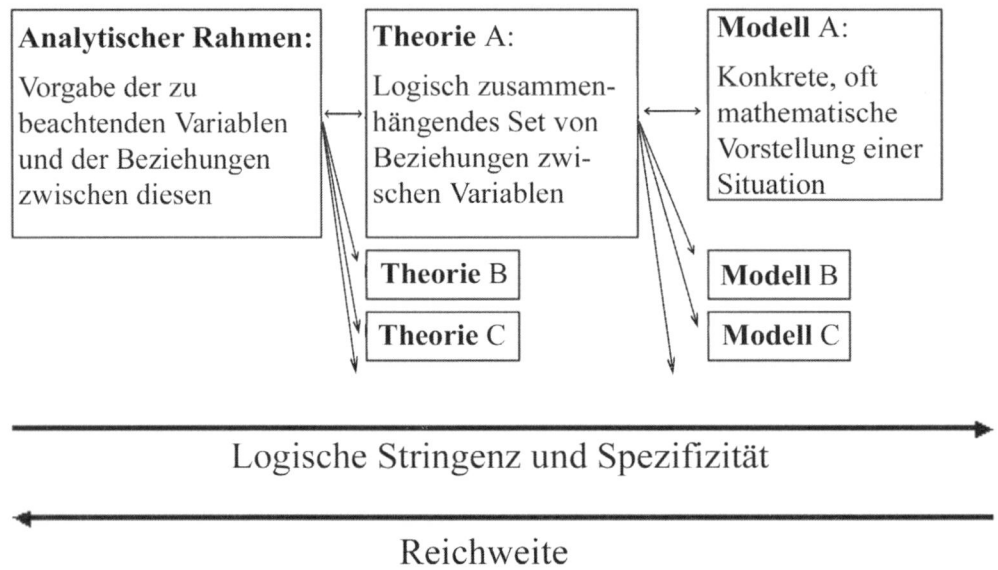

Logische Stringenz und Spezifizität

Reichweite

Quelle: eigene Darstellung nach Sabatier 1999: 5-6.

Ein analytischer Rahmen dient anderen Zwecken. Erstens können innerhalb eines analytischen Rahmens die unterschiedlichen theoretischen Elemente und die Zusammenhänge zwischen theoretischen Elementen auf einem höheren Abstraktionsniveau analysiert werden. Ein analytischer Rahmen stellt insofern eine metatheoretische Ebene bereit, auf der sich unterschiedliche Theorien entwickeln und vergleichen lassen (s. Abbildung 1). Zweitens nutzen analytische Rahmen aber auch unterschiedliche allgemeine Theorien mit dem Ziel, den empirischen Anwendungsbereich insgesamt zu erweitern. Ein Beispiel für einen wichtigen analytischen Rahmen in der Policy-Analyse ist der Akteurzentrierte Institutionalismus (Mayntz/Scharpf 1995; Scharpf 2000).

Der Akteurzentrierte Institutionalismus integriert unter anderem Komponenten aus dem Neo-Institutionalismus und der Spieltheorie. Aus dem Neo-Institutionalismus wird z. B. die Annahme übernommen, dass Institutionen in politischen Prozessen für die einzelnen Akteure Handlungsspielräume (Fähigkeiten/Handlungsressourcen) und Handlungsgrenzen bereitstellen. Die Spieltheorie stellt z. B. Standardkonstellationen zur Verfügung, die angeben, wie sich Akteure in bestimmten Konstellationen aller Wahrscheinlichkeit nach verhalten sollten, um vorgegebene Ziele zu erreichen. Unter der Annahme, dass alle Akteure/Spieler sich Nutzen maximierend verhalten, sind also vereinfachte Aussagen über mögliche Verläufe und Ergebnisse von Verhandlungssituationen möglich. Mit anderen Worten wird die Vielfalt der empirisch beobachtbaren Verhandlungssituationen auf eine standardisierte, begrenzte Anzahl von Konstellationen reduziert. Dadurch ist es möglich, Politikprozesse auf völlig unterschiedlichen politischen Ebenen unter Beteiligung von unterschiedlichen Akteuren miteinander zu vergleichen.

Die Entwicklung und Verwendung von Modellen erlaubt konkrete Aussagen über konkrete Situationen. Modelle sind insofern in ihrem Anwendungsbereich enger, dafür näher an der politischen Empirie. Häufig ist die Entwicklung eines (Erklärungs-)Modells für ein konkretes empirisches Problem das Ziel des Forschungsprozesses. In einer der bekanntesten deutschen Politikfeldstudien erklärt bspw. Scharpf auf der Grundlage des Akteurzentrierten Institutionalismus den unterschiedlichen Verlauf und die unterschiedlichen Ergebnisse der Wirtschaftspolitik in Deutschland, Österreich, Schweden und Großbritannien in den 1970er-Jahren. Sein Modell erklärt, wie und warum bestimmte Akteure (Regierungen, Gewerkschaften, Zentralbanken) unter den spezifischen nationalen Bedingungen wirtschaftspolitische Entscheidungen getroffen haben, welche politischen Prozesse sich daraus entwickelt haben und wieso es zu unterschiedlichen Ergebnissen hinsichtlich der Arbeitslosenquoten und Inflationsentwicklung gekommen ist (vgl. Scharpf 1987, 1988).

In den Überlegungen von Ostrom/Sabatier wird implizit davon ausgegangen, dass die drei Elemente (analytischer Rahmen, Theorie, Modell) auf einer logischen Ebene darstellbar sind. Mit anderen Worten: Die drei Begriffe unterscheiden sich bei Ostrom und Sabatier nur in einer Dimension. Genauer: Es wird angenommen, dass in dem Maße, wie die logische Stringenz eines Ansatzes zunimmt, die empirische Reichweite abnimmt. Damit replizieren Ostrom/Sabatier aber letztlich nur die Vorstellung vom „Widerspruch zwischen Theorie und Praxis". Tatsächlich beruht allerdings diese auch im Alltag geläufige Vorstellung auf der Annahme, dass Theorie etwas völlig anderes sei als Praxis. Lassen wir diesen Widerspruch nicht gelten und gehen vielmehr davon aus, dass Theorie zur Reflexion und Weiterentwicklung (erfolgreicher) Praxis dient, dann folgt daraus, dass es Theorien unterschiedlicher Reichweite geben muss.

Genau dies ist in der Politikwissenschaft (und nicht nur hier) die Regel: Theorien können über geringe Reichweite verfügen und auf vergleichsweise wenige, konkrete Fälle bezogen sein. Politische Theorien können aber auch völlig abstrakt formuliert sein und damit über eine potentiell hohe Reichweite verfügen. Dadurch unterscheidet sich Theorie keineswegs von der Empirie: Auch hier kennen wir empirische Daten auf sehr abstraktem Level (z. B. Makrodaten über die Entwicklung der Arbeitslosenquoten in der Europäischen Union) und auf der anderen Seite konkrete empirische Befunde (im Extremfall z. B. bezogen auf die Beschäftigungssituation eines Politikwissenschaftlers).

Diese Überlegungen führen uns zu einem dynamischen Verständnis des Verhältnisses der drei Typen theoretischer Ansätze. In diesem Verständnis besteht kein prinzipielles, hierarchisches Verhältnis zwischen den drei Typen. Das jeweilige Ziel eines Forschungsprozesses (Entwicklung von Theorie, Modell oder Rahmen) ist vielmehr von der Fragestellung abhängig. Dennoch gibt es Gemeinsamkeiten: In dem Spannungsverhältnis von Realität und Abstraktion sucht wissenschaftliche Forschung stets nach Ordnung und Klarheit. Mit anderen Worten: Politikwissenschaftliche Forschung strebt nach Aussagen, die möglichst in sich widerspruchsfrei und aufeinander aufbauend sind. Solche Aussagen können entweder kausaler Natur sein (wenn-dann-Aussagen) oder zweckorientiert (um-zu-Aussagen). Politikwissenschaft kann also zum einen darauf gerichtet sein, Aussagen zu formulieren, die an dem

Ideal naturwissenschaftlicher Gesetzmäßigkeiten orientiert sind. Zum anderen kann sich Politikwissenschaft aber auch an dem zweckorientierten Verständnis von Ingenieurwissenschaften oder Medizin orientieren.

Kausale Aussagen operieren in der Regel mit ceteris-paribus-Klauseln (d. h. es werden allgemeine Aussagen getroffen und mit der Einschränkung „unter sonst gleich bleibenden Bedingungen" versehen). Allgemeine Gesetze sind in der Politikwissenschaft nie zu entwickeln, da sich die Randbedingungen, die in der ceteris-paribus-Klausel definiert werden, nicht vollständig kontrollieren lassen. Aus dieser Sicht ist politikwissenschaftliche Forschung auf die Entwicklung von Erklärungen mittlerer Reichweite und auf eine begrenzte Zahl von Fällen beschränkt. So sind bspw. die Grundlagen vieler politikwissenschaftlicher Erkenntnisse auf marktwirtschaftliche und parlamentarische Systeme beschränkt. Ihre Übertragbarkeit bspw. auf andere Systeme muss immer offen bleiben und spiegelt insofern die Grenzen theoretischer und empirischer Forschung wider. Zweckorientierte Aussagen richten sich dagegen auf die Erreichung bestimmter Ergebnisse. Ihr Maßstab ist nicht die abstrakte Kausalität, sondern der Erfolg bzw. das Ergebnis, das durch ihre Anwendung – in konkreten Handlungen – erreicht wird. Mit anderen Worten: Kausale Aussagen blenden tendenziell den Praxisbezug aus. Zweckorientierte Aussagen messen den Nutzen von Theorien dagegen daran, in welchem Maße sie dazu beitragen konkrete Ziele zu erreichen.

In diesem Verständnis gelingt es der Politikfeldanalyse, jenseits des oft postulierten Widerspruchs zwischen Theorie und Praxis zu operieren. In dem beispielhaft in Abbildung 2 – aufgrund der notwendigen Suchprozesse nicht linear – dargestellten Forschungsprozess wird von den Beschreibungen einzelner Fälle ausgegangen. Solche Fälle können etwa die wirtschaftspolitischen Strategien und Ergebnisse in verschiedenen Ländern sein. Diese werden zunächst – mit Hilfe von Versatzstücken unterschiedlicher Theorien – zu einem analytischen Rahmen – etwa dem oben erwähnten Akteurzentrierten Institutionalismus – kombiniert. Der Akteurzentrierte Institutionalismus als abstrakter analytischer Rahmen erlaubt aber noch keine Schlussfolgerungen für die politische Praxis. Politikfeldanalytisches Arbeiten setzt daher voraus, dass sich an den Prozess der Verdichtung eine Konkretisierung anschließt.

In dem bereits oben beschriebenen Beispiel von Scharpf's Studie über die sozialdemokratische Krisenpolitik in Europa besteht dieser Prozess in der Entwicklung eines Erklärungsmodells. Dieses Erklärungsmodell zeichnet sich durch eine höhere logische Stringenz aus als die anfängliche Beschreibung der Einzelfälle. Seine logische Stringenz besteht zunächst darin, dass die Aussagen in sich stimmig und widerspruchsfrei sind. Widersprüche werden sowohl auf der kausalen als auf der zweckorientierten Ebene vermieden.

Modelle unterscheiden sich von analytischen Rahmen durch ihre größere Realitätsnähe. Sie können ebenso wie analytische Rahmen unterschiedliche Grade logischer Stringenz aufweisen. Im Gegensatz zu Theorien sind sowohl Modelle als auch analytische Rahmen nie vollkommen in sich geschlossen. Sie müssen stets auf Faktoren verweisen, deren Bedeutung nicht vollständig geklärt ist. Bei Modellen resultieren diese Faktoren aus dem empirischen Bezug. Bei analytischen Rahmen resultieren diese Faktoren aus der Verbindung unterschiedlicher Theorien (Theoriemix).

Abbildung 2:   Mehrdimensionaler Zusammenhang zwischen analytischen Rahmen, Theorien
               und Modellen

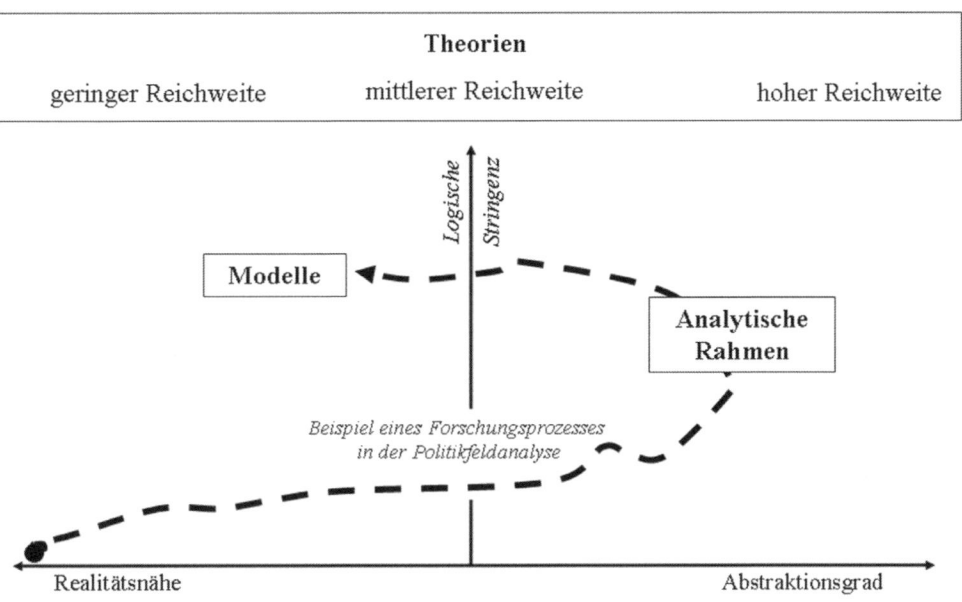

Quelle: eigene Darstellung

Bei der Entwicklung von Theorien wird dagegen (völlige) Widerspruchsfreiheit angestrebt.
Sie können als Theorien hoher Reichweite abstrakt formuliert sein (wie etwa Luhmann's
Systemtheorie oder die Spieltheorie, vgl. Schneider in diesem Band). Solche Theorien lassen
sich ohne zusätzliche konkrete empirische Zusammenhänge nicht anwenden. In der Regel
wird ein solcher Bezug aber auch gar nicht angestrebt. Für die Politikfeldanalyse haben sie
daher eine indirekte Bedeutung, indem sie Elemente für analytische Rahmen bereitstellen.

Theorien geringer Reichweite sind dagegen auf konkrete, oft auch nur einige wenige Fälle
bezogen. So will etwa die Theorie der „Anspruchsspirale im deutschen Gesundheitswesen"
(vgl. Herder-Dorneich 1983) die Ausgabenentwicklung der gesetzlichen Krankenkassen in
Deutschland mit Anreizstrukturen erklären, die bei den verschiedenen Akteuren „Rationalitä-
tenfallen" bewirken, d. h. die Anreize für kostensteigerndes Verhalten schaffen. Solche Theorien geben der logischen Klarheit den Vorzug vor einer genügenden Berücksichtigung der
Komplexität politischer Zusammenhänge. Sie greifen einzelne Elemente der Realität aus
ihrem Zusammenhang heraus und übersehen so die Wechselbeziehungen zu der Vielzahl von
Faktoren, die durch analytische Rahmen oder Modelle erfasst werden können. Ihre Anwendung in der Politikberatung öffnet keine Spielräume, sondern bestätigt in der Regel Vorurtei-
le und führt in Sackgassen.

Theorien mittlerer Reichweite gelten in der modernen politikwissenschaftlichen Forschung oft als Königsweg. Sie stellen in sich logische Aussagen für eine Reihe von Fällen mit ähnlichen Randbedingungen dar. Ein typisches Beispiel hierfür bietet die Korporatismustheorie (vgl. Streeck 1995). Sie versucht, die Schwächen von Theorien geringer bzw. hoher Reichweite dadurch zu überwinden, dass sie sich auf eine gewisse Auswahl von Fällen beschränken (etwa westliche Demokratien mit zentralisierten Interessenverbänden). Ihre wesentliche Schwäche besteht aber darin, dass sie kausale Zusammenhänge unterstellen, die in der komplexen Realität (in diesem Beispiel: westlicher Demokratien) nur dann bestätigt werden können, wenn bestimmte Randbedingungen erfüllt sind.

Sie schließen damit politische Strategien generell aus, die in diesen Randbedingungen angelegt sind. Die Korporatismustheorie basiert etwa auf der Annahme, dass die wichtigsten sozio-ökonomischen Interessen über zentralistische Organisationen und mit Hilfe staatlicher Kooperation vermittelt werden. Alle sozio-ökonomischen Interessen, die nicht innerhalb dieser korporatistischen Strukturen vermittelt werden, bleiben ausgeblendet. Ebenso verhält es sich mit Veränderungen, die sich im Laufe der Zeit ergeben haben: Im konkreten Fall z. B. dem rapiden Mitgliederschwund bei den Arbeitgeberorganisationen (aber auch den Gewerkschaften), der es zunehmend fraglich erscheinen lässt, ob die Interessenvertretungen der Arbeitgeber tatsächlich noch in der Lage sind, alle – oder doch zumindest die meisten – Unternehmen auf die Einhaltung und Umsetzung der korporatistisch ausgehandelten Ergebnisse zu verpflichten. Mit dem Festhalten an dieser Theorie wird also nicht nur ein Teil der Realität ausgeblendet, sondern auch die Weiterentwicklung von Problemlösungsstrategien – in diesem Fall solche, die sich möglicherweise aus alternativen Interessenvermittlungstheorien ergeben (Schubert 2005).

Das Selbstverständnis der Politikfeldanalyse als wissenschaftlich wie auch praxisorientiert profitiert daher am meisten von Forschungsstrategien, die unterhalb des logischen Anspruchs von Theorien bleiben. Logische Stringenz bezieht sich in der Policy-Forschung also immer auf einen adäquaten Mix von „Wenn-dann-" und „Um-zu-Aussagen". Geht es um die Weiterentwicklung des analytischen Rahmens, überwiegen die theoretischen Anleihen und die Ausrichtung auf Wenn-dann-Logiken. Geht es um die Weiterentwicklung von Modellen, müssen diese Komponenten durch einen höheren Anteil empirischer Relevanz ergänzt werden.

3 Programmatik der Politikfeldanalyse

Die eben präsentierten theoretischen Überlegungen spiegeln relativ junge Entwicklungen in der Politikfeldforschung wider. Sie sind getragen von der Idee, das Spannungsfeld zwischen der eher praxisorientierten Politikfeldanalyse und der eher akademischen Politikwissenschaft produktiv zu nutzen. Bei der Rezeption der Politikfeldanalyse – in Deutschland erst in den 1980er-Jahren – ging es dagegen zunächst vor allem darum, die inhaltliche Dimension von Politik als Gegenstand politikwissenschaftlicher Analysen zu etablieren. Die deutsche Politikwissenschaft hat damit an eine Entwicklung angeknüpft, die im angelsächsischen Raum bereits nach dem zweiten Weltkrieg einsetzte. Wegweisend für den Durchbruch dort waren die programmatischen Vorgaben von Harold Lasswell zur „Policy Orientation" (Lasswell 1951), der der Politikfeldanalyse drei programmatische Aspekte zugewiesen hat:

1. Politikfeldanalyse ist inhaltlich orientiert und multidisziplinär,
2. Politikfeldanalyse ist problemlösungsorientiert und
3. Politikfeldanalyse ist explizit normativ orientiert.

Bis zur Etablierung in Deutschland hatte die Policy-Forschung, wie Manfred G. Schmidt (1987) zeigt, bereits verschiedene Phasen durchlaufen. Die **erste Phase** umfasst etwa die sechziger Jahre des letzten Jahrhunderts. Diese Phase ist unter anderem mit den amerikanischen Policy-Pionieren Richard Hofferbert und Thomas R. Dye verbunden. Hier stand die damals provokative Fragestellung „Does Politics Matter?" im Vordergrund. Im Kern zielte die Fragestellung darauf, ob politische Faktoren, politische Strukturen, Prozesse und Institutionen überhaupt einen Einfluss auf die Politik und politische Ergebnisse haben oder, ob den vorgegebenen sozio-ökonomischen Bedingungen deterministische Wirkung zugesprochen wird.

In der Perspektive der Policy-Forschung wird Politik als veränderbarer und verändernder Prozess verstanden. Unterstellt man dagegen einen sozio-ökonomischen Determinismus, dann sind politische Entwicklungen zwangsläufige Wandlungsprozesse. Um so mehr überraschten daher zunächst Ergebnisse mehrerer empirischer Untersuchungen, die die Frage „Does Politics Matter?" mit „Nein" beantworteten. Auch nicht-marxistische Forscher bestätigten damit die „These vom Primat sozio-ökonomischer Bestimmungsfaktoren" und einer weitgehenden Unwichtigkeit politischer Determinanten. Die zugrunde liegenden empirischen Untersuchungen waren allerdings weitgehend national begrenzt und zumeist auf die Situation in den USA bezogen.

In der **zweiten Phase**, den achtziger Jahren, brachten international vergleichende Studien Zweifel an der These in ihrer provokanten Form auf. So konnte gezeigt werden, dass unter bestimmten Bedingungen die parteipolitische Ausrichtung einer Regierung für das Politikergebnis einen Unterschied macht. So konnte z. B. Schmidt (1982) nachweisen, dass die damaligen sozialdemokratischen Regierungen andere wirtschaftspolitische Zielsetzungen verfolgten als „bürgerliche" (konservative, christlich-demokratische oder liberale) Regierungen. Knapp zusammengefasst konnte damit nachgewiesen werden, dass Unterschiede in den (partei-)politischen Zielen zu unterschiedlichen Ergebnissen bei der Entwicklung der Arbeitslosigkeit, der Inflation und bei anderen wirtschaftspolitischen Indikatoren führte.

In der **dritten Phase** der Politikfeldanalyse ab Ende der 1980er-Jahre konnte auf dieser Basis daher die weiterführende Forschungsfrage entwickelt werden: „Wie und in welchem Ausmaß bestimmen Polity und Politics die Policies?". Wichtige Forschungsergebnisse sind im deutschsprachigen Raum mit dem Namen Fritz W. Scharpf verbunden (vgl. etwa Scharpf 1987). Gemeinsam mit Renate Mayntz entwickelte er den oben bereits angesprochenen „Akteurzentrierten Institutionalismus", der auch heute noch vielen empirischen Arbeiten in der Policy-Forschung theoretische Orientierung bietet.

Die **vierte Phase** beginnt in den 1990er-Jahren. Sie zeichnet sich dadurch aus, dass die Politikfeldanalyse sich zur „Normaldisziplin" entwickelt. Äußeres Zeichen dafür ist unter anderem die zunehmende Verankerung der Policy-Analyse in den Denominationen von Professuren. Auch die zunehmende Berücksichtigung der Politikfeldanalyse in Fachzeitschriften und Lehrbüchern ist ein Indiz für diese „Normalisierung. Inhaltlich hat sich die Politikfeldanalyse ausdifferenziert. Parallel zur Fragestellung der dritten Phase ist ein weiterer Strang policy-orientierter Forschung entstanden. Ausgangspunkt war die Kritik an den bisherigen, als zu schematisch und positivistisch empfundenen theoretischen Ansätzen. In dieser Kritik wurden verschiedene neue Ansätze entwickelt, die einen konzeptuellen Schwerpunkt auf Überzeugungen, Ideen, Argumente und die Verfügbarkeit von Informationen legen. In der aktuellen deutschen Politikfeldanalyse haben sich dadurch unterschiedliche Forschungsstränge etabliert, die sich auf einem Kontinuum darstellen lassen: Fest in der positivistischen Tradition stehend, befinden sich auf der einen Seite Forscher, die nach kausalen Erklärungszusammenhängen auf der Basis quantitativer Erhebungen und gegebenenfalls mittels mathematischer Modelle suchen. Auf der anderen Seite stehen Wissenschaftler, die sich selbst oft als „konstruktivistisch" bezeichnen.

Ziel dieser Forschung ist es, den Spezifika politischer Prozesse als sozial konstruierter Zusammenhänge gerecht zu werden. Allgemeine Kausalerklärungen werden aus dieser Richtung insofern abgelehnt, als – in der strikt lebensweltlichen Orientierung – i. d. R. ein wesentlich größerer individueller Argumentations- und Handlungsspielraum zur Verfügung steht, als kausale und deterministische Aussagen nahelegen. „Konstruktivistische" Forschung sieht ihre Aufgabe also darin, das argumentative Spektrum der Politik zu erweitern und sich selbst auch an politisch-normativen Diskursen zu beteiligen. Der Rückgriff auf kausale Zusammenhänge wird dabei als Einschränkung politisch weiterführender Handlungsmöglichkeiten kritisiert.

„Positivistische" Politikfeldanalyse sieht als wichtigstes Kriterium ihrer Forschung dagegen die intersubjektive Reproduzierbarkeit der Forschungsergebnisse. Sie kritisiert an „konstruktivistischer" Forschung vor allem das Fehlen wissenschaftlicher Exaktheit und Nachprüfbarkeit. In diesem Konflikt spiegelt sich bis zu einem gewissen Grad der alte Konflikt zwischen natur- und geisteswissenschaftlicher Forschung wider. Aus inhaltlicher, politikfeldanalytischer Sicht kann es allerdings gar nicht darum gehen, dieses Spannungsverhältnis ein- für allemal aufzulösen, sondern – im o. a. Sinne Lasswells – darum, die spezifischen Stärken beider Richtungen und politikfeldanalytischen Zugänge jeweils zur Verbesserung unserer Lebensbedingungen produktiv zu nutzen. Diese Sichtweise liegt auch den oben vorgestellten theoretischen und begrifflichen Ausführungen zugrunde, in der ja – trotz scheinbarer Unvereinbarkeit – beide Zugänge produktiv zur Weiterentwicklung der Politikfeldforschung beitragen. Es ist daher auch nicht überraschend, dass beide Strömungen in der deutschsprachigen Politikfeldforschung nebeneinander existieren und sich gegenseitig weitgehend respektieren.

4 Struktur des Lehrbuches und weiterführende Hinweise

Ein Lehrbuch, das den eben angesprochenen Entwicklungen gerecht werden will, muss daher die unterschiedlichen Perspektiven abbilden und selbst zu Wort kommen lassen. Dies ist auch ein Grund dafür, dass das vorliegende Lehrbuch als Herausgeberwerk konzipiert wurde. Als Autoren konnten jeweils führende Vertreter der verschiedenen Strömungen der Policy-Forschung gewonnen werden. Es geht in dem Lehrbuch also nicht nur darum, Begriffe, Ansätze und Fragestellungen zu präsentieren. Vielmehr sollen auch die aktuellen begrifflichen, theoretischen und methodischen Alternativen aufgezeigt werden. Den geschätzten Leserinnen und Lesern wird damit sowohl das existierende breite Spektrum vorgelegt als auch – entsprechendes Interesse vorausgesetzt – zugemutet, einen eigenen Zugang zur Politikfeldanalyse zu finden.

In den meisten Lehrbüchern wird als Ursprung der Policy-Analyse die Zeit nach dem zweiten Weltkrieg angegeben (vgl. etwa Howlett/Ramesh 1995: 2). Der wesentliche Grund hierfür ist, dass in den USA nach dem zweiten Weltkrieg das rationale Politikmodell einen unerhörten Aufschwung erlebt hat. Zunächst war es der Kriegseintritt der Vereinigten Staaten, der einen erheblichen Bedarf an professioneller Planung mit sich brachte und eine entsprechende Professionalisierung der amerikanischen Bundesadministration bewirkte. Die zur Finanzierung des Krieges eingeführten Steuern und die entstandene professionelle Bürokratie wurden nach dem Krieg nicht unmittelbar abgeschafft, sondern trugen im Zuge des wirtschaftlichen Aufschwungs nun maßgeblich zum Aufbau des amerikanischen Wohlfahrtsstaates bei. Es wundert daher nicht, dass die Anfänge der Politikfeldanalyse üblicherweise in diese Erfolgsphase des aktiven Staates a l'americain verlagert wird.

Diese Sichtweise greift aber zu kurz. Im europäischen Politikverständnis war eine „gute Polizey" immer ein konstituierendes Element öffentlicher Politik. Dieser traditionell positive Praxisbezug wurde durch die Trennung von Politik- und Verwaltungswissenschaft lange Zeit ausgeblendet. Die bis dato in der Politikwissenschaft nur wenig beachteten Grundlagen werden für das vorliegende Lehrbuch erstmals von Klaus von Beyme nachgezeichnet. Von Beyme belegt im Detail, dass die Vorstellung einer praxis- bzw. anwendungsorientierten wissenschaftlichen Beschäftigung mit Politik auch im europäischen und deutschsprachigen Kontext keineswegs neu ist. Für die heutige problemorientierte Politikfeldforschung liegt der Nutzen dieses historischen Rückblicks vor allem darin, das spezifische, kontinentaleuropäisch geprägte, normative und praxisbezogene Politikverständnis zu verdeutlichen.

Während sich im europäischen Kontext die Problemlösungsperspektive der Politikwissenschaft aus der politischen Verwaltung heraus – also „top down" – entwickelte, fehlten in den USA lange Zeit staatliche Strukturen und politische Bürokratien, die für eine solche Durchsetzung „von oben" nötig gewesen wären. Die Lösung politischer, sozialer etc. Probleme wird hier traditionell „bottom up" gesucht. Dies impliziert, dass kollektiv verbindliche Entscheidungen in den USA in der Regel zunächst dezentral, in kleinen politischen Einheiten oder Gruppen getroffen werden und oft unabhängig von dem, was in Europa als „Staat" bezeichnet wird. Klaus Schubert verdeutlicht die gemeinsame Basis der heute ausdifferenzierten politikwissenschaftlichen Begriffe des „Pluralismus", des „Pragmatismus" und der „Policy-Analysis".

Der zweite Teil dieses Sammelbands enthält vier Beiträge, in denen die Basiskategorien der Politikfeldanalyse vorgestellt werden. Die in diesem Teil vorgestellten Konzepte und Theorien spielen in allen Entwicklungsphasen der Politikfeldanalyse eine zentrale Rolle und werden auch als definitorischer Bestandteil der Disziplin gesehen. Werner Jann und Kai Wegrich stellen sowohl die klassische Phasenheuristik als auch neuere Ansätze und Anwendungsbereiche für prozessuale Ansätze der Politik vor. Anhand theoretischer Entwicklung und anhand empirischer Ergebnisse verdeutlichen sie das politikfeldanalytische Grundverständnis, nämlich das „policy-making" als (kontinuierlichen) Prozess der Problemverarbeitung.

Hubert Heinelt greift in seinem Beitrag einen der wenigen theoretischen Ansätze auf, der spezifisch der Politikfeldanalyse zuzuordnen ist. Im Gegensatz zur üblichen Variablenkonstellation politikfeldanalytischer Fragestellungen (vgl. Übersicht 2) hat erstmals Theodore Lowi (1972) darauf hingewiesen, dass der Zusammenhang zwischen politischen Prozessen und Policies nicht einseitig ist. Es ist zwar nicht von der Hand zu weisen, dass Politikergebnisse als Folge politischer Prozesse zu interpretieren sind. Gleichzeitig werden aber auch die politischen Prozesse auch durch Eigenschaften des behandelten politischen Problems geprägt. Diese besondere Perspektive, bei der Policies als erklärende und nicht nur als zu erklärende Variable behandelt werden, stellt Heinelt vor. Dabei beschränkt sich sein Beitrag nicht nur auf eine Darstellung der auch in der deutschen Politikfeldanalyse einflussreichen Klassifkation Lowi's. Heinelt erläutert zudem neuere Kategorisierungen, die den Besonderheiten aktueller politischer Probleme gerecht werden.

Burkard Eberlein und Edgar Grande stellen in ihrem Beitrag explizit dar, worauf die Ziele politischer Akteure zurückzuführen sind. Sie zeigen weiterhin, mit welchen wissenschaftlichen Instrumenten sich politische Entscheidungsprozesse analysieren lassen. Der Beitrag stellt Grundkategorien des Politischen vor, die gleichzeitig Grundkategorien der Politikfeldanalyse sind.

Während Eberlein und Grande den Entscheidungsprozess aus einer Top-Down-Perspektive betrachten, nimmt der Beitrag von. Dietmar Braun und Olivier Giraud die Bottom-Up-Perspektive handelnder Akteure ein. Sie stellen dar, welche Instrumente politischen Akteuren zur Verfügung stehen, um ihre Ziele zu erreichen. Sie zeichnen dabei auch nach, wie sich der Steuerungsbegriff selbst verändert hat und in welchem Verhältnis der Steuerungsbegriff zum aktuell viel diskutierten Governancebegriff hat. Die Veränderungen sind im Wesentlichen auf die neue Rolle des demokratischen Staates angesichts von Globalisierung und Entgrenzung zurückzuführen.

Teil III des Sammelbandes enthält drei überwiegend, aber nicht ausschließlich methodisch orientierte Beiträge. Volker Schneider führt in den für die Policy-Analyse zentralen Begriff des politischen Akteurs ein. Er diskutiert insbesondere die Frage, inwiefern sich der Staat von anderen politischen Akteuren unterscheidet. Sein Zugang ist ein primär empirisch-quantitativer. Das Verhältnis zwischen staatlichen und anderen sozio-ökonomischen Akteuren wird mit Hilfe der Netzwerkforschung empirisch untersucht. Die Netzwerkanalyse, sowohl in ihrer quantitativen als auch in qualitativer Orientierung ist ein inzwischen wichtiges Instrument der Policy-Forschung geworden.

Herbert Obinger stellt in seinem Beitrag drei in der Politikfeldanalyse verbreitete methodische Zugänge vor und diskutiert die jeweiligen Anwendungsmöglichkeiten und Grenzen. Er selbst steht in seiner Forschung vor allem für die makro-quantitative Policy-Forschung. Dieser stellt er die Vorgehensweise bei Fallstudien und qualitativ vergleichender Policy-Forschung gegenüber. Der dritte Teil des Beitrags führt in die gegenwärtig viel diskutierte „Ragin-Methode" ein. Dabei handelt es sich im Kern um eine Verallgemeinerung der Logik qualitativ vergleichender Forschung auf Grundlager formaler Logik.

Sylvia Kritzinger und Irina Michalowitz bieten einen methodologisch orientierten Überblick über mögliche und tatsächlich verwendete Perspektiven der Policy-Forschung. Sie kritisieren die aus ihrer Sicht zu häufig ausschließlich qualitativ ausgerichtete Policy-Forschung und fordern eine verstärkte Verknüpfung mit quantitativen Verfahren. Der Beitrag stellt dabei die jeweiligen Hintergründe, Anwendungsfeldern und Grenzen qualitativer und quantitativer Policy-Forschung und stellt die Triangulation als mögliches Instrument zur Überwindung der jeweiligen Grenzen und Schwächen vor.

Der vierte Teil dieses Lehrbuchs stellt drei Konzepte vor, auf die in der aktuellen Politikfeldanalyse häufig zur Erklärung von Politikergebnissen zurückgegriffen wird. Frans van Waardens stellt die Entstehung und Bedeutung von Institutionen im politischen Prozess dar. Institutionen als „auf Dauer gestellte Problemlösungen" schaffen Handlungsoptionen für politische Akteure, schränken aber gleichzeitig auch deren Spielräume ein. Die Annahme, dass Politikergebnisse durch politische Institutionen determiniert werden, war in der frühen Politikwissenschaft stark verbreitet. Van Waardens Beitrag umfasst mehrere theoretische Zugänge mit jeweils eigenen Institutionenverständnissen. Abschließend bietet er einen Überblick über zentrale politische Institutionen und deren mögliche Ausgestaltung im internationalen Vergleich. Dabei problematisiert er das Spannungsverhältnis zwischen dem demokratischen Anspruch der Machtkontrolle und den Auswirkungen machtbeschränkender Institutionen auf die Durchsetzbarkeit politischer Veränderungen.

Wie eben angesprochen, spielen politische Institutionen bei der Erklärung von Politikergebnissen traditionell eine prominente Rolle. Dagegen konnte die Annahme, dass Politikergebnisse durch Lernprozesse politischer Akteure wesentlich beeinflusst werden, erst in jüngster Zeit an Bedeutung gewinnen. Die Idee lernender politischer Akteure greift unter anderem Überlegungen der soziologischen Organisationsforschung, der Einstellungsforschung und der Internationalen Beziehungen auf. Diese unterschiedlichen Grundlagen haben zu einer äußerst heterogenen Ansammlung lerntheoretischer Ansätze der Politikfeldanalyse geführt. Nils C. Bandelow ordnet in seinem Beitrag diese Ansätze im Hinblick auf ihren Lernbegriff, ihr Akteurverständnis und die zentralen Annahmen über politischer Lernprozesse. Die Darstellung der wichtigsten lerntheoretischen Ansätze folgt der Frage, unter welchen Bedingungen und für welche Fragestellungen solch ein Zugang sinnvoll sein kann.

Im Gegensatz zu van Waarden und Bandelow stellt Friedbert Rüb nicht ein Bündel theoretischer Ansätze vor, sondern interpretiert den von John Kingdon entwickelten und von Nikolaos Zahariadis weiterentwickelten Multiple-Streams-Ansatz. Der Ansatz wurde bereits Anfang der 1980er Jahre entwickelt, wird aber erst in den letzten Jahren zunehmend in der Policy-Forschung rezipiert. Der Ansatz stellt die verschiedenen Rationalitätsannahmen sowohl institutionalistischer als auch lerntheoretischer Konzepte in Frage. Er betont die Zufälligkeit politischer Prozesse und interpretiert Politikergebnisse als Resultat spezifischer Situationen und den sich aus diesen Situationen ergebenden Möglichkeiten.

Die praktischen Anwendungen der Politikfeldanalyse werden im fünften Teil des Lehrbuchs vorgestellt. Hellmut Wollmann stellt die historischen Grundlagen, Kategorien, Ziele und Erfahrungen der Evaluationsforschung und ihrer angrenzenden Bereiche vor. Dabei geht es vor allem um die beiden Fragen, wie Politik und Verwaltung dabei unterstützt werden können, ihre Ziele zu erreichen und wie auf der anderen Seite eine effektive Kontrolle von Politik und Verwaltung möglich ist.

Göttrik Wewer gibt dagegen einen Einblick in die Praxis von Politikberatung und Politikgestaltung. Er hinterfragt die wissenschaftliche Vorstellung von Politikberatung im Hinblick auf ihre praktische Anwendbarkeit. Aus der Perspektive eines Wissenschaftlers, der gleichzeitig in führender Position über umfassende Erfahrungen bei der praktischen Gestaltung und Umsetzung von Politik verfügt, stellt Wewer die vielfältigen Ziele der Politikberatung dar und entwickelt Kriterien für erfolgreiche Beratungstätigkeit.

Der sechste Teil dieses Lehrbuches, Reflektionen, kritisiert die ursprünglich stark szientistische Ausrichtung der Policy-Forschung. Thomas Saretzki stellt die Bedeutung von Ideen, Sprache und Argumenten für die Policy-Forschung bei der Lösung politischer Probleme in den Mittelpunkt. Aus dieser, vor allem von Frank Fischer eingeführten Sichtweise, kommt Policy-Forschern eine Rolle ähnlich von Rechtsanwälten im politischen Prozess zu.

Michael Th. Greven setzt sich mit der Policy-Forschung aus einer grundsätzlichen und abstrakten Perspektive kritisch auseinander: Aus seiner Sicht verdeckt das praktische, in Lösungskategorien und Problemlösungen denkende wissenschaftliche Forschen, jene politikwissenschaftlichen Grundkategorien – Macht, Herrschaft, politische Verantwortung etc. – die allem politischen Handeln und jeder politischen Herrschaft immanent sind und von einer Wissenschaft der Politik vorrangig zu thematisieren sind.

Nils C. Bandelow und Klaus Schubert bieten in ihrem abschließenden Ausblick eine Ordnungsmöglichkeit für die verschiedenen hier versammelten Perspektiven der Politikfeldanalyse an. Sie bieten eine Strukturierung entlang der beiden Spannungsfelder akademische und praxisorientierte Politikfeldanalyse einerseits und zwischen positivistischer und kritischer Perspektive andererseits an. Der Ausblick orientiert sich an der Frage nach gemeinsamen Orientierungspunkten und Qualitätskriterien.

Die Beiträge dieses Lehrbuches gehen nahezu übereinstimmend vom spannungsreichen Verhältnis zwischen Theorie und Praxis aus. Die jeweils dargestellten Konzepte unterscheiden sich jedoch in ihrem Verständnis der Spezifika und Aufgaben wissenschaftlicher Forschung. Ihre Darstellung durch unterschiedliche Autoren soll dazu beitragen, dass die Leserinnen und Leser ihre eigenen Ziele bei der Durchführung politikfeldanalytischer Arbeiten kritisch reflektieren, sich dabei aber stets der Probleme und Alternativen bewusst sein sollten.

Die einzelnen Beiträge beschränken sich nicht nur darauf, zentrale Begriffe und theoretische Ansätze zu erläutern. Sie führen vielmehr auch in kontroverse Diskussionen ein, die z. B. auch in Lehrveranstaltungen aufgegriffen werden können. Um die Anwendung des Lehrbuchs zu erleichtern, sind den Beiträgen jeweils von den Autoren bzw. den Herausgebern Fragen angefügt worden. Diese Fragen sind jeweils in drei Typen unterteilt:

- **Verständnisfragen**, die auf eine reine Reproduktion von Begriffen oder Zusammenhängen zielen, die in den Texten vorgestellt werden.
- **Transferfragen**, die überprüfen sollen, ob ein tieferes Verständnis der dargestellten Zusammenhänge erreicht wurde, indem sie etwa dazu zwingen, eigene Beispiele zu benennen. Während es also für Verständnisfragen meist nur eine konkrete richtige Antwort gibt, sind bei Transferfragen oft unterschiedliche richtige Antworten möglich.
- Antworten auf den dritten Fragetypus, die **Problematisierungsfragen**, lassen sich nicht als richtig oder falsch klassifizieren. Hier sind grundsätzlich unterschiedliche Positionen möglich. Die jeweiligen Zusammenhänge sind meist auch im Fach umstritten. Die Problematisierungsfragen sollen dazu anregen, die gelernten Sachverhalte dazu zu nutzen, um eigene Standpunkte zu entwickeln und fundiert zu verteidigen.

Um die weiterführende Beschäftigung mit den jeweiligen Themen zu erleichtern, haben die Autoren in ihrer Literaturliste die jeweils wichtigsten Titel mit einem Stern (*) gekennzeichnet. Weiterhin bieten die Herausgeber aktuelle Informationen zur Politikfeldanalyse und die Möglichkeit zur Kontaktaufnahme zu Autoren und den Herausgebern im Internet unter der Adresse http://www.politikfeldanalyse.de an. Weiterhin sei auf Online-Journal GERMAN POLICY STUDIES/POLITIKFELDANALYSE verwiesen, dessen abgeschlossenen Jahrgänge zur freien Nutzung im Internet erreichbar sind (http://www.spaef.com/ GPS_PUB/ index.html).

5   Literatur

Blum, Sonja/Schubert, Klaus, 2009: Politikfeldanalyse, Wiesbaden.

Böhret, Carl/Jann, Werner/Kronenwett, Eva, 1988: Innenpolitik und politische Theorie, Opladen.

Dye, Thomas S., 1976: Policy Analysis: What Governments Do, Why They Do It And What Difference It Makes, Tuscaloosa.

Howlett, Michael/Ramesh, M., 1995: Studying Public Policy – Policy Cycles and Policy Subsystems, Oxford et al.

Kingdon, John W., 1995: Agendas, Alternatives and Public Polices, New York.

Lasswell, Harold D., 1951: The Policy-Orientation, in: David Lerner/Harold D. Lasswell (eds.), The Policy Sciences: Recent Developments in Scope and Method, Stanford, 3-15.

Mayntz, Renate/Scharpf, Fritz W., 1995: Der Ansatz des akteurzentrierten Institutionalismus, in: Renate Mayntz/Fritz W. Scharpf (Hrsg.), Gesellschaftliche Selbstregelung und Politische Steuerung, Frankfurt a. M./New York, 39-72.

Ostrom, Elinor, 1999: An Assessment of the Institutional Analysis and Development Framework, in: Paul A. Sabatier (ed.), Theories of the Policy Process, Boulder, Co/Oxford, 35-71.

Parsons, Wayne, 1995: Public Policy – An Introduction to the Theory and Practice of Policy Analysis, Cheltenham.

Sabatier, Paul A., 1993: Advocacy-Koalitionen, Policy-Wandel und Policy-Lernen: Eine Alternative zur Phasenheuristik, in: Adrienne Héritier (Hrsg.), Policy Analyse. Kritik und Neuorientierung (Politische Vierteljahresschrift, Sonderheft 24), Opladen, 116-148.

Sabatier, Paul A., 1999: The Need for Better Theories, in: ders. (ed.), Theories of the Policy Process, Boulder, Co./Oxford, 5-6.

Scharpf, Fritz W., 1987: Sozialdemokratische Krisenpolitik in Europa, Frankfurt a. M./New York.

Scharpf, Fritz W., 1988: Verhandlungssysteme, Verteilungskonflikte und Pathologien der politischen Steuerung, in: Manfred G. Schmidt (Hrsg.), Staatstätigkeiten (Politische Vierteljahresschrift, Sonderheft) Opladen.

Scharpf, Fritz W., 2000: Interaktionsformen. Akteurzentrierter Institutionalismus in der Politikforschung, Opladen.

Schlager, Edella, 1999: A Comparison of Frameworks, Theories and Models of Policy Processes, in: Paul A. Sabatier (ed.), Theories of the Policy Process. Boulder, Co/Oxford, 233-260.

Schmidt, Manfred G., 1982: Wohlfahrtsstaatliche Politik unter bürgerlichen und sozialdemokratischen Regierungen. Ein internationaler Vergleich, Frankfurt a. M./New York.

Schmidt, Manfred G., 1987: Vergleichende Policy-Forschung, in: Dirk Berg-Schlosser/Ferdinand Müller-Rommer (Hrsg.), Vergleichende Politikwissenschaft, Opladen, 185-200.

Schubert, Klaus, 1991: Politikfeldanalyse, Opladen.

Schubert, Klaus (Hrsg.), 1992: Spielräume und Grenzen politisch-ökonomischer Theorie, Darmstadt.

Schubert, Klaus, 2005: Neo-Korporatismus – und was dann?In: Woyke, Wichard (Hrsg.), Verbände, Schwalbach, Ts.: Wochenschau.

Streeck, Wolfgang (Hrsg.), 1995: Staat und Verbände (Politische Vierteljahresschrift, Sonderheft 25), Opladen.

Windhoff-Héritier, Adrienne, 1987: Policy-Analyse. Eine Einführung, Frankfurt a. M./New York.

Verständnisfragen

1. Definieren Sie die Begriffe Policy, Polity und Politics.

2. Definieren Sie die Begriffe Konzept, Theorie, analytischer Rahmen, Modell und (theoretischer) Ansatz.

3. Welche Phasen hat die Policy-Analyse bisher durchlaufen?

Transferfragen

1. Entwickeln Sie eigene Beispiele für klassische politikwissenschaftliche, politische und politikfeldanalytische Fragestellungen.

2. Nennen Sie jeweils eigene Beispiele für Modelle, analytische Rahmen, Theorien geringer Reichweite, Theorien mittlerer Reichweite und Theorien hoher Reichweite.

Problematisierungsfrage

1. Diskutieren Sie den jeweiligen Nutzen von Modellen, analytischen Rahmen, Theorien geringer Reichweite, Theorien mittlerer Reichweite und Theorien hoher Reichweite. Ist die in dem Text vorgeschlagene mehrdimensionale Typologie sinnvoll?

Teil I: Ideengeschichtliche Grundlagen

Vorläufer der Politikfeldanalyse auf dem europäischen Kontinent

Klaus von Beyme

1 Einleitung: Europäische Wurzeln der drei Politikbegriffe

Die klare Dreiteilung des Politikbegriffs (**polity, politics, policy**) kann in dieser eindrücklich knappen Form in den anderen europäischen Sprachen nicht nachgemacht werden. Dennoch hat der europäische Kontinent in der frühen Neuzeit ähnliche Entwicklungen durchgemacht wie England. Ganz Europa stand unter der Vorherrschaft der Politikauffassung des Aristoteles (384-322 v. Chr.). England hat seit Hobbes (1588-1679) diese Tradition als veraltet entschiedener bekämpft. In Deutschland überwog sie bis ins 18. Jahrhundert.

Aristoteles' **politie**-Begriff war vor allem auf die gute gerechte Ordnung ausgerichtet und blieb dominant. Die lateinische Fassung **politica** war weitgehend noch an die Ethik gebunden. Die Entdeutschung des Wortes **politic** – schon die ungeläufige Schreibweise wies ein Fremdwort aus – wurde erst durch Ludwig von Seckendorff (1626-1692) 1656 vollzogen, als er in der Vorrede des Werkes „Teutscher Fürsten Stat" sich von allgemeinen Beschreibungen und „politischen Büchern und Discursen" absetzte, weil er sich nicht „fürgenommen" habe, „eine Teutsche allgemeine Politic oder gewisse Regeln der Regimenter zu schreiben, ... sondern mein Zweck und Absehen ist auf den Zustand der meisten Teutschen Fürstenthümer gerichtet gewesen, wie nemblich solche in ihrem und gutem Zustande beschaffen zu seyn, und regieret zu werden pflegen" (von Seckendorff 1976: ohne Seite).

Der Politikbegriff wird hiermit ausdifferenziert. Seckendorff ging es um **policy** im modernen Sinn und zwar analytisch und normativ: „wie sie regieret zu werden" und weniger um die Beschreibung der „Regimenter" (hier wiederum spezifiziert im Sinn von Regierungsformen) und der „Regeln" zwischen Herren und Unterthanen (im Sinn von **politics**), sondern die „Umstände einer **Policey**", die der gothaische Kanzler bei früheren „Scribenten" vermisste.

Nur dieser dritte Bedeutungsstrang kommt für die Analyse der Vorläufer der Politikfeldanalyse in Betracht. Dabei ist bemerkenswert, dass der Bereich **politics** im Absolutismus am stärksten unterbelichtet blieb. Er dominierte allenfalls dort, wo Herrscher ohne große Restriktionen Politik machen konnten, wie im Machiavellismus, und später wieder, als Politik vom Volk bestimmt wurde, vor allem seit der französischen Revolution. Selbst im sich festigenden Absolutismus blieben viele ständestaatliche Elemente erhalten. Die Herrscher haben die Entmachtung der Stände nicht zuletzt durch **policies** zur Wohlfahrt der Bevölkerung vorangetrieben, keineswegs nur durch fürstliche Willkür. Das deutsche Reich war jedoch kein normaler Staat. Als von Jean Bodin (1529/30- 1596) bis Samuel von Pufendorf (1632-1694) das Kriterium der Souveränität zum Staatsmerkmal erhoben wurde, schien das Reich „irregulare aliquod corpus et monstro simile" (ein irregulärer und einem Monstrum ähnlichen Körper), der „nicht mehr eine beschränkte Monarchie", aber „noch nicht eine Föderation mehrerer Staaten" darstellte (Pufendorf 1994: 199).

Samuel Freiherr von Pufendorf

* 8.1.1632 in Dorfchemnitz; † 26.10.1694 in Berlin, deutscher Historiker, Naturrechtsphilosoph und Staats- und Völkerrechtstheoretiker

Heute weit weniger bekannt als zu Lebzeiten gilt Pufendorf als einer der Wegbereiter der neuzeitlichen Naturrechtslehre. Sein Kompendium *De Officio Hominis et Civis* aus dem Jahre 1673 wurde als Lehrbuch für Natur- und Völkerrecht genutzt, in viele europäische Sprachen übersetzt und stieß so auf breite Rezeption. Pufendorf systematisierte das Naturrecht und trieb seine Säkularisierung weiter voran. Ausgangspunkt des Pufendorfschen politischen Denkens ist die Soziabilität (*socialitas*) des Menschen, also sein natürliches Streben nach Gemeinschaft, welches sich letztlich für die Staatenbildung verantwortlich zeigt.

---

2 Souveränität nach innen: Gute Policey

Beim Mainstream der Reichspublizistik hielt sich mehr vom ständestaatlichen Denken. Da sich nach dem Dreißigjährigen Krieg die Aufmerksamkeit der führenden Traktatschreiber jedoch, wie bei Seckendorff, auf den Territorialstaat bezog, wurden die ständischdualistischen Elemente klein geschrieben, und die „**gute Policey**" trat in den Vordergrund. Angesichts der gewaltigen Zerstörungen im Dreißigjährigen Krieg hat Deutschland in der politischen Theorie einen Sonderweg eingeschlagen. In der Krise des Reiches und der ständischen Einrichtungen wurde Verwaltung zum Zentrum der Theorie der Politik. Policey umfasst die gesamte Innenpolitik – im Gegensatz zur Außenpolitik (Wolzendorff 1918). Die obrigkeitsstaatliche Tradition im räumlich beschränkten Territorialstaat, bei dem Außenpolitik nur eine geringe Rolle spielen konnte, drängte in die Richtung der Reduzierung aller Politik auf „gute Ordnung und Policey", die immer minutiöser alle gesellschaftlichen Verhältnisse zu regeln begann (Maier 1966: 309).

Der Polizeibegriff war im französischen Frühabsolutismus entwickelt und auf die Staatstätigkeit verengt worden. Bei Luther (1483-1546) und früheren Autoren wurde **policey** gelegentlich für die ganze Staatsordnung im Sinn von **politie** verwandt. Angesichts der Not nach dem Westfälischen Frieden musste der Wohlfahrtsgedanke in der deutschen Polizei-

Wissenschaft besonders betont werden. Der in Frankreich entwickelte Merkantilismus, der vor allem auf die Entwicklung des Außenhandels ausgerichtet war, um die Staatseinkünfte für die Militärpolitik und die Selbstdarstellung zu mehren, hat sich in Deutschland nicht in gleicher Weise entwickeln können – mit Ausnahme von Preußen.

Der Kameralismus als praxis- und wirtschaftsorientierte Lehre war anfangs eher wie eine Verwaltungshochschule (z. B. in Kaiserslautern) organisiert, die erst später mit der Universität (in diesem Fall Heidelberg) zusammengelegt wurde. Mit wachsendem Bedarf an professionalisierten Staatsdienern verdrängten kameralistische Lehrstühle vielfach die alten Politik-Dozenturen, die stark ethisch ausgerichtet waren, und damit die klassische praktische Philosophie. **Policey** wurde zur Domäne von Juristen und Ökonomen. Als Thema der Philosophie kam sie erst wieder in Halle mit Christian Wolff (1679-1754) und Christian Thomasius (1655-1728) auf. Die Politisierung der Ökonomie führte zu neuen Amalgamen wie „ökonomische Policey- und Cameralwissenschaft".

Kameralismus

Kameralismus (abgeleitet vom „Kammerkollegium", einer hohen Finanzbehörde) bezeichnet die Lehre von der öffentlichen Verwaltung und landesfürstlichen Finanzwirtschaft während des Absolutismus im 17. und 18. Jahrhundert. Er kann als die spezifisch deutsch-österreichische Version des Merkantilismus (mercari, lat. Handel treiben) bezeichnet werden.

Der von Frankreich geprägte Merkantilismus zielte auf höhere Staatseinkünfte. Der deutsche Kameralismus betonte die Machtsteigerung des absolutistischen Staates durch wirtschaftliches Wachstum und Autarkie und eine Straffung staatlicher Lenkung und Verwaltung. Vor dem Hintergrund der Zerstörungen und Verwüstungen durch den Dreißigjährigen Krieg (1618-1648) entwickelt, umfasst er neben ökonomischen auch juristische, soziale, fiskalische und politische Aspekte und weist so einen breiteren Fokus als der klassische Merkantilismus auf. Zudem besitzt er eine ausgeprägte bevölkerungspolitische Perspektive.

Die spezifische Ausprägung des deutschen lutherischen Protestantismus mit seiner Betonung von Römer 13 (Gebt dem Kaiser, was des Kaisers ist) und seinem raschen Friedensschluss von Thron und Altar, hat die deutsche Sonderentwicklung nicht wenig befördert. Nach der Reformation kamen Forderungen nach einer christlichen Staatstheorie auf. Melanchton (1497-1560) widersprach der Ansicht, dass „im Evangelio" eine „Lehre vom gemeinen Wesen zu finden" sei. Daher konnte der Aristotelismus seine Stellung behaupten, auch wenn einzelne Theoretiker wie der „erzstiftlich-bremische" Kanzler Reinkingk (1590-1664) eine „biblische Policey" zu entwickeln suchten, „um die rechte, Gott wohlgefällige, heylsame Policey zu finden, und darauß die rechte Regiments Reguln, oder Regierkunst zu lernen" (Reinkingk 1656: Dedication, ohne Seite). Solche Versuche bleiben vor allem in weltlichen Territorien aussichtslos, so sehr auch in ihren Trakten die gottgefällige Lebensart beschworen wurde, die der Fürst zu fördern habe.

3   Verschiedene Stränge der Souveränitätslehre

Die **Souveränitätslehre** verband sich seit Pufendorf mit dem Wohlfahrtsgedanken. Größer war die Aversion der deutschen Publizistik, den Begriff der „Staatsräson" aus Italien zu übernehmen. Der Staatsbegriff hatte noch zu viele Konnotationen. Die kalte Staatsräson schien im deutschen Kleinstaat anrüchig. Dennoch sollte der machiavellistische Gedankenstrang nicht außer Acht gelassen werden, auch wenn Machiavelli (1469-1527) selbst wenig von „Staat" und im Substantiv nie von der Staatsräson sprach. Fremd an Machiavelli war den Deutschen bis zu Mohl (1799-1875), dass die Bürger eher möglichst in Ruhe gelassen werden sollten, aber „von Recht und Sittlichkeit, von einer Berücksichtigung höherer Staatszwecke oder des Volkswohles war gar keine Rede" (Mohl 1960: 537).

Machiavelli, Niccolò – Machiavellismus

* 3.5.1469, † 22.6.1527 in Florenz;, italienischer Schriftsteller, Diplomat und politischer Theoretiker

Machiavelli begründet in seinem Hauptwerk *Il Principe* (Der Fürst, 1532) eine systematische Theorie des politischen Handelns, das er auf den Erwerb, Erhalt und Einsatz von Macht konzentriert. Der Zweck des politischen Machteinsatzes liege in sich selbst und entziehe sich so ethischen Kategorien.

Der Begriff „Machiavellismus" bezeichnet zunächst die Gesamtheit der politischen Theorien Machiavellis, wird aber häufig pejorativ im Sinne eines zynischen, hemmungs- und rücksichtslosen Machteinsatzes gebraucht. Diese Interpretation des *Principe* als „Handbuch für Tyrannen" missversteht Machiavelli insofern, als er sich primär gegen eine realitätsferne Normativisierung der Politik wendet, um ein realistisches, auf erfolgreiches politisches Handeln gerichtetes Bild der Politik zu zeichnen.

Der systematische Aufbau seines Naturrechts erwies sich als wegweisend für die Herausbildung der Moral- und Rechtsvorstellungen der Aufklärung und des bürgerlichen Zeitalters.

Machiavellismus wurde vor allem für die katholischen Stände erst in der Version des jesuitischen Wohlfahrtmachiavellismus akzeptabel, der sich bewusst auch an Klein- und Stadtstaaten wendete, wie bei Botero (1533/44-1617), der das erste Buch schrieb, das den Begriff „ragion di stato" – „Staatsräson" – im Titel trug. Es war dem Erzbischof von Salzburg, Wolf Dietrich von Raitenau (1559-1617) gewidmet, der in der muffigen Enge deutscher Kleinstaaten noch am ehesten einem italienischen Principe entsprach: ehrgeizig, bauwütig, händelsüchtig und angesichts einer Geliebten mit 12 Kindern „unsittlich", so dass er schließlich abgesetzt wurde – wegen „malgoverno et il concubinato", wie der spätere Herausgeber der Schrift vermerkte (von Beyme 1988).

Die deutsche Übersetzung von Boteros Staatsräson in Straßburg 1596 zeigte schon im Titel diese Dimension an, die von der nachkameralistischen Politiktheorie verschüttet worden ist. Aus der lapidaren Formel „della ragion di stato" wurde: „ein gründlicher Bericht von Anordnung guter Policeyen und Regiments; auch Fürsten und Herren Stands samt Gründlicher

Erklärung der Ursachen wadurch Stätt zu Auffnemmen und Hochheiten kommen mögen, gemeinem Vaterland zum besten aus Italienischer in Teutsche Sprache gebracht".

Das Vorwort des Verlegers zeigte noch stärker die Fremdheit kalter Staatsräsongedanken im Bereich deutscher paternalistischer Kleinstaaterei an. Der wohlfahrtspolitische Aspekt wurde von Lazarus Zetzner als „dienstwilligem Gevatter" eines Straßburger Professors zugespitzt in dem Gedanken: „Wann dann Ich / meim ringfügigen Verstand nach / es dafür halte: daß unsern Vaterland wegen seiner vielfältigen arten der gemeinen Nutzbestellung / und dessen administration und verwaltung / nit ubel gedienet seyn /sonder ohne zweifel inn einem oder dem anderen / damit zum wenigsten under die arm gegriffen / auch Regeln / mittel und ursachen / gefunden werden mögen: da dem einen hie / dem anderen dort schwankenden / auch theils beinahe sinckenden gemeinem stand / zu hilffkommen / oder fernerm Unheil vorgebogen werden könne" (Boteri 1596: 2f.). Nicht nur Linderung sozialer Not von Individuen und ganzen Ständen verspricht der Verleger, sondern auch Hinweise zu einer generellen „Daseinsvorsorge".

Es ist nicht auszuschließen, dass die ersten Leser sich überfordert sahen. **Polity**, **Politik** und **Policy** (oder in der älteren deutschen Form: Polizei) standen in der älteren Terminologie noch nebeneinander. Heute kann nur das Englische diese Nuancen ohne Rückgriff auf Archaismen noch darstellen. Polity war dann eher „Regiment", Policy und Politik mussten damals weniger scharf geschieden werden als heute, weil an eine verselbstständigte Entscheidungssphäre als Prozess einander widerstrebender politischer Interessen in der frühabsolutistischen Zeit kaum gedacht wurde. Wo sie de facto auftraten, sollten sie ja gerade durch einigende Begriffe wie Staatsräson und Souveränität um die Brisanz ihrer zentrifugalen Kräfte gebracht werden. Gelegentlich wurde auch polizey im Sinne von Aristoteles politie-Begriffs benutzt. Wie wenig der Machiavellismus in seiner zynischen Bedeutung auf Resonanz in der braven deutschen Kleinstaaterei stieß, zeigte sich daran, dass selbst aus Machiavellis „Principe" in sehr weitherziger Deutung „Machiavellis Policei" wurde.

Hatten schon Botero und Boccalini (1556-1613) zwischen guter und schlechter Staatsräson unterschieden und damit die übel beleumdeten Teile des Machiavellismus abzustoßen versucht, so wurde in Deutschland gleichsam nur der gute Teil aufgenommen. Freilich gab es auch im Bereich der hausbackenen Polizeiwissenschaft noch die christliche Verketzerung der Staatsräson, die sich nicht damit begnügen möchte, die Staatsräson in „gute Polizey" umzudeuten, sondern ihr die „biblische Policey" entgegenstellte wie Dietrich Reinkingk.

Vielleicht wäre Boteros Schrift über die Staatsräson weniger berühmt als durch den Titel geworden, wenn sie nicht auch in den Übersetzungen immer zusammen mit der kleinen Schrift „Delle cause della grandezza e magnificenza delle città" von 1588 dargeboten worden wäre. Botero wurde für diese Schrift als der große Vorläufer von Malthus (1766-1834) und frühe Entdecker der Bevölkerungspolitik gefeiert. Überhöhte Erwartungen des Vorworts konnten freilich auch nicht voll befriedigt werden. Es bleibt aber der Gedanke bemerkenswert, eher durch Wohlfahrts- und Bevölkerungspolitik als durch Kriege die Festigkeit von Herrschaft zu mehren. Bevölkerungswachstum wird als Kapital angesehen, weil Botero – modern gesprochen – ein Anhänger der Arbeitswertlehre war. Arbeit, nicht Kapital, machte für ihn den Reichtum eines Staates aus. Staatsräson im Sinne von „law and order" als Vorbedingung günstiger wirtschaftlicher Entwicklung bleibt nicht allein. „Infrastrukturpolitik" in

Form von Förderung des Handels und der Transportmöglichkeiten wurden einbezogen. Der katholische Aspekt schlägt sich nieder in der Förderung der Ehe und in der Warnung vor Verbindung ungleichen Alters, welche der Fruchtbarkeit unzuträglich sind. Weitschauender als mancher Prämalthusianer war Botero in der Erkenntnis, dass die Geburtenrate an sich noch keinen Vorteil für den Staat bringe. Hauptaugenmerk des Herrschers musste wiederum bei der Wohlfahrtspolitik liegen, um die einmal Geborenen zu erhalten und die Lebensdauer der Bürger anzuheben.

Der aufgeklärte Despotismus bei Botero war staatsinterventionistisch weit über das Maß dessen hinaus, was in der Lehre der Staatsräson bis dahin als Tätigkeitsfelder des Staates galten. Policy-orientierte Polizeiwissenschaft, vor allem in Deutschland, konnte viele Anregungen aus Botero nehmen. Die utopische Städteliteratur der italienischen Renaissance, die bis in die kleinsten Details, wie den Gang zu den Hetären, für alle Stände Regulierungen vorschlug, war eine weitere Quelle, aus der man für eine wissenschaftliche Lehre vom Wachstum der Städte schöpfen konnte. Aber eine Überregulierung, wie sie in jenen Utopien üblich war, spielte bei Botero keine Rolle, sehr im Gegensatz auch zu manchem französischen und deutschen Traktat der späteren Zeit.

Was Meinecke (1862-1954) einmal die „leicht verdauliche und geschmackvoll gebotene Nahrung" nannte, die ein mittelmäßiger Kopf wie Botero den katholisch-bigotten Höfen der Gegenreformation als mildes Gegengift gegen Machiavellis Zynismus und Unkirchlichkeit bot, wurde auch in Deutschland einflussreich. Die **Staatsräson** als Begriff hat sich früher in den katholischen Territorien als Begriff durchgesetzt. Die **Souveränität** hingegen wurde früher in den protestantischen Territorien bei Autoren wie Pufendorf, Bogeslav von Chemnitz (1605-1678) oder Hermann Conring (1606-1681), welche in Opposition zum katholischen Kaiser standen, rezipiert. Erst im 18. Jahrhundert verwischten sich diese Unterschiede, etwa wenn Fichte (1762-1814) und Hegel (1770-1831) sich des Begriffs der Staatsräson bemächtigten.

4   Staatsräson – Souveränität – Staatszweck

Die verschiedenen Stränge einer aufgeklärten Staatslehre von Souveränitätstheorie, lutherisch abgemilderter Staatsräsonlehre in Verbindung mit dem Naturrecht und einer philosophisch begründeten Wohlfahrtstheorie liefen bei Samuel von Pufendorf zusammen. Er galt im Rückblick nicht als der tiefste, aber zweifellos als der vielseitigste Denker. Kein anderer deutscher Autor ist bis zu Rousseau (1712-1778) und den amerikanischen Gründungsvätern so häufig zitiert worden. Seine Bücher gewannen an Lesbarkeit, wo die erste Generation von Policey-Wissenschaftlern im 16. und 17. Jahrhundert (Oldendorp, Reinkingk, Seckendorff) enzyklopädisch-unverdaulich blieben.

Allenfalls bei Seckendorff sind die Policies zu einem Gesamtkonzept gebündelt, das um Grundbegriffe wie Recht, Friede und Wohlfahrt gruppiert war. Zu diesen Grundpolicies kamen noch Kirchen- und Erziehungspolizei. Letzte war in Deutschland sehr viel früher heimisch geworden als in Großbritannien. Noch Robert von Mohl monierte im 19. Jahrhundert das Paradoxon, dass in Deutschland, „im Paradiese der Bürokratie" zunehmend von der Übermacht der Verwaltung im „Polizeistaat" (der ja nicht auf innere Sicherheit wie später beschränkt war, sondern umfassende Daseinsvorsorge trieb) mit Missachtung geredet werde, während in England, „wo man von einem Behördenorganismus bisher kaum einen Begriff hatte" die Verwaltung in vielen Politikfeldern zügig ausgebaut wurde – ohne schlechtes Gewissen, weil man weder ein „Junkerthum" noch einen „Ultramontanismus", noch eine penetrante liberale Partei wie in Deutschland habe, die überall mehr Selbständigkeit für den Bürger verlange (von Mohl 1962: 60f.).

Mohl, Robert von

* 17.8.1799 in Stuttgart; † 4.11.1875 in Berlin, deutscher Staatsrechtler und Politiker

Von Mohl war 1848 als Liberaler Mitglied der Deutschen Nationalversammlung in Frankfurt und 1848/1849 Reichsjustizminister. Als Staatsrechtler führte er den Begriff des „Rechtsstaats" in seiner modernen Bedeutung als rechtliche Überprüfbarkeit der staatlichen Tätigkeit und in Abgrenzung zum „Polizeistaat" in das deutsche Staatsrecht ein. Als „gute Polizey" betrachtete er die Übernahme von sozialer Verantwortung durch den Verwaltungsstaat.

Zudem beschäftigte er sich schon früh mit den Problematiken der „sozialen Frage" (frühindustrielle Verarmung und Verelendung, Massenarbeitslosigkeit etc.) und forderte sozialpolitische Maßnahmen.

Eine Staatszwecklehre, wie sie in Deutschland bei Naturrechtlern wie Policey-Theoretikern ins Kraut schoss, hat England gleichwohl als Staatsmetaphysik mit wenigen Ausnahmen von Bosanquet (1848-1923) bis Green (1836-1882) und Austin (1790-1859) immer weiter beargwöhnt. Die Policey-Wissenschaft als Vorläuferin einer policy-orientierten Politiklehre blieb in Deutschland bis ins 19. Jahrhundert bedeutsam und erreichte ihre Reife in den Werken von Justi (1717-1771), Sonnenfels (1733-1817), Pütter (1725-1807) und den sächsischen Kameralisten (Maier 1966: 46; Stolleis 1977).

Im 19. Jahrhundert endete diese Tradition. Mohl war der letzte, der ein mehrfach aufgelegtes Werk über „Polizey-Wissenschaften nach den Grundsätzen des Rechtsstaats" schrieb (Tübingen 1831-34). Seine Sammlung der Behandlung aller Politikfelder bis hin zur „Arbeiterpolitik" zeigte jedoch an, dass in Deutschland die soziale Frage früh den Laissez-faire-Liberalismus milderte. Gerade aus der Revolutionsfurcht der politischen Theoretiker und der Politik wurden Reste der alten Ständegesellschaft verbunden mit „erfundenen" ständischen Kategorien als Dammbau gegen soziale Unruhen eingesetzt und sie erforderten politikfeldorientierte Theorie. Der deutsche Liberalismus hat von Mohl bis Max Weber (1864-1920) Elemente einer Obrigkeitsstaatlichkeit nicht abgeschüttelt (Maier 1966: 311).

Die Polizeiwissenschaft litt im Zeitalter der Konstitutionalisierung der Regime an ihrem obrigkeitsstaatlichen Image. Die politische Theorie liberalisierte sich von Filangieri (1725-1788) und Bentham (1748-1832) bis Mohl und trug den rechtsstaatlichen Anforderungen durch die Überführung der Policy-Analyse in eine **Gesetzgebungslehre**. Von Gesetzgebung war auch in der älteren Polizeiwissenschaft vielfach die Rede gewesen. Sie wurde als

„Kunst" – und weniger als Wissenschaft gewürdigt. Gesetzgebung gehörte zu den „arcana imperii" der Regierenden und ihrer „Amtmänner". Mit der Gesetzgebungslehre der Spätaufklärung wurde die Gesetzgebungslehre zur Wissenschaft ausgebaut.

Es bleibt freilich bemerkenswert, dass selbst der Rationalist Bentham noch von „art of legislation" sprach. Diese aufgeklärte Gesetzgebungswissenschaft appellierte nicht mehr nur an die Einsicht der Exekutive, sondern auch die der Parlamentarier und Stände-Repräsentanten. Bei dem Neapolitaner Gaetano Filangieri waren alle Themen der älteren Polizeiwissenschaft in einer Kombination von moralischer Betrachtung und Enzyklopädie verbunden. Bei Bentham 1789 war die Gesetzgebungskunst ein Lehrfeld für Bürger, „most conducive to the happiness of the whole community, by means of motives to be applied by the legislator" (Filangieri 1833: 9; Bentham 1961: 323; vgl. zur Gesetzgebungslehre: von Beyme 1998: 53ff.).

Erst im 19. Jahrhundert verlor sich die Gesetzgebungstheorie in prozeduralen Analysen ohne Policy-Bezug. Sie folgte damit der Ausdifferenzierung der juristischen Teilgebiete im Zeitalter des Rechtspositivismus. Das Verwaltungsrecht wurde juristischer. Die Verwaltungslehre enthielt meistens noch ein Relikt allgemeiner politischer Theorie, wie bei Ernst Forsthoff (1902-1974). Gegen die immer weitere Zersplitterung der Verwaltungswissenschaft wurde erst in neuerer Zeit die Reintegration der Betrachtung auf dem Boden einer systemischen Ordnungsidee versucht (Schmidt-Aßmann 1998).

Auch in Deutschland hatte es eine Bewegung gegeben, die auf Begrenzung der Staatszwecke drängte. Fichtes „Geschlossener Handelsstaat" hatte noch viel vom älteren Kameralismus übernommen. Hegels Polizeilehre war trotz seiner Grundkonservativität mit einem Tropfen von liberalem oder eher noch sozialem Öl gesalbt. In der Rechtsphilosophie (§ 236) hieß es in einem Zusatz: „Die polizeiliche Aufsicht und Vorsorge hat den Zweck, das Individuum mit der allgemeinen Möglichkeit zu vermitteln, die zur Erreichung individueller Zwecke vorhanden ist. Sie hat für Straßenbeleuchtung, Brückenbau, Taxation der täglichen Bedürfnisse, sowie für die Gesundheit Sorge zu tragen". Er grenzte sich gegen zwei „Hauptansichten" ab, die eine, die behauptet, „daß die Polizei die Aufsicht über alles gebühre", die andere, dass „die Polizei hier nichts zu bestimmen habe", indem jeder sich nach dem Bedürfnis des anderen richten werde".

Der Staat war im Gegensatz zum liberalen Nachtwächterstaat, der sich auf innere und äußere Sicherheit beschränkte, zu Infrastrukturpolitik verpflichtet, falls der moderne Terminus angemessen ist. Armut an sich (ebd. § 244) macht noch keinen „Pöbel". Wo er aber durch die „mit der Armut sich verknüpfende Gesinnung", „durch die innere Empörung über die Reichen" entsteht, ist staatliches Eingreifen in die Politikfelder unerlässlich.

Der Eudämonismus, der in Großbritannien seit Bentham in den Utilitarismus mündete, nachdem Bentham liberal wurde und die Vorstellung aufgegeben hatte, dass Philosophenkönige ihre Ideen am besten unter aufgeklärten Despoten wie Katharina II (1729-1796) durchsetzen könnten, stieß in Deutschland auf überwiegende Ablehnung. Niemand hat diese Ablehnung schärfer vorgenommen als Kant (1724-1804), der formulierte, dass „das Prinzip der Glückseligkeit (welche eigentlich gar keines bestimmten Prinzips fähig ist) auch im Staatsrecht ... Böses anrichtet, so wie es solches in der Moral tut. ... Der Souverän will das Volk nach seinen Begriffen glücklich machen, und wird Despot; das Volk will sich den allgemeinen menschlichen Anspruch auf eigene Glückseligkeit nicht nehmen lassen, und wird Rebell." Alle wohlmeinenden Theoretiker der Polizeiwissenschaft, die hierüber „vernünftelt" haben – Zielscheibe ist vor allem Gottfried Achenwall (1719-1772) – haben für Kant ihre eigenen Urteile dem Prinzip der Glückseligkeit – modern gesagt der „Leerformel" Glück – untergeschoben (Kant 1964: 158, 159).

Wilhelm Humboldts (1767-1835) Schrift über „Ideen zu einem Versuch, die Grenzen der Wirksamkeit des Staats zu bestimmen" von 1792 (erst 1851 in Breslau veröffentlicht), die von großem Einfluss auf John Stuart Mill (1806-1873) war, nahm die radikalste Beschränkung des Staats auf äußere und innere Sicherheit vor (Kap. IV). Selbst die Erziehungspolitik, die als preußische Errungenschaft selbst bei Engels hoch gelobt wurde, ist von Humboldt abgelehnt worden, weil sie zugleich „zuviel und zuwenig" bewirkte und mehr schade als nutze (Humboldt 1960: 69ff.). Wurde in der konservativen Theorie bei Friedrich Wilhelm Joseph Schelling (1775-1854) bis Friedrich Julius Stahl (1802-1861) der Staat zum Selbstzweck, so wurden in der liberalen Theorie die Staatszwecke entweder in den Bereich der Metaphysik oder der politischen Dezision verwiesen (Bull 1977: 27).

Die Politikfelder reduzierten sich auf äußere und innere Sicherheit, so sehr auch in der wilhelminischen Staatslehre der Widerstand wach blieb, gegen die „kümmerliche Anschauung", die den Staat auf „einen Schutz- und Trutzverband nach außen, einen Gerichtsverband nach innen" reduziere (Georg Jelinek).

Die Polizeiwissenschaft ging im Zeitalter des Liberalismus unter. Volkswirtschaft und Verwaltungslehre haben sich ausdifferenziert. Die praktische Philosophie wurde vom Neukantianismus für lange Zeit verdrängt. Daran konnte auch der Versuch einer umfassenden Verwaltungslehre, wie bei Lorenz von Stein (1815-1890) (10 Bde. Stuttgart 1865-84) nichts mehr ändern. „Polizei" wurde zum Untergebiet des Verwaltungsrechts und in der Publizistik wurde darin vor allem die repressive Seite des Staates gesehen. Erst der moderne sozialwissenschaftlich angereicherte Polizeibegriff hat die Polizei entdämonisiert und die protektiven Züge wieder stärker betont. Die alliierte Besatzungspolitik war auf „Entpolizeilichung" Deutschlands gerichtet (Knemeyer 1978). Noch bei dem großen Liberalen Rotteck hieß es 1839: „keine Regierungsgewalt ist für die Freiheit gefährlicher ... als die Polizei, nicht bloß jene geheime und sogenannte höhere, sondern überhaupt die sich so nennende Wohlfahrtspolizei". Hauptzweck des Staates war für ihn die „Herrschaft des Rechts" (von Aretin/von Rotteck 1839: 165f.). Die Enttäuschung der Liberalen über die despotische Wende der Jacobiner in der französischen Revolution mit ihrem repressiven „Wohlfahrtsausschuss" hat diese Verhärtung gegen die Wohlfahrtspolitik bei dogmatischen Liberalen gefördert. Aber die einflussreichsten Liberalen wie Mohl haben die Verknüpfung von Politikfeldforschung und Rechtsstaat – ohne Staatszweckmetaphysik – weiter betrieben.

5   Konklusion

Die Ausdifferenzierung der alten Policey-Wissenschaft und der Kameralistik ist seit dem 19. Jahrhundert unumkehrbar geworden. Der „soziale Rechtsstaat" des Grundgesetzes zeigt jedoch Elemente der alten deutschen Sondertradition, so sehr sich auch einst der wilhelminische Staatsrechtslehrer Paul Laband (1838-1918) gegen die Wortverbindung wehrte, die eine hehre Idee wie den Rechtsstaat „in den Staub des Irdisch-Kleinlichen" ziehe. Der Rechtsstaat wurde im zweiten Kaiserreich überhöht, um dem Bürgertum Konzessionen zu machen, das – trotz des allgemeinen Wahlrechts – keine wesentliche Mitgestaltung der Politik erreichte und nicht einmal die parlamentarisch verantwortliche Regierung vor 1918 durchsetzte. Die praktische Philosophie erlebte nach dem zweiten Weltkrieg eine Renaissance. Aber im Ganzen blieb sie eher theoriegeschichtlich als politikfeldorientiert. Allenfalls in Amerika gingen von normativen Ansätzen Impulse für die erste Phase der „policy sciences" aus.

Die Kontinuität des theoretischen Sonderweges in Deutschland zeigte sich eher in indirekter Form. Preußen und Sachsen wurden im 18. Jahrhundert zu den Hochburgen einer politikfeldorientierten Staatslehre. Kameralistische Lehrstühle wurden in Halle und Frankfurt/Oder eingerichtet. Halle wurde zur wichtigsten Neugründung einer deutschen Universität nach dem Dreißigjährigen Krieg, in einer Zeit des wirtschaftlichen Ruins und der konfessionellen Erstarrung. Frühaufklärung und Pietismus sind nirgendwo wie in Halle eine so enge Verbindung eingegangen. Sie wurde für eine preußische Ethik in Verbindung mit wohlfahrtsstaatlicher Gesinnung prägend. Die Universität Halle wurde zur wichtigsten Schule des aufgeklärten Beamtentums. Vernunft wie Glaube sollten praktisch werden. Aufklärung begann das theologische Denken der Wissenschaft zu unterwerfen. Lepsius hat einen preußischen Stil der Gesinnung ausgemacht, der „sozialpolitisch" und nicht „kapitalistisch" orientiert war, selbst wo er Kameralismus lehrte (Lepsius 1996).

Eine gewisse – nicht nur rechtliche –, sondern auch soziale Gleichheitsvorstellung war mit dieser Gesinnung verbunden. Bei Lorenz von Stein gipfelte diese Auffassung 1852 in der Schrift „Zur preussischen Verfassungsfrage" (von Stein 1961: 36f.) in der Vorstellung, dass eine Verfassung erst Sinn mache, wenn die soziale Einheitlichkeit der heterogenen Landesteile, die Preußen von der „Maas bis an die Memel" ererbt, erobert und erhandelt hatte, vorangetrieben worden sei. Es hatte für ihn keinen Sinn, sich auf verfassungsmäßige Rechte zu berufen, „denn das Verfassungsrecht entsteht nicht aus dem Recht der Gesetze, sondern aus dem Recht der Verhältnisse, und in den großen Staatsangelegenheiten gibt es keine Wahrheit und Treue einzelner Menschen, sondern nur die Wahrheit des Staatslebens".

Diese rechtshegelianische Auffassung war politisch-rechtsstaatlich konservativ, wohlfahrtsstaatlich hingegen progressiv. Und als die „Wahrheit des Staatslebens" nach 1945 darniederlag, hat die konservative Staatslehre bis zu Ernst Forsthoff vielfach weiter den Gedanken vertreten, dass unter dem Dach einer zerstrittenen politischen Verfassung, die Verwaltung mit ihrer Daseinsvorsorge der eigentliche Eckpfeiler des Staatslebens sei. Die „Einheitlichkeit der Lebensverhältnisse" nach der Vereinigung von 1990 zur „Gleichwertigkeit der Lebensverhältnisse" reduziert, erscheint noch als späte Frucht vom Baum dieser preußischen policy-orientierten Staatsgesinnung.

6 Literatur

Aretin, Johann Ch. von/Rotteck, Carl von, 1839: Staatsrecht der constitutionellen Monarchie, Leipzig, Bd. 2, 2. Aufl.

Bentham, J., 1961: The Principles of Morals and Legislation. (1789), New York.

Beyme, Klaus von, 1988: Jesuitischer Wohlfahrtsmachiavellismus: Giovanni Botero, in: Rupert Breitling (Hrsg.), Machiavellismus, Parteien und Wahlen, Medien und Politik. Politische Studien zum 65. Geburtstag von Erwin Faul, Gerlingen, 8-21.

Beyme, Klaus von, 1998: Der Gesetzgeber. Der Bundestag als Entscheidungszentrum, Opladen.

Botero, Jean, 1596: Gründlicher Bericht von Anordnung guter Policeyen und Regiments ..., Straßburg.

Bull, Hans P., 1977: Die Staatsaufgaben nach dem Grundgesetz, Kronberg, 27.

Filangieri, Gaetani, 1833: La scienza della legislazione (1799). Neudruck, Catania, 9.

Humboldt, Wilhelm von, 1960: Werke in fünf Bänden, Darmstadt, Bd. 1.

Kant, Immanuel, 1964: Über den Gemeinspruch ..., in: Werke in sechs Bänden (Hrsg.: W. Weischedel), Frankfurt, Bd. 4.

Knemeyer, Franz-Ludwig, 1979: Polizei, in: Otto Brunner u. a. (Hrsg.), Geschichtliche Grundbegriffe, Bd. 4, Stuttgart, 875-897.

Lepsius, M. Rainer, 1996: Die pietistische Ethik und der ‚Geist‘ des Wohlfahrtsstaates oder: Der Hallesche Pietismus und die Entstehung des ‚Preußentums‘, in: Lars Clausen (Hrsg.), Gesellschaften im Umbruch, Frankfurt, 110-124.

Maier, Hans, 1966: Die ältere deutsche Staats- und Verwaltungslehre (Polizeiwissenschaft), Neuwied.

Mohl, Robert von, 1960: Die Geschichte und Literatur der Staatswissenschaften (1858), Nachdruck, Graz, Bd. 3.

Mohl, Robert von, 1962: Staatsrecht, Völkerrecht und Politik. Bd. 2, Tübingen 1862, Nachdruck, Graz.

Pufendorf, Samuel von, 1994: Die Verfassung des deutschen Reiches (De statu imperii Germanici). 1667, zweisprachige Ausgabe, Frankfurt.

Reinkingk, Dietrich, 1656: Biblische Policey, Frankfurt.

Schmidt-Aßmann, Eberhard, 1998: Das allgemeine Verwaltungsrecht als Ordnungsidee. Grundlagen und Aufgaben der verwaltungsrechtlichen Systembildung, Berlin.

Seckendorff, V. Ludwig von, 1976: Teutscher Fürsten Stat, Frankfurt 1665, Nachdruck Glashütten (Auvermann), 2 Bde., Bd. 1.

Stein, Lorenz von, 1961: Zur preussischen Verfassungsfrage (1852), Darmstadt. 2. Aufl., S. 36f.

Stolleis, Michael (Hrsg.), 1977: Staatsdenker im 17. und 18. Jahrhundert, Frankfurt.

Wolzendorff, Kurt, 1918: Der Polizeigedanke des modernen Staates, Breslau.

Verständnisfragen

1. Grenzen Sie die Begriffe Souveränität, Staatszweck und Staatsräson voneinander ab.

2. Warum war nicht nur für Botero die Wohlfahrtspolitik eines Staates wichtig?

3. Zeichnen Sie die Genese der „Gesetzgebungslehre" nach.

Transferfragen

1. Verdeutlichen Sie den Stellenwert staatlicher Wohlfahrtspolitik anhand eigener Beispiele.

2. Zeigen Sie anhand eines Politikfeldes auf, inwieweit sich die Politikwissenschaft, die Verwaltungswissenschaft, die Rechtswissenschaft und die politische Philosophie voneinander abgrenzen und wo sie ineinander übergehen.

Problematisierungsfragen

1. Nehmen Sie Stellung zu der Behauptung Hegels, dass der Staat zu Infrastruktur verpflichtet sei.

2. Welche Argumente sprechen für und welche Argumente sprechen gegen eine Trennung zwischen Politikwissenschaft und Verwaltungswissenschaft? Welche konkreten Probleme ergeben sich hieraus?

Pragmatismus, Pluralismus und Politikfeldanalyse: Ursprünge und theoretische Verankerung

Klaus Schubert

1   Einleitung

Die Politikfeldanalyse beansprucht Kompetenz auf zwei Ebenen, der wissenschaftlichen Analyse und Reflektion einerseits und der politisch-konstruktiven Beratung andererseits. Das Leitbild ist also das einer „Wissenschaft von der Politik für die Politik". In dieser Sichtweise und mit dem üblicherweise konkret inhaltlichen Fokus werden unmittelbar die Grenzen zu einem entgegen gesetzten Wissenschaftsverständnis, das mit einem szientistischen Wissenschaftsbegriff arbeitet, deutlich. Szientistisch meint den – am naturwissenschaftlichen Idealbild orientierten – Versuch, mittels objektiv gewonnener Informationen und Daten Kausalitäten und Gesetzmäßigkeiten zu ermitteln, die ein genaues Abbild der Realität und ihrer Wirkungszusammenhänge liefert. Sind diese Wirkungszusammenhänge erst einmal entdeckt und erkannt, können sie immer, d.h. raum- und zeitlos in einem kausalen Zusammenhang – wenn → dann – gesetzt und ggf. genutzt werden. Der zentrale Punkt, warum das szientistische Wissenschaftsmodell nur ein Teil der „Wissenschaft von der Politik, für die Politik" sein kann, liegt darin, dass hier die gewonnenen Gewissheiten, die Kausalitäten und Gesetzmäßigkeiten in einem strikten Sinne immer nur für die Vergangenheit gelten: Soziales und eben auch politisches Handeln ist aber immer zeitlich gerichtet und enthält immer gewisse Freiheitsgrade, d.h. ein gewisses Maß an Wahl- und Handlungsfreiheit. Beides, zeitlicher Bezug und Handlungsfreiheit, führen unter konkreten zeitlichen und räumlichen Gegebenheiten und Bedingungen – gezielt oder zufällig – zu sehr unterschiedlichen Handlungsergebnissen und konstituieren unterschiedliche Zukünfte. Erfahrung – auch im eben genannten Sinne, szientistisches Wissen – spielt hier durchaus eine wichtige Rolle. Diese muss aber entweder 1) in geronnener Form – als politische Institutionen oder Strukturen – faktisch bereits vorhanden und wirksam sein oder 2) voluntaristisch, d.h. absichtsvoll der konkreten zeit- und räumlichen Situationen entsprechend eingesetzt und zur Geltung gebracht werden (können). M.a.W. werden soziale und eben auch politische Kontexte nicht nur von „wenn → dann-

Kausalitäten" sondern immer auch von einem gewissen Maß an „um → zu-Kalkülen" definiert.

In der Realität, der politischen Praxis, können also aktuell Änderungen oder Neuorientierungen notwendig werden. Erst recht können – von heute aus gesehen – in der Zukunft politische, sachlich-inhaltliche etc. Fragen und Probleme auftauchen, die ganz neue Antworten und Lösungen erforderlich machen. Antworten und Lösungen, die wir heute nicht kennen, weil wir noch nicht einmal die Ausgangsfrage oder das zugrunde liegende Problem kennen. Insbesondere da, wo Politikwissenschaft also die Beratungsfunktion annimmt, muss neben der Analyse der abgeschlossenen Vergangenheit und der gegebenen, aktuellen Situation immer auch in Betracht gezogen werden, wie denn in die Zukunft gerichtet entschieden und gehandelt werden soll. Politisch gesehen ist diese Betrachtung eigentlich eine Selbstverständlichkeit, wissenschaftlich – genauer wissenschaftstheoretisch – ist das aber ein großes und damit sehr umstrittenes Problem.

Vereinfacht resultiert das Problem daraus, dass Wissenschaft nach Gewissheit, zumindest aber nach gesichertem Wissen strebt. Diese Gewissheit kann in der Realität aber immer nur auf faktisch verfügbare Informationen und Daten begründet werden: Daten und Informationen, die zwangsläufig nur aus bereits gemachten Erfahrungen gewonnen werden können. Dieser Erfahrungsschatz ist zwar – wie die explosionsartige Entwicklung in allen wissenschaftlichen Disziplinen zeigt – unglaublich groß, aber keineswegs allumfassend. Im Gegenteil, alle Erfahrung zeigt, dass wir in Zukunft noch mehr wissen werden als heute und, dass dieses Wissen dann politische etc. Entscheidungs- und Handlungsgrundlage sein wird.

Die Politikfeldanalyse will beides, Wissenschaft und Problemlösung, Analyse (des Gegebenen) und konstruktive Mitarbeit an „in die Zukunft gerichteten und die Zukunft gestaltenden politischen Entscheidungen". Mit dieser doppelten Anforderung tut sich jene Politikwissenschaft schwer, die immer noch weitgehend dem szientistischen Modell und dem Konzept „rationalen Handelns" verbunden ist. Zwar mildern Modelle eingeschränkter Rationalität (bounded rationality) die strikten Annahmen rationalen Handelns ab und öffnen sich damit der Realität. Die völlig neue Perspektive aber, die sich ergibt, wenn Politik und politisches Entscheiden in konkrete, raum-zeitliche Situationen gesetzt und prozessual gesehen werden muss, bedarf eines alternativen Wissenschaftsbegriffes. Dieser prozessual oder evolutionär verstandene Wissenschaftsbegriff wurde in den USA unter der Bezeichnung „Pragmatismus" bereits Ende des 19./Anfang des 20. Jahrhunderts entwickelt. Die Policy Analysis ist, wie im Folgenden zu zeigen ist, – neben anderen modernen wissenschaftlichen Entwicklungen – ein originäres Ziehkind des Pragmatismus. Bis in die Gegenwart hinein fand der Pragmatismus allerdings als philosophische Strömung und wissenschaftstheoretische Neuorientierung im deutschsprachigen Raum kaum Anklang. Die Politikfeldanalyse – als zumindest teilweise aus dem angelsächsischen Raum importierte, inzwischen aber völlig etablierte Teildisziplin der deutschsprachigen Politikwissenschaft – hat daher zwei wissenschaftliche Hintergründe: einen eher szientistisch und einen eher pragmatistisch orientierten. Dies zeigt sich bspw. auch in diesem Lehrbuch, dessen Beiträge einerseits in der szientistischen Tradition stehen (z. B. Eberlein/Grande, Schneider). Ein Teil der heute kritisch mit und in der Politikfeldforschung Arbeitenden geht oft – explizit oder implizit – von pragmatistischen Annahmen aus (z. B. Saretzki, teilweise Bandelow).

Über die Ursprünge und theoretischen Bezüge der Politikfeldanalyse ist in Deutschland wenig bekannt und wird bislang wenig geforscht. Dies hat auch damit zu tun, dass in unserer Disziplin der – modernen – politischen Theorie recht wenig Aufmerksamkeit geschenkt wird. Im Folgenden werden die ideengeschichtlichen Wurzeln der Policy Analyse, nämlich dem Pragmatismus und Pluralismus im angelsächsischen Raum, aufgezeigt. Einleitend und als Überblick sollen allerdings die zentralen Begriffe mit Namen und Personen in Verbindung gebracht werden. Dadurch wird der Zusammenhang, in dem die Begriffe entstanden sind und in die Politikwissenschaft eingebracht wurden, schnell deutlich. Danach werden die wichtigsten Kernelemente des Pragmatismus heraus gearbeitet.

2 Überblick

Den Terminus Pluralismus, der – inzwischen zu den politikwissenschaftlichen Grundbegriffen gehört – führte der britische Politikwissenschaftler (und später führende Labour-Politiker) Harold Laski in die junge Disziplin ein (Laski 1917). Er hatte den Begriff und bis zu einem gewissen Grade auch das dazu gehörige Weltbild während seines Nordamerika-Aufenthaltes als junger Wissenschaftler – offensichtlich beeindruckt von den „Popular Lectures": „A Pluralistic Universe" – von William James (1909) übernommen. James gilt als Wegbereiter des Pragmatismus, einer politisch-philosophischen Strömung, für die die unübersehbare Vielfalt der Welt, die pluralistische Verfassung der Realität also, eine zentrale Grundannahme darstellt. Der Pragmatismus als Weltbild und als (sozialpolitisch-)philosophische Bewegung sowie die strikt empirische Grundorientierung der Pragmatisten war für die Entwicklung der modernen Sozialwissenschaften in den USA prägend. Seither gibt es dort einen alternativen, anti-dualistischen – d. h. nicht auf dem Gegensatzpaar „Theorie versus Praxis" basierenden – sozialwissenschaftlichen, insbesondere auch politikwissenschaftlichen Zugang. Die schulbildende Wirkung ging von der neuen, gegen Ende des 19. Jahrhunderts gegründeten Universität Chicago aus. Mittelpunkt und Mentor der pragmatitischen Bewegung war dort John Dewey, der in Deutschland als Philosoph eben erst entdeckt wird, bisher in erster Linie aber als Erziehungswissenschaftler bekannt ist.

Die Bedeutung des Pragmatismus bis in die vierziger Jahre des 20. Jahrhunderts erklärt sich vor allem aus der großen Anzahl von Wissenschaftlern verschiedenster Disziplinen, die sich der „Chicago School of Pragmatism" zurechnen lassen; darunter auch einer der Urväter der „New Science of Politics", Charles E. Merriam. Merriam war sicher einer der wichtigsten Politikwissenschaftler der Gründergeneration in den USA. Sein wissenschaftliches Renommee begründete er mit dem Buch „New Aspects of Politics" (1925) und der für die Verbreitung des neuen wissenschaftlichen Denkens unüberschätzbaren Gründung des „Social Science Research Council" (1923). Mit Merriams Schülern in Chicago – Harold D. Lasswell und David A. Truman – schließt sich der oben geöffnete Kreis wieder: Lasswell gilt – gemeinsam mit Merriam – als Begründer der „policy sciences", die später „policy analysis" genannt werden, d. h. der Politikfeldanalyse (Lerner/Lasswell 1951). Truman gilt bekanntermaßen als Begründer der pluralistischen Gruppentheorie. Der von Truman (wieder-)entdeckte – und als spiritus rector seiner Arbeit genannte – Arthur F. Bentley nimmt dabei eine weitere interessante Mittlerposition ein. In seinem Aufsatz: „The Jamesian datum" berichtet er, dass wesentliche Anstöße für sein bereits 1908 erschienenes Hauptwerk „The Process of Government" – ein Klassiker der Pluralismusforschung – auf Ideen von James zurückzuführen sind. (Bentley 1943) Später arbeitete und publizierte er gemeinsam mit Dewey über wissenschaftstheoretische Fragen.

Bei näherer Beschäftigung mit den Ursprüngen des modernen Pluralismus und den Anfängen der Politikfeldanalyse tritt also das pragmatistische Denken in den Vordergrund, das sich als Alternative zum traditionellen, europäischen und deutschen Theorie- und Wissenschaftsverständnis interpretieren lässt. Insbesondere bildet es eine bislang zuwenig beachtete Grundlage für die politikwissenschaftliche Theorieentwicklung.

Der Begriff Politikfeldanalyse hat sich in der deutschsprachigen Politikwissenschaft als Übersetzung für eine ganze Reihe von angelsächsischen Fachbegriffen etabliert, die weitgehend synonym verwendet werden: policy analysis, policy studies, policy sciences, public policy, comparative public policy und New Science of Politics.

---

3   Pragmatismus

Mit dem Adjektiv „pragmatisch" wird umgangssprachlich i.d.R. eine ambivalente Mischung verbunden, aus a) einer praktischen und unkomplizierten Vorgehensweise einerseits und b) einer Geisteshaltung andererseits, die sich, wenig phantasievoll oder ambitiös, vorwiegend auf ein „Durchwursteln" eingerichtet hat. Pragmatiker stehen nicht für den großen Entwurf. Im positiven Falle werden ihnen die Attribute sachgerecht und realitätsnah, machbarkeits- und nutzenorientiert zugeschrieben; im negativen Fall steht Pragmatismus für hemdsärmeligen Aktionismus. Was aber hat das Alltagsverständnis mit dem philosophisch-politischen Verständnis von Pragmatismus zu tun? Aus der Sicht der im letzten Viertel des 19. Jahrhunderts entstandenen philosophischen Strömung ist der Pragmatismus lediglich „Ein neuer Name für alte Denkweisen" (James [1908]2000). Dieser knüpft einerseits an den griechischen Stammbegriff „pragma" (handeln) an, andererseits – und in deutlichem Kontrast zum Alltagsverständnis – verweist die philosophische Bedeutung des Begriffes aber explizit auf die praktischen Folgen, Wirkungen und Konsequenzen menschlichen Denkens und Handelns. Dabei geht es immer um beides, um die konkreten, materiell-inhaltlichen Folgen menschlichen Handelns und um deren Bewertung.

Der Ursprung des neuzeitlichen philosophischen Pragmatismus kann vergleichsweise präzise auf den im Jahr 1878 von Charles Sanders Peirce publizierten Aufsatz „How to make our ideas clear" (dt. 1965) zurückgeführt werden. In diesem Aufsatz wird die Ausgangsfrage pragmatistischen Denkens formuliert: „Consider what effects, that might conceivably have practical bearings, we conceive the object of our conception to have. Then, our conception of these effects is the whole of our conception of the object." (Peirce 1935) Der Begriff „Pragmatismus" als Kennzeichnung des neuen Denkens wurde jedoch erst zwanzig Jahre später von James (1898) einer breiteren Öffentlichkeit vermittelt und schnell popularisiert. Zwischen Peirce' Aufsatz und James' Popularisierung lagen die Diskussionen im so genannten „Metaphysical Club" in Cambridge, Massachusetts, der Keimzelle des Pragmatismus (Fish 1964). Unter dem Eindruck immer neuer, umwälzender (vor allem natur-)wissenschaftlicher Entdeckungen, insbesondere derer Charles Darwins, hatte sich in Harvard eine Gruppe von Wissenschaftlern zusammengefunden, die die Implikationen dieser neuen und z. T. revolutionären Entdeckungen kontinuierlich diskutierte:

> *„They applied the Darwinian ideas of chance variations and natural selection to a host of important questions in logic, physics, psychology, history, jurisprudence, and social ethics, and emerged with a new, important pragmatic reconstruction of traditional philosophy. They brought philosophy down to earth and put it to work on the problems of men in the sciences and in the broader cultural changes ... The common leitmotiv of their discussions of the meaning of evolution for man was their deep respect for the inviolable, creative character of individual freedom"* (Wiener 1965:190).

Neben den Begründern des Pragmatismus i. e. S. – W. James (ursprünglich Mediziner und Psychologe), C. S. Peirce (Mathematiker und Logiker) und Dewey (Psychologe und Pädagoge) – zählten z. B. auch der Historiker John Fiske, der Mathematiker Chauncey Wright und der Jurist Oliver Wendell Holmes (sicher einer der einflussreichsten Verfassungsgelehrten der USA) zu dieser Gruppe. Diese Aufzählung ist nicht abschließend, soll aber genügen, um zu verdeutlichen, dass der pragmatistische Gedanke aus sehr unterschiedlichen disziplinären Bezügen heraus entwickelt wurde, mit sehr unterschiedlichen praktischen und wissenschaftlichen Interessen verbunden ist und auf diese zurück- und weiterwirkte, kurz: der Pragmatismus explizit kein im engeren Sinne nur philosophisches Projekt darstellte.

Pragmatismus ist eine philosophische Strömung, die die lebenspraktische Bedeutung des Nachdenkens, Reflektierens in den Mittelpunkt stellt und danach fragt, welchen Nutzen unterschiedliche Handlungen, Ideen, Wertungen etc. bewirken. Aus Sicht des Pragmatismus ist die Trennung zwischen einer (niederen) körperlich-realen Welt und einer (höheren, dahinter liegenden) geistig-abstrakten Welt falsch. Vielmehr müssen die geistigen Fähigkeiten des Menschen als zusätzliche Möglichkeit der Erfassung und (nutzbringenden) Gestaltung der Welt verstanden werden, d. h. das intellektuelle Schaffen muss immer wieder in die tatsächliche Welt geführt werden und sich dort (als praktisch und nützlich) bewähren. Ausgangspunkt des Pragmatismus ist eine pluralistische Welt mit offener (nicht-determinierter) Zukunft für alle Individuen. Vielfalt und Offenheit lassen die Möglichkeit zur (politischen) Gestaltung und (nützlichen) Verbesserung der menschlichen Existenz zu, erfordern allerdings auch (immer wieder neue) Ordnungsleistungen (z. B. hinsichtlich des politischen Zusammenlebens von Menschen).

Es ist kennzeichnend für den Pragmatismus, dass sich die Kernelemente und Kernaussagen einer eindeutigen Hierarchisierung entziehen. Sie sind statt dessen vielfach aufeinander bezogen und überlappen sich teilweise, so dass insgesamt ein mehrdimensionales Argumentationsmuster entsteht. Diese Mehrdimensionalität verleiht dem Pragmatismus die immer wieder konzedierte Realitätsnähe, trägt aber auch nicht unerheblich zu Missverständnissen bei. Im

Folgenden werden die zentralen Postulate, Kategorien und Ansätze des Pragmatismus dargestellt.

Die folgende Darstellung führt vom Allgemeinen, der pluralistischen Weltsicht (1), zum
Speziellen, dem demokratisch-individualistischen Menschenbild des Pragmatismus (6). Da-
zwischen liegen der strikte Anti-Dualismus und die strikt empirische Orientierung (2), die
spezifisch pragmatistische Vorstellung über die Sozialität allen menschlichen Handelns, die
Intersubjektivität (3) und das spezifische Verständnis zeitlicher Gebundenheit menschlichen
Handelns, der Temporalismus (4), schließlich werden die pragmatistische Konzeption
menschlichen Handelns und dessen innerweltliche Positionierung heraus gearbeitet und die
für den pragmatischen Handlungsbegriff zentrale Kontingenzabhängigkeit erläutert (5).
Der in philosophischen Diskursen wichtige, spezifische Wahrheitsbegriff des Pragmatismus
soll hier nicht abgehandelt werden (Diaz-Bone/Schubert 1996).

3.1   Pluralismus

Ausgehend von den Erkenntnissen der Evolutionstheorie setzt der Pragmatismus die empirische Komplexität und Vielfalt der Realität als den zentralen Ausgangspunkt allen menschlichen Denkens und Handelns, insbesondere auch des wissenschaftlichen Problemlösens.
Damit wird der „Pluralismus oder die Lehre, dass das Universum eine Vielheit darstellt" die
zentrale Entgegensetzung zu Philosophien, die – idealistisch oder rationalistisch – die Wirklichkeit in einem singulären Ganzen aufgehen lassen (James [2]1994: 208). Aus pluralistischer
Sicht besteht die Welt also aus einer unübersehbaren Vielfalt von Dingen, Eigenschaften und
Erfahrungen, die eigenständig und unabhängig voneinander existieren und nicht auf ein ewi-
ges, universales oder singuläres Grundprinzip rückführbar sind. Diese Realitäten existieren
allerdings auch nicht monadisch oder atomistisch isoliert, sondern stehen vielmehr in vielfältigen, äußerlichen Beziehungen zueinander. Die pluralistische Wirklichkeit existiert damit
„föderativ", „vernetzt" und eröffnet ein „Multiversum" an Optionen und Möglichkeiten.
Diese prinzipielle Offenheit bietet die Grundlage dafür, dass die Welt als gestaltbar, verände-
rungs- und verbesserungsfähig verstanden werden kann.

Das philosophische Phänomen der (positiv:) „Vielheit eigenständiger Wesenseinheiten" bzw.
der (negativ:) „postmodernen Unübersichtlichkeit" ist also nicht erst eines der aktuellen
Krise der Moderne. Die pluralistische Sichtweise kann vielmehr auf eine lange Tradition
zurückblicken, die bereits bei den Vorsokratikern beginnt (Schiller 1907). Der Begriff Pluralismus wird auf Christian Freiherr v. Wolff (1721) zurückgeführt und bereits Kant verwendet
ihn in einem zusammenführenden, zwischen den individuellen Interessen vermittelnden
Sinne, wenn er den Pluralismus positiv gegen den Egoismus abgrenzt. Die heutige Bedeutung, die der pluralistischen Weltsicht im philosophischen Diskurs und der politischen Realität westlicher Demokratien zukommt, geht auf den Pragmatisten James zurück (Rorty 1994).
Er vertrat in seinen Vorlesungen über „Das pluralistische Universum" (James 1909) die
These, dass die Dinge und Erfahrungen nicht jeweils als Teile des Absoluten, sondern als eigenständige Objekte zu betrachten sind. Sozial- und politikwissenschaftlich interessant ist,
dass gerade diese Eigenständigkeit das Individuum zu Aktivitäten veranlasst, d. h. dass

menschliches und damit auch politisches Handeln immer auf, mit und gegen andere und anderes gerichtet ist. Einheit ist daher nicht etwas Vorgegebenes, sondern muss immer erst geschaffen werden – u. a. in vielfältigen Einigungsprozessen dort, wo die individuellen Motive und Interessen die Motive und Interessen anderer suchen, sich mit diesen überschneiden bzw. mit diesen zusammenfallen.

Die Bedeutung des philosophischen Pluralismus und der unmittelbare Bezug zum politischen Pluralismus (vgl. Schubert 1995) liegt darin, sich zwischen einem reinen (z. B. utilitaristisch definierten) Individualismus und der Überhöhung des „Großen", „Einzigen", „Ganzen" zu positionieren: „The alternative between 'bigness' and radical individualism, then, is the individual-in-community" (Ford 1993: 124). Hier wird die Abgrenzung zu kommunitaristischen Ansätzen deutlich, von denen sich Pragmatismus und Pluralismus dadurch unterscheiden, dass sie das Individuum, als Promotor für Veränderung und Verbesserung der Lebenswelt in den Mittelpunkt rücken und eine explizit kosmopolitische Perspektive verfolgen. Aus der Sicht des Pragmatismus und Pluralismus erscheint der Kommunitarismus seltsam rückwärts gewandt, scheint nur an einem vergangenen Teil der US-amerikanischen „community"-Tradition orientiert und darüber hinaus im Intellektuell-Appellativen zu verharren (Rorty 1997). Mit dem Kommunitarismus gemein haben Pluralismus und Pragmatismus die Vorbehalte gegenüber großen – letztlich unkontrollierbaren – Organisationen. Politisch-programmatisch formulierte James (1920: 90): „The bigger the unit you deal with, the hollower, the more brutal, the more mendacious is the life displayed. So I am against all big organizations as such, national ones first and foremost..."

Die philosophische Idee des Pluralismus kann folgendermaßen zusammengefasst werden: Aus der strikten Orientierung an empirischen Realitäten und ihrer unüberschaubaren Vielfalt der Dinge, Ereignisse und Erfahrungen ergibt sich das Primat der „Vielheit vor der Einheit". Diese Vielfalt existiert nur in partiellen Bezügen zur jeweiligen Umwelt. Die Dinge sind also nicht „wesensmäßig allumfassend" miteinander verknüpft, sondern nur äußerlich miteinander verbunden. Obwohl letztlich „alles mit allem" zusammenhängen kann, ist die erfahrbare Realität immer nur durch partielle Verbindungen, Konfigurationen und Netzwerke gekennzeichnet. Aufgrund der Endlichkeit allen menschlichen Lebens wird der Faktor Zeit relevant. D. h. die Realität ist durch sequentielle, an begrenzten Objektivitäten orientierten Handlungen gekennzeichnet. Dadurch entstehen „gerichtete Entwicklungen", die aber keinem starren Determinismus unterworfen sind. Aus dieser prozessualen Sicht müssen sich Handlungen immer wieder durch ihre praktische Nützlichkeit beweisen. Vielfalt und Nutzenorientierung bewirken, dass das „Werden" und „Entwickeln" gegenüber dem „Vorhandenen", dem „Sein", Vorrang genießt.

Aus den nahezu unendlichen, nicht determinierten Möglichkeiten der Verknüpfung von „Einzelnem" zu Konfigurationen von immer Neuem, Werdendem, Innovativem entsteht eine außerordentliche Dynamik. In dieser prozessualen, auf offene Zukünfte gerichteten Perspektive kann immer erst im Nachhinein als Ganzes erkannt werden, was vorher als Pluralität von Möglichkeiten zur Verfügung stand. Zukünfte können zwar (z. B. modellhaft rational) vorweg genommen werden; sie übernehmen dann die Funktion von Leitbildern und Orientierungsgrößen. Sie können aber nicht in ihrer offenen Pluralität und ihrem prospektiven Beziehungsgeflecht antizipiert werden, sondern bilden lediglich punktuelle Projektionen anzustrebender Ziele oder zu vermeidender Konsequenzen. Erst im Prozess des Verwirklichens zeigt sich die Anschlussfähigkeit des Neuen und damit der realisierbare Nutzen von Innovationen – mit anderen Worten erst dann zeigt sich, welche Teile antizipierter Zukünfte verwirklicht und als Tatsache schließlich „wahr" werden.

Der philosophische Pluralismus konstituiert ein Weltbild, das aufklärerischen Prinzipien, der Offenheit von Zukünften und dem Fortschrittsgedanken verpflichtet ist. Er wendet sich jedoch gegen jegliche mechanische Betrachtung oder rein rationalistische Konzeptionen des Fortschritts und zukünftiger Entwicklungen. In seiner grundsätzlichen „bottom up"-Perspektive bietet der philosophische Pluralismus auch ein zentrales Fundament aufgeklärter westlicher Demokratievorstellungen. Insbesondere dadurch, dass er nicht nur die individuelle Erfahrung als Referenzpunkt seines Weltbildes wählt, sondern gleichwertig die erfahrbaren Relationen jedes Einzelnen, wie „die Dinge selbst" in Betracht zieht. Damit führt der pluralistische Ansatz aus einer „entweder-oder"-Haltung – die das Einzelne gegen das Ganze, das System, stellt – zumindest insofern heraus, als er dazu auffordert, die vielfältigen realen Möglichkeiten und Relationen zu nutzen und zu gestalten. Handlungsfreiheit ist keine Erfindung des Pragmatismus, in dessen Sicht hat Handlungsfreiheit aber nicht nur einen suchend-experimentellen, sondern immer auch einen formativen Charakter. Dies insofern, als Handeln immer auch auf Übereinstimmung, Anschlussfähigkeit an das Gegebene gerichtet sein muss. Damit werden etwa gegebene Ordnungen immer wieder bestätigt, hergestellt oder ggf. in einem zweifachen Sinne – substantiell oder/und zeitlich gesehen – weiterentwickelt.

Die strikte Gegenüberstellung von Einzelnem und Ganzem, die in politikwissenschaftlicher Terminologie auf den Gegensatz von Individuum und Staat, Interesse und Gemeinwohl hinausläuft, ist einer europäischen Ideenwelt verpflichtet, in der sich das Individuum erst emanzipieren muss; in der auch die demokratische Idee erst in geschlossenen, zumindest prädominanten Systemen entwickelt werden musste. In der amerikanischen Variante der Aufklärung liegt die Dignität zuerst im Individuum; alle nachfolgenden sozialen und politischen Arrangements sind abgeleitet, nicht vorgegeben (oder gar Gottgegeben) und müssen sich insofern bewähren. Positiv formuliert: Sie sind grundsätzlich gestaltbar und verbesserungsfähig.

Der pragmatische Pluralismus konstituiert also keinen „Hyper-Individualismus". Im Gegenteil: Das Individuum ist nur ein Teil von dem ausgegangen, mit dem gerechnet werden muss. Perspektivisch, prozessual gesehen sind die Beziehungen und Verknüpfungen ebenso real wie die Dinge bzw. der Einzelne selbst und haben den gleichen konstitutiven Stellenwert. Damit ist das Individuum im „Pluralistischen Universum" nicht völlig frei oder gegen seine Umwelt isolierbar. Sein Handeln ist nicht „frei von" den konkreten Bedingungen und Beziehungen denkbar. In der gegebenen Vielfalt ist es aber „frei für" diese oder gegebenenfalls andere Relationen, die Annahme oder die Veränderung gegebener Bedingungen. Hierbei sind allerdings Aufwand und Kosten zu beachten: Nutzen kann nur erwartet werden, wenn die Veränderung in der Lage ist, das Gegebene in etwas Neues, Besseres zu überführen. Der Pluralismus ist damit eben keine Philosophie der „Neuen Beliebigkeit", sondern durch das Postulat des „Sich-bewähren-müssens" von Innovation eine Aufforderung zur konstruktiven Entwicklung und Verbesserung des Gegebenen.

3.2 Anti-Dualismus und Empirismus

Die Entstehung des frühen Pragmatismus fällt unmittelbar in den „Zusammenbruch der großen spekulativen Systeme" (Oehler 1992). Im letzten Drittel des 19. Jahrhunderts erschöpfte sich die Fähigkeit der allgemeinen Philosophie, umfassende Ontologien zu entwickeln, die weiterhin in der Lage gewesen wären, den Entwicklungen in den Einzelwissenschaften Orientierung zu bieten. Der Grund für die rapide zunehmende Orientierungsschwäche der Philosophie liegt vor allem in der plötzlich und ungeheuer rasch zunehmenden Leistungsfähigkeit einzelwissenschaftlicher Forschung begründet. Diese basierte auf einer bis dahin nicht gekannten Gründlichkeit und Präzision von Arbeit und wissenschaftlicher Forschung. Vor dem Hintergrund des enormen Erfolges empirischer Forschung erschienen philosophische Spekulationen als kontraproduktiv. Und es schien völlig außer Frage, dass jegliche Metaphysik letztlich mit wissenschaftlicher Unschärfe und Schwäche erkauft wird.

Damit war nun einerseits die Leistungsfähigkeit, insbesondere das Integrationsvermögen der Philosophie diskreditiert – erodierte das Fundament philosophisch-wissenschaftlich begründeter Werturteile. Die Philosophie verlor ihre Orientierungsfunktion. Andererseits standen Wissenschaftstheorien und eine entwickelte Wissenschaftslehre noch nicht zur Verfügung, wie es für die solide Abklärung der methodologischen Basis wissenschaftlichen Arbeitens (verbunden damit auch die Forderung, auf wissenschaftlich letztlich nicht begründbare Werturteile zu verzichten) notwendig gewesen wäre.

Die in diesem Zusammenhang entscheidenden Entdeckungen und Lehren Darwins fanden in den USA wesentlich schneller Verbreitung und Anerkennung als in der alten Welt und trugen ganz erheblich zu den Auseinandersetzungen zwischen Religion und Philosophie einerseits und empirischen (Natur-)Wissenschaften andererseits bei. Wie bereits erwähnt, war die Arbeit Darwins zentraler Diskussionsgegenstand im Bostoner „Metaphysical Club", aus denen heraus James (1907) eine pragmatistische, anti-dualistische Position entwickelte. Demnach muss der Pragmatismus als „Mittler" zwischen Empiristen und Rationalisten verstanden werden. Tatsachen und Ideen, empirische Befunde und theoretische Entwürfe (allgemeiner: Körper und Geist) werden nicht gegeneinander, sondern allein dem pragmatistischen Prinzip – „what conceivable effects of a practical kind" – unterzogen. Methodisch-analytisch stehen damit Theorien und Fakten auf gleicher Ebene: „Theories thus become instruments, not answers to enigmas, in which we can rest" (ebd.: 53). Pragmatistisch gesehen hat das Denken eine instrumentelle Funktion: „We don't lie back upon them, we move forward, and, on occasion, make nature over again by their aid" (ebd.: 53). In dieser Positionierung des Pragmatismus deutet sich bereits die spezifische handlungstheoretische Perspektive an: Theorien sind Instrumente, die in der Lage sein müssen, in der faktischen Welt etwas zu bewirken.

Die Diskussion über das Spannungsverhältnis Moderne/Post-Moderne zeigt, dass das Thema Dualismus/Anti-Dualismus keineswegs ein inner-philosophisches Problem ist. Diese auch in der modernen politischen Theorie geführte Debatte kritisiert einerseits die „rationalistisch halbierte Moderne" (Beyme 1996: 252). Sie führt andererseits aber – bestenfalls und positiv bewertet – zu einer Pluralisierung der verfügbaren theoretischen Ansätze, die bislang noch – negativ bewertet – als „Neue Unübersichtlichkeit" rezipiert und kritisiert wird. Gerade letzteres scheint eher die eingetretene Verunsicherung und das allzu selbstgefällige und wenig empirisch reflektierte Festhalten an „Traditionsbeständen" widerzuspiegeln, als aktiv als Chance für eine Öffnung, Neubewertung und Neuorientierung der politischen Theorie genutzt zu werden. Methodisch gesehen geht der pragmatistische Empirismus davon aus, dass die sozialen und politischen Probleme (wie physische, biologische, psychologische etc. auch) nur durch schrittweise Analyse und Veränderung gelöst und verbessert werden können; die konkreten Probleme der empirischen Realität lassen sich – im Gegensatz zu abstrakten, rein theoretischen Problemen – nicht mittels großer, allumfassender Weltdeutung lösen.

3.3   Intersubjektivität

Ein Kernelement des Pragmatismus ist die Intersubjektivität, die die sozialen Voraussetzungen des pragmatistischen Individualismus klärt und dabei das pluralistische Weltbild mit dem pragmatistischen Menschenbild verklammert. Die soziologisch-umgangssprachliche Verwendung des Begriffes intersubjektiv – im Sinne von „gemeinsamer Teilhabe an bzw. Kennzeichnung von Ausschnitten der realen oder symbolischen Welt durch mehrere Individuen" – trifft hier den allgemeinen Sachverhalt. Das Konzept der Intersubjektivität, das über die Arbeiten George Herbert Meads erschlossen wird, ist für den Pragmatismus auf mehreren Ebenen von Bedeutung (Mead [1934]1973; Joas 1989).

Intersubjektivität orientiert (1) das Individuum aus (sozial-)psychologischer Sicht auf das Soziale, die Gesellschaft, d. h. es betont den sozialen Ursprung und das soziale Gebundensein allen individuellen Handelns. Es postuliert (2) dass soziale – und nicht rationalistisch verkürzte – Handlungsstrategien vor allem deshalb eine grundsätzlich höhere (i. S. v. nützlichere und vorteilhaftere) Form des Handelns, Entscheidens und Problemlösens sind, weil diese – kollektiv „ausgemendelt" und rückgekoppelt – reflexive Handlungsstrategie darstellen. Sie basieren auf breiterer Erfahrung und sind damit nicht nur sicherer, bezogen auf die in die Entscheidung einfließende Erfahrung, sondern auch wahrscheinlicher – hinsichtlich der Realisierung(-schancen) der Entscheidung. Schließlich ist für den Meadschen Pragmatismus das moderne, auf Diskurs basierende, wissenschaftliche Problemlösen beispielhaft für die notwendige „Sozialität" komplexer Problemlösungsprozesse.

Der pragmatistische Begriff des Handelns trennt nicht zwischen einer ethisch-moralischen und einer utilitaristischen Handlungskomponente. Handeln wird als Rekonstruktion von Erfahrung verstanden, als Veränderung und Reorganisation von Beziehungen zwischen den Handelnden und ihrer sozialen (und materiellen) Umwelt. Solche Arten sozialer Handlungsstrategien stellen deshalb auch eine höhere Form des Handelns, Entscheidens und Problemlösens dar, weil sie immer wieder neu sowohl die Voraussetzungen als auch die Konsequenzen demokratischer Gemeinschaft und demokratischen Engagements erzeugen. Demokratisches Entscheiden als Problemlösungsstrategie ist somit nicht „nur" (vor dem Hintergrund des Gleichheitspostulates) ethisch-moralisch wertvoller, sondern über die vielfältige Reflexion und involvierte Erfahrungsbreite demokratischer Entscheidungsprozesse materiell besser, breiter umsetzbar bzw. anschlussfähiger und damit nützlicher.

Mead bezeichnet seinen Ansatz als „social behaviorism" (Mead 1934: 6), stellt sich damit in die Reihe der Empiriker, positioniert aber auch seine spezifische Sichtweise, die das Individuum als sozial geprägtes versteht. Die Herausbildung des Individuums ist eher Resultat der Einflüsse und Wirkungen seiner sozialen Gruppe und gesellschaftlichen Umwelt, als dass umgekehrt die Gruppe bzw. die Gesellschaft als Resultat oder als Addition der sie konstituierenden Individuen betrachtet werden kann. Meads Position steht hier in scharfem Kontrast zu allen vertragstheoretischen Ansätzen, aus deren atomistisch-individualistischem Menschenbild heraus Gruppen und andere soziale Organisationen eines äußerlichen, künstlichen (z. B. vertragstheoretischen) Eingriffs oder Anstoßes bedürfen und erst durch eine Art „Beitritt" ansonsten isolierter Individuen menschliche Gesellschaften entstehen. Aus dieser Sicht formieren sich soziale Organisationen – Gesellschaften – als Folge gemeinsamer Aktivitäten und Anstrengungen ansonsten separierter Individuen. Mead lehnt diese Sichtweise ab. Sein Verständnis sozialer Organisation ist aristotelisch:

> „We are not ... building up the behavior of the social group in terms of the behavior of the separate individuals composing it; rather, we are starting out with a given social whole of complex group activity, into which we analyze (as elements) the behavior of each of the separate individuals composing it. We attempt, that is, to explain the conduct of the individual in terms of the organized conduct of the social group" (ebd.: 7).

Mead vertritt kein statisches Konzept sozialer Gruppen bzw. der Gesellschaft. Das zentrale Element ist die „soziale Handlung", d. h. das individuelle Verhalten als Teil eines sozialen Prozesses:

> „the behavior of an individual can be understood only in terms of the behavior of the whole social group of which he is a member, since his individual acts are involved in larger social acts which go beyond himself and which implicate the other members of that group" (ebd.: 6).

In Meads Sicht lernt, antizipiert und entwickelt sich die individuelle Position und das individuelle Verhalten auf der Basis und als Reaktion von Gruppen- oder gesellschaftlichen Prozessen, es emergiert und beeinflusst auf diese Weise wiederum das ihn umgebende soziale Umfeld.

In der Konzeption des in sozialen Gruppen agierenden Individuums thematisiert *Mead* auch ein zentrales Element des Pluralismus. In modernen Gesellschaften werden Individuen kaum noch in nur einer Bezugsgruppe sozialisiert, sondern entwickeln ihr „self" in einer Vielzahl von Bezügen und Situation, wobei sie mit unterschiedlichen, z. T. auch konfligierenden Rollen und Anforderungen konfrontiert werden. Psychologisch setzt sich damit die Pluralisierung der Lebenswelt in einem mehr oder weniger umfangreichen, individuell notwendigen Deutungsprogramm und Verhaltensrepertoire fort: „A multiple personality is in a certain sense normal" konstatiert Mead bereits in den zwanziger Jahren dieses Jahrhunderts (Mead 1934: 142). Politisch-soziologisch wird auf ein für die pluralistische Gruppentheorie definitorisches Element, die sog. „overlapping membership", verwiesen; jenen Mechanismus also, der nicht nur zwischen Individuum und Gruppe, sondern gleichzeitig auch zwischen der Vielzahl (komplexe Gesellschaften konstituierender) Gruppen vermittelt. Pragmatismus,

Pluralismus und pluralistische Gruppentheorie haben hier ihren – für die Gruppentheorie wichtig: nicht notwendigerweise individualistischen – Schnittpunkt.

Meads Pragmatismus verweist auch auf die Besonderheiten der Organisation menschlichen Zusammenlebens und verdeutlicht den zentralen Stellenwert des demokratischen Individualismus im pragmatistischen Denken: Individuen sind eben nicht nur in der Lage, auf Umweltreize zu reagieren. Sie lernen vielmehr – durch Selbstreflexion und In-Beziehung-setzen, d.h. durch Mittel-Ziel-Relationen – auch die Folgen ihres Handelns abzuschätzen und verfügen so über besondere Techniken der Selbstorganisation, der Selbstkontrolle und der Selbstveränderung. Menschliche Organisationen unterscheiden sich von anderen aber auch insofern, als sie über vergleichsweise flexibel gestaltbare Kontrolltechniken verfügen. In menschlichen Organisationen kann die Regulation des individuellen Verhaltens (insbesondere auch des geplanten individuellen Verhaltens) in das Individuum selbst verlagert werden.

Die Fähigkeit der Selbstreflexion versetzt das Individuum – zumindest prinzipiell – in die Lage, die Folgen seiner Handlungen für sich selbst und andere abzuschätzen. Charakteristisch für menschliche Organisationen ist daher die Fähigkeit Prozesse einzuleiten, die auf eine Veränderung der eigenen, gegebenen Organisationsform hinauslaufen können: „Sie kann rational wünschen, nicht mehr als bisher durch das „Es", die gesellschaftliche Umwelt, in der sich Verhalten abspielt, für ihre einzelnen Mitglieder zu sorgen, sondern jedes für die gesellschaftlichen Werte verantwortlich machen, die durch dieses Verhalten beeinflusst werden" (Morris 1973: 29). Hier lässt sich der (radikal-)demokratische Kern pragmatistischen Denkens demonstrieren: Offensichtlich kann bei der Organisation menschlichen Zusammenlebens gewählt werden, in welchem (Aus-)Maße die „gesellschaftliche Umwelt" (also etwa staatliche Regierungen „top down") „für ihre einzelnen Mitglieder" sorgt bzw. jedes dieser „Mitglieder („d.h.bottom up") für die gesellschaftlichen Werte verantwortlich zu machen" ist.

Es liegt in der Logik des pragmatistischen Denkens, dass diese Gegenüberstellung nicht auf ein „entweder-oder" hinausläuft, sondern dass es darauf ankommt, eine zeit-räumlich angemessene, für das gegenwärtige politische Zusammenleben nützliche Kombination oder Mischung zu erreichen. Damit ist einerseits die gesellschaftliche und i. e. S. politische Organisation menschlichen Zusammenleben nicht vorgegeben, sondern im Rahmen solchermaßen reflektierter Optionen machbar, gestaltbar, veränderbar.

3.4   Temporalismus/Dynamismus

Temporalismus zielt auf die Einbeziehung des Faktors „Zeit" als Grunddimension menschlichen Handelns, die zeitliche Gebundenheit allen menschlichen Seins. Gelegentlich wird – in Abgrenzung und Erweiterung dazu – der Begriff Dynamismus als Verbindung zwischen der pragmatistischen Vorstellung der Veränderbarkeit der Welt mit dem zeitlichen Element angesehen. Dynamismus betont also den Aspekt der Innovation und Gestaltung; Temporalismus verweist darauf, geschicht-liche, politische und andere Prozesse als reale empirische Abläufe in ihrer zeitlichen und situativen Gebundenheit zu analysieren und nicht als Teil einer Universalgeschichte, ewigen Weltordnung oder universalen Gesetzmäßigkeit zu behandeln. Die evolutionistische Ablehnung jeden a prioris gilt nicht nur für biologische, sondern für alle individuellen, sozialen und politischen Entwicklungen.

Aus dieser Sicht wird schnell die Relativität von Zeit und zeitlichen Prozessen deutlich, wie es z. B. die enormen, mit menschlichem Maß nicht zu messende biologische Evolutionsphasen zeigen, denen wiederum Lebensspannen von Organismen, Pflanzen und Lebewesen gegenüberstehen, die von wenigen Minuten und Stunden bis zu Jahrtausenden reichen können. Faktisch eröffnet sich damit eine Vielfalt empirischer Zeitbezüge, die jegliches menschlich überschaubare Maß bei weitem überschreitet. Dass in dieser Vielfalt nach einer verbindlichen, funktional nutzbaren Definition von Zeit gesucht wird, wie sie mit unserem rein technisch definierten Zeitbegriff als Orientierung bietendem, kommunizierbaren Standard letztlich zur Verfügung steht, widerspricht nicht der empirischen Realität und Vielfalt. Der Temporalismus wurzelt also in der empirischen Grundeinstellung des Pragmatismus und der daraus folgenden Perspektive, dass menschliches Handeln prozessual bzw. als Prozess des Werdens und Entstehens zu konzipieren ist. Aus pragmatistisch-empirischer Sicht wird „reality ... created temporally day by day ... (but) concepts ... can never fitly supersede perception" (James 1911: 100). Diese Vorstellung, dass menschliches Sein und Handeln als Strom, Flux und fließend zu konzipieren ist, als ein System von Beziehungen, das sich ständig in Bewegung befindet, ist bereits im pragmatistischen Konzept des menschlichen Bewusstseins und Denkens angelegt.

Ohne auf Details einzugehen (vgl. Schubert 2003) postuliert dieses Konzept, dass Bewusstsein und Denken einem stetigen Wandel der auf sie einströmenden Inhalte unterliegt (Strom des Bewusstseins). Die rein subjektivistisch konzipierte Psyche ist demnach nach außen orientiert, sie analysiert und selektiert diejenigen Erfahrungs-, Denk- und Handlungsstrategien, die einen Erfolg des Handelns in Aussicht stellen. Dieser Erfolg ist dann insofern „objektiv" zu nennen, als er – nach dem „trial, error and success"-Prinzip – sichtbar macht, dass es gelang, psychische Prozesse an äußere Bedingungen anzupassen, oder umgekehrt, äußere Bedingungen entsprechend gedanklicher Konstruktionen zu formen. Mit dieser Grundfigur wird auch deutlich, dass der pragmatistische Begriff des Handelns und Problemlösens als eine Art Erweiterung des Konzeptes „Strom des Bewusstseins" interpretiert werden kann. Pragmatistisch sind damit immer die Wechselwirkungen dieses Prozesses zu sehen: die Interaktion zwischen einerseits den – aus Sicht des Individuums – äußeren Bedingungen, Anregungen, Problemstellungen etc. und innerer Analyse und Suche nach Lösungsstrategien sowie andererseits den individuellen Veränderungs- und Gestaltungswünschen und den objektiven, äußeren Handlungsbedingungen.

Aus dieser Perspektive ergibt sich die Bedeutung des pragmatistischen Zeitbegriffs: Die pluralistisch-pragmatistische Welt erzeugt aufgrund ihres Überflusses – zumindest der vorhandenen Vielzahl – von Möglichkeiten, Risiken und Chancen kontinuierlich reale, zeitlich gebundene, „gegenwärtige" Probleme, die immer dann, wenn sie den bisherigen Fluss der Ereignisse hemmen erst an die bisherigen Erfahrungen und Entwicklungen „angepasst" werden müssen. In jeder Gegenwart ist daher mit Diskontinuitäten und Kontingenzen zu rechnen, deren „Verarbeitung" aber nicht nur das entstehende Neue (und damit Elemente der Zukunft) in das bisherige Kontinuum einfügt, sondern bis zu einem gewissen Grade das Vergangene einer Neubewertung unterzieht. Damit hat das pragmatistische Werden und

Emergente einen konkreten Ort, die jeweilige Gegenwart, deren zentrale Funktion wiederum in der Herstellung einer – durch menschliches Handeln mit beeinflussten – Kontinuität besteht.

3.5   Der pragmatistische Begriff des Handelns

Eine von Peirce über James, Mead und Dewey bis zu den Neo-Pragmatisten (z.B. Richard Rorty, Hilary Putnam) geteilte Grundposition ist die strikte Handlungsorientierung. Damit ist gemeint, dass Ausgangspunkt aller pragmatistischer Abstraktion stets eine prozessuale Handlungstheorie ist, bei der Chancen und Risiken, Hindernisse und Bewährungsmöglichkeiten, Kontingenzen, eine zentrale Rolle spielen. Der Pragmatismus entsteht zur gleichen Zeit wie die frühe Soziologie und teilt mit dieser die Notwendigkeit einen eigenen Handlungsbegriff zu definieren. Dabei schlagen die Pragmatisten eine vom europäischen Wissenschafts- und Theorieverständnis deutlich abweichende Perspektive ein. Um dies herauszuarbeiten, muss kurz auf vorangegangene philosophische Entwicklungen eingegangen werden. Im Mittelpunkt steht dabei die Herausbildung des modernen Ökonomiebegriffes, mit dem sich ein neues, spezifisches Verständnis – ökonomischer – Rationalität verbindet (vgl. Joas 1989, 1992).

Im Laufe des 19. Jahrhunderts verstärkte sich der Prozess der Ausdifferenzierung der als Einheit verstandenen Gesellschaftswissenschaft. Unter den sich sukzessive herausbildenden Fachwissenschaften spielte die Ökonomie eine führende Rolle. Ihr unaufhaltsamer Siegeszug als Einzeldisziplin beginnt damit, dass sich die moderne, theoretisch orientierte Wirtschaftswissenschaft zunehmend gegen die historisch argumentierende Nationalökonomie durchsetzt. Kern dieses Ablösungsprozesses ist die Frage, ob wirtschaftliches Geschehen nur in seinem historischen Bezug und mittels historischer Analyse verstanden werden kann (u. a. G. Schmoller) oder ob überzeitliche Regeln identifiziert und absolute Gesetzmäßigkeiten aufge-stellt, generelle Erklärungen – Theorien – auf ökonomische Prozesse angewandt werden können (u. a. L. Walras). Der Durchbruch der Theoretiker gegenüber den Historikern basiert auf der bereits in der ersten Hälfte des 19. Jahrhunderts von Heinrich Gossen entwickelten Grenznutzentheorie. Die Ökonomie verabschiedete sich mit dieser Neupositionierung letztlich von dem Anspruch auf eine Nutzen und Werte umfassende Definition ökonomischer Ordnung und setzte das Modell rationalen Handelns in den Mittelpunkt aller weiterer theoretischer Entwicklungen. Parallel dazu führte der empirisch-faktische Erfolg zunehmender Rationalisierungsprozesse in Wirtschaft und Industrie, in Naturwissenschaft und Technik zu einer enormen Entwicklungsdynamik, hinterließ aber in den dadurch entstehenden Industriegesellschaften ein enormes Defizit an adäquaten moralischen Leitbildern und politischen Ordnungsvorstellungen. Dieses Defizit entsteht als Folge und zeitlich versetzt zum Siegeszug des ökonomisch-technischen Rationalismus und wird dementsprechend auch erst später „entdeckt" und wissenschaftlich thematisiert. Es ist – bezeichnenderweise – die Lehre von der Gesellschaft, die frühe Soziologie, die sich des Problems „moralischen Handelns" in einer (moralisch defizitären, aber) ökonomisch-rational sehr erfolgreichen Welt annimmt. Mit der Hinwendung zu dieser Thematik positioniert sie sich gleichzeitig als Gegenentwurf zum „ökonomischen Erfolgsmodell" und besetzt auf der wissenschaftlich-theoretischen Ebene – gewissermaßen automatisch – den Bereich des „Nicht-Rationalen". Es ist daher keineswegs Zufall oder etwa nur Klischee, dass innerhalb der Sozialwissenschaften im Allgemeinen der Ökonomie eine höhere Kompetenz zugewiesen wird und sie auch heute noch als die theoretisch führende Disziplin gilt.

Vor diesem Hintergrund weist Hans Joas auf die außerordentliche Bedeutung der Theorie rationalen Handelns (die nun mit der Ökonomischen Theorie weitgehend gleichgesetzt wird) gerade auch für die soziologische (und damit z. T. auch die politikwissenschaftliche) Theoriebildung hin. Hier wird Joas' Schlussfolgerung geteilt, dass die Handlungstypen der bis heute prägenden frühen Soziologie „als defiziente Modi des rationalen Handelns also, kategorisiert werden" (Joas 1992: 63). Dieser Konzeption liegt eine spezifische, „introvertiert-abstrakte" Vorstellung von Individuen zugrunde, welche sich – in scharfer Zäsur zwischen Innenwelt und Außenwelt, Bewusstsein und Handlung – intern, mittels des Bewusst-seins Ziele setzen, die in unterschiedlichen Graden nach außen (vernünftig, rational, logisch) handelnd verfolgt und realisiert werden. Aus dieser Sicht wird auch die eigentümliche Form und Logik des Handelns betonende Konzeption dieses soziologischen Handlungsbegriffes deutlich, der von den empirisch-konkreten Inhalten und den empirisch-konkreten Wechselwirkungen zwischen Individuum und Umwelt, Aktion und Reaktion, völlig abstrahiert und damit seltsam statisch und inhaltsleer erscheint. Dadurch tritt aber auch die konkreter Realität entsprechende Vorstellung in den Hintergrund, dass Individuen – denkend und handelnd – in einem permanenten Verhältnis zu ihrer (persönlichen oder sachlichen, geistigen oder dinglichen) Umwelt stehen, von der sie zumindest insofern Teil sind, als letztere permanent sowohl Ausgangspunkt als auch Adressat ihres Handelns ist.

Völlig außerhalb des Blickwinkels gerät, dass das individuelle Bewusstsein nicht aus den jeweiligen Kontexten herausdefiniert oder über diese gestellt werden kann, sondern vielmehr selbst ein Teil bzw. ein Stadium des Handlungsprozesses ist. Aus pragmatistischer Sicht bildet dann die „Außenwelt" für das Individuum nicht nur eine Abhängigkeits-, sondern eben auch eine Möglichkeitsstruktur, die insofern immer (zumindest aber: auch) zu „extrovertiert-konkretem" Handeln auffordert. Der zentrale Unterschied zwischen dem Handlungsbegriff der frühen Soziologie und des Pragmatismus ist daher, dass letzterer Bewusstseinsprozesse grundsätzlich als ein Stadium von Handlungsprozessen begreift und damit tendenziell die Dualismen „Denken versus Handeln", „Theorie versus Praxis", aber auch „Wertorientierung versus Nutzenorientierung" überwindet. Wenn James für den Pragmatismus insgesamt feststellte, dass er vor allem „A new name for some old ways of thinking" darstellt, dann erweist sich Joas zufolge der pragmatistische Begriff des Handelns als dementsprechendes Pendant: „Schon die handlungsbezogenen Begriffe der antiken Philosophie wiesen in ganz andere Richtungen; die situationsbezogene Klugheit der „Praxis" und die handwerkliche oder dichterische Neuschöpfung der „Poiesis" sind nur schwer mit utilitaristischen oder kantianischen Begriffen zu fassen" (Joas, 1989: XVII).

Methodisch gesehen bewirkt der rationalistische „bias" des soziologischen Handlungsbegriffs einen Zugewinn an theoretischer Klarheit und abstrakter Stimmigkeit, der allerdings mit einem ganz erheblichen Verlust an Situations- und Realitätsbezug „erkauft" wird. Darüber hinaus haftet ihm generell ein statisches Element an, das z. B. wenig Flexibilität für spontanes Lernen und Reagieren kennt (dessen nützliche und tragfähige Komponenten dann als Erfahrung kondensieren), sondern Lernen und Reagieren erst auf dem Umweg von Bewußtseinsprozessen (und ggf. von Bewußtseinsveränderungen) möglich macht. Weiter zugespitzt wird in dieser Distanz zur Wirklichkeit, im Aufbau eines „Systems des Eigentlichen", die Theorielastigkeit des soziologischen Zugangs deutlich, bei dem durchgängig die theoretische Abstraktion dem praktischen Nutzen gegenüber höher bewertet wird und dies darüber hinaus als Habitus auch ganz generell dann wissenschaftliche Tätigkeit von praktischer Tätigkeit trennt und erstere regelmäßig überhöht. Die Prädominanz aller „top-down"-Perspektiven – nicht ausschließlich, aber ganz besonders auch – in den Sozial- und Politikwissenschaften erhält hiermit ihre (zumindest weitere) Bedeutung: Sie ist kennzeichnend für ein wissenschaftlich-elitär verstandenes Wissen, das aus der Kenntnis des „Eigentlichen", des hinter der Realität verborgenen Rätsels schöpft, sich kaum in den Unwägbarkeiten des Tatsächlichen bewähren muss und sich deshalb grundsätzlich als „Besser-Wissen" behaupten kann.

Das zentrale Problem der ersten eigenständigen US-amerikanischen Philosophie ist ebenfalls ein „entwerteter", rein utilitaristisch interpretierter Ökonomiebegriff. Stärker noch als im Weberschen Deutschland zeigten sich in den Folgen der rapiden technisch-ökonomischen Entwicklung und den immer kürzeren Einwanderungswellen auch die sozialen und moralischen „Kosten" eines enorm verkürzten Ökonomie-Begriffes. Die Lösungsalternative der Pragmatisten ist eine völlig andere als die der „Alten Welt". Die Offenheit, die Betonung des individuell Möglichen im Rahmen der demokratischen Grundordnung – (Zukunfts-)Hoffnungen, die letzt-lich im Versprechen des „pursuit of happiness" kumulieren – sind durchweg positiv besetzt und bilden damit eine zentrale Randbedingung des pragmatistischen Handlungsbegriffs. Die spezifisch US-amerikanische Variante der Kapitalismuskritik (zumindest der Kritik an den Folgen einer zügellosen Ökonomie) zielt daher auch nicht auf „Systemtranszendenz" oder grundsätzliche „Überwindung", sondern bewahrt sich einen spezifischen „Zukunftsoptimismus". Sie umgeht damit das grundsätzliche Spannungsverhältnis zwischen Handlung und Moral bzw. Handlung und Norm (die den Leib-Seele-Dualismus perpetuiert). Zum Fokus des pragmatistischen Handlungsbegriffs wird vielmehr die Spannung zwischen Bestehendem und Neuem, zu Bewahrendem und zu Änderndem, wobei die Vorteilsvermutung jeweils bei letzterem liegt, da dies mit der Hoffnung auf Verbesserung verbunden werden kann. So gesehen richtet sich der pragmatistische Handlungsbegriff individualistisch auf das Lösen von Problemen und die Gestaltung von Zukünften.

Das individuelle Bewusstsein und die individuellen Handlungen lassen sich nicht dualistisch auseinander dividieren. Sie bilden vielmehr eine Einheit, in der – jedes auf seine Weise – dazu dient, konkrete Probleme zu lösen und nützliche „Ergebnisse" zu liefern. Die Quintessenz des pragmatistischen Handlungsbegriffes liegt in der Aufhebung jeden Dualismus', einer klar und eindeutigen innerweltlichen Positionierung des Individuums, für das die praktische Nützlichkeit seines Denkens und Handelns einen grundsätzlich höheren Stellenwert einnimmt als die distanziert-abstrakte Erörterung bzw. eine lediglich theoretische Stimmigkeit. Aus dieser Sicht erfährt das, was sich situativ und unter gegebenen Bedingungen als richtig und notwendig erweist, eine Aufwertung.

Für den pragmatistischen Begriff des Handelns spielen Kontingenzen eine wesentliche Rolle. Als erste Annäherung ist es hilfreich, sich Kontingenzen als Hemmnisse oder Widerstände, als Unerwartetes oder Zufälliges vorzustellen, etwas, das in der Lage ist den bisherigen Verlauf von Bewusstseins- oder Handlungsprozessen zu unterbrechen, und Problemlösungen, Neuorientierungen etc. notwendig macht. Es gehört zum philosophischen Traditionsbestand, dass alles empirische Wissen limitiert und – vor allem auf Dauer – höchst unbefriedigend ist: Die Wahrnehmungsfähigkeit menschlicher Sinnesorgane ist begrenzt und die menschliche Wahrnehmung kontingent. Vor diesem Hintergrund wird die mensch-liche Suche nach Gewissheit verständlich; realiter bleibt diese aber immer ein ständiger Prozess des Vergewisserns (Dewey 1930). Die Realität – so die pluralistische Hypothese – kann nicht als ein einziges Ganzes gedacht oder erfasst werden, sondern besteht aus unendlich vielen, selbständigen Teilen und Zusammenhängen, die aber nicht vollständig isoliert existieren, sondern über vielfältige Beziehungen untereinander verbunden und miteinander vernetzt sind. In dieser realen Welt führen Pluralismus, Willens- und Handlungsfreiheit zu Indeterminismus: Immer ist „noch etwas" möglich, bleibt noch etwas zu entdecken, ist noch etwas entwicklungs- und verbesserungsfähig, sind Unberechenbarkeiten und Zufälle Teil der Realität. Vor diesem Hintergrund ist es dem reflexiv denkenden Menschen möglich, Willen und Kräfte zu nutzen und in der offenen, dynamischen Welt(-entwicklung) mitzuwirken: „Problems are opportunities in disguise".

Der Zusammenhang von Kontingenz und pragmatistischem Handlungsbegriff wird damit deutlich: Vor ein kontingentes Problem gestellt entwickelt das Individuum hypothetische Lösungen, die sich bewähren können, das Problem zufrieden stellend lösen. Es muss aber immer auch damit gerechnet werden, dass die hypothetische Lösung an der Realität scheitert. Zukünfte sind also tendenziell offen, indeterminiert und unsicher. Tendenziell deshalb, weil nur in Ausnahmesituationen „alles völlig anders" wird, i. d. R. aber Pfadabhängigkeit vorherrscht: das bisher Geschehene, Erfahrene, Geschaffene übt wesentlichen Einfluss darauf aus, was zukünftig sein wird. Die positive Variante des Indeterminismus wird dann „Probabilismus" genannt und bezeichnet dann das in einem praktischen Sinne Glaubhafte und Wahrscheinliche. Die negative Variante wird dagegen „Falibilismus" genannt und bezeichnet dann die Möglichkeit des Irrtums, wie er auch im methodologischen Sinne als Falsifikation einer Hypothese verstanden wird. Aus der Sicht des Pragmatismus sind Probabilismus und Falibilismus zwei Seiten einer Medaille, positive Wahrscheinlichkeiten sind immer mit der Möglichkeit des Scheiterns verbunden – und können auch nicht theoretisch in Richtung „absoluter Sicherheit" aufgelöst werden.

Bei der Verarbeitung kontingenter Ereignisse zu „zukunftsfähigen Lösungen" kommt der alltäglichen Erfahrung sowie dem wissenschaftlich-reflektierten Wissen eine zentrale Bedeutung zu:

> *„Knowledge, pragmatically construed, is one of the ways in which presently occurring experience becomes the means of instituting future experience, a future qualified by values and realized by action. But this version of knowledge as essentially valuation ... also makes of knowledge something inescapable experimental in its functions. Knowledge is control over and selection of future experience" (Thayer 1981: 452).*

Mehr noch: Chancen und Optionen, die sich zukünftig ergeben (können), können sich bereits auf das gegenwärtige Handeln auswirken und somit eine „Brücke" zwischen gegenwärtigen und zukünftigen Handlungsverläufen bilden.

Menschliches Handeln besteht nicht in der Vollstreckung einer vorgefertigten Theorie, sondern im experimentellen Ausprobieren. Die Begriffe Experimentalismus und Instrumentalismus verweisen auf Weiterentwicklungen des pragmatistischen Handlungskonzeptes. Unter Experimentalismus versteht Mead zunächst die nach Chancen und Alternativen im Detail suchende, experimentierende Vorgehensweise im Prozess des menschlichen Problemlösens. Er wendet sich mit diesem Ansatz vor allem gegen Sozialutopien und revolutionäre Ideologien, die grundsätzliche und radikale Verhaltensänderungen zur Vorbedingung für eine „schöne neue Welt" machen. Die Mängel und Schwächen der Realität – so die Grundformel des Meadschen Pragmatismus – lassen sich nicht durch fixe Zukunftsvorstellungen und rigide Praktiken beheben. Notwendig ist vielmehr die Entwicklung und experimentelle Erprobung von Verbesserungsmöglichkeiten und Alternativen, die sich erst im einzelnen bewähren müssen, um dann im größeren Kontext tatsächliche Wirkungen hervorbringen zu können: „Any of these valid hypotheses works in the complex of forces into which we introduce it" (Mead 1899: 370f.).

Meads Experimentalismus geht also zunächst von einer Unterbrechung des Handlungsflusses aus, in der das handelnde Subjekt aufgefordert ist, die Situation zu analysieren, Problemlösungen hypothetisch vorwegzunehmen und die gewählte (Handlungs-)Hypothese in der Realität zu prüfen. Das solchermaßen zustande gekommene reflexive Handeln ist aber nicht nur charakteristisch für individuelles Verhalten und innovative Handlungsschritte. Es ist aus der Sicht Meads vor allem auch für den wissenschaftlichen Erkenntnisfortschritt maßgeblich:

> *„The experience of the individual in its exceptional character is the growing-point of science, first of all in the recognition of data upon which the older theories break, and second in the hypothesis which arises in the individual and is tested by the experiment which reconstructs the world." (Mead 1917: 221).*

Hier wird der pragmatistische Zusammenhang von Ideen, Denken und Handeln deutlich: „Ideen sind im Unterschied zu Handlungen einfach das, was kein sichtbares Verhalten nach sich zieht; sie sind Möglichkeiten sichtbarer Reaktionen, die wir implizit ... prüfen und dann zugunsten jener zurückstellen, die wir tatsächlich ablaufen lassen" (Mead 1973: 139). „Denken besteht darin, sich selbst am Handeln zu hindern, ausgelöste Reaktionsbereitschaften zu hemmen und als Reiz für weitere ins Bewusstsein zu holende Handlungskomplexe zu betrachten" (Wenzel 1990: 75). Denken und Handeln kann aber nicht getrennt werden:

> *„Das Denken findet im Rahmen von Allgemeinbegriffen statt ...., die Universalität und das unpersönliche Wesen des Denkens .... (erlauben, K. S.) Möglichkeiten alternativen Handelns unter unendlich vielen verschiedenen spezifischen Bedingungen oder in unendlich vielen verschiedenen spezifischen Situationen – mögliche Handlungsweisen, die für unendlich viele normale Menschen mehr oder weniger identisch sind – eben Universalien ...; sie sind sinnlos außerhalb der gesellschaftlichen Handlungen, in die sie eingebettet sind und aus denen sie ihre Signifikanz ableiten" (Mead 1973: 128ff.).*

Auf diese Weise bleiben unsere Ideen, bleibt unser Denken gegenüber zukünftigen Neuinterpretationen, so wie es unter realen Anwendungsbedingungen und/oder in kontingenten Situationen notwendig wird, für innovative Lösungen offen und beweglich.

In „Wissenschaft und Lebenswelt" entwickelt Mead ein Prozessmodell „instrumentellen Handelns", das frappierende Ähnlichkeit mit der später für die Policy-Forschung entwickelten Phasenheuristik hat (vgl. Jann/Wegrich in diesem Band). Er unterscheidet fünf Phasen:

1. den (Handlungs-)Impuls, eine „problematische Situation", die – Stichwort Kontingenz – auf die Notwendigkeit des Handelns hin sensibilisiert.
2. die Phase der „aktiven Wahrnehmung", in der man durch verzögerte Reaktionen alternative Reaktionsmöglichkeiten entwickelt und hieraus eine wählt.
3. die Phase der „Manipulation", der konkret sichtbaren Reaktion und dem konkreten Kontakt mit der Realität.
4. die „Rückkoppelung" dieses Kontaktes mit der Wahrnehmung und der sich damit bietenden Möglichkeit zur Korrektur (und ggf. erneuten Manipulation, siehe Phase drei).
5. schließlich die „Vollendung" der Handlung und dem damit realisierten Grad an Bedürfnisbefriedigung (vgl. Mead 1983: 14ff).

Joas (1989: XVIII) fasst den Mead'schen Experimentalismus wie folgt zusammen:

„Im Fall von Handlungsproblemen werden zwischen Impulsen und Handlungsmöglichkeiten experimentell Verknüpfungen hergestellt, von denen eine nur realisiert wird, die in ihrer besonderen Realisierungsweise aber beeinflusst ist von den anderen durchgespielten Möglichkeiten. Auch der Verlauf einer Handlung ist keineswegs immer ein für allemal festgelegt; typisch ist vielmehr die kontinuierliche Revision und ständige konstruktive Erzeugung des zu verfolgenden Kurses."

Dieses offene, auf Reflexion, wissenschaftliche Argumentation und experimentelle Verbesserung angelegte „piecemeal engineering" des Pragmatismus wird in den Grundgedanken der policy sciences aufgenommen und findet später unter dem Begriff „Inkrementalismus" Eingang in den politikwissenschaftlichen Sprachgebrauch.

Den theoretischen Kern des Zusammenhangs zwischen Wissen und pragmatistischen Handlungsbegriffes grenzt H. S. Thayer wie folgt ab:

„... on the traditional theory, knowledge is interpreted as a copy, a geometrical or pictorial representation – a correspondence – within an agent and of a subject matter. For pragmatists, the fundamental relation characterizing knowledge is temporal and behavioral. Knowledge is an interpretation of given situations as means to deliberate future consequences and hypothetical or anticipated conditions. The act of behavior with its projected consequences is here taken as the fundamental unit, the „original", rather than an idea, image, or proposition" (Thayer 1981: 453).

3.6   Demokratischer Individualismus

Anfang des 19. Jahrhunderts, lange vor dem Entstehen der philosophischen Strömung, berichtete Alexis de Tocqueville in „Demokratie in Amerika" von der pragmatistischen Lebenseinstellung in der Neuen Welt. Seine Beobachtungen über die Experimentierfreude der Amerikaner in nahezu allen Lebensbereichen bezeugen eine „trial-and-error"-Kultur, in der

von jedermann „der rein praktische Teil der Wissenschaften wunderbar gepflegt" und vorangetrieben wurde. Er bedauerte aber, dass sich „fast niemand ... dem wesentlich theoretischen
und abstrakten Teil menschlichen Wissens" widmete (Tocqueville [1835]1976: 526). Das
reiche, weite, wenig besiedelte Amerika war für ihn das Land, in welchem man Fehler –
auch die eigenen – (fast) immer korrigieren konnte. Um den i. e. S. politisch-theoretischen
Hintergrund des Pragmatismus zu skizzieren, wird kurz die politische und soziale Situation
in jenen Jahrzehnten umrissen, in denen der frühe Pragmatismus entstand. Darüber hinaus
wird die pragmatistische Interpretation der Evolutionslehre Darwins als zentrales Element
umrissen (vgl. Dewey 1951). Beide „Stränge der Erfahrung" – die politisch-historische Situation bzw. die wissenschaftlich-revolutionäre Entdeckung betreffend – lassen die Pragmatisten zu einer emphatischen Deutung demokratischer Ordnungen kommen. Das klare und
explizite Engagement für Freiheit und Demokratie, Gleichberechtigung und praktische Solidarität hebt die pragmatistische deutlich von anderen philosophischen Strömungen ab.
Deweys Credo kann hier stellvertretend zitiert werden:

> *„The foundation of democracy is faith in the capacities of human nature; faith in hu-*
> *man intelligence and in the power of pooled and cooperative experience. It is not be-*
> *lief that these things are complete but that if given a show they will grow and be able*
> *to generate progressively the knowledge and wisdom needed to guide collective ac-*
> *tion" (Dewey 1937: 403).*

Die eingangs erwähnten Beobachtungen de Tocquevilles zielten insbesondere auf die politische Ordnung der USA, das gesellschaftliche Zusammenleben und die Art und Weise politische Probleme zu lösen. Die dann Ende des 19. Jahrhunderts entwickelte pragmatistische
Strömung muss – wenn auch unter drastisch veränderten sozio-ökonomischen Bedingungen
– tatsächlich in dieser Tradition gesehen werden. Sie hatte nicht nur in den Augen ihrer
wichtigsten Vertreter immer eine soziale und politische Konnotation: die demokratische
Grundordnung offener Gesellschaften war und ist immer eines ihrer Kernelemente, dessen
Fokus ja gerade auf die graduelle – aber eben prinzipiell mögliche – Veränderung, Gestalt-
barkeit und Verbesserbarkeit der Lebenswelt zielt und in den Mittelpunkt menschlichen
Denkens und Handelns rückt. Als Orientierung gilt dabei:

> *„The principle of utilitarianism „the greatest happiness of the greatest number", is*
> *the ethical basis of democracy, and our American pragmatists clung to this principle*
> *with a truly religious fervor, against the rugged individualism of „social Darwinists"*
> *like Spencer, and against the ruthless collectivism of the desperate European revolu-*
> *tionists of 1848 and 1870" (Wiener 1965: 203).*

Die Pragmatisten sind also zu den „liberals" zu zählen. Das „Prinzip der größten Zahl" bezieht sich indessen auch auf die politisch-demokratische Leitidee, deren Ausgangspunkt das
Interessen geleitete, aber in der konkreten Handlungsorientierung von der sozialen Reflexion
und dem sozialen Umfeld abhängige Individuum ist. Der demokratische Individualismus
bewertet damit die gerade beginnende Entwicklung zur modernen Massendemokratie, dessen
politische Strukturen und Verfahren sich allmählich in zahllosen, „von unten nach oben"
verlaufenden Interessenvermittlungsprozessen herausbilden, positiv. Hierbei setzen sie sich
aktiv für Integration und Toleranz, für Partizipation und Engagement ein und verfolgen damit ein Leitbild, das elitistischen und elitentheoretischen Neigungen wenig Spielraum lässt.

Die pragmatistische Idee der experimentellen Verbesserbarkeit und wissenschaftlichen Weiterentwicklung der bestehenden (Lebens-)Bedingungen schließt das Politische nie aus. Im Vordergrund steht allerdings nicht das intellektuelle Räsonieren (der Freiheit im Geiste), sondern unter gegebener Handlungsfreiheit das praktische „Anpacken" von Problemen und „Ausprobieren" von Problemlösungen. Probleme zu identifizieren, über deren Ursachen und Lösungsmöglichkeiten offen und frei zu beraten, die allfälligen Folgen alternativer Lösungen abzuwägen und nach getroffener Entscheidung die Konsequenzen zu überwachen und zu bewerten, das ist ganz offensichtlich die Anwendung der pragmatistischen Methode auf politisch-demokratische Problemlagen.

Dazu gehört – im Sinne des pragmatistischen Probabilismus und Falibilismus selbstverständlich – auch, dass Entscheidungen, die nicht zu den erwünschten Ergebnissen führen, überdacht werden müssen, Fehler korrigierbar sind und Alternativen – auch personelle – eine Chance bekommen. Ausgangspunkt dieses „permanenten Weiterentwickelns durch ständiges Problemlösen" ist – pragmatistisch gesehen – zwar immer die individuelle Suche und der individuelle Anstoß. Die individuelle Lösung muss sich allerdings immer erst intersubjektiv bewähren, man muss die individuelle Erfahrung als kollektive Erfahrung verallgemeinern können. Individuelle Lösungen sind im pragmatistischen Sinne erst dann erfolgreich, wenn sie weiterführen, auf Dauer funktionieren und angenommen werden, letztlich zweckrational und wertrational kollektiv rückgebunden werden können. Diese Sichtweise überwindet insofern nicht nur den weiter oben erwähnten europäisch-soziologischen Dualismus. Da sich die pragmatistisch bewährte, „beste Praxis" logisch nun nicht mehr vom sog. „neuesten Stand der Wissenschaft" unterscheidet, kann sie auch als Vorstoß zur Überwindung des sonst geläufigen Theorie-Praxis-Gegensatzes gewertet werden.

Für den Pragmatismus und seine Vertreter ist in diesem fundamentalen Sinne eine demokratische Ordnung einerseits Voraussetzung für die notwendige soziale und politische Offenheit. Andererseits wird Demokratie als jene Lebensform verstanden, die eben nicht nach Absolutem und Vollendung sucht, sondern danach, was von dem, was „immer wieder möglich" ist, kollektiv nutzbringend rückgekoppelt werden kann (bzw. was sich nicht bewährt, kollektiv zurückgewiesen oder gar bekämpft werden muss). Das ist – generalisierend – die Folge einer – insofern auch: erfahrbaren – politischen Kultur, die das Problem der „Freiheit von" (zumindest der Idee nach) hinter sich gelassen hat und bei der inhaltlichen Definition der vielen möglichen „Freiheiten für" den Fehler neuer, absoluter Normen und Ziele zu vermeiden sucht. Wiener (1965: 202f.) fasst die Einstellung zusammen:

> *„They all objected to the hierarchical priesthood ... for the same democratic reason that led them to reject ... all authoritarian educational and political systems ... they opposed religious intolerance, ecclesiastical authoritarianism, and intervention in political or educational institutions. They opposed slavery in the southern plantations and the exploitation of labor in the northern mills. ... These are only brief indications of the democratic manifestations of their pragmatic liberalism."*

Der Pragmatismus entsteht in den USA in einer Zeit umfassender politischer, sozialer und ökonomischer Umwälzungen. Die von de Tocqueville beobachtete und einem liberalen Staats- und Gesellschaftsverständnis verhaftete Idee des freien Zusammenschlusses autonomer Individuen zur Verfolgung der jeweiligen egoistischen Interessen erwies sich unter diesem Druck als zunehmend problematisch. Einerseits wurden in den entstehenden Massendemokratien institutionelle Einrichtungen notwendig, die in der Lage waren eine zwischen Individuum und Staat vermittelnde Funktion zu übernehmen. Andererseits war es gerade der enorme Erfolg des Wirtschaftswunder- und Einwanderungslandes USA, der dessen liberalen Kern bedrohte: Das rapide Wachstum und der aggressive Erfolg des Kapitalismus stellte die Prinzipien „freier Markt" und „fairer Wettbewerb" als zentrale, für Kapital und Arbeit gleichermaßen gültige Allokationsmechanismen in Frage. Großkonzerne, die verbandliche Organisation von Handwerk und Wirtschaft sowie die Gewerkschaften als Widerlager sorgten dafür, dass „das klassische Bild einer aus vielen kleinen, unabhängigen Firmen und einem großen, atomisierten Angebot von Arbeitskräften bestehenden Gesellschaft immer unbrauchbarer als Orientierungshilfe in der ökonomischen Wirklichkeit" wurde.

Der mit dieser ökonomisch-technischen Entwicklung verbundene Teufelskreis sozialer Entwurzelung und Individualisierung, Vermassung und Anonymisierung hatte aber in den USA bekanntermaßen andere politische und soziale Konsequenzen als in Europa. Dabei spielt nicht nur das – z.B. gemessen an der Situation in den Herkunftsländern – positive Bild des Einwandererlandes eine Rolle und die massenhaft erlebbare (zumindest beobachtbare) Verbesserung der individuellen Lebensbedingungen. Ein Grund hierfür ist die außerordentliche räumliche Mobilität. Ein wesentlicher sozialstruktureller Grund hierfür wird aber auch darin gesehen, dass die enormen sozialen Spannungen (wie sich z.B. durch immer neue Einwanderungswellen ergeben) und die politischen Veränderungen (die zur Herausbildung der ersten Massendemokratie führten) im Rahmen einer ungeheuren Vielfalt von Organisationen, Gruppen und gesellschaftlichen Institutionen, abgefedert, z.T. aufgefangen und kanalisiert werden konnten – gesellschaftliche Organisationen, Gruppen und Einrichtungen die räumlich gesehen eher lokal und regional verwurzelt und daher eher klein, überschaubar oder von mittlerer Größe sind.

Im Vergleich zwischen den sich entwickelnden Industriestaaten gelang es so in den USA am besten, den mit der Entwertung allgemeinverbindlicher Ordnungen und Handlungsorientierungen verbundenen Verfallssymptomen eine – (eben auch) massenhaft positiv erfahrbare – Hoffnung auf Neues, Besseres entgegenzusetzen. Es gelang hier deshalb auch, ein insgesamt optimistischeres Zukunftsbild zu entwickeln als in der „alten Welt", in der die Folgen des ökonomisch-technischen Fortschritts mit politischer Restauration und nationalistischem Zwang einhergingen und die individuellen Hoffnungen und Erwartungen auf kollektive Sozialutopien verwiesen wurden. Ohne die sozialen Folgen der Industrialisierung in den USA verharmlosen oder gar negieren zu wollen, bildet doch die konkrete Erfahrung, dass der technisch-ökonomische Fortschritt eben nicht nur mit großem kollektiven Leid und ungleich zu tragenden sozialen Kosten, sondern eben auch mit unübersehbaren individuellen Chancen und immer wieder möglichem Aufstieg verbunden ist, den politisch-sozialen Hintergrund des Pragmatismus. Es ist insofern auch empirisch äußerst fragwürdig, dem „typisch amerikanischen", pragmatistischen Denken naiven Fortschrittsglauben zu unterstellen. Es ist vielmehr die – trotz aller Probleme der Auflösung alter Orientierungen – massenhaft positiv erfahrene Hoffnung, dass mit der Auflösung des Alten die Konstitution einer neuen Gesellschaft verbunden werden kann: Eine ökonomisch begründet bessere Gesellschaft die sich zunehmend auch der alten politischen – mit Unfreiheit und undemokratischen, hierarchisch-exklusiven Strukturen verbundenen – Traditionen entledigen kann.

Der hier essayistisch skizzierte politische und sozial-kulturelle Hintergrund, der – angesichts der ökonomischen Verwerfungen – den Raum für diese enormen Kompensationsleistungen schuf und eben auch für die Herausbildung des amerikanischen Pragmatismus eine zentrale Rolle spielte, kann auf drei zentrale Elemente reduziert werden.

1) Erstens existierte (neben der föderativen Kompetenzverteilung und der traditionell lokalen politischen Orientierung) eine breite, durch Organisationen, Verbände, Zusammenschlüsse mittlerer Größe gebildete, stabile sozio-politische Vermittlungsebene zwischen Individuum und Staat. Die prädominante Wahrnehmung politischer und sozialer Problemlagen erfolgte daher entlang von Gruppeninteressen, die es dem Individuum über „overlapping, multiple and changing membership" einerseits erlaubten, sich für seine Interessen einzusetzen und sich insofern politisch und sozial einzubinden. „Die Auffassung Politik sei ein Konflikt mehr oder weniger beständiger Gruppen, wurde so in die Grundlage unserer Regierung aufgenommen. Daraus ergab sich, dass ein Individuum die politische Arena grundsätzlich eher als Mitglied einer jener Gruppen betrat, denn als isolierte Kraft" (Wolff 1967: 14).

Diese Gruppenorientierung, die – entgegen der europäischen Klassenorientierung – das Individuum niemals voll und ganz band, erleichterte andererseits aber auch die individuelle soziale Mobilität und die Wahrnehmung sich verändernder Interessen. Bei der Betrachtung der Folgen verbinden sich hier nun die Argumente des philosophischen und des empirischen (bzw. des Gruppen-)Pluralismus: An die Stelle klarer und eindeutiger (Klassen-)Konfliktlinien treten vielfältige Gruppenbezüge, die zumindest partielle Überlappungen und Überschneidungen zulassen. Hierdurch ergeben sich einerseits vielfältige Einflusschancen, die es – im Vergleich zur Verfolgung von „Klassenprinzipien" – immer wieder erlauben, zumindest partielle Anschlussmöglichkeiten und Problemlösungen zu erreichen. Andererseits begrenzt das Fehlen eines eindeutig (etwa hierarchisch) überlegenen Entscheidungszentrums und die Notwendigkeit vielfältiger Einflussnahme auch die Einflussmöglichkeiten selbst mächtiger (z. B. ökonomischer) Einzelinteressen – zumindest verhindert es die vollständige Dominanz eines Einzelinteresses. Dieses pluralistische System der „checks and balances" trägt auch zu einem deutlich geringeren (individuellen und kollektiven) Erwartungs- und Anspruchsdruck gegenüber dem Staat bei.

2) Dadurch, dass die Struktur des politischen Systems die Herausbildung klar abgegrenzter politischer „Lager" verhinderte und dadurch, dass politische Auseinandersetzungen nicht von einzelnen Akteuren und ihren Interessen völlig dominiert werden konnten, wurde es – zweitens – notwendig, eine ganze Reihe von Strategien politischer Einflussnahme und Lösungsversuche zu entwickeln, so dass die Ressource Macht zwar wichtig, aber nicht der einzige Garant politischen (Durchsetzungs-)Erfolgs blieb. Als prädominanter Modus der Konfliktlösung verfestigte sich daher der – mehr oder weniger offene, konsens- oder konfliktorientierte – Diskurs, die sich auf dieser Basis ergebenen Aushandlungsprozesse und, im Regelfall, die Kompromisslösung. „Offener Diskurs" darf hier nicht idealisiert als „rationaler" oder gar „deliberativer Diskurs" missverstanden werden. Es geht immer darum, die eigenen Interessen eindeutig zu artikulieren und im Rahmen der eigenen Kräfte politisch zu vermitteln. Unter den gegebenen politisch-strukturellen Bedingungen kann dieses aber jeweils nur partiell und nur unter Einbeziehung anderer Interessen(-gruppen) gelingen. Dieser Zwang zum „bargaining" und zur Kompromissbildung verhinderte einerseits die Bildung starrer politi-

scher Lager und Ideologisierungen. Andererseits fördert er in den – mehr oder weniger offenen – demokratischen Problemlösungsprozessen die Tendenz zur sachlichen Problemlösung.

Bei der Betrachtung der Konsequenzen dieses Typs politischer Entscheidungsfindung fällt
die Analogie zum pragmatistischen Handlungsverständnis auf: Da ist einerseits die Aus-
schusslösung, die Notwendigkeit zur verhandlungsdemokratischen Entscheidungsfindung, in
der Sachfragen und interessengeleitete Motive zusammengeführt werden müssen, um immer
wieder zu (insofern: Kompromiss-)Lösungen zu gelangen. Mit anderen Worten: Es geht um
Interessenvermittlungsmodi, mit denen bereits auf niederer Ebene und bezogen auf Einzel-
fragen nach Schnittmengen von zweckrationalen und wertrationalen Momenten gesucht
wird. Und da ist andererseits die – wenig ideologisierte – Art der Problemlösung selbst, ausgehend vom einzelnen, konkreten Problem, das Bemühen weniger zu grundsätzlichen, als
vielmehr zu konkret realisierbaren Lösungen und ggf. Verbesserungen zu kommen. (Damit
wird weder die Möglichkeit zur Nachbesserung, noch die Chance vergeben, dass gefundene
Lösungen – sollten sie sich bewähren – verallgemeinert werden können.) Beide Aspekte –
Verfahren und Reichweite – gewähren jenen Spielraum, in dem eben nicht nur die Rationalität von Macht und Einfluss entscheidet, sondern auch Überzeugungen und Aufgeschlossen-
heit für Neues einfließen können, so dass selbst „Überraschungseffekte" eine Chance haben
– mit anderen Worten, dass systembedingt neben den traditionellen auch innovative, experimentelle Problemlösungen Platz greifen können.

3) Drittens bildete von jeher – wie bereits von de Tocqueville berichtet und aufgrund der
nachfolgenden Einwanderungswellen verstärkt – die faktisch gegebene gesellschaftliche
Pluralität eine zentrale Determinante politischer Problemlösungsprozesse. Die individuelle
politische Orientierung erfolgte (und erfolgt) im „land of the free" nicht vom Gesamten oder
gar vom Staat her, sondern in erster Linie entlang der sozialen, religiösen, ethnischen etc.
Gruppenzugehörigkeiten. Darüber hinaus spielt auch die regionale Herkunft und Zugehörigkeit innerhalb der USA eine gewisse Rolle: Um die vorletzte Jahrhundertwende etwa – ob
man sich dem industrialisierten Norden oder dem im Bürgerkrieg geschlagenen ländlichen
Süden zugehörig fühlte, der europäisch-bürgerlichen Ostküste (New York) oder dem „wil-
den" Westen etc. Das sind die beiden wichtigsten Merkmalskategorien zur Kennzeichnung
der individuellen Position innerhalb der dynamischen sozialen und räumlichen Entwicklung.
Dagegen erscheint „the state" eher als etwas Statisches, etwas, das – sicher in unterschiedlichem Maße – immer nur Residuum bleibt. Eigentlich aber suggeriert bereits der Begriff
„state" eher einen Zustand als eine Lösung, sodass sich konsequenterweise auch der Begriff
„government" zur Bezeichnung der, im engeren Sinne, politisch aktiven Ebene durchgesetzt
hat. Ein Begriff, mit dem der politische Ausschuss und die hier handelnden Personen angesprochen werden, bestenfalls „das System der Interessen und Kompetenzen, durch welche
eine Gesellschaft es fertig bringt, als ganze einheitlich handlungsfähig aufzutreten" (Vollrath
1987: 143), und eben nicht das idealisierte „Ganze" (das dort eher über den Begriff „nation"
vermittelt wird).

Darüber hinaus gelingt es traditionell auch den politischen Parteien kaum über die Präsident-
schaftswahlen hinaus zusätzliche, die bestehenden Zugehörigkeiten transzendierende Bin-
dungskräfte zu entfalten oder gar zentralisierend zu wirken. Aus diesen Zusammenhängen
ergibt sich eine individuelle politische Orientierung, die prädominant einer „bottom up"-

Perspektive folgt. Nicht nur die Wahrnehmung politischer Probleme sondern auch Art und Modus der angestrebten Problemlösung erfolgt in allererster Linie „bottom up". Dies führt einerseits dazu, dass sich die religiösen, ethnischen, sozialen, beruflichen etc. Interessen „bottom up" formieren, sie schließen sich auf der Ebene von Nachbarschaften, Kommunen und (bestenfalls) Einzelstaaten zusammen und „... benutzen die vereinigte Masse ihrer (wahlberechtigten) Mitglieder als Gewicht auf der politischen Waagschale" (Wolff 1967: 19). Andererseits führt diese Perspektive zu der traditionell engen Anbindung (und Abhängigkeit) politischer Handlungsträger an die politische Basis.

Bei der Betrachtung der Folgen politischer „bottom up"-Prozesse kann hier erstens auf die Segmentierung der Interessenartikulation verwiesen werden, die aber – um Durchsetzungs-fähigkeit zu erlangen – inhaltlich gesehen immer erst vermittelbar sein müssen. Bezogen auf den Lösungsweg eröffnen sich damit Chancen für intersubjektive Prozesse (auch in dem Sinne, dass „not feasible interests" systematisch abgewiesen werden) und – bezogen auf die Art der erzielten Lösung – Chancen unmittelbaren Erfolgs und der Bewährung. „Bottom up"-Prozesse erfordern daher einerseits das individuelle Engagement und orientieren dieses ande-rerseits vornehmlich auf solche Interessen, die auch verallgemeinerbar sind. Im Vordergrund steht dann die Vermittlung dieser Art „kollektiv gehaltener, eigener Interessen", die von vornherein nicht als große, generelle Lösung „ein-für-alle-mal", sondern (bestenfalls) ein Schritt in die richtige Richtung und Teil eines weiteren Prozesses ist. Gerade dieser Zwang, politische Interessen inhaltlich zu redimensionieren, verhindert das – insofern: unmündige – Warten auf die „endgültige Lösung" und die trügerische Hoffnung auf den letztlichen Sieg „der Partei", der nationalen Wiedergeburt o. ä. Mit dieser inhaltlichen Redimensionierung reduzieren sich insofern auch die möglichen kollektiven Kosten von Misserfolgen.

Diese Ausführungen zum sozialen und politischen Hintergrund bei der Herausbildung des Pragmatismus dienen dazu, die enge Verbindung zwischen der philosophischen Grundorien-tierung und jenen politischen Gegebenheiten aufzuzeigen, die für die politischen Grundwerte der Pragmatisten ausschlaggebend waren:

> *„pragmatism is to be viewed historically as a critical response to the widening cleav-age between economic expansion and powerful and elaborate technological advances on the one side, and on the other, deepening divisions between the laboring classes and the owners and directors of business: an increasing separation between the reali-ties of social and political experience and the traditional ideals of American democ-racy" (Thayer 1981: 445).*

Dabei ist besonders hervorzuheben, dass sich die Pragmatisten für Toleranz und Offenheit, für eine verantwortungsvolle Nutzung von Freiheiten und für sozial orientierte Veränderun-gen engagiert haben:

> *„The general historical role of pragmatism insofar as it reflected these conditions was that of proposing an experimental method directed to mediating between conflict-ing forces and interests. ... This was the task in which creative intelligence would pave the way, and social engineering would accomplish the result" (ebd.).*

Die Pragmatisten plädierten bereits zu einem Zeitpunkt für „Flexibilität" und „Innovationsbereitschaft" (um z. Z. modische Termini zu verwenden), indem das politisch-öffentliche
Leben – insbesondere der Alten Welt – noch durch Idealismus und Absolutismus, autoritärer
und nationalistischer Gesinnung bestimmt ist, und das vor allem soziale, politische und ethnische Ausschließungsprozesse hervorbringt. Dem intern vorherrschenden Rigorismus ent-
sprachen die nationalistisch-chauvinistischen Ideale und Ansprüche nach außen.

Aus der Sicht des Pragmatismus schaffen die Offenheit und Unbestimmtheit zukünftiger
Entwicklungen zwischen den Parametern Konkurrenz und Anpassung also einen Korridor,
der sich pragmatistisch nutzen lässt. Evolutionäre Prozesse werden weder ausschließlich
durch einen permanenten Wettstreit zwischen den Individuen determiniert, noch sind sie
ausschließliches Produkt äußerer, struktureller oder sonstiger Umweltbedingungen. Beide
Einflussfaktoren sind wichtig, lassen jedoch einen Spielraum zu, der für pragmatistisches
Handeln – innovatives Problemlösen – genutzt werden kann. Bezogen auf den demokratischen Individualismus heißt das, dass individuelle Freiheiten und demokratische Strukturen
die notwendigen Voraussetzungen für fortwährende, offene Strategien von „Versuch, Irrtum
und Erfolg" bilden und dadurch Lösungen und Handlungsalternativen möglich werden, die
durch kollektive und soziale Prozesse der Bewährung zu überindividuellen Lösungen führen
und (möglicherweise) Innovationen hervorbringen können. Dieser – schon mehrfach beschriebene – Problemlösungsprozess führt politisch-pragmatistisch interpretiert zu einem
stetigen Zusammenspiel individueller Interessenverfolgung und intersubjektiver Normbil-
dung und muss insofern als (Ur-)Form demokratischer Willensbildung bezeichnet werden.

Damit lässt der zwischen Wettbewerb und Anpassung liegende Korridor der Gestaltung eine
Vielfalt politischer Strategien und Lösungsalternativen zu, die – wie eben erwähnt – neben
Konkurrenz auch Absprachen, neben Anpassung auch (kollektive) Aktionen zulassen und
damit vielfältige, inhaltlich und temporär variierende Konsensprozesse eröffnen. Demokratische Prozesse brauchen daher nicht auf das Austarieren von Machtpositionen beschränkt zu
bleiben, sondern können auch durch inhaltliche Überzeugungsstrategien und normative Ein-
bindungsprozesse dazu genutzt werden, gegebene (Macht-)Positionen zu transzendieren und
ggf. zu verändern.

Diese Ausführungen zum politisch-theoretischen und normativen Hintergrund machen die
differenzierte Adaption des Darwinschen Evolutionsmodells durch den Pragmatismus deutlich: „The high ethical quality of their diverse conceptions of evolution stood opposed to the
harsh competitive character and ruthless self-aggrandizement which „social Darwinism"
tried to justify in the growing commercial expansion of the United States" (*Wiener*
1965: 204). Damit müssen Pragmatismus und Demokratie als kontinuierlicher Versuch fried-
licher und kooperativer (Weiter-)Entwicklung der menschlichen Lebensbedingungen interpretiert werden:

> *„If American philosophy is to continue to be a significant cultural force in the world,
> it will have to draw on its pragmatic legacy. That legacy contains the reasoned and
> humanitarian faith that the future course of evolution has room in it for the coöpera-
> tive efforts of free individuals to enrich life with peaceful and creative activities be-
> yond the sheer struggle for existence and power" (ebd.).*

In der deutschen Rezeption des Pragmatismus ist vor allem der in diesem Kapitel beschriebene demokratische Individualismus elementar vernachlässigt worden. Dabei bieten sich gerade hier zahllose Ansätze die „Demokratieverträglichkeit" anderer, etablierter philosophischer und theoretischer Strömungen zu thematisieren.

4 Resümee

Aus Sicht des sozialwissenschaftlichen „mainstreams" im deutschsprachigen Raum wird der Pragmatismus i. d. R. lediglich als eine Art Zwischenstufe bzw. als Wegbereiter des Behaviorismus und der frühen, empirisch orientierten Forschung in der amerikanischen Psychologie und Sozialpsychologie, Soziologie und Politikwissenschaft angesehen. (vgl. Falter 1982) Darüber hinaus wird er gelegentlich auch – im umgangssprachlichen Sinne – als amerikanisch-pragmatischer Ansatz zur Lösung politischer und sozialer Probleme aufgefasst. Dieser Art selektiver Wahrnehmung entgeht, dass der Pragmatismus in den USA einen völlig eigenständigen Weg bei der Etablierung der modernen Sozialwissenschaften eröffnete. Bis zu einem gewissen Grad trägt dieses Rezeptionslücke bis heute dazu bei, dass das Spannungsverhältnis zwischen Theorie und Praxis in den sozialwissenschaftlichen Disziplinen diesseits und jenseits des Atlantiks unterschiedlich gedeutet werden kann. Den Kern dieses Unterschiedes bildet ein den amerikanischen Sozialwissenschaften alternativ zur Verfügung stehender Handlungsbegriff, der es erlaubt, eine Politikwissenschaft von und für die reale Welt zu entwickeln. (Joas 1992) Dieser Handlungsbegriff überwindet jenen traditionellen, kontinental-europäischen Leib-Seele-Dualismus, der menschliches Handeln entweder einem rationalistischen Utilitarismus oder einem moralisch-imperativen Normativismus unterwirft.

Der Pragmatismus stimuliert aktuell auch die politisch-theoretische und die politikwissenschaftliche Debatte. Erstere erhielt durch Richard Rorty Auftrieb, der einen pragmatistischen Gegenentwurf zum idealistischen, gelegentlich elitär-konservativ verstandenen Kommunitarismus vertritt. Knapp zusammengefasst unterscheidet sich die vom Pragmatismus geprägte demokratie-theoretische Position vom Kommunitarismus im Wesentlichen durch die positive Bewertung des Individualismus, der offenen (Massen-)Demokratie und der politischen und sozialen (Interessen-)Vielfalt als Grundlage gesellschaftlichen Fortschritts und Veränderung. Vom klassischen Liberalismus unterscheidet sie sich dagegen vor allem durch das umfassende – nicht rationalistisch verkürzte – Menschenbild, die Höherbewertung sozialer Verantwortung und öffentlichen Engagements vor der Verfolgung egoistischer Ziele (vgl. Schönherr-Mann 1996). Die liberalen Prinzipien, so kann zugespitzt argumentiert werden, bilden den normativen Hintergrund für die pragmatischen, auf Gestaltung und Verbesserung zielenden Prozesse. So machte bspw. Richard Rorty (1997) auch durch seinen Appell zum konkreten politischen Engagement der (seit Vietnam passiven) amerikanischen Linken und Intellektuellen von sich Reden.

Da diese Debatte inzwischen selbst in den Massenmedien eine gewisse Resonanz findet, wird im deutschsprachigen Raum sicher zum ersten Mal auch der demokratie-theoretische Hintergrund des Pragmatismus vermittelt. Zumindest wird der Pragmatismus nach nunmehr über dreißig Jahren auch wieder in der Politischen Theorie diskutiert (Brecht 1961; Bro-docz/Schaal 1999). Mit seinem Plädoyer für breites, aktives Engagement, für die Übernahme sozialer Verantwortung und gegen jede Form des Rückzugs auf theoretische Positionen – die letztlich nur in „Besserwisserei" münden – zielt Rorty auf die Rückbindung des bloß Theoretischen an die konkrete Praxis. In diesem Bemühen spiegelt sich die anti-dualistische Position des Pragmatismus und die hierauf basierende Handlungstheorie, die auch einer politischen Theorie lediglich instrumentellen Status zuweist und deren Funktion als individuelle Orientierungs- und Handlungshilfe sich in der Realität, bei den konkreten Versuchen politischer Gestaltung und Verbesserung immer wieder bewähren muss.

Auf diese Grundfigur, dass nämlich Theorien einerseits Leitfunktion haben und als Handlungsorientierung dienen, sich andererseits aber immer an der Wirklichkeit – genauer: daran, in welchem Maße sie sich verwirklichen lassen – messen müssen, verweist auch James in der sechsten Pragmatismus-Vorlesung:

> *„Das wesentliche Moment ist der Vorgang des Geführtwerdens. Jede Vorstellung, die uns hilft, mit der Wirklichkeit oder ihrem Zusammenhang – sei es praktisch oder intellektuell – umzugehen, jede Vorstellung, die unseren Fortschritt nicht in Enttäuschungen münden läßt, die wirklich paßt und unser Leben an die komplexen Zusammenhänge der Wirklichkeit anpaßt, jede solche Vorstellung wird in einem Maße mit ihr übereinstimmen, die den Anforderungen genügt. Sie wird sich an dieser Wirklichkeit bewähren"* (James [1908] 2000, 138f.).

Damit sind die ideengeschichtlichen Grundlagen der Politikfeldanalyse zusammengefasst. Auch, wenn sich diese politikwissenschaftliche Teildisziplin inzwischen weiter entwickelt und – wie gerade mit diesem Lehrbuch deutlich wird – sich erheblich ausdifferenziert hat, wird vielfach ein Politikverständnis deutlich, das eine pragmatistische Basis aufscheinen lässt: Dass „Politik" von der grundsätzlichen Hoffnung lebt, dass es immer eine Lösung gibt, die von Menschen, Politikern und Politikerinnen, ausgedacht, erarbeitet, errungen, zustande gebracht werden muss. Und, dass das Ende der Politik auch das Ende des Strebens nach Vernunft ist – Selbstaufgabe, Verantwortungslosigkeit, ggf. Krieg. Dass andererseits aber „Politik-machen" auch nur selten auf den „großen Entwurf" hinaus läuft und in der Regel „piece-meal engineering" bedeutet oder, „das mühsame Bohren dicker Bretter", wie es Max Weber einmal beschrieb. Dazu passt die Überzeugung, dass Politik auf Verbesserung und Gestaltung, auf die Realisierung des Machbaren angelegt ist. Über die Zeit hinweg lassen sich so tragfähige Veränderungen bewirken. „Politik-machen" heißt insofern auch immer, so realistisch wie möglich vom erwartbaren Ergebnis her zu denken. Die eigenen politischen Grundüberzeugungen und Orientierungen mögen die wünschbaren Ziele und Leitideen vorgeben, politisch praktisch sind immer die konkreten, erwartbaren Folgen politischen Handelns zu beachten. Sicher für einige Leser und Leserinnen überraschend, ist die eindeutige demokratische Positionierung des Pragmatismus, die auch für das moderne „Policy-making" Grundlage sein dürfte: Neben ethischen sind es vor allem auch funktionale Überlegungen, die demokratisch verhandelten und ermittelten Lösungen eine „höhere" Legitimität und einen größeren Nutzen verschaffen.

Für die weitere Aufarbeitung der ideengeschichtlichen und theoretischen Basis der Politikfeldanalyse wird es notwendig sein, dass die frühe Pluralismus-Literatur auch als frühe „policy-Literatur" rezipiert wird. Damit ist nicht nur der Klassiker Bentley gemeint, sondern z. B. Peter Odegards wegweisende Studie über den Erfolg der Anti-Alkoholbewegung und Befürworter der Prohibition von 1928 (Pressure Politics – The Story of the Anti-Saloon League) oder bspw. E. E. Schattschneiders Studie von 1935 über die politische Durchsetzung von Schutzzöllen (Politics, Pressures, and the Tariff).

5   Literatur

Ayer, Alfred J., 1968: The Origins of Pragmatism – Studies in the Philosophy of C. S. Peirce and W. James, London et. al.

* Bentley, Arthur F., 1943: The Jamesian datum, in: Journal of Psychology, Vol. 16, July 1943, First Half, 35-79.

Beyme, Klaus v., 1996: Theorie der Politik im 20. Jahrhundert – Von der Moderne zur Postmoderne, Frankfurt a. M., 252.

Bleek, Wilhelm, 2001: Geschichte der Politikwissenschaft in Deutschland, München.

Catton, William R. Jr., 1964: The Development of Sociological Thought, in: Robert E. L. Faris (ed.), Handbook of Modern Sociology, Chicago.

Dewey, John, [1910] 1951: The Influence of Darwinism on Philosophy, in: ders., The Influence of Darwinism on Philosophy, New York, 1-19.

Dewey, John, 1916: Democracy and Education, New York.

Dewey, John, 1930: The Quest for Certainty – A Study of the Relation of Knowledge and Action, London et al.

Dewey, John, 1937: Democracy and Educational Administration, an address before the National Education Association, Feb. 22, 1937; in: Joseph Ratner (ed.) 1939, Intelligence in the Modern World – John Deweys Philosophy, New York.

Diaz-Bone, Rainer/Klaus Schubert, 1996: William James – zur Einführung, Hamburg.

Falter, Jürgen W., 1982: Der 'Positivismusstreit' in der amerikanischen Politikwissenschaft, Opladen.

* Fisch, Max H., 1964: „Was There A Metaphysical Club in Cambridge?", in: E. C. Moore/R. S. Robin (eds.), Studies in the Philosophie of Charles Sanders Peirce, Massachusetts.

Ford, M. P., (1993): William James, in: David R. Griffin u .a., Founders of Constructive Postmodern Philosophy, New York.

Hsiao, Kung Chuan, 1927: Political Pluralism – A Study in Contemporary Political Theory, London.

James, William, 1898: Philosophical Conceptions and Practical Results, in: ders.: [1920] 1994, Collected Essays and Reviews, Bristol, 406-437.

James, William, [1908] 2000: Pragmatismus – Ein neuer Name für alte Denkweisen, Darmstadt: Wissenschaftliche Buchgesellschaft (Bibliothek klassischer Texte) (neu übersetzt und wieder herausgegeben von K. Schubert und A. Spree).

James, William, 1911: Some problems of Philosophy – A Beginning of an Introduction to Philosophy, New York et al. (published posthum by Horace M. Kallen and Henry James Jr.).

James, Harold (ed.), 1920: The Letters of William James, Boston.

Joas, Hans, [1980]1989: Praktische Intersubjektivität – Die Entwicklung des Werkes von G. H. Mead, Frankfurt a. M.

Joas, Hans,1992: Die Kreativität des Handelns, Frankfurt a. M.

Kant, Immanuel, 1966: Vorlesungen über Logik, hrsg. von der Akademie der Wissenschaften zu Göttingen, Berlin.

Laski, Harold, 1917: Studies in the Problem of Sovereignty, New Haven.

Lerner, David/Harold D. Lasswell (eds.), 1951: The Policies Sciences – Recent Developments in Scope and Method, Berkeley.

Mead, George H., 1899: The Working Hypothesis in Social Reform, in: American Journal of Sociology, Vol. 5, 370f.

Mead, George H., 1917: Scientific Method and Individual Thinker, in: John Dewey et al. (eds.), Creative Intelligence: Essays in the Pragmatic Attitude, New York.

Mead, George H., 1934: Mind, Self and Society, (Ed. by C. W. Morris) Chicago.

Mead, George H., 1983: Gesammelte Aufsätze, Band 2, Frankfurt a. M.

Merriam, Charles E., 1925: New Aspects of Politics, Chicago.

Miller, Joshua I., 1997: Democratic Temperament – The Legacy of William James, Lawrence.

Morris, Charles W., [1934] 1973: Einleitung, in: George H. Mead, Geist, Identität und Gesellschaft, Frankfurt a. M., 29.

Oehler, Klaus, 1992: Der Pragmatismus als Philosophie der Zukunft – Die gegenwärtige Lage der Philosophie in Deutschland, in: Semiosis – Internationale Zeitschrift für Semiotik und Ästhetik, 17. Jg., Heft 1-4, 28.

Oehler, Klaus, 1993: Charles Sanders Peirce, München.

Putnam, Hilary, 1993: Die bleibende Aktualität von William James, in: Deutsche Zeitschrift für Philosophie, 41. Jg., Heft 2, 189-199.

Peirce, Charles S., 1965: Wie wir Ideen klar machen, in: ders., Die Festigung der Überzeugung und andere Schriften, Baden-Baden.

Peirce, Charles S., 1931-35: Collected Papers. Volume V, Paragraph 402, Cambridge/ Mass.

Rucker, E. D., 1969: The Chicago Pragmatists, Minneapolis.

Rorty, Richard, 1994: Hoffnung statt Erkenntnis, Wien.

Rorty, Richard, 1997: Achieving our Country: Leftist Thought in Twentieth-Century America, Cambridge/Mass.

Scheffler, Israel, [1974]1986: Four Pragmatists – A Critical Introduction to Peirce, James, Mead, and Dewey, London.

Schiller, Ferdinand C. S., 1907: Studies in Humanism, London.

* Schubert, Klaus, 1995: Pluralismus versus Korporatismus, in: Dieter Nohlen u. a. (Hrsg.), Lexikon der Politik Bd. 1: Politische Theorien, München, 407-423.

Schubert, Klaus, 2002: Innovation und Ordnung – Grundlagen einer pragmatistischen Theorie der Politik, gleichzeitig ein Beitrag über die ideengeschichtliche Basis einer erweiterten Theorie der Politikfeldanalyse, Münster.

Schumpeter, Josef A., [3]1972: Kapitalismus, Sozialismus und Demokratie, München.

Thayer, Horace S., [1968] 1981: Meaning and Action – A Critical History of Pragmatism, Indianapolis, p. 453

Tocqueville, Alexis de, [1835/1840] 1976: Über die Demokratie in Amerika, München.

Vollrath, Ernst, 1987.: Grundlegung einer philosophischen Theorie des Politischen, Würzburg.

Wenzel, Harald, 1990: George Herbert Mead – zur Einführung, Hamburg.

Wiener, Philip P., 1965: Evolution and the Founders of Pragmatism, New York.

Wolff, Christian Freiherr von, 1721: Vernünfftige Gedancken Von Gott Der Welt und der Seele des Menschen – Vorrede zu der anderen Auflage, Frankfurt a. M./Leipzig.

Wolff, Robert P., 1967: Jenseits der Toleranz, in: Robert P. Wolff/Barrington Moore/Herbert Marcuse: Kritik der reinen Toleranz, Frankfurt a. M.

Verständnisfragen

1. Nennen Sie die Kernelemente des Pragmatismus.

2. Inwiefern ist für Schubert der Pragmatismus ein möglicher „Mittler" zwischen den gegensätzlichen Positionen von Empiristen und Rationalisten?

3. Stellen Sie die ökonomischen, soziologischen und pragmatischen Handlungsbegriffe einander gegenüber.

Transferfrage

1. Verdeutlichen Sie an einem eigenen Beispiel die „philosophische Idee des Pluralismus".

Problematisierungsfragen

1. Gibt es beim Pragmatismus einen Dualismus zwischen Vergangenheit (nicht veränderbar) und Zukunft (experimentell gestaltbar, aber nicht beliebig formbar)?

2. Welche Probleme könnten auftreten, wenn man die „bottom-up"-Perspektive einnimmt, und welche Probleme könnten auftreten, wenn man die „top-down"-Perspektive einnimmt?

Teil II: Basiskategorien

Phasenmodelle und Politikprozesse: Der Policy Cycle

Werner Jann und Kai Wegrich

1　Einleitung

Die Betrachtung von Politik als eine sequentielle Abfolge von Phasen des politischen Prozesses ist eine wichtige und unverzichtbare Grundlage der aktuellen politik- und verwaltungswissenschaftlichen, aber auch politischen Diskussion, ohne die ein großer Teil dieser Diskussion kaum verständlich ist. Auf der einen Seite ist diese Phaseneinteilung Grundlage einer Vielzahl empirischer Studien und fast sämtlicher Lehrbücher der Policy-Forschung, weil sie offenbar hilft, politische Prozesse besser zu verstehen und zu beschreiben, auf der anderen Seite ist sie seit Jahren heftiger Kritik ausgesetzt. Warum dies so ist, soll im folgenden erläutert werden, in dem wir zunächst die Bedeutung dieses Konzepts für die Policy-Forschung kurz skizzieren, dann die Quellen und die Entwicklung des Phasenkonzepts des Policy Making nachzeichnen, danach klassische Studien und die wichtigsten Ergebnisse der empirischen Forschungen zu den einzelnen Phasen vorstellen und schließlich die grundlegenden Kritiken dieser Sichtweise erläutern. Der Beitrag schließt mit einer Bewertung des Nutzens und der Probleme dieses Ansatzes.

2　Politik als Prozess der Problemverarbeitung

Gemeinsamer Ausgangspunkt der verschiedenen Phasenmodelle in der Policy-Forschung ist eine bestimmte Interpretation von Politik, nämlich Politik als „Policy Making", als Versuch der Be- und Verarbeitung gesellschaftlicher Probleme. In der klassischen Definition von Fritz W. Scharpf „als den Prozess also, in dem lösungsbedürftige Probleme artikuliert, politische Ziele formuliert, alternative Handlungsmöglichkeiten entwickelt und schließlich als verbindliche Festlegung gewählt werden" (Scharpf 197a3, S. 15). Politik wird logisch als eine Abfolge von Schritten konzipiert, die mit der Artikulation und Definition von Problemen anfängt und irgendwann mit der verbindlichen Festlegung von politischen Programmen und Maßnahmen beendet wird.

Der Hintergrund dieses neuen Politikbegriffs war – in Deutschland Anfang der siebziger Jahre, in den USA schon einige Zeit früher – ein doppeltes Unbehagen an klassischen Vorstellungen und Vorgehensweisen sowohl der Politikwissenschaft wie der juristischen Staats- und Verwaltungslehre. An der Politikwissenschaft wurde kritisiert, dass sie sich zu sehr auf die **Input**-Seite des politischen Systems konzentriere, also im Sinne von Eastons Systemmodell (s. u. Abb. 2) fast ausschließlich auf „demands and support", auf Unterstützung des politischen Systems und die an es herangetragenen Anforderungen. Problematisiert und untersucht wurden so Wahlen, Parteien, Interessengruppen, Eliten, Parlamente, Pluralismus bis hin zur politischen Kultur, während der eigentliche **Output** des politischen Systems, also beispielsweise Gesetze, Programme, Budgets, politische und/oder administrative Maßnahmen nicht in das Interesse der Politikwissenschaft gerieten – genauso wenig wie die Prozesse und Strukturen von Regierung und Verwaltung, der „black box", in der „demands and support" in „decisions and actions" umgewandelt werden.

Eine ähnliche Kritik richtete sich gegen eine traditionelle, normative – in weiten Teilen juristisch geprägte – Verwaltungswissenschaft oder Verwaltungslehre, die der öffentlichen Verwaltung in diesem Prozess lediglich instrumentelle Funktionen zuwies. Nach diesem Verständnis sind prinzipiell nur die politisch verantwortlichen Organe – Parlamente, Regierungen, Gemeinderäte, Bürgermeister – mit politischen Entscheidungen befasst. Politik hat im Prinzip mit Verwaltung nichts zu tun und umgekehrt Verwaltung nichts mit Politik. Gegenüber dieser normativen – und wirklichkeitsfremden – Perspektive, die allein die formelle Entscheidungskompetenz betrachtet, erlaubte dieser neue Politikbegriff des „Policy Making" die Untersuchung und Identifikation der tatsächlichen Entscheidungen und Weichenstellungen in politischen Prozessen.

Wiederum in der klassischen Formulierung von Scharpf:

> *„In so angelegten Untersuchungen kann der Entscheidungsbeitrag der Bürokratie heraus gearbeitet werden; es kann gezeigt werden, welche Probleme verdrängt, welche Ziele vernachlässigt und welche Handlungsalternativen in der Phase der Entscheidungsvorbereitung von der Verwaltung bereits ausgeschieden wurden, ehe irgendein verantwortlicher Politiker mit dem Entscheidungsvorschlag befasst war. Untersuchungen dieser Art brauchen auch nicht bei der formellen Entscheidung einer gesetzgebenden Körperschaft oder eines Ministers ihr Ende finden, sondern sie können in die Durchführungsphase hinein ausgedehnt werden und dann zeigen, wie viele Fragen durch die formelle politische Entscheidung noch nicht entschieden wurden und wie nun der engere oder weitere Handlungsrahmen durch die Verwaltung inhaltlich ausgefüllt oder verändert wird." (Scharpf 1973a, S. 16).*

In der deutschen, aber auch in der internationalen Politik- und Verwaltungswissenschaft führte diese Neukonzipierung von Politik als „Policy Making", als sequentieller Prozess der Formulierung und Umsetzung von Politikinhalten in den siebziger und achtziger Jahren zu einer inhaltlichen und methodischen Umorientierung. Eingeführt wurde die klassische Trennung der Dimensionen von Politik: Politikinhalte (**Policies**), so wurde angenommen, werden nicht nur durch die sozio-ökonomische Umwelt (z. B. Problemlagen, aber auch Klasseninteressen), sondern sowohl durch die Ausgestaltung politischer Institutionen (**Polity**) als auch durch konfliktäre Prozesse des Machterwerbs und -erhalts (**Politics***) beeinflusst, aber eben auch durch die Strukturen der Verwaltung selbst. Die herausragende Bedeutung der Verwaltung ergab sich aus der plausiblen Vermutung, dass in einem modernen, hoch komplexen und differenzierten öffentlichen Sektor die „Politik" mit ihren Institutionen in Regierungen, Parlamenten und Parteien nur einen kleinen Teil – und bei quantitativer Betrachtung vermutlich den weitaus kleineren Teil – der insgesamt produzierten Entscheidungen bestimmen kann. Programmatisch wurde so „Verwaltungswissenschaft als Teil der Politikwissenschaft" (Scharpf 1973a) definiert und etabliert.

Erkenntnisobjekt der Verwaltungswissenschaft wurde das „politisch-administrative System" (PAS), in dem die Interdependenz zwischen Politik und Verwaltung vorausgesetzt und nicht mehr hinterfragt wurde. Diese Art der politikwissenschaftlichen Verwaltungswissenschaft, d. h. die empirische Untersuchung der Formulierung und Implementierung von Politikinhalten in einzelnen Politikfeldern, wurde so zum produktivsten, ja für einige zum „dominierenden" (Fach 1982) Zweig der empirischen Politikwissenschaft.

Ergebnis der Vielzahl der in dieser Zeit durchgeführten empirischen Untersuchungen war u. a.

- dass die Verwaltung eine entscheidende Rolle in der Politikformulierung spielt (z. B. in der Vorbereitung von Gesetzen und im Budgetprozess),
- dass Bürokratien nur sehr unvollständig durch Gesetze (legislative Programme) kontrolliert werden können, sondern bei deren Umsetzung über erhebliche politische Handlungsspielräume verfügen (Implementation),
- dass Politikdurchführung ein eigenständiger politischer Prozess ist, in dem viel mehr verhandelt als direkt angewiesen wird (**kooperativer Staat**; s. Kasten),
- dass der Verwaltungsapparat seine Entscheidungsprämissen keineswegs allein durch offizielle demokratische Institutionen bekommt, sondern nicht zuletzt durch intensive Beziehungen mit Interessengruppen, Klienten, Professionen oder natürlich auch durch sein eigenes Personal (administrative Interessenvermittlung) und
- dass schließlich unrealistische Annahmen einer zentralistischen, mono-rationalistischen, hierarchisch integrierten und gesteuerten öffentlichen Verwaltung aufzugeben sind zugunsten einer komplexeren Sichtweise eines durch vielfältige Akteure, Rationalitäten und Netzwerke bestimmten öffentlichen Sektors (Verhandlungssysteme und Politiknetzwerke).

Kooperativer Staat

Der Begriff „Kooperativer Staat" bezeichnet die Beobachtung, dass der moderne Staat in vielen Aufgabenbereichen nicht (mehr) autoritär regelnd mit Ge- und Verboten eingreift, sondern auf Verhandlungen und einvernehmliche Zusammenarbeit mit gesellschaftlichen Gruppen oder Organisationen angewiesen ist. Die empirische Politik- und Verwaltungsforschung hat vielfältige Verhandlungsstrukturen in allen möglichen Politikfeldern nachgewiesen. Die Ausbildung des „kooperativen Staates" zeigt sich zum einen in Verhandlungen und Absprachen zwischen Regierungen und Privaten, mit denen Programme entwickelt oder Normen verabredet werden, die z. T. den Erlass von Gesetzen ersetzen (Beispiel Verpackungsverordnung). Sie manifestiert sich aber auch und gerade in den verschiedenen Formen eines ausgehandelten Gesetzesvollzugs (Implementation), bei der, obwohl dem Gesetz nach Ge- und Verbote möglich wären, dennoch auf eine einvernehmliche Verhandlungslösung gesetzt wird (Beispiel Umweltschutz). In diesem Zusammenhang spricht man auch vom engeren Begriff „kooperative Verwaltung" (vgl. Benz *1994*).

In diesem Sinne entwickelte sich die deutsche politikwissenschaftlich inspirierte Verwaltungswissenschaft, ausgehend von Untersuchungen der einzelnen Phasen politischer Prozesse, zunehmend in Richtung einer auf Voraussetzungen und Folgen politischer Problemverarbeitung spezialisierten Steuerungswissenschaft (Jann 2001). Die klassische Politikwissenschaft hatte, wie erwähnt, diese Herausforderung ignoriert und sich weitgehend auf die **Inputs** des politischen Systems konzentriert, aber die Policy-Forschung nahm sie an, indem die Formulierung, Implementierung und Evaluierung staatlicher Politikinhalte in einer Vielzahl von Studien in den unterschiedlichsten Politikfeldern (Umwelt, Arbeitsmarkt, Gesundheit etc.) empirisch nachvollzogen wurde.

Offensichtlich ist auch der Gleichklang mit der allgemeinen politischen Entwicklung. Ende der sechziger, Anfang der siebziger Jahre wurde – zunächst von konservativer Seite – das Konzept der politischen Planung wieder entdeckt, und auch die „progressive" Politik- und Verwaltungswissenschaft konzentrierte sich auf die Voraussetzungen und Bedingungen der Politikformulierung einer solchen „aktiven Politik". Mit dem Ende der Reformphase und dem Platzen einiger Reformillusionen rückten zunehmend Implementationsprobleme politischer Programme ins Zentrum der Aufmerksamkeit (z. B. „Vollzugsdefizite" im Umweltschutz) und die – politisch umstrittenen – Wirkungen und Auswirkungen von **Policies** wurden in ersten systematischen Evaluationsstudien untersucht.

3   Zentrale Konzepte

3.1   Lasswell und der Policy-Prozess

Der ursprüngliche Anstoß, politische Prozesse als eine Folge diskreter Phasen der Problemverarbeitung darzustellen und zu analysieren, geht auf den amerikanischen Politologen Harold Lasswell zurück. Lasswell wollte bekanntlich eine neuartige, multi-disziplinäre und normativ orientierte Policy-Science initiieren, die relevantes Wissen für und über politische Entscheidungsprozesse zur Verfügung stellen sollte (s. den Beitrag von Schubert in diesem Band). Bereits 1956 schlug er eine Unterteilung der Prozesse des Policy Making in sieben Phasen vor (vgl. Lasswell 1956, Howlett/Ramesh 2003, S. 11ff, Parsons 1995, S. 446ff), und zwar identifizierte er:

1. **intelligence**, also die Sammlung, Verarbeitung und Verbreitung von relevantem Wissen,
2. **promotion**, die Beförderung und Unterstützung ausgewählter Alternativen,
3. **prescription**, die verbindliche Festlegung der gewählten Entscheidung,
4. **invocation**, die Durchsetzung der *Policy* z.B. durch Macht oder die Identifikation von Sanktionen,
5. **application**, die Anwendung und Umsetzung innerhalb der Bürokratie oder auch durch Gerichte,
6. **termination**, die Beendigung der Policy und schließlich
7. **appraisal**, ihre Bewertung gegenüber ursprünglichen Zielen und Intentionen.

Auch wenn diese Unterteilung etwas missverständlich ist und nicht ganz überzeugen kann – insbesondere wundert man sich über die Reihenfolge, nach der die Bewertung der Beendigung einer Policy folgt – war sie doch extrem erfolgreich. In Verbindung mit dem Siegeszug der Policy-Orientierung in den späten sechziger und siebziger Jahren in den USA, und etwas später in Deutschland, ist sie bis heute die Grundlage aller weiteren Phasenmodelle. Abb. 1 zeigt anhand einiger zentraler Beiträge und Lehrbücher die weitere Evolution dieser Konzeptionalisierung, die dann Anfang der siebziger Jahre, nach einer ersten Vereinfachung durch Lasswells Schüler Garry Brewer, in verschiedenen Lehrbüchern auftauchte (Jones 1970, Anderson 1975).

Der Grund dafür ist unmittelbar einsichtig: Nachdem die Policy-Orientierung in den sechziger Jahren in den USA nicht zuletzt aufgrund der politischen Reformprogramme der „Great Society" und des „War on Poverty" erheblich an Bedeutung gewonnen hatte und mit Unterstützung der Ford-Foundation die ersten Policy-Programme an Eliteuniversitäten gegründet wurden (Jann 1987), gab es einen Bedarf an Lehrbüchern. Zur Strukturierung der Fragen nach den Voraussetzungen und Folgen von staatlichen Politikinhalten (what governments do, why they do it, and what difference it makes?) bot sich die Unterscheidung nach dem Phasenmodell an.

Tatsächlich ist die von Jones und Anderson Anfang der siebziger Jahre propagierte Unterteilung in „Agenda Setting", „Policy Formation" (oder Formulation), „Adoption", „Implementation" und „Evaluation" – trotz kontinuierlicher Alternativvorschläge (etwa Jenkins 1978, May/Wildavsky 1978) bis heute Standard (siehe etwa die aktuellen Lehrbücher von Howlett/Ramesh 2003 oder Parsons 1995). Bereits 1977 wurde diese Unterteilung dann von Renate Mayntz in die deutsche Diskussion eingeführt.

Lasswell hatte seine Phasen als „stages" im „decision process" bezeichnet, und seine Phaseneinteilung war durchaus auch normativ gemeint. Das linear und zeitlich interpretierte Phasenmodell war von Beginn an auch zugleich ein logisches Problemlösungsmodell. Tatsächlich gibt es eine fast vollständige Übereinstimmung seiner Einteilung mit den Vorgaben der präskriptiven Entscheidungs- und Planungstheorie (siehe Abb. 1). In der Nachfolge von Simon (Simon 1945, March/Simon 1958), der allerdings gerade die Grenzen rationaler Entscheidungen betonte, werden in dieser Theorie Entscheidungen nicht als punktueller Wahlakt begriffen, sondern ebenfalls als ein sich über die Zeit hinziehender Prozess der Problemverarbeitung, der verschiedene Phasen durchläuft (vgl. z. B. March 1988, S. 297, Schreyögg 1996, S. 66ff). Rationale Planung und Entscheidung, nach diesem Modell,

- beginnt mit der Analyse der Probleme und Ziele,
- darauf folgt die Informationsbeschaffung,
- die Suche nach möglichen Alternativen der Zielerreichung,
- eine Analyse der Kosten, des Nutzens, der Effektivität und der Wahrscheinlichkeit der unterschiedlichen Alternativen,
- die Auswahl der besten Alternative zur Erreichung der Ziele,
- die dann in die Tat umgesetzt wird und
- deren Umsetzung schließlich kontrolliert werden muss, um bei Abweichungen ggf. gegensteuern zu können.

Obwohl die empirische Theorie organisatorischer Entscheidungen solche Phasenschemata immer wieder in Frage gestellt hat, weil sie sich als „deskriptiv invalide" gezeigt haben (Schreyögg 1996, S. 67 m. w. A.; Sabatier 1993, 2007), gelten diese Schritte immer noch als Idealbild „rationaler" Entscheidung und Planung. Vermutlich ist die Durchsetzungsfähigkeit und Beständigkeit des Lasswellschen Phasenschemas, auch in seinen modifizierten Formen, vor allem damit zu erklären, dass es im Kern ein Idealbild rationaler Entscheidung enthält: So, in dieser einsichtigen und logischen Abfolge, würden wir gern entscheiden, auch und gerade im Bereich der Politik.

Darüber hinaus impliziert diese Phasenabfolge ein bestimmtes, idealisiertes Bild der demokratischen Steuerung und Legitimation, nämlich das der hierarchisch organisierten und gesteuerten Verwaltung im demokratischen Rechts- und Verfassungsstaat (Jann 1998).

Abbildung 1: Unterschiedliche Phasenmodelle des Policy Making

"rationale" Planung und Entscheidung	Lasswell 1956	Brewer 1974	Anderson 1975	Mayntz 1977	Jenkins 1978	May/ Wildavsky 1978
Problem- und Zielformulierung		Initiation	Agenda-Setting	Problem-artikulation Zieldefinition	Initiation	Agenda-Setting
Informationsbeschaffung	Intelligence	Estimation			Information	Issue Analysis
Alternativengenerierung	Promotion					
Vergleich und Bewertung	Prescription		Formulation		Consideration	
Entschluss	Invocation	Selection	Adoption	Programmentwicklung	Decision	Service Delivery Systems
Realisierung	Application	Implementation	Implementation	Implementation	Implementation	Implementation
Kontrolle	Appraisal	Evaluation	Evaluation	Evaluation	Evaluation	Utilization of Evaluation
	Termination	Termination		Termination	Termination	

Quelle: eigene Darstellung

Die Bürger geben der Verwaltung ihre Präferenzen und Interessen über ihre gewählten Repräsentanten qua demokratisch-legitimierter Gesetzgebung und Regierung vor, die die dort formulierten Politikinhalte dann ohne Bias, fair, neutral usw. umsetzt. Politikformulierung geschieht durch Wahlen, Parlamente, Parteien, Kabinette und alle anderen legitimen Möglichkeiten demokratischer Willensbildung, Politikdurchführung dann durch eine loyale Bürokratie. Im Kern steht hinter dieser Vorstellung das Bild einer – d. h. eigentlich zweier – parlamentarischer Steuerungsketten, die entweder über den Ablauf

1. Wahl ➔ Parlament ➔ Gesetze ➔ Bürokratie ➔ Bürger
   (legislative Programmsteuerung) oder

2. Wahl ➔ Parlament ➔ Regierung ➔ Bürokratie ➔ Bürger
   (demokratisch-legitimierte Auswahl und Weisung)

funktionieren.

Genau dieses naive Bild der neutralen und allein nachgeordneten Rolle der Bürokratie und der eindeutigen Trennung von Politik und Verwaltung wollte die Policy-Forschung empirisch aufhellen (siehe das Scharpf-Zitat zu Beginn), aber gerade weil dieses wirkungsmächtige normative Modell empirisch hinterfragt werden soll, eignet es sich natürlich auch als Ausgangspunkt der Untersuchungen.

3.2 Easton und der Policy Output

Der in den parlamentarischen oder demokratischen Steuerungsketten implizierte funktionale Zusammenhang ist auch Ausgangspunkt der zweiten grundlegenden Konzeptionalisierung des Policy-Prozesses. Neben Lasswell ist es vor allem das Werk des Amerikaners David Easton, das diese Phasenbetrachtung politischer Prozesse entscheidend beeinflusst hat. Easton beschäftigt sich zwar nicht direkt mit den Phasen des politischen Prozesses, aber durch seine einfache systemtheoretische Betrachtung führt er das Konzept der *Policy Outputs* in die Diskussion ein, das eine wichtige Rolle bei der weiteren Strukturierung politischer Prozesse spielt.

Das ursprüngliche Modell (Easton 1965, in Abb. 2 in vereinfachter Form) skizziert das politische System in der Gesamtgesellschaft in der Form eines einfachen kybernetischen Regelkreises mit Inputs, Outputs, Umwelt und Feedbacks. Das politische System erhält Inputs aus seiner Umwelt (national wie international), die durch Input-Kanäle (etwa Parteien, Interessengruppen, Eliten, Medien) gefiltert und innerhalb des politischen Systems in politische Entscheidungen umgewandelt werden. Inputs können dabei unterschieden werden in externe, sozio-ökonomische Einflüsse und Restriktionen (also etwa Charakteristika der Ökonomie, der Zivilgesellschaft oder anderer gesellschaftlicher Subsysteme, aber auch der zu bewältigenden Probleme) und binnenstrukturelle, politisch-administrative oder institutionelle Einflüsse und Restriktionen.

Hier kann man wiederum zwischen Merkmalen des politischen (Parteien, Parlamente, Interessengruppen etc.) und des administrativen Systems (Regierung und Verwaltung) unterscheiden (withinputs in der Diktion von Easton). Das Eastonsche Modell wurde von anderen strukturfunktionalistischen Systemtheoretikern weiterentwickelt, etwa von Gabriel A. Almond, der innerhalb des politisch-administrativen Systems die Prozessfunktionen Interessenaggregation, Politikformulierung, Implementation und Entscheidung und schließlich auch unterschiedliche Policy-Funktionen unterscheidet („extraction", „regulation" und „distriution").

Abbildung 2: Eastons "Simplyfied Model of a Political System"

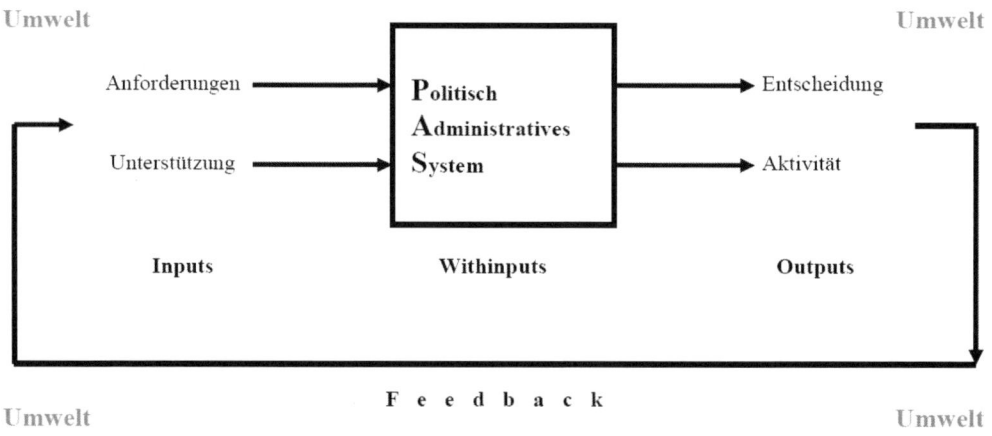

Quelle: nach Easton 1965

Die Bedeutung des Eastonschen Modells für die Policy-Forschung liegt in der hier schon angedeuteten Kombination mit den Lasswellschen Entscheidungsphasen. Es stellt sich nämlich die Frage, welches die **Outputs** der einzelnen Phasen des Policy Making sind? Nach einiger semantischer Verwirrung, wie sie in den Sozialwissenschaften nicht unüblich ist, hat sich das in Abb. 3 und Abb. 4 skizzierte Phasenmodell weitgehend durchgesetzt (vgl. Jann 1981):

Abbildung 3: Output, Impact und Outcome in der Policy-Forschung

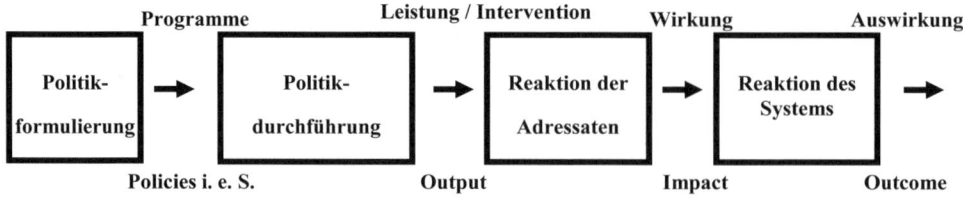

Quelle: eigene Darstellung

Die Ergebnisse der Politikformulierung werden danach als Programme bezeichnet, ohne dass damit unterstellt würde, dass diese Programme jeweils in ausformulierter Form vorliegen würden. Programme können Gesetze sein, oder Verordnungen, Regierungserklärungen, das jährliche Budget oder auch mehr oder weniger explizite politische Willenserklärungen und Pläne. Vielfach gibt es kein einfaches, eindeutiges Programm, es ist vielmehr ein Konstrukt des Forschers. Gelegentlich werden diese staatlichen Absichtserklärungen, die intendierten Aktivitäten und Ziele auch als **Policies** bezeichnet, allerdings Policies i. e. S., denn der klassische Policy-Begriff umfasst nicht nur Absichten und Ziele, sondern auch und gerade die tatsächlichen Handlungen, mit denen versucht wird, diese oder andere Ziele zu erreichen.

Ergebnis der Implementationsphase sind die eigentlichen **Outputs**, also die staatlichen Interventionen oder Leistungen, mit denen versucht wird, das Verhalten von Akteuren zu verändern. Beispiele wären die Bereitstellung und Verteilung von Ressourcen, die Anwendung von Normen, öffentliche Verträge und Einzelentscheidungen (etwa der deutsche Verwaltungsakt). Auch Subventionen und Transferleistungen, die Bereitstellung von Informationen und von Infrastruktur (von Straßen und Brücken bis zu Schulen und Unis) gehören in diese Kategorie.

Allerdings werden durch diese **Outputs** die anstehenden Probleme in aller Regel nicht gelöst und bewältigt. Dazu bedarf es einer entsprechenden Reaktion der Adressaten, deren Ergebnis als **Impact** oder Wirkung bezeichnet wird. Diese Reaktion kann wie intendiert ausfallen, also die erwünschten Verhaltensänderungen oder Effekte erzeugen, aber mindestens ebenso wahrscheinlich sind Anpassungs- und Vermeidungsstrategien der Adressaten oder sogar passiver bis aktiver Widerstand. Schließlich stellt sich die Frage, ob und wie das Gesamtsystem reagiert, ob also tatsächlich Policies ihre Ziele erreichen. Man spricht hier vom **Outcome** oder den Auswirkungen. Gefragt wird, ob Probleme gelöst, ob und welche Nebenwirkungen oder nicht intendierten Ergebnisse eingetreten sind.

Um die etwas abstrakten Begriffe an einem Beispiel zu erläutern: Im Bereich der regionalen Wirtschaftsförderung gibt es z. B. Programme der EU (EFRE), des Bundes (Gemeinschaftsaufgabe regionale Wirtschaftsförderung), der Bundesländer und der Kommunen. Dort wird u. a. festgelegt, welche Maßnahmen wie hoch in welchen Gebieten unter welchen Bedingungen von wem gefördert werden können. Das Ergebnis der Implementation dieser Programme besteht u. a. in der Subvention von Investitionen oder in der Bereitstellung wirtschaftsnaher Infrastruktur, hoffentlich in den richtigen Regionen. Der Impact, die direkte Wirkung dieser Leistungen, ist überaus umstritten. Falls überhaupt Investitionen getätigt werden und sich Firmen ansiedeln (s. die aktuelle Problematik in den neuen Bundesländern), werden oft genug Mitnahmeeffekte vermutet.

Der Outcome dieser Programme, die Auswirkungen auf Beschäftigung, Wirtschaftswachstum und Standortqualität sind noch unsicherer und umstrittener. Denn selbst wenn Arbeitsplätze geschaffen werden, ist nicht auszuschließen, dass diese staatlich „gelenkten" Investitionen die Leistungs- und Innovationsfähigkeit der gesamten Volkswirtschaft eher senken. Denkbar ist auch die Verdrängung bereits ansässiger Unternehmen durch eine Erhöhung des Lohnniveaus oder die Gewöhnung ganzer Landstriche an den staatlichen Subventionstropf.

3.3   Der Policy Cycle

Schließlich können die verschiedenen Phasen des Policy Making, also Agenda Setting, Formulierung, Implementierung und Evaluierung von Politikinhalten mit deren möglicher Beendigung (Terminierung) nicht nur als logisch und zeitlich einmalige lineare Folge aufgefasst
werden (erst werden Probleme definiert und auf die Agenda gesetzt, dann werden Politikinhalte formuliert, umgesetzt, evaluiert, und schließlich, wenn die Policy erfolgreich war –
oder auch gerade wenn sie nicht erfolgreich war –, wird sie terminiert). Einmal ganz abgesehen von der Frage, wie realistisch ein solches Bild des Policy Making ist (Kritik ausführlich
unter Pkt. 4), ist diese Abfolge auch als Kreis, eben als Policy Cycle denkbar (vgl. Jann
1981).

Abbildung 4: Phasen und Ergebnisse des Policy-Making-Prozesses

Bezeichnung	Ergebnis	Beispiel Wirtschaftsförderung
Politikformulierung	Programme (Policies i. e. S.) • Gesetze • Budgets • Verordnungen • Regierungserklärungen • Pläne	Wirtschaftsförderungsprogramme der EU, Bund, Länder, Kommunen etc. • wer wird gefördert • unter welchen Bedingungen • mit wie viel Geld
Politikdurchführung Implementation	Output (Intervention, Leistung) • Verteilung von Ressourcen • Anwendung von Normen • Verträge • Einzelentscheidung	• Subventionierung von Investitionen • Bereitstellung von Infrastruktur • Arbeitsplatzsubvention
Reaktion der Adressaten	Impact (Wirkung) • Verhaltensänderung • Anpassungsstrategien • Widerstand	• Investition • Schaffung von Arbeitsplätzen • Mitnahme der Subvention
Reaktion des Systems	Outcome (Auswirkung) • Lösung des Problems • Verbesserung des Gesamtsystems • Nebenwirkungen • nicht intendierte Ergebnisse	• Verringerung der Arbeitslosigkeit • Wirtschaftswachstum • Umweltverschmutzung • Verdrängung

Quelle: eigene Darstellung

Die kreisförmige Betrachtung verdeutlicht das Idealtypische der bisherigen Darstellung, denn Policies werden bekanntlich eher selten einer systematischen Evaluierung unterzogen, die dann zu einer Reformulierung oder gar Terminierung führen würde und Policy-Prozesse weisen eher selten eindeutige Anfänge und Abschlüsse auf. Deutlich wird aber auch, dass selbstverständlich auch ohne systematische Evaluation Policies „schon immer" überprüft, kontrolliert und verändert – gelegentlich sogar abgeschafft – wurden. Policies, Politikinhalte werden ständig formuliert, durchgeführt, evaluiert und verändert, allerdings in einem vielfältig verflochtenen, nicht eindeutig abgrenzbaren und durchschaubarem Prozess, der prinzipiell nie abgeschlossen ist.

Die Betrachtung des Policy Making als eines nie – oder doch nur selten durch Termination – endenden Prozesses lenkt die Aufmerksamkeit auf eine weitere Besonderheit, dass nämlich Policies in aller Regel nicht im luftleeren Raum entstehen, sondern fast immer schon auf bestehende Policies treffen, diese ergänzen, modifizieren oder, was wahrscheinlicher ist, mit diesen konkurrieren oder negativ interagieren. Wenn der öffentliche Sektor, wie in den letzten Jahrzehnten offenkundig, seine Aktivitäten ausweitet, ist zu erwarten, das Policy Making schwieriger wird, denn bereits bestehende Politikinhalte und Aktivitäten werden zu einem zentralen Element der Systemumwelt, nicht selten zu einer wichtigen Restriktion. Policy Maker müssen sich in mit den „Hinterlassenschaften" vorangegangener Entscheidungen auseinandersetzen („Policy Succession", Hogwood/Peters 1983). Nicht selten werden Policies sogar zur Ursache neuer Probleme (der Ausbau der Verkehrswege verstärkt etwa die Umweltverschmutzung), auf die wiederum mit neuen Policies reagiert wird („policy as its own cause", Wildavsky 1979, S. 83-85).

Bevor abschließend auf diese konzeptionellen und inhaltlichen Probleme des Modells des Policy-Cycle eingegangen werden kann, sollen die einzelnen Phasen einer detaillierteren Betrachtung unterzogen werden, insbesondere soll gefragt werden, welche Ergebnisse die bisherigen Forschungen nahe legen.

4 Die einzelnen Phasen des Policy Cycle

4.1 Problemwahrnehmung und Agenda Setting

Politisches Handeln im Sinne von Policy Making setzt die Problemwahrnehmung als ersten Schritt voraus. Ein soziales Problem muss als solches definiert und die Notwendigkeit eines steuernden Eingriffs öffentlicher Politik artikuliert werden, damit es überhaupt wahrgenommen wird. In einem zweiten Schritt geht es dann darum, das als relevant wahrgenommene Problem für eine entsprechende Problemverarbeitung auf die politische Tagesordnung, die Agenda, zu setzen (Agenda Setting). Die „Agenda" wird dabei einfach definiert als Liste der Themen, denen von Seiten der Regierung (oder von Akteuren mit engen Beziehungen zu

Akteuren in der Regierung) erhebliche Aufmerksamkeit gewidmet wird oder werden soll (Kingdon 1995, S. 3). Die Analogie zur Agenda von „Business Meetings" oder der Tagesordnung politischer Gremien ist unübersehbar. Dabei kann zwischen verschiedenen Agenden differenziert werden, so ist die öffentliche Agenda (Massenmedien und Fachöffentlichkeiten) von der politischen Agenda innerhalb des politisch-administrativen Systems zu unterscheiden. Weiterhin ist eine Differenzierung zwischen der informalen Agenda in der politischen Arena und der formalen Agenda der politischen Entscheidungsinstanzen (Regierung, Parlament) zu treffen.

Abbildung 5: Der idealtypische Policy Cycle

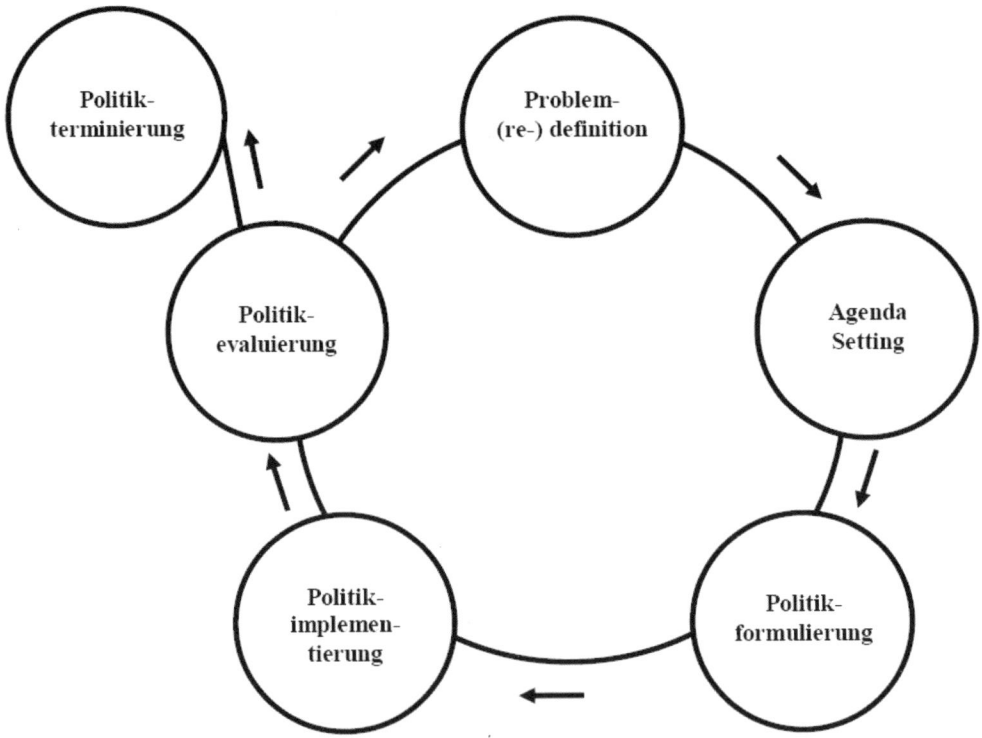

Quelle: eigene Darstellung

Problemwahrnehmung und Agenda Setting sind genuin politische Prozesse, in denen zentrale Vorentscheidungen im Hinblick auf Selektion, Prioritätensetzung sowie Strukturierung des Policy-Problems hinsichtlich möglicher Handlungsstrategien (bewusst oder unbewusst) getroffen werden. Bei der Untersuchung von Prozessen des Agenda-Setting richtet sich der analytische Blickwinkel daher einerseits auf (soziale) Probleme als mögliche Gegenstände politischen Problemlösungshandelns und auf die Frage, wie diese identifiziert und definiert werden. Andererseits geht es um die Strategien von Akteuren zur Beeinflussung der Agenda. Akteure innerhalb und außerhalb des politisch-administrativen Systems versuchen ständig, die Agenda zu beeinflussen – indem aktuelle Stimmungen und Aufmerksamkeiten genutzt werden, um ein Problem zu dramatisieren (gelegentlich zu skandalisieren) oder eine bestimmte Problemwahrnehmung durchzusetzen. Auch die strategische Auswahl von Zugangskanälen („venues") zum politischen Entscheidungsprozess oder die strategische Beeinflussung öffentlicher Berichterstattung (bis hin zum „Spinning") sind als taktische Instrumente der Themensetzung und Problemdefinition erkannt worden (vgl. Baumgartner/Jones 1993).

Da nicht alle Probleme im gleichen Maße die Aufmerksamkeit der politischen Akteure erhalten können (und manche überhaupt nicht wahrgenommen werden), stellt sich die Frage nach den Mechanismen des Agenda Setting. Was ist ein Problem öffentlichen Handelns? Wie kommt es wann auf die Agenda der Regierung? Und warum kommen andere Probleme gar nicht auf die politische Tagesordnung? Aber auch die unterschiedlichen Themenkonjunkturen und die ebenfalls im Zusammenhang mit konjunkturähnlichen Schwankungen thematisierten Problemlösungsansätze (Ideen) finden im Kontext von Policy-Analysen des Agenda-Setting Aufmerksamkeit.

Systematische Forschung zu Mechanismen des Agenda Setting hat sich in den USA aus der Kritik an der Pluralismustheorie entwickelt. Der klassische Ansatz von Schattschneider (1960) geht davon aus, dass Agenda Setting aus einer Konfliktkonstellation zwischen mindestens zwei Akteuren oder Gruppen resultiert, bei dem der Akteur mit geringen Durchsetzungschancen versucht, die Aufmerksamkeit bislang Unbeteiligter zu erregen und diese als Unterstützer zu mobilisieren. Eine andere klassische Sichtweise des Agenda Setting konzeptionalisiert diese Phase als Filter, in dem wichtige Probleme von der politischen Tagesordnung ausgeschlossen werden. So hat die Policy-Forschung insbesondere auf Nicht-Entscheidungen (non-decisions), also das systematische Ignorieren gesellschaftlicher Probleme durch das PAS, hingewiesen und diesen Prozess als Ergebnis der Machtverteilung im Akteurssystem konzipiert (grundlegend die klassische, dem Kontext der „Community Power-Forschung" entstammende Studie von Bachrach/Baratz 1970).

Der Sprung eines Themas von der Problemwahrnehmung, die häufig durch Betroffene oder Interessengruppen artikuliert wird, auf die Agenda ist ein mehrstufiger Prozess, bei dem es angesichts der begrenzten Problemwahrnehmungs- und -bearbeitungskapazitäten des politisch-administrativen Systems zu erheblichen „Selektionen" kommt. Policy-Studien, beispielsweise aus dem Bereich der Umweltpolitik (vgl. Prittwitz 1990), haben gezeigt, dass der „objektive Problemdruck" kaum als entscheidender Faktor für die Intensität der Problembearbeitung auf politischer Ebene gelten kann. Eher ist für eine effektive Verarbeitung eine spezifische, eingängige Problemdefinition und dabei auch eine Abgrenzung und Einschränkung des Problemkomplexes notwendig (vgl. Stone 2001). Bereits diese Problemwahrnehmung ist daher ein politischer Prozess, in dem die Präferenzen, Problemlösungsphilosophien und die Handlungskapazitäten zentraler Akteure eine wichtige Rolle spielen.

Während Problemwahrnehmung und -definition – zumindest in liberalen Demokratien – i. d. R. öffentlich stattfinden und durch Expertenöffentlichkeiten oder Massenmedien geprägt sind, kann das eigentliche Agenda Setting in Policy-Netzwerken auch jenseits öffentlicher

Aufmerksamkeit ablaufen. So kommt es häufig vor, dass Agenda Setting innerhalb eines Zirkels von Experten, Interessengruppen und/oder der Ministerialbürokratie stattfindet und die Öffentlichkeit nur am Rande oder überhaupt nicht beteiligt ist. Die Agenda Setting Power von Bürokratien variiert dabei im internationalen Vergleich und hängt sowohl von der institutionellen Autonomie der Bürokratie als auch von den Handlungsressourcen anderer Institutionen innerhalb des PAS ab, insbesondere von den Ressourcen zur Überwachung und Kontrolle bürokratischer Prozesse (vgl. Schnapp 2004). Page (2006) betont, dass bürokratischer Einfluss insbesondere dann zum Tragen kommt, wenn es nicht um umfassende Policy-„Prinzipien" (etwa: Privatisierung) oder einzelne Policies integrierende „Linien" von Policy-Ansätzen (etwa: Deregulierung im Baurecht), sondern um spezifische Policies im Sinne einzelner „Maßnahmen" geht.

Agenda Setting findet daher nicht nur nach dem **outside initiation** Modell statt, in dem Probleme von außen an das PAS herangetragen werden, sondern empirisch beobachtbar sind auch Prozesse der **inside initiation** (Probleme werden von Interessengruppen ohne politische Aufmerksamkeit auf die Agenda gesetzt, etwa klassisch im Bereich der Agrarpolitik) oder Probleme und Lösungen werden durch das PAS propagiert (**mobilisation**, etwa die Einführung des EURO; s. Abb. 6). Gleichwohl spielt die öffentliche Agenda insbesondere für neuartige Problemlagen eine wichtige Rolle, und es erscheint daher in modernen Gesellschaften nicht mehr möglich, ein zentrales Thema der öffentlichen Agenda zu ignorieren – wie die Beispiele der Kampfhundeproblematik, BSE und Gentechnologie verdeutlichen (vgl. Lodge/Hood 2002). Zwar determinieren die Mechanismen des Agenda-Setting nicht den Inhalt oder die Instrumente der auf dieses Problem gerichteten Policy, aber reflexartiges politisches Handeln in Reaktion auf Krisen und Skandale ist tendenziell mit einer hohen Eingriffsintensität oder einer Neigung zu hierarchischer Steuerung verbunden (vgl. für eine Fallstudie am Beispiel des sog. „Gammelfleischskandals" Lodge/Wegrich/McElroy 2008). Allerdings haben derartige Policies häufig auch einen eher kurzen Lebenszyklus und werden „auf Normalmaß" reduziert, nachdem die öffentliche Aufmerksamkeit zurückgegangen ist (auch hier ist das Kampfhundebeispiel einschlägig, Lodge/Hood 2002). In längerfristiger Perspektive lassen sich für einzelne „issues" auch konjunkturähnliche Aufmerksamkeitszyklen (issue attention cycle, Downs 1972) identifizieren, wobei Skandalen und Katastrophen die Rolle eines „fokussierenden Events" zugeschrieben wird, die den ohnehin im Aufwind befindlichen Themen einen zusätzlichen Schub verleihen.

Während frühe Modelle des Agenda-Setting ökonomische und soziale Kontextbedingungen in den Vordergrund stellten, betonen neuere Ansätze die Bedeutung von Ideen und Diskursen. Baumgartner und Jones (1993, Jones/Baumgartner 2005) haben das Konzept des „Policy-Monopols" eingeführt und meinen damit das dominante Interpretationsschema („Policy Image") in Bezug auf ein Problem und die damit verbundenen Lösungen. Im Anschluss an Schattschneider argumentieren sie, dass Agenda Setting (und damit Policy-Wandel) in Folge einer zunehmenden Kritik und „Anfechtung" des dominanten Interpretationsschemas erfolgt: Zuvor desinteressierte Akteure beteiligen sich an der politischen Auseinandersetzung, verändern das Kräfteverhältnis und sorgen für eine Prioritätenverschiebung auch bei den Generalisten an der Spitze von Regierungen. Akteure versuchen dabei, unterschiedliche Zugangskanäle (Parlamentsausschüsse, sub-nationale Politikebenen, Gerichte) strategisch dafür zu nutzen, um das jeweils favorisierte Interpretationsschema zur Geltung zu bringen („venue shopping").

Der Selektionsprozess des Agenda Setting sollte nicht als rationale Auswahl zwischen unterschiedlichen Problemen missverstanden werden. Die Durchsetzungschancen einer konkreten Policy im Prozess des Agenda Setting sind von Kingdon in Anlehnung an das „Garbage-Can-Modell" (Cohen/March/Olsen 1972) als das weitgehend zufällige Zusammentreffen eines Policy-Stroms (vorhandene Lösungen) und eines Politik-Stroms (politische Mehrheiten und Stimmungen) konzipiert worden. Ergebnisse hängen so von Interessenkonstellationen der Akteure, Handlungskapazitäten der Institutionen sowie Konjunkturen der öffentlichen Problemwahrnehmung und den jeweils vorhandenen Problemlösungsstrategien (Ideen) ab – ein Variablenkomplex, dessen konkrete Ausprägung stark situativ geprägt ist, so dass die Nutzung von Policy-Fenstern (windows of opportunity), die sich für eine Policy kurzfristig öffnen und wieder schließen können, letztendlich entscheidend ist (Kingdon 1995). Allerdings ist dieses Modell am Beispiel des besonders pluralistischen Politiksystems der USA entwickelt worden, daher wird seine Relevanz für den europäischen Kontext angezweifelt. Hier spielen eher traditionelle Pfade des Agenda-Settings durch Regierungen und Regierungsparteien eine wichtigere Rolle (Page 2006).

Abbildung 6: Typen des Agenda Setting

Initiative	öffentliche Unterstützung	
	Hoch	Gering
gesellschaftliche Akteure	Außeninitiierung	Inneninitiierung
staatliche Akteure	Konsolidierung	Mobilisierung

Quelle: Howlett/Ramesh 2003, S.140 nach Peter May

4.2 Politikformulierung und Entscheidung

In dieser Phase werden aus artikulierten Problemen, Vorschlägen und Forderungen staatliche Programme. Wichtige Aspekte sind dabei die Formulierung und Klärung politischer Ziele und die Diskussion unterschiedlicher Handlungsalternativen. Von einigen Autoren werden die Phasen Formulierung (Generierung und Diskussion von Alternativen) und „adoption" (formelle Entscheidung über eine bestimmte Policy) unterschieden, aber da davon auszugehen ist, dass Policies durchaus nicht immer in formellen Programmen festgelegt sind und gerade auch die formelle Entscheidung, etwa in Parlamenten, oft durch kontroverse Debatten geprägt ist, soll diese Unterscheidung hier nicht vorgenommen werden. Entscheidung soll hier als ein iterativer Prozess aufgefasst werden, nicht als eine punktuelle Aktion.

Empirische und theoretische Studien der Politikformulierung wurden in Deutschland vor allem in Verbindung mit der Planungsdiskussion der späten sechziger und der frühen siebziger Jahren aktuell. Vorläufer war auch in diesem Fall die amerikanische Diskussion, wo seit Mitte der sechziger Jahre über die umfassende Einführung eines neuartigen „Planning-Programming-Budgeting-Systems" (PPBS, grundlegend Schultze 1968) diskutiert wurde. PPBS sollte im Sinne des rationalen Planungs- und Entscheidungsmodells veränderte, langfristig orientierte politische Prioritäten ermöglichen, u. a. durch die Etablierung und Definition klarer Ziele und Outputgrößen im Budgetprozess und durch die systematische Messung und den Vergleich der Kosten und Nutzen politischer Programme.

Ungeachtet der in den USA von Beginn an artikulierten Kritik (Wildavsky 1969: „rescuing policy analysis from PPBS") und des frühen Scheiterns des Projekts bereits Anfang der siebziger Jahre, entwickelte sich in Deutschland eine lebhafte Planungsdiskussion (Ronge/Schmieg 1971, Naschold/Väth 1973), in der die analytischen und normativen Voraussetzungen sinnvoller „Entscheidungshilfen für die Regierung" (Böhret 1971) problematisiert wurden. Policy-Analyse war zu diesem Zeitpunkt in Deutschland, wie auch in den USA, Teil einer Reformkoalition zwischen Wissenschaft und Politik, der es um die Entwicklung und Anwendung von Analyseinstrumenten für die Planung effektiver und effizienter (Reform-) Policies ging. In dieser Zeit wurden auch erstmals, im Gefolge der 1968 eingesetzten **Projektgruppe Regierungs- und Verwaltungsreform** (PRVR), empirische Untersuchungen (Fallstudien) über tatsächliche Prozesse der Politikformulierung auf Bundesebene durchgeführt (Mayntz/Scharpf 1973, dies. 1975).

Projektgruppe Regierungs- und Verwaltungsreform (PRVR)

1968 noch von der Großen Koalition eingesetzte Projektgruppe aus Beamten und externen Wissenschaftlern, die die Aufgabe hatte, Vorschläge zur Reorganisation der Bundesregierung, insbesondere zur Neuabgrenzung der Geschäftsbereiche der Ministerien, zur Verbesserung des Führungsinstrumentariums von Bundeskanzler und Bundesregierung und zur Reorganisation der Bundesministerien zu entwickeln. Im Rahmen der Projektgruppe wurden die ersten umfangreichen Untersuchungen zur Politikformulierung in der Bundesverwaltung und zu Problemen und Möglichkeiten politischer Planung durchgeführt. Fast alle später relevanten Verwaltungswissenschaftler haben für die PRVR gearbeitet (Mayntz, Scharpf, Naschold, Böhret, Derlien usw.), die damit als entscheidender Geburtshelfer der empirischen Verwaltungs- und Policy-Forschung gelten kann. Die meisten Vorschläge der PRVR wurden nicht umgesetzt, ihre Berichte sind zum großen Teil nicht veröffentlicht, die wichtigste Zusammenfassung liegt nur auf Englisch vor (Mayntz/Scharpf 1975, s. a. dies. (Hrsg.) 1973, kritisch Müller 1977).

Zentrale Ergebnisse dieser Untersuchungen (sowie der Diskussion in den USA, vgl. Lindblom 1968; Wildavsky 1979) waren u. a. die Betonung der Bedeutung der Ministerialbürokratie (vgl. dazu Aberbach/Putnam/Rockman 1981) und der Unterscheidung von Informationsgewinnung und -verarbeitung sowie Konfliktregelung und Konsensbildung. Während die eigentliche Entscheidung über eine Policy im Rahmen eines formalen Verfahrens von den zuständigen politischen Entscheidungsinstanzen getroffen wird (Parlament, Regierung), so die Untersuchungen, geht dem ein umfangreicher, mehr oder weniger offener, häufig informeller Austausch- und Verhandlungsprozess voraus, bei dem Ministerialverwaltung und

Interessengruppen von entscheidender Bedeutung sind. Diese sowie weitere zentrale Akteure (u. a.Vertreter von Parlamentsausschüssen, Experten) können dabei recht stabile Netzwerkbeziehungen formen, die sogenannten Policy-Netzwerke (Marin/Mayntz 1991). Die Policy-Forschung konnte dabei zeigen, dass die Prozesse innerhalb von Policy-Netzwerken häufig einen wesentlichen größeren Einfluss auf die Politikinhalte haben als Entscheidungsprozesse in der parlamentarischen Arena (vgl. z. B. Schneider 1992).

Zugleich zeigte sich, dass Entscheidungsprozesse sich eher als Verhandlungsprozesse zwischen den Akteuren in Politiknetzwerken darstellen und das Ergebnis eher durch die Interessenkonstellation und Einflussverteilung zwischen den unterschiedlichen Akteuren bestimmt wird, als durch rationale Alternativenauswahl. Anknüpfend an die frühen Studien von Lindblom (1968) zum Inkrementalismus zeigten bereits die Arbeiten von Mayntz/Scharpf (1975) und ihren Mitarbeitern die Grenzen rationaler Planungsmodelle, die in der frühen Policy-Forschung dominierten. Interministerielle Koordination, so zeigten die Fallstudien, erfolgt überwiegend nach dem Muster der „negativen Koordination" (sequentielle und nachträgliche Beteiligung anderer Einheiten und Ministerien auf Grundlage eines Programmentwurfs, Überprüfung der Entwürfe dahingehend, ob eigene Positionen berührt werden, bürokratisch umgesetzt durch das Mitzeichnungsverfahren). Ambitionierte Formen der „positiven Koordination" (bei der Lösungsvorschläge gemeinsam entwickelt und auf ihren Beitrag zur Problemlösung geprüft und diskutiert werden; hier ist die bürokratische Form die interministerielle Projektgruppe) bleiben die Ausnahme. Derartige Verfahren sind hoch komplex und mit hohen Entscheidungskosten sowie dem Risiko des Scheiterns verbunden. Negative Koordination entlastet also das politisch-administrative Entscheidungssystem und schützt es vor Überforderung durch zu hohe Komplexität, ist dabei aber immerhin in der Lage, die in Policy Inputs zum Ausdruck kommende gesellschaftliche Komplexität zu verarbeiten (Scharpf 1973b, 1993). Daher galt seit diesen Studien auch in Deutschland der Inkrementalismus als das dominante Muster der Poltikformulierung und des Policy-Wandels, d.h. die „Politik der kleinen Schritte" und des „Durchwurstelns" (Lindblom 1959, 1979), ein Muster, das im Bereich der Budgetierung besonders deutlich wurde (Wildavsky 1964, 1988, vgl. kritisch Jones/Baumgartner 2005, die ihr Modell des punktierten Gleichgewichts auch auf Budgetentscheidungen anwenden).

Gleichzeitig wurde im Rahmen der PRVR aber auch ein normatives Modell der „aktiven Politik" entwickelt, das die Handlungsspielräume der Politik zumindest tendenziell erweitern sollte. Dem in der Ministerialverwaltung vorherrschenden Konzept der "reaktiven Politik", das durch heteronom und bürokratisch bestimmte Programmentwicklung, nur begrenzte und kurzfristige Reichweite sowie umweltanpassende und nur konfliktfähige Interessen berücksichtigende Zielsetzungen charakterisiert wurde (also im Prinzip das klassische Modell inkrementaler Politik), wurde das Ideal einer „aktiven Politik" entgegengesetzt, das stärker autonome, d.h. politik- und leitungsbestimmte Programmentwicklung, umfassendere und langfristigere Reichweiten sowie umweltverändernde und auch nicht konfliktfähige Interessen berücksichtigende Zielsetzungen umfassen sollte (Mayntz/Scharpf 1973). Die Voraussetzungen dieser aktiven Politik sollten, wie oben erwähnt, durch Reformen des Regierungsapparates geschaffen werden („intelligenter Machen des Apparats").

Weitere Untersuchungen ergaben, dass Akteurskonstellationen in Policy-Netzwerken zwischen einzelnen Politikfeldern, aber auch zwischen Staaten mit unterschiedlichen Regierungssystemen und politischen Kulturen, variieren (vgl. Feick/Jann 1988). Ergebnis der Forschungen war weiter eine Differenzierung von Policy-Netzwerk-Typen. Im Unterschied zu stabilen, durch klare Außengrenzen und einen kleinen Teilnehmerkreis geprägten Policy-Netzwerken (iron triangles), die vorwiegend aus Klientelbeziehungen zwischen Bürokratie, Parlamentsausschüssen und gesellschaftlichen Interessengruppen mit häufig gleichgerichteten Interessenlagen bestehen, sind **Issue Networks** (Heclo 1978) gekennzeichnet durch eine Vielzahl und Vielfalt von Organisationen, vergleichsweise offene Umweltgrenzen und einen nur losen Zusammenhang zwischen den Beteiligten. Gemeinsamer Bezugspunkt ist ein konkretes Thema im Policy-Prozess (z. B. Abtreibung, Tempolimit, Ökosteuer).

Innerhalb von Policy-Netzwerken überwiegen oft kooperative Handlungsformen des politischen Tauschs, während der Zutritt zu diesen Netzwerken eher ein konfliktreicher Auseinandersetzungsprozess ist. Insbesondere Sabatier (1993) hat zudem deutlich gemacht, dass Politikfelder (*policy subsystems*) meist aus mehr als einem Netzwerk bestehen. Die Netzwerke bzw. *advocacy coalitions* (Meinungsführerkoalitionen) konkurrieren um die Dominanz innerhalb eines Politikfeldes, und hierbei spielen wiederum Ideen, Diskurse und Expertise eine wichtige Rolle, denn neue Informationen müssen möglichst konsistent in das Weltbild einer *advocacy coalition* integriert werden.

Trotz der erheblichen Bedeutung von Selbststeuerung in Netzwerken spielen Staat und Regierung weiterhin eine wesentliche Rolle, und zwar nicht nur durch den „Schatten der Hierarchie" (Scharpf 1993), in dem Verhandlungen in Netzwerken stattfinden. Der Staat kann z.B. versuchen, durch Veränderungen von Zuständigkeiten und damit der politischen Aufmerksamkeit, die Netzwerkstruktur selbst zu beeinflussen. Ein Beispiel wäre der Versuch der rot-grünen Bundesregierung, eine neue Agrar- und Verbraucherschutzpolitik durch den Neuzuschnitt der Kompetenzen der Ministerien zu ermöglichen. Die Umbenennung des Landwirtschaftsministeriums in das Ministerium für „Verbraucherschutz, Ernährung und Landwirtschaft" kann dabei auch als „symbolische Politik" unter öffentlichem Druck verstanden werden, aber eben auch als gewollte Veränderung politischer Aufmerksamkeiten und Zuständigkeiten. Ein weiteres Beispiel wäre etwa die Etablierung des Normenkontrollrates im Bundeskanzleramt (Jann/Jantz 2008).

Solche Versuche der indirekten Steuerung sind allerdings alles andere als konfliktarm oder leicht durchzusetzen, oft gelingen sie nur in Zeiten zugespitzer öffentlicher Aufmerksamkeit und wenn ein organisatorisch verfestigtes „Policy-Monopol" weitgehend diskreditiert wurde (dies könnte man für das traditionelle Landwirtschaftsministerium zumindest behaupten). Der Grund für den zu erwarteten Widerstand gegen den Eingriff in den Zuständigkeitsbereich von Ministerien und Behörden („turf") liegt darin, dass diese Zuständigkeiten die Grundlage für funktionierende Tausch- oder Klientelbeziehungen mit externen Akteuren darstellen. Und ohne die Unterstützung externer Akteure fehlt Ministerien oder Behörden auch in regierungsinternen Auseinandersetzungen die Durchsetzungsfähigkeit. Dies war auch der Hintergrund dafür, dass das für den Umweltbereich zuständige Bundesinnenministerium Ende der siebziger Jahre die Gründung des BUND als Dachverband der Umweltinitiativen gefördert hat (Müller 1986). Es ist auch der Grund dafür, dass die Interessen von Generalisten – wie Vertretern einer Sparpolitik im Budget oder eines Bürokratieabbaus – innerhalb der Regierungsorganisation tendenziell durchsetzungsschwach sind und der institutionellen Aufrüstung durch spezielle Kompetenzen und intelligente Analysemethoden bedürfen (vgl. Jann/Wegrich 2008)

Die Durchsetzbarkeit einer (häufig in Politiknetzwerken vorbereiteten) Handlungsoption im Entscheidungsprozess hängt einerseits von materiellen Rahmenbedingungen ab, so sind bestimmte Policies aufgrund der grundsätzlichen Ressourcenknappheit keine realistische Option – übrigens auch aufgrund der Knappheit der Ressource „politische Unterstützung" (s. die Diskussionen über ein Tempolimit oder den Benzinpreis). Andererseits spielt – auf prozessualer Ebene – die Einflussverteilung zwischen den unterschiedlichen Akteuren in der politischen Arena eine zentrale Rolle (so schon Mayntz/Scharpf 1973, die formelle und informelle, sowie materielle und politische Restriktionen unterscheiden). Dabei sind sowohl formale Kompetenz- und Zuständigkeitsverteilungen als auch die jeweilige Machtverteilung zwischen den Akteuren von Bedeutung (beispielsweise in der Steuerpolitik der Bundesrepublik, wo die Entscheidungssituation zum einen von der Zuständigkeitsverteilung zwischen Bund und Ländern, zum anderen von den Mehrheitsverhältnissen im Bundestag und im Bundesrat sowie den Positionen der einzelnen Landesregierungen bestimmt wird, Ganghoff 2004). Während die Entwicklung von Policy-Netzwerken als quasi universeller Trend in modernen Gesellschaften gelten kann, spielen strukturelle Unterschiede zwischen Ländern weiterhin eine entscheidende Rolle in dieser Phase der formalen Entscheidung über Policies. Wie Schnapp (2004) zeigt, haben die unterschiedlichen Traditionen, Strukturen und Kulturen der Ministerialbürokratie aber auch einen erheblichen Einfluss auf die Art und Weise der Programmformulierung und Gesetzesvorbereitung.

Ein weiterer wichtiger Aspekt der Politikformulierung ist die Frage der – möglichen und sinnvollen – wissenschaftlichen Unterstützung und Beratung. Früh wurden technokratische (einseitige Abhängigkeit der Politik von Experten) und dezisionistische Modelle (souveräne Entscheidung der Politik) unterschieden und normativ ein gemeinsames, pragmatisches Diskursmodell gefordert (Habermas 1968). Empirisch wurde Politikberatung als „diffuser Prozess der Aufklärung" nachgezeichnet, bei dem Politiker und Bürokraten (entgegen landläufigen Vorstellungen, insbesondere der Wissenschaftler) äußerst selten durch einzelne Studien oder Gutachten beeinflusst werden. Die durchaus vorhandene Bedeutung der Beratung manifestiert sich aber eher durch die mittel- und langfristige Veränderung grundlegender Problemsichten und Konzepte (grundlegend Weiss 1977). Zugleich ist wissenschaftliche (und zumal sozialwissenschaftliche) Forschung nur eine von vielen Quellen für Informationen und Deutungsmuster, die in den Entscheidungsprozess einfließen. Häufig nicht zu eindeutigen Schlussfolgerungen oder klaren Handlungsanweisungen führende Forschung („more research is needed") konkurriert dabei mit dem robusten Erfahrungs- und Alltagswissen (und gelegentlichen Vourteilen) der Akteure (Lindblom/Cohen 1979, S. 10-29).

In den letzten Jahren wurde dabei zunehmend die gestiegene Bedeutung externer „Think Tanks" problematisiert, z. B. bei der Formulierung neo-liberaler Politiken der achtziger Jahre (Weiss 1992, Gellner 1995 1994). Think Tanks galten dabei als wichtiger, wenn nicht entscheidender Treiber für das nach vielfacher Diagnose zunehmende Phänomen des internationalen „Policy Learning" (siehe Bandelow in diesem Band) bzw. der Policy-Diffusion (vgl.

Holzinger/Knill 2005). Die Analyse von Prozessen der internationalen Politik-Diffusion hat wesentliche Anregungen von der Organisationstheorie erhalten, insbesondere das Konzept des „institutionellen Isomorphismus" hat Eingang in den Kanon der Konzepte der Policy-Forschung gefunden. Hier werden drei Mechanismen des Isomorphismus unterschieden – „coercive" (erzwungen), „mimetic" (imitierend) und „professional" (normativ) –, die einen Druck zur zumindest oberflächlichen Angleichung von Organisationen und Policies erzeugen (DiMaggio/Powell 1983; für Anwendungen siehe Lodge/Wegrich 2005; Jann 2004).

Im Ergebnis zeigen alle diese Untersuchungen und Theoriedebatten, dass überkommene Vorstellungen eines Informationsmonopols der Bürokratie (das klassische Dienst- und Herrschaftswissen), oder auch nur einer informationellen Überlegenheit, obsolet sind. Politikformulierung findet zumindest in westlichen Demokratien zunehmend in einem überaus offenen gesellschaftlichem Prozess statt, bei dem staatliche Akteure wichtig, aber nicht notwendigerweise entscheidend sind. Allenfalls bei der formellen Festlegung staatlicher Policies (in Gesetzen und Programmen) sind staatliche Akteure noch immer unverzichtbar, aber gerade auch hier geraten zunehmend Mechanismen der Selbstregulierung, allenfalls im „Schatten der Hierarchie", ins Blickfeld der Politikwissenschaft (Mayntz/Scharpf 1995).

Untersuchungen der Politikformulierung und Entscheidung sind, ähnlich wie im Bereich *Agenda Setting*, zunehmend theorieorientiert. Dabei hat sich in den letzten Jahren eine enge Verbindung zu Organisations- und Entscheidungstheorien herausgebildet. Verwendet werden so eine Vielzahl unterschiedlichster Ansätze und Erklärungen, von pluralistischen über korporatistische und inkrementalistische Erklärungen bis hin zu Modellen des *Garbage Can*, von *Public Choice* und Neo-Institutionalismus und neuerdings konstruktivistischen Ansätzen des Policy-Learning und der Policy-Diskurse (als Übersichten Parsons 1995, S. 134ff; Schneider/Janning 2006).

4.3   Implementation

Die Entscheidung für eine Handlungsoption und die Verabschiedung eines politischen Programms garantiert noch kein praktisches Handeln der durchführenden Instanzen im Sinne dieser Policy. Die Phase der Durchführung oder Umsetzung eines beschlossenen Programms durch die zuständigen Institutionen und Organisationen, die meist – aber nicht immer – Teile des politisch-administrativen Apparates sind, wird als Implementation bezeichnet. Die besondere Bedeutung dieser Phase besteht darin, dass politisches und administratives Handeln durch Zielvorgaben, Handlungsprogramme, Gesetze usw. nicht endgültig steuerbar ist und daher in dieser Phase politische Programme und deren Intentionen verzögert, verändert oder sogar vereitelt werden können. Elemente dieser Phase sind

- Programmkonkretisierung (Wie und durch wen soll das Programm ausgeführt werden? Wie ist das Gesetz zu interpretieren?),
- Ressourcenbereitstellung (Wie werden Finanzen verteilt? Welches Personal führt das Programm durch? Welche Organisationseinheiten sind mit der Durchführung betreut?),
- Entscheidung (Wie wird im Einzelfall entschieden?).

Die Entdeckung der Bedeutung der Implementationsphase als „Missing Link" in der Analyse von Policy-Prozessen kann als eine der wichtigsten Innovationen der Policy-Forschung in den 1970er Jahren gelten. Die Implementation eines politischen Programms war zuvor nicht als eigenständige Phase des **Policy Making** erkannt und daher als weitgehend unproblematisch angesehen worden. Gesetze werden bekanntlich „verabschiedet", und damit war das Problem für den Gesetzgeber im Prinzip erledigt. Mit der klassischen Studie von Pressman/Wildavsky (1973) zur Implementation sozialpolitischer Programme (mit dem berühmten Untertitel „How Great Expectations in Washington are Dashed in Oakland; Or Why it's Amazing that Federal Programs Work at all...") wurde deutlich, dass die Durchführungsphase nicht nur ein Teil des politischen Prozesses ist, sondern häufig die entscheidende Phase, in der sich der Erfolg oder Misserfolg eines politischen Programms herausstellt. Das überraschende Scheitern, d. h. die weitgehende Wirkungslosigkeit, der mit hochgesteckten Zielen beschlossenen wohlfahrtsstaatlichen Reformprogramme der US-Regierung von Präsident Johnson ist damals der Anlass gewesen, die einzelnen Schritte der Durchführungsphase in einer detaillierten Prozessanalyse zu untersuchen.

Im Anschluss an diese schulbildende Studie wurde die bisherige Konzentration der politikwissenschaftlichen Policy-Forschung auf die Probleme der Politikformulierung aufgegeben, und die Implementationsforschung entwickelte sich schnell zum zentralen Forschungsfeld der Policy-Forschung. Zunächst nahm man dabei eine Perspektive ein, die später als „Gesetzgeberperspektive" oder „Top-down"-Ansatz der Implementationsforschung bezeichnet wurde. Die Implementationsprozesse wurden vor allem unter dem Aspekt des Grades der zielgenauen Umsetzung der auf übergeordneter (meist zentralstaatlicher) Ebene definierten Politikziele analysiert und die Gründe für Abweichungen von diesen Zielen in verwaltungsinternen Prozessen sowie der Interaktion der Vollzugsbehörden mit den betroffenen Adressaten im Rahmen von Verhandlungs- und Konfliktbeziehungen analysiert. Interorganisatorische Koordinationsprobleme sowie die Interaktion mit den Adressaten politischer Programme wurden als kritische Punkte in der Steuerungskette zwischen Programm/Gesetz und Impact im Sinne der Ziele erkannt. Die Implementationsforschung hat damit die Grenzen administrativen Handelns ausgelotet. Aber auch das Design der Policy selbst wurde als Fehlerquelle erkannt, insbesondere Fehlannahmen zu Ursache-Wirkungszusammenhängen (Pressman/Wildavsky 1973; Hogwood/Gunn 1984).

Die theoretische Perspektive basierte dabei auf einem hierarchischen Verständnis politischer Steuerung (vgl. Mayntz 1987 u. 1996). Ausgehend von der Unterscheidung zwischen Steuerungssubjekt und Steuerungsobjekt wurde gefragt, mit welchen Instrumenten (Recht, Geld, Anreize, Informationen, Infrastruktur) und aufgrund welcher kausalen Annahmen (Handlungsmodell) ein Akteur einen anderen oder eine Gruppe von Akteuren intentional beeinflussen (steuern) und wie dabei eine Gemeinwohlorientierung als Ziel öffentlichen Handelns erreicht werden kann. Als entscheidender Faktor der Wirkungsweise und Wirksamkeit politischer Programme wurden die jeweils zur Anwendung kommenden Instrumente erkannt. Neben regulativen Instrumenten (Ge- und Verbote, Genehmigungspflichten) werden u. a. finanzielle (positive und negative Anreize, Leistungs-und Unterstützungsprogramme) und Informationsinstrumente (Aufklärung, Propaganda) sowie die staatliche Leistungserstellung (harte und weiche Infrastruktur, also etwa Straßen und Schulen) unterschieden. Diese „Tools" des Werkzeugkastens des Programmdesigns sind mit jeweils spezifischen Implementationsproblemen verbunden, so ein wesentliches Resultat der Implementationsforschung. Während regulative Politik vor allem mit dem Kontrollproblem und möglichen Widerständen auf Seiten der Adressaten verbunden ist, sind Anreizprogramme, wie Scharpf (1983) am Beispiel der Arbeitsförderung zeigt, der Gefahr von „Mitnahmeeffekten" (Unternehmen nehmen Fördergelder für ohnehin geplante Investitionen in Anspruch), d. h. der ineffizienten Mittelverteilung ohne Steuerungseffekte, ausgesetzt. Auch bei der Bereitstellung öffentlicher Infrastruktur ergeben sich Probleme des Über- oder Unterangebots. Hood (1983, Hood/Margetts 2007) hat diese Perspektive erweitert und neben den Instrumenten zur Verhaltensänderung von Adressaten auch die „Tools" zur Sammlung und Analyse von Informationen über das Verhalten der Adressaten systematisiert.

Ähnlich wie in den USA begann auch in Deutschland mit den ersten Enttäuschungen der Reformpolitiken der sozial-liberalen Koalition Anfang der 1970er Jahre der Aufschwung der Implementationsforschung. Zugleich leiteten diese empirischen Studien (Wollmann 1980; Mayntz 1980, 1983) einen Perspektivenwechsel ein. Der Implementationsprozess wurde immer weniger als hierarchische (top down) Steuerung durch übergeordnete Einheiten betrachtet, sondern zunehmend als gemeinsamer Lernprozess. Man erkannte die zentrale Bedeutung der Vollzugsbehörden auf den unteren Ebenen („Street Level Bureaucracy", Lipsky 1980) und richtete den Blick auf die Interaktionsbeziehungen mit den eigentlichen Adressaten politischer Programme auf dieser Ebene. *Street Level Bureaucrats* sind einerseits die Akteure, die letztlich die Realität einer Policy durch die Art ihrer Implementation prägen. Andererseits ist ihr Handlungsspielraum oft sehr begrenzt und sie haben nicht selten widersprüchliche Anforderungen zu bewältigen. Im Zuge der Verbreitung der Implementationsforschung verschob sich der Analysefokus weg von einzelnen Policies und deren Umsetzung hin zu einer Perspektive, die Policies als Outcome vielfältiger und oft unkoordinierter Implementationsaktivitäten betrachtet (und nicht als Input) – ein Outcome, der durch die Interaktion unterschiedlicher Akteure *und* Programme zustande kommt (vgl. dazu Elmore 1979/80 und seinen analytischen Ansatz des *backward mapping*).

Diese Linie der Implementationsforschung führte im Ergebnis dazu, dass man zunehmend die phasenübergreifenden Verbindungen zwischen den Akteuren eines Politikfeldes erkannte. Policy Making wurde immer mehr als ein alle Phasen umfassender Verhandlungsprozess innerhalb netzwerkartiger Beziehungen verstanden – womit man letztendlich von der Annahme abrückte, dass ein staatliches Steuerungszentrum hierarchisch in gesellschaftliche Handlungsfelder intervenieren kann. Stattdessen richtete man den Blick auf das Zusammenspiel verschiedener Akteure in einem **Policy-Subsystem** (Sabatier 1993), das zwar durch unterschiedliche Interessen und asymmetrische Einflussverteilung zwischen den Beteiligten geprägt ist, jedoch insgesamt einen systemischen Zusammenhang kollektiver Politikproduktion konstituiert.

Insbesondere durch die Erkenntnisse der Implementationsforschung entwickelte sich die Policy-Forschung zunehmend von einer ursprünglich eher staatsfixierten Perspektive, der es vorrangig um die Erhöhung der **Steuerungsfähigkeit** des politisch-administrativen Systems ging, also um das oben erwähnte „Intelligenter-Machen des Apparats" im Rahmen der Politikformulierung und später der -durchführung, zu einer gesamtgesellschaftlichen Steuerungstheorie, die vor allem die **Steuerbarkeit** der gesellschaftlichen Subsysteme problematisierte (grundlegend Mayntz 1987). Aufgrund der Vielzahl der inzwischen vorliegenden empiri-schen Untersuchungen in den unterschiedlichsten Politikfeldern wurde gleichzeitig das klas-sische Leitkonzept der hierarchischen staatlichen Steuerung in Frage gestellt. Das Interesse richtete sich auf eine gesellschaftliche Steuerungstheorie, bei der weniger Merkmale des Steuerungssubjekts „Staat", also Regierung und Verwaltung, sondern viel mehr Charakteris-tika der Steuerungsobjekte, also der Adressaten der Policies, der gesellschaftlichen Teilsys-teme und deren Selbstregulierung, sowie deren gegenseitige Verflechtung und Beeinflussung im Vordergrund stehen (Mayntz/Scharpf 1995).

Ins Zentrum des Interesses gerieten Politiknetzwerke und Verhandlungssysteme als Instru-mente erfolgreicher politischer Steuerung, die interne Organisation des politisch-administrativen Systems wurde zunehmend uninteressant. Die Binnenstruktur der gesell-schaftlichen Subsysteme wurde für die Forschung wichtiger als die Binnenstruktur des Staa-tes, insbesondere als Organisationsprobleme der Verwaltung. Untersuchungen des Policy Making orientierten sich daher immer weniger an den klassischen Phasen, stattdessen wurde der gesamte Policy-Prozess untersucht. Allerdings drohte so die Policy-Forschung in eine Vielzahl politikbereichs-spezifischer Fachgebiete (Umwelt, Arbeitsmarkt, Gesundheit etc.) zu zerfallen. Zugleich verlor die Implementationsperspektive im Rahmen der theorie-orientierten Policy-Forschung an Bedeutung (zu Versuchen einer Revitalisieurng Hill/Hupe 2002; deLeon/deLeon 2002). Als eigenständige Fragestellung (unter anderen Vorzeichen) wird sie derzeit vor allem in der Europa-Forschung („Transposition" von EU-Recht in natio-nales Recht und deren Anwendung, Knill 2001) sowie, im US-Kontext, als Teil von *Intergo-vernmental Relations* (IGR) betrieben. Ohne an die Kategorien der Policy-Forschung anzu-schließen, wird eine Implementationsfragestellung auch in der interdisziplinären Regulie-rungsforschung verfolgt, hier stehen Fragen des relativen Erfolgs unterschiedlicher Voll-zugsstile (*enforcement styles*) sowie entsprechender Instrumente im Vordergrund (zuerst umfassend diskutiert bei Ayres/Braithwaite 1992).

4.4 Evaluierung und Terminierung

Staatliche Aktivitäten und Policies sollen einen Beitrag zur Lösung oder zumindest Verarbei-tung gesellschaftlicher Problemlagen leisten. Diese angestrebten Wirkungen politischer Pro-gramme stehen in der Evaluationsphase im Vordergrund. Ausgangspunkt ist die einleuchten-de normative Begründung, dass es im Rahmen des Policy Making letztendlich darauf an-kommt, ob intendierte Ziele und Wirkungen tatsächlich erreicht werden bzw. ob Programme im Sinne dieser Ziele durchgeführt werden. Mit Evaluation wird in der Policy-Forschung daher einerseits die Phase des politischen Prozesses bezeichnet, in der die Ergebnisse des Implementationsprozesses bewertet (evaluiert) werden. Zugleich hat sich andererseits die Evaluationsforschung als ein Teilbereich der Policy-Forschung entwickelt, die ihren Aus-gangspunkt in der Frage nach den – intendierten und nicht-intendierten – Wirkungen einer Policy hat und dabei inzwischen alle Phasen des politischen Prozesses thematisiert (s. aus-führlich Wollmann in diesem Band).

Die wissenschaftliche Diskussion über Evaluation und Wirkungsforschung, die sich wiederum in den USA in Verbindung mit den politischen Kontroversen über Sinn und Erfolge der sozialpolitischen Programme der „Great Society" der 1960er Jahre entzündet hatte, hat sich zunächst vor allem auf den Nachweis ihrer Notwendigkeit und Möglichkeit und auf die vielfältigen damit verbundenen methodologischen Probleme konzentriert (etwa Weiss 1972, Levine et.al. 1981). Sie wurde wiederum sehr schnell in Deutschland rezipiert und führte zu einer umfangreichen Diskussion z. B. über Möglichkeiten und Grenzen der Wirkungsforschung und „experimenteller Politik" (Derlien 1976, Hellstern/Wollmann 1983). Inzwischen ist die Evaluationsforschung einer der erfolgreichsten und umfangreichsten Zweige angewandter Sozialforschung (Bussmann/Klöti/Knöpfel 1997, Vedung 2000). Gleichzeitig wurden hohe Erwartungen an die Veränderung von Policy-Prozessen durch die Etablierung von Evaluationskapazitäten weitgehend enttäuscht. Einerseits wurde deutlich, dass die Isolierung und Messung des „Interventionseffekts" einer Policy in Bezug auf Entwicklungen auf der Outcome-Ebene (z. B. die Leistungsfähigkeit von Schülern) trotz rigoroser Methodik sehr schwierig bleibt. Andererseits gerieten Versuche in die Kritik, Evaluationen als unpolitisches Element innerhalb des Policy Making-Systems zu etablieren. Kritiker betonen insbesondere die impliziten, unausgesprochenen normativen Annahmen und damit verbundene Werte, die auch noch so rigorosen Evaluationen zugrunde liegen (Fischer 1990). Schon frühzeitig hatte Wildavsky (1979, S. 212ff) darauf hingewiesen, dass Evaluationen immer politische Prozesse sind. Es sei naiv anzunehmen, dass politische und administrative Organisationen ein unmittelbares Interesse an Evaluationen haben, vielmehr seien diese immer interessenabhängig und daher „weapons in the political war".

Trotz dieser Kritik hat Evaluation als „Tool" zur Reform des politischen Entscheidungsprozesses spätestens seit den 1990er Jahren wieder an Bedeutung gewonnen, und zwar zum einem mit dem Aufstieg der Reformagenda des *New Public Management*, hier unter dem Stichwort *Performance Management*, zum anderen verbunden mit den Stichworten *Better Regulation* (Radaelli 2007) und *Evidence Based Policy Making*. Gesetzes- oder Regulierungsfolgenabschätzungen gelten als Kerninstrument auf dieser Agenda, die darauf gerichtet ist, die Qualität von politischen Programmen und insbesondere Regulierungen durch Meta-Regulierungen des Policy-Prozesses in allen Politikbereichen systematisch zu erhöhen (Wegrich 2008). Folgenabschätzungen sind dabei nichts anderes als ex ante Evaluationen, d. h. eigentlich wiederum nur analytische Instrumente, mit denen der Prozess der Politikformulierung verbessert werden soll.

Die Evaluation von Policies findet allerdings – unabhängig von der Bedeutung wissenschaftlicher oder systematischer Evaluation – als Teil des Prozesses politischer Auseinandersetzungen „schon immer" statt. Von der wissenschaftlichen kann so die **administrative** Evaluation durch die Verwaltung und die **politische** Evaluation durch Akteure innerhalb der politischen Arena, zu denen auch die Öffentlichkeit gerechnet werden muss, unterschieden werden. Nicht nur wissenschaftliche Studien, sondern z. B. Regierungsberichte (deren Informationsgehalt noch immer unterschätzt wird) und die öffentliche Debatte, nicht zuletzt die Aktivitäten der jeweiligen Opposition sind typische Elemente und Ergebnisse dieser Art der Evaluation, bei denen es natürlich auch immer um Zielerreichung sowie intendierte und nicht-intendierte Wirkungen und Auswirkungen geht. Dazu gehören auch klassische Elemente der politischen Kontrolle der Verwaltung, etwa durch Gerichte, Rechnungshöfe oder die vielfältigen Instrumente der parlamentarischen Kontrolle (Klatt 1986).

International haben die Rechnungshöfe verstärkt Evaluationsfunktionen übernommen, vor allem dort, wo eine starke Reformbewegung in Richtung des sogenannten *New Public Management* stattfand. Die Wirkungskontrolle von öffentlichen Dienstleistungen, Behörden und Policies durch so genannte *Value for Money* Evaluationen, stilbildend in Europa ist das britische National Audit Office, bildet hier einen systematischen Teil einer auf Outputs und Outcome gerichteten Steuerungslogik des *Performance Managements*. Entsprechende Evaluationskapazitäten wurden nicht nur in Rechnungshöfen sondern auch in Finanzministerien und anderen Querschnittsressorts ausgebaut. In der Praxis vermischen und verbinden sich (vermutlich zunehmend) auch unterschiedliche Formen der Evaluation, wenn beispielsweise die Verwaltung im Zuge von Folgenabschätzungen (=administrative Evaluation) auf wissenschaftliche Expertise zurückgreift.

Evaluationen sind daher im besonderen Maße mit der spezifischen Rationalität politischer Prozesse verbunden. Dies betrifft nicht nur die interessengefärbte Interpretation und Darstellung politischer Maßnahmen im Hinblick auf ihre Wirkung, die vor dem Hintergrund politischer Verantwortlichkeit und allgegenwärtiger *Blame Games* zur Normalität gehört (Hood 2002). Die Möglichkeit zur Evaluation wird auch durch unklare Zieldefinitionen eingeschränkt, die ihrerseits in der Anreizstruktur von Regierungen begründet sind – denn eine genaue Zieldefinition birgt das erhebliche Risiko des Scheiterns (s. die Probleme der rotgrünen Regierung mit ihrem ursprünglichen Ziel zur Reduzierung der Arbeitslosigkeit). Sollten Regierungen, Ministerien oder nachgeordnete Behörden gleichwohl auf genaue, quantitative Ziele verpflichtet werden, dann erhöht sich der Anreiz zum kreativen Umgang mit den Performancedaten. Christopher Hood (2006) beschreibt am Beispiel Englands die vielfältigen Formen des Frisierens von Daten („Gaming") und der Ausrichtung administrativer Aktivitäten auf die Erreichung quantitativer Ziele (berühmt und im Zuge von PISA zunehmend auch in Deutschland diskutiert ist das „teaching to the test" bei Schülern im Zusammenhang mit Examen und Leistungstests). Je stärker das Verfehlen (quantitativer) Ziele an Sanktionen oder Anreize gekoppelt ist, umso stärker werden entsprechende opportunistische Reaktionen ausgeprägt sein.

Im Ergebnis von Evaluationsprozessen kann es zu unterschiedlichen Formen politischen Lernens kommen – mit unterschiedlichen Rückwirkungen auf die Problemwahrnehmung und den sich anschließenden (neuen) Policy Cycle. So ist denkbar, dass erfolgreiche Handlungsprogramme verstärkt werden – ein Muster, das in dem Grundkonzept des „Modellversuchs", bei dem eine neue Maßnahme zunächst nur in einem sachlich oder räumlich und zeitlich eingeschränkten Rahmen angewandt und bei positiver Wirkungsbilanz ausgeweitet wird, systematisch zum Tragen kommt (beispielsweise bei der Einführung neuer Instrumente der Arbeitsmarkt- oder Sozialpolitik). Dabei ist nicht zu verkennen, dass gerade derartige Modellversuche eine Form der Konfliktlösung bzw. konfliktminimierenden Entscheidungsfindung darstellen, bei der problematische Entscheidungssituationen zunächst vertagt werden, um sie ggf. „entscheidungsreif" zu machen.

Ergebnis eines politischen Evaluationsprozesses kann auch die „Terminierung" (Beendigung) eines politischen Programms sein (vgl. auch Bauer 2006). Entsprechende normative

Konzepte sind etwa **Sunset Legislation** und **Zero-Based-Budgetting** (ZBB). In Deutschland wird auch der Begriff „Aufgabenkritik" für die Terminierung von Policies bzw. den Abbau oder die zeitliche Befristung staatlicher Aktivitäten verwendet (Dieckmann 1977). Dabei erscheint die zunächst naheliegende Möglichkeit, dass zugrunde liegende Policy-Probleme als gelöst betrachtet und eine Fortsetzung daher als unnötig eingeschätzt werden, nur als eine unwahrscheinliche, zudem schwierig durchzusetzende, Variante der Terminierung. Eher können finanzielle Engpässe (beispielsweise in der Arbeitsförderung) oder Gelegenheitsfenster (z. B. im Zuge eines Regierungswechsels) Auslöser für die Terminierung einer Policy sein. Damit verbunden sind es häufig politisch-ideologische Motive, die die Beendigung veranlassen, etwa die Einlösung von Wahlversprechen (so die Rücknahme bestimmter Reformen der Kohl-Regierung durch die erste rot-grüne Regierung 1998).

Die Realisierbarkeit einer Policy-Terminierung hängt dabei, wie in allen politischen Prozessen, von Kräfteverhältnissen im betreffenden Policy-Netzwerk bzw. auch von der Durchsetzungsfähigkeit skeptischer Generalisten, also etwa der Finanzpolitiker, im Regierungssystem ab. Das Scheitern von Terminierungsversuchen am Widerstand einflussreicher Akteure, die politische oder materielle Interessen an dem konkreten Programm haben, ist eine nicht unwahrscheinliche Möglichkeit (Beispiel Steinkohleförderung, aber auch Handwerksordnung oder Apothekenverordnung). Häufig kommt es dann zu einer nur teilweise vollzogenen Terminierung bzw. einem Policy-Wandel – in diesem Fall befinden wir uns in einer neuen Schleife des Policy Cycle (ein Beispiel wären der Versuch einer Umorientierung der Agrarpolitik). Andere terminierte Policies haben ein „Leben nach dem Tod", wie beispielsweise in Deutschland die Pendlerpauschale, die Eigenheimzulage oder auch der „Ausstieg aus der Kernenergie", d.h. es wird kontinuierlich um deren Wiedereinführung gerungen. Zu den Strategien gegen Terminierungsversuche (vgl. Geva-May 2004; Bardach 1977) gehören die Bildung von Anti-Terminierungskoalitionen (Geva-May 2004) durch Profiteure eines Programmes oder einer Organisation.

Zero-Based-Budgeting (ZBB) und Sunset Legislation

In den USA entwickelte Budgetierungsverfahren, bei denen das jährliche Budget nicht wie bisher weitgehend inkrementalistisch fortentwickelt werden soll (die einzelnen Ansätze orientieren sich am alten Budget und werden, je nach politischem Druck, „inkremental", d. h. in kleinen Abschnitten entweder erhöht oder gekürzt), sondern für einzelne Aufgaben und Entscheidungseinheiten soll jeweils jährlich (oder in regelmäßigen Abständen) „von null an" ein neues Budget entwickelt werden, das dann noch einigen Jahren (Sunset) automatisch nicht mehr zur Verfügung steht. Alle Programme müssen so regelmäßig neu entwickelt und budgetiert werden. Ähnlich wie PPBS ist diese rationalistische, technokratische Vorstellung weitgehend an den Realitäten politischer Entscheidungsprozesse gescheitert.

Die Problematik der Durchsetzung von Politik-Beendigungen besteht also darin, dass existierende Regulierungen in aller Regel auf der Unterstützung einflussreicher Akteure mit substantiellen Interessen in diesem Bereich basieren. Die Adressaten und Klienten politischer Programme entwickeln Eigeninteressen an einmal etablierten Programmen, wenn diese nicht ohnehin auf ihr Betreiben hin eingeführt worden sind. Diese Klientelinteressen verbünden sich mit den entsprechenden Fachkoalitionen von Politikern und den damit befassten Behörden, die sich dann gemeinsam für den Erhalt einsetzen und entsprechende Unterstützung mobilisieren. In Terminierungsdebatten, aber auch in durch *Sunset Legislation* oder Evaluationsklauseln erzwungenen Entscheidungsprozessen sind diese Spezialisten den Generalisten, die für eine kritische Überprüfung eines Programms, einer Ausgabe oder eine Regulierung eintreten, systematisch überlegen. Sie können externe Unterstützung viel leichter mobilisieren als Generalisten, denen nicht nur die Fachexpertise in diesem speziellen Bereich fehlt, sondern die auch nicht über natürliche externe Verbündete verfügen, für die der Verlust einer Regulierung oder eines Programms so schwer wiegt, dass eine aufwändige Auseinandersetzung lohnend erscheint (vgl. ausführlich dazu Jann/Wegrich 2008). Terminierung ist also deshalb schwierig, weil einem langfristigen und weit gestreuten Nutzen (weniger Bürokratie, weniger Schulden) kurzfristig hohe Kosten gegenüberstehen (Aufwand, Konflikte, Ausgleichsgeschäfte für Verlierer).

Abbildung 7: Die Phasen des Policy Cycle in der wissenschaftlichen Diskussion

Schlag-wort	*Agenda-Setting* Problemwahrnehmung und -definition	*Policy Formation/ Formulation* Politikformulierung und Entscheidung	*Implementation* Politikdurchführung, Umsetzung	*Evaluation* Wirkungen und Auswirkungen
Definition	Auswahl und Festlegung derjenigen sozialen Phänomene, die vom politischen System als zu bearbeitende „Probleme" betrachtet werden (auch: issues)	Prozess, in dem politische Ziele formuliert, alternative Handlungsmöglichkeiten entwickelt und als verbindliche Festlegung gewählt werden	Durchführung einer Policy, i. d. R. mit Hilfe des politisch-administrativen Apparats; Anwendung von Gesetzen etc.	Überprüfung der direkten Wirkungen (impact) und indirekten Auswirkungen (outcome) staatlicher/ öffentlicher Aktivitäten
Politische Fragen	was kommt auf die politische Tagesordnung?	was soll zukünftig geschehen? welche politischen Ziele sollen wie erreicht werden?	was passiert tatsächlich? Was unternehmen Regierung und Verwaltung?	war die Politik erfolgreich? was hat sich eigentlich verändert?
Wissenschaftliche Fragen	welche Probleme werden warum ignoriert? Unterschiedliche Modelle des Agenda-Setting?	wie kommen politische Programme und Entscheidungen zustande? Theorien der Entscheidung?	warum scheitern politische Programme? Wirkungen unterschiedlicher Steuerungsinstrumente?	wie kann man Wirkungen und Auswirkungen messen? wie kommen sie zustande?
klassische Studien	Bachrach/Baratz 1970; Downs 1972;Kingdon 1984; Nelson 1984	Lindblom 1968; Dror 1968; Rivlin 1971; Heclo 1978; Quade 1983	Pressman/Wildavsky 1973; Bardach 1977	Weiss 1972; Levine et.al. 1981; Wholey 1983
auf Deutsch	Ruß-Mohl 1993; Braun 1998	Böhret 1970; Mayntz/Scharpf 1973; dies. 1975; Müller 1986	Mayntz 1980, 1983, Wollmann 1980; Windhoff-Héritier 1980; Hohgräwe 1992	Derlien 1976; Dieckmann 1977; Hellstern/ Wollmann 1984; Vedung 1999

Neben mehr oder weniger erfolgreichen Versuchen der Policy-Terminierung sind aber auch andere Muster im Lebenszyklus von Policies erkennbar, insbesondere *Policy Booms* (Dunleavy 1986) und Phänomene des „Aussterbens" und der „Umkehr" (Hood 1994). Zu den wichtigsten Variablen zur Erklärung für „Policy-Umkehr" (oder Wende) gehören wiederum veränderte Ideen und Diskurse sowie Koalitionen, die ein neues Paket von Policy-Problemen und Lösungen auf dem politischen Markt durchsetzen (Beispiele sind die Wellen der Nationalisierung und Privatisierung öffentlicher Dienstleistungen sowie die grundlegenden Paradigmen der Wirtschaftssteuerung). Insgesamt hat sich damit die (theoriebezogene) Analyse der abschließenden Phase des Policy Cycle weitgehend von einer Fixierung auf die Evaluation (und Beendigung) einzelner Policies verabschiedet und richtet sich stärker auf übergreifende Muster von Policy-Wandel und Stabilität bzw. Stagnation.

5   Kritik

Die zahlreichen empirischen Untersuchungen und die damit verbundenen theoretischen Debatten zu den einzelnen Phasen des Policy Cycle haben nicht nur erheblich zu einem besseren Verständnis der Voraussetzungen, Elemente und Folgen der politischen Problemverarbeitung beigetragen, sondern waren auch Ausgangspunkt einer wachsenden Kritik an der überkommenen Gliederung des Politikprozesses in diskrete Schritte und ihrer Verwendung in Forschung und Lehre. Von besonderer Bedeutung war dabei die Implementationsforschung, die zunehmend deutlich gemacht hatte, dass eine eindeutige Trennung der Phasen in der politischen Praxis kaum stattfindet.

Ausgehend von diesen empirischen Beobachtungen entwickelte sich eine zunehmend fundamentalistischere Kritik. Der Ansatz wurde leicht ironisch und polemisch als „textbook approach" apostrophiert, dessen unkritische und beinahe paradigmatische Verwendung Erkenntnisfortschritte der Policy-Forschung eher verhindere als ermögliche (Nakamura 1987). Allenfalls wurde ihm eine gewisse „Phasenheuristik" zugesprochen. Insbesondere Paul Sabatier hat diese Kritik artikuliert und die Entwicklung neuer Theorieansätze zur Erklärung des Policy Making gefordert. Die zentralen Kritikpunkte sind (vgl. Sabatier 1993, 2007; zusammenfassend Héritier 1993):

- In **deskriptiver** Hinsicht erweist sich die Gliederung des Policy-Prozesses in logisch und zeitlich sequentielle Schritte als empirisch nicht tragfähig. Beispielsweise beeinflussen Implementationsprozesse das Agenda-Setting oder es kommt zur Reformulierung der Probleme, während die öffentliche Verwaltung versucht, ein unklar formuliertes Programm zu implementieren. In vielen Fällen können Phasen daher nicht wirklich unterschieden werden oder es kommt zu einer Umkehrung der Reihenfolge (Probleme der Politikformulierung beeinflussen direkt das Agenda-Setting), einzelne Phasen fehlen gänzlich (eine systematische Evaluation ist nicht erkennbar) oder sind kaum zu unterscheiden (Agenda Setting und Politikformulierung).
- In **konzeptioneller** Hinsicht kann der Policy Cycle nicht als Theoriemodell im eigentlichen Sinn gelten, da es an einer Definition abhängiger und unabhängiger Variablen für

den Übergang zwischen einzelnen Phasen des Politikprozesses weitgehend fehlt. Es gibt kein klares Kausalmodell. Für die Analysen der einzelnen Phasen des Policy Making wurden daher auch jeweils eigene Theorieansätze und Erklärungsmodelle entwickelt, die weitgehend unabhängig von denen der anderen Phasen bleiben.

Weiter wird kritisiert, dass dem Policy Cycle eine immanente top-down „Gesetzgeberperspektive" zu Grunde liegt. Dadurch wird Politik als hierarchische Steuerung übergeordneter Instanzen konzipiert und der Fokus auf „einzelne" Programme und Entscheidungen, deren formelle Annahme und Implementation gelegt. Die Interaktion zahlreicher Programme, Gesetze und Normen und deren parallele Implementation und Evaluation gerät so gar nicht erst in den analytischen Blick der Policy-Forschung. Unterschätzt – oder gar nicht gesehen – wird zudem, dass ein großer Teil politischer Aktivitäten nicht notwendigerweise ziel- und umsetzungsorientiert ist, sondern eher **symbolischen und rituellen Charakter** aufweist (Edelman 1971). Es geht um Handlungsfähigkeit und Machterhalt, weniger um konkrete Policies. Policy Making kann daher eher ein sekundäres Ergebnis des Prozesses sein als dessen ursprünglicher Zweck. Der politische Prozess kann zwar als Problemlösungsprozess aufgefasst werden, aber damit darf nicht gleichzeitig unterstellt werden, dass er dies in den Augen der wichtigsten Akteure auch jederzeit ist. Die Phasenheuristik ignoriert schließlich die Bedeutung von **Ideen, Wissen, Information und Lernen** in politischen Prozessen, die konstitutiv für sämtliche Phasen sind, nicht nur für die Evaluation.

Insgesamt führt die Orientierung am Phasenmodell damit zu einem *oversimplified*, **unrealistischen Weltbild**. Policy Making erscheint *zu einfach*, weil es nur darauf anzukommen scheint, Programme zu entwickeln und am Laufen zu halten. Verkannt wird, dass Policy Making in aller Regel die Modikfikation bestehender Policies bedeutet und nicht die Entwicklung neuer Lösungen. Gleichzeitig wird die parallele Interaktion zahlreicher Zyklen, Politikfelder und Akteure ignoriert. Dabei ist es ein prägendes Kennzeichen politischer Prozesse in modernen Gesellschaften, dass auf unterschiedlichen Ebenen des politisch-administrativen Systems und in unterschiedlichen Arenen zahlreiche Policy-Konzepte zugleich diskutiert, durchgesetzt und implementiert werden – und diese verschiedenen Prozesse sich gegenseitig beeinflussen. Beispielsweise ist die Umweltpolitik in der Bundesrepublik nicht zu verstehen, ohne dass der Zusammenhang zwischen Initiativen auf der kommunalen, Landes- und Bundesebene und gleichzeitig die Beziehungen zu anderen Politikfeldern (etwa Verkehr, Wirtschaft, Energie) in den Blick genommen wird. Schon die Annahme klar abgrenzbarer Politikfelder sei wirklichkeitsfremd.

Die radikale Schlussfolgerung von Sabatier und anderen Kritikern, die Phasenheuristik habe ihre Nützlichkeit überlebt und solle daher insgesamt aufgegeben werden, da sie Erkenntnisfortschritt eher behindere als ermögliche, hat in den achtziger und neunziger Jahren zu verstärkter Suche nach alternativen Ansätzen geführt. Neben dem von Sabatier selbst entwickelten *Advocacy Coalition Framework* sind dies etwa Kingdons *Multiple-Stream Framework*, *Institutional Rational Choice*, *Policy Diffusion*, *Punctuated Equilibrium* und andere Ansätze (Übersicht Sabatier 2007 und die einzelnen Beiträge des Bandes).

6   Nutzen und Probleme des Konzepts

Wie sind nach dieser sehr grundsätzlichen Kritik die Vor- und Nachteile, wie ist die aktuelle
Brauchbarkeit des Ansatzes einzuschätzen? Zunächst ist zu konzedieren, dass die einzelnen
Kritikpunkte überwiegend berechtigt sind. Der Phasenansatz zeigt, wie jedes Modell, ein
stark vereinfachtes Bild der Wirklichkeit, blendet wichtige Aspekte aus und liefert insbesondere kein einfaches kausales Modell des Policy Making mit klaren abhängigen und unabhängigen Variablen.

Renate Mayntz hat allerdings bereits 1983 darauf hingewiesen, dass es in der Policy-
Forschung nicht nur, und in vielen Fällen nicht in erster Linie, darauf ankomme, die Regeln
der analytischen Wissenschaftstheorie anzuwenden (Testen von Hypothesen, Axiomatisie-
rung, d. h. hoher Grad der Verallgemeinerung, Kausalzusammenhänge zwischen zwei Phänomenen), sondern dass ein möglichst differenziertes Verständnis der internen Dynamik, der
Eigenart und Ursachen der spezifischen und komplexen Prozesse des Policy Making ein
eigenständiges und wichtiges Erkenntnisziel sei (Mayntz 1983, S.14ff). Nicht Reduktion,
sondern Komplexität, nicht nomologische, sondern idiographische Erkenntnis sei daher ein
akzeptables und wichtiges Erkenntnisziel.

Genau diese Ziele hat das Phasenmodell in hervorragender Weise erfüllt. Die sich an ihm
orientierenden Untersuchungen haben unser Wissen über die komplexen Voraussetzungen,
wichtige Einflussfaktoren und die vielfältigen Ergebnisse des Politikprozesses erheblich
vermehrt und systematisiert – und werden dies auch in Zukunft tun. Allein aus diesen Gründen bleibt eine Orientierung am Policy Cycle eine wichtige Analyseperspektive der Policy-
Forschung – sofern die heuristische Funktion der Modellvorstellung bedacht wird sowie die
seit den achtziger Jahren vollzogene Abkehr von der hierarchischen „Gesetzgeberperspektive" und die damit verbundene Öffnung für andere/neue politikwissenschaftliche Erklärungsmodelle berücksichtigt werden. Unverzichtbar ist das Phasenmodell übrigens auch für
die Lehre (wie seine ungebrochene Popularität in den aktuellen Lehrbüchern beweist), denn
es ermöglicht eine logische und nachvollziehbare Strukturierung der schier unübersehbaren
Vielfalt der vorhandenen Konzepte, empirischen Studien und theoretischen Ansätze (Parsons
1995, S.80).

Entlang der einzelnen Phasen wurden und werden zahlreiche empirische und theorieorien-
tierte Forschungen unternommen, die entscheidend zur Öffnung und Weiterentwicklung der
politikwissenschaftlichen Theorie beigetragen haben. Beispielsweise ist die sozialwissenschaftliche Steuerungsdiskussion der 1980er und 1990er Jahre sowie deren Fortsetzung und
Weiterentwicklung unter dem aktuellen Stichwort *Governance* nicht ohne die Ergebnisse der
„Phasenheuristik" denkbar (Mayntz/Scharpf 1995). Die Öffnung der politik- und sozialwissenschaftlichen Debatte für nicht-hierarchische Formen politischer Steuerung und Verhandlungssysteme zwischen staatlichen und gesellschaftlichen Akteuren, für die Rolle des „Dritten Sektors" und der Zivilgesellschaft wurde entscheidend durch die Ergebnisse der Implementationsforschung eingeleitet, nicht durch abstrakte theoretische Überlegungen oder deduktiv entwickelte Hypothesen.

Die zentralen Fragestellungen sowohl der empirisch-analytischen Policy-Forschung, wie auch der eher politikberatend orientierten Policy-Analyse orientieren sich – mehr oder weniger explizit – noch immer an der heuristischen Phasengliederung des Policy Cycle. So bleibt ohne Zweifel die Frage nach den tatsächlichen Wirkungen politischer Interventionen (Evaluation) und den sich daraus ergebenden Schlussfolgerungen für den weitern Prozess des Policy Making (Terminierung, veränderte Problemwahrnehmung o. ä.) von zentraler Bedeutung. Ähnliches gilt für die anderen Phasen des Policy Cycle. Selbstverständlich ist wichtig, ob, wie und warum eine Policy während der Implementation verändert wird, oder welche Akteure die öffentliche Problemdefinition und die formelle Verabschiedung einer Policy dominieren.

Aus demokratietheoretischer, aber auch aus verwaltungswissenschaftlicher Perspektive interessiert überaus, wann welche Akteure besonders relevant, oder auch besonders schwach sind. Welche Rollen spielen Parteien, Parlamente, Presse, Interessengruppen, einzelne Behörden oder die Wissenschaft wenn es darum geht zu bestimmen, welche Probleme bearbeitet und welche ignoriert werden und wie Gesetze schließlich angewendet werden? Könnte es sein, dass entgegen allen normativen Annahmen die wichtigen Richtungsentscheidungen weitgehend ohne gewählte Politiker getroffen werden und diese dann allenfalls bei der Implementation noch kleinere Änderungen initiieren können?

Die empirische Verwaltungswissenschaft der 1970er Jahre hatte gezeigt, dass es keine einfache und eindeutige Trennung zwischen Politik und Verwaltung gibt. Aber sie hat daraus die falschen Schlüsse gezogen. Das daraufhin eingeführte Konzept des politisch-administrativen Systems (PAS) hat die damit verbundenen empirischen und normativen Fragen ja nicht beantwortet, sondern einfach „wegdefiniert". Ähnlich besteht jetzt die Gefahr, dass die empirische Erkenntnis vom vielfältig verflochtenen, durch eine Vielzahl von Rückkopplungsschleifen und parallelen Prozessen gekennzeichneten, überaus komplexen Politikprozess dazu führt, die normativ wie empirisch wichtigen Fragen der unterschiedlichen Rollen, Interessen und Durchsetzungskapazitäten in unterschiedlichen Phasen zu ignorieren. Bürokraten, Parlamentarier und Wissenschaftler haben unterschiedliche Aufgaben in demokratischen Prozessen, und dies hat durchaus etwas mit der jeweiligen Phase, der „Reife" der jeweiligen Policy zu tun.

Nicht nur für den (relativen) Erfolg einer Policy bilden die Phasen des Policy Cycle somit eine Messlatte, sondern auch für die demokratische Qualität dieser Prozesse, ohne dass dabei von einem einfachen, zeitlich wie logisch diskreten Ablauf der Phasengliederung ausgegangen werden muss. Zudem sind mit der Phasengliederung unterschiedliche analytische Perspektiven und Fragestellungen verbunden, die von hoher Relevanz bleiben, auch wenn mit der „Phasenheuristik" des Policy Cycle kein umfassender Erklärungsanspruch erhoben werden kann und soll.

7   Literatur

Aberbach, Joel D./Putnam, Robert D./Rockman, Bert A., 1981: Bureaucrats and Politicians in Western Democracies. Cambridge, Mass.

Anderson, James E., 1975: Public Policymaking, New York (4. Auflage 2000).

Ayres, Ian/ Braithwaite, John, 1992: Responsive Regulation: Transcending the Deregulation Debate. Oxford: Oxford University Press.

Bachrach, Peter/Baratz, Morton S., 1970: Power and Poverty. Theory and Practice, New York.

Bardach, Eugene, 1977: The Implementation Game: What Happens after a Bill Becomes Law, Cambridge, MA

Bauer, Michael W., 2006: Politikbeendigung als policyanalytisches Konzept, in: Politische Vierteljahresschrift 47 (2), 147-168.

Baumgartner, Frank R./Jones, Bryan D., 1993: Agendas and Instability in American Politics, Chicago.

Benz, Arthur, 1994: Kooperative Verwaltung. Voraussetzungen, Funktionen und Folgen, Baden-Baden.

Böhret, Carl, 1970: Entscheidungshilfen für die Regierung: Modelle, Instrumente, Probleme, Opladen.

Braun, Dietmar, 1998: Der Einfluß von Ideen und Überzeugungssystemen auf die politische Problemlösung, in: PVS 39, S. 797-818.

Brewer, Garry, 1974: The Policy Sciences Emerge: To Nurture and Structure a Discipline, in: Policy Sciences 5, 239-244.

Bussmann, Werner/Klöti, Ulrich/Knöpfel, Peter (Hrsg.), 1997: Einführung in die Politikevaluation, Basel/Frankfurt a. M.

Cohen, Michael D/March, James G./Olsen, Johan P., 1972: A Garbage Can Model of Organizational Choice, in: Administrative Science Quarterly, 17 (1), 1-25

deLeon, Peter/deLeon. Linda, 2002: What Ever Happened to Policy Implementation? An Alternative Approach, in: Journal of Public Administration Research and Theory 12 (4), 467-492

Derlien, Hans-Ulrich, 1976: Erfolgskontrolle staatlicher Planung, Baden-Baden.

Dieckmann, Rudolf, 1977: Aufgabenkritik in der Großstadtverwaltung, Berlin.

DiMaggio, Paul J./Powell, Walter W., 1983: The Iron Cage Revisited: Institutional Isomorphism and Collective Rationality in Organizational Fields, in: American Sociological Review 48, 147-160.

Downs, Anthony, 1972: Up and down with Ecology – The "Issue-Attention Cycle", in: Public Interest 28, 38-50.

Dror, Yehezkel, 1971: Design for Policy Sciences, New York.

Dunleavy, Patrick J., 1986: Explaining the Privatization Boom, in: Public Administration, 64 (1), 13-34.

Easton, D., 1965: A Framework for Political Analysis. Englewood Cliffs, N.J.

Elmore, Richard F., 1979/80: Backward Mapping: Implementation Research and Policy Decisions, in: Political Science Quarterly, 94, 601-616

Fach, Wolfgang, 1982: Verwaltungswissenschaft - ein Paradigma und seine Karriere, in: PVS-Sonderheft 13, 55-73.

Feick, Jürgen/Jann, Werner, 1988: "Nations Matter" – aber wie? Vom Eklektizismus zur Integration in der vergleichenden Policy-Forschung, in: Schmidt, Manfred G. (Hrsg.): Staatstätigkeit. International und historisch vergleichende Analysen. Politische Vierteljahresschrift 29, Sonderheft 19, Opladen, S. 196-220.

Fischer, Frank, 1990: Technocracy and the Politics of Expertise, Newbury Park, CA.

Ganghoff, Steffen, 2004: Wer regiert die Steuerpolitik? Einkommenssteuerpolitik zwischen internationalem Wettbewerb und nationalen Verteilungskonflikten, Frankfurt a. M.

Gellner, Winand, 1995: Ideenagenturen für Politik und Öffentlichkeit: Think Tanks in den USA und in Deutschland, Wiesbaden.

Geva-May, Iris, 2004: Riding the Wave of Opportunity: Termination in Public Policy, in: Journal of Public Administration Research and Theory 14 (3), 309-333.

Habermas, Jürgen, 1968: Verwissenschaftliche Politik und öffentliche Meinung, in: Ders., Technik und Wissenschaft als Ideologie, Frankfurt/Main, S. 120-145.

Heclo, Hugh, 1978: Issue networks and the executive establishment, in: King, A. (Hrsg.): The New American Political System, Washington, D.C.

Hellstern, Gerd-Michael/Wollmann, Hellmut (Hrsg.), 1983: Experimentelle Politik - Reformstrohfeuer oder Lernstrategie, Opladen.

Hellstern, Gerd-Michael/Wollmann, Hellmut (Hrsg.), 1984: Handbuch zur Evaluierungsforschung, Opladen.

Héritier, Adrienne, 1993: Policy-Analyse. Elemente der Kritik und Perspektiven der Neuorientierung, in: Policy-Analyse: Kritik und Neuorientierung, Opladen, 9-36.

Hill, Michael/Hupe, Peter, 2002: Implementing Public Policy. Governance in Theory and Practice, London.

Hogwood, Brian W./Gunn, Lewis A., 1984: Policy-Analysis for The Real World, Oxford.

Hogwood, Brian/Peters, Guy B., 1983: Policy Dynamics, Brighton.

Hohgräwe, Uwe, 1992: Implementation der Arzneimittelsicherheitspolitik durch das Bundesgesundheitsamt, Baden-Baden.

Holzinger, Katharina/Knill, Christoph, 2005: Causes and Conditions of Cross-National Policy Convergence, Journal of European Public Policy 12 (5), 775-796.

Hood, Christopher, 2002: The Risk Game and the Blame Game, in: Government and Opposition, 37 (1), 15-37

Hood, Christopher, 2006: Gaming in a Targetworld. The Targets Approach to Managing British Public Service. In: Public Administration Review, July/August 2006.

Hood, Christopher/Margetts, Helen, 2007: The Tools of Government in the Digital Age, London.

Howlett, Michael/Ramesh, M., 2003: Studying Public Policy: Policy Cycles and Policy Sytems, 2nd edition, Oxford.

Jann, Werner, 1981: Kategorien der Policy-Forschung, Speyer 1981 (Speyerer Arbeitsheft Nr. 37, 2. unveränderte Auflage 1985).

Jann, Werner, 1987: Policy-orientierte Aus- und Fortbildung für den öffentlichen Dienst: Erfahrungen in den USA und Lehren für die Bundesrepublik Deutschland, Basel etc.

Jann, Werner, 1998: Politik und Verwaltung im funktionalen Staat, in: ders./König, Klaus/Landfried, Christine/ Wordelmann, Peter (Hrsg.): Politik und Verwaltung auf dem Weg in die transindustrielle Gesellschaft. Carl Böhret zum 65. Geburtstag, Baden-Baden, 253-280.

Jann, Werner, 2001: Verwaltungswissenschaft und Managementlehre, in: Blanke, Bernhard; Bandemer, Stephan von; Nullmeier, Frank; Wewer, Göttrik (Hrsg.): Handbuch zur Verwaltungsreform. 2. Aufl., Opladen, 61-70.

Jann, Werner, 2004: Die Entwicklung der Ministerialverwaltung in Mittel- und Osteuropa – organisationstheoretische Zugänge und Hypothesen, in: Arthur Benz/Heinrich Siedentopf/Karl-Peter Sommermann (Hrsg.), Institutionenwandel in Regierung und Verwaltung. Festschrift für Klaus König zum 70. Geburtstag, Berlin: Duncker & Humblot.

Jann, Werner/Jantz, Bastian, 2008: Bürokratiekostenmessung in Deutschland. Eine erste Bewertung des Programms „Bürokratieabbau und bessere Rechtsetzung" der Großen Koalition, in: Zeitschrift für Gesetzgebung 23 (1), 51–68.

Jann, Werner/Wegrich, Kai, 2008: Wie bürokratisch ist Deutschland? Und warum? Generalisten und Spezialisten in der Entbürokratisierung, in: der moderne Staat 1(1), 49-72.

Jenkins, W.I., 1978: Policy-Analysis: A Political and Organisational Perspective, London.

Jones, Bryan D./Baumgartner, Frank R. 2005: The Politics of Attention. How Government Prioritize Attention, Chicago.

Jones, Charles O., 1970: An Introduction to the Study of Public Policy, Belmont, Cal.

Kern, Kristine, 2000: Die Diffusion von Politikinnovationen. Umweltpolitische Innovationen im Mehrebenensystem der USA, Opladen.

Kingdon, John W., 1995: Agendas, Alternatives, and Public Policies, 2. Aufl., New York.

Klatt, Hartmut, 1986: Verwaltungskontrolle durch das Parlament: Instrumente – Wirksamkeit, in: Verwaltung und Politik in der Bundesrepublik, Stuttgart u.a., 92-114.

Knill, Christoph, 2001: The Europeanisation of National Administrations: Patterns of Institutional Change and Persistence, Cambridge

Lasswell, Harold D., 1956: The Decision Process: Seven Categories of Functional Analysis. University of Maryland, College Park, Md.

Levine, Robert A./Solomon, Marian A./Hellstern, Gerd Michael/Wollmann, Hellmut (Hrsg.), 1981: Evaluation Research and Practice: Comparative and International Perspectives, Beverly Hills.

Lin, Ann Chih, 2000: Reform in the Making. The Implementation of Social Policy in Prison, Princeton.

Lindblom, Charles E., 1959: The Science of Muddling Through, in: Public Administration Review, 19 (2), 79-88.

Lindblom, Charles E., 1968: The Policy-Making Process, Englewood Cliffs, N.Y.

Lindblom, Charles E., 1979: Still Muddling; Not yet Through, in: Public Administration Review, 39 (6), 517-526.

Lindblom, Charles E., and Cohen, David K., 1979: Usable Knowledge. Social Science and Social Problem Solving, New Haven, London, 10-29

Lodge, Martin/Hood, Christopher, 2002: Pavlovian Policy Responses to Media Feeding Frenzies? Dagerous Dogs Regulation in Comparative Perspective, in: Jounal of Contingencies and Crisis Management 10 (1), 1-13.

Lodge, Martin/Wegrich, Kai, 2005: Control over Government: Institutional Isomorphism and Governance Dynamics in German Public Administration. In: Policy Studies Journal 33 (2), 213-233.

Lodge, Martin/Wegrich, Kai/McElroy, Gail, 2008: Gammelfleisch Everywhere? Public Debate, Variety of Worldviews and Regulatory Change, CARR Discussion Paper 49, London School of Economics.

March, James G., 1988: Decisions and Organizations, Oxford.

March, James G./Simon, Herbert A., 1958: Organizations, New York.

Marin, Bernd/Mayntz, Renate (Hrsg.), 1991: Policy Networks. Empirical Evidence and Theoretical Considerations, Frankfurt, M.

May, Judith P./Wildavsky, Aaron, (Hrsg.), 1978: The Policy Cycle, Beverly Hills, Cal.

Mayntz, Renate (Hrsg.), 1980: Implementation politischer Programme. Empirische Forschungsberichte, Königstein/Ts.

Mayntz, Renate (Hrsg.), 1983: Implementation politischer Programme II. Ansätze zur Theoriebildung, Opladen.

Mayntz, Renate, 1987: Politische Steuerung und gesellschaftliche Steuerungsprobleme - Anmerkungen zu einem analytischen Paradigma. In: Jahrbuch zur Staats- und Verwaltungswissenschaft 1, Baden-Baden, 89-110.

Mayntz, Renate, 1996: Politische Steuerung: Aufstieg, Niedergang und Transformation einer Theorie, in: Politische Vierteljahresschrift (PVS), Sonderheft 26, 263-292.

Mayntz, Renate/Scharpf, Fritz (Hrsg.), 1973: Planungsorganisation: Die Diskussion um die Reform von Regierung und Verwaltung des Bundes, München.

Mayntz, Renate/Scharpf, Fritz.W., 1975: Policy-Making in the German Federal Bureaucracy, Amsterdam.

Mayntz, Renate/Fritz W. Scharpf (Hrsg.), 1995: Gesellschaftliche Selbstregelung und politische Steuerung, Frankfurt/M; New York.

Müller, Edda, 1986: Innenwelt der Umweltpolitik. Sozial-liberale Umweltpolitik - (Ohn)macht durch Organisation, Opladen.

Nakamura, Robert, 1984: The Textbook Policy Process and Implementaton Research, in: Policy Studies Review, 7, 142-154.

Naschold, Frieder/Väth, Werner (Hrsg.), 1973: Politische Planungssysteme, Opladen.

Nelson, Barbara, 1984: Making an Issue of Child Abuse, Chicago.

Page, Edward C., 2006: The origins of policy. In: Michael Moran/Martin Rein/Robert Goodin (Hrsg.), Oxford Handbook of Public Policy, Oxford, 207-227.

Parsons, Wayne, 1995: Public Policy. An introduction to the Theory and Practice of Policy Analysis, Cheltenham.

Pressman, Jeffrey L./Wildavsky, Aaron B., 1973: Implementation. How great expectations in Washington are dashed in Oakland, Berkeley.

Prittwitz, Volker von, 1990: Das Katastrophenparadox. Elemente einer Theorie der Umweltpolitik, Opladen.

Quade, Edward S., 1983: Analysis for Public Decisions, New York.

Radaelli, Claudio M., 2007: Wither better regulation for the Lisbon agenda? in: Journal of European Public Policy 14(2), 190-207.

Rivlin, Alice 1971: Systematic Thinking for Social Action, Washington, D.C.

Ronge, Volker; Schmieg, Günter (Hrsg.), 1971: Politische Planung in Theorie und Praxis, München.

Sabatier, Paul A., 1993: Advocacy-Koalitionen, Policy-Wandel und Policy-Lernen: Eine Alternative zur Phasenheuristik, in: Héritier, Adrienne (Hrsg.): Policy-Analyse. Kritik und Neuorientierung. Politische Vierteljahresschrift 34, Sonderheft 24, Opladen, 116-148.

Sabatier, Paul A., 1993: Advocacy-Koalitionen, Policy-Wandel und Policy-Lernen: Eine Alternative zur Phasenheuristik, in: Héritier, Adrienne (Hrsg.): Policy-Analyse. Kritik und Neuorientierung. Politische Vierteljahresschrift 34, Sonderheft 24, Opladen, S. 116-148.

Sabatier, Paul A., 2007: The Need for Better Theories, in: ders. (Hrsg.), Theories of the Policy Process, 2nd edition, Boulder, CO, 3-17.

Scharpf, Fritz W., 1973a: Verwaltungswissenschaft als Teil der Politikwissenschaft. In: ders. Planung als politischer Prozeß: Aufsätze zur Theorie der planenden Demokratie, Frankfurt am Main, 9-32.

Scharpf, Fritz W., 1973b: Komplexität als Schranke politischer Planung. In: ders. Planung als politischer Prozeß: Aufsätze zur Theorie der planenden Demokratie, Frankfurt am Main, S. 73-114.

Scharpf, Fritz W., 1983: Interessenlagen der Adressaten und Spielräume der Implementation bei Anreizprogrammen, in: Mayntz, Renate (Hrsg.): Implementation politischer Programme II. Ansätze zur Theoriebildung, Opladen, 99-116.

Scharpf, Fritz W., 1993: Positive und negative Koordination in Verhandlungssystemen. In: Adrienne Héritier (Hrsg), Policy Analyse. Kritik und Neuorientierung. Politische Vierteljahresschrift. Sonderheft 24. Opladen: Westdeutscher Verlag, 57-83.

Schattschneider, E.E., 1960: The Semi Souvereign People, New York

Schnapp, Kai-Uwe, 2004: Ministerialbürokratien in westlichen Demokratien. Opladen

Schneider, Volker, 1992: Informelle Austauschbeziehungen in der Politikformulierung. Das Beispiel des Chemikaliengesetzes, in: Benz, Arthur/ Seibel, Wolfgang (Hrsg.): Zwischen Kooperation und Korruption. Abweichendes Verhalten in der Verwaltung, Baden-Baden, 111-133.

Schneider, Volker/Janning, Frank, 2006: Politikfeldanalyse. Akteure, Diskurse und Netzwerke in der öffentlichen Politik, Wiesbaden.

Schreyögg, Georg, 1996: Organisation. Grundlagen moderner Organisationsgestaltung, Wiesbaden.

Schubert, Klaus, 1991: Politikfeldanalyse, Opladen.

Schultze, Charles L., 1968: The Politics and Economics of Public Spending, Washington, D.C.

Simon, Herbert A., 1945: Administrative Behaviour, New York.

Stone, Deborah, 2001: Policy Paradox. The Art of Political Decision Making, Revised Edition, New York.

Vedung, Evert, 1999: Evaluation im öffentlichen Sektor, Wien etc.

Wegrich, Kai, 2008: Better Regulation? Grundmerkmale moderner Regulierungspolitik im internationalen Vergleich, Studie im Auftrag der Bertelsmann Stiftung, im Erscheinen.

Weiss, Carol H., 1972: Evaluation Research: Methods of Assessing Programe Effectiveness, Englewood Cliffs.

Weiss, Carol H. (Hrsg.), 1977: Using Social Research in Public Policy Making, Lexington/Mass.

Weiss, Carol H., 1992: Organizations for Policy Analysis: Helping Government Think, Newbury Park etc.

Wholey, Joseph S., 1983: Evaluation and Effective Public Management, Boston.

Wildavsky, Aaron, 1964: The Politics of Budgetary Process, Boston.

Wildavsky, Aaron, 1979: Speaking Truth to Power. The Art and Craft of Policy Analysis, Boston, MA.

Wildavsky, Aaron, 1988: The New Politics of the Budgetary Process, Glenview, IL and Boston, MA.

Windhoff-Héritier, Adrienne, 1980: Politikimplementation: Ziel und Wirklichkeit politischer Entscheidungen, Koenigstein/Ts.

Wollmann, Hellmut (Hrsg.), 1980: Politik im Dickicht der Bürokratie. Beiträge zur Implementationsforschung, Opladen.

Verständnisfragen

1. Worin unterscheidet sich die Rolle der Verwaltung im Verständnis der Politikfeldanalyse von der Rolle der Verwaltung im Verständnis der juristisch geprägten Verwaltungslehre?

2. Welche Rolle kommt den Parteien und Verbänden im kybernetischen Regelkreis von David Easton zu?

3. Worin unterscheiden sich frühe Modelle des Agenda-Settings im Vergleich zu den neueren Ansätzen?

4. Welchen Perspektivwechsel hat die Implementationsforschung Anfang der 1970er-Jahre vollzogen?

5. Aus welchen Gründen wird das Phasenmodell von Kritikern als „unrealistisch" abgelehnt?

Transferfragen

1. Wenden Sie die Phasenunterteilung des idealtypischen Policy-Cycle (Abbildung 5) auf eine jüngere Reform im Sozialbereich (z.B. Gesundheitswesen) an. Versuchen Sie dabei, auf Grundlage von bestehenden Informationen (etwa aus Presseberichten) oder durch plausible Spekulationen mögliche Akteure und Inhalte der verschiedenen Entscheidungsphasen zu benennen.

2. Wie könnte ein Vertreter eines Interessenverbandes für Sehbehinderte vorgehen, um das Problem mangelhafter akustischer Signale an den Ampelanlagen einer Stadt zum Gegenstand der politischen Tagesordnung zu machen?

3. Lässt sich der Policy-Cycle auf Politikprozesse im EU-Mehrebenensystem übertragen? Auf welchen politischen Ebenen müssten dann die jeweiligen Phasen angesiedelt werden?

Problematisierungsfragen

1. Ist die Tragfähigkeit der Vorstellung eines in Phasen unterteilten Problembearbeitungsprozesses bei allen Politikfeldern gleich groß oder gibt es bestimmte Eigenschaften politischer Probleme, die eine Anwendung des Policy-Cycle entgegenstehen oder – im Gegenteil – die Anwendung des Policy-Cycle besonders sinnvoll machen?

2. Ist das Phasenmodell offen für alle politischen Interessen und Ziele oder ist mit der Anwendung des Phasenmodells bereits die Übernahme einer bestimmten politischen Perspektive verbunden?

Politikfelder: Machen Besonderheiten von Policies einen Unterschied?

Hubert Heinelt

1　Einleitung

Eine für die Policy-Analyse zentrale These ist von Theodore Lowi aufgestellt worden. Sie lautet: „Policies determine politics" (Lowi 1972: 299) – oder auf Deutsch: Der Politikinhalt bestimmt den Politikprozess. Im Folgenden wird zunächst kurz auf den Entstehungszusammenhang dieser These und das Anliegen eingegangen, das Lowi mit dieser These verfolgte (im Abschnitt 2). Hauptsächlich geht es in diesem Beitrag allerdings um die Impulse, die Lowi mit dieser These für die politikwissenschaftliche Diskussion gegeben hat. Dabei wird herauszustellen sein (im Abschnitt 3), dass die These Lowis zwar eine bemerkenswerte Verbreitung gefunden hat, dass ihr Erkenntnisgewinn jedoch auch in Zweifel gezogen worden ist. Dies gilt vor allem im Hinblick auf die Übertragung dieser These auf einzelne Politikfelder – wie etwa Arbeitsmarkt-, Renten-, Umwelt- oder Zuwanderungspolitik.

Im Weiteren (Abschnitt 4) wird indes dargelegt, wie auch im Hinblick auf einzelne Politikfelder ein Rückgriff auf die These Lowis hilfreich sein kann, um Aussagen zu politikfeldspezifischen Eigentümlichkeiten von Politikprozessen zu treffen. Eine solche Betrachtungsweise stößt aber auf Grenzen. Sie ergeben sich daraus, dass Politikfelder nicht völlig losgelöst von konkreten, d. h. von historischen und länderspezifischen institutionellen Strukturen und den mit ihnen verbundenen Akteurskonstellationen betrachtet werden können. Was dies bedeutet und wie damit konzeptionell umgegangen werden kann, wird abschließend thematisiert (Abschnitt 5).

2　Lowis These „policies determine politics"...

Die eingangs erwähnte These bezog sich auf (Grund-)Typen von Policies – nämlich auf distributive, redistributive und regulative Politik (sowie später auch konstitutive bzw. in der Weiterentwicklung der Lowi'schen Betrachtungen selbstregulative Politik; vgl. Schubert 1991:

60 ff.). Die Bedeutung dieser These ist zunächst im zeitlichen Kontext ihrer Formulierung zu sehen. Es war zwar das Anliegen *Lowis*, „ein Interpretationsschema für die Einordnung von Fallstudien [zu] präsentieren" (Benz 1997: 303). Er wollte dabei jedoch gleichzeitig die Aufmerksamkeit auf die Frage lenken, wovon Politikprozesse (also Politics) abhängen.

Dies war deshalb von Bedeutung, weil seinerzeit am Politikmodell Eastons (1965) orientierte Betrachtungen verbreitet waren, für die das politische System weitgehend eine „black box" zwischen politischem Input (Forderungen und Unterstützung der Bürgerinnen und Bürger) und politischem Output (Gesetzen, Programmen und dergleichen) verblieb und somit auch die im politischen System ablaufenden Politikprozesse im Dunkeln bleiben mussten. Die genannte These umriss die Richtung, in der nach Lowi Antworten zu suchen waren – nämlich bei den Politikinhalten und damit zusammenhängend bei der Art politischer Probleme.

Da die Inhalte von Politik (im Sinne der genannten Policy-Typen) jeweils spezifische Wirkungen zeitigen, werden „bei den Betroffenen bestimmte Reaktionen und Erwartungen [ausgelöst], die dann die politische Auseinandersetzung, den politischen Entscheidungsprozess (aber auch den Durchführungsprozeß) prägen" (Windhoff-Héritier 1987: 48). Oder in den Worten Lowis (1964: 707): „It is not the actual outcomes but the expectations as to what the outcomes can be that shape the issues and determine their politics." Dies bedingt nach Lowi unterschiedliche, vom Policy-Typ abhängige **Politikarenen** mit je eigentümlichen Konflikt- und Konsensbildungsprozessen, deren „zentrale Bestimmungsfaktoren [... die] Kosten und Nutzen [sind], die von den Betroffenen erwartet werden, sowie die Steuerungsstrategie, mittels deren Kosten und Nutzen vermittelt werden" (Windhoff-Héritier 1987: 48).

Konkret bedeutet dies, dass bei einer redistributiven Politik, die auf Umverteilung abzielt und Kosten und Nutzen ungleich verteilt, von einer durch Konflikte gekennzeichneten Politikarena auszugehen ist. Dagegen kann bei einer distributiven Politik, die die Bereitstellung allgemein zugänglicher Leistungen beinhaltet und Kosten- und Nutzenverteilungen weitgehend unklar lässt, von einer Politikarena ausgegangen werden, in der sich konsenshafte oder zumindest konfliktfreiere Politikprozesse abspielen. Ähnliches kann von einer regulativen Politik angenommen werden, die allgemeingültige rechtliche Regelungen ohne unmittelbaren Leistungscharakter beinhaltet. Diese mögen zwar Kosten- und Nutzenwirkungen haben, sie sind indes oft nur schwer vorherzusehen und zu kalkulieren.

3 ... und ihre Anstöße für die politikwissenschaftliche Diskussion

Obgleich dieser Ansatz in der Folgezeit nicht nur in der Policy-Analyse, sondern allgemein in der Politikwissenschaft eine bemerkenswerte Verbreitung erfahren hat (vgl. Benz 1997: 303) und die Reflexion über (mögliche) distributive, redistributive oder regulative Wirkungen von Politikinhalten geradezu zu einer Standard- oder Ausgangsüberlegung bei der Analyse von Politikprozessen geworden ist, sah sich der Lowi'sche Ansatz auch Kritik ausgesetzt.

Abbildung 1: Lowis Klassifikation von Policies nach Wirkungen

Policy-Typ	Merkmale der Policy	Merkmale der Arena	Beispiele	Steuerungsprinzipien
distributiv	unendliche Teilbarkeit der Leistungen	- konsensual	- Finanzierung von allgemein nutzbarer Infrastruktur (inkl. der sozialen Infrastruktur wie Schulen oder Kindergärten)	- Anreize
redistributiv	Relation zwischen Kosten und Nutzen deutlich (Umverteilungspolitik)	- konfliktorientiert - Polarisierung zwischen Gewinnern und Verlierern - Dominanz organisierter Gruppen - ideologische Untermauerung	- progressive Besteuerung - Sozialhilfepolitik	- staatlicher Zwang (Abgabenzwang) und sozial selektive Leistunggewährung/-zuweisung
regulativ	Verhaltensvorschriften für private Aktivitäten	- wechselnde Koalitionen und Konfliktlinien - je nach Streuung von Kosten und Nutzen unterschiedliche Organisationen der Betroffenen	- Umweltschutz - Verbraucherschutz - Kartellrecht - Tarifvertragsrecht - Arbeitsschutz	- staatlicher Zwang (Gebot, Verbot) - Überzeugung und Vorbild - Selbstregulation durch Betroffene
selbstregulativ	nicht auf materielle Nutzen und Kosten bezogen, sondern auf Formen der sozialen Interaktion	- konfliktreich - ideologisiert - geringe Konsensfähigkeit	- Bürgerrechtspolitik - Abtreibungspolitik	- staatlicher Zwang (Gebot, Verbot) - Überzeugung und Vorbild - Selbstregulation durch Betroffene

Quelle: verändert und gekürzt aus Windhoff-Héritier 1987: 52-53

Die Kritik hat sich zunächst darauf bezogen, dass die fraglichen, jenseits von „actual outcomes" liegenden Wirkungen von Politikinhalten von Wahrnehmungen oder Erwartungen („expectations") der betroffenen bzw. sich betroffen fühlenden Akteuren abhängen. Dies ist zwar auch von Lowi betont worden, aber bei einer genaueren Auseinandersetzung mit der **Wahrnehmung** von Wirkungen verschwimmt die Eindeutigkeit, mit der konflikthafte oder konsensorientierte Politikprozesse mit den genannten Policy-Typen in Beziehung zu setzen sind. So treten dann, wenn bei einem Gesetz mit regulativen Inhalt – trotz dessen allgemeinverbindlichen, d. h. alle betreffenden Charakter – einseitige Einschränkungen oder Nachteile perzepiert werden, ähnliche Wirkungen hervor wie bei einer redistributiven Politik: Der Politikprozess gestaltet sich konflikthaft.

Ein Beispiel ist die nach der sog. EU-Entsenderichtlinie regulativ geregelte tarifvertragliche und sozialversicherungsrechtliche Behandlung von Arbeitskräften aus anderen EU-Mitgliedstaaten. Sie hat in Deutschland zu scharfen Kontroversen geführte, weil nachteilige Wirkungen unmittelbar greifbar waren.[1] Ähnliches lässt sich für distributive Politik sagen. So könnte eine klassische Maßnahme mit distributiven Politikinhalt, nämlich die Bereitstellung von Kindergartenplätzen, in einer Situation, in der die Zahl von Haushalten ohne Kindern weiter zu nimmt, leicht als restributive Maßnahme perzepiert werden (im Rahmen eines Familienlastenausgleichs).

Die Perzeptionen von Policy-Wirkungen zu betonen, ist auch noch unter einem anderen Gesichtspunkt bedeutsam. Gelingt es nämlich strategisch handelnden „policy makern“, auf Perzeptionen einzuwirken, eröffnet sich die Chance einer gezielten Beeinflussung von Politikprozessen. In der Policy-Analyse ist dies mit dem Stichwort „issue relabeling“ thematisiert worden (vgl. Windhoff-Héritier 1987: 56 f.). Konkret ist damit gemeint, dass es über eine Umetikettierung einer Policy gelingen kann, auf die Wahrnehmung ihrer Wirkungen und damit auf den Politikprozess einzuwirken. Ein Beispiel dafür wären regionalpolitische Maßnahmen, bei denen redistributive Effekte im Sinne eines Ausgleichs räumlicher Disparitäten im Vordergrund stehen können. Um aus Umverteilungswirkungen resultierende Kontroversen zurückzudrängen, kann versucht werden hervorzuheben, dass die Maßnahmen letztlich einen allgemeinen Nutzen haben, weil etwa durch einen Infrastrukturausbau die räumliche Zugänglichkeit für alle verbessert wird – nicht zuletzt im Hinblick auf einen Austausch von Gütern oder die Mobilität von Personen (vgl. dazu Heinelt 1996: 28 mit Bezug auf die EU-Regionalfondsförderung).

Entscheidend ist für Prozesse des „issue relabelings“ deren Einbettung in bestimmte Kontexte. Dies gilt vor allem für die bei einer Umetikettierung verwendeten Begriffe und für die Bezugssysteme, in denen diese Begriffe stehen. Ein Beispiel dafür ist die Öffnung der Einwanderungsdebatte in Deutschland im Jahre 2000 mit der Diskussion über die „green card“. Der Begriff „green card“ verwies auf den US-amerikanischen Verwendungskontext und damit auf eine „bedarfsgesteuerte“ selektive Einwanderungspolitik, wie sie mit der „green card“-Debatte in Deutschland auf die Agenda gesetzt worden ist.

Dieses Beispiel verweist auch noch in einer anderen Hinsicht darauf, dass ein erfolgreiches „issue relabeling“ entscheidend von der Kontexteinbettung abhängt. Der damalige Bundeskanzler Schröder setzte die Diskussion über die „green card“ durch eine Rede an einem ganz bestimmten Ort und vor einem spezifischen Auditorium in Gang – nämlich bei der Eröffnung der Cebit in Hannover, der weltweit größten „Computer-Messe“, auf der er angesichts des

---

1 Aus diesem Grund ist die These Majones (1994) kritisch zu hinterfragen, dass die Zukunft der EU bei regulativer, marktregulierender Politik (in einem „regulativen Staat“) und nicht redistributiver Politik zu suchen sei, da Letztere, d. h. Umverteilung, mit Konflikten verbunden ist, die die Entscheidungsstrukturen der EU überfordern würden (vgl. dazu Heinelt 1996: 26).

Fachkäftemangels in der deutschen IT-Branche sicher sein konnte, dass sein Vorstoß einer Neuthematisierung von Zuwanderungspolitik auf Resonanz stoßen würde.

Die Diskussion über die eingangs genannte Lowi'sche These ist aber auch in einer anderen Richtung weitergeführt worden. Die These „policies determine politics" wurde insofern von den Policy-Grundtypen redistributiver, distributiver und regulartiver Politik gelöst, als versucht worden ist, sie auch auf sog. nominelle Policies zu beziehen, also auf Politikfelder wie Arbeitsmarkt-, Renten-, Umwelt-, Zuwanderungspolitik usw., „deren Grenzen durch bestimmte institutionelle Zuständigkeiten und eine sachliche Zusammengehörigkeit gezogen werden. Sie [die Nominalkategorien von Policies; H. H.] umreißen also mehr oder weniger genau die Gegenstandsbereiche von Policies" (Windhoff-Héritier 1987: 22).

Dass der „Frage, in welcher Weise und warum [...] Policies den politischen Prozeß prägen" (Windhoff-Héritier 1983: 351) entlang einzelner nomineller Policies nachgegangen worden ist, ergibt sich aus dem Umstand, dass sich die Policy-Analyse zunehmend auf die empirische Analyse einzelner Politikfelder konzentriert hat. Damit wurde die pointierte Zuspitzung auf Policy-Grundtypen aufgegeben (vgl. Schubert 1991: 68). Dies hat offen zu Tage liegende Gründe. In nominellen Policies können sich je nach einzelnen Maßnahmen resp. Programmen distributive, redistributive und regulative Politiken sowie auch konsensuale oder konfliktorientierte Politikarenen im Sinne Lowis nach- oder nebeneinander finden lassen. Dieses tatsächliche oder auch nur potentielle Nach- und Nebeneinander in einzelnen Politikfeldern gilt auch für unterschiedliche Steuerungsprinzipien (Gebot/Verbot, Anreiz, Angebot, Überzeugung/Aufklärung, Vorbild) und die unterschiedliche Beschaffenheit staatlicher Interventionsformen oder Instrumente, die für andere gängige Formen der Typologisierung von Policies stehen (vgl. Mayntz 1982: 80 ff.; Windhoff-Héritier 1987: 27 ff. und 52 f.; Schubert 1991: 162 ff.).

Obwohl versucht wurde, das zu realisieren, was Adrienne Windhoff-Héritier schon 1983 als Aufgabe formuliert hat – nämlich „präzise Aussagen über die Natur der Policy-Politics Wechselbeziehung in einzelnen Policy-Bereichen zu entwickeln" (Windhoff-Héritier 1983: 359) – sind auf einzelne Politikfelder bezogene Analysen bei Aussagen stehengeblieben, die weitgehend dem jeweiligen konkreten Untersuchungsgegenstand verhaftet sind (vgl. Héritier 1993 und Benz 1997: 303, dort besonders Fußnote 1). Dies dürfte systematische Gründe haben und nicht nur daran liegen, dass fallbezogen „die unendlich vielfältige und komplexe Policy-Wirklichkeit nur begrenzt, je nach analytischem Interesse, zu beleuchten" (Windhoff-Héritier 1983: 359) gewesen ist.

Die angestrebten präzisen Aussagen zur Natur der Policy-Politics Wechselbeziehung in einzelnen Policy-Bereichen stehen nämlich in einem Spannungsverhältnis dazu, dass „mehr Aufmerksamkeit den Policy-Kontingenzen zu widmen" (Windhoff-Héritier 1983: 359) ist. Dies heißt, nominelle Policies nicht statisch und als unabhängige Variable zu betrachten, sondern auch in ihrer möglichen Kontingenz und in Abhängigkeit von institutionellen Strukturen sowie von konkreten (situativen) Perzeptionen und Handlungen der Akteure. Dabei ist in Erinnerung zu rufen (siehe oben), dass die Hervorhebung von Perzeptionen schon in den Ausgangsüberlegungen von Lowi angelegt ist.

Arthur Benz (1997) hat versucht, dies aus einer handlungstheoretischen Perspektive zu konzeptualisieren. Danach ist

1. eine aus Zielen und Interessen von Akteuren resultierende **Definition von Policies** mit
2. **situativen Handlungsoptionen** und
3. einer **institutionell präformierten Auswahl von Entscheidungsstrukturen**

in ein Kreislaufmodell zu integrieren (Benz 1997: 306). Damit kann postuliert werden: „Erst durch die Definition einer Policy wird ein Problem entscheidungsfähig und damit zu einer ‚Aufgabe' von Politik [...]. Gleichwohl wirken institutionelle Rahmenbedingungen und Machtstrukturen als restringierende Faktoren auf die Definition von Policies ein" (Benz 1997: 310). „Institutionen determinieren Entscheidungen [auch Definitionen von politisch zu lösenden Problemen; H. H.] aber nicht völlig und lassen in aller Regel Spielräume" (Benz 1997: 305) – und zwar entsprechend einer konkreten Handlungssituation.

Eine solche Betrachtungsweise verhindert eine Isolation, in die Policy-Forscher (unbewusst oder bewusst) leicht geraten können, wenn die These „policies determine politics" konsequent verfolgt und nicht in den Kontext von Policy-Kontingenzen eingebaut werden würde. Die These „policies determine politics" läuft nämlich dann, wenn eine nominelle Policy als alleinig maßgebend, d.h. als einzige unabhängige Variable für die Ausprägung von Politikprozessen angesehen wird, darauf hinaus, dass nicht Institutionen, Parteien, räumlich eingebettete kulturelle Strukturen etc. einen Unterschied machen, sondern nur das Politikfeld bzw. der „policy sector".

Ausschließlich mit der Hypothese „policy sectors matter" gibt sich jedoch kaum ein Policy-Forscher zufrieden. Im Gegenteil: In der „comparative public policy"-Forschung wird die nationale Varianz in einzelnen Politikfeldern bzw. von Politikinhalten gerade ins Zentrum gerückt und nach deren Bedingtheit durch Institutionen, Parteien, kulturelle Faktoren etc. gefragt (vgl. dazu die klassische Arbeit von Heidenheimer u. a. 1975 und die Ausführungen zu Erklärungsmodellen solcher Varianzen in der 3. Auflage; Heidenheimer u. a. 1990: 6 ff.). Und in seit den späten 1980er Jahren reichhaltig vorhandenen lokal orientierten Policy-Analysen wird letztlich von der These „cities matter" ausgegangen, und mit einer örtlichen „Arenafärbung" (Blanke u. a. 1989; Heinelt 1991: 266 ff.) werden lokale Varianzen und nicht zuletzt dezentrale Innovationen in einzelnen Politikfeldern erklärt.

Nun fehlen allerdings in solchen politikfeldorientierten Analysen Reflexionen über Policy-Politics-Beziehungen mit einem verallgemeinernden, politikfeldbezogenen Anspruch – oder sie sind zumindest konzeptionell unterbelichtet (dies gilt auch für die erwähnte Arbeit von Heidenheimer u. a. 1975). Dass die von Benz (1997) konzeptionell-allgemein eingeforderte Vermittlung zwischen Policy-, institutioneller und situativer Dimension in solchen empirischen Analysen nicht systematisch betrieben wird, ist naheliegend: „the comparison of a single policy sector across nation-states prioritizes institutional variation" (John/Cole 2000: 251) und ein Vergleich von Fällen in einem Land bei (weitgehend) gleichem institutionellen Strukturen muss situative Faktoren (eine örtliche „Arenafärbung") in den Vordergrund treten lassen.

Eine Arbeit, die empirisch der Frage nachgegangen ist „When do institutions, policy sectors, and cities matter?" (John/Cole 2000) kommt zwar zu dem Ergebnis: „The research findings do not neatly confirm one of the three hypotheses" (John/Cole 2000: 264) – nämlich „policy sectors matter", „institutions matter" oder „cities matter". Gleichwohl konnte in dieser Untersuchung (an den Beispielen von Bildungs- und Wirtschaftsförderungspolitik in Frankreich und Großbritannien) deutlich gemacht werden, dass Politikfelder insofern eine Rolle spielen, als in ihnen mehr oder weniger stark national divergierende institutionelle Strukturen anzutreffen sind, die wiederum die Ausprägung bzw. Bedeutung lokaler/situativer Besonderheiten beeinflussen. Dies kann mit einem Konzept von „policy institution" in Verbindung gebracht werden, das sich darauf bezieht „that a particular policy arena has a set of formal and informal rules that determine the course of public decision making" (John/Cole 2000: 249; mit Bezug auf Mazzeo 1997). Die Entstehung von unterschiedlichen „policy institutions" oder policy-spezifischen Politikarenen, die sich durch bestimmte Regelungsstrukturen und dadurch bedingte Entscheidungsprozesse auszeichnen, könnte erklärt werden mit

1. den Eigentümlichkeiten von **Problemen**, die durch die jeweilige nominelle Policy zu lösen sind, aber auch mit
2. den Besonderheiten von **Wirkungen**, die die jeweilige nominelle Policy auslöst.

> Der Begriff „Policy Arena" bezieht sich auf das Umfeld, in dem der Politikinhalt durchgesetzt werden muss. Sie wird durch die Erwartungen derer bestimmt, die von dem betreffenden Politikinhalt betroffen sind.

Hier kann auf spezifische mit der Materialität eines Problems (Regelungsgegenstands) zusammenhängende allgemeine Regelungsanforderungen und -möglichkeiten Bezug genommen werden. Im Falle der öffentlichen Alterssicherung kann dies eine Zentralisierung und die Dominanz konditional programmierter Policy-Instrumente sein, die die unmittelbaren Policy-Adressaten (die Rentenantragsteller oder Rentenempfänger) in einer weitgehend passiven Rolle belassen. Dagegen wäre im Falle sozialpolitischer Dienstleistungen auf eine Dezentralisierung und das Vorherrschen final orientierter Problemlösungsformen sowie die Notwendigkeit einer Mitwirkung der Policy-Adressaten zu verweisen (vgl. dazu Kaufmann 1979: 31, 41).

Dennoch verdeutlichen vor allem historische Veränderungen einzelner nomineller Policies wie auch deren internationaler Vergleich erhebliche Varianzen, die allenfalls einen sehr allgemeinen Bestand policy-spezifischer institutioneller Arrangements und die Dominanz bestimmter policy-spezifischer Formen von Politikprozessen als evident erscheinen lassen. Auf solche Merkmale soll im Folgenden eingegangen werden.

4 Allgemeine Unterscheidungsdimensionen von Policy-Politics-Beziehungen

Ausgegangen werden soll dabei von dem zuvor schon häufiger angesprochenen Phänomenen, dass der Wahrnehmung von Problemen wie auch von Wirkungen der Problemlösungen eine zentrale Rolle bei der Konzeptualisierung von Policy-Politics-Beziehungen zukommt. Hinzu treten zwei Aspekte, die mit der Wahrnehmung von Problemlösungsmöglichkeiten zusammenhängen – nämlich unterschiedliche Prognosemöglichkeiten und verschieden ausgeprägte Policy-Grenzen bzw. Policy-Interdependenzen (s. dazu Abbildung 2).

Abbildung 2: Dimensionen zur Unterscheidung von Policy-Politics Beziehungen

Unterscheidungs-dimensionen	(aktive) Arbeitsmarktpolitik	Alterssicherungspolitik
Problembetroffenheit: differentiell vs. allgemein	differentiell(sozial selektiv)	allgemein
Policy-Wirkungen: individualisierend vs. kollektiv	individualisierend	kollektiv
Prognosefähigkeit	relativ klar (etwa im Vergleich zur Beschäftigungspolitik)	klar
Policy-Grenzen/Interdependenzen	fließend/groß	klar/gering

4.1 Differentielle oder allgemeine Problembetroffenheit

Wenn der „politische Prozeß als Problemverarbeitung" (Mayntz 1982: 74) analysiert wird, was in der Policy-Forschung üblich ist,[2] kommt der Art des zu bearbeitenden Problems für den Politikprozess eine zentrale Bedeutung zu. Probleme, die von der gesellschaftlichen Umwelt an das politische System herangetragen resp. von diesem aufgegriffen werden, um durch verbindliche Entscheidungen einer Lösung zugeführt zu werden, lassen sich zweifellos

---

2 Es „darf damit aber nicht zugleich behauptet [werden], daß [der politische Prozeß; H H.] nach Anlaß und Ergebnis und auch im Verständnis der beteiligten Akteure lediglich ein Problemverarbeitungsprozeß ist", wie Mayntz (1982: 74) betont.

in verschiedenster Form klassifizieren. Letztlich reflektieren die in der Policy-Analyse üblichen Klassifizierungen von Policies nach Grundtypen, Programmtypen und Steuerungsinstrumenten (vgl. Windhoff-Héritier 1987: 27 ff.; Schubert 1991: 162 ff.) auch jeweils unterschiedliche Problembezüge.

Ergänzend dazu sollten Problemcharakteristika oder die materielle Substanz politischer Probleme unter dem Gesichtspunkt betrachtet werden, dass in Politikprozessen die Identifizierung und Definition von Problemen durch politische Akteure eine entscheidende Rolle spielen, wobei die Problemidentifikation und -definition neben der Wahrnehmung eines Konflikts zwischen traditionellen Verhaltensmustern, Erwartungen und der gesellschaftlichen Umwelt auch davon abhängt, ob und in welcher Form ein solcher Konflikt politische Aufmerksamkeit erregt (vgl. Schubert 1991: 166). Im Hinblick darauf dürfte als Problemcharakteristikum bedeutsam sein, ob eine differentielle oder allgemeine Betroffenheit von einem Problem gegeben oder (argumentativ) herstellbar ist.

Deutlich wird dies z. B., wenn der Blick auf Besonderheiten von Standardrisiken abhängig Beschäftigter gerichtet wird, auf die sich verschiedene Sozialpolitiken beziehen. So unterscheidet sich Arbeitslosigkeit gravierend von anderen Standardrisiken: Alt wird jede Person, und jede(r) abhängig Beschäftigte ist mit der Situation konfrontiert, ab einem bestimmten Lebensalter den Lebensunterhalt nicht mehr durch Erwerbseinkommen sichern zu können. Anders stellt sich die Situation bei Arbeitslosigkeit dar. Dieses soziale Risiko mag zwar alle abhängig Beschäftigten bedrohen. Tatsächlich trifft es jedoch nicht alle, und es trifft vor allem nur einen Teil in der Weise, dass Erwerbschancen dauerhaft in Frage gestellt sind und eine soziale Marginalisierung erfolgt. Daraus, dass Arbeitslosigkeit ein sozial selektives Risiko darstellt und deshalb keine allgemeine Problembetroffenheit beinhaltet, wäre zu erklären, warum Arbeitslosigkeit – im Unterschied zum sozialen Standardrisiko der Existenzsicherung im Alter, d. h. jenseits des Erwerbslebens – eher akklamativ thematisiert und nicht mit Priorität auf die Agenda (zentral-)staatlicher Politik gesetzt wird.

Gleichwohl gilt es zu betonen, dass sich die Unterscheidung zwischen differentieller und allgemeiner Problembetroffenheit auf Grund politischer Thematisierung „dynamisieren" lässt. Im Ländervergleich schlägt sich dies in einer verschieden ausgeprägten Sensibilisierung für die Problemlagen der Betroffenen nieder, und auch die Perzeption der Gründe, warum Einzelne von einem Problem betroffen sind, kann auf seiten der Betroffenen (auf Grund verschiedener kultureller Muster) unterschiedlich sein. So ist in Großbritannien stärker als in Deutschland die individuelle Wahrnehmung ausgeprägt, für Arbeitslosigkeit selbst verantwortlich zu sein – wie auch für die Lösung dieses Problems. In Deutschland dominiert hingegen die Wahrnehmung, dass es sich bei Arbeitslosigkeit um ein gesellschaftliches Problem handelt, das nicht zuletzt politisch zu lösen ist, d. h. allgemein und für die Allgemeinheit verbindlich (vgl. Cebulla 2000).

4.2   Individualisierende oder kollektive Policy-Wirkungen

Dass Politics in der angesprochenen Weise z. B. auf das Problem Arbeitslosigkeit reagieren kann, ist nicht hinreichend aus der Problemstruktur zu erklären. Erklärbar wird dies vielmehr auch daraus, dass – um beim Beispiel zu bleiben – die Wirkung oder das Ziel von Arbeits-marktpolitik (und vor allem von aktiver Arbeitsmarktpolitik; siehe unten) nicht als etwas perzepiert wird, das sich auf alle, sondern nur auf einzelne Problembetroffene bezieht.

Anders als im Fall der Arbeitslosigkeit und von Arbeitsmarktpolitik stellt sich die Situation in der Rentenpolitik dar, bei der die (kollektive) materielle Sicherung der älteren Generation nicht nur bei Rentnern eine maßgebliche Rolle spielt, sondern auch von Jüngeren wegen einer Erwartungssicherheit für eine künftige Lebensphase als brisant wahrgenommen wird. Daraus lässt sich ersehen, dass politikfeld-spezifische Unterschiede nicht nur nach differen-tieller und allgemeiner Problembeschaffenheit, sondern auch nach individualisierenden und kollektiven Policy-Wirkungen markant sind, die über Policy-Reaktionen (Resonanz und Verhalten der Bürger sowie Entscheidungen politisch Verantwortlicher) Auswirkungen auf Politics haben.

Dies lässt sich hinsichtlich der Art der Policy-Wirkung wieder beispielhaft an der Arbeits-markt- und Alterssicherungspolitik verdeutlichen. Wenn sich „aktive Arbeitsmarktpolitik" dadurch auszeichnet, dass sie direkt auf Beschäftigungschancen und Beschäftigungsverhält-nisse bestimmter Personen oder Personengruppen einwirkt (vgl. Hegner 1986: 120 f.), dann impliziert sie insofern eine Individualisierung, als in den Vordergrund tritt bzw. gerückt werden kann, ob und wie Einzelne die Angebote einer personenbezogenen Förderung von Qualifizierung, befristeter Beschäftigung und des Austritts aus dem Erwerbssystem nutzen.

Dies bewirkt tendenziell, dass die mit Arbeitsmarktpolitik befassten politischen Akteure von Handlungsanforderungen entlastet werden, weil auf die individuelle Nutzung von politischen Problemlösungsmöglichkeiten zu verweisen ist. Anders stellt sich die Situation im Bereich der Alterssicherungspolitik dar. Bei ihr geht es darum, in politischen Auseinandersetzungen eine Regelaltersgrenze für den Zugang zu Leistungen von Alterssicherungssystemen festzu-legen. Eine soziale „Konstitution von Altersgrenzen" (Kohli 1985: 8 f.) kann sich dabei jedoch nur insofern ergeben, als mit dem Überschreiten der Altersgrenze durch politische Entscheidungen im Regelfall ein Absicherungsniveau gewährleistet wird, das einen Rückzug aus dem Erwerbssystem ermöglicht.[3]

4.3   Prognosefähigkeit

Außerdem stellt sich die Prognostizierbarkeit sowohl von Entwicklungen der gesellschaftli-chen Umwelt als auch von Effekten politischer Interventionen nach Policy-Bereichen unter-schiedlich scharf.

Die Prognostizierbarkeit von Wirkungen politischer Entscheidungen steht im Zusammen-hang mit einer unterschiedlichen Auswahl von Handlungsoptionen. Politikfeldspezifische

---

3   Ausgehend von einer solchen „Normalisierung der Verrentung" kann sich „Altersgrenzenpolitik" dann auch individualisierend auf Auseinandersetzungen um „Früh"-Verrentung beziehen (vgl. Wolf/Kohli 1988).

Besonderheiten seien im Hinblick darauf in der Gegenüberstellung von Arbeitsmarkt- und Beschäftigungspolitik verdeutlicht. Im Bereich der („aktiven") Arbeitsmarktpolitik sind Wirkungen von politischen Entscheidungen auf den Arbeitsmarkt relativ leicht zu prognostizieren, weil sie unmittelbar auf Beschäftigungschancen von Personen(gruppen) einwirken (siehe oben) und eine direkte Arbeitsmarktentlastung zur Folge haben, die auch (prognostizierend) zu quantifizieren ist. Bei der Beschäftigungspolitik – etwa über eine verstärkte öffentliche Nachfrage, die Förderung privater Investitionen oder eine rechtliche Verkürzung der Arbeitszeit – ist dies anders, weil sie nur über Wirkungsketten, die von politischen Entscheidungen nicht unmittelbar zu beeinflussen sind, die Beschäftigungschancen verbessert und den Arbeitsmarkt entlastet.

Noch eindeutiger ist die Prognosefähigkeit in der Alterssicherungspolitik. Hier kann auf der Basis eines statistisch bekannten Bevölkerungsaufbaus und einer kalkulierbaren Lebenserwartung ermittelt werden, welche Finanzierungsanforderungen bestimmte Regelungen – etwa im Hinblick auf die Finanzierungsinstrumentem, die Leistungsbemessung und den Leistungsbeginn (Renteneintritt) – in der Zukunft auslösen.

4.4 Interdependenzen und Policy-Grenzen

Gerade bei der Arbeitsmarktpolitik machen sich außerdem grundlegende Schwierigkeiten geltend, die für weitere allgemeine Besonderheiten von Politikprozessen in einzelnen Policies stehen: Zum einen sind mittelbare Wirkungen auf und Einflüsse (Rückwirkungen) von anderen Politikfeldern schwieriger zu erfassen als in anderen Bereichen – wie etwa bei der öffentlichen Alterssicherungspolitik. Dies ergibt sich daraus, dass Arbeitsmarktpolitik keine festen Grenzen aufweist, sondern sich geradezu durch fließende Grenzen auszeichnet – etwa zur Ausbildungs-, Jugend-, und Familienpolitik, um nur einige zu nennen.

Zum anderen ist die Abhängigkeit von sozio-ökonomischen Entwicklungen im Bereich der Arbeitsmarktpolitik vielfältiger und durchschlagender als bei der Alterssicherungspolitik. Bei der Alterssicherungspolitik sind Leistungsanforderungen – wie eben erwähnt – auf der Basis weitgehend stabiler demographischer Rahmendaten vorhersehbar, und sie ist finanziell von der ökonomischen Entwicklung nur über die Einnahmen- und nicht auch noch über die Ausgabenseite kurzfristig abhängig.

Interdependenzen und fließende Grenzen eines Politikfeldes implizieren indes nicht nur Prognose-, Planungs- und Entscheidungsunsicherheiten. Fließende Grenzen eines Politikfelds und Policy-Interdepenzen korrespondieren mit Akteurskonstellationen, die vielschichtig und fragil bis schlicht unübersichtlich sein können: Akteure können hinzutreten oder sich auch abtrennen, Verknüpfungen können neu entstehen und auch reißen oder gelöst werden, inhaltliche Schwerpunkte können sich verschieben, neu gesetzt oder aufgehoben werden. Während dies für die Arbeitsmarktpolitik in besonderer Weise zutrifft, ist die öffentliche Alterssicherungspolitik nicht nur in Deutschland, sondern generell ein Politikfeld, in dem nicht nur die Beteiligung relevanter Akteure, sondern auch die inhaltliche Orientierung des Politikfeldes abgegrenzt und weitgehend gesichert wird (vgl. Nullmeier/Rüb 1993).

5   Zu historisch- und länderspezifischen „policy institutions"

Untersucht worden und bekannt ist der im Hinblick auf die Akteursbeteiligung „offene" Charakter der Arbeitsmarktpolitik in erster Linie für die Ebene der lokalen Durchführung arbeitsmarktpolitischer Aktivitäten. Bei ihr sind örtliche Unterschiede der beteiligten Akteure, des Einsatzes von Instrumenten und der verfolgten inhaltlichen Orientierungen markant (s. dazu den weiter oben gemachten Hinweis auf lokale „Arenafärbungen"). Auf der überörtlich staatlichen Ebene arbeitsmarktpolitischer Entscheidungen über einheitlich verfügbare Leistungen bzw. Maßnahmen und ihre Finanzierung sind in der Bundesrepublik Deutschland in zeitlicher Abfolge verschiedene „Arenafärbungen" gerade nach der Vereinigung beider deutscher Staaten festzustellen (vgl. Heinelt/Weck 1998), und im internationalen Vergleich haben für die Zeit bis in die 1980er Jahre eindrucksvoll Schmid u. a. (1987; 1988) die Varianz von Finanzierungsinstitutionen und – damit in Verbindung stehend – der Akteurskonstellationen sowie der Maßnahmen und Leistungen herausgearbeitet.

Dies verweist auf Grenzen von Versuchen, generalisierende Aussagen zu Policy-Politics-Beziehungen zu treffen und auf die Bedeutung, „mehr Aufmerksamkeit den Policy-Kontingenzen zu widmen" (Windhoff-Héritier 1983: 359). Mit den erwähnten konzeptionellen Überlegungen von Benz (1997) zum Verhältnis von ziel- und interessenabhängiger Policy-Definition, situativen Handlungsoptionen und institutioneller Präformierung von Entscheidungen (inkl. Policy-Definition) ist eine Richtung gewiesen, in der über generalisierende, häufig aber zu kurz greifende Aussagen zu Policy-Politics-Beziehungen hinaus versucht werden kann, für einzelne Politikfelder die ihnen jeweils eigentümlichen Politikprozesse zu bestimmen (bzw. vorherzusagen). Voraussetzung dafür ist allerdings, dass von konkreten institutionellen Ausformungen einzelner Politikfelder ausgegangen wird, wie sie in einzelnen Ländern und/oder zu bestimmten Zeitpunkten (oder Epochen) vorliegen. Zu sprechen ist dann zwar von **spezifischen** „policy institutions", die Politikprozesse nur in ihnen jeweils eigentümlicher Ausprägung zulassen, aber nicht in einem generellen, sondern in einem historisch-konkreten Sinne.

Bei einer solchen historisch-konkreten Betrachtungen von „policy institutions" tritt nicht nur die konkrete institutionelle Ausformungen eines Politikfeldes, sondern auch die Bedeutung von unterschiedlichen Akteurskonstellationen hervor. Diese können als politikfeldspezifische Netzwerke – Policy Networks – begriffen werden, die aus „unterschiedlichsten exekutiven, legislativen und gesellschaftlichen Institutionen und Gruppen [bestehen, die; H. H.] bei der Entstehung und Durchführung einer bestimmten Policy" zusammenwirken (Windhoff-Héritier 1987: 45 mit Bezug auf Heclo 1978: 102).[4] Wenn von konkreten institutionellen

---

4   Es ist hier nicht der Ort, auf die breit geführte Diskussion um Politiknetzwerke bzw. Policy-Networks einzugehen, die auch zu einer begrifflichen Diversifikation geführt hat. Vgl. dazu im Überblick Marsh 1998 sowie den Beitrag von Schneider in diesem Band.

Ausformungen eines Politikfeldes und solchen politikfeldspezifischen Policy-Networks ausgegangen wird, dann gewinnt die Lowi'sche These „Policies determine politics" insofern Sinn, als Eigentümlichkeiten von Politikprozessen auf institutionelle Strukturen und die Konstellationen von Akteuren zurückgeführt werden, die an der Entstehung und Durchführung einer bestimmten Policy beteiligt sind.

Es sind institutionelle Strukturen und historisch-konkrete Akteurskonstellationen eines Politikfeldes, von denen es abhängt, wie Probleme thematisiert, gesellschaftlich verbindliche Entscheidungen gefunden und diese Entscheidungen auch tatsächlich umgesetzt werden (können).[5] Sich dieser jeweils konkreten Strukturen bzw. Konstellationen zu vergewissern, eröffnet die Chance, Aussagen zu möglichen Politikprozessen in Politikfeldern zu treffen, die uns in einer bestimmten historischen und territorialen Ausprägung als Untersuchungsgegenstände begegnen.

6   Ausblick

So sehr damit der empirischen Analyse und wohl auch einer begrenzten Theorie- oder zumindest Konzeptbildung gedient sein mag, so sehr büßt damit die ursprüngliche Lowi'sche These ihren Charme ein: Denn was liegt bei genauerer Betrachtung näher als die Determination von Politics entlang einzelner Policies auf politikfeldgebundene institutionelle Strukturen und Akteurskonstellationen oder – um die Überlegungen von Benz (1997) nochmals aufzugreifen – auf interessenabhängige Problemdefinition, situative Handlungsoptionen und institutionelle Präformierung zurückzuführen?

Soll das realisiert werden, was die Lowi'sche These in Aussicht gestellt hat, nämlich über eine Typologie von Policy-bezogenen Strukturmustern eine Grundlage für eine „Policy-Theorie" zu liefern, bleiben aber wohl nur zwei Optionen. Zum einen muss an der systematischen Unterscheidung zwischen Wahrnehmungen von Problem wie auch von Wirkungen der Problemlösungen weitergearbeitet werden (wie dies im Abschnitt 3 angelegt ist). Zum anderen – und dies ist nicht unterzubewerten – sollten empirisch spezifische „policy institutions" dahingehend untersucht werden, warum sie Politikprozesse mit nur jeweils eigentümlichem Charakter zulassen. Auch wenn dabei der unmittelbare Bezug historisch-konkret ist, sind Möglichkeiten einer Generalisierung nicht von vornherein verstellt; sie sind vielmehr – stärker als bisher – zu suchen.

---

5   In diesem Sinne würde ich rückblickend die in meinem Beitrag im PVS-Sonderheft 24 (vgl. Heinelt 1993) zu diesem Thema angestellten Überlegungen zu Akteurskonstellationen und den von ihnen abhängigen (a) Problemthematisierung und Realitätskonstruktion, (b) Möglichkeiten verbindlicher politischer Entscheidungsfindung sowie (c) Möglichkeiten der Umsetzung verbindlicher Entscheidungen bewerten, die einen eindeutigen Bezug auf Deutschland aufweisen.

7   Literatur

* Benz, Arthur, 1997: Policies als erklärende Variable in der politischen Theorie, in: Arthur Benz/Wolfgang Seibel (Hrsg.), Theorieentwicklung in der Politikwissenschaft – eine Zwischenbilanz, Baden-Baden, 303-322.

Blanke, Bernhard/Benzler, Susanne/Heinelt, Hubert, 1989: Arbeitslosigkeit im Kreislauf der Politik. Eine konzeptionell erweiterte Policy-Analyse zur Erklärung unterschiedlicher Aktivitäten gegen Arbeitslosigkeit auf lokaler Ebene, in: Gegenwartskunde 4, 529-560.

Cebulla, Andreas, 2000: „The final instance - Unemployment Insurance going private? A study of a future social security scenario in the UK and Germany", in: Innovation, Vol. 13. No. 4, 389-400

Easton, David, 1965: A Systems Analysis of Political Life, New York.

Heclo, Hugh, 1978: Issue Networks and the Executive Establishment, in: Anthony King (Hrsg.), The New American Political System, Washington D.C., 87-124.

Hegner, Friedhart, 1986: Handlungsfelder und Instrumente kommunaler Beschäftigungs- und Arbeitsmarktpolitik, in: Bernhard Blanke/Adalbert Evers/Hellmut Wollmann (Hrsg.), Die Zweite Stadt. Neue Formen lokaler Arbeits- und Sozialpolitik (Leviathan-Sonderheft 7), Opladen, 119-153.

Heidenheimer, Arnold/Heclo, Hugh/Adams, Carolyn, 1975[1] und 1990[3]: Comparative Public Policy. The Politics of Social Choice in America, Europe and Japan, New York.

Heinelt, Hubert, 1996: Die Strukturfondsförderung - Politikprozesse im Mehrebensystem der Europäischen Union, in: Hubert Heinelt (Hrsg.), Politiknetzwerke und europäische Strukturfondsförderung. Ein Vergleich zwischen EU-Mitgliedstaaten, Opladen, 17-32.

Heinelt, Hubert, 1991: Die Beschäftigungskrise und arbeitsmarkt- und sozialpolitische Aktivitäten in den Städten, in: Hubert Heinelt/Hellmut Wollmann (Hrsg.), Brennpunkt Stadt. Stadtpolitik und lokale Politikforschung in den 80er und 90er Jahren, Basel/Boston/Berlin, 257-280.

Heinelt, Hubert, 1993: Policy und Politic Überlegungen zum Verhältnis von Politikinhalten und Politikprozessen, in: Adrienne Héritier (Hrsg.), Policy-Analyse. Kritik und Neuorientierung (Politische Vierteljahresschrift/Sonderheft 24), Opladen, 307-327.

Heinelt, Hubert/Michael Weck, 1998: Arbeitsmarktpolitik - zwischen Vereinigungsdiskurs und Standortdebatte, Opladen.

Héritier, Adrienne, 1993: Policy-Analyse. Elemente der Kritik und Perspektiven der Neuorientierung, in: Adrienne Héritier (Hrsg.), Policy-Analyse. Kritik und Neuorientierung (Politische Vierteljahresschrift/Sonderheft 24), Opladen, 9-36.

Jansen, Dorothea/Klaus Schubert [Hrsg.], 1995: Netzwerke und Politikproduktion. Konzepte. Analysen. Methoden. Perspektive, Marburg.

John, Peter/Alistair Cole, 2000: When do Institutions, Policy Sectors, and Cities Matter? Comparing Networks of Local Policy Makers in Britain and France, in: Comparative Political Studies, Vol. 33, No. 2, 248-268.

Kaufmann, Franz-Xaver (Hrsg.), 1979: Bürgernahe Sozialpolitik. Planung, Organisation und Vermittlung sozialer Leistungen auf lokaler Ebene, Frankfurt a. M./New York.

Kohli, Martin, 1985: Die Institutionalisierung des Lebenslaufs. Historische Befunde und theoretische Argumente, in: Kölner Zeitschrift für Soziologie und Sozialpsychologie 1, 1-29.

* Lowi, Theodore, 1972: Four Systems of Policy, Politics and Choice, in: Public Administration Review 33, 298-310.

Lowi, Theodore, 1964: American Business, Public Policy, Case Studies and Political Theory, in: World Politics 16, 677-715.

Majone, Giandomenico, 1994: The Rise of the Regulatory State in Europe, in: West European Politics, Vol. 17, 131-156.

Marsh, David, 1998: The Development of the Policy Network Approach, in: Marsh, David (Hrsg.): Comparing Policy Networks, Buckingham.

Mayntz, Renate, 1982: Problemverarbeitung durch das politisch-administrative System. Zum Stand der Forschung, in: Jens Joachim Hesse (Hrsg.), Politikwissenschaft und Verwaltungswissenschaft (Politische Vierteljahresschrift/Sonderheft 13), Opladen, 74-89.

Mazzeo, Claudio, 1997: From Policy Change to Institutional Change. Persistence Change and Policy Frameworks. Paper presentetd at the annual meeting of the American Political Science Association, Washingten, D.C.

Nullmeier, FrankRüb, /Friedbert W., 1993: Die Transformation der Sozialpolitik. Vom Sozialstaat zum Sicherungsstaat, Frankfurt a. M./New York.

Schmid, Günther/Reissert, Bernd, 1988: Machen Institutionen einen Unterschied? Finanzierungssysteme der Arbeitsmarktpolitik im internationalen Vergleich, in: Manfred G. Schmidt (Hrsg.), Staatstätigkeit. Internationale und historisch vergleichende Analysen (Politische Vierteljahresschrift/Sonderheft 19), Opladen, 284-305.

Schmid, Günther/Reissert, Bernd/Bruche, Gerd, 1987: Arbeitslosenversicherung und aktive Arbeitsmarktpolitik. Finanzierungssysteme im internationalen Vergleich, Berlin.

Schubert, Klaus, 1991: Politikfeldanalyse. Eine Einführung, Opladen.

* Windhoff-Héritier, Adrienne, 1983: ‚Policy' und ‚Politics'. Wege und Irrwege einer politikwissenschaftlichen Policy-Theorie, in: Politische Vierteljahresschrift 4, 347-360.

Windhoff-Héritier, Adrienne, 1987: Policy-Analyse. Eine Einführung, Frankfurt a. M./New York.

Wolf, Jürgen/Martin Kohli, 1988: Neue Altersgrenzen des Arbeitslebens. Betriebliche Interessen und biographische Perspektiven, in: Leopold Rosenmayr/Kolland, Franz (Hrsg.), Arbeit – Freizeit – Lebenszeit. Grundlagenforschungen zu Übergängen im Lebenszyklus, Opladen, 183-206.

Verständnisfragen

1.   Was versteht Lowi unter einer Politikarena?

2.   Was wird unter „issue relabeling" verstanden?

3.   Stellen Sie das von Arthur Benz vorgeschlagene Kreislaufmodell zum Zusammenhang von Policies, institutionell vorgeformten Entscheidungsstrukturen, situativen Handlungsoptionen und Akteurszielen dar.

Transferfragen

1.   Nennen Sie Beispiele für distributive, redistributive, regulative und selbstregulative Policies.

2.   Nennen Sie Beispiele, die verdeutlichen, dass sich die Ausprägung von Politikprozessen in unterschiedlichen Ländern aufgrund von Eigenschaften des politischen Systems oder der politischen Kultur selbst bei derselben nominellen Policy wesentlich unter-scheiden kann.

3.   Stellen Sie die Policy-Politics-Beziehungen des Kernkraftkonflikts und der politischen Auseinandersetzung um die rechtliche Behandlung von Abtreibung anhand der Unter-scheidungsdimension (1) Problembetroffenheit, (2) Policy-Wirkungen, (3) Prognose-fähigkeit und (4) Policy-Grenzen gegenüber.

Problematisierungsfragen

1.   Diskutieren Sie für politikfeldanalytische Arbeiten den praktischen Wert der Erkenntnis, dass politische Gegenstände die Eigenschaften von Politikprozessen beeinflussen können.

2.   Kann die These eines Einflusses von Politikgegenständen auf Politikprozesse auch bei politikfeldübergreifenden Regelungen oder Vereinbarungen aufrecht erhalten werden?

Entscheidungsfindung und Konfliktlösung

Burkard Eberlein und Edgar Grande

1 Einleitung: Entscheidungen und Entscheidungsregeln in der Politik

Die besondere Leistung des politischen Systems für moderne Gesellschaften besteht darin, dass es kollektiv verbindliche **Entscheidungen** zur Lösung gesellschaftlicher Konflikte bereitstellt (Luhmann 1981, 2000). Politisches Handeln heißt immer auch Entscheiden, und das vor allem dann, wenn ein Konsens zwischen den Beteiligten **nicht** vorausgesetzt werden kann. Das gilt nicht nur für jene Phase des Politikprozesses, in der Gesetze und politische Programme formal „entschieden" werden. Entschieden wird nicht nur am Kabinettstisch und in Parlamenten, entschieden wird in allen Phasen des Politikprozesses und an vielen Orten: in Ministerien, in Parteizentralen, in Verbandsbüros, etc. Bereits die Frage, ob ein Problem überhaupt auf die politische Tagesordnung genommen werden soll, ist angesichts der Vielzahl gesellschaftlicher Anliegen und staatlicher Aufgaben in modernen Gesellschaften hochgradig entscheidungsbedürftig; und das gleiche gilt für die Festlegung von Zuständigkeiten für die Problembearbeitung, die Auswahl von Entscheidungsalternativen, die Modalitäten der Programmimplementation und vieles andere mehr. Moderne Politikprozesse sind in dieser Perspektive nichts anderes als eine lange Kette von Entscheidungen, deren Anfang nur schwer, wenn überhaupt, zu erkennen ist, und deren Ende oftmals nichts anderes ist als eine neue Entscheidung.

Angesichts der großen Bedeutung von Entscheidungen hängt die Leistungsfähigkeit, aber auch die Legitimation eines politischen Systems vor allem davon ab, dass verbindliche und funktionstüchtige Regeln darüber existieren, auf welche Weise Entscheidungen getroffen werden sollen. Das politische System ist nur dann entscheidungsfähig, wenn nicht ständig darüber entschieden werden muss, wie entschieden werden soll! Aus diesem Grund werden **Entscheidungsregeln** zumeist verbindlich festgelegt und festgeschrieben: in Verfassungen, internationalen Verträgen, Geschäftsordnungen, etc. Auf diese Weise werden insbesondere zwei Fragen verbindlich geklärt: Erstens die Frage, **wer** (welche Person, Organisation, Institution) an einer Entscheidung beteiligt werden soll? Und zweitens die Frage, **wie** (nach welchem Verfahren) eine Entscheidung herbeigeführt werden soll?

So legt das Grundgesetz zum einen detailliert fest, welche Verfassungsorgane an welchen politischen Entscheidungen zu beteiligen sind, und zum anderen, mit welchen Verfahren Entscheidungen getroffen werden müssen. Damit ist nicht gesagt, dass Entscheidungsregeln immer oder immer vollständig formal vorgegeben sind. Sie können auch das Ergebnis von Routinen, informellen Übereinkünften, politischen Kulturen sein; und diese informellen Politik- oder Entscheidungsstile können ganz erheblich von den formal vorgegebenen Entscheidungsregeln abweichen. Der Blick in das Grundgesetz alleine genügt also nicht immer, wenn man erfahren will, auf welche Weise Entscheidungen im politischen System der Bundesrepublik Deutschland getroffen werden.

Entscheidungen können bekanntlich auf höchst unterschiedliche Weise getroffen werden. Es gibt eine Vielzahl von Entscheidungsregeln. Diese lassen sich in modernen Demokratien im wesentlichen **drei Idealtypen** zuordnen: der **hierarchischen Anordnung**, dem **Mehrheitsentscheid** und der **Verhandlungs- bzw. Konsenslösung**.[1] Diese Dreiteilung, die sich bereits in den Anfängen der neueren politischen Systemlehre findet (vgl. Dahl/Lindblom 1953), ist in der Politikforschung inzwischen weitgehend akzeptiert. So unterscheidet Lehmbruch (1998: 14-19) drei „innenpolitische Regelsysteme" bzw. „Spielregeln der politischen Konfliktaustragung" in modernen Staaten: das hierarchisch-autoritäre Regelsystem, das Regelsystem des Parteienwettbewerbs mit dem Mehrheitsentscheid und das Regelsystem des „Verhandelns". In gleicher Weise unterscheidet Scharpf (2000) zwischen hierarchischer Steuerung, Mehrheitsentscheidung und Verhandlung als den drei wichtigsten Formen der politischen Entscheidungsfindung.

Die große Bedeutung, die den Regeln politischer Entscheidungsfindung in der Politikwissenschaft beigemessen wird, wird nicht zuletzt daran deutlich, dass diese inzwischen eine wichtige Rolle bei der Typenbildung in der vergleichenden Demokratieforschung spielen. Arend Lijphart (1999) unterscheidet zwischen „Mehrheitsdemokratie" und „Konsensdemokratie" als den beiden Grundtypen moderner Demokratien. Lijpharts Typus der „Konsensdemokratie" entspricht dem Typus der „Verhandlungsdemokratie", den Lehmbruch (1998) von der „Konkurrenzdemokratie" abgrenzt. In allen diesen Arbeiten wird unterstellt, dass sich moderne Demokratien am besten durch die jeweils vorherrschende Form der politischen Konfliktregelung und Entscheidungsfindung charakterisieren lassen.

Für die Politikanalyse entscheidend ist nun, dass sich jedes dieser Verfahren durch spezifische Merkmale und Funktionsbedingungen und damit – nicht zuletzt – durch eine ganz unterschiedliche **Leistungsfähigkeit** auszeichnet. Die Frage „Auf welche Weise können politische Entscheidungen am besten getroffen werden?" gehört deshalb zu den Kernfragen der Politikwissenschaft. Eine Antwort auf diese Frage wird dadurch erschwert, dass ein Ent-

---

1   In antiken Demokratien spielte darüber hinaus der Losentscheid vor allem bei der Besetzung politischer Ämter eine wichtige Rolle.

scheidungsverfahren in demokratischen politischen Systemen zumindest **drei Anforderungen** zugleich genügen muss:

-   erstens muss eine Entscheidungsregel **effektiv** sein, sie muss tatsächlich in der Lage sein, zuverlässig Entscheidungen zu produzieren;
-   zweitens sollte eine Entscheidungsregel zu **funktional** angemessenen Entscheidungen führen, eine Entscheidung sollte also auch gewissen inhaltlichen Gütekriterien genügen;
-   drittens schließlich muss eine Entscheidungsregel **legitim** sein, d. h. eine Entscheidung muss von den Mitgliedern eines politischen Gemeinwesens nicht nur in materieller, sondern auch in prozeduraler Hinsicht als fair empfunden und durch Folgebereitschaft anerkannt werden.

Der folgende Beitrag beabsichtigt, die Leistungsfähigkeit politischer Entscheidungsverfahren in zwei Schritten zu behandeln. Im **ersten Schritt** wird er zunächst die drei wichtigsten Regeln der politischen Entscheidungsfindung in modernen Demokratien

-   Hierarchie
-   Mehrheitsentscheid
-   Konsens

gesondert behandeln und einen allgemeinen Überblick über ihre Funktionsvoraussetzungen, ihre Stärken und ihre Schwächen geben. Dabei wird deutlich werden, dass die Leistungsfähigkeit der Entscheidungsregeln nicht nur vom jeweiligen Entscheidungsgegenstand, sondern auch vom Entscheidungskontext abhängt. Dies hat zur Folge, dass die Verfahren der hierarchischen und majoritären Entscheidungsfindung in modernen, funktional ausdifferenzierten Gesellschaften offenbar an enge Grenzen ihrer Wirksamkeit stoßen. Aber auch die Suche nach Konsenslösungen, der neuerdings große Bedeutung beigemessen wird, erweist sich bei genauerer Betrachtung als steiniger Weg. Für alle Entscheidungsverfahren gilt, dass sie auf sich allein gestellt höchst voraussetzungsvoll und in ihrer Leistungsfähigkeit eng begrenzt sind. Im zweiten Schritt werden die einzelnen Entscheidungsregeln dann in ihrem Zusammenwirken untersucht. Damit soll dem Umstand Rechnung getragen werden, dass die unterschiedlichen Entscheidungsregeln in der politischen Praxis vielfach **miteinander verknüpft** sind.

Das zentrale Argument dieses Beitrags lautet, dass die Leistungsfähigkeit moderner politischer Systeme nicht nur davon abhängt, welche Entscheidungsregel im konkreten Fall vorgesehen ist, sondern vor allem auch davon, wie gut diese mit anderen Entscheidungsregeln vereinbar ist.

2   Die Idealtypen politischer Entscheidungsregeln: Hierarchie, Mehrheitsentscheid und Konsens

Moderne Demokratien kombinieren in ihrer Formalstruktur insbesondere zwei Entscheidungsregeln: den Mehrheitsentscheid und die hierarchisch-bürokratische Anordnung. Dabei wird davon ausgegangen, dass Gesetze und politische Programme von der Legislative per Mehrheit entschieden und von einer hierarchisch organisierten Exekutive gegenüber der Gesellschaft autoritativ durchgesetzt werden. Das Verhältnis zwischen diesen beiden Gewalten und Gestaltungsprinzipien war immer spannungsgeladen und problematisch. Mit der Entwicklung moderner Wohlfahrtsstaaten mit all den damit verbundenen Steuerungserwartungen und Steuerungsansprüchen verschoben sich die Gewichte zunächst eindeutig zugunsten der Exekutive und hierarchisch-bürokratischen Entscheidungsverfahren. Gerade in komplexen Systemen galt die Hierarchie als optimale Organisationsform (Simon 1962).

Moderne Demokratien schienen deshalb unvermeidlich einer Zentralisierung und Bürokratisierung der Politik ausgesetzt zu sein. Das allzu häufige Scheitern hierarchischer Steuerung hat inzwischen jedoch zu einer Neubewertung politischer Entscheidungsverfahren und Steuerungsformen geführt. Seither steht insbesondere die Beschäftigung mit dezentralen Steuerungsformen und konsensorientierten Entscheidungsverfahren im Mittelpunkt der Politikanalyse. Im folgenden sollen die drei wichtigsten Regeln der politischen Entscheidungsfindung zunächst gesondert im Hinblick auf ihre Leistungsfähigkeit untersucht werden.

2.1   Hierarchie

Die Policy-Analyse hat lange Zeit die Gestaltungs- und Steuerungsperspektive von Regierungen und Verwaltungen übernommen und die hierarchisch-bürokratische Entscheidungsfindung und -durchsetzung als Regelfall unterstellt. Regierungen und Verwaltungen, so die Annahme, treffen die Mehrzahl kollektiv verbindlicher Entscheidungen und verfügen über sanktionsbewehrte Mittel zu ihrer Durchsetzung. Am deutlichsten wird dieses Entscheidungsmuster in der regulativen Politik, die mit Geboten und Verboten das Verhalten von Individuen oder Unternehmen direkt zu steuern versucht. Normverletzungen, etwa wenn ein Unternehmen bestimmte arbeitsschutz- oder umweltrechtliche Vorgaben nicht einhält, werden in diesem Fall direkt sanktioniert.

Der Umstand, dass sich staatliche Autorität einseitig und ohne unmittelbare Zustimmung des einzelnen Bürgers (sowie eventuell zu dessen Schaden) durchsetzen kann, stellt hohe Anforderungen an die Legitimität des staatlich gesetzten Befehls. Während legitime staatliche Autorität sich aus unterschiedlichen Quellen speisen kann (vgl. die klassische Unterscheidung bei Max Weber 1990), so beruht sie im modernen Staat in der Regel auf der Rückbindung staatlicher Autorität an die demokratische Verantwortlichkeit (accountability) gewählter Vertreter. Diese delegieren den Gebrauch staatlicher Autorität an Regierung und Verwaltung. Durch eine strikt hierarchische Befehlsführung von der Regierungs- und Verwaltungsspitze bis zum anordnenden Beamten ist die Lückenlosigkeit der Legitimationskette formal sichergestellt.

Die hierarchische Konfliktlösung und Entscheidungsfindung scheint sowohl im Hinblick auf die Effektivität der Entscheidungsfindung als auch hinsichtlich der inhaltlichen Güte der Entscheidungsergebnisse eindeutige Vorzüge zu besitzen. Sieht man einmal von dem Problem ab, dass unklar sein könnte, wer entscheidungsbefugt ist, oder dass der Entscheidungsbefugte sich der Entscheidung verweigert (Offe 1984: 152), so liegt der wichtigste Vorteil zweifellos darin, dass bei einer Konzentration von Entscheidungskompetenzen in einer Hand die zeitraubende und kostenträchtige Koordination mit anderen Akteuren entfällt. Andere müssen nicht erst aufwendig überzeugt oder überstimmt werden, es kann schnell entschieden werden. Die Entscheidungskosten sind folglich gering.

Da der Entscheider sich hierbei autoritativ über abweichende Präferenzen und Interessen hinwegsetzen kann, entfällt auch die Notwendigkeit, Kompromisse einzugehen, die im Endergebnis Abstriche von der gemeinwohlverträglichsten Lösung bedeuten würden. Aufgrund dieser – hypothetischen – Möglichkeit, eine konsistente Gemeinwohlperspektive einzunehmen, kann eine hierarchische Entscheidungsfindung Umverteilungen zu Gunsten der Wohlfahrtsmaximierung oder der Verteilungsgerechtigkeit vorzunehmen, die unter den Bedingungen der Mehrheitsregel oder der Verhandlung nicht durchzusetzen wären (Scharpf 2000: 283).

Die hierarchisch-bürokratische Entscheidungsfindung basiert allerdings auf zwei höchst voraussetzungsvollen Prämissen:

– erstens, dass Entscheidungen tatsächlich rational getroffen werden;
– und zweitens, dass Entscheidungen auch effizient um- und durchgesetzt werden können.

Die empirische Planungs- und Policy-Forschung hat hinlänglich gezeigt, dass beide Voraussetzungen nur selten gegeben sind, so dass sich die theoretischen Vorzüge hierarchisch-bürokratischer Entscheidungsfindung in der Praxis nur schwer realisieren lassen. Das beginnt damit, dass die Rationalität hierarchisch getroffener Entscheidungen zahlreichen Restriktionen unterworfen ist. Die bekannteste Restriktion rationaler Planung sind die vielfältigen Informationsprobleme von Entscheidern (Scharpf 2000: 286-293). Um sachangemessene Problemlösungen im Sinne des Gesamtnutzens finden zu können, ist der Entscheider an der Organisationsspitze häufig auf Informationen über das Politikfeld angewiesen, die nur dezentral an der Organisationsbasis oder bei den Steuerungsadressaten vorhanden sind. Gleichzeitig sind die Kapazitäten der Organisationsspitze, verfügbare Informationen angemessen aufzunehmen und zu verarbeiten, eng begrenzt (bounded rationality, Simon 1957). Beides zusammengenommen führt dazu, dass das Entscheidungswissen notwendig unvollständig bzw. fehlerhaft bleibt.

Die Rationalität hierarchischer Entscheidungsfindung kann aber noch aus einem anderen Grund angezweifelt werden. Hierarchische Entscheidung basiert auf der Annahme, dass sich der Entscheider tatsächlich am Gesamtnutzen eines Gemeinwesens bzw. an den Vorgaben des demokratischen Souveräns orientiert, dass er sich also rational im Sinne des Gemeinwohls verhält. Gerade diese Annahme eines „wohlmeinenden Diktators" wird von Public-Choice-Ansätzen jedoch im Kern bestritten (als Überblick s. Braun 1999). In diesen Ansätzen gelten auch Politiker und Bürokraten als individuelle Nutzenmaximierer, die unter dem Verdacht stehen, Entscheidungen nur im Hinblick auf ihren persönlichen Vorteil zu treffen, d. h. die Entscheider verhalten sich zwar rational, aber nicht im Sinne des Gemeinwohls, sondern nur im Sinne ihres Eigennutzens.

Daher birgt jede Delegation von Entscheidungsbefugnissen die Gefahr in sich, durch opportunistisches Verhalten hintergangen zu werden. Das Problem stellt sich an allen Übergängen der oben beschriebenen Legitimationskette, zwischen Wählern und Abgeordneten, zwischen Parlamenten und Verwaltungen, sowie innerhalb von Verwaltungen.[2] Auch wenn empirische Analysen staatlicher Steuerung gezeigt haben, dass die Handlungsorientierungen von Akteuren vielschichtiger sind, als dies von Public-Choice-Ansätzen unterstellt wird (vgl. Mayntz/Scharpf 1995), so lässt sich doch nicht bestreiten, dass die Annahme eines gemeinwohlorientierten Entscheiders eine höchst riskante Annahme ist.

Schließlich kann die Rationalität hierarchischer Entscheidungen darunter leiden, dass diese überhastet getroffen werden. Dieses Problem wurde bereits von Montesquieu (1965) erkannt: Gerade weil die Entscheidungskosten bei hierarchischen Entscheidungen gering sind, lassen sie sich schnell treffen und genauso schnell wieder revidieren. Dies freilich muss sich nicht immer positiv auf die Qualität von Entscheidungen auswirken. Es mag zwar Problemkonstellationen geben, bei denen es tatsächlich darauf ankommt, schnell zu entscheiden; und es sind sicherlich Fälle denkbar, in denen die Leistungsfähigkeit der Politik dadurch verbessert werden kann, als falsch erkannte Entscheidungen rasch wieder zurückzunehmen. Ebenso denkbar ist jedoch, dass Entscheidungen übereilt, das heißt ohne ausreichende Kenntnis des Problems und der Lösungsalternativen getroffen werden. Die Folge können sachlich unangemessene Entscheidungen oder zumindest erhöhte (materielle und/oder politische) Kosten bei der Umsetzung von Entscheidungen sein.

Selbst wenn hierarchische Entscheidungen rational getroffen werden, so ist doch keineswegs gesagt, dass diese Entscheidungen auch effizient um- und durchgesetzt werden können. Die zunehmende sachliche Komplexität von Entscheidungsmaterien und die funktionale Differenzierung und Autonomie von gesellschaftlichen Teilsystemen stellen den hierarchischen Entscheider vor vielfältige und häufig unlösbare Durchsetzungsprobleme. Zum einen gibt es Regelungsbereiche, in denen hierarchische Anordnungen prinzipiell wirkungslos sind. Die Wissenschafts-, Forschungs- und Technologiepolitik sind Beispiele hierfür. Die Kreativität von Wissenschaftlern und die Innovationsbereitschaft von Unternehmen lassen sich nicht anordnen, sie lassen sich nur mit positiven Anreizen und indirekten, „weichen" Instrumenten verbessern. Der Wirksamkeit hierarchischer Entscheidungen sind in diesem Fall prinzipielle Grenzen gesetzt (vgl. Willke 1992).

---

2   Ein ganzer Zweig der neuen Institutionenökonomie, der Principal-Agent-Ansatz, ist darum bemüht, passende Mechanismen von Anreizen und mit Sanktionen verbundene Kontrollen auszuarbeiten, die ein solches opportunistisches Verhalten unterbinden.

In anderen Fällen kann der hierarchische Entscheider seine Ziele nur dann erreichen, wenn diese von den Adressaten der Steuerung akzeptiert werden und er von ihnen bei der Umsetzung seiner Entscheidungen unterstützt wird. Dies kann daran liegen, dass der Entscheider auf Ressourcen (z. B. Informationen) seiner Adressaten bei der Implementation von Programmen angewiesen ist. Es kann aber auch daran liegen, dass sich die Adressaten drohenden Sanktionen durch Austritt (exit) entziehen können (vgl. Scharpf 2000: 285). Die Regulierung transnational mobiler Unternehmen zum Beispiel lässt sich mit hierarchischen Entscheidungen und bürokratischen Sanktionsandrohungen wohl kaum noch durchsetzen.

Aus all diesen Gründen kann davon ausgegangen werden, dass die Leistungsfähigkeit hierarchischer Anordnung als Modus der Entscheidungsfindung und Konfliktregelung in modernen Demokratien begrenzt ist. Ideale Hierarchien weisen zwar theoretische Vorzüge auf, aber diese lassen sich unter Bedingungen hochentwickelter Wohlfahrtsstaaten in der politischen und administrativen Praxis nur schwer, wenn überhaupt, verwirklichen.

2.2   Mehrheitsentscheid

Dem Mehrheitsentscheid geht der Ruf voraus, die für ein demokratisches Gemeinwesen attraktivste Entscheidungsregel zu sein, da sie Praktikabilität mit hoher Legitimationskraft verbindet. Er erhebt jene Entscheidungsalternative zur allgemein verbindlichen Norm, die eine numerische (relative, absolute oder qualifizierte) Mehrheit der Mitglieder eines Gemeinwesen in Form einer formellen Abstimmung auf sich vereinigt. Selbst ihre Kritiker erkennen an, dass die Mehrheitsregel eine Vielzahl von Vorzügen aufweist (vgl. die Beiträge in Guggenberger/Offe 1984).

Unter dem Gesichtspunkt der Effektivität spricht zunächst für die Mehrheitsregel, dass sie „ein Maximum an Gewissheit darüber, dass überhaupt eine Entscheidung getroffen wird, mit relativ geringen Entscheidungskosten verknüpft" (Offe 1984: 152). Die Entscheidungskosten der Hierarchie sind zwar geringer, aber dafür steht der Mehrheitsentscheid „jederzeit, kurzfristig und zuverlässig" zur Verfügung (ebenda). Überdies besticht der Mehrheitsentscheid durch seine Klarheit und Universalität: Es ist ein für alle einsichtiges Verfahren, das zudem den Vorzug besitzt, mit seiner inhaltlichen Neutralität auf alle Streitfragen und auf unterschiedlichste Präferenzordnungen anwendbar zu sein.

Auch im Hinblick auf die Qualität der produzierten Entscheidung spricht einiges für den Mehrheitsentscheid. In pluralistischen Gesellschaften kann die Mehrheit (pars maior) zwar nicht für sich in Anspruch nehmen, sanior pars zu sein, sprich: „die Vermutung der Richtigkeit oder gar Wahrheit für sich" zu haben (Lehmbruch 1998: 16). Aber man könnte dem Mehrheitsentscheid gerade für den Fall, dass es kein „absolutes Maß für die Richtigkeit einer Entscheidung gibt", eine höhere Rationalität zusprechen. Dies deshalb, weil – vorgeschaltete Debatten unter Gleichen vorausgesetzt – die Mehrheitsregel „ein Maximum an heterogenen, aber eben nicht hierarchisierbaren Gütekriterien, die in den empirischen Personen der Abstimmungsbeteiligten repräsentiert sind, ins Spiel bringt" (Offe 1984: 153).

Schließlich gilt die Mehrheitsregel auch als besonders fair und legitim. In diesem Zusammenhang wird vor allem auf die Gleichheit der Entscheidungsbeteiligten (one man, one vote) abgestellt. Unter der Voraussetzung von allgemeinen und direkten Wahlen werden alle Entscheidungsbetroffenen durch ihre Stimme in gleicher Weise zu Entscheidungsbeteiligten – und dies unabhängig vom individuellen Status der Beteiligten oder etwaigen sozialen Abhängigkeits- oder Beeinflussungsverhältnissen (Offe 1984: 153).

Bei näherer Betrachtung zeigt sich freilich, dass auch die Leistungsfähigkeit des Mehrheitsprinzips als Verfahren zur Herstellung kollektiv bindender Entscheidungen begrenzt ist. Es ist zwar ohne Zweifel effektiv, aber es ist weder so objektiv-rational wie das numerische Verfahren auf den ersten Blick vermuten lässt, noch entfaltet es beständig die erhoffte Legitimität. Beide Einwände hängen eng miteinander zusammen.

Der erste Einwand betrifft die Frage, ob die Mehrheitsregel tatsächlich in der Lage ist, den „Willen des Volkes" zum Ausdruck zu bringen. Gegen die inhaltliche Güte von Mehrheitsentscheidungen werden mehrere Zweifel angemeldet. Das erste Problem besteht darin, dass der Volkswille schwankend und für Manipulationen anfällig sein kann. Mehrheitsabstimmungen bergen unter diesen Bedingungen die Gefahr in sich, dass sie sachlich unangemessene Entscheidungen erzeugen. Dies war ein wichtiger Grund, weshalb die Demokratie in der antiken politischen Philosophie als schlechte Verfassung galt.

Aber selbst dann, wenn individuelle Entscheidungen wohlüberlegt getroffen werden, ist nicht gesagt, dass sich diese im Endergebnis angemessen wiederfinden. Dies kann verschiedene Gründe haben. Zum einen hat die Theorie rationaler Wahl mit dem berühmten **Condorcet-Arrow-Paradox** gezeigt, dass die Mehrheitsregel schon bei mehr als zwei Akteuren und zwei Optionen nicht in der Lage ist, die (konsistenten) Präferenzen der Mitglieder eines Gemeinwesens verfälschungsfrei in eine konsistente Kollektiventscheidung zu überführen. Statt dessen kommt es zu „zyklisch instabilen" oder „wandernden" Mehrheiten. Diese lassen sich durch entsprechende institutionelle Vorkehrungen (z. B. Regeln zum Verfahren der Abstimmung) zwar in ein Gleichgewicht überführen; aber jene institutionellen Stellgrößen werden selbst wieder zum Problem, da sie eine gewisse Beliebigkeit des Ergebnisses zur Folge haben und somit dem vermeintlichen Ausdruck des Volkswillen die Sinngrundlage entziehen (vgl. *Riker* 1982). So können je nach gewähltem Abstimmungsverfahren bei gleicher Entscheidungsregel andere Alternativen zur Abstimmung gelangen und Mehrheiten erzielen.

Zum anderen wird an der Mehrheitsregel schließlich die Tatsache kritisiert, dass diese lediglich neutral und indifferent die individuellen Präferenzen aggregiert. Dies werde, so die kritische Theorie der Mehrheitsregel (s. als Zusammenfassung Schmidt 2000a: 285-294), vor allem dann problematisch, wenn die individuellen Präferenzen sehr unterschiedliche Intensitäten aufweisen. Das hat zur Folge, dass eine stark betroffene und engagierte Minderheit in einer für sie wichtigen Angelegenheit von einer desinteressierten Mehrheit überstimmt werden kann (Guggenberger 1984). Dabei handelt es sich keinesfalls um ein hypothetisches Problem. Es wird behauptet, dass gerade diese Konstellation im interventionistischen Wohlfahrtsstaat an Bedeutung gewinnt, da dessen Politiken eng abgegrenzte Gruppen in besonderer Weise betreffen, die sich mit ihren Anliegen aber einer schlecht informierten und indifferenten Mehrheit fügen müssen.

Aus all diesen Gründen wird häufig bezweifelt, dass Mehrheitsentscheidungen eine besondere sachliche Qualität besitzen. Sie stehen immer wieder unter dem Verdacht, dass sie nicht den „Willen des Volkes" repräsentieren, sondern lediglich eine zufällige „Summe von Sonderwillen" (Rousseau 1991: 31) darstellen, die auch anders hätte ausfallen können.

Selbst wenn man von all diesen Einwänden absieht und annimmt, dass die numerische Mehrheit tatsächlich „die größere Kraft" (Locke 1988: 74) in einem politischen Gemeinwesen ist, so stellt sich immer noch das Problem, weshalb die unterlegene Minderheit sich einer Mehrheitsentscheidung fügen soll. Auch Mehrheitsherrschaft ist Herrschaft, die sich über die Einwände und Präferenzen von gleichberechtigten Mitgliedern des Gemeinwesen, die sich auf Seiten der Minderheit wiederfinden, hinwegsetzt. Dies ist umso problematischer, je existentieller die Entscheidung ist und je weniger die Unterlegenen die Möglichkeit haben, sich durch Austritt aus dem Gemeinwesen (exit) der Unterwerfung unter den Mehrheitswillen zu entziehen.[3]

Die politische Philosophie der Neuzeit hat bekanntlich versucht, dieses Legitimationsproblem der Mehrheitsentscheidung vertragstheoretisch zu lösen. Mit der Konstituierung einer politischen Gemeinschaft unterwerfe sich der Einzelne dem Beschluss der Mehrheit, was immer diese auch beschließen mag:

> *„Ein jeder also, der mit anderen übereinkommt, einen einzigen politischen Körper unter einer Regierung zu bilden, verpflichtet sich gegenüber jedem einzelnen dieser Gesellschaft, sich dem Beschluss der Mehrheit zu unterwerfen und sich ihm zu fügen. Dieser ursprüngliche Vertrag, durch den er sich mit anderen in eine Gesellschaft vereinigt, würde ohne alle Bedeutung sein und kein Vertrag, wenn der einzelne weiterhin frei bliebe und unter keiner anderen Verpflichtung stünde als vorher im Naturzustande" (Locke 1988: 74f.; Hervorhebung im Original).*

Der sich daraus ergebende Kurzschluss dieser vertragstheoretischen Argumentation ist offensichtlich. Die freiwillige Unterwerfung unter die Beschlüsse einer Regierung muss nicht zwangsläufig identisch sein mit der Anerkennung eines ganz bestimmten Entscheidungsverfahrens, es sei denn, dieses Verfahren war ausdrücklich Gegenstand einer politischen Übereinkunft.[4]

Die moderne politische Theorie hat darüber hinaus versucht, die Legitimation des Mehrheitsprinzips dadurch zu stärken, dass seine Anwendbarkeit an bestimmte prozedurale Anforderungen geknüpft wird. Im Mittelpunkt dieser Überlegungen steht die **Reversibilität von**

---

3 Dieses Problem wird in demokratischen Verfassungsstaaten in der Regel dadurch entschärft, dass man a) Minderheiten gewisse unantastbare Rechte zubilligt, b) die Mehrheitserfordernisse qualifiziert oder c) besonders sensible Regelungsbereiche ganz dem Mehrheitsentscheid entzieht. Gelöst ist das Problem damit freilich nicht.

4 Auf diese Weise präzisiert *Rousseau* die vertragstheoretische Begründung der Mehrheitsregel: "Das Gesetz der Stimmenmehrheit beruht selbst auf Übereinkunft und setzt zumindest einmal Einstimmigkeit voraus" (Rousseau 1991: 16). Zu beachten ist, dass bei dieser Begründung die Geltung der Mehrheitsregel nicht an vorpolitische Voraussetzungen (z. B. gemeinsame Sprache und Geschichte) gebunden wird, sondern an eine politische, nämlich die politische Übereinkunft der Bürger!

Entscheidungen: Mehrheitsentscheidungen können demnach dann Anerkennung für sich beanspruchen, wenn die unterlegene Minderheit eine begründete Chance hat, „ihrerseits zur Mehrheit zu werden und dann die staatliche Sozialgestaltung in ihrem Sinne zu beeinflussen. Das System des alternativen Wechsels wird so zur Grundlage und Legitimation des Mehrheitsprinzips in der Demokratie" (Gusy 1984: 72). Dies setzt voraus, dass die Entscheidungen (Wahlen) in regelmäßigen Abständen stattfinden, und dass die getroffenen Entscheidungen grundsätzlich revidierbar und in ihren Konsequenzen reversibel und korrigierbar sind. Die aktuelle Minderheit zeigt Folgebereitschaft, da sie eine begründete Aussicht hat, beim nächsten Mal die Mehrheit zu stellen und anders zu entscheiden.[5]

Hieraus lassen sich **zwei Grenzen** für die Anwendbarkeit des Mehrheitsprinzips in modernen Demokratien ableiten: erstens, das Vorhandensein sogenannter **struktureller Minderheiten** und, zweitens, die **Irreversibilität** von Entscheidungen. Der legitimitätsstiftende Charakter der Mehrheitsregel geht zum einen dann verloren, wenn Minderheiten keine begründete Aussicht haben, im politischen Wettbewerb zur Mehrheit zu werden. Daher wirkt die Mehrheitsregel in politischen Gemeinwesen, die entlang religiöser, ethnischer oder ideologischer Konfliktlinien gespalten sind, eher konfliktschürend als konfliktschlichtend. In diesem Fall besteht die Gefahr, dass es „immer die gleichen sind, denen die Regeltreue das Opfer eigener Überzeugungen und Interessen abverlangt" (Kielmansegg 1995: 118), dass sich also „strukturelle Minderheiten" bilden. Diese haben gute Gründe, den Mehrheitsentscheid als illegitim zu empfinden und ihm die Anerkennung zu versagen. Die Anwendung der Mehrheitsregel setzt also eine gewisse (soziale, ethnische, kulturelle) Homogenität der Mitglieder eines Gemeinwesen, die die Wahrscheinlichkeit von grundsätzlichen Konflikten vermindert, voraus.

Das Mehrheitsprinzip krankt zum anderen aber auch daran, dass die Revidierbarkeit und Korrigierbarkeit von Entscheidungen in vielen Politikbereichen nicht (mehr) gewährleistet ist. Wenn mit Mehrheit Entscheidungen etwa über die Einführung riskanter Großtechnologien (z. B. Nukleartechnik) gefällt werden, so werden damit für die Zukunft unverrückbare Tatsachen geschaffen, die zukünftige Mehrheiten (oder gar Generationen) weder revidieren noch in ihren Konsequenzen korrigieren können (Guggenberger 1984). Erschwerend kommt hinzu, dass der Mehrheitsentscheid oft unter spezifischen, nur zum jeweiligen Entscheidungszeitpunkt relevanten Einschätzungen und Stimmungslagen getroffen wird, die einem raschen Wandel unterworfen sind. Es fragt sich dann, ob derart kontingente Mehrheiten in der Lage sein sollten, langfristig wirksame (und womöglich nicht revidierbare) Entscheidungen für das gesamte Gemeinwesen zu treffen.

In der Zusammenschau wird deutlich, dass die Leistungsfähigkeit der Mehrheitsregel an mehrere institutionelle Vorkehrungen und gesellschaftliche Bedingungen gebunden ist, die nicht umstandslos als gegeben vorausgesetzt werden können. Vielmehr spricht einiges dafür,

---

5   Die britische Politik in den Jahrzehnten nach dem Zweiten Weltkrieg gilt allerdings als Beispiel dafür, dass ständige Richtungswechsel in der Politik sich negativ auf die Qualität ihrer Ergebnisse auswirken können.

dass die Funktionsbedingungen des Mehrheitsprinzips durch aktuelle gesellschaftliche Entwicklungen ausgehöhlt werden (vgl. Beck 1986), insbesondere durch:

- die zunehmende sachliche Komplexität und Risikobehaftung von Entscheidungsmaterien
- und die zunehmende sozio-kulturelle Heterogenität moderner Gesellschaften.

Nicht von ungefähr werden die „Grenzen der Mehrheitsdemokratie" (Guggenberger/Offe 1984) seit einigen Jahren in der Politikwissenschaft intensiv diskutiert. Im Mittelpunkt der Überlegungen stehen vor allem zwei – keineswegs so ohne weiteres mit einander vereinbare – Alternativen zum hierarchisch-majoritären Politikmodus. Auf der einen Seite werden gerade im Bereich von Risikotechnologien nicht-hierarchische, partizipative Formen der Konfliktlösung und Entscheidungsfindung vorgeschlagen (vgl. u. a. Renn et al. 1993; Sclove 1995; Rehmann-Sutter et al. 1998), auf der anderen Seite werden in zunehmendem Maße nicht-majoritäre, konsensorientierte Formen der politischen Entscheidungsfindung angeregt.

Gerade letzteres, die politische Konfliktlösung und Entscheidungsfindung durch Verhandlungen und freiwillige Vereinbarungen, scheint in modernen Demokratien eine immer größere Bedeutung zu gewinnen. Der klassische Typus der „Mehrheitsdemokratie" scheint zunehmend durch die „Konsens"- oder „Verhandlungsdemokratie" (Lijphart 1999; Lehmbruch 1998) verdrängt zu werden. Allenthalben ist vom Trend hin zum „verhandelnden" (Scharpf 1993) bzw. „kooperativen" Staat (Voigt 1995), der „kooperativen Verwaltung" (Benz 1994; Dose 1997), von „Verhandlungssystemen" und „Policy-Netzwerken" (Mayntz 1993) die Rede. Diese unterschiedlichen Formen der politischen Interessenvermittlung und staatlichen Problembearbeitung haben alle gemeinsam, dass sie die hierarchisch-majoritäre Form der Entscheidungsfindung durch konsensorientierte Entscheidungsregeln ersetzen.

2.3 Konsens

Entscheidungen im Konsens – also beruhend auf der unmittelbaren Zustimmung aller Beteiligten – haben einen offensichtlichen Vorzug, den kein anderer Entscheidungsmodus für sich in Anspruch nehmen kann: Niemand muss sich einer Entscheidung unterwerfen, der er nicht freiwillig zugestimmt hat. Dieser Weg der politischen Entscheidungsfindung kommt dem liberalen Ideal der individuellen Freiheit und Selbstbestimmung und der angestrebten Identität zwischen Regierten und Regierenden am nächsten. Die Stärke des Konsensprinzips als Modus der politischen Entscheidungsfindung besteht deshalb in der großen Legitimationskraft von Entscheidungen. Von einvernehmlichen Entscheidungen geht eine befriedende und integrative Wirkung aus. Nicht von ungefähr findet sich dieses Entscheidungsverfahren insbesondere in solchen politischen Gemeinwesen, die durch tiefgreifende gesellschaftliche Spaltungen und heftige politische Konflikte gekennzeichnet sind.

Das Konsensprinzip hat allerdings auch gravierende Schwächen. Durch die verbriefte Vetoposition eines jeden Entscheidungsbeteiligten sind die Entscheidungskosten außerordentlich hoch. Verhandlungen laufen ständig Gefahr blockiert zu werden, und diese Gefahr nimmt mit der Zahl der Entscheidungsbeteiligten dramatisch zu. Aus diesem Grund scheinen konsensorientierte Verhandlungslösungen als politisches Entscheidungsverfahren unter dem Gesichtspunkt der Effektivität den anderen Verfahren hoffnungslos unterlegen und wenig praktikabel zu sein.

Auch im Hinblick auf die Qualität der Entscheidungen galt die Leistungsfähigkeit des Konsensprinzips lange Zeit als zweifelhaft. Verhandlungslösungen stehen immer im Verdacht, nur unbefriedigende („faule") Kompromisse auf „kleinstem gemeinsamem Nenner" zu repräsentieren und das Gemeinwohl systematisch zu verfehlen. Hinzu kommt, dass die Einigung zwischen den Beteiligten oftmals nur zu Lasten unbeteiligter Dritter, z. B. gesellschaftlichen Minderheiten und zukünftigen Generationen, zustande kommt.

Aus diesen Gründen erscheint das Konsensprinzip insgesamt als suboptimales Entscheidungsverfahren. Seine Anwendung galt nur in solchen Fällen als erstrebenswert, in denen andere, wirksamere politische Entscheidungsverfahren entweder nicht zur Verfügung stehen oder aufgrund besonderer Umstände nicht anwendbar sind. Auch die Politikwissenschaft nahm lange Zeit die auf der Mehrheitsregel und Parteienkonkurrenz beruhende Wettbewerbsdemokratie zum ausschließlichen Maßstab einer legitimen und funktionierenden Demokratie.[6]

Erst durch die Arbeiten von Lehmbruch (1967) und Lijphart (1968) zur „Konkordanzdemokratie" bzw. „consociational democracy" gewann der Verhandlungsmodus eine stärkere Beachtung in der Politikwissenschaft. Lehmbruch und Lijphart konnten zeigen, dass in Ländern (z. B. Österreich, Schweiz, Niederlande), in denen die Mehrheitsregel aufgrund der Spaltung der Gesellschaft in religiös-linguistische Gruppen oder weltanschauliche Lager nicht zur Verfügung steht, Kompromisstechniken und Proporzregeln für eine demokratische Konfliktregelung zur Anwendung kommen, die auf dem „gütlichen Einvernehmen" der Entscheidungsbeteiligten beruhen. Später leistete die Korporatismusforschung im Hinblick auf die Verhandlungen zwischen Staat und gesellschaftlichen Gruppen (Verbänden) einen weiteren Beitrag zur einer allgemeineren Theorie der Konsens- oder Verhandlungsdemokratie (Schmitter/Lehmbruch 1979).

Inzwischen ist allgemein anerkannt, dass die Mehrzahl der modernen Demokratien dem Typus der „Konsensdemokratie" zuzuordnen ist, also starke Verhandlungselemente aufweist (vgl. Lijphart 1999).[7] Diese zunehmende Bedeutung von Verhandlungen als Modus der politischen Entscheidungsfindung und Konfliktlösung geht einher mit ihrer Neubewertung in der Politikwissenschaft. Die Leistungsfähigkeit von Verhandlungen wird inzwischen wesentlich positiver, zumindest differenzierter eingeschätzt als zuvor. Dies ist zum einen ein Verdienst der vergleichenden empirischen Demokratieforschung (vgl. zusammenfassend *Schmidt* 2000a). Diese hat gezeigt, dass die Konsensdemokratien in ihrem Leistungsprofil den auf die

---

6   Im Unterschied dazu hat die Rational-Choice-Theorie immer die Einstimmigkeitsregel favorisiert (vgl. Buchanan/Tullock 1962).

7   In ähnlicher Weise werden inzwischen auch supranationale Organisationen wie die EU aufgrund der großen Bedeutung des Konsensprinzips als „konsoziativer Staat" (Schmidt 2000b) charakterisiert.

Mehrheitsregel setzenden Wettbewerbsdemokratien zumindest ebenbürtig, wenn nicht gar überlegen sind. Länder mit starken verhandlungsdemokratischen Elementen besitzen nicht nur eine große politische Stabilität, sie sind darüber hinaus auch in der Lage, diese mit einer großen wirtschaftlichen Leistungsfähigkeit und einem hohen Niveau an sozialer Sicherung zu kombinieren. Im Fall der Niederlande gilt gerade die Wiederbelebung korporatistischer Praktiken als Ursache für den wirtschaftlichen Erfolg in den 90er Jahren, dem sogenannten „holländischen Wunder" (vgl. Visser/Hemerijck 1998).

Diese empirischen Befunde werden gestützt durch (spiel)theoretische Analysen von Verhandlungssystemen durch Fritz W. Scharpf (1988, 1992, 2000). Scharpf konnte dabei an Überlegungen aus der ökonomischen Wohlfahrtstheorie (Coase-Theorem) anknüpfen, die gezeigt hat, dass alle durch hierarchische Setzung erzielbaren Wohlfahrtsgewinne auch in Form freiwilliger Vereinbarungen zwischen rationalen und egoistisch orientierten Beteiligten erreicht werden können. Besonders bemerkenswert daran ist, dass bei diesem Entscheidungsverfahren – im Unterschied zur hierarchischen Anordnung und dem Mehrheitsentscheid – das Gemeinwohl nicht auf gemeinwohlorientierte Akteure (den „wohlmeinenden Diktator", die „solidarische" Mehrheit) angewiesen ist (Scharpf 1992: 20). Freilich ist hier mit Gemeinwohl nur der Gesamtnutzen gemeint, der Umverteilungen im Sinne der Verteilungsgerechtigkeit ausschließt. Denn diese würden dem Veto der betroffenen egoistisch-rationalen Akteure zum Opfer fallen. Damit wird schon deutlich, dass der Verhandlungsweg wenig geeignet ist zur Verfolgung von Umverteilungszielen.

Das Coase-Theorem gilt jedoch nur unter der Bedingung, dass Transaktionskosten – d. h. in diesem Fall die Kosten der Entscheidungsfindung – vernachlässigbar sind und Ausgleichszahlungen und Paketgeschäfte (zum letzteren s. u.) möglich sind. Gerade hier liegt jedoch offenbar die Crux des Konsensprinzips. Die Entscheidungskosten sind hoch, und sie steigen exponentiell mit der Zahl der zu koordinierenden Beteiligten an (Scharpf 2000: 198). Dies begrenzt die Zahl der unabhängigen Akteure, zwischen denen mit Aussicht auf Erfolg eine Verhandlungslösung angestrebt werden kann. „Decision-making by committee" (Sartori 1975) gilt deshalb als ein Verfahren, dessen Reichweite im besten Fall eng begrenzt ist.

Die politikwissenschaftliche Analyse von Verhandlungssystemen hat darüber hinaus inzwischen gezeigt, dass Verhandlungen ein höchst voraussetzungsvoller Entscheidungsmodus sind. Ihre Leistungsfähigkeit hängt von zahlreichen **Bedingungen** ab. Dazu zählen unter anderem:

- der Typus von Verhandlungen
- die institutionellen Ausprägungen von Verhandlungssystemen,
- die Konfliktstrukturen von Verhandlungsgegenständen,
- die Interessenkonstellationen von Verhandlungspartnern,
- die Handlungsorientierungen der Akteure,
- die Verhandlungsstrategien der Akteure,
- die Machtverteilung in Verhandlungssystemen.

1) Der **Verhandlungstypus**: Verhandlung ist nicht gleich Verhandlung, und nicht jede Verhandlung ist in gleicher Weise voraussetzungsvoll. Scharpf (2000: 212-229) beispielsweise unterscheidet zwischen vier Typen von Verhandlungen:

- Spot-Verträgen,
- distributivem Bargaining,
- Problemlösen und
- positiver Koordination.

Diese vier Typen unterscheiden sich vor allem dadurch, dass sich in ihnen das sogenannte „Verhandlungsdilemma" – also die Notwendigkeit, in Verhandlungen egoistische und gemeinschaftliche Orientierungen miteinander zu vereinbaren – in unterschiedlicher Intensität stellt. Das Verhandlungsdilemma ist im Fall von Spot-Verträgen[8] am geringsten und im Fall von positiver Koordination[9] am stärksten ausgeprägt. Entsprechend gilt, dass die Schwierigkeiten, politische Entscheidungen auf dem Verhandlungsweg herbeizuführen, dann besonders groß sind, wenn damit ein ganz bestimmtes Verhandlungsergebnis, nämlich positive Koordination, angestrebt wird.

2) Die **institutionelle Ausprägung** von Verhandlungssystemen: Verhandlungen können, wie Scharpf (2000: 239) feststellte, „unter allen Arten institutioneller Rahmenbedingungen stattfinden, und alle beeinflussen die Ergebnisse". Wichtig ist in diesem Zusammenhang insbesondere die Unterscheidung zwischen

- freiwilligen Verhandlungen und
- Zwangsverhandlungssystemen (vgl. auch Czada 2000).

Im ersten Fall entschließen sich die Beteiligten freiwillig, auf ein anderes Entscheidungsverfahren (Hierarchie oder Mehrheitsentscheid) zu verzichten und eine Entscheidung auf dem Verhandlungswege anzustreben. Dies ist in Konkordanzdemokratien und in korporatistischen Verhandlungsrunden der Fall. Im zweiten Fall sind die Beteiligten formal (z. B. durch konstitutionelle Regeln) gezwungen, eine einvernehmliche Lösung herbeizuführen. Beispiele hierfür wären die föderale Politikverflechtung in Deutschland oder Entscheidungen nach der Einstimmigkeitsregel im Ministerrat der EU. Der Unterschied zwischen den beiden Formen von Verhandlungssystemen zeigt sich besonders deutlich im Fall einer Nichteinigung zwischen den Beteiligten. Während es den Verhandlungspartnern im ersten Fall freigestellt ist, einseitige Problemlösungen zu verfolgen oder andere Entscheidungsverfahren zu nutzen, droht im zweiten Fall die Blockade von Entscheidungen. Mit anderen Worten: Wenn freiwillige Verhandlungen scheitern, dann drohen schlechtere Entscheidungen, wenn Zwangsverhandlungen scheitern, dann kommen überhaupt keine Entscheidungen zustande.

---

8   In der Transaktionskostenökonomie werden damit solche Transaktionen bezeichnet, bei denen weder Fragen der Nutzenproduktion noch solche der Verteilung in den Verhandlungen selbst eine Rolle spielen, bei denen es also nur um die Annahme oder Ablehnung von Vorschlägen geht (vgl. Scharpf 2000: 213).

9   Mit „positiver Koordination" bezeichnet Scharpf (2000: 225ff.) jene Interaktionsform, bei der die Verhandlungspartner Produktionsprobleme und Verteilungsfragen gleichzeitig erfolgreich behandeln.

3) Die **Konfliktstrukturen** von Verhandlungsgegenständen: Verhandlungen können ganz unterschiedliche Regelungsmaterien zum Gegenstand haben, und auch dies hat Einfluss auf die Möglichkeiten, auf dem Verhandlungswege zu Entscheidungen zu kommen. Bei der Analyse der Konfliktstrukturen kann man zunächst zumindest drei unterschiedliche **Konfliktdimensionen** unterscheiden:

- materielle
- institutionelle und
- ideelle Konflikte (vgl. Grande 1995).

Bei materiellen Konflikten handelt es sich in der Regel um Verteilungskonflikte, bei denen finanzielle Ansprüche und Verpflichtungen im Mittelpunkt stehen. Ein typisches Beispiel hierfür sind die Konflikte um den Länderfinanzausgleich im deutschen Föderalismus. Im Unterschied dazu geht es bei institutionellen Konflikten in der Regel nicht um Geld, sondern um Zuständigkeiten, sei es zwischen Verfassungsorganen, sei es zwischen staatlichen Handlungsebenen. Beispiele hierfür wären die Konflikte um die Aufgabenverteilung zwischen Bund und Ländern im deutschen Föderalismus, oder zwischen der EU und ihren Mitgliedstaaten.

Im Mittelpunkt ideeller Konflikte schließlich stehen unterschiedliche politische Überzeugungen. Gestritten wird nicht um Geld oder um Zuständigkeiten, sondern um die Richtigkeit und die Geltung von (politischen, konfessionellen, ethischen) Weltbildern. Die einzelnen Konflikte unterscheiden sich vor allem dadurch, inwieweit sie kalkulierbar und – damit nicht zuletzt – verhandelbar sind. Die Konfliktstruktur von Verhandlungsgegenständen muss jedoch noch in einer anderen Richtung differenziert werden. Konfliktstrukturen können eindimensional oder mehrdimensional sein. Bei eindimensionalen Konflikten geht es entweder um Geld **oder** um Zuständigkeiten (oder Überzeugungen); bei mehrdimensionalen Konflikten dagegen geht es um mehreres gleichzeitig, um Geld **und** Zuständigkeiten (und Überzeugungen). Tarifkonflikte, bei denen lediglich über die Höhe der jährlichen Lohnerhöhungen verhandelt wird, sind typische Beispiele für eindimensionale Konflikte. Dagegen weisen Verhandlungen um Förderprogramme der EU in der Regel eine mehrdimensionale Konfliktstruktur auf, die sowohl durch verteilungspolitische Fragen als auch durch Kompetenzkonflikte zwischen der EU und ihren Mitgliedstaaten wie auch durch ordnungspolitische Streitigkeiten charakterisiert ist (vgl. Grande 1995).

4) Die **Interessenkonstellationen** von Verhandlungspartnern: Auch die zugrunde liegende Interessenkonstellation – oder besser: ihre Deutung durch die Verhandlungspartner – ist ein wichtiger Faktor für den Verlauf von Verhandlungen. Es liegt zunächst nahe zu vermuten, dass die Kooperationsbereitschaft umso größer ist, je eher die Interessen als **kompatibel** oder nur geringfügig divergierend wahrgenommen werden. Die Gegenläufigkeit von Interessen allein steht allerdings einer Kooperation nicht im Wege. Problematisch sind indes **antagonistische** Interessenlagen. Diese entstehen dann, wenn die jeweils verfolgten Ziele stark voneinander abweichen und hoch bewertet werden. Benz (1994: 140) hebt hervor, dass die Konvergenz oder Divergenz von Interessen vor allem in Abhängigkeit von der Teilnehmerzahl relevant wird. Einigung durch Tausch ist immer dann problematisch, wenn sich nicht allein zwei Akteure oder Lager gegenüberstehen, sondern eine Mehrzahl unterschiedlicher, divergieren-

der Interessen zum Ausgleich gebracht werden müssen. In gleicher Weise wird verständigungsorientierte Kooperation durch höhere Teilnehmerzahlen erschwert, da die direkte und dialogische Kommunikation nicht mehr gewährleistet werden kann.

5) Die **Handlungsorientierungen** der Akteure: Für die Aufnahme von Verhandlungen ist es zunächst unverzichtbar, dass die Akteure grundsätzlich kooperationsbereit sind. Dies mag trivial klingen, ist aber eine politisch höchst kontingente Bedingung. Denn die prinzipielle Bereitschaft zu Verhandlungen kann keineswegs vorausgesetzt werden. Sie kann aus ideologischen Gründen verweigert werden, Verhandlungsangebote können aber auch aus taktischen Gründen zurückgewiesen werden.[10] Nur wenn die Akteure pragmatisch und nicht dogmatisch an die jeweilige Problemstellung herangehen, können sich Einigungsspielräume überhaupt eröffnen. Ist ein Akteur grundsätzlich kooperationsbereit, dann können drei Handlungsorientierungen unterschieden werden (vgl. Mayntz/Scharpf 1995):

- egozentrisch,
- kompetitiv und
- kooperativ.

Akteure mit einer egozentrierten Handlungsorientierung zielen in Verhandlungen auf die Maximierung des eigenen Vorteils ohne Rücksicht auf die Folgen für andere Akteure ab. Akteure mit einer kompetitiven Interaktionsorientierung versuchen hingegen, ihren relativen Vorteil im Vergleich zum Gegenüber zu maximieren, d. h. Gewinne des Gegenübers werden als eigene Verluste verbucht und umgekehrt. Bei der kooperativen Orientierung schließlich steht für die Verhandlungspartner die Erreichung gemeinsamer Ziele im Vordergrund. Die Verhandlungstheorie geht üblicherweise von strategisch-rational handelnden, egozentrierten Akteuren aus, die ihr eigenes Verhandlungsergebnis maximieren wollen.

6) Die **Verhandlungsstrategien** von Akteuren: Die Handlungsorientierungen von Akteuren korrespondieren mit unterschiedlichen Verhandlungsstrategien, die von ihnen verfolgt werden können. In der Literatur finden sich eine Reihe von teilweise komplementären Begriffspaaren, mit denen versucht wird, diese Verhandlungsstrategien zu unterscheiden:

- „distributive bargaining" vs. „integrative bargaining" (Lax/Sebenius 1986);
- „bargaining" vs. „problem solving" (March/Simon 1958);
- „bargaining" vs. „arguing" (Elster 1998);
- „verhandeln" vs. „argumentieren" (von Prittwitz 1996).

Die erste der beiden Verhandlungsstrategien, die diesen Unterscheidungen zugrunde liegt, lässt sich als „positionsbezogen" bzw. „ergebnisorientiert" charakterisieren und beruht auf der Logik der „Einigung durch Tausch" (Benz 1994: 120ff.). Die Akteure beharren auf ihren

---

10 Ein Beispiel für letzteres wären die überwiegend parteitaktisch motivierten Weigerungen der CDU/CSU während der Rot-grünen Koalition, aus Furcht vor einer „Konsensfalle" politische Entscheidungen zu wichtigen Themen (Renten, Zuwanderung) im Konsens mit der Bundesregierung zu treffen.

Situationsdeutungen und Verhandlungszielen und sind nur bei entsprechenden Kompensationen zu Zugeständnissen bereit. Einigungsprobleme werden durch verschiedene Formen der Kompensation gelöst: durch die Erweiterung des Verhandlungsgegenstandes zu größeren Verhandlungspaketen (package deals), durch die Verknüpfung von sachlich getrennten Problemen in einem Koppelgeschäft (issue linkage) oder durch die Kompensationen voraussichtlicher Verluste eines Verhandlungspartners durch Geldzahlungen des anderen (Ausgleichszahlungen). Allerdings stoßen solche Verknüpfungsstrategien schnell an Grenzen: Erstens ist nicht immer gesagt, dass die Verhandlungspartner über ein entsprechendes Tauschpotential verfügen und effektiv kontrollieren (Kapazitätsproblem); zweitens werden Verhandlungsgegenstände für die Beteiligten dadurch schnell unübersichtlich und unkalkulierbar (Komplexitätsproblem); und drittens schließlich ist gerade bei wertgeladenen Konflikten die Eintauschbarkeit von Verhandlungsgegenständen begrenzt, sofern ein derartiger Tausch nicht gänzlich als politisch illegitim empfunden wird (Legitimitätsproblem).

Dieser ausschließlichen Orientierung an individuellen Gewinn- und Verlustkalkülen wird in der Verhandlungsliteratur eine zweite, „prozess-„ bzw. „problemorientierte" Verhandlungsstrategie gegenübergestellt, von der angenommen wird, dass sie größere Einigungsräume und damit nicht zuletzt – für **alle** Beteiligten – bessere Verhandlungsergebnisse eröffnet (z. B. Pruitt 1981). Auch dabei werden strategisch rational handelnde Akteure zugrunde gelegt, aber nach anderen, besseren Lösungen für das „Verhandlungsdilemma" gesucht, in dem diese sich befinden. Zum Beispiel wird in diesem Zusammenhang vorgeschlagen, Einigungsprobleme dadurch zu entschärfen, dass die kooperativ-konstruktive „Produktion" einer gemeinsamen Problemlösung von konfliktbehafteten Verteilungsfragen getrennt wird (vgl. Scharpf 1988, 1992).

Eine dritte, „verständigungsorientierte" Verhandlungsstrategie basiert darauf, dass die Akteure ihre individuelle Interessenorientierung überhaupt aufgeben, dass sie also nicht mehr „Bargaining" betreiben, sondern „Arguing". „Arguing" oder „verständigungsorientiertes Handeln" geht auf die Theorie kommunikativen Handelns von Habermas (1981) und dessen Unterscheidung von instrumenteller Rationalität (bargaining) und kommunikativer Rationalität (arguing) zurück. Eine Verhandlungsstrategie, die auf „Arguing" basiert, setzt auf das Potential der direkten und dialogischen Kommunikation im Verhandlungsprozess. Im Sinne einer gemeinsamen „Wahrheitsfindung" wird unterstellt, dass Akteure bereit sind, ihre eigene Sichtweise über kausale oder normative Zusammenhänge in einem diskursiven Prozess (Rede und Gegenrede) zur Disposition zu stellen. Machtverhältnisse treten dabei zu Gunsten des „besseren Arguments" in den Hintergrund. Situationsdeutungen, Präferenzen und Interessen werden nicht als vorgegeben und unverrückbar betrachtet, sondern können sich im Laufe des Verhandlungsprozesses erst herausbilden oder wandeln (vgl. a. Risse 2000).

Legt man allerdings die von Habermas genannten Bedingungen für verständigungsorientiertes Handeln zugrunde (insbesondere die gemeinsame „Lebenswelt" der Akteure und die gegenseitige Anerkennung als Gleichberechtigte in einer nicht-hierarchischen Beziehung), dann wird deutlich, dass „Arguing" eine höchst voraussetzungsvolle Verhandlungsstrategie ist, da sie die Abwesenheit oder zumindest den Verzicht auf Verhandlungsmacht erfordert.

7) Die **Machtverteilung** in Verhandlungssystemen: Schließlich spielt die relative Verhandlungsmacht der Beteiligten eine zentrale Rolle und das nicht nur bei Verhandlungsstrategien,

in denen es um eine diskursive Wahrheitssuche im Sinne von „Arguing" geht. Diese sind für Machtasymmetrien besonders anfällig, aber Kooperation gilt allgemein als wahrscheinlicher, wenn eine symmetrische Verteilung von Macht oder Einfluss vorliegt. Ein überlegener Verhandlungspartner wird hingegen geneigt sein, seine Ziele so weit wie möglich einseitig und ohne Verhandlungen durchzusetzen oder sich in Verhandlungen positionsorientiert zu verhalten.

Verhandlungsmacht resultiert vor allem aus der „Möglichkeit, wirksam mit dem Abbruch von Verhandlungen und dem Einsatz realer Machtpotentiale außerhalb von Verhandlungen zu drohen" (Benz 1994: 116). Dabei müssen allerdings auch die Kosten eines Verhandlungsabbruchs berücksichtigt werden. Diese hängen unter anderem davon ab, wie stark der Verhandlungszusammenhang institutionalisiert ist und welche langfristigen Erwartungen mit ihm verknüpft sind. Handelt es sich um einen Kooperationszusammenhang, in dessen Aufbau die Partner über Zeit viel investiert haben (sunk costs) und von dem sie vor dem Hintergrund ihrer Erfahrungen auch in Zukunft Kooperationsgewinne erwarten, dann werden sie bestrebt sein, diese Zusammenarbeit nicht an einer einzelnen Streitfrage gänzlich scheitern zu lassen. Ist Kooperation in dieser Weise verfestigt, so haben die Partner ein starkes Interesse am Erhalt der Kooperation per se, auch wenn sie nicht in allen inhaltlichen Fragen befriedigende Lösungen erzielen können. Das Verhandlungssystem der EU ist ein besonders gutes Beispiel für einen solchen institutionalisierten Kooperationszusammenhang.

Insgesamt dürfte deutlich geworden sein, dass „Verhandeln" ein außerordentlich voraussetzungsvolles und variantenreiches Verfahren der politischen Entscheidungsfindung und Konfliktlösung ist. Aufgrund der starken gegenseitigen Abhängigkeiten, der weitreichenden Folgen politischer Entscheidungen und der Unübersichtlichkeit politischer Interessenlagen ist es zwar verständlich, dass in modernen Demokratien in zunehmendem Maße auf Verhandlungen bei der politischen Entscheidungsfindung gesetzt wird, dass einige von ihnen sich zu „Verhandlungsdemokratien" entwickelt haben; aber damit ist keineswegs gesagt, dass sich auf diese Weise die Entscheidungsprobleme in modernen Demokratien ohne weiteres lösen lassen. Im Gegenteil: Angesichts der zahlreichen kognitiven, politischen und institutionellen Bedingungen von funktionierenden Verhandlungssystemen kann davon ausgegangen werden, dass auch diese für sich genommen nur sehr begrenzt einsatzfähig sind.

3   Die Verknüpfungen von Entscheidungsregeln: Produktive Kopplung oder Entscheidungsblockade?

Bisher haben wir die drei Verfahren der politischen Entscheidungsfindung und Konfliktlösung in idealtypischer Form und isoliert voneinander betrachtet. Dabei ist deutlich geworden, dass

1. Effektivität und Legitimität einer Entscheidungsregel stark vom jeweiligen Entscheidungskontext und Entscheidungsgegenstand abhängen;

2. alle Entscheidungsverfahren auf sich allein gestellt in ihrer Leistungsfähigkeit offenbar eng begrenzt sind.

Politikprozesse in modernen Demokratien sind jedoch nicht nur dadurch charakterisiert, dass in ihnen eine Vielzahl von einzelnen Entscheidungen miteinander verbunden werden. Sie zeichnen sich auch dadurch aus, dass in ihnen in der Regel unterschiedliche Verfahren der politischen Entscheidungsfindung kombiniert werden. Auch in klassischen Mehrheitsdemokratien wie Großbritannien musste und muss immer wieder – allerdings freiwillig – verhandelt werden, zum Beispiel zwischen der Regierung und den Gewerkschaften. In Konsens- und Verhandlungsdemokratien werden selbstverständlich viele Entscheidungen durch hierarchische Anordnung oder Mehrheitsentscheid getroffen. Das beste Beispiel hierfür dürften die direkt-demokratischen Referenden in der Schweiz sein, durch die der „Proporzdemokratie" ein hartes mehrheitsdemokratisches Instrument zur Seite gestellt wird.

Für die politische Praxis moderner Demokratien ist offensichtlich eine Verknüpfung der unterschiedlichen Entscheidungsregeln typisch. Für die Politikanalyse ergeben sich hieraus zwei Fragen:

– Ist die Verknüpfung politischer Entscheidungsverfahren geeignet, die Leistungsfähigkeit der Entscheidungsfindung zu steigern, indem die Schwächen des einen durch die Stärken des anderen Verfahrens ausgeglichen werden?
– Oder führt diese Verschränkung der Entscheidungsverfahren im Gegenteil zu einer Verminderung ihrer Leistungsfähigkeit, weil miteinander unverträgliche Verfahren sich gegenseitig blockieren?

Die empirische Politikanalyse hat gezeigt, dass beides der Fall sein kann. Gerade am Beispiel von Verhandlungssystemen lässt sich zeigen, dass sich die Verknüpfung von Entscheidungsverfahren durchaus positiv auf ihre Leistungsfähigkeit auswirken kann. Die Schwäche des Konsensprinzips besteht, wie wir gesehen haben, unter anderem im Einigungszwang und in seiner geringen Reichweite. Beide Schwächen lassen sich durch die Verbindung des Konsensprinzips mit hierarchischen Entscheidungsverfahren abmildern.

Die **Einbettung von Verhandlungssystemen in hierarchische Autoritätsstrukturen** kann zum einen die Leistungsfähigkeit der Entscheidungsfindung verbessern. Dies lässt sich zum einen an der Funktionsweise von (freiwilligen) Verhandlungen innerhalb hierarchisch organisierter Einheiten wie einem Ministerium oder einem Unternehmen zeigen (vgl. Scharpf 2000: 323ff.). In solchen Organisationen stößt der hierarchische „Durchgriff" der Organisationsspitze zwar an enge Informations- und Kontrollgrenzen, weshalb vielfach horizontale Verhandlungen zwischen den sachlich betroffenen Abteilungen (sowie zwischen anderen staatlichen und privaten Akteuren) an die Stelle von hierarchischer Koordination treten. Diese Verhandlungen bleiben aber von ihrer Einbettung in die formale Hierarchie nicht unberührt. Zum Beispiel übt die Notwendigkeit, der Organisationsspitze ein Ergebnis vorlegen zu müssen, auf die verhandelnden Abteilungen Einigungsdruck aus. Aber auch die Möglichkeit, mit der Einschaltung der „Spitze" zu drohen, kann Verhandlungen vor einer Blockade bewahren.

Aus der Möglichkeit, im Bedarfsfall – das heißt: im Fall der Nichteinigung – auf hierarchische Anordnung oder Mehrheitsentscheid zurückzugreifen, geht also eine wichtige Disziplinierungswirkung auf die Akteure aus, durch die Vetopositionen in Verhandlungen überwunden werden können. Dieser „Schatten der Hierarchie" (Scharpf 2000: 323) kann auch im Verhältnis zwischen Staat und gesellschaftlichen Gruppen oder Verbänden wirksam werden, es kann sogar vermutet werden, dass korporatistische Verhandlungssysteme ohne hierarchische Absicherung (z. B. durch staatliche Sanktionsandrohungen) nicht dauerhaft funktionieren können. Auch hier kann die Androhung staatlicher Eingriffe eine Einigung erleichtern, falls Verhandlungen zwischen Verbänden an ungünstigen Interessenkonstellationen zu scheitern drohen.

Hierarchie kann mit Verhandlungslösungen aber auch kombiniert werden, um die Reichweite des Konsensprinzips zu vergrößern. Die Leistungsfähigkeit der Entscheidungsfindung in Verhandlungsrunden ist bekanntlich stark abhängig von der Zahl der Beteiligten. Je größer die Zahl der Beteiligten, desto langwieriger werden Verhandlungen und desto größer ist die Gefahr, dass eine Einigung am Veto eines Beteiligten scheitert.[11] Dieses Problem der begrenzten Reichweite von Verhandlungslösungen lässt sich freilich dann entschärfen, wenn die Verhandlungspartner selbst Organisationen repräsentieren, innerhalb derer sie (faktische oder formelle) hierarchische Entscheidungsgewalt besitzen. Auf diese – und nur auf diese – Weise lassen sich auch in sehr kleinen Verhandlungsrunden Entscheidungen mit großer Reichweite treffen.

Leistungsfähige korporatistische Verhandlungssysteme wie die österreichische Sozialpartnerschaft zeichneten sich lange Zeit dadurch aus, dass die korporatistische Konsensfindung auf eben diese Weise mit Hierarchie kombiniert wurde (vgl. Grande 1985). Auf der einen Seite blieb die Konsensfindung auf einen außerordentlich kleinen Kreis von hierarchisch organisierten Spitzenverbänden und Kammern beschränkt, und auf der anderen Seite besaß der Staat eine Reihe von Sanktionsmitteln, um eine Einigung zwischen diesen „Sozialpartnern" zu erleichtern. Umgekehrt kann vermutet werden, dass korporatistische „Bündnisse" und „konzertierte Aktionen" in ihrer Leistungsfähigkeit dann begrenzt bleiben müssen, wenn die eine oder andere dieser beiden Voraussetzungen nicht gegeben ist.

Die **Kombination von Wettbewerb und Verhandlung** gilt zwar – aus, wie wir noch sehen werden, guten Gründen – als „normativ unattraktiv" (Scharpf 2000: 318). Aber zumindest im Fall von freiwilligen Konsenslösungen kann die Gefahr der Selbstblockade von Verhandlungen durch die Einbettung in majoritäre Entscheidungsverfahren abgemildert werden. Der Mechanismus ist dabei dem Schatten der Hierarchie sehr ähnlich. Eine einvernehmliche Regelung wird zwar bevorzugt, aber notfalls steht auch die Mehrheitsregel für eine Entscheidungsfindung zur Verfügung. Die Schweiz ist ein gutes Beispiel dafür, dass „Entscheidungsblockaden vermieden werden (können), wenn Streitfragen – wie dies in der schweizerischen Verhandlungsdemokratie immer wieder vorkommt – am toten Punkt dann doch notfalls durch Mehrheiten entschieden werden können" (Lehmbruch 1998: 27).

---

11 Aus diesem Grund wird im Zusammenhang mit der Osterweiterung der EU die Ausweitung von Mehrheitsentscheidungen angestrebt.

Die Verschränkung der drei unterschiedlichen Entscheidungsverfahren kann ihre Leistungsfähigkeit allerdings auch weiter einschränken. Dies gilt insbesondere für die **Kombination von Zwangsverhandlungssystemen mit Mehrheitsverfahren** unter den Bedingungen des Parteienwettbewerbs. Gerhard Lehmbruch (1998) hat mit seiner Analyse des deutschen Föderalismus gezeigt, dass bei dieser Konstellation inkompatible politische Handlungslogiken und Regelungssysteme aufeinandertreffen, was die Gefahr von Entscheidungsblockaden und suboptimalen Kompromissen mit sich bringt. Der Parteienwettbewerb einerseits wird dominiert durch den Kampf um politische Mehrheiten. Dies fördert bei den politischen Eliten eine kompetitive Orientierung: ein Terraingewinn der Regierung gilt als Verlust für die Opposition und umgekehrt. Andererseits zwingt der auf Verhandlungen abstellende bundesstaatliche Entscheidungsprozess die politischen Eliten gleichzeitig jedoch dazu, Entscheidungen weitgehend einvernehmlich, sprich: in kooperativer Manier, zu treffen. Dies kann zur Folge haben, dass der Parteienwettbewerb „Verhandlungssysteme blockiert oder die Verhandlungsprozesse verzerrt" (Lehmbruch 1998: 28).

Das Beispiel des deutschen Föderalismus lässt sich durchaus verallgemeinern (vgl. Lehmbruch 1998: 28ff.; Scharpf 2000: 313-18). Die Inkongruenz unterschiedlicher politischer Handlungslogiken wird immer dann zu einem Problem für die Entscheidungsfindung, wenn ein Entscheidungsprozess unterschiedliche politische Arenen durchlaufen muss, deren Handlungslogiken und Entscheidungsverfahren nicht miteinander kompatibel sind. Dies kann auf einer einzigen Entscheidungsebene passieren, wenn dort mehrere ineinander verschachtelte „Spiele" gespielt werde, wie es beispielsweise bei dem in den Parteienwettbewerb eingebetteten Koalitionsspiel der Fall. In diesem Fall sind die Koalitionspartner einerseits Kooperationspartner in der Regierung, andererseits konkurrieren sie aber auch um Wählerschaft und Anhänger, und es ist hinlänglich bekannt, dass diese Konstellation die Konsensfindung innerhalb einer Regierung nicht begünstigt. Die Entscheidungsfindung kann aber auch mehrere Entscheidungsebenen miteinander verknüpfen, wofür die föderale Politikverflechtung in der Bundesrepublik und das europäische Mehrebenensystem gute Beispiele sind.

Im Fall des europäischen Mehrebenensystems unterscheiden sich die Entscheidungsarenen nicht nur im Hinblick auf die (wahrgenommenen) Interessenkonstellationen, sondern auch in ihren Regeln der Entscheidungsfindung und Konfliktaustragung. So folgen die Verhandlungen der Mitgliedstaaten in den Ratsgremien der EU einer anderen Handlungslogik als später die (majoritären) parlamentarischen Beratungen der Ratsergebnisse in den nationalen Parlamenten. Zu den inhaltlichen Interessen- oder Zieldivergenzen kommt in diesem Fall das Ineinandergreifen unterschiedlicher Regelsysteme hinzu. Dies gilt insbesondere dann, wenn in sogenannten „connected games" durch Wechselwirkungen „Vorgaben oder Folgewirkungen" in anderen Arenen gesetzt werden (Benz 1992: 166). So kann die in einer Arena getroffene Entscheidung einen Konflikt in einer anderen Arena auslösen oder dort gar durch die Veränderung wichtiger Parameter eine Lösung verhindern.

Die Gefahr einer Konfliktverschärfung oder Entscheidungsblockade besteht insbesondere dann, wenn die einzelnen Arenen durch „enge Kopplungen" (Benz 2000; Lehmbruch 1998: 29f.) miteinander verknüpft sind, so dass Störungen aus der einen Arena direkt auf die Entscheidungsfindung in der anderen Arena durchschlagen. Hiervon unterscheiden sich „lose gekoppelte" Entscheidungssysteme dadurch, dass „die Politik in einer Arena nicht durch

Prämissen determiniert wird, die in Spielen in einer anderen Arena vorgegeben werden, diese setzen vielmehr nur einen Kontext für Verhandlungen in einer anderen Arena. Eingebettete Spiele sind primär durch Kommunikationsprozesse und durch Informationsaustausch, aber nicht durch Macht- und Ressourcenabhängigkeiten verknüpft" (Benz 2000: 157). Durch lose Kopplung bleibt ein gewisses Maß an Flexibilität und Dynamik erhalten, das Blockadetendenzen entgegenwirken kann. Ein gutes Beispiel für derartige Muster loser Kopplung liefert die Regionalpolitik im europäischen Mehrebenensystem (Benz/Eberlein 1999).

Aus diesen Beispielen kann der Schluss gezogen werden, dass Entscheidungsblockaden keine unausweichliche Folge des Zusammentreffens von Verhandlungssystemen und Mehrheitsverfahren mit ihren unterschiedlichen Handlungslogiken sind. Die aus der Interaktion unterschiedlicher Verfahren resultierenden Spannungen können durchaus konstruktiv, d. h. im Sinne gemeinsamer Problemlösungen, bewältigt werden. Dies könnte einen Teil der (im Vergleich zu theoretisch begründeten Erwartungen) erstaunlich großen Leistungsfähigkeit der Entscheidungsfindung und Konfliktbewältigung in sogenannten „Mehrebenensystemen" erklären (vgl. Grande/Jachtenfuchs 2000).

4   Schlussfolgerung

Insgesamt ergibt sich hieraus, dass die empirische Analyse politischer Entscheidungsprozesse nicht nur eine wichtige, sondern vor allem auch eine außerordentlich anspruchsvolle Aufgabe für die Policy-Analyse darstellt. Die Kenntnis politischer Entscheidungsverfahren ist wichtig, da diese offensichtlich keine beliebig anwendbaren und austauschbaren, einfach und eindeutig wirksamen Mechanismen darstellen. Institutions matter – dies gilt auch für politische Entscheidungsverfahren mit ihren je eigenen Stärken und Schwächen. Der vorliegende Beitrag hat darüber hinaus aber auch gezeigt, dass es nicht genügt, zu wissen, welche Entscheidungsregel faktisch in einem politischen Entscheidungsprozess zur Anwendung gekommen ist. Um ihre Wirkung genau zu verstehen, muss darüber hinaus auch herausgearbeitet werden, in welchem politischen und institutionellen Kontext dieses Verfahren genutzt wurde und auf welche Weise es mit anderen Entscheidungsregeln verknüpft wurde.

Die Politikanalyse muss also im Sinne einer **Mehrebenenanalyse** das Zusammenwirken unterschiedlicher Entscheidungsregeln und Politikarenen in den Mittelpunkt rücken. Erst dann lassen sich zuverlässige Aussagen über die Leistungsfähigkeit und die Legitimationskraft der Verfahren politischer Entscheidungsfindung und Konfliktlösung – und damit nicht zuletzt: der Politik in modernen Demokratien – machen.

5   Literatur

Benz, Arthur, 1992: Mehrebenen-Verflechtung: Verhandlungsprozesse in verbundenen Entscheidungsarenen, in: Arthur Benz/ Fritz W. Scharpf/ Reinhard Zintl (Hrsg.), Horizontale Politikverflechtung. Zur Theorie von Verhandlungssystemen, Frankfurt a. M., 147-205.

Benz, Arthur, 1994: Kooperative Verwaltung. Funktionen, Voraussetzungen und Folgen, Baden-Baden.

Benz, Arthur, 2000: Entflechtung als Folge von Verflechtung. Theoretische Überlegungen zur Entwicklung des europäischen Mehrebenensystems, in: Edgar Grande/Markus Jachtenfuchs (Hrsg.), Wie problemlösungsfähig ist die EU? Regieren im europäischen Mehrebenensystem, Baden-Baden, 141-163.

Benz, Arthur/Eberlein, Burkard, 1999: The Europeanization of Regional Policies: Patterns of Multi-Level Governance, in: Journal of European Public Policy, 6, 329-48.

Braun, Dietmar, 1999: Theorien rationalen Handelns in der Politikwissenschaft, Opladen.

Buchanan, James A./Tullock, Gordon, 1962: The Calculus of Consent: Logical Foundation of Constitutional Democracy, Ann Arbor.

Czada, Roland, 2000: Konkordanz, Korporatismus und Politikverflechtung: Dimensionen der Verhandlungsdemokratie, in: Everhard Holtmann/Helmut Voelzkow (Hrsg.), Zwischen Wettbewerbs- und Verhandlungsdemokratie, Wiesbaden, 23-49.

Dahl, Robert/Lindblom, Charles E., 1953: Politics, Economics and Welfare, New York.

Dose, Nicolai, 1997 Die verhandelnde Verwaltung. Eine empirische Untersuchung über den Vollzug des Immissionsschutzrechts, Baden-Baden.

Elster, Jon, 1998: Introduction, in: ders. (Hrsg.), Deliberative Democracy, Cambridge.

Grande, Edgar, 1985: Konfliktsteuerung zwischen Recht und Konsens: Zur Herrschaftslogik korporatistischer Systeme, in: Peter Gerlich/Edgar Grande/Wolfgang C. Müller (Hrsg.), Sozialpartnerschaft in der Krise, Wien, 225-254.

Grande, Edgar, 1995: Forschungspolitik in der Politikverflechtungs-Falle? Institutionelle Strukturen, Konfliktdimensionen und Verhandlungslogiken europäischer Forschungs- und Technologiepolitik, in: Politische Vierteljahresschrift, 36, 460-483.

Grande, Edgar/Jachtenfuchs, Markus (Hrsg.), 2000: Wie problemlösungsfähig ist die EU? Regieren im europäischen Mehrebenensystem, Baden-Baden.

Guggenberger, Bernd, 1984: An den Grenzen der Mehrheitsdemokratie, in: Bernd Guggenberger/Claus Offe (Hrsg.), An den Grenzen der Mehrheitsdemokratie. Politik und Soziologie der Mehrheitsregel, Opladen, 184-195.

* Guggenberger, Bernd/Claus Offe (Hrsg.), 1984: An den Grenzen der Mehrheitsdemokratie. Politik und Soziologie der Mehrheitsregel, Opladen.

Gusy, Christoph, 1984: Das Mehrheitsprinzip im demokratischen Staat, in: Bernd Guggenberger/Claus Offe (Hrsg.), An den Grenzen der Mehrheitsdemokratie. Politik und Soziologie der Mehrheitsregel, Opladen, 61-82.

Habermas, Jürgen, 1981: Theorie kommunikativen Handelns, Band 1 und 2, Frankfurt.

Kielmansegg, Peter Graf, 1995: Frieden durch Demokratie, in: Dieter Senghaas (Hrsg.), Den Frieden denken, Frankfurt, 106-123.

Lax, David A./Sebenius, James K., 1986: The Manager as Negotiator. Bargaining for Cooperation and Competitive Gain, New York.

Lehmbruch, Gerhard, 1967: Proporzdemokratie. Politisches System und politische Kultur in der Schweiz und in Österreich, Tübingen.

* Lehmbruch, Gerhard, 1998: Parteienwettbewerb im Bundesstaat. Regelsysteme und Spannungslagen im Institutionengefüge der Bundesrepublik Deutschland, 2., erweiterte Auflage, Opladen.

Lijphart, Arend, 1968: The Politics of Accomodation. Pluralism and Democracy in the Netherlands, Berkeley.

Lijphart, Arend, 1999: Patterns of Democracy. Government Forms and Performance in thirty-six countries, New Haven/London.

Locke, John, 1988: Über die Regierung, Stuttgart.

Luhmann, Niklas, 1981: Politische Theorie im Wohlfahrtsstaat, München.

Luhmann, Niklas, 2000: Die Politik der Gesellschaft, Frankfurt.

March, James/Simon, Herbert A., 1958: Organizations, Cambridge.

Mayntz, Renate, 1993: Policy-Netzwerke und die Logik von Verhandlungssystemen, in: Adrienne Héritier (Hrsg.), Policy-Analyse. Kritik und Neuorientierung (PVS-Sonderheft 24/1993), Opladen, 39-56.

Mayntz, Renate/Scharpf, Fritz W., 1995: Der Ansatz des akteurzentrierten Institutionalismus, in: Renate Mayntz/Fritz. W. Scharpf (Hrsg.), Gesellschaftliche Selbstregelung und politische Steuerung, Frankfurt a. M., 39-72.

Montesquieu, Charles de, 1965: Vom Geist der Gesetze, Stuttgart.

Offe, Claus, 1984: Politische Legitimation durch Mehrheitsentscheidung?, in: Bernd Guggenberger/Claus Offe (Hrsg.), An den Grenzen der Mehrheitsdemokratie. Politik und Soziologie der Mehrheitsregel, Opladen, 150-183.

Prittwitz, Volker von (Hrsg.), 1996: Verhandeln und Argumentieren: Dialog, Interessen und Macht in der Umweltpolitik, Opladen.

Pruitt, Dean G., 1981: Negotiation Behavior, New York.

Rehmann-Sutter, Christoph/Vatter, Adrian/Seiler, Hansjörg, 1998: Partizipative Risikopolitik, Opladen.

Renn, Ortwin/Webler, Thomas/Wiedemann, Peter (Hrsg.), 1993: Fairness and Competence in Citizen Participation. Evaluating Models for Environmental Discourse, Dordrecht.

Riker, William H., 1982: Liberalism against Populism, San Franciso.

Risse, Thomas, 2000: "Let's Argue!": Communicative Action in World Politics, in: International Organization 54, 1-39.

Rousseau, Jean-Jacques, 1991: Vom Gesellschaftsvertrag, Stuttgart.

Sartori, Giovanni, 1975: Will Democracy Kill Democracy? Decision Making by Majorities and by Committees, in: Government and Opposition, 10, 131-158.

Scharpf, Fritz W., 1988: Verhandlungssysteme, Verteilungskonflikte und Pathologien der politischen Steuerung, in: Manfred G. Schmidt (Hrsg.), Staatstätigkeit. International und historisch vergleichende Analysen (PVS-Sonderheft 19), Opladen, 61-87.

Scharpf, Fritz W., 1992: Einführung: Zur Theorie von Verhandlungssystemen, in: Arthur Benz/ Fritz W. Scharpf/ Reinhard Zintl (Hrsg.), Horizontale Politikverflechtung. Zur Theorie von Verhandlungssystemen, Frankfurt a. M., 11-27.

Scharpf, Fritz W., 1993: Versuch über Demokratie im verhandelnden Staat, in: Roland Czada/Manfred G. Schmidt (Hrsg.), Verhandlungsdemokratie, Interessenvermittlung, Regierbarkeit, Opladen, 25-50.

* Scharpf, Fritz W., 2000: Interaktionsformen. Akteurzentrierter Institutionalismus in der Politikforschung, Opladen.

* Schmidt, Manfred G., 2000a: Demokratietheorien, 3. Auflage, Opladen.

Schmidt, Manfred G., 2000b: Der konsoziative Staat. Hypothesen zur politischen Struktur und zum politischen Leistungsprofil der Europäischen Union, in: Edgar Grande/Markus Jachtenfuchs (Hrsg.), Wie problemlösungsfähig ist die EU? Regieren im europäischen Mehrebenensystem, Baden-Baden, 33-58.

Schmitter, Philippe C./Lehmbruch, Gerhard (Hrsg.), 1979: Trends towards corporatist intermediation, Beverly Hills/London.

Sclove, Richard E., 1995: Democracy and Technology, New York.

Simon, Herbert A., 1957: Models of Man: Social and Rational, New York.

Simon, Herbert A., 1962: The Architecture of Complexity, in: Proceedings of the American Philosophical Society, 106, 467-482.

Visser, Jelle/Hemerijck, Anton, 1998: Ein holländisches Wunder? Reform des Sozialstaats und Beschäftigungswachstum in den Niederlanden, Frankfurt.

Voigt, Rüdiger (Hrsg.), 1995: Der kooperative Staat: Krisenbewältigung durch Verhandlung? Baden-Baden.

Weber, Max, 1990: Wirtschaft und Gesellschaft, Tübingen.

Willke, Helmut, 1992: Die Ironie des Staates, Frankfurt.

Verständnisfragen

1. Welche Regeln der Entscheidungsfindung lassen sich in modernen Demokratien idealtypisch unterscheiden?

2. Nennen Sie jeweils die wichtigsten Vorteile und Probleme bzw. Voraussetzungen der drei idealtypischen Entscheidungsregeln.

3. Was wird unter Verhandlungen im „Schatten der Hierarchie" verstanden?

4. Inwiefern findet sich bei der Entscheidungsfindung im politischen System Deutschlands ein Aufeinandertreffen unterschiedlicher Handlungslogiken?

Transferfragen

1. Welche Beschränkungen des Mehrheitsprinzips finden sich jeweils in den politischen Systemen Großbritanniens, der Bundesrepublik Deutschland und der USA?

2. Skizzieren Sie am Beispiel des Ministerrats der EU die jeweiligen Vorteile und Probleme des Mehrheitsprinzips und der Erfordernis einstimmiger Entscheidungen (Konsens).

Problematisierungsfragen

1. Diskutieren Sie die These, Politik könne mit der Koordinationsform Hierarchie gleichgesetzt werden.

2. Diskutieren Sie mögliche Probleme der Legitimation von Mehrheitsentscheidungen. Gehen Sie dabei insbesondere auf die Frage ein, welche Schwierigkeiten mit dem Postulat der Berücksichtigung und Gleichgewichtung aller Meinungsäußerungen verbunden sein können. Gibt es Lösungsmöglichkeiten für diese Probleme?

3. Diskutieren Sie an einem beliebigen (auch fiktiven) politischen Beispiel die Auswirkungen von Koppelgeschäften (Verhandlungsergebnissen, die Entscheidungen zu unterschiedlichen Problemen miteinander verbinden) zwischen einzelnen politischen Akteuren auf das Gemeinwohl.

4. Eberlein und Grande bezeichnen „Arguing" als „höchst voraussetzungsvolle Verhandlungsstrategie". Diskutieren Sie die These, dass kommunikative Rationalität nur dann relevant ist, wenn auf Verhandlungsmacht verzichtet wird oder diese keine Rolle spielt.

Politikinstrumente im Kontext von Staat, Markt und Governance

Dietmar Braun und Olivier Giraud

1 Einführung

Um politisch gesetzte Ziele zu verwirklichen, besitzt der moderne Staat eine ganze Palette von Politikinstrumenten, definiert als Techniken, Wege und Verfahrensweisen, mit denen der Staat absichtsvoll gesellschaftliche Prozesse beeinflusst (siehe zum Beispiel Bruijn and Hufen, 1998: 11; Howlett, 2005: 31). Ohne den Einsatz solcher Politikinstrumente sind politisch definierte Probleme und politische Zielerreichung nicht möglich. Sie sind in diesem Sinne integraler Bestandteil von „Government", der „autonomen Tätigkeit einer Regierung" (Benz, 2004b: 18).

Der Mix an Politikinstrumenten, der zur Verfügung steht, ist einerseits sicherlich historisch gewachsen, besitzt also eine gewisse Pfadabhängigkeit. Andererseits aber ändert sich der Gebrauch und Einsatz nach den jeweils geltenden politischen Wertvorstellungen und der aktuellen Zusammensetzung von Regierungen. Neue Instrumente werden entwickelt, gewisse Instrumente verlieren an Bedeutung oder aber werden in ihrer Intensität unterschiedlich verwendet, die Zusammensetzung der Instrumentenpalette verändert sich.

Politikinstrumente sind immer auch, so die französischen Politologen Lascoumes und LeGalès, Träger genereller Vorstellungen über die Rolle des Staates in der Gesellschaft und die Art der Regulierungstätigkeit, die als legitim und effektiv erachtet wird (Lascoumes/LeGalès, 2004: 14). Das Gleiche gilt für ihren Einsatz. Was die Regulierungstätigkeit betrifft, so geht es vor allem um zwei fundamentale Entscheidungen, die beim Einsatz von Politikinstrumenten getroffen werden müssen. Der Staat hat einerseits eine Distributionsfunktion, d.h. er muss die Ressourcen in der Gesellschaft (um)verteilen; andererseits hat er eine Ordnungsfunktion und bemüht sich um gesellschaftliche Koordination.

1. In Bezug auf die Verteilung materieller und immaterieller gesellschaftlicher Ressourcen erhebt sich die Frage, wie diese am gerechtesten und effizientesten in der Gesellschaft verteilt werden können.

2. Bei der Frage, wie gesellschaftliche Koordination erreicht werden sollte, besteht die Alternative, hierfür auf vertikale, staatliche Koordination oder auf horizontale Koordination einschließlich gesellschaftlicher Selbstorganisation zurückzugreifen.

Diese Fragen können auf unterschiedliche Art und Weise beantwortet werden und beeinflussen damit den Gebrauch von Politikinstrumente. Vorstellungen hierüber ändern sich. Man kann von unterschiedlichen Paradigmen sprechen, die nach dem zweiten Weltkrieg übergreifend die Verwendung von Politikinstrumenten in den entwickelten Industriegesellschaften beeinflusst haben.

Rückblickend lässt sich simplifizierend behaupten, dass ein Wechsel von einem interventionistischen Bild des Staates zu einerseits einem (neo-)liberalen und andererseits zu einem kooperativen Typus des Staates stattgefunden hat.

Der *Interventionsstaat* sollte für die strategischen Weichenstellungen verantwortlich sein und hatte mit Hilfe der öffentlichen Verwaltung weitgehend die Ressourcenverteilung und gesellschaftliche Koordination zu organisieren. Das Bild des Interventions- oder planenden Staates wurde in der Steuerungstheorie zuerst in den 1920er Jahren in der Auseinandersetzung zwischen kapitalistischer Wirtschaft und sozialistischer Planwirtschaft entwickelt. Sozialdemokraten und konservative Denker wie Carl Schmitt entwarfen dabei ein Primat der Politik in der Gestaltung der Wirtschaft (Schmitt, 1963). Zu Anfang der 1960er Jahre wurde die Planungsdiskussion zuerst in den USA (Bell, 1967; Deutsch, 1963) und später in der Bundesrepublik fortgeführt (Schelsky, 1965). Zunehmend wurde dabei im Zuge sozialdemokratischen Reformwillens und angesichts offensichtlicher Diskrepanzen von wirtschaftlichen und gesellschaftlichen Herausforderungen einerseits und politisch-administrativen Reaktionsmöglichkeiten andererseits dem politischen Gestaltungsprozess selbst Aufmerksamkeit gewidmet. Dies mündete in die Vorstellung einer „aktiven Politik" der Steuerung von Wirtschaft und Gesellschaft ein (Mayntz und Scharpf, 1975).

Das Bild des *neoliberalen* oder „*minimalen*" Staates (Nozick, 1974) zeigt den Markt als idealen Koordinations- und Verteilungsmechanismus (Stöger 1997), verlangt auf der Grundlage von Diskussionen der „Neuen Politischen Ökonomie" (Lehner, 1979; Braun, 1998; McLean, 1987) eine erhebliche Reduzierung der Funktionen des Staates und schreibt dem Staat – zumindest in der ordo-liberalen Variante von Euckens (1990) und von Hayeks (1978) – weiterhin eine wichtige soziale Koordinierungsfunktion zu, nämlich über gesetzliche Regeln den optimalen Ablauf von Marktprozessen zu fördern.

Das in der „Governancedebatte" aufkommende Modell des *kooperativen Staates* (siehe hierzu Ritter, 1979; Hartwich, 1987; Grimm, 1993; Voigt, 1995; Braun, 1997; Mayntz, 2006) betont die steigende Komplexität politischer und gesellschaftlicher Probleme und insistiert ebenso wie das Modell des neoliberalen Staates auf der Auflösung der Denkfigur eines „hoheitlichen", autonomen und hierarchisch intervenierenden Staates, der über der Gesellschaft steht. Diese Vorstellung sei eine Überforderung des Staates (Ellwein und Hesse, 1994).

Stattdessen begann man das Bild eines Staates zu zeichnen, der in sich fragmentiert ist und über seine einzelnen administrativen Elemente in vielfältiger Weise mit gesellschaftlichen Akteuren in Kontakt steht[1]. Es bilden sich Policy-Netzwerke heraus (Marin und Mayntz, 1991; Jordan und Schubert, 1992; Mayntz 1993), die in Form von Verhandlungssystemen über politische Probleme entscheiden. Die Rolle politischer Akteure in solchen Netzwerken ist nicht mehr hoheitlich, sondern beschränkt sich immer mehr darauf, die Selbstorganisation gesellschaftlicher Akteure anzuleiten und zu koordinieren. Dem Staat bleibt die Funktion, zu therapieren und zu moderieren, Hilfestellung zu leisten und dort wo es nötig ist, ausgleichend auf gesellschaftliche Konflikte einzuwirken. Eine „Orientierungsfunktion", eine „Organisationsfunktion und eine „Vermittlungsfunktion" werden zu den zentralen Bestandteilen des kooperativen Staates, der aber sehr wohl die Trumpfkarte der hoheitlichen Letztentscheidung behält und damit nach wie vor eine Sonderstellung unter den Teilnehmern an den Netzwerken einnimmt (Lange, 2000: 23; Zürn, 2008; Benz, 2004b). Im Unterschied zum neoliberalen Staat insistiert die Governancediskussion insgesamt und das Modell des kooperativen Staates im Besonderen also nicht auf eine Funktionseingrenzung, sondern auf eine Funktionsverlagerung. Gleichzeitig wird Politik als Gemeinschaftsproduktion von gesellschaftlichen und politischen Akteuren verstanden (siehe ausführlicher weiter unten).

Damit schälen sich drei klare und unterschiedliche Paradigmen heraus – Staat, Markt, Kooperation und Selbstorganisation – die die Verwendung von Politikinstrumenten zwangsläufig beeinflussen.

Wir werden in diesem Kapitel zeigen, wie sich die Verwendung von Politikinstrumenten durch den Wechsel vom Interventions- hin zum neoliberalen und kooperativen Staat gewandelt hat. Während der Interventionsstaat vor allem auf direkte rechtliche Regulierung und finanzielle Anreize sowie eine bürokratisch-hierarchische Organisation setzt, so werden in den beiden anderen Modellen Überzeugung, Strukturierung, Privatisierung, Dezentralisierung und Delegation wichtiger.

Im folgenden Abschnitt werden zunächst die verschiedenen Typen von Politikinstrumenten diskutiert. Der dritte Abschnitt beleuchtet die Spezifika der instrumentellen Verwendung im Interventionsstaat. Daraufhin werden in Abschnitt vier die allgemeinen Veränderungen in anderen beiden Modellen erläutert, bevor in Abschnitt fünf auf die Verschiebungen im Gebrauch von Politikinstrumenten im heutigen Kontext eingegangen wird.

---

1 Kurz und prägnant formuliert Ritter schon früh (1979: 409): „Der kooperative Staat ist ein Staat, der sich der Träger sozialer und ökonomischer Macht zur Umsetzung seiner Ziele bedient und der öffentliche Aufgaben zur öffentlichen Erledigung mit eben diesen Machtträgern 'vergesellschaftet'. Die Gesellschaft des kooperativen Pluralismus und der kooperative Staat leben nicht im Zustand der Distanz, der Nicht-Einmischung und der Nicht-Identifikation, sondern im Zustand der gegenseitigen Durchdringung und Verschränkung".

2 Typen von Politikinstrumenten

Die folgende Übersicht zeigt auf, welche Arten von Politikinstrumenten man grundsätzlich unterscheiden kann:

Sicherstellung wichtiger öffentlicher Güter und Ressourcen		Beeinflussung gesellschaftlichen Handelns			
		direkt	*indirekt*		
Hoheitsrechte des Staates	Staat als Anbieter von Gütern und Dienstleistungen	regulative Politik	Finanzierung	Strukturierung; prozedurale Steuerung	Überzeugung

Quelle: eigene Darstellung

Bei der Anwendung von Politikinstrumenten geht es zum ersten darum, wichtige öffentliche Güter und Ressourcen sicherzustellen. Dazu zählen zum Beispiel die traditionellen Hoheitsrechte des Staates. Der Staat produziert aber auch selbst Güter und bietet Dienstleistungen an, die zumeist aufgrund von Marktinsuffizienzen oder für den Markt unattraktiven hohen Bereitstellungskosten entstanden sind (infrastrukturelle und wohlfahrtsstaatliche Güter und Dienstleistungen beispielsweise). Zum zweiten will der Staat mit Politikinstrumenten das gesellschaftliche Handeln, direkt oder indirekt, beeinflussen. Diese zweite Gruppe von Instrumenten hat eine große Spannbreite. Zwei Hauptkategorien lassen sich hier unterscheiden: der Staat kann entweder auf Zwang zurückgreifen oder auf verschiedene Arten von Anreiz und indirekter Lenkung: Dank seinem exklusiven Recht auf die Anwendung von legitimer Gewalt kann der Staat seine Beschlüsse Personen, Gruppen oder Organisationen direkt über Gebote und Verbote aufgrund von Gesetzen und Verordnungen aufzwingen. Die mit diesem Steuerungsprinzip zusammenhängenden Instrumente sind *regulative* Politikinstrumente. Die Staatsgewalt kann aber auch indirekt lenken. Drei Unterkategorien von Politikinstrumenten lassen sich hier nennen: Erstens kann der Staat durch *finanzielle Anreize* Personen und Gruppen für bestimmte Handlungen oder Handlungsweisen zu gewinnen versuchen, wobei die Entscheidung aber den Adressaten der Steuerungsmaßnahme vorbehalten bleibt. Durch Währungs-, Kredit-, Steuer- und Finanzpolitik sowie spezifische distributive politische Programme will der Staat ein bestimmtes Verhalten der Individuen, Haushalte, Unternehmen und anderer Organisationen erreichen oder verhindern. Zweitens versucht der Staat, das Verhalten von gesellschaftlichen Individuen und Organisationen über Verhaltensangebote zu beeinflussen (*Strukturierung*). Hierbei können über die Bereitstellung zum Beispiel von Institutionen oder Infrastruktur bestimmten Gesellschaftsgruppen neue Handlungskapazitäten eröffnen oder Kooperation zwischen gesellschaftlichen Gruppen erleichtert werden. Prozedurale Steuerung, als ein Bestandteil der Strukturierung, versucht dabei, auf die Verfahrensmodi und Verhandlungssysteme einzuwirken, mit denen in der Gesellschaft oder zwischen Staat und Gesellschaft Entscheidungen getroffen werden (siehe schon Offe, 1975: 93). Dazu zählt auch die Anleitung zu gemeinsamen Lernprozessen, die in solchen Verhandlungssystemen stattfinden können. Dieser Instrumentenyp setzt also nicht an den materiellen Anreizen an, sondern strukturiert die Handlungsumwelt von gesellschaftlichen Individuen und Organisationen in jeweils spezifischer Weise. Schließlich versucht der Staat durch verschiedene Formen von *Überzeugungsinstrumenten* (Information, Werbung, Argumentation) auf das Verhalten von gesellschaftlichen Akteuren Einfluss zu nehmen. Neuere Instrumente versuchen zum Teil Strukturierung und Überzeugung miteinander zu verbinden.

Im Einzelnen:

2.1 Sicherstellung wichtiger öffentlicher Güter und Ressourcen

2.1.1 Staatliche Hoheitsrechte

Der Staat erfüllt in den westlichen Ländern eine große Anzahl an Policy-Zielen unmittelbar selbst (Howlett und Ramesh, 1995: 90). Zu diesen zählen in erster Linie die staatlichen Hoheitsrechte. Verteidigung und Außenbeziehungen, Polizei, Justiz, Steuer- und Finanzrechte können hier genannt werden. Diese staatlichen Hoheitsrechte machen konkretes staatliches Handeln überhaupt erst möglich, verlangen aber, dass dabei rechtsstaatliche Regeln eingehalten werden. Diese Aktivitäten werden überwiegend direkt und fast ausschließlich von staatlichen Verwaltungen vollzogen, allerdings unter der politischen Kontrolle von demokratisch gewählten Repräsentanten des Volkes.

2.1.2 Der Staat als Anbieter von Gütern und Dienstleistungen

Der Staat kann auch öffentliche Güter bereitstellen. In diesem zweiten Fall greift der Staat in Politikfelder ein, die von privaten Akteuren nicht oder nicht genügend wahrgenommen werden, beispielsweise Kultur, Bildung, Forschung, Wohlfahrt, Umweltschutz oder infrastrukturelle Bedingungen.

Ein solches Eingreifen kann für die Wirtschaft sehr wichtig sein. Sowohl materielle - Straßenbau - als auch immaterielle Infrastrukturen - Bildungs- und Rechtswesen – sind wesentliche Vorbedingungen des Wirtschaftswachstums und damit gleichzeitig Ausdruck der „symbiotischen Interdependenz" zwischen demokratischem Staat und kapitalistischer Wirtschaft (Scharpf, 1999: 36). Andere Aufgaben - etwa Umweltschutz oder Kultur - sind zwar keine direkten Faktoren der Wirtschaftskraft, entsprechen aber wichtigen Funktionen des Staates in der modernen Gesellschaft wie dem Gesundheitsschutz und dem Erhalt des kulturellen Erbes. Das Prinzip der im Grundgesetz verbürgten Gleichwertigkeit der Lebensbedingungen[2] ist die Grundlage für den Bund in Deutschland, Interventionen in einer quasi unendlichen Anzahl von Angelegenheiten zu rechtfertigen. Im Gegensatz zu den Hoheitsrechten ist die Spannweite dieser zweiten Gruppe von Interventionsgebieten variabel und richtet sich nach den historisch-politischen Verhältnissen.

Wie der Staat Verantwortung für die Bereitstellung von solchen Gütern und Dienstleistungen nimmt, ist unterschiedlich.

- Der Staat kann, erstens, in *Eigenverantwortung* handeln und damit z.B. *Güter zu eigenen Gebrauch produzieren*, die der Markt nicht bereithält. Er bestimmt dann auch alleine, was getan werden soll. Bei der *Ressortforschung* zum Beispiel definiert der Staat die Forschungsaufgaben und Forschungsdienstleistungen, die von staatlichen Forschungseinrichtungen erbracht werden sollen.
- Die Energie- und Wasserversorgung, Telekommunikation und das Transportwesen wurden bis zu den 1980er Jahren in den meisten westeuropäischen Ländern von *Staatsunternehmen* betrieben. Die Zugänge zu diesen Märkten waren streng geschützt[3]. Der Staat wollte mit solchen Staatsunternehmen zum einen wichtige nationale Infrastrukturen entwickeln und erhalten, dabei aber gleichzeitig zusätzliche Ziele erfüllen. Die Staatsunternehmen sollten auch Vorbildfunktion für private Unternehmen haben, z.B. in Sachen Arbeitsrecht und Arbeitsschutz.
- Der Staat kann aber auch Güter und Dienste bereitstellen, um seine Steuerung der Beeinflussung gesellschaftlichen Handelns zu *flankieren*. Die Schulpflicht zum Beispiel kann nur mit dem Bau von Schulen und der Einstellung von Lehrpersonal eingefordert werden. Die Produktion von Gütern ergänzt hier also das Regulierungsinstrument. Wenn der Staat aber kulturelle Infrastrukturen wie Museum oder Opernhäuser zur Verfügung stellt, verschafft er der Bevölkerung den Anreiz, diese Infrastrukturen zu nutzen und sich damit mit dem kulturellen Erbe zu beschäftigen.

2.2 Beeinflussung gesellschaftlichen Handelns über externe Politikinstrumente

Ein großer Teil der staatlichen Politikinstrumente setzt jedoch keine direkte staatliche Bereitstellung von Gütern und Dienstleistungen voraus. Diese zweite Hauptgruppe von Instrumenten versucht stattdessen, direkt oder indirekt auf das Verhalten gesellschaftlicher Akteure einzuwirken.

---

2 Dieser Begriff wird z.B explizit im Artikel 72 GG erwähnt.

3 Der Staat kann aber auch Güter und Dienste auf Märkten, also unter Privatwettbewerbern anbieten. Seine Handlung zielt in solchen Fällen darauf ab, Marktprozesse zu beeinflussen.

2.2.1   Direkte Politikinstrumente: Regulierung

Der erste Typus der externen Politikinstrumente wirkt über Ge- und Verbote und zielt darauf ab, soziales oder individuelles Handeln zu regulieren (Reagan, 1987: 17). Die gesellschaftlichen Akteure haben sich dabei an staatlich gesetzte Normen, die in Gesetzen, Erlassen, Anordnungen und anderen Arten von Rechtsvorschriften festgelegt wurden, zu halten. Demjenigen, der sich nicht an diese Normen hält, drohen Strafen. Regulative Politik als Kodifizierung des Verhaltens ist also mit der Androhung von Zwang verbunden.

Windhoff-Héritier (1987: 39-40) unterscheidet zwischen den „kompetitiv-regulativen" Instrumenten, die hauptsächlich das Marktverhalten regeln (wie z.B. die Abschaffung von Kapitalverkehrskontrollen), den „protektiv-regulativen" Instrumenten, die negative Folgenkosten wirtschaftlicher Produktion vermeiden sollen (Verbot der Kinderarbeit) und „sozial-regulativen" Instrumenten, die normativ beladene Fragen der Gesellschaft regeln sollen (wie die Abtreibung oder die Gentechnik). In allen diesen Fällen werden den gesellschaftlichen bzw. ökonomischen Akteuren bestimmte Verhaltensweisen erlaubt und andere verboten. Diese Art der Politik ist kostengünstig in der Verabschiedung und Durchführung, aber teuer in der Überwachung, weil abweichendes Verhalten geortet werden muss, bevor es sanktioniert werden kann und bereitet immer wieder, gerade unter der Bedingung einer größeren Nachfrage nach Selbstbestimmung, auch Legitimitätsprobleme.

2.2.2   Indirekte Politikinstrumente: Überzeugung und Information

Information, politische Werbung, Appelle und *Propaganda* (Schubert, 1991) sind weiche Formen der Steuerung, die Bürger, aber auch Interessengruppen, in ihren Entscheidungen beeinflussen sollen. Die Erwartung der Behörden ist hier, dass der sanfte Weg der Überzeugung bessere Ergebnisse als ein gesetzlich geregelter Zwang erzielen kann. So hat es wohl wenig Zweck, den Gebrauch von Kondomen zur Vermeidung von Geschlechtskrankheiten vorzuschreiben. Besser und erfolgreicher ist es, den Bürger über die Ansteckungsgefahr aufzuklären und dann auf seine Einsicht zu hoffen. Ebenso hat es sich herausgestellt, dass das Verbot von Drogenkonsum kaum zu einer Änderung des Konsumverhaltens führt. Auch hier zählen Aufklärungskampagnen in Kombination mit Verhaltensangeboten wie Drogenzentren zu den erfolgreicheren Wegen in der politischen Steuerung. Andere Beispiele sind Appelle an die Verbraucher, vor allem nationale Wirtschaftsprodukte zu kaufen („Buy British") oder an die Privatwirtschaft, freiwillig zusätzliche Ausbildungsplätze bereit zu stellen.

Aufklärungskampagnen und Appelle richten sich im Wesentlichen an große gesellschaftliche Gruppen. Zunehmend werden aber auch Informationen und wissenschaftliche Expertisen wichtig, um Adressaten vom Sinn einer Maßnahme zu überzeugen. Studien, Forschungsberichte oder ein Benchmarking sollen eine begründete, möglichst konsensfähige Betrachtungsweise oder Anschauung eines Problems verschaffen. Selbstverständlich können auch die Adressaten selbst wie auch Parteien oder Interessenverbände zu diesem Instrument greifen, um ihre Position in Verhandlungen mit der Regierung bzw. staatlichen Administration zu stärken. Diese also von verschiedener Seite finanzierten Expertisen erfüllen eine deliberative Funktion und tragen gleichzeitig zur Strukturierung der öffentlichen Debatte und zur Meinungsbildung bei.

2.2.3   Indirekte Politikinstrumente: Finanzielle Anreize

Die staatlichen Hoheitsrechte über Steuern eröffnen die Möglichkeit, über finanzielle Anreize zu steuern. Die Anhebung von Verbrauchssteuern auf Zigaretten und Alkohol, die Mineralölsteuer, die zu einer Einschränkung des Automobilverkehrs führen soll oder Steuervergünstigungen für Investitionen zur Wärmeschutzdämmung sind Beispiele einer solchen Anreizpolitik. In föderalen Systemen kann der Bund finanzielle Anreize nutzen, um auf das Verhalten der Bundesländer einzuwirken. Er kann sich z.B. an einem regionalen Förderungsprogramm oder an der Hochschulbauförderung beteiligen. Dabei können die Subventionen mit bestimmten Auflagen verbunden werden, die die Bundesländer einzuhalten haben, wenn sie in den Genuss der Förderungsmittel kommen wollen. So könnte der Bund den Bundesländern oder Kommunen Geldmittel unter der Bedingung gewähren, sie ausschließlich für die Finanzierung von spezifischen Einrichtungen - Forschungs-, Sport-, oder Kultureinrichtungen - auszugeben.

Während der Adressat der Maßnahme beim Instrument Überzeugung und Information den Sinn und Zweck einer solchen Maßnahme einsehen soll, zielen finanzielle Anreize auf die materiellen Bedürfnisse der Adressaten. Die Anreizkomponente bietet dem Adressaten entweder einen materiellen Vorteil oder aber einen materiellen Nachteil. Es steht dem Adressaten frei, auf diesen Anreiz zu reagieren. Wenn er es tut, muss er sein Handeln im Sinne der „Verhaltenskomponente" (Scharpf, 1983) des Politikinstruments einrichten.

2.2.4   Indirekte Politikinstrumente: Strukturierung

Als dritte Gruppe unter den indirekten Politikinstrumenten lässt sich das Bemühen des Staates nennen, die Adressaten über die Bereitstellung von Verhaltensangeboten in Form von „sozialen Verhaltensarrangements" zu beeinflussen. Axel Görlitz und Hans-Dieter Burth haben diesen Typus der Politikinstrumente unter der Kategorie *Strukturierung*" zusammengefasst (Görlitz und Burth, 1998: 32). Solche Arrangements können ganz unterschiedlich sein. Die Autoren zählen Rahmenordnungen, Verfahrensvorschriften ebenso dazu wie Selbsthilfeeinrichtungen oder die Bereitstellung von technischer Infrastruktur.

In jedem Fall wird versucht, auf das Verhalten in Form der Bereitstellung von institutionellen Opportunitäten, der Vergabe von Teilhabe- und Eigentumsrechten oder der Festlegung von Verfahrensvorschriften einzuwirken. Die Adressaten haben die Wahl, solche Verhaltensangebote zu nutzen oder es sein zu lassen. Wenn sie sie nutzen, schafft dies neue Möglichkeiten des Handelns, schränkt aber gleichzeitig auch die eigenen Handlungsmöglichkeiten ein. Die Entscheidung, in einer Selbsthilfeeinrichtung zu arbeiten, verschafft die Möglichkeit, sozial tätig zu sein, schließt damit aber - zumindest während der Arbeitszeit - eine andere Art der Tätigkeit aus. Solche Verhaltensangebote besitzen demnach ebenfalls eine Anreizkomponente (nämlich die Möglichkeit, eine bestimmte Struktur zu nutzen) aber auch eine Selektionskomponente (nämlich genau diese Struktur zu nutzen), die wiederum ein bestimmtes Handeln bzw. bestimmte Lernprozesse fördert. Überzeugungs- und Werbekampagnen können beitragen, solche Strukturen hoffähig zu machen. Finanzielle Anreize können, müssen hierbei aber keine Rolle spielen.

Die Strukturierung kann gezielt dafür eingesetzt werden, die Selbstorganisation von gesellschaftlichen Akteuren zu fördern, dabei aber Zugangs- und Beteiligungsrechte sowie Entscheidungsverfahren zu beeinflussen. Der Staat erlaubt z.B., dass ein großer Teil der arbeitsrechtlichen Bestimmungen nicht von den üblichen Rechtsinstanzen vollzogen werden, sondern von besonderen Kommissionen, die aus Arbeitnehmer- und Arbeitgebervertreter bestehen. Diese Kommissionen - sei es im Unternehmen oder auf Branchenebene - müssen aber genauen Regeln entsprechen in bezug auf die Zusammensetzung der Kommission, ihren Zuständigkeiten, der Beschlussfassung usw. Ein solcher partieller und nicht definitiver Rückzug des Staates von sektoralen Regulierungen entlastet ihn von vielen schwierigen Schiedsrichterbeschlüssen zwischen oft gegensätzlichen Interessen (Streeck und Schmitter, 1985: 15). In der Literatur wird dieser Fall auch unter dem Typus der „selbst-regulativen" Politikinstrumente eingereiht (Salisbury, 1970: 39). Tatsächlich verwischen sich hier die Grenzen zwischen regulativen und strukturierenden Policies, da die gesellschaftlichen Organisationen die entsprechenden Bereiche selbst regulieren dürfen, der Staat aber dennoch die Entscheidungsverfahren über z.B. Verfahrensvorschriften reguliert.

Claus Offe hat sich schon früh mit diesem Problem auseinandergesetzt und den Typus der *prozeduralen Steuerung* hervorgehoben, der sich seiner Meinung nach sowohl von der Regulierung, die "das *Ergebnis* von Handlungen Privater (positiv und negativ) sanktionieren" (Offe, 1975) soll, unterscheidet, wie auch von der staatlichen "*Produktion* von Gütern und Dienstleistungen". Prozedurale Steuerung setzt am *Modus* von Entscheidungen an, "wobei der Modus in mehr oder weniger engen Grenzen das Resultat präjudizieren soll" (idem).

Hagenah erläutert die prozedurale Steuerung anhand des Unterschieds von materiellem Recht, Verfahrensrecht und prozeduralem Recht (Hagenah, 1994: 492). Materielles Recht soll Entscheidungen durch inhaltliche Vorgaben determinieren; Verfahrensrecht soll es, ohne auf die Inhalte einzuwirken, umsetzen, prozedurales Recht aber will die Verfahrensmodi beeinflussen, um materielle Ziele umzusetzen. In diesem Sinne ist es plausibel, bei Verfahrensvorschriften von einer Strukturierung zu sprechen, die zwar bestimmte Ziele erreichen will, dabei aber die Inhalte nicht fortschreibt, sondern Entscheidungen der gesellschaftlichen Akteure in gewissem Maße vorstrukturiert, ohne die Entscheidungen dieser Akteure vorwegzunehmen noch zu sanktionieren.

3   Verwendung der Politikinstrumente im Kontext des Interventionsstaates

Nach 1945 galt es für die westlichen Staaten verstärkt die Demokratisierung, das Wirtschaftswachstum und die soziale Integration der Arbeiterschaft zu fördern, um die Legitimitätsbasis zu sichern. Der Auf- und Ausbau der sozialen Absicherung, die Sicherung der sozialen Rechte der Einzelnen und Umverteilungsmaßnahmen zugunsten wirtschaftlich schwächerer Bevölkerungsgruppen zählten zu den vordringlichen Maßnahmen in den meisten Ländern Westeuropas (Lutz, 1984). Der zweite Weltkrieg hat aber außerdem - in noch höherem Maße als der erste - staatliche Intervention explodieren lassen. Die Kriegswirtschaft hatte in allen beteiligten Ländern neue Regulierungs- und Umverteilungsmaßnahmen geschaffen, die, selbst in traditionell liberalen Ländern wie der Schweiz, nach dem Kriege weitergeführt wurden. Das Ausmaß und die Schwierigkeiten des Wiederaufbaus und die noch fortbestehenden internationalen Spannungen haben viele Regierungen dazu veranlasst, die staatliche Intervention in wirtschaftlichen Angelegenheiten als legitimes Mittel zu etablieren (Abelshauser, 1983).

Die staatliche Planung des Wiederaufbaus hat sich allmählich zu einer organisierten und rationalen Planung der Infrastrukturen und der staatlichen Ausgaben im Dienste des Wirtschaftswachstums entwickelt. Die Stärkung der nationalen Industrien, der Ausbau von Straßen und Verkehrsmittel, die Entwicklung der Telekommunikation, der sanitären oder schulischen Infrastrukturen waren die Prioritäten der Zeit. In Frankreich wurde z.B. von den Gaullisten eine Zentralbehörde - das *Commissariat Général au Plan* - eingerichtet, dessen Hauptaufgabe darin lag, die Schwächen und bestehenden Lücken in der wirtschaftlichen und sozialen Struktur des Landes zu erfassen. Der rationale Staat sollte dann die vorgeschlagenen Lösungen in die Regierungsprogramme integrieren und realisieren.

Die Nationalisierung strategischer Industrien und Sektoren war die zweite Säule der vom Staate initiierten Modernisierung während der Nachkriegszeit. Fast überall in Europa wurden der Energiesektor (Gas, Elektrizität, Kohleabbau), die Bahn und die städtischen Verkehrsmittel in Staatseigentum überführt. In manchen Ländern wurden auch große Teile der Schwerindustrie - Stahlindustrie, Schiff- und Schwermaschinenbau -, der Autoindustrie, und schließlich des Bank- und Versicherungssektors nationalisiert.

Durch diese Kontrolle über strategische Industrien und Dienstleistungen verfolgten die Staaten mehrere Zwecke gleichzeitig. Sie erlaubte es, direkten Einfluss auf die Entwicklung in diesen Sektoren zu nehmen. Sie ermöglichte ebenso eine staatliche Lenkung des Wirtschaftswachstums. Die Mehrzahl der großen Länder Europas haben z.B. dank umfangreicher Rüstungsprogramme die Entwicklung der nationalen Luft-, Raumfahrt- oder Autoindustrie angekurbelt.

Die mehrjährige Planung bei der Vergabe öffentlicher Ressourcen und die Nationalisierung vieler Industrien und Dienstleistungen hat ab Ende der 1960er Jahre in vielen Ländern die Schaffung einer Regional- und Industriepolitik erleichtert. Subventionen, staatliche Aufträge, Forschungs- und Ausbildungsförderungsprogramme oder die Bereitstellung spezieller Infrastruktur wurden vom Staate genutzt, um eine Industrie oder eine Region zu schützen, zu wandeln oder zu entwickeln.

Die Verfügung über staatliche Unternehmen besaß aber auch andere Steuerungsvorteile. Da die Zahl der Angestellten in diesen Unternehmen relativ bedeutend sein konnte, wurde es möglich, auf die Lohnbildung und andere tariflich geregelten Bedingungen - Arbeitszeit und Arbeitsbedingungen - einzuwirken, mit entsprechenden Diffusionseffekten auf privat organisierte Unternehmen und Sektoren. Der Staat hat oft Rechte oder Leistungen - wie z.B. zusätzliche Freizeit - für seine Arbeitnehmer eingeführt, die anschließend von den großen Arbeitgebern in der Privatwirtschaft übernommen wurden (Lallement, 1999). In ähnlicher Weise konnte der Staat so auch begrenzt auf die Preisbildung in manchen Wirtschaftssektoren einwirken.

Unterstützt wurden diese Entwicklungen durch eine in fast allen Ländern bis Mitte der 1970er Jahre akzeptierte keynesianische Wirtschafts- und Sozialpolitik. Diese trug nicht nur dazu bei, dass der Staat über staatliche Ausgabenprogramme aktiv in wirtschaftliche Abläufe eingriff, mit dem Ziel, wirtschaftliche Ungleichgewichte und Folgekosten wie Arbeitslosigkeit auszugleichen oder abzufedern. Sie war insgesamt Sinnbild bzw. ein „politisches Paradigma" für eine aktive und interventionistische Haltung des Staates. In dieses Paradigma passte nicht nur eine Umverteilung des Bruttosozialprodukts oder Arbeitsbeschaffungsmaßnahmen, sondern ebenso Planung und Gestaltung gesellschaftlicher Prozesse. Im keynesianischen Paradigma hieß staatliche Steuerung aktive Gestaltung der politischen Umwelt anhand von klar definierten Zielen und wirkungsvoll eingesetzten Instrumenten. Zu den Politikinstrumenten avancierten in diesem Zusammenhang der intensive Gebrauch der staatlichen Bereitstellung von Gütern und Dienstleistungen (aber auch der Nutzung von Staatsbetrieben zur Vermeidung von Arbeitslosigkeit, wie dies vor allem in Österreich betrieben wurde), direkter Regulierung und finanzieller Anreizprogramme. Zusätzlich wurden in vor allem den kleinen Ländern Strukturierungsmaßnahmen in Form von korporatistischen Arrangements entwickelt, die der Abstimmung zwischen Arbeitgebern, Gewerkschaften und Staat dienen sollten (Katzenstein, 1985; Lehmbruch, 1996).

4 Vom Interventionsstaat zum Neoliberalismus und zu Governance

Seit Anfang der 1980er Jahre begann ein Umdenken über die Rolle des Staates in der Gesellschaft einzusetzen, das schließlich zu zwei Paradigmenwechsel im Hinblick auf den Interventionsstaat führte. Wir möchten in diesem Abschnitt nur kurz einige Entwicklungslinien skizzieren, damit der Kontext für die Verschiebung im Gebrauch von Politikinstrumenten des Staates verständlich gemacht werden kann.

Dem Bild des minimalen Staates im Neoliberalismus wie auch des kooperativen Staates in der Governancedebatte ist gemeinsam, dass es die Rolle der Wirtschaft bzw. der Gesellschaft wieder stärker betont und den Staat in seiner Rolle als Organisator und Hauptmotor gesellschaftlicher Produktion und Verteilung, wie er im Interventionsparadigma gesehen wird, zurücktreten lässt. Dabei pocht aus normativer Sicht der Neoliberalismus gemäß seiner Tradition auf die negative Freiheit des (Wirtschafts-)Bürgers von staatlichen "Übergriffen"[4]

---

4   Als Autoren wären hier zu nennen: von Hayek (1945), Buchanan und Tullock (1962) und Nozick (1974).

während die verschiedenen intellektuellen Strömungen, die den kooperativen Staat konstituieren (wie Kommunitarismus, autopoietische Systemtheorie; die Theorie der „reflexiven Modernisierung"; eine ganze Reihe von Analysen zum Funktionswandel des Staates, siehe nur Mayntz und Scharpf, 1995; Ritter, 1979; Marin und Mayntz, 1991; Voigt, 1995; Heinelt, 2007 Benz, 2004c Schuppert, 2006), stärker die positive Freiheit der gesellschaftlichen Individuen betonen. In diesem Konzept ist Freiheit nicht nur Abgrenzung gegen den Staat, sondern zugleich Verwirklichung auf der Grundlage individueller Autonomie und horizontaler Kooperation (siehe z.B. Giddens, 1997). Das vertikale Element staatlicher Autorität, zumindest in seiner hierarchischen Ausprägung, wird abgewiesen.

Das neoliberale Bild des minimalen Staates hatte sich Anfang der 1980er Jahre vor allem in Großbritannien und den USA durchgesetzt, fand aber in verschiedener Weise in den meisten Ländern Eingang in die Politik. Als zentrale Elemente dieses Bildes lassen sich nennen:

1. „Spontane Evolution": Anstatt materialer Regelungen des Staates in Wirtschaft und Gesellschaft soll der Markt selbst für die Koordination und Verteilung gesellschaftlicher Ressourcen sorgen, weil er der überlegene Koordinationsmechanismus ist.
2. Dem Staat mangelt es nämlich an den notwendigen Informationen, um wohlfahrtsoptimale Lösungen zustande zu bringen und
3. Staatliche Intervention behindert das „kreative Suchverhalten" der Wirtschaftssubjekte.
4. Daraus folgt, dass die Funktionen des Staates auf die formal-legale Absicherung des Wirtschaftsprozesses beschränkt werden können, denn nur dann kann berechenbares Handeln auf dem Markt sichergestellt werden.
5. Weder distributive noch redistributive Politik dürfen zum Instrumentarium des Staates zählen, da hierüber nicht nur der Markt „gestört" wird, sondern zudem Begehrlichkeiten bei Interessengruppen geweckt werden, die innovatives und effizientes Handeln beeinträchtigen.
6. Diese Forderung nach funktionaler Beschränkung des Staates verlangt eine Konzentration des Staates auf Kernfunktionen von Recht und Ordnung und damit einen Abbau der hypertrophen Bürokratie. Deregulierung wird zu einem Schlagwort der neoliberalen Strategie.
7. Der Ruf nach Deregulierung wird von den Ideen der „managerial revolution" begleitet, die öffentliche Funktionen zunehmend an quasi-öffentliche und private Organisationen delegieren möchte und dabei die staatliche Rolle auf die Formulierung von Globalzielen und Kontrolle dieser Organisationen beschränkt.
8. Neben Deregulierung sollen so weit wie möglich staatliche Betriebe privatisiert werden.
9. Damit entsteht ein „schlanker" und effizienter Staat, der allerdings weit vom alten Bild des Interventionsstaates entfernt ist.

Insofern sich in der Governancedebatte[5] und seiner Figur des kooperativen Staates angesichts der zahlreichen intellektuellen Strömungen ein gemeinsames Paradigma herausschälen lässt,

---

5 Governance wird im Unterschied zu Government gebraucht und deutet auf die komplexe und heterarchische Struktur des Regierens in modernen Staaten hin. Am vollständigsten lässt sich der Begriff folgendermaßen de-

kann auf folgende Elemente hingewiesen werden (siehe insbesondere Mayntz, 2008; Zürn, 2008; Benz, 2004b):

1. Im Kontext dieses Paradigmas wird auf die zunehmende Komplexität und die Interdependenzen zwischen (einer Vielzahl von) gesellschaftlichen und staatlichen Akteuren bei der Erstellung kollektiver Entscheidungen und Güter hingewiesen. Komplexität und Interdependenz reduzieren die Fähigkeiten des Staates vorausschauend und planend tätig zu werden. Unilaterales und hierarchisches Handeln des Staates ist in der Moderne zunehmend zwecklos geworden. Stattdessen bedarf es der aktiven (Zivil-)gesellschaft und der horizontalen Abstimmung, um kollektiv verbindliche Entscheidungen bereit zu stellen. Damit verwischen sich aber „Steuerungssubjekt" und „Steuerungsobjekt", die noch in der Steuerungsdebatte, die sich eindeutig dem Interventionsparadigma zuordnen lässt, beeinflusst war (Schuppert, 2008).

2. Normativ wird in diesem Paradigma gefordert, den gesellschaftlich-funktionalen Bereichen weitgehende Autonomie zu geben und nicht nur der horizontalen Organisation sondern auch vielfältig der Selbstorganisation dieser Bereiche zu vertrauen. Selbstorganisation ist dabei in Abgrenzung zum Modell des minimalen Staates die bewusste Tat gesellschaftlicher Subjekte, während die Ordnungsbildung auf dem Markt sich mit der „unsichtbaren Hand" vollzieht. Beim kooperativen Staat wird also an die Selbstheilungskräfte der Gesellschaft, ihrer Individuen und Organisationen, appelliert. Zivilgesellschaft und Gemeinschaft sind hier die Schlüsselbegriffe (siehe Beck, 1993: 216).

3. Aufgrund der funktionalen Differenzierung der Gesellschaft bedarf es aber nach wie vor koordinierender Anstrengungen, damit negative Externalitäten der einzelnen funktionalen Bereiche für die Gesellschaft vermieden werden. An diesem Punkt erhält der Staat seine neue Funktion: Er hat die Kooperationsanstrengungen der einzelnen Bereiche zu unterstützen, ja sogar sie zu initiieren, in den Verhandlungen aber nur als Moderator und „Therapeut" (Willke, 1992) aufzutreten. Aktives Zuhören, anstatt Anweisungen zu geben oder Verbesserungsvorschläge zu machen, so weiß die moderne Therapieforschung, bringt oft weiter bei der Lösung von Problemen und fördert vor allem die Eigenständigkeit der Therapierten. Der Staat hat sich stärker auf die „Gewährleistung" von Kooperation und Kooperationsergebnissen zu konzentrieren (Schuppert, 2008; Zürn, 2008). Eine solche Funktion ist nicht gleichbedeutend mit der Haltung des minimalen Staates, da der Staat durchaus aktiv Kooperation und Selbstorganisation fördern kann. Hinzu kommt, dass kollektive Entscheidungen in Verhandlungssystemen zwischen gesellschaftlichen und politischen Akteuren oder auch nur zwischen gesellschaftlichen Akteuren nicht ohne den Staat

---

finieren (Benz, 2004b: 17): „Governance ist die Gesamtheit der zahlreichen Wege, auf denen Individuen sowie öffentliche und private Institutionen ihre gemeinsamen Angelegenheiten regeln. Es handelt sich um einen kontinuierlichen Prozess, durch den kontroverse oder unterschiedliche Interessen ausgeglichen und kooperatives Handeln initiiert werden kann. Der Begriff umfasst sowohl formelle Institutionen und mit Durchsetzungsmacht versehene Herrschaftssysteme, als auch informelle Regelungen, die von Menschen und Institutionen vereinbart oder als im eigenen Interesse liegend angesehen werden".

auskommen können: Häufig bedarf es des „Schattens der Hierarchie", um überhaupt zu Verhandlungen oder zu Verhandlungsabschlüssen zu kommen; Teilnahme-, Beteiligungs- und Vetorechte müssen autoritativ von vornherein festgelegt werden, Entscheidungen müssen demokratisch-öffentlichen über den politischen Raum legitimiert werden und Gemeinwohlinhalte müssen immer wieder in den Vordergrund solcher Verhandlungen geschoben werden (Heinelt, 2007: 42; Scharpf, 1992). Der Staat, bzw. vertikale Beziehungen, bleiben also Bestandteil des kooperativen Staates. Sie sind aber eingebunden in den übergreifenden Kontext von horizontaler Kooperation und Selbstorganisation.

4. Empirisch wird schon länger die Vernetzung von staatlichen und gesellschaftlichen Akteuren konstatiert. Der Begriff des Netzwerkes, dem eine Schlüsselrolle im Bild des kooperativen Staates zukommt, betont die Gleichrangigkeit der Teilnehmer und das Bemühen um Problemlösungen (Kenis and Raab, 2008). Der Staat kann auch hier nicht mehr hierarchisch auftreten, selbst wenn er ein größeres Machtpotential als die anderen Akteure hat. Netzwerke sind eine neue Form der gemeinsamen Politikentwicklung auf der Schnittstelle zwischen Staat und Gesellschaft, die bewusst die gesellschaftlichen Akteure mit einbezieht.

5. Schließlich zwingen globale Probleme, die Liberalisierung von Finanzmärkten und die Europäische Union viele Staaten dazu, sich in ihrer nationalen Politik mit anderen, nicht nationalen Akteuren bei der Politikproduktion zu verständigen. Politik wird so auch zum territorialen Mehr-Ebenen-Spiel (Benz, 1994; Grande, 1996; Benz, 2004a; Bache and Flinders, 2004), in dem Verhandlung ebenfalls zur Voraussetzung staatlichen Handelns wird.

Welche Auswirkungen haben diese teils normativ eingeforderten, teils tatsächlich zu beobachtenden Entwicklungstendenzen auf die Instrumentennutzung durch den Staat gehabt?

5   Politikinstrumente im Kontext von Neoliberalismus und Governance

Es lassen sich eine Reihe von Verschiebungen im Gebrauch von staatlichen Politikinstrumenten aufzeigen, die direkt auf den Paradigmenwechsel in der staatlichen Steuerung zurückzuführen sind. Selbstverständlich stilisieren wir bei der Darstellung: Nicht immer haben die Wechsel bereits eindeutig statt gefunden und zudem finden wir je nach staatlicher Tradition gehörige Unterschiede in der Verwendung von Instrumenten. Wir meinen aber, dass die Tendenz eindeutig ist und gleichsam idealtypisch herausgeschält werden kann.

Wie im vorigen Abschnitt dargestellt wurde, zeichnet sich der althergebrachte Interventions- und Wohlfahrtsstaat – trotz aller Variationen zwischen den Ländern – durch folgende Schwerpunkte aus:

1. durch eine direkte, von der staatlichen Bürokratie organisierte oder hierarchisch kontrollierte Bereitstellung von Gütern und Dienstleistungen;
2. durch planerische Konzepte;
3. durch eine regulative Politik, die auf Ge- und Verboten beruht;
4. durch den intensiven Gebrauch von finanzpolitischen Anreizinstrumenten.

Die aktuellen Modelle des neoliberalen und kooperativen Staates dagegen setzen auf einerseits die „Befreiung" marktwirtschaftlicher Subjekte von staatlichen Zwängen und andererseits auf die „Ermächtigung" (*empowerment*) dezentraler politischer Einheiten, zivilgesellschaftlichen Organisationsformen und gesellschaftlicher Individuen. Dies verändert selbstverständlich die Auffassung darüber, wie man staatlicherseits in gesellschaftliche und wirtschaftliche Abläufe eingreifen sollte. Übergreifend lassen sich folgende Verschiebungen benennen, die im weiteren Verlauf ausführlicher diskutiert werden sollen. Wir unterscheiden dabei, wie im vorigen Abschnitt erläutert wurde, zwischen den Maßnahmen, die die staatliche Organisation von Steuerungshandeln betreffen, und solchen, die das Verhalten von gesellschaftlichen Akteuren beeinflussen sollen.

5.1 Entwicklungen in der direkten staatlichen Bereitstellung von Gütern und Dienstleistungen

Privatisierung und *Liberalisierung* – also im weiteren Sinne die Übertragung von Aufgaben aus dem öffentlichen Sektor an den privaten Sektor und im engeren Sinne die Veräußerung von staatlichen Betrieben sowie die Liberalisierung bisheriger staatlich monopolisierter Bereiche – wurde in den 1980er Jahren zum Glaubenskenntnis für neoliberale Politik und weltweit in atemberaubendem Tempo durchgeführt (Pierson, 1996). Großbritannien und Neuseeland sind hier die Vorreiter gewesen. Ziel war es, die Ineffizienz und Verkrustung staatlicher organisierter Produktion abzuschaffen und – häufig – die Staatsfinanzen über den Verkauf von Staatsbetrieben zu sanieren. Privatisierung galt als einfaches Rezept, den Staat in seinem *Umfang* zu reduzieren, ohne hierdurch bereits seine internen Strukturen reformieren zu müssen. Sie nahm Entscheidungslast ab und entsprach damit auch dem neuen Bild des „schlanken Staates". Bei der Liberalisierung war die übergreifende Idee, den Staat als Produzenten und Monopolisten von bestimmten, vor allem infrastrukturellen Gütern wie Telekommunikation oder Schienen- und Luftverkehr auszuschalten und diese Bereiche zu liberalisieren. Die Wieder-Vermarktung solcher Bereiche stand also im Vordergrund.

In dem Maße aber, wie die Regierungen anfingen, ihre Staatsbetriebe zu veräußern oder Monopolbereiche der privaten Konkurrenz zu öffnen – und damit ihre direkten internen Steuerungsmöglichkeiten in diesen Güterbereichen abzugeben –, entstand das Problem, in solchen für die Gesellschaft besonders sensiblen wirtschaftlichen Sektoren negative soziale und ökonomische Folgeeffekte zu vermeiden, die durch die Funktionsweise des Marktes entstehen konnten. Mit anderen Worten, „protektiv-regulative" und „kompetitiv-regulative" Policies begannen wichtiger zu werden. Soziale Standards mussten eingehalten werden, ein Mindestmaß an Konkurrenz sollte gesichert werden. Kurz, die Entstaatlichung infolge der Privatisierung erzeugte gleichzeitig die Notwendigkeit für den Staat, über externe Politikinstrumente – und das heißt vor allem über die regulative Politik – verstärkt zu kontrollieren und zu regulieren. Wir werden weiter unten noch einmal darauf zurückkommen. Gleichzeitig war die Privatisierung auch kein Akt, der alle staatlichen Produktions- und Dienstleistungen umfasste. Gerade die wohlfahrtsstaatlichen Leistungen waren sehr viel schwieriger an den privaten Sektor abzugeben und blieben oft in öffentlicher bzw. in quasi-öffentlicher Hand. Die Organisation solcher und anderer staatlicher oder öffentlich finanzierter Leistungen änderte sich aber und damit sind wir beim zweiten Punkt der reflexiven Maßnahmen angelangt, der Dezentralisierung.

Während die Privatisierung bei der Reduktion des Umfangs staatlicher Aufgaben stehen blieb, verschafften vor allem betriebswirtschaftliche Denkweisen (das sogenannte *New Public Management*; siehe nur Naschold und Bogumil, 1998; Grande und Prätorius, 1997; Osborne und Gaebler, 1992; Kettl, 2000; Pollit and Bouckaert, 2000 und 2003) die Möglichkeit, auch über Reformen die Binnenstrukturen des Staates in der Bereitstellung von Dienstleistungen zu verändern. Zwei Entwicklungen müssen hier unterschieden werden: Zum einen setzte sich im gesamten Staatsapparat eine neue administrative Philosophie in bezug auf die Führung und Abwicklung staatlicher Tätigkeiten durch. Zum anderen wurden immer mehr Aufgaben an quasi-öffentliche oder private Leistungsträger delegiert.

Die neue administrative Philosophie besteht im wesentlichen aus der Idee, erstens, die Aufgabenerfüllung durch staatliche Behörden abzubauen und, wenn möglich, sie an außerstaatliche Organisationen zu übergeben; zweitens, die öffentlichen Leistungen, egal ob sie nun von quasi-öffentlichen, privaten oder staatlichen Organisationen erbracht werden, an marktwirtschaftliche Prinzipien zu binden, was im Grunde heißt, eine direktere Beziehung zwischen dem Adressaten bzw. Kunden der Dienstleistungen und den Anbietern herzustellen. Nicht mehr die zentralstaatlich definierte, sondern die vom „Markt" bestimmte Aufgabenerfüllung soll verwirklicht werden. Die ausführenden Organisationen werden demnach zu Anbietern, denen man – und damit brach man mit althergebrachten Prinzipien von hierarchischer Autoritätsstruktur und zentralstaatlich-bürokratischen Bewirtschaftungsprinzipien – eine relative Autonomie einräumte (wobei staatliche Behörden mit weniger Autonomie vorlieb nehmen mussten als quasi-öffentliche oder private) bei der Durchführung ihrer Aufgabenerfüllung. Ganz nach dem Modell des Marktes werden „Verträge" zwischen der Regierung und den Anbietern geschlossen, in denen die Aufgaben, Finanzierungsweisen und Kontrollverfahren definiert werden. Aufgrund dieses Vertrages wird ein Globalbudget überwiesen, das relativ frei verwendet werden kann. Die Organisationen sind selbst dafür verantwortlich, *wie* sie ihre Aufgaben erledigen. Der Staat – und diesen muss man jetzt als den inneren Kern, die Regierung und ihre direkte höhere Ministerialbürokratie definieren – kann steuern, indem er Aufgaben definiert, die Höhe der Finanzierung festlegt, bestimmte Organisationen selbst gründet oder sie selektiert. Dies ist aber eben steuern. Das „Rudern" aber (*row*) wie Osborne und Gaebler sich ausdrücken (Osborne und Gaebler, 1992), verbleibt jetzt relativ autonomen (staatlichen, quasi-staatlichen oder auch privaten) Organisationen, die durch ihre direkte Verantwortlichkeit den Klienten gegenüber mit höherer Effizienz arbeiten sollen. Mehr Autonomie und direktere Klientelanbindung sollen demnach zu einer effizienteren Anbietung staatlicher Dienstleistungen führen.

Damit ist das Steuerungsinstrument „staatliche Bereitstellung von Gütern und Dienstleistungen" erheblich modifiziert worden, ohne dass sich der Staat nun völlig der Pflicht entledigt hätte, diese sensiblen Bereiche zu verwalten. Lediglich die Art und Weise, wie gesteuert wird, hat sich verändert. Infolge der Privatisierung und Deregulierung bedarf es einer Politik der Regulierung über externe Politikinstrumente; bei der Delegation an relativ autonome Organisationen führt der Staat zumindest auf dem Papier weiter und kontrolliert, ob die Aufgaben tatsächlich erbracht werden. Diese *inneren* Reformen führen zu teilweise erheblichen Veränderungen in der Rolle der einzelnen Organisationen, in der Ausweitung von Kontroll- und Evaluationsverfahren und im Selbstverständnis der Politik. Der „schlanke Staat" aus der Sicht des New Public Management ist also kein „minimaler Staat", wie er sich noch eher in den Privatisierungsvorstellungen niederschlägt. Er bleibt ein aktiver Staat, beschränkt seine Tätigkeiten aber auf die Definition und Kontrolle minimaler Standards, sowie auf die globale Leitung und Überwachung der Leistungen delegierter Organisationen. Der Umfang der Binnenreformen in den einzelnen Ländern ist unterschiedlich und die Art und Weise, wie dies geschieht, ebenfalls (siehe Pollit and Bouckaert, 2000; Naschold und Bogumil, 1998; Kettl, 2000). Aber der Trend ist in allen Ländern eindeutig und dürfte tatsächlich zu einer weitgehenden Umstrukturierung der Art und Weise führen, wie der Staat seine Tätigkeiten organisiert.

Die Delegation selbst hebt bereits das Prinzip der Planung auf, das den Staat seit den 1960er Jahren in vielen Ländern angeleitet hatte. Die Reform der Binnenstruktur beruht auf dem Prinzip der Selbstorganisation, wenn auch der Staat eine Führungsrolle bei der Definition und Aufgabenformulierung behält und sich nicht nur auf prozedurale Steuerung zurückzieht. Planung kann nicht mehr angebracht sein, wenn die relativ autonomen Organisationen selbst bestimmen müssen, wie sie bestimmte Ziele verwirklichen sollen. Der Staat übergibt, weil er gelernt hat, dass Dirigismus von oben mit den von von Hayek und anderen diagnostizierten Informationsdefiziten suboptimal im Vergleich zu der Abwicklung in direktem Kontakt zwischen Anbietern und Klienten ist. Planung ist suboptimal, weil sie nicht effektiv sein kann, die Legitimationskosten erhöht und eine Vielzahl von staatlichen Ressourcen beansprucht. Der "schlanke Staat" entlässt den Staat aus der Planung.

5.2 Entwicklungen im Gebrauch von externen Politikinstrumenten

Parallel zur Privatisierung, zur Liberalisierung von bisher öffentlich kontrollierten Bereichen und zur Dezentralisierung findet, wie gesagt, in der externen Verwendung von Politikinstrumenten – gleichsam als Komplement – eine verstärkte Regulierung der nun marktwirtschaftlich organisierten Bereiche statt. Dies betrifft vor allem – wie oben erwähnt – die ökonomischen Sektoren und die infrastrukturelle Bereitstellung von Gütern. Am spektakulärsten hat sich dies wohl im Finanzsektor entwickelt, wo die Globalisierung, und nicht staatliche Effizienzerwägungen, erheblich zu einer Liberalisierung der Kapitalströme beigetragen hat. Auch bei den Handels- und Preisregulierungen haben sich durch das GATT-Regime und nicht zuletzt im europäischen Raum durch die EU ähnliche spektakuläre Liberalisierungen vollzogen. Regulierung heißt hier also, soziale und ökonomische Folgenschäden, die durch marktförmiges Verhalten in solchen liberalisierten und privatisierten Sektoren entstehen, vorzubeugen[6]. So führte zum Beispiel der spektakuläre Zusammenbruch von Brokerhäusern oder unverantwortliche Spekulationsgeschäfte im Bereich des Kapitalverkehrs zu Anstrengungen, Verhaltenskodexe zu entwickeln und die Kontrolle der Geschäftstätigkeiten und der Solvenz solcher Finanzakteure zu verstärken. Wenn die Ressource Elektrizität liberalisiert wird, muss darauf geachtet werden, dass keine Monopolabsprachen getroffen werden und die Konsumenten vor unlauterem Wettbewerb geschützt werden. Neue Vorschriften, die Entwicklung von Standards oder Kontrollvorschriften sind solche Instrumente kompetitiv- und protektiv-regulativer Politik, die negativen Externalitäten der Liberalisierung verhindern soll.

Majone (1994, 1997) und Wright (1994, 1996) weisen zudem darauf hin, dass im Zuge dieser erneuten Regulierungsanstrengungen, die im übrigen durch die Europäische Union noch einmal in vielerlei Hinsicht verstärkt wird (Majone, 1996), neue Wege in der regulativen Politik beschritten werden, die sogar Anlass geben, von einem aufkommenden „regulativen Staat" zu sprechen, der den durch Staatsintervention charakterisierten Umverteilungsstaat keynesianischer Prägung ablöst. Der regulative Staat ist nicht nur durch die Intensivierung regulativer Maßnahmen aufgrund der Liberalisierungen geprägt, sondern vor allem auch durch die verstärkte Inanspruchnahme von (relativ autonomen) Regulationsagenturen. Nicht mehr die direkte staatliche Bürokratie ist mit Kontroll- und Standardisierungsaufgaben beschäftigt, sondern Agenturen, die sich auf solche Aufgaben spezialisieren und dabei in relativer Distanz zum politischen System vorgehen können. Solche Agenturen sind wesentlich aktiver als es die bisherige staatliche Bürokratie sein konnte und entwickeln vor allem ein Eigeninteresse an der Erfüllung ihrer Aufgabe (siehe auch Pierson, 1996: 107)[7]. Also auch bei der Verwendung externer Politikinstrumente findet, zumindest was die regulative Politik betrifft, eine Delegation staatlicher Aufgaben an quasi-öffentliche Agenturen statt, wobei die Beziehung zwischen Agentur und Politik ähnlich strukturiert ist wie wir sie anhand des New Public Management beschrieben haben. Die Agenturen arbeiten im Auftrag der Politik und betreiben Politik *anstelle* traditioneller politischer Institutionen (siehe auch Braun, 2000)[8].

Die Regulierung hat aber nicht nur in den liberalisierten, ökonomischen Sektoren zugenommen, sondern auch im sozialen Bereich und im Umweltbereich. Diese Bereiche, so Howlett und Ramesh, "have more to do with our physical and moral well-being than with our pocketbooks" (Howlett und Ramesh, 1995: 87). Hierzu zählen der Konsumentenschutz ebenso wie die Luftverschmutzung, die sexuelle Belästigung am Arbeitsplatz oder Diskriminierungen. Gerade in der modernen Wohlstandsgesellschaft und infolge der teilweisen Werteverschiebung hin zu postmaterialistischen Werten (Inglehart, 1971, 1990), werden solche Bereiche

---

6   "Governments are increasingly worried about the danger of 'chaotic competition' which destabilize markets, as well as about new market distortions, with dominant actors intent of restricting competition – and this has heightened the need for new forms of regulation" (Wright 1996: 16).

7   "Each of the regulatory agencies has sought to expand ist control, each has sought to obtain greater information, each has not hesitated to mobilise outside support in ist struggle with ist respective privatized industry" (Wright 1996: 17).

8   Die unabhängige Zentralbank zählt hier ebenso zu wie die Environmental Protection Agency in den USA.

immer wichtiger für die politische Legitimation und Gegenstand intensiver öffentlicher Diskussionen (siehe auch Braud, 1997: II, 179).

Das Instrument der regulativen Politik hat also an Intensität keineswegs abgenommen. Dort, wo Entstaatlichung stattfindet, also vor allem im ökonomischen Sektor, werden neue Regulierungen notwendig und in anderen Bereichen intensiviert sich die Notwendigkeit zur Regulierung ohnedies. Die Form aber, über die regulative Politik vollzogen wird, scheint sich durch die Inanspruchnahme von delegierten Institutionen zu verändern. Und dies scheint sogar zu einer Intensivierung der Regulation anstatt zu einer Abschwächung zu führen (Wright 1996: 17).

Obwohl Regulierung also weiter zum Basisinstrumentarium zählt, gibt es heute doch zunehmend Zweifel an bzw. Widerstand gegenüber regulativen Maßnahmen. Regulative Politik ist zwar kostengünstig in ihrer Formulierung und Durchführung, kann aber erhebliche Transaktionskosten bei der Implementation erzeugen, weil sich die Adressaten der Regulierung den Ge- und Verboten entziehen oder sich widersetzen. Regulierungen beinhalten Verhaltenseinschränkungen, die durch Zwang sanktioniert werden. Solche Verhaltenseinschränkungen müssen legitimiert sein, damit sie akzeptiert werden. Genau hier beginnt sich die Einstellung der Bevölkerung zu verändern. "Top-Down-Verfahren" werden immer weniger als legitim angesehen. Obrigkeitsstaatliche Gesinnung beginnt zunehmend einer "zivileren" Einstellung zu weichen, die *Partizipation* an politischen Entscheidungen verlangt. Wenn denn Regulierung sein muss, so wird versucht, sie zunehmend über deliberative Verfahren abzufedern ("rule-making process"; siehe z.B. in der Umweltpolitik (Jansen, 1997). In diesem Sinne haben Bürgermitwirkung, die Einbeziehung sozialer Bewegungen in politische Entscheidungen usw. einen höheren Stellenwert seit den 1980er Jahren erhalten (siehe vor allem Heinelt, 2007). Viele europäische Städte, insbesondere in Deutschland, haben zum Beispiel Bürgerhaushalte nach dem Modell von „Porto Alegre" eingeführt. Diese bürgernahen Instrumente zielen auf neue Handlungskapazitäten für die Bevölkerung und Bürgerbeteiligung über „empowerment", Information, Ausbildung und regelmäßige Kontakte zur Verwaltung und politischen Elite der Stadt ab. Über den Einbezug der Adressaten von Politikinstrumenten wird auch versucht, die Legitimität der Politik zu stärken (Mayntz, 2008).

Das Unbehagen an der Politik der Ge- und Verbote hat auch, am deutlichsten wiederum in der Umweltpolitik, *marktförmigen Instrumenten* zu neuem Schwung verholfen. Hier hat die „Neue Politische Ökonomie" viel zum Instrumenteneinsatz beigetragen. Im Rahmen dieser Theorie wird vor allem das Informations- und Kontrolldefizit angeprangert, das der staatlich-bürokratischen regulativen Politik anhaftet. Mit einer Politik, die auf Anreize setzt und die die Entscheidungen dem Markt überlässt, sollen bessere Ergebnisse, z.B. bei der Luftverschmutzung, erzielt werden (Kirchgässner, 1994). Bei den Anreizen kann es sich um finanzielle Anreize handeln (Steuerermäßigungen oder zusätzliche Steuern etwa auf Mineralöl) oder aber um die Verteilung von Eigentumsrechten. Am prominentesten ist dieses letztere Instrument auf der internationalen Staatenebene diskutiert worden, wo das sogenannte „Kyoto-Protokoll" bekanntlich zu einer Reduktion der Emissionen auf der Erde beitragen soll. In diesem Rahmen werden an die einzelnen Staaten Emissionsrechte vergeben, die, wie auf dem Markt frei handelbar sind. Einzelne Staaten können also bestimmte Emissionsrechte bei anderen Staaten kaufen, wenn sie meinen, mehr als die festgelegte Menge ausstoßen zu müssen. Die Staaten, die unter der festgelegten Grenze bleiben, können die ersparten Rechte an andere Staaten weitergeben und dafür Geld erhalten. In ähnlicher Weise wird seit längerer Zeit bereits in den USA verfahren (idem : 476). Dieses Prinzip lässt sich selbstverständlich auch in anderen Politikbereichen einführen.

Die Hinwendung zu marktförmigen Instrumenten aufgrund von Informations- und Kontroll-defiziten weist zudem auf ein grundsätzliches Problem staatlicher Politik heutzutage hin, die Edgar Grande mithilfe des „Vorsorgestaates" beschreibt (Grande, 1997). Die Umweltprob-leme haben, ebenso wie Probleme in der Kernenergie oder in der Gentechnik eines gemein-sam, dass sie nämlich immense, vom Menschen gemachte Risiken in sich bergen, bei denen häufig nicht nur Informationen fehlen, sondern die den Staat dazu zwingen, auch *präventiv* zu handeln, um Katastrophen zu vermeiden. "Er kann nicht erst dann aktiv werden, wenn die Katastrophe eingetreten ist, wenn das Problem also real geworden ist, sondern er muss be-reits beim (mehr oder weniger begründeten) 'Verdacht einer Gefahr' [...] tätig werden" (i-dem: 51). Das einfache Verbot hilft bei solchen Techniken kaum weiter. Es muss differen-zierter verfahren werden und marktförmige Instrumente helfen zumindest zum Teil, das Handeln der Akteure, denen die meisten Informationen zur Verfügung stehen, zu beeinflus-sen.

Marktförmige Instrumente ersetzen nicht regulative Politik. Sie ergänzen sie. Nach wie vor werden Grenzwerte hoheitlich oder aber in Absprache mit den Betroffenen festgelegt. Was sich ändert, ist der Spielraum, der den Adressaten bleibt und die Art und Weise, wie sie mit der regulativen Politik umgehen können. Bei einem Ge- und Verbot bleibt kein Spielraum. Bei den marktförmigen Instrumenten wird innovatives Verhalten angeregt und besteht we-sentlich mehr Flexibilität für den einzelnen Adressaten, auf die Maßnahme zu reagieren.

Dieses Bestreben, "anstelle der klassischen staatlichen Regulierung durch Verbot und Anreiz die Anpassungs-, Reaktions- und Problemlösungskapazität der gesellschaftlichen Teilberei-che" (Hagenah, 1994: 491) zu fördern, charakterisiert insgesamt die heutige Politik. Nicht direkte, sondern *indirekte* Steuerung und hier insbesondere die *Strukturierung*, tritt in den Vordergrund, die den instrumentalen Kern des Governanceparadigmas darstellt.

Es ist unmittelbar einsichtig, dass die Verwendung von „Verhaltensangeboten" mit den Vor-gaben des „kooperativen Staates" übereinstimmen. Der Staat übergibt Entscheidungen an die Gesellschaft oder bezieht die Gesellschaft mit ein, versucht aber dabei, die Entscheidungen selbst durch Verhaltensarrangements zu beeinflussen.

Claus Offe hatte die prozedurale Steuerung als einen Bestandteil der Strukturierung ganz eng in Zusammenhang mit *Verhandlungssystemen* (Offe 1975: 93). Und gerade die Verhand-lungssysteme spielen in der heutigen Diskussion über die Organisation staatlicher Politik und den kooperativen Staat eine zentrale Rolle, gerade weil es zu einem Verwischen der Grenzen zwischen politischer und gesellschaftlicher Verantwortung für kollektive Ziele kommt und damit komplexe Abstimmungsprozesse notwendig werden (Heinelt, 2007). In Verhandlungs-systemen "kommen verschiedene Akteure – sei es als Träger spezifischen Wissens, sei es als Interessenvertreter – zur Koordination oder für die Erarbeitung einer gemeinsamen Entschei-dung zusammen" (Hagenah 1994: 503). Häufig sind diese Verhandlungssysteme in Form von *Netzwerken* strukturiert (s.o.). Die prozedurale Steuerung – oder wie Renate Mayntz die

Beeinflussung dieser netzwerkförmigen Verhandlungssysteme nennt, das *Interdependenz-management* (Mayntz, 1997) – versucht, gerade weil es in solchen Netzwerken keine hierarchische Macht mehr gibt und die Politik zum Teil nicht einmal in diesen Verhandlungssystemen vertreten ist, auf die Zusammensetzung der Netzwerke einzuwirken, den Agenda zu gestalten, die Entscheidungsmodalitäten zu beeinflussen, Zeithorizonte zu setzen oder die Verpflichtung zur Nutzung von Informationen aufzuerlegen. Was entschieden wird in solchen Verhandlungssystemen kann nicht vom Staat bestimmt werden, aber die Richtung kann durch solche prozedurale Regelungen doch in nicht unbeträchtlichem Maße vorgegeben werden.

Prozedurale Steuerung wird also ein Kerninstrument im kooperativen Staat. Allerdings sollte man diesen Begriff weit fassen: Er kann Verfahren in Verhandlungssystemen oder Selbstorganisationssystemen festlegen und damit eine regulative Komponente habe, aber auch Verhandlungsergebnisse über Verfahren wie Information, Kontrolle und Überzeugung beeinflussen und dabei zu einem kollektiven Lernprozess beitragen. Ein Beispiel hierfür ist die Ende der 1990er Jahre etablierte „*Open Method of Coordination*" der Europäischen Union: Dieses Instrument funktioniert in zwei Etappen: Im ersten Zug sollen die Teilnehmer in Verhandlungssystemen über ein „Benchmarking" ihre bisherigen Leistungen miteinander vergleichen. Daraufhin sollen die aus diesem Prozess resultierenden einheitlich entwickelten Normen als zukünftige Handlungsreferenzen für alle Teilnehmer dienen. Ex post Kontrollen helfen zu beurteilen, inwiefern zukünftiges Handeln diesen Normen entspricht. Auf diese Weise hofft man einen freiwilligen Lernprozess in Gang zu setzen, der die Effektivität und Effizienz des Politikbereichs erhöhen hilft.

Damit wird deutlich, dass sich auch im externen Bereich der Politikinstrumente die Tendenz fortsetzt, die direkte hoheitliche Nutzung von Politikinstrumenten in vielen Bereichen – vor allem solche, die komplexe und vernetzte Probleme aufweisen – zugunsten mehr indirekter Politikinstrumente aufzugeben. Dezentralisierung, Privatisierung und Liberalisierung waren die Maßnahmen des Staates in Bezug auf seine Binnenorganisation. Bei den externen Politikinstrumenten bleibt harte Regulierung zwar wichtig. Die Governancedebatte macht aber deutlich, dass „weiche" Instrumente zunehmend an Bedeutung gewinnen, die sowohl der Anerkennung von Selbstorganisation über Partizipation und Deliberation wie auch von Verhandlungssystemen mit öffentlichen und gesellschaftlichen Vertretern Rechnung tragen. Dabei wird das Instrument der prozeduralen Steuerung zum Kern des heutigen staatlichen Handelns.

Mit der Aufwertung von Verhandlungssystemen wird auch die Information als Steuerungsinstrument zu einem wichtigeren Bestandteil staatlicher Steuerungsstrategien, vor allem was die Bereitstellung von Orientierungsdaten angeht. Gleichzeitig verlieren die auf Geld basierenden Leistungsprogramme an Bedeutung, weil die Finanzierungsprobleme und die Modelle des neoliberalen und kooperativen Staates ihre Fortführung erschweren. Das Modell des Wohlfahrtsstaates selbst wird umgebaut: Hilfe zur Selbsthilfe und Anreiz zur Selbstverantwortung sollen den „überbürokratisierten" und „hypertrophen" Sozialstaat umkrempeln und entlasten. Der Slogan Tony Blairs in Großbritannien, nicht mehr „welfare", sondern „workfare" zu organisieren, sind hierfür ein Beleg. Der Staat hat nicht mehr die Aufgabe zu versorgen, sondern zur Selbsthilfe zu befähigen.

6   Bilanz

In dem Maße wie sich also die Rolle des Staates in der Gesellschaft bzw. das Denken über den Staat in der Gesellschaft und seine Regulierungspraxis verändert, findet auch eine Umorientierung im Gebrauch von Politikinstrumenten statt (Le Galès, 2000). Am sichtbarsten ist dies vielleicht im „reflexiven" Gebrauch von Politikinstrumenten, weil Privatisierung, Liberalisierung und Dezentralisierung doch in erheblichem Maße die Organisation öffentlicher Dienstleistungen verändern. Aber auch im externen Gebrauch von Politikinstrumenten gibt es Verschiebungen, die insgesamt den hoheitlich-hierarchischen Charakter des Staates hinterfragen. Die Modelle des neoliberalen und kooperativen Staates bevorzugen „weiche" und „marktförmige" Politikinstrumente, die Verhalten nicht oktroyieren, sondern Verhaltensangebote machen und Selbstorganisation fördern. Politische Entscheidungen finden immer mehr in Verhandlungssystemen zwischen Staat und Gesellschaft bzw. Markt oder zwischen privaten Akteuren, aber im öffentlichen Raum, statt. In Zeiten der allgemeinen Verunsicherung aufgrund zivilisatorischer Risiken und von Globalisierungsprozessen, die nationalstaatliches Handeln grundsätzlich verändern, kann der Staat nicht mehr die alleinige Instanz sein, die für die Wohlfahrt der Gesellschaft verantwortlich ist. Vielversprechender sind hier flexibles und selbstbewusstes Handeln auf gesellschaftlicher Ebene. Dem Staat verbleibt nicht viel mehr als die Verantwortung für die Schaffung der Vorbedingungen eines solchen Handelns zu schaffen, dabei aber auch – wie die Systemtheorie deutlich macht (Willke, 1992) – dafür zu sorgen, dass solches Handeln gesellschaftlich verantwortliches Handeln zu sein hat. Wenn der Staat nicht mehr über seine eigene Organisation steuern kann und will und Entscheidungen delegiert, dann bedarf er der Mechanismen, die die Entscheidungen auf gesellschaftlicher Ebene beeinflussen können. Der kooperative Staat und die prozedurale Politik sind die funktional adäquate Antwort hierauf. Die Gestaltung von Verhandlungssystemen und ihre Beeinflussung werden dabei zu den vorrangigen Politikinstrumenten der Politik.

7   Literatur

Abelshauser, Werner (1983): Wirtschaftsgeschichte der Bundesrepublik Deutschland 1945-1980. Frankfurt a.M.: Suhrkamp.

Bache, Ian und Matthew Flinders (2004): Multi-Level Governance, Oxford: Oxford University Press.

Beck, Ulrich (1993): Die Erfindung des Politischen. Frankfurt: Suhrkamp.

Bell, Daniel (1967): Notes on post-industrial society. In: The Public Interest 6, 24-35.

Benz, Arthur (1994): Institutional Change in Intergovernmental Relations: The Dynamics of Multi-Level Structures. In: Joachim Jens Hesse und Theo A. J. Toonen (Hg.): The European Yearbook of Comparative Government and Public Administration. 1. 551-574.

Benz, Arthur (2004a): Multilevel Governance - Governance in Mehrebenensystemen, in Benz, Arthur (Hg.), Governance - Regieren in komplexen Mehrebenensystemen. Eine Einführung (Opladen: VS Verlag für Sozialwissenschaften), 125-46.

Benz, Arthur (2004b): Einleitung: Governance - Modebegriff oder nützliches sozialwissenschaftliches Konzept?, in Benz, Arthur (Hg.), Governance - Regieren in komplexen Mehrebenensystemen. Eine Einführung (Opladen: VS Verlag für Sozialwissenschaften), 11-28.

Benz, Arthur (Hg.) (2004c): Governance - Regieren in komplexen Regelsystemen. Eine Einführung, Lehrbuch Governance, Opladen: VS Verlag für Sozialwissenschaften.

Böhret, Carl (1993): Funktionaler Staat. Ein Konzept für die Jahrhundertwende? Frankfurt a.M.: Peter Lang.

Braud, Philippe (1997): Science politique, Tome 1 et 2. Paris: Editions du Seuil.

Braun, Dietmar (1997): Die forschungspolitische Steuerung der Wissenschaft. Frankfurt a.M.: Campus.

Braun, Dietmar (1998): Theorien rationalen Handelns in der Politikwissenschaft. Eine kritische Einführung.. Opladen: Leske + Budrich.

Braun, Dietmar (2000): Gemeinwohlorientierung im modernen Staat. In: Uwe Schimank und Raimund Werle (Hg.): Gesellschaftliche Komplexität und kollektive Handlungsfähigkeit. Frankfurt a.M.: Campus. 125-153.

Bruijn, Hans A. de and Hans A.M. Hufen (1998): The traditional approach to policy instruments, in Peters, B. Guy und Frans K.M. van Nispen (Hg.), Public Policy Instruments. Evaluating the Tools of Public Administration, Cheltenham, UK: Edward Elgar, 11-32.

Buchanan, James M. und Gordon Tullock (1962): The Calculus of Consent. Logical Foundations of Constitutional Democracy. Ann Arbor: University of Michigan Press.

Deutsch, Karl W. (1963): The Nerves of Government. New York: Free Press.

Ellwein, Thomas und Joachim Jens Hesse (1994): Der überforderte Staat. Baden-Baden: Nomos.

Eucken, Walter von (1990 (6. Auflage)): Grundsätze der Wirtschaftspolitik. Herausgegeben von Edith Eucken und K. Paul Hensel. Tübingen: J.C.B. Mohr.

Giddens, Anthony (1997): Jenseits von Links und Rechts. Frankfurt a.M.: Suhrkamp.

Görlitz, Axel und Hans-Peter Burth (1998): Politische Steuerung. Ein Studienbuch. 2 Auflage. Opladen: Leske + Budrich.

Grande, Edgar (1996): The state and interst groups in a framework of multi-level decision-making: the case. In: Journal of European Public Policy 3(3), 318-338.

Grande, Edgar (1997): Auflösung, Modernisierung oder Transformation? Zum Wandel des modernen Staates in Europa. In: Edgar Grande und Rainer Prätorius (Hg.): Modernisierung des Staates? Baden-Baden: Nomos. 45-64.

Grande, Edgar und Rainer Prätorius (Hg.) (1997): Modernisierung des Staates? Baden-Baden: Nomos.

Grimm, Dieter (1993): Der Staat in der kontinentaleuropäischen Tradition. In: Rüdiger Voigt (Hg.): Abkehr vom Staat - Rückkehr zum Staat? Baden-Baden: Nomos. 27-50.

Hagenah, Evelyn (1994): Neue Instrumente für eine neue Staatsaufgaben: Zur Leistungsfähigkeit prozeduralen Rechts im Umweltschutz. In: Dieter Grimm (Hg.): Staatsaufgaben. Baden-Baden: Nomos. 487-521.

Hartwich, Hans-Hermann (1987): Die Suche nach einer wirklichkeitsnahen Lehre vom Staat. In: APUZ B46-47/87, 3-19.

Hayek, Friederich A. von (1945): The use of knowledge in society. In: The American Economic Review. XXXV (4), 519-530.

Hayek, Friedrich A. von (1978): New Studies in Philosophy, Politics, Economics and the History of Ideas. Chicago.

Hegel, Georg Wilhelm Friedrich (1972): Philosophie des Rechts. Frankfurt a.M.: Ullstein.

Heinelt, Hubert (2007): Demokratie jenseits des Staates. Partizipatives Regieren und Governance, Modernes Regieren. Schriften zu einer neuen Regierungslehre, 4; Frankfurt a.M.: Nomos.

Howlett, Michael und M. Ramesh (1995): Studying Public Policy. Policy Cycles and Policy Subsystems. Oxford: Oxford University Press.

Howlett, Michael (2005): What is a Policy Instrument? Policy Tools, Policy Mixes and Policy-Implementation Styles, in Eliadis, Pearl, Margaret M. Hill, und Michael Howlett (Hg.), Designing Government. From Instruments to Governance, Montreal & Kingston: McGill-Queen's University Press, 31-50.

Inglehart, Ronald (1971): The Silent Revolution in Europe. In: American Political Science Review, 991-1017.

Inglehart, Ronald (1990): Culture Shift in Advanced Industrial Society. Princeton: Princeton University Press.

Jansen, Dorothea (1997): Mediationsverfahren in der Umweltpolitik. In: Politische Vierteljahresschrift 38(2), 274-297.

Jordan, A. Grant und Klaus Schubert (Hg.) (1992): Policy Networks. In: European Journal of Political Research, Special Issue: Vol 21.

Katzenstein, Peter J. (1985): Small States in World Markets. Industrial Policy in Europe. Ithaca and London: Cornell University Press.

Kaufmann, Franz-Xaver (1994): Diskurse über Staatsaufgaben. In: Dieter Grimm (Hg.): Staatsaufgaben. Baden-Baden: Nomos. 15-42.

Kenis, Patrick und Jörg Raab (2008): Politiknetzwerke als Governanceform: Versuch einer Bestandsaufnahme und Neuausrichtung der Diskussion, Politische Vierteljahresschrift, Sonderheft "Governance".

Kettl, Donald (2000): The Global Public Management Revolution. A Report on the Transformation of Governance. Washington, D.C.: Brookings Institution.

Kettl, Donald und H. Brinton Milward (Hg.) (1996): The state of public management. London: Johns Hopkins Press.

Kirchgässner, Gebhard (1994): Umweltschutz als Staatsaufgabe. In: Dieter Grimm (Hg.): Staatsaufgaben. Baden-Baden: Nomos. 453-486.

Lallement, Michel (2000):Neue Governance-Formen in der Beschäftigungspolitik. Industrielle Beziehungen und die Regulierung des Arbeitsmarktes in Frankreich und Deutschland, Frankfurt am Main, Campus Verlag.

Lange, Stefan (2000): Politische Steuerung als systemtheoretisches Problem. In: Stefan Lange und Dietmar Braun (Hg.): Politische Steuerung zwischen System und Akteur. Eine Einführung. Opladen: Leske + Budrich. 15-98.

Lascoumes, Pierre and Patrick Le Galès (2004): L'action publique saisie par les instruments, in Lascoumes, Pierre and Patrick Le Galès (Hg.), Gouverner par les instruments (Paris: Presses de la Fondation Nationale des Sciences Politiques), 11-46.

Le Galès, Patrick (2000): Le desserrement du verrou de l'Etat ?. Revue Internationale de Politique Comparée 6(3), 627-652.

Lehmbruch, Gerhard (1996): "Der Beitrag der Korporatismusforschung zur Entwicklung der Steuerungstheorie". Politische Vierteljahresschrift, Heft 4, 1996. 735-751.

Lehner, Franz (1979): Einführung in die Neue Politische Ökonomie. Königstein/Ts.: Athenäum.

Lutz, Burkart (1984): Der kurze Traum immerwährender Prosperität. Frankfurt a.M.: Campus.

Majone, Giandomenico (1994): Paradoxes of privatization and deregulation. In: In: Journal of European Public Policy 1(1), 53-69.

Majone, Giandomenico (1997): From the Positive to the Regulatory State: Causes and Consequences of Changes in the Mode of Governance. In: Journal of Public Policy 17(2), 139-167.

Majone, Giandomenico (Hg.) (1996): Regulating Europe. London: Routledge.

Marin, Bernd und Renate Mayntz (Hg.) (1991): Policy Networks. Empirical Evidence and Theoretical Considerations. Frankfurt a.M. - Boulder, Colorado: Campus.

Mayntz, Renate (1987): Politische Steuerung und gesellschaftliche Steuerungsprobleme -. In: Thomas Ellwein, Joachim Jens Hesse, Renate Mayntz und Fritz W. Scharpf (Hg.): Jahrbuch zur Staats- und Verwaltungswissenschaft, Band 1/1987. Baden-Baden: Nomos. 89-110.

Mayntz, Renate (1993): Policy-Netzwerke und die Logik von Verhandlungssystemen. In: Adrienne Héritier (Hg.): Policy-Analyse. Kritik und Neuorientierung. Opladen: Westdeutscher Verlag. 39-56.

Mayntz, Renate (1997): Verwaltungsreform und gesellschaftlicher Wandel. In: Edgar Grande und Rainer Prätorius (Hg.): Modernisierung des Staates? Baden-Baden: Nomos. 65-74.

Mayntz, Renate (2006); Governance Theory als fortentwickelte Steuerungstheorie?, in Schuppert, Gunnar Folke (ed.), Governance-Forschung. Vergewisserung über Stand und Entwicklungslinien (Baden-Baden: Nomos), 11-20.

Mayntz, Renate (2008): Von der Steuerungstheorie zu Global Governance, Politische Vierteljahresschrift, Sonderheft "Governance".

Mayntz, Renate und Fritz W. Scharpf (1975): Policy-Making in the German Federal Bureaucracy. Amsterdam: Elsevier.

Mayntz, Renate und Fritz W. Scharpf (Hg.) (1995): Gesellschaftliche Selbstregelung und politische Steuerung. Frankfurt a.M.: Campus.

McLean, Ian (1987): Public Choice. An Introduction. Oxford: Basil Blackwell.

Naschold, Frieder und Jörg Bogumil (1998): Modernisierung des Staates. New Public Management und Verwaltungsreform. Opladen: Leske + Budrich.

Nozick, Robert (1974): Anarchy, State and Utopia. New York: Basic Books.

Offe, Claus (1975): Berufsbildungsreform. Frankfurt a.M.: Suhrkamp.

Osborne, David und Ted Gaebler (1992): Reinventing Government. How the Entrepreneurial Spirit is Transforming the Public Sector. Reading: Addison-Wesley.

Pierre, Jon (2000): Understanding Governance. Jon Pierre (Hg.): Debating Governance - Authority, Steering and Democracy. Oxford: Oxford University Press. 1-10.

Pierson, Christopher (1996): The Modern State. London: Routledge.

Pollit, Christopher and Geert Bouckaert (2000): Public Management Reform. A Comparative Analysis, (Oxford: Oxford University Press).

Pollit, Christopher and Geert Bouckaert (2003): 'Evaluating public management reforms: An international perspective', in Wollman, Helmut (ed.), Evaluation in Public-Sector Reform (Cheltenham: Edward Edgar Publishing), 12-35.

Reagan, Michael D. (1987): Regulation : the Politics of Policy. Boston: Little Brown.

Rhodes, R.A.W. (1997): Understanding Governance. Policy Networks, Governance, Reflexivity and Accountability. Buckingham - Philadelphia: Open University Press.

Rhodes, R.A.W. (2000): Governance and Public Administration. In Jon Pierre (Hg.): Debating Governance - Authority, Steering and Democracy. Oxford: Oxford University Press. 54-90.

Ritter, Ernst-Hasso (1979): Der kooperative Staat. Bemerkungen zum Verhältnis von Staat und. In: AÖR (1979), 104, 389-413.

Salisbury, Robert und John Heinz (1970): A Theory of Policy, Analysis and Some Preliminary Applications. In: John Sharkansky (Hg.): Policy Analysis in Political Science. Chicago: Merkham Publishing Company. 39-60.

Scharpf, Fritz W. (1983): Interessenlage der Adressaten und Spielräume der Implementation bei. In: Renate Mayntz (Hg.): Implementation politischer Programme II - Ansätze zur Theoriebildung. Opladen: Westdt. Verlag. 99-116.

Scharpf, Fritz W. (1992): 'Die Handlungsfähigkeit des Staates am Ende des Zwanzigsten Jahrhunderts', in Kohler-Koch, Beate (ed.), Staat und Demokratie in Europa (Opladen: Westdeutscher Verlag), 93-115.

Scharpf, Fritz W. (1999): Regieren in Europa - Effektiv und demokratisch ?. Frankfurt a.M.: Campus.

Schelsky, Helmut (1965): Auf der Suche nach der Wirklichkeit. Düsseldorf.

Schmitt, Carl (1963): Der Begriff des Politischen. Berlin: Duncker & Humblot.

Schubert, Klaus (1991): Politikfeldanalyse. Opladen: Leske und Budrich.

Schuppert, Gunnar Folke (Hg.) (2006): Governance-Forschung. Vergewisserung über Stand und Entwicklungslinien, 2. Auflage; Frankfurt a.M.: Nomos)

Schuppert, Gunnar Folke (2008): 'Governance - auf der Such nach Konturen eines "anerkannt uneindeutigen Begriffs"', Politische Vierteljahresschrift, Sonderheft "Governance".

Stöger, Roman (1997): Der neoliberale Staat. Entwicklung einer zukunftsfähigen Staatstheorie. Wiesbaden: Deutscher Universitätsverlag.

Streeck, Wolfgang ; Schmitter, Philippe C. (1985): "Community, Market, State and Associations - The Prospective Contribution of Interest Governance to Social Order". Streeck, Wolfgang ; Schmitter, Philippe C. (Hg.): Private Interests Government. London : Sage. 1-29.

Voigt, Rüdiger (Hg.) (1995): Der kooperative Staat. Krisenbewältigung durch Verhandlung? Baden-Baden: Nomos.

Willke, Helmut (1992): Ironie des Staates. Frankfurt: Suhrkamp.

Windhoff-Heritier, A. (1987): Policy-Analyse. Frankfurt/New York: Campus.

Wright, Vincent (Hg.) (1994): Privatization in Western Europe: Pressures, Problems and Paradoxes. London: Pinter Publishers.

Wright, Vincent (1996): Public Administration, regulation, deregulation and reregulation. In: Diskussionspapier präsentiert beim Workshop Public Policy der Schweizerischen Vereinigung für Politikwissenschaft in Bahlstal am 11. November.

Zürn, Michael (2008), Governance in einer sich wandelnden Welt - eine Zwischenbilanz, Politische Vierteljahresschrift, Sonderheft "Governance" (im Erscheinen).

Verständnisfragen

1. Definieren Sie die Begriffe: kooperativer Staat, Interventionsstaat und minimaler Staat.

2. Worin unterscheiden sich Politikinstrumente in der Anwendung?

3. Welche Formen der Bereitstellung von Gütern und Dienstleistungen unter staatlicher Verantwortung lassen sich unterscheiden?

4. Welche Ziele können mit direkter Regulierung verfolgt werden?

5. Welches sind die wichtigsten Merkmale prozeduraler Steuerung?

Transferfragen

1. Gibt es heute noch Staaten, die dem Typus des Interventionsstaates entsprechen?

2. Inwiefern haben sich Kompetenzen und Aufgaben der öffentlichen Verwaltung durch den Übergang zum kooperativen Staat verändert?

Problematisierungsfragen

1. Wurde der Wandel vom Interventionsstaat zum minimalen und kooperativen Staat in erster Linie durch veränderte Rahmenbedingungen und Anforderungen erzwungen oder spiegelt er primär veränderte politische Wahrnehmungen und Normen wider?

2. Diskutieren Sie die jeweilige demokratische Legitimation hierarchischer und kooperativer Politikinstrumente.

Teil III: Akteure und Methoden

Akteurkonstellationen und Netzwerke in der Politikentwicklung

Volker Schneider

1 Einleitung

In sozialwissenschaftlichen Analysen sind in den vergangenen Jahrzehnten akteurzentrierte Perspektiven in den Vordergrund gerückt. Hiervon ist auch die Policy-Analyse nicht unbeeinflusst geblieben. In den 1970er Jahren genügte es noch, auf System- bzw. Staatsfunktionen oder sozio-ökonomische Strukturdeterminanten öffentlicher Politiken hinzuweisen. Spätestens seit den 1980er Jahren wird jedoch eine Mikrofundierung dergestalt verlangt, dass öffentliche Politik als kollektive Produktion allgemeinverbindlicher Entscheidungen von Akteuren begriffen wird. Die Thematisierung politischer Probleme genauso wie die Formulierung und Implementation eines darauf bezogenen politischen Programms wird aus dieser Perspektive aus der Interaktion vieler Akteuren abgeleitet, wobei die hierbei relevanten Akteure häufig als Konstellationen bezeichnet werden – vergleichbar mit Sternbildern, in denen Akteure im jeweiligen Politikfeld stabile Plätze einnehmen. Viele dieser akteurzentrierten Ansätze gehen dabei über einen reinen Akteurbezug hinaus, in dem sie auch auf strukturelle, institutionelle oder systemische Faktoren verweisen, die Akteurpositionen bestimmen und letztlich deren Handeln prägen. Ein Beispiel ist der akteurzentrierte Institutionalismus, der in der Analyse einer öffentlichen Politik insbesondere die strukturellen Positionen, die institutionellen Kontexte sowie Handlungsorientierungen und Interaktionsformen der beteiligten Akteure betont (Mayntz/Scharpf 1995: 40; Schneider/Mayntz 1995; Scharpf 2000).

Ausgehend von dieser Grundperspektive wird in den folgenden Abschnitten zunächst auf die spezifischen Typen, Konstitutionsbedingungen und Binnenstrukturen von Akteuren eingegangen. Sodann wird untersucht, welche Positionen sie in den typischen Konfigurationen einer öffentlichen Politik einnehmen können. Weiter ist von Interesse, welche Grundtypen von Interessen- und Konfliktkonstellationen hier auftreten und wie diese analysiert werden können. Abschließend wird gezeigt, wie komplexen Beziehungsstrukturen im Politikprozess präzise beschrieben, visualisiert und deren Wirkung auf den Handlungszusammenhang bestimmt und erklärt werden kann.

2 Die Policy-Akteure und ihre organisatorische Vielfalt

Um die Policy-Akteure, d.h. die für eine öffentliche Politik relevanten Akteure zu definieren, ist es zunächst notwendig, den Begriff des *Akteurs* selbst zu betrachten. Der aus dem Französischen stammende Begriff acteur, der Handelnder aber auch Schauspieler bedeutet, wird im Deutschen meist in dieser französischen Form benutzt, obwohl manche Sozialwissenschaftler eher auf den englischen Begriff actor zurück greifen. Ein prominentes Beispiel gibt Habermas (1992), der häufig den Begriff Aktor verwendet. In den Technikwissenschaften ist Aktor oder Aktuator im strengen Sinne für eine steuerungstechnische Komponente reserviert. In der Elektrotechnik werden damit Wandler bezeichnet, die elektrische Signale in mechanische Bewegung oder in andere physikalische Größen umsetzen. Abstrakter ist die Verwendung dieses Begriffs in der Kybernetik, mit dem auf eine Wirkeinheit verwiesen wird (Stellglied), die von einem Sensor aufgenommene Signale in spezifische Aktionen umsetzt und einen gewünschten Zustand herstellt (Deutsch 1963).

Dieses technische Steuerungskonzept lässt sich leicht auf politische Zusammenhänge übertragen. Aus der Perspektive einer akteurbasierten Steuerungstheorie sind Akteure dann *Sensoren* und *Aktoren* zugleich, und ihre von Regelwerken strukturierte Interaktion kann als institutionelle Steuerung konzipiert werden (Kenis/Schneider 1996; Mayntz 2005*)*. In einem Politikfeld kann z.B. eine Arbeitsteilung dergestalt entstehen, dass einige Akteure primär für die Definition eines politischen Problems zuständig sind, während andere die Aufgabe haben, die spezifischen Politikressourcen zu mobilisieren und einzusetzen, die für eine Problemlösung mittels allgemein bindender Entscheidungen notwendig sind.

Die Handlungseinheiten, die in die Formulierung und Umsetzung einer öffentlichen Politik involviert sind, werden im Folgenden Policy-Akteure genannt. Hierzu gehören nicht nur Individuen und Organisationen, die durch die politische Verfassung einer Gesellschaft in formeller Weise als Träger gesellschaftlicher Regelungs- und Steuerungsleistungen bestimmt sind, wie dies aus einer traditionellen institutionalistischen Perspektive nahegelegt wird. Hinzu kommen noch Gruppen von Individuen und Organisationen, die eher informell – direkt oder indirekt – auf die inhaltliche Gestaltung und Umsetzung einer öffentlichen Politik einwirken.

Die verschiedenen Typen von Akteuren, die im Policy-Prozess eine Rolle spielen, wurden von Fritz Scharpf wie folgt kategorisiert (Scharpf 2000: 95-107): Auf oberster Ebene können *Individuen* und *komplexe Akteure* unterschieden werden. Letztere sind aus vielen Individuen zusammengesetzt. Komplexe Akteure selbst können wieder unterteilt werden: Als simpelste Form existieren einfache *Handlungsaggregate*, in denen eine Gruppe von Individuen auf Grund von homogenen Präferenzen oder ähnlichen Handlungsbedingungen gleichgerichtet handelt. Daneben gibt es *kollektive* und *korporative* Akteure. Der *kollektive* Akteur ist ein Sammelbegriff für Handlungsformen, in denen die interessierten Akteure selbst handeln, jedoch in unterschiedlicher Weise koordiniert werden. Bei den Koordinationsformen lassen sich Allianzen, Clubs, Bewegungen und Verbände unterscheiden. Allen gemeinsam ist, dass die jeweiligen interessierten Akteure selbst handeln und das Zusammenhandeln über irgend-eine Form des Informationsaustausches koordinieren (Laumann/Marsden 1979).

Davon zu unterscheiden sind *korporative* Akteure, die entstehen, wenn Akteure Ressourcen zusammenlegen, um als Handlungseinheit eine überindividuelle Rechtsperson zu erschaffen, die in ihrem Interesse tätig wird (Coleman 1974). Beispiele für solche künstliche Personen sind Unternehmerverbände, Gewerkschaften, Aktiengesellschaften, Parteien und natürlich auch Organisationen des öffentlichen Bereichs wie Parlament, Regierung und Verwaltung. Bei dieser Akteurform sind die wirklichen Handlungseinheiten nur noch indirekt die sie konstituierenden Individuen.

Ausgangspunkt ist das kollektive Ziel einer Gruppe, das diese durch koordiniertes Handeln realisieren möchte. Hierfür gibt es zwei Wege: Einerseits können die Akteure dezentral han-deln und sich soweit abstimmen, dass jeder Beteiligte auf eigenständige Weise Ressourcen mobilisiert und im Sinne der gemeinsamen Ziele einsetzt. Wie Mancur Olson (1965) zeigt, ist diese Form kollektiven Handelns von verschiedenen Voraussetzungen abhängig, wobei die Zahl der Akteure besonders wichtig ist. Mit wachsender Größe wird es aufwendiger, die Einzelhandlungen in Bezug auf das kollektive Ziel aufeinander abzustimmen und Akteure dahingehend zu kontrollieren, ob sie auch ihre Beiträge leisten oder nur als Trittbrettfahrer von den Früchten des Kollektivhandelns profitieren.

Um solche Koordinations- und Kontrollprobleme zu lösen, können Akteure die Form des Kollektivhandelns dahingehend verändern, dass sie weiterhin auf individuelle Weise die Handlungsressourcen mobilisieren, diese dann in einer neu geschaffenen Organisation zu-sammenlegen, die mit der Ausführung des Kollektivhandelns über ihr angestelltes Personal betraut ist. In dieser zentralisierten und korporativen Handlungsform werden Organisationen auf der Basis von Verträgen berechtigt, für einen bestimmten Zeitraum und ein begrenztes Aufgabengebiet im Auftrag der Initiatoren und Organisationsmitglieder zu handeln.

Diese Handlungsform hat einige Vorteile, die sich durch den „korporativen" Charakter erge-ben. Ein sehr wichtiger ist, dass das stellvertretende Handeln für Mitgliederinteressen sich *von situativen Konstellationen entkoppelt* und die Verfolgung dieser Interessen damit *auf Dauer* gestellt wird. Durch den Vertrag gewinnt die korporative Einheit Autonomie, um im Sinne der festgelegten Ziele langfristig zu handeln (Coleman 1974; 1990). Ein weiterer Vor-teil ist die Spezialisierung. Anders als natürliche Personen, die immer ein Mindestspektrum von Bedürfnissen befriedigen und deshalb immer mehrere Interessen gleichzeitig verfolgen müssen, können sich Organisationen auf wenige Funktionen konzentrieren. Korporative Akteure können sich „einsinnig" an der Erfüllung hochspezialisierter Zwecke orientieren, was eine sonst nicht erreichbare Konzentration von Kräften in der Verfolgung bestimmter Ziele erlaubt (Mayntz 1997: 40-69).

Auf diese Weise ermöglicht korporatives Handeln eine *Parallelverarbeitung* gesellschaftli-cher Probleme, die natürlichen Personen nur sehr bedingt möglich ist. Der korporative Ak-teur kann Aufgaben intern dezentralisieren und die Verarbeitungsroutinen in Unterprozedu-ren aufgliedern. Hierdurch lassen sich die kognitiven Beschränkungen natürlicher Personen, die eher serielle Problemlöser sind, auf kollektive Weise überwinden (Simon 1982; 1993).

Korporatives Handeln impliziert jedoch auch Nachteile. Korporative Akteure entwickeln in der Regel Eigeninteressen, und neben die Mitgliederinteressen tritt zumindest das Interesse des korporativen Akteurs an Organisationssicherung: Manager möchten ihre gutdotierten und einflussreichen Positionen sichern, Arbeiter möchten ihre Arbeitsplätze behalten. Indem die Organisation mit eigenen Ressourcen ausgestattet ist, hat sie die Möglichkeit, Machterhalt u.U. auch gegen die Mitgliederinteressen zu verfolgen. Auf Grund dieses mit der Autonomie verbundenen Risikos werden die Mitglieder eines korporativen Akteurs daher ihre Ressourcen nur unter bestimmten Bedingungen an den korporativen Akteur abtreten, die ihnen Aufsichts- und Kontrollrechte über das korporative Handeln geben. Diese Risiken können jedoch dadurch gemindert werden, dass das Handeln mittels geeigneter Abstimmungsregeln wie z.B. Einstimmigkeit und spezifischer Überwachungsformen einer stärkeren Kontrolle durch die Mitglieder unterworfen wird (Coleman 1971). Hierbei befinden diese sich aber insoweit in der Zwickmühle, als sie in den Genuss der Organisationsvorteile kollektiven Handelns nur kommen, wenn Ressourcen und Entscheidungsmacht auch an den korporativen Akteur abgetreten wird und er dadurch zu autonomem Handeln befähigt wird. Wollte man den Kontrollverlust über Handlungsressourcen durch eine Einschränkung der Entscheidungsmacht kompensieren, dann würde die Handlungsfähigkeit des Akteurs leiden und sich damit der Vorteil des korporativen Handelns auflösen. Dieser Konflikt wird als *Organisationsdilemma* bezeichnet (Streeck 1972; Coleman 1974).

In der Politikfeldanalyse soll diese Unterscheidung zwischen kollektiven und korporativen Akteuren jedoch nicht so verstanden werden, dass die Akteure eines bestimmten Politikprozesses entweder nur kollektive oder nur korporative Akteure sind. In komplexen Gesellschaften treten beide Formen meist ineinander verschachtelt auf, wenn z. B. mehrere korporative Akteure einen kollektiven Akteur in Form einer Allianz bilden, oder ein korporativer Akteur höherer Ordnung aus der Kombination vieler korporativer Akteure entsteht (Dachverbände, Parteikonföderationen).

Ein grundsätzliches Problem bei der Eingrenzung und Identifikation von Policy-Akteuren ist, welche Rolle Individuen in der modernen Politik noch spielen. Tatsächlich werden Probleme, Programme und Entscheidungen immer nur von konkreten Personen thematisiert, formuliert und umgesetzt. In modernen Industriegesellschaften und Massendemokratien handeln Individuen aber meist als Funktionsträger von Organisationen, und politische Prozesse sind wesentlich durch Interaktionen zwischen Organisationen bestimmt, was in Konzepten wie „Organisationsgesellschaft" oder „Organisationsstaat" zum Ausdruck kommt (Laumann/Knoke 1987; Perrow 1996; Schneider 2000).

Auch in Organisationsgesellschaften bestehen Organisationen weiterhin aus Individuen. Diese handeln jedoch in der Regel als *Agenten* im Auftrag und Interesse ihrer organisierten *Prinzipale*. Diese Individuen haben weiterhin individuelle Interessen; die Anreizstruktur in den Vertrags- und Abhängigkeitsbeziehungen zwischen Organisationen und Individuen ist aber in der Regel so gestaltet, dass letztere es in ihrem Interesse sehen, in politischen Entscheidungsprozessen vorrangig die Interessen ihrer Organisationen zu vertreten, wenn sie ihre persönliche Karriere und ihr privates Einkommen verbessern möchten.

3 Policy-Akteure in der gesellschaftlichen Arbeitsteilung

In Organisationsgesellschaften entsteht öffentliche Politik hauptsächlich aus der Interaktion von politischen Organisationen. Eine wichtige Frage ist, wie der Zugang zur Policy-Arena – dem Kampfplatz der involvierten Interessen – geregelt ist. Wer wird an den Entscheidungen beteiligt? Die Antwort fällt je nach theoretischer Perspektive recht unterschiedlich aus, wobei sich zumindest eine *tauschtheoretische* und eine *institutionalistische* Perspektive unterscheiden lassen.

Bei einer tauschtheoretischen Eingrenzung werden jene Akteure, die Leistungen erzeugen bzw. Ressourcen bereitstellen, die zur Produktion einer bestimmten öffentlichen Politik nötig bzw. vorteilhaft sind, in den Prozess einbezogen. Ein im Grunde ähnliches Ergebnis liefert der Strukturfunktionalismus, aus dessen Perspektive jene Akteure berücksichtigt werden müssen, die wichtige Beiträge zur Reproduktion und Erhaltung eines bestimmten Systems liefern. Moderne tauschtheoretische Perspektiven, die über solche naturwissenschaftliche Analogien hinausgehen, setzen am eigeninteressierten Handeln von Menschen an, die Leistungen nur bei entsprechender Gegenleistung bereitstellen. Eine solche Perspektive ist beispielsweise in Varianten der Korporatismustheorie enthalten, in der die Lizensierung und Gewährung von politischem Zugang an private Großverbände durch den Staat als Tauschprozess interpretiert wird (Czada 1994). Private Akteure werden deshalb in den Politikprozess inkorporiert, weil sie wichtige Leistungen (Bündelung und Repräsentation großer Interessenbereiche, Kontrolle und Selbstregelung dieser Interessenfelder) für den Policy-Prozess bereitstellen.

Eine pluralistische Interpretation der *tauschtheoretischen* Perspektive liegt im „Organisationsstaat" von Laumann und Knoke (1987) vor, in der die Partizipation der Akteure auf deren gegenseitiger Relevanz beruht. Akteure halten sich offenbar dann gegenseitig für relevant, wenn in ihrer Perzeption die Ressourcen und Machtpositionen der anderen Akteure direkt und indirekt wichtig für die Formulierung und Umsetzung einer bestimmten Politik sind.

Im Gegensatz hierzu impliziert die *institutionalistische* Perspektive, dass die Akteure, die für die Formulierung und Implementation einer öffentlichen Politik verantwortlich sind, bereits positionell durch die institutionelle Formalstruktur eines politischen Systems festgelegt sind. Sehr grundlegend ist diese Struktur zunächst durch die Verfassung bestimmt, in der die staatspolitischen Organe mit ihren Kompetenzen und Pflichten festgelegt sind. Die institutionelle Struktur reduziert sich jedoch nicht nur auf konstitutionelle Regeln, auch Gesetze, Verwaltungsvorschriften und selbst informelle Arrangements können institutionellen Positionen begründen.

In Abhängigkeit von der institutionellen Struktur eines politischen Systems erwachsen somit eine Reihe von Positionen, die von situativen Tauschpotentialen weitgehend unabhängig sind. Dies bedeutet, dass, egal ob ein sozialpolitisches Gesetz erarbeitet oder eine Verordnung im Umweltbereich formuliert wird, eine bestimmte Menge von institutionell positionierten Akteuren immer beteiligt wird. Aus dieser Perspektive geht man generell davon aus, dass hauptsächlich die institutionelle Position des Akteurs maßgebend für seine Teilnahme ist und nicht sein faktischer funktioneller Beitrag zu einer öffentlichen Politik.

Abbildung 1: Policy-Akteure aus institutionalistischer und tauschtheoretischer Perspektive

		Tauschperspektive: Akteur leistet wichtigen funktionellen Beitrag bei der Politikproduktion	
		ja	nein
institutionelle *Perspektive*: Akteur hat eine institutionelle Position im Politikprozess	ja	Parlament Regierung Regierungspartei	Oppositionspartei
	nein	Verband, Großunter- nehmen	z.B. Kleingärtner- und Hunde- züchtervereine

Quelle: eigene Darstellung

Werden die institutionalistische und die tauschtheoretische Perspektive kombiniert, dann können nach Abbildung 1 vier Typen von Akteuren unterschieden werden, die eine wichtige Rolle im Politikprozess spielen: 1) Akteure, die sowohl eine institutionelle als auch eine funktionelle Basis haben; 2) Akteure, die keine institutionell garantierte Position haben, jedoch wichtige funktionelle Beiträge leisten, und von den institutionen-basierten Akteuren auf Basis dieser Ressourcen in den Policy-Prozess inkorporiert werden; 3) Akteure, die zwar keinen substantiellen Beitrag leisten, aber trotzdem über eine institutionelle Einflussposition verfügen. 4) Die Akteurkategorie, die weder institutionelle Positionen einnimmt noch funktionelle Beiträge leistet, ist in der Formulierung öffentlicher Politik nur selten zu beobachten.

Aus einer *differenzierungstheoretischen* Perspektive ist jedoch davon auszugehen, dass wichtige funktionelle Beiträge, die Akteure in der politischen Steuerung leisten, sich mit der Zeit auch in institutionellen Positionen niederschlagen. Im gesellschaftlichen Evolutionsprozess entstehen arbeitsteilige Zusammenhänge innerhalb eines Politikfeldes, in denen nicht nur der Staat und halbstaatliche Organisationen, sondern häufig auch private Organisationen relevant sind, die über wichtige Problemlösungsressourcen verfügen.

Die wichtigste Differenzierungslinie bezieht sich dabei auf die Arbeitsteilung zwischen Staat und Gesellschaft, in der ein Komplex öffentlicher Organisationen qua institutioneller Position verpflichtet wird, öffentliche bzw. gemeinschaftliche Interessen einer Gesellschaft wahrzunehmen. Ein Kennzeichen moderner Gesellschaften ist die Ausdifferenzierung eines Sektors, der für „gemeinschaftliche" Leistungen zuständig ist, an deren Erbringung einzelne Privatpersonen oder Gesellschaftsgruppen entweder kein Interesse haben oder nicht über die Kapazität verfügen, diese Güter zu erstellen. Die hierdurch konstituierten öffentlichen Funktionsträger werden zur Erfüllung dieser Aufgaben mit bestimmten *Handlungsrechten* und *Spezialressourcen* ausgestattet. Wichtig sind natürlich auch die institutionellen Differenzierungslinien innerhalb des Staates, z. B. zwischen den klassischen Zweigen eines Regierungssystems Parlament, Regierung, Verwaltung, Justiz, und innerhalb des gesellschaftlichen Bereichs, wie z. B. zwischen Parteien und Verbänden.

Die strukturelle Differenzierungsperspektive kann auch mit der temporalen Differenzierung einer öffentlichen Politik kombiniert werden. Aus der Perspektive eines *Policy-Zyklus* wäre zu fragen, welche formellen und informellen politisch-institutionellen Arrangements die Verteilung von Handlungs- und Entscheidungskompetenzen über den gesamten Prozess – von der Initiierung einer Politik über die Programmformulierung bis hin zur Implementation – regeln. Auch hierauf gibt es keine allgemein gültige Antwort, sondern die Frage hängt von der konkreten institutionellen Struktur eines politischen Systems ab, die selbst unter wirtschaftlich ähnlich weit entwickelten Ländern sehr stark variieren kann.

Um die Variationsbreite dieser Regelungsstrukturen zu erkennen, ist es instruktiv, zunächst von der strukturfunktionalen Perspektive der amerikanischen vergleichenden Politikforschung Gabriel Almonds auszugehen, wie sie in den 1950er und 1960er Jahren präsentiert wurde (Almond/Powell 1974). Gemäß dem damaligen Stufenschema wurde angenommen, dass in den verschiedenen Phasen des Policy-Zyklus jeweils unterschiedliche Akteure im Vordergrund stehen. Die erste Policy-Phase, die in unserer Systematik als Thematisierungsprozess bezeichnet wird, ist bei Almond in die Phasen der Interessenartikulation und der Interessenaggregation aufgegliedert, wobei für die erste Sequenz Interessenverbände und für die zweite Parteien zuständig sind, die die Themen in das Parlament hineintragen. Die Formulierung der Programme ist dann eine rein parlamentarische Angelegenheit, während für die Umsetzung Regierung und Verwaltung zuständig sind. Die Implementation schließlich mündet in eine Phase der gerichtlichen Überprüfung.

Es ist offensichtlich, dass dieses Schema einerseits stark von den Eigenheiten des amerikanischen politischen Systems, andererseits von den differenzierungs- und modernisierungstheoretischen Vorstellungen der 1960er Jahre geprägt war. Nach dieser Sicht konzentrieren sich politische Akteure im politischen Subsystem der Gesellschaft zunehmend auf Spezialfunktionen im Policy-Zyklus. Bereits zu jener Zeit konnte jedoch am britischen System verdeutlicht werden, dass Akteure wie Parteien und Verbände oft multiple und überlappende Funktionen im Politikprozess einnehmen. In jüngeren Auflagen dieses erfolgreichen Lehrbuches lässt sich das reine Stufenmodell auch nicht mehr finden.

Abbildung 2: Spezialisierungs- und Partizipationsprofile von Akteuren in der Politikentwicklung

Das Beispiel der USA nach Almond/Powell (1974:2-15)

	Verbände	Parteien	Parlament	Regierung	Verwaltung
Thematisierung	●	●			
Formulierung			●		
Implementation				●	●

Das Beispiel Deutschland nach Mayntz (1980: 238)

	Verbände	Parteien	Parlament	Regierung	Verwaltung
Thematisierung	●	●		●	●
Formulierung	●	●	●	●	●
Implementation	●			●	●

Eine Perspektive, die insbesondere für Deutschland eher angemessen ist, hat Renate Mayntz (1980: 238) einmal in einem Diagramm dargestellt, das zwar auf eine implementationstheoretische Problematik zielte, jedoch auch Aussagen über andere Phasen des Politikzyklus impliziert. Wichtige Unterschiede zu Almonds Perspektive bestehen darin, dass externe Gruppen wie z.B. Verbände nicht nur auf die Problemartikulation, sondern auch auf die Zieldefinition und Programmentwicklung Einfluss nehmen, und Regierung und Verwaltung nicht nur auf Vollzugsorgane reduziert werden. Hierfür lassen sich hierzulande spezifische institutionelle Merkmale des politischen Systems ausmachen, die sowohl für die herausragende Stellung von Regierung und Verwaltung, aber auch von Parteien und Verbänden im politischen Prozess ursächlich sind.

Die auf den Policy-Zyklus bezogene Akteurstruktur soll nun aus einer generellen, von nationalen politischen Systemen unabhängigen Perspektive betrachtet werden. Auf diesem Abstraktionsgrad lässt sich ein Spektrum von Beziehungen ausmachen, das unterschiedliche Akteursgruppen mit den Phasen der Politikentwicklung verbindet. In einer *liberalen Demokratie* beginnt eine idealtypische Politikentwicklung im Parlament, das sich nicht nur selbst kontrolliert – die Abgeordneten sind nur ihrem Gewissen verantwortlich! –, sondern auch die Implementation durch Regierung und Verwaltung vollständig unter Kontrolle hat. Viele Verfassungen in der Welt orientieren sich ideell an diesem Muster, wobei Parteien, falls sie überhaupt erwähnt werden, meist nur in ihrer Funktion als Wahlvereine gesehen werden. Nur in sehr wenigen Verfassungen werden Verbände und Gewerkschaften erwähnt.

Von diesem konstitutionellen Ideal weichen reale Partizipationsstrukturen meist deutlich ab. In der Regel ist dies darin begründet, dass die formellen Entscheidungs- und Handlungsträger nicht über jene Ressourcen verfügen, die für eine autonome Gestaltung von Politiken notwendig wären. Handlungsmittel, die allgemein nötig sind, um ein politisches Programm zu gestalten und durchzusetzen, sind in modernen Gesellschaften oft weit verstreut. Gesellschaftliche Organisationen, die über *politikrelevante Ressourcen* verfügen, werden deshalb häufig in die Formulierung und Implementation einer Politik einbezogen – u.U. auf Wegen, die von den formellen institutionellen Vorgaben oft signifikant abweichen (Kenis/Schneider 1991).

Aus einer Entscheidungsperspektive wird durch institutionelle Positions- und Zugangsregelungen bestimmt, wer Zugang zu dem Raum erhält, in dem die Entscheidungen in Bezug auf eine öffentliche Politik gefällt werden (Ostrom 1986). Neben den positionsbestimmten Policy-Teilnehmern gibt es jedoch auch Akteure, deren Involvierung stark situationsbezogen ist, und in der Regel durch die Verfügung über wertvolle Spezialressourcen begründet ist.

In dieser Systemeingrenzung sollte auf der anderen Seite nicht vergessen werden, dass nicht alle Akteure, die von einem politikrelevanten Problem betroffen sind und an dessen Lösung interessiert sind, prinzipiell Zugang zur Politikarena erhalten. Zu diesen ausgeschlossenen Akteuren gehören oft Gruppen, für die ein bestimmter gesellschaftlicher Zustand zwar ein „Problem" darstellt und die grundsätzlich an einer politischen Problemlösung interessiert sind, aber aus Ressourcenmangel oder aufgrund strategischen Kalküls keine Ressourcen mobilisieren und investieren möchten. Von einem Problem betroffen zu sein bedeutet nicht zwingend auch Interesse an einer Politik zu äußern, und Interesse impliziert nicht notwendigerweise Intervention. Ein Akteur kann zwar von einem Problem betroffen sein und seine Interessen tangiert sehen, er kann sich jedoch aus strategischen Gründen heraushalten, weil seine Interessen bereits durch andere Akteure wirksam vertreten werden und er als *Trittbrettfahrer* kostenlos von diesen Aktivitäten profitiert. Schließlich könnte ein Akteur sein Handeln überhaupt als wirkungslos betrachten, oder sogar befürchten, dass ein Engagement trotz kurzfristigem Nutzen langfristig eher negative Wirkungen zeigt.

In einer akteurzentrierten Rekonstruktion eines Politikprozesses ist letztlich immer eine vielschichtige empirische Analyse zu leisten, in der herausgearbeitet wird, welche Akteure warum in die Produktion einer öffentlichen Politik involviert sind. Hierzu reicht es nicht, die Partizipation von Akteuren a priori aus ihren institutionellen Positionen abzuleiten, sondern es müssen auf systematische Weise alle relevanten Handlungseinheiten bestimmt werden. Insbesondere in der Netzwerkanalyse, die später noch eingehender behandelt wird, wurden hierzu eine Reihe empirischer Verfahren entwickelt, die qualitative und quantiative Verfahren wie Dokumentenanalyse, Befragung von Expertengruppen, Inhaltsanalyse und snowball sampling auf fruchtbare Weise kombinieren (Knoke/Yang 2008).

Zur Verdeutlichung soll hierzu eine Konstellation von Akteuren betrachtet werden, die an der Privatisierung der Deutschen Telekom beteiligt war. Mittels einer Dokumentenanalyse der öffentlichen Anhörung zum Privatisierungsgesetz wurden 44 Policy-Akteure identifiziert. In einem weiteren Schritt konnten 41 mit einem standardisierten Fragebogen befragt werden. Die einzelnen Fragen bezogen sich dabei auf Interessenpositionen der jeweiligen Organisation bei der Formulierung des Privatisierungsgesetzes, auf Informationsaustausch mit anderen Organisationen im Politikfeld und auf die Einschätzung des Einflusses der verschiedenen Akteure in dieser spezifischen öffentlichen Politik.

In Abbildung 3 werden diese Akteure zusammengestellt, wobei ein Kern besonders einflussreicher Akteure von vielen weniger einflussreichen Akteuren abgegrenzt wird und ferner bestimmte gesellschaftliche Sektoren unterschieden werden. Die Abbildung verweist schließlich auch auf Unterschiede im Einflussgrad, in dem die Größe der Abkürzung mit der Einflussreputation des betreffenden Akteurs korrespondiert. Eine Erläuterung der Abkürzungen befindet sich im Anhang.

Abbildung 3: Die Vielfalt der Akteure bei der Privatisierung der deutschen Bundespost und ihre Einflussreputation

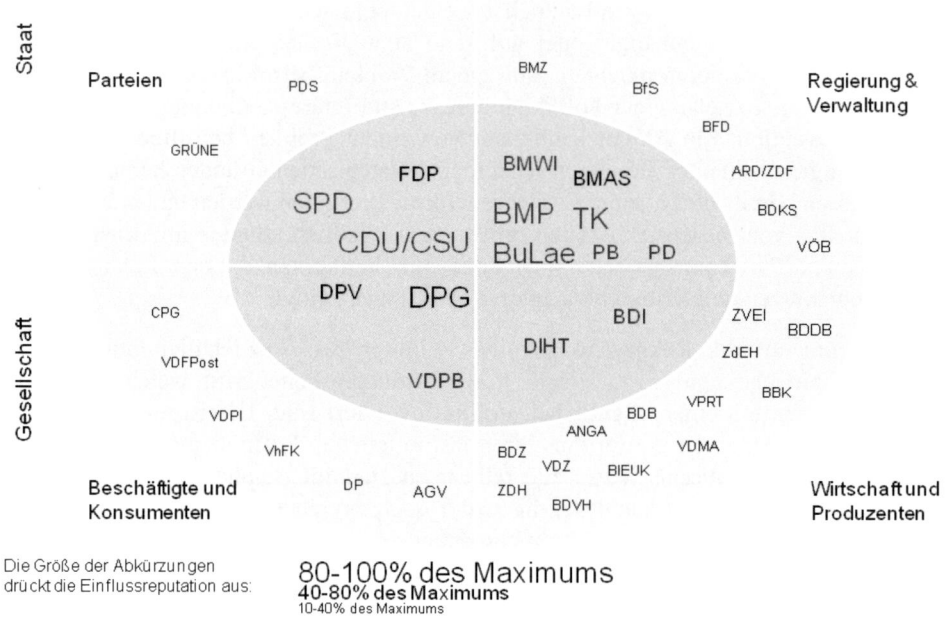

Die in Abbildung 3 dargestellte Akteurkonstellation verdeutlicht die immense Vielfalt von Akteuren, die an dieser öffentlichen Politik partizipierten, zu gleich unterstreicht sie aber auch die Einflussunterschiede. Die höchste Einflussreputation hatten hier das ehemalige Postministerium, die Oppositionspartei SPD, die Postgewerkschaft im DGB, die Regierungspartei CDU, die Bundesländer über den Bundesrat, sowie die Deutsche Telekom zu verzeichnen. Dieser Kern von 16 Akteuren wird in den folgenden Abschnitten einer näheren Strukturanalyse unterzogen.

4   Interessen- und Konfliktkonstellationen im Politikprozess

Bislang wurde der Politikprozess weitgehend als Problemlösungsprozess dargestellt, bei dem implizit angenommen wurde, dass alle Akteure an der Lösung eines bestimmten Problems interessiert sind. In der Realität verfolgen die meisten Akteure jedoch auch Eigeninteressen, die nicht immer mit Problemlösungen verbunden sind, und Politikprozesse generieren aus dieser Sicht immer auch *Konfliktkonstellationen*. Abhängig von ihren Interessenpositionen stimmen die beteiligten Akteure nur zu einem gewissen Grad über die angestrebten Ziele und verwendeten Mittel überein. Die einfachste *Interessenkonstellation* liegt vor, wenn die involvierten Akteure jeweils unterstützende oder ablehnende Haltungen für bestimmte Politikoptionen einnehmen. Die unterschiedlichen Positionen eines Akteurs lassen sich dann als Interessenprofil darstellen, und die Gesamtheit der akteursspezifischen Interessenprofile ergibt dann die Interessenkonstellation eines Policy-Akteursystems.

Zur Verdeutlichung dieser Methode werden auf der Basis von Daten über die unterschiedlichen Positionen von Akteuren in der Privatisierung der Deutschen Post Interessenprofile für die wichtigsten 14 Akteure dargestellt. Die Werte in der Tabelle der Interessenprofile (4.1) drücken den Grad der Zustimmung zu vier Politikoptionen aus, die in dieser Programmformulierung eine zentrale Rolle gespielt haben: (1) stärkere Autonomie des Unternehmens vor politischem Einfluss, (2) Liberalisierung der Dienste, (3) Liberalisierung der Netze, und schließlich (4) Trennung der Regulierungsfunktion. Die Skalenwerte reichen dabei von 1 (die Maßnahmen gehen erheblich zu weit) bis 5 (die Maßnahmen sollten erheblich weiter gehen).

Abbildung 4: Interessenpositionen der Akteure in der Privatisierungspolitik

Positionen, sortiert

Name	Issues			
	1	2	3	4
DPV	1	2	1	4
DPG	1	3	3	2
SPD	3	2	2	3
BMAS	3	3	3	4
BuLae	3	3	3	5
VDPB	3	3	5	3
FDP	4	3	3	4
TK	4	3	3	5
PB	4	3	3	5
CDU/CSU	4	3	5	4
PD	5	2	2	4
BDI	5	5	4	5
BMWI	5	5	5	4
BMP	5	5	5	5

Keine Daten zu BMF und DIHT

4.1

Euklidische Distanzen

	DPG	DPV	TK	...	BMWI
DPG	0	3,00	4,24	...	5,29
DPV	3,00	0	3,87	...	6,40
TK	4,24	3,87	0	...	3,16
PD	4,69	4,12	2,00	...	4,24
PB	4,24	3,87	0	...	3,16
BDI	5,48	5,92	2,45	...	1,41
...	...	...	...	...	...
BMWI	5,29	6,40	3,16	...	0

4.2

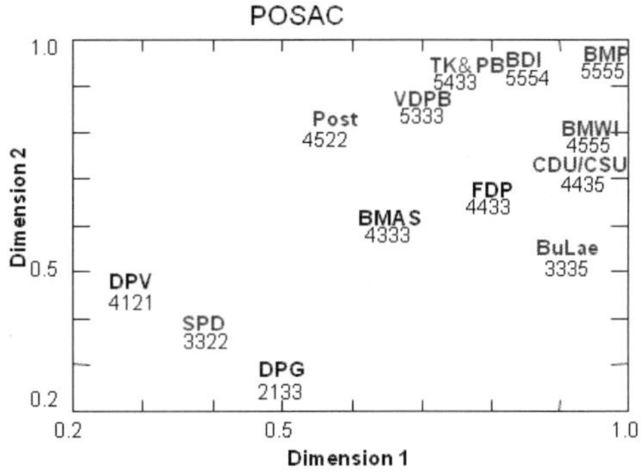

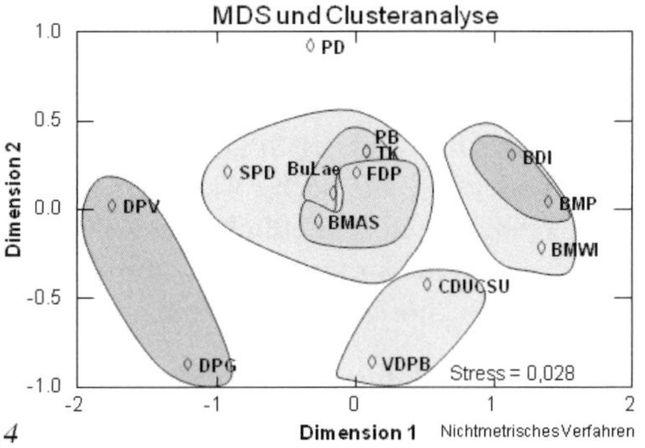

Fast alle Akteure weisen dabei unterschiedliche Interessenprofile auf. Nur der Postdienst und die Postbank verfügen über vollkommen identische Ausprägungen. In der tabellarischen Darstellung sind die Zeilen der Interessenprofile nach der ersten Spalte sortiert. Hierdurch wird eine annähernd lineare Ordnung erkennbar, die in graduellen Abstufungen des Interessenspektrums von der Position von Privatisierungsgegnern (DPG) bis zu den Positionen starker Befürworter der Reform (Wirtschaftsministerium und Postministerium) reicht. Es ist jedoch leicht erkennbar, dass eine analoge lineare Anordnung der übrigen Dimensionen nicht möglich ist. Eine solche würde nur gelingen, wenn die Interessenprofile Ausprägungen der Art 1111 < 2222 < 3333 < 4444 < 5555 annehmen würden. Um diese sich teilweise widersprechende empirischen Profile trotzdem nach wenigen Dimensionen sortieren zu können, wurde die Methode des Partial Order Scaling entwickelt, die auf Verfahren der diskreten Mathematik beruht und die Grundidee der bekannten Guttman-Skala weiterentwickelt. Eine Version dieser Methode wurde in der Prozedur POSAC des Statistik Programms Systat implementiert (Tenbücken/Thiem 2004). Die Ergebnisse der Skalierung der Interessenprofile mit POSAC sind in der Graphik 4.3 dargestellt.

Eine weitere Möglichkeit, diese mehrdimensionalen Positionen zu ordnen, bietet die Multidimensionale Skalierung (MDS). Hierfür müssen in einem Zwischenschritt zunächst Werte errechnet werden, die die paarweise Unähnlichkeit der Interessenprofile zueinander ausdrücken. Eine der bekanntesten Maßzahlen für Profilähnlichkeit ist die *Euklidische Distanz*, die sich in dem vorliegenden Fall als Summe der quadrierten Abweichungen zwischen den Interessenprofilen errechnet (Knoke/Yang 2008; Malang/Leifeld 2009. Wenn zwei Beziehungsprofile vollkommen identisch sind, nimmt dieses Maß den Wert 0 an. Mit zunehmender Unähnlichkeit der Beziehungsprofile steigt der Wert.

Das Ergebnis dieser Operation ist in Abbildung 4.2 ausschnittweise dargestellt. Auf Grundlage dieser Unähnlichkeitswerte können die Akteure dann in einem weiteren Schritt mittels der MDS in einem zweidimensionalen Streudiagramm paarweise so angeordnet werden, dass die Unähnlichkeitswerte (Euklidische Distanzen) in etwa ihren geometrischen Entfernungen entsprechen (Graphik 4.4). Auch die MDS produziert damit Datenreduktion; im konkreten Fall werden die Interessenpositionen der 14 Akteure von vier auf zwei Dimensionen verdichtet. Ferner wird noch die Methode der Clusteranalyse eingesetzt, um die verschiedenen Interessenprofile nach dem Grad der Ähnlichkeit schrittweise agglomerativ zusammenzufassen. Beide Methoden werden in den Lehrbüchern der Netzwerkanalyse beschrieben (Scott 2000; Jansen 2006).

Das MDS-Diagramm macht drei wesentliche Interessenpositionen deutlich: Einerseits die Positionen der DPG und der SPD, die einer Reform sehr kritisch gegenüber standen, andererseits ein moderates, aus sechs Akteuren bestehendes Mittelfeld, das die Reformen weitgehend unterstützte, und schließlich eine Gruppe von radikalen Reformern auf der linken Seite, bestehend aus dem Wirtschaftsministerium, dem Postministerium sowie dem Wirtschaftsverband BDI. Die horizontale Dimension ist inhaltlich schwer zu interpretieren.

Eine andere Darstellung und Analyse von Interessen- und Konfliktkonstellationen lässt sich mit Konzepten der Spieltheorie durchführen (Scharpf 2000). Mit der Methode der 2x2-Spiele, in der jeweils zwei Akteure interagieren und jeweils über zwei Handlungsoptionen verfügen, lassen sich 78 Spielvarianten typisieren (Rapoport/Guyer 1978), von denen einige aus politikwissenschaftlicher Sicht sehr interessante Konstellationen bilden. Die spieltheoretische Typisierung von Konfliktstrukturen unterscheidet sich von der oben skizzierten Interessenmatrix darin, dass die Präferenzen *interaktive Interessensäußerungen* darstellen.

Die oben skizzierte Interessenkonstellation in der Privatisierungspolitik wurde so dargestellt, als ob jeder der Beteiligten sich nur aus seiner Perspektive positionieren würde und die Entscheidungen der übrigen keine Auswirkung auf seine Interessen und Präferenzen hätte. In vielen Situationen kann ein solches Verhalten angemessen sein, insbesondere wenn eine sehr große Zahl von Akteuren in eine öffentliche Politik involviert ist, wo die Wirkung einzelner Interessenäußerungen dann minimal ist. Handelt es sich jedoch um eher übersichtliche Entscheidungszusammenhänge, in welchen die Interessen der beteiligten Akteure von den Entscheidungen ihrer „Mitspieler" deutlich tangiert werden, dann wäre ein rationaler Akteur sehr unklug, die Entscheidungen seiner Mitspieler nicht zu antizipieren und seine Strategien nicht an diesem erwarteten Verhalten auszurichten. Wenn staatliche Akteure sich beispielsweise für eine gesetzliche Regulierung eines bestimmten Industriezweiges entscheiden und dabei nicht antizipieren, dass dieser mit veränderten Investitionsstrategien antworten könnte, dann wäre dies ziemlich „blauäugig". Rationale Akteure werden deshalb die Entscheidungen ihrer Koalitionspartner oder Gegner mit in ihre Kalküle. Solche Situationen können in vielen politischen Konflikten beobachtet werden, und sie werden in der entscheidungstheoretischen Literatur als „strategische Interaktion" oder auch als „Spiel" bezeichnet.

Eine jede öffentliche Politik ist ein Spiel, wenn sie nicht mehr nur von einem Akteur allein entschieden werden kann, sondern sich das Ergebnis aus den Handlungen weiterer Akteure ergibt, die sich in ihren Entscheidungen aufeinander beziehen. In diesem Fall entsteht *strategische Entscheidungsabhängigkeit*. Bei einer parlamentarischen Abstimmung über ein Gesetz, in der jeder Parlamentarier entweder dafür oder dagegen stimmen kann, ist letztlich jeder Abgeordnete in dem, was er anstrebt (Schaffung bzw. Verhinderung eines neuen Gesetzes), vom Entscheidungsverhalten der anderen abhängig. Ebenso kann sich das Entscheidungsverhalten staatlicher und privater Akteure aufeinander beziehen, wenn beispielsweise externes Expertenwissen bei der Formulierung eines Gesetzes notwendig ist, oder wenn die Implementation einer Politik die Kooperation privater Akteure erfordert. In Abhängigkeit von den Interessen der beteiligten Akteure und der Vielzahl der mit den Entscheidungen verbundenen Politikergebnisse können sich hierbei komplexe Konstellationen bilden, in denen der eine Akteur nicht genau weiß, wie der andere sich entscheiden wird.

Zur Analyse dieser Entscheidungs- und Konfliktkonstellationen hat die Spieltheorie eine Reihe von Konzepten entwickelt. Die wichtigsten Elemente eines Spiels sind hier die beteiligten Akteure (Spieler mit deren Handlungsoptionen, d.h. Strategien) und die Auswirkungen, die eine Entscheidung für die Interessen eines Akteurs mit sich bringt (Auszahlungen). Es wird davon ausgegangen, dass die Spieler in der Lage sind, ihre Strategien entsprechend der zu erwartenden Auszahlungen in eine Rangordnung zu bringen (Präferenzen), und dass sie letztlich jene Strategie wählen, die ihnen unter Antizipation rationaler Gegenstrategien den höchsten Nutzen bringt. Allein mit diesen vier Grundelementen lassen sich eine Vielzahl von Spieltypen beschreiben und hinsichtlich des wahrscheinlichen Ausgangs analysieren (Scharpf 2000).

Am bekanntesten ist zweifellos das *Gefangenendilemma*, mit dem politische Konflikte typi-
siert werden können, die vom militärischen Wettrüsten über politische Regulierungsinterven-
tionen bis hin zu organisationsinternen Mitgliederentscheidungen reichen. Das Interessante
an diesem Spieltyp ist das situative Dilemma: Man will beides, kann aber das eine nicht
gewinnen, ohne das andere zu verlieren.

Der Name dieses Spiels ist von einer Situation im Gefängnis abgeleitet: Zwei des Mordes
Verdächtige (A und B) werden festgenommen, getrennt inhaftiert und verhört. Beide Gefangene haben nun die Möglichkeit entweder zu „gestehen und den anderen zu verraten" (Strategie des „Verrats") oder „nicht zu gestehen" (Strategie der „Kooperation" zwischen den
Gefangenen). Kooperieren die beiden Gefangenen, so ist ihnen allenfalls unerlaubter Waf-
fenbesitz nachweisbar, der mit einer Haftstrafe von nur einem Jahr geahndet wird. Gestehen
beide, so bekommen sie wegen des Geständnisses zwar mildernde Umstände zugebilligt,
jeder erhält jedoch eine Haftstrafe von 10 Jahren. Gesteht jedoch nur einer, so wird dieser als
Kronzeuge aus der Haft entlassen, während der Nichtgeständige zu 20 Jahren verurteilt wird.

Abbildung 5: Die spieltheoretische Darstellung von Konfliktkonstellationen

**Die Handlungsmöglichkeiten im Gefangenendilemma,
ihre Auszahlungen und die Präferenzen der Spieler**

SK	Strategien A	B	Auszahlungen A	B	Präferenzen[#] A	B
1	Nichtgestehen	Nichtgestehen	1	1	3	3
2	Nichtgestehen	Gestehen	20	0	1	4
3	Gestehen	Nichtgestehen	0	20	4	1
4	Gestehen	Gestehen	10	10	2	2

5.1   # Größter Wert = höchste Präferenz

Das Gefangenendilemma in Baum-Form

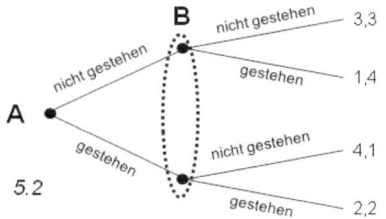

5.2

Das Gefangenendilemma in Matrix-Form

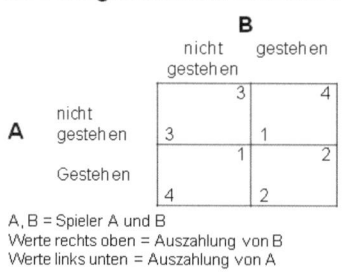

A, B = Spieler A und B
Werte rechts oben = Auszahlung von B
Werte links unten = Auszahlung von A

5.3

Der Auszahlungsraum

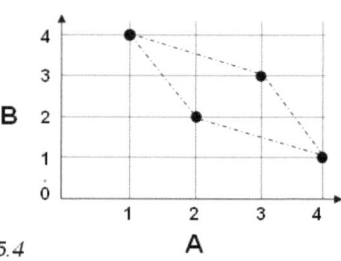

5.4

In diesem 2-Personen-Spiel mit jeweils zwei Handlungsmöglichkeiten ergeben sich somit
vier Strategiekombinationen, die in Tabelle 5.1 aufgelistet sind. Die verbreiteste Darstellung
von Spielen ist jedoch die Matrix-Form, insbesondere deshalb, weil nur sie den simultanen
Charakter der Entscheidungssituation zur Geltung bringt. A und B werden separat verhört
und wissen deshalb nicht, wie der andere sich entscheidet. Beide können aber davon ausge-

hen, dass der jeweils andere das gleiche Angebot erhält und haben nun das Problem, dessen Entscheidung zu antizipieren. Abbildung 5.2 macht dieses Entscheidungsdilemma deutlich. Beide haben gleichzeitig zwischen den Handlungsoptionen 1 und 2 zu wählen. Jeder kennt nur die Auszahlungen der vier Strategiekombinationen.

Wie werden sich die Gefangenen entscheiden? Der maximale Nutzen, den ein Gefangener hier realisieren könnte, wäre, den anderen zu verpfeifen und vollkommen straffrei auszugehen. Hierzu müsste sein Komplize jedoch die Tat weiterhin leugnen. Der Gefangene A muss jedoch davon ausgehen, dass sein Kumpel die gleichen Überlegungen anstellt. Die Auszahlung ist nun so, dass wenn beide sich gegenseitig verpfeifen, dies zur zweitschlechtesten Lösung führen würde, d.h. zu 10 Jahren Gefängnis. Würde A standhaft bleiben und nicht gestehen, B ihn aber verraten, dann müsste er mit dem Schlimmsten rechnen. Nur wenn A und B kooperieren und sich nicht verraten, dann würden sie mit dem zweitbesten Ergebnis, nämlich mit einem Jahr Gefängnis, davonkommen.

Aus einer normativen Perspektive kann die Spieltheorie nun Ratschläge für optimal-rationales Handeln geben: Die Lösung liegt hier auf der Hand, denn sie besteht darin, beiden Gefangenen ein Geständnis zu empfehlen. Dies wäre die einzige individuell rationale Strategie, weil sie für beide möglichen Gegenzüge die besseren Ergebnisse liefert. Diese Option wird deshalb auch als *dominante Strategie* bezeichnet. Eine solche Lösung mag jedoch insofern problematisch erscheinen, als dass gemeinsames Nichtgestehen ein besseres Resultat ergäbe. In Abbildung 5.4 ist zu erkennen, dass nur mit dieser Strategiekombination der Nutzen beider Gefangener maximiert wird. Dies wäre unter den vorliegenden Bedingungen jedoch äußerst riskant, denn es gibt keine Möglichkeit der beiden, sich auf diese Entscheidungsalternative bindend zu verpflichten. Jeder muss damit rechnen, dass wenn er „kooperiert" (also nicht gesteht), der andere ihn verrät und hierdurch den Maximalnutzen realisiert.

Diese hier am Gefangenenfall exemplifizierte Konfliktkonstellation lässt sich in vielen politischen Bereichen wiederfinden, so auch in der Analyse öffentlicher Politiken. Eines der bekanntesten Beispiele ist die *Her- und Bereitstellung öffentlicher Güter*, von deren Nutzung und Konsumption niemand ausgeschlossen werden kann. Ein solches Gut ist etwa die Landesverteidigung. Da dieser Schutz über ein gesamtes Gebiet realisiert wird, kann diesen jeder genießen, der sich innerhalb dieser Grenzen aufhält, auch wenn er sich an den Kosten dieser Verteidigungsleistung nicht beteiligt (Trittbrettfahren). Wie im Gefangenendilemma wäre es für jeden individuell rational, sich gegen einen Beitrag zu entscheiden, denn man profitiert von dieser Leistung auf jeden Fall. Dies ist auch der Grund, warum es sinnvoll ist, einen öffentlichen korporativen Akteur (den Staat) zu errichten, der die individuellen Beiträge zur Erstellung dieses Gutes zwangsweise eintreiben kann.

Das Gefangenendilemma ist das Paradebeispiel für die Typisierung von Konfliktkonstellationen, in welchen die Opponenten sowohl gemeinsame als auch antagonistische Interessen haben. Es gibt natürlich auch Situationen, die deutlich konflikträchtiger sind. In manchen herrschen nur antagonistische Interessenbeziehungen vor. Andererseits gibt es auch Konstellationen, die weniger konfliktbeladen sind. Doch selbst in der Analyse von „konfliktlosen Spielen" kann die Spieltheorie zeigen, dass die Entscheidungssituationen alles andere als trivial sind. Auch wenn alle Akteure ähnliche Interessen haben und zur Lösung eines bestimmten Policy-Problems an einem Strang ziehen, muss beispielsweise der Zeitpunkt geklärt sein, *wann* alle gleichzeitig ziehen – um bei dieser Metapher zu bleiben. Für eine weitergehende Beschäftigung mit der Spieltheorie eignet sich ein breites Spektrum guter Lehrbücher (Myerson 1991; Dixit/Nalebuff 1997; Holler/Illing 2006).

In spieltheoretischen Modellen von Entscheidungssituationen aber auch in manchen netzwerkanalytischen Modellen, die später noch besprochen werden, wird die Realität oft stark vereinfacht. Der Ökonom Leijonhufvud (1996: 40) kritisierte, dass diese Modelle von „unglaublich intelligenten Leuten und unglaublich einfachen Situationen" ausgehen, während es in Wirklichkeit doch um „glaubhaft einfache Menschen in unglaublich komplexen Situationen" gehen müsse. Trotz dieser Einschränkung haben die genannten Modelle insofern einen großen analytischen Wert, als sie trotz ihrer radikalen Vereinfachung bestimmte fundamentale Zusammenhänge begreifbar machen können (Axelrod 1997).

5   Akteurpositionen in politischen Beziehungsstrukturen

Eine andere Form der Analyse von Akteurkonstellationen bietet die soziale Netzwerkanalyse, die ein Bündel von analytischen Konzepten und Methoden umfasst, mit denen *Beziehungsstrukturen* analysiert werden können. Viele basieren auf dem mathematischen Zweig der Graphentheorie. Aus politischer Perspektive wurden diese Methoden ursprünglich in gemeindesoziologischen Studien verwendet (Laumann/Pappi 1976). Seit den 1980er Jahren konnte man dann eine wachsende Ausbreitung von Netzwerkanalysen in der Politikfeldanalyse feststellen (Schubert 1991; Schneider/Janning 2006). Einen Überblick über den Stand der politischen Netzwerkforschung geben aktuelle Übersichten (Lang/Leifeld 2007; Raab/Kenis 2007; Brandes/Schneider 2009 und eine umfassende strukturierte Bibliographie (Schneider/Lang/Leifeld/Gundelach 2007).

Ein Politikfeld kann aus der Netzwerkperspektive als eine Menge überlappender Beziehungsstrukturen aufgefasst werden, die sich zwischen den Policy-Akteuren aufspannen. Häufig nehmen diese Beziehungen dauerhaften Charakter an und gehören, soweit sie nicht durch formelle (konstitutionelle oder andere legale) Regeln sanktioniert werden, zu den informellen institutionellen Arrangements der Politik. Mathematisch betrachtet besteht eine Beziehungsstruktur – im Unterschied zu den anderen Politikstrukturen wie z.B. Institutionen – aus Relationen. Dies ist eine Menge von *Knoten*, die Akteure symbolisieren, und *Kanten*, die Beziehungen darstellen. Beispiele für solche Beziehungen können Ressourcenflüsse zwischen den Akteuren sein, indem die beteiligten Organisationen sich Informationen übermitteln, sich gegenseitig mit Personal unterstützen oder auch Geldzahlungen leisten. Auf der anderen Seite gibt es Beziehungen, die allein über die innere Vorstellungswelt der Akteure entstehen, wie z.B. Einflussreputation oder Vorstellungen über die Interessenpositionen anderer Akteure. Schließlich ist eine dritte Form der Beziehungen denkbar, die sich über gemeinsame Bezüge zu Symbolen, Objekten, Ereignissen oder Vorstellungen aufspannen. Wenn zwei Akteure gemeinsam auf ein Problem reagieren, in einem Gremium sitzen oder dieselbe Vorstellung über etwas besitzen, dann spannt sich über diese indirekten Relationen ein Beziehungsnetzwerk zwischen diesen Akteuren auf.

Das Ziel der formalen Analyse solcher Beziehungsstrukturen ist letztlich, spezifische Ordnungsmuster transparent zu machen, systematisch zu beschreiben und für bestimmten Erklärungen zu nutzen. Mittel hierzu sind bestimmte quantitative Maßzahlen oder Klassifikationsformen, mit denen strukturelle Zusammenhänge operationalisiert werden können. Auf der Akteursebene, um die es hier schwerpunktmäßig geht, liegt der Fokus hauptsächlich auf der *Identifikation vor- oder nachteilhafter Strukturpositionen.* An dieser Stelle ist nur möglich, die wichtigsten dieser Maßzahlen und Analysekonzepte vorzustellen. Inzwischen gibt es einige Reihe spezialisierter Lehrbücher zu diesen Methoden (Wasserman/Faust 1994; Scott 2000; Brandes/Erlebach 2005; Jansen 2006; Knoke/Yang 2008).

Der Ausgangspunkt aller Beziehungsanalysen ist es, die Verbindungen zwischen Akteuren in der Form einer Matrix darzustellen. Die Zeilen werden dort mit i und die Spalten mit j bezeichnet; die einzelnen Eintragungen mit a_{ij}. Eine Matrixzelle kann dabei eine binäre Eintragung enthalten, die nur auf Existenz oder Nichtexistenz einer Beziehung hinweist, oder auch kontinuierlicher Werte, mit denen die Intensität von Beziehungen ausgedrückt werden kann.

In Abbildung 6.1 ist eine Matrix von *Kommunikationsbeziehungen* dargestellt, die sich auf denselben Datensatz bezieht, der bereits in der Erörterung von Interessenpositionen verwendet wurde. Von einer jeden Organisation wurde ein Experte befragt, ob seine Organisation mit den in einem Fragebogen genannten Organisationen wichtige politikrelevante Informationen austausche, und wenn ja, mit welcher Intensität. Diese Nennungen wurden dann in die jeweiligen Matrix-Zellen eingetragen. In einem weiteren Schritt wurde diese Matrix in der Weise binarisiert, als nur die „sehr intensiven" Informationsaustauschbeziehungen als relevanten Kommunikation betrachtet und jeweils mit „1" kodiert wurde. Alle übrigen Beziehungen wurden mit „0" gewertet. Selbst bei diesem sehr restriktiven Eingrenzungskriterium sind fast alle Organisationen in das Informationsaustauschnetz eingebunden.

Ein erster analytischer Schritt besteht nun darin, die einzelnen Beziehungen aufzusummieren, in die jeder Akteur involviert ist – einerseits in solche, die er „empfängt" (Spaltensummen), andererseits solche, die er „sendet" (Zeilensummen). Für eine bessere Vergleichbarkeit ist es sinnvoll, die Summenwerte jeweils auf die Menge der in einem Netzwerk maximal möglichen Relationen zu beziehen. In der formalen Netzwerkanalyse (und dem mathematischen Zweig der Graphentheorie, woher dieses Konzept stammt) wird diese Maßzahl *Gradzentralität* genannt. Sie basiert auf dem Gedanken, dass die Position eines Akteurs in dem Maße zentral ist, wie er in die übrigen Netzwerkbeziehungen involviert ist. Bei asymmetrischen Beziehungsstrukturen unterscheidet man ferner zwischen ausgehenden (Außengrad) und eingehenden Beziehungen (Innengrad). Da in unserem Fall ein symmetrisches Netzwerk vorliegt, sind Außen- und Innengrad identisch.

Abbildung 6: Die Zentralität der Akteure im Informationsaustausch

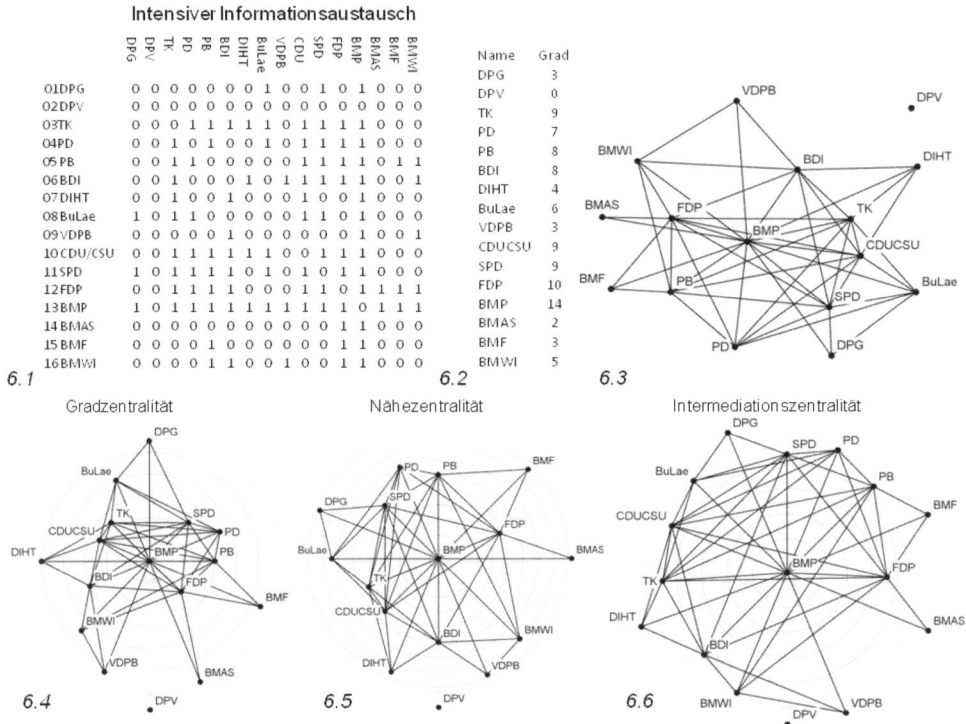

Der Zentralitätsgrad der verschiedenen Akteure im Kommunikationsnetzwerk ist für die oben erläuterten Daten in Abbildung 6.1 zu entnehmen. Die zentralsten Positionen nehmen darin das Postministerium und die FDP ein. Unter den privaten Akteuren hat der Bundesverband der deutschen Industrie (BDI) die zentralste Position, während die Gewerkschaften (DPG) eher auf den unteren Plätzen rangieren. Diese Informationen sind in den Netzwerkdiagrammen 6.3 bis 6.6 enthalten. Alle Graphiken wurden mit dem Programm *visone* erstellt, diese Software ermöglicht die Visualisierung verschiedenster Zentralitätskonzepten nach sehr transparenten Verfahren (Brandes/Wagner 2003).

Obwohl der Index der Gradzentralität bereits viel über die unterschiedliche Positionierung der verschiedenen Akteure in diesem Beziehungsnetz aussagt, ist es interessant zu wissen, welche indirekten Beziehungen zwischen Akteuren existieren. Hierüber geben die Maßzahlen der *Nähezentralität* und der *Intermediationszentralität* Aufschluss. Akteure, die keine direkten Beziehungen untereinander unterhalten, könnten auch über Mittelsmänner verbunden sein, d.h. indirekt Informationen erhalten bzw. Informationen mobilisieren. In solchen Beziehungsketten ist es interessant zu wissen, wie viele Glieder die verschiedenen Akteure jeweils voneinander getrennt sind.

Für die Beantwortung dieser Frage wird zunächst eine Pfaddistanzmatrix errechnet, in der eine Zell-Eintragung d_{ij} darüber Auskunft gibt, wie viele Beziehungsschritte jeweils zwei Akteure voneinander getrennt sind. Diese Analyse lässt sich sinnvollerweise nur mit binären und symmetrischen Matrizen durchführen. Unser Beispielsdatensatz zur Telekom-Privatisierung wurde dementsprechend transformiert: Es wird immer dann eine intensive Kommunikationsbeziehung angenommen, wenn diese von einem der beiden Akteuren angegeben worden war. Die Pfaddistanzmatrix selbst drückt folgenden Sachverhalt aus: Erreichen sich zwei Akteure über Informationsaustausch direkt, ist $d_{ij} = 1$. Besteht nur eine indirekte Verbindung zwischen zwei Akteuren, dann nimmt d_{ij} den Wert *2* an. Bei einer 3-stufigen $d_{ij} = 3$, und so weiter.

Die Pfaddistanzmatrix ermöglicht die Errechnung der Nähezentralität. Nach diesem Index sind jene Akteure in einer Beziehungsstruktur vorteilhaft positioniert, die möglichst viele andere Akteure in möglichst geringen Pfaddistanzen erreichen können. Mathematisch wird sie als inverser Wert der Pfaddistanzsumme ausgedrückt, die einen Akteur mit den übrigen *(N-1)* Akteuren verbindet. Auch hier ist es sinnvoll, den Wert *relativ* auszudrücken, d.h. auf die kürzeste Pfaddistanzsumme zu beziehen.

Das Maß für *Intermediationszentralität* (centrality based on betweenness) fußt auf dem Gedanken, dass Akteure in einer Beziehungsstruktur in dem Maße zentral sind, als sie wichtige intermediäre Positionen einnehmen. Der Index errechnet sich aus der Häufigkeit, mit der ein Akteur intermediäre Positionen auf den kürzesten Pfaden (Geodesics) einnimmt, die jeweils zwei Akteure miteinander verbinden. Auch hier wird diese Häufigkeit auf die theoretisch maximal möglichen Intermediationspositionen bezogen. Die Errechnung dieses Zentralitätsindexes erfordert viele Rechenschritte und ist daher praktisch nur mit Computerprogrammen durchzuführen, z.B. mit UCINET oder *visone*. UCINET ist gegenwärtig das gebräuchlichste Programm und wird von www.analytictech.com vertrieben. Ein wichtiger Vorteil von *visone* ist, dass es die Visualisierung von Zentralitätsposition mittels eines Zielscheibendiagramms gut nachvollziehbar macht (Brandes/Kenis/Raab/Schneider/Wagner 1999; Brandes/Wagner 2003). Das Programm ist kostenlos erhältlich über die Internet-Adresse www.visone.de. Eine Einführung in die Methoden der Netzwerkanalyse und in dieses Programm wird in der jährlich stattfindenden Summer School Polnet geboten (ww.polnet-school.info) Die wichtigsten Verfahren und deren Umsetzung mit visone werden außerdem in einem aktuellen Glossar Netzwerkanalyse erklärt (Malang/Leifeld 2009.

Neben der Zentralitätsanalyse könnten Austauschprozessewie sie bei Kommunikationsbeziehungen vorliegen, auch aus einer systemisch-kybernetischen Perspektive betrachtet werden, in der es um Macht geht und Kontrollressourcen über Ereignisse ausgetauscht werden, mit denen Sozialsysteme kontrolliert werden. Diese Grundidee hatte Coleman auf mathematisch-formale Weise in einem Modell des marktmäßigen Austausches politischer Kontrollressourcen umgesetzt. Die „Kontrolle von Ereignissen" fungiert dort als eine Art generalisiertes Tauschmedium, bei dem Angebot und Nachfrage den Preis bestimmen. Akteure kaufen und verkaufen wertvolle Kontrollressourcen, mit denen sie Ereignisse zu kontrollieren trachten. Der Preis der Kontrolleinheiten entspricht der jeweiligen Knappheitsrelation. In der Policy-Analyse ist dieses Modell auf mehrere Politikfelder angewandt worden und policy-spezifischer Einfluss wurde dann u.a. aus den Tauschpositionen der Akteure abgeleitet (Pappi/Kappelhoff 1984; Pappi/König/Knoke 1995).

Eine ganz andere Analyseform ist die Analyse von Teilgruppen politischer Netzwerke. Mit der visuellen Darstellung der Netzwerke kann bereits festgestellt werden, ob alle Akteure einer Beziehungsstruktur sich direkt oder indirekt erreichen können, oder ob es Teilnetze und Gruppen von Akteuren gibt, die untereinander unverbunden sind. Ein spezifisches Analyseverfahren ist dabei die *Cliquenanalyse*. Ihr Ziel ist die Identifikation von stark zusammenhängenden Untergruppen, wobei das einfachste und restriktivste Konzept die „Clique" ist. Formal ist die Clique eine Teilmenge von mindestens drei Knoten, bei der jeder Knoten mit jedem der übrigen Knoten verbunden ist.

Auch das strukturanalytische Potential dieses Konzepts kann durch Anwendung auf unser Privatisierungsbeispiel demonstriert werden. In dem oben dargestellten Netzwerk lassen sich zehn solcher Teilgruppen entdecken, in denen jedes Mitglied der Clique mit jedem anderen Mitglied über direkten intensiven Informationsaustausch verbunden ist.

```
1:      TK PD PB CDUCSU SPD FDPBMP
2:      PB FDP BMP BMF
3:      PB FDP BMP BMWI
4:      TK BDI CDUCSU SPD FDP BMP
5:      BDI FDP BMP BMWI
6:      FDP BMP BMAS
7:      TK BDI DIHT CDUCSU BMP
8:      TK PD BuLae CDUCSU SPDBMP
9:      DPG BuLae SPDBMP
10:     BDI VDPB BMP BMWI.
```

Bei übersichtlichen Netzwerken lassen sich die Cliquen und ihre Überlappungen recht gut in Euler-Venn–Diagrammen darstellen, die aus der Mengenlehre allgemein bekannt sind. Ein Beispiel hierzu gibt Abbildung 7.1, in der die ersten drei Cliquen in ihrer Überlappung dargestellt werden. Neben der Identifikation der verschiedenen Cliquen selbst ist es ferner informativ, wie häufig sich die betreffenden Akteure in überlappenden Cliquen befinden. Die Häufigkeit überlappender Mitgliedschaften kann als ein Indikator dafür betrachtet werden, wie „nahe" sich Akteure in einer Beziehungsstruktur stehen, d.h. je häufiger zwei Akteure in gemeinsamen Cliquen auftreten, desto näher sind sie strukturell zu verorten. Die Nähe durch Überlappung kann über das aus der Clusteranalyse stammende Dendrogramm veranschaulicht werden (7.2).

Eine andere Form der Teilgruppenanalyse von Netzwerken stellt die Blockmodellanalyse dar. Hierbei werden die Zeilen und Spalten der Ursprungsmatrix in der Weise umgeordnet (permutiert), dass Akteure mit ähnlichen Beziehungsprofilen zusammengruppiert werden. Die Neuordnung ist über die jeweiligen Zeilennummern der Ursprungsmatrix zu erschließen. Beispielsweise wurden die Zeilen und Spalten 2, 3, 6, 9 und 10 durch Umsortieren zu einem Block zusammengefasst. Die zentrale Aufgabe in dieser Analyse ist, ein optimales Gruppierungsmodell, zu gewinnen in dem die jeweiligen Blockzellen jeweils aus Einsen oder aus Nullen bestehen. Hierzu wurden verschiedene Algorithmen entwickelt, von denen das Verfahren der iterierten konvergenten Korrelation (CONCOR) am bekanntesten ist. In den erwähnten Lehrbüchern der Netzwerkanalyse wird es im Detail beschrieben. Mit diesem Verfahren wurde die in Abbildung 7.3 dargestellte Blocklösung gefunden. Letztendliches Ziel ist eine Darstellung strukturäquivalenter Positionen in Bildmatrizen und Blockbilddiagrammen (7.4 bis 7.6), die die Struktur eines Netzwerks vereinfacht wiedergeben.

Abbildung 7: Cliquen und Blöcke im Kommunikationsnetzwerk

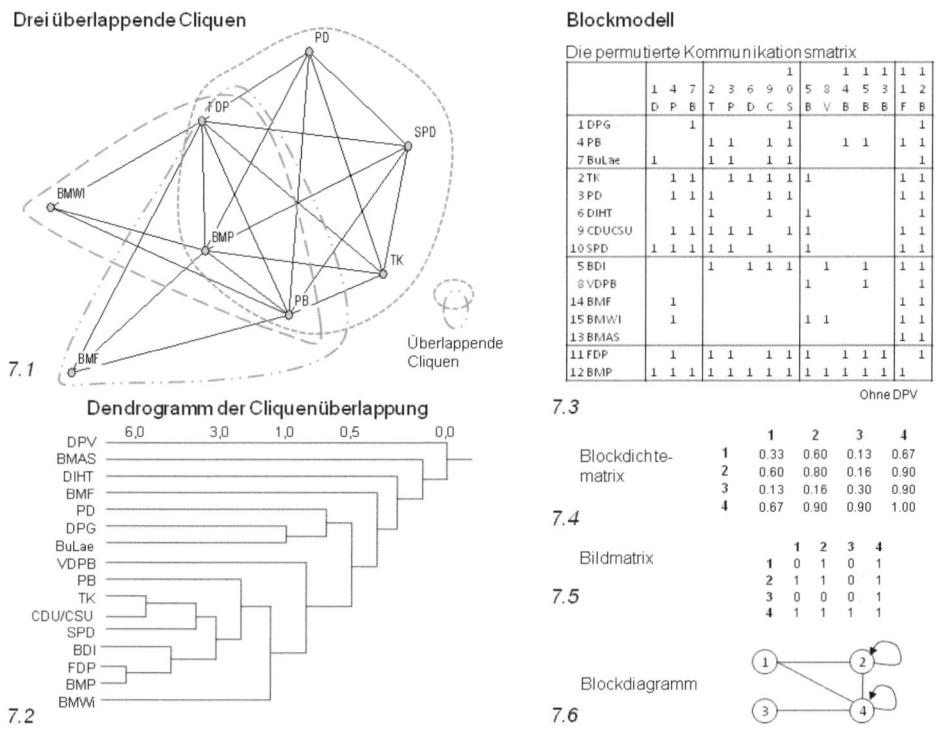

In den Diagrammen 7.3 bis 7.6 wird das Kommunikationsnetzwerk in vier Blöcke partitioniert. Eine zentrale und alle anderen Blöcke integrierende Position nimmt dabei der BMP-FDP-Block ein (Block 4), der sowohl innerhalb des Blocks eine hohe Kommunikationsdichte (dargestellt durch eine Schleife bzw. loop) als auch eine hohe Kommunikationsdichte zu den übrigen Blöcken aufweist. Der BDI-VDPB-BMF-BMWi-BMAS-Block (Block 3) hingegen ist intern nur wenig integriert und ausschließlich über den erstgenannten Block in die Kommunikationsstruktur des Gesamtnetzes eingebunden.

Das Verfahren der Blockmodell-Analyse ist besonders fruchtbar in der Analyse großer Netzwerke wo es die wesentlichen Zusammenhänge sichtbar machen kann. Ein unübersichtlicher Akteurszusammenhang wird dabei auf eine kleine Konstellation struktureller Positionen reduziert. Auch hier gilt es letztlich, nicht nur zu beschreiben, sondern in diesen Strukturpositionen wichtige Bestimmungsgründe für Akteursinteressen und Einflusspositionen in der Formulierung und Umsetzungen öffentlicher Politiken zu erkennen. Im vorliegenden Fall gelingt dies immerhin partiell. Das Ergebnis dieser Strukturanalyse ist, dass im Kommunikationsnetz einerseits BMP und FDP, andererseits die Akteure TK, PD, DIHT, CDU/CSU und die SPD die zentralsten Positionen einnehmen. Es waren auch diese letztgenannten Akteure, die eine mittlere Kompromissposition vertraten, während die einerseits Privatisierungsgegner und die radikale Privatisierungs- und Liberalisierungsinteressenten andererseits in Bezug auf Einfluss und Zentralität letztlich eher eine periphere Stellung eingenommen hatten.

6   Konklusion

In der Erklärung öffentlicher Politiken hat sich in den vergangenen Jahrzehnten ein grundlegender Paradigmenwechsel ereignet. Während Staatshandeln in den 1960er und 1970er Jahren aus funktionalen Erfordernissen oder Strukturzwängen abgeleitet wurde, ist seit den 1980er Jahren ein breiter Trend zur Mikrofundierung und Akteurzentrierung von Politikerklärungen erkennbar. Es genügt heute nicht mehr, Politiken auf gesellschaftliche Probleme zu beziehen und zu versuchen, objektiven Problemdruck direkt in kollektives Handeln zu übersetzen. Ob gesellschaftliche Probleme auf die politische Tagesordnung geraten und in politische Programme transformiert werden, hängt letztlich davon ab, ob relevante Akteure diese Probleme wahrnehmen, ihre Betroffenheit erkennen und Ressourcen für politische Problemlösungen mobilisieren. Ein zentraler Aspekt der konzeptionellen Weiterentwicklung ist, dass Politiken nun aus dem komplexen Zusammenhandeln multipler und heterogener Akteure erklärt wird.

Um solche Strukturen und Prozesse zu rekonstruieren, sind in diesem Kapitel eine Reihe von Analysetechniken vorgestellt worden, die den Politikforscher befähigen, insbesondere den komplexen Interaktionsraum der an einer öffentlichen Politik beteiligten Akteure in Form von Interessenkonstellationen, Konfliktstrukturen, Tauschzusammenhängen und Beziehungsnetzen zu erhellen. Hierzu gehören einerseits Methoden, mit denen die Verteilung und Verortung von Interessenpositionen empirisch auf differenzierte Weise beschrieben werden, spieltheoretische Verfahren der Analyse strategischer Interaktionssituationen, und schließlich Verfahren mit denen sich Beziehungsstrukturen in Form sozialen Netzwerken beschreiben und analysieren lassen. Wichtig aus dieser letztgenannten Perspektive sind einerseits die Zentralitätsanalyse, andererseits die Aufteilung des Netzwerks in stark verbundenen oder strukturäquivalenten Teilgruppen.

Obwohl diese hier vorgestellte Perspektive eine wichtige analytische Orientierung beinhaltet, so kann sie jedoch immer nur als Teilperspektive betrachtet werden, die nur komplementär zu den übrigen Theorieansätzen, Forschungsperspektiven und Methoden in der gegenwärtigen Policy- und Politikfeldanalyse ihre analytische Fruchtbarkeit entfaltet (Schneider/Janning 2006; Blatter/Janning/Wagemann 2007; Janning/Töns 2007). Innerhalb dieses Spektrums analytischer Möglichkeiten ist die hier vorgestellte politische Netzwerkanalyse jedoch ein wichtiger Baustein zur Mikrofundierung der Politikfeldanalyse insgesamt, in der insbesondere die strukturellen Rahmenbedingungen kollektiven Handelns herausgestellt werden (Schneider/Janning/Leifeld/Malang 2009). Daneben sind hierzu auch Erklärungsmuster wichtig, die komplexe Wirkung institutionalisierter Regelwerke und Emergenzeffekte auf das Zusammenhandeln politischer betonen, wie dies gegenwärtig bei komplexitätstheoretischen Ansätzen der Fall ist (Schneider/Bauer 2008). Nur durch die Integration einer akteurbasierten Strukturanalyse und eines so verstandenen mikrofundierten Institutionalismus und „Systemismus" (Bunge 2000) lassen sich wesentliche Aspekte der Herausbildung und der Umsetzung öffentlicher Politiken erfassen.

Anhang

AgV	Arbeitsgemeinschaft der Verbraucherverbände	DIHT	Deutscher Industrie- und Handelstag
ANGA	Verband deutscher Kabelnetzbetreiber	DP	Deutsche Postgilde
ARD/ZDF	ARD/ ZDF	DPG	Deutsche Postgewerkschaft
BBK	Bundesverband Büroinformation und Kommunikationstechnik	DPV	Deutscher Postverband
BDB	Bundesverband Deutscher Banken	FDP	FDP
BDDB	Börsenverein des Deutschen Buchhandels e.V.	Grüne	Bündnis 90/Die Grünen
BDI	Bundesverband der Deutschen Industrie	PB	DBP Postbank
BDKS	Bundesvereinigung der Kommunalen Spitzenverbände	PD	DBP Postdienst
BDVH	Bundesverband des Deutschen Versandhandels e.V.	PDS	PDS (nicht befragt)
BDZ	Bundesverband Deutscher Zeitungsverleger	SPD	SPD
BFDD	Bundbeauftragter für den Datenschutz	TK	DBP Telekom
BfS	Bundesarbeitskreis für Sicherheitspolitik	VDFPost	Vereinigung Deutscher Fernmeldetechniker Post
BIEUK	Bundesverband Internationaler Express- und Kurierdienste (nicht befragt)	VDMA	Verband Deutscher Maschinen- und Anlagenbauer
BMAS	Bundesministerium für Arbeit und Sozialordnung	VDPB	Verband der Postbenutzer
BMF	Bundesministerium der Finanzen	VDPI	Verband Deutscher Postingenieure
BMI	Bundesministerium des Innern(nicht befragt)	VDZ	Verband Deutscher Zeitschriftenverleger e.V.
BMP	Bundesministerium für Post und Telekommunikation	VhFK	Vereinigung der Höheren Führungskräfte der DBP
BMWi	Bundesministerium für Wirtschaft	VÖB	Verband Öffentlicher Banken
BMZ	Bundesministerium für Entwicklung und Zusammenarbeit	VPRT	Verband Privater Rundfunk und Telekommunikation e.V.
BuLae	Zuständige Politiker auf Länderebene	ZdEH	Zentralverband des Elektrotechnischen Handwerks
CDU/CSU	CDU/CSU	ZDH	Zentralverband des Deutschen Handwerks
CPG	Christliche Postgewerkschaft	ZVEI	Zentralverband des Elektrotechnischen Industrie

7 Literatur

Almond, Gabriel A./Powell, G. Bingham 1974: Comparative Politics. Boston.

Axelrod, Robert, 1997: The Complexity of Cooperation. Agent-based Models of Competition and Collaboration. Princeton NJ.

Blatter, Joachim/Janning, Frank/Wagemann, Claudius, 2007: Qualitative Politikanalyse. Eine Einführung in Forschungsansätze und Methoden (Reihe: Grundwissen Politik). Wiesbaden.

Brandes, Ulrik/Erlebach, Thomas, 2005: Network Analysis: Methodological Foundations. Berlin.

Brandes, Ulrik/Kenis, Patrick/Raab, Jörg/Schneider, Volker/Wagner, Dorothea, 1999: Explorations into the Visualization of Policy Networks, in: Journal of Theoretical Politics 11, 75-106.

Brandes, Ulrik/Schneider, Volker, 2009: Netzwerkbilder: Politiknetzwerke in Metaphern, Modellen und Visualisierungen, in: Volker Schneider/Janning Frank/Leifeld Philip/Malang Thomas (eds.) Politiknetzwerke. Modelle, Anwendungen und Visualisierungen. Wiesbaden (i.E.).

Brandes, Ulrik/Wagner, Dorothea, 2003: visone-Analysis and Visualization of Social Networks, in: Graph Drawing Software, 321-340.

Bunge, Mario, 2000: Systemism: the alternative to indivdualism and holism, in: Journal of Socio-Economics 29, 147-157.

Coleman, James S., 1971: Control of Collectivities and the Power of a Collectivity to Act, in: Bernhardt Lieberman (ed.) Social Choice. New York, 269-300.

Coleman, James S., 1974: Power and the Structure of Society. New York.

Coleman, James S., 1990: Foundations of Social Theory. Cambridge MA.

Czada, Roland, 1994: Konjunkturen des Korporatismus: Zur Geschichte eines Paradigmenwechsels in der Verbändeforschung, in: Wolfgang Streeck (ed.) Staat und Verbände. Opladen, 37-64.

Deutsch, Karl W., 1963: Nerves of Government. New York.

Dixit, Avinash K./Nalebuff, Barry J., 1997: Spieltheorie für Einsteiger. Strategisches Knowhow für Gewinner. Stuttgart.

Habermas, Jürgen, 1992: Faktizität und Geltung: Beiträge zur Diskurstheorie des Rechts und des demokratischen Rechtsstaats. Frankfurt a. M.

Holler, Manfred J./Illing, Gerhard, 2006: Einführung in die Spieltheorie (6. Auflage). Berlin.

Janning, Frank/Töns, Katrin, 2007: Die Zukunft der Policy-Forschung, Wiesbaden: VS-Verlag. Wiesbaden.

Jansen, Dorothea, 2006: Einführung in die Netzwerkanalyse. Grundlagen, Methoden, Forschungsbeispiele (3. Auflage). Wiesbaden.

Kenis, Patrick/Schneider, Volker, 1991: Policy Networks and Policy Analysis: Scrutinizing a New Analytical Toolbox., in: Bernd Marin/Mayntz Renate (eds.) Policy Networks. Empirical Evidence and Theoretical Considerations. Frankfurt/Main, 25-59.

Kenis, Patrick/Schneider, Volker, 1996: Organisation und Netzwerk. Institutionelle Steuerung in Wirtschaft und Politik. Frankfurt/Main.

Knoke, David/Yang, Song, 2008: Social Network Analysis (2nd Edition). Los Angeles CA.

Lang, Achim/Leifeld, Philip, 2007: Die Netzwerkanalyse in der Policy-Forschung: Eine theoretische und methodische Bestandsaufnahme, in: Frank Janning/Töns Kathrin (eds.) Die Zukunft der Policy-Forschung, Wiesbaden: VS-Verlag. Wiesbaden, 223-241.

Laumann, Edward O. /Knoke, David, 1987: The Organizational State. Social Choice in National Policy Domains. Madison WI.

Laumann, Edward O./Marsden, Peter V., 1979: The Analysis of Oppositional Structures in Political Elites: Identifying Collective Actors, in: American Sociological Review 44, 713-732.

Laumann, Edward O./Pappi, Franz U., 1976: Networks of collective action: a perspective on community influence systems. New York.

Leijonhufvud, Axel, 1996: Towards a Not-Too-Rational Macroeconomics, in: David Colander (ed.) Beyond microfoundations: Post Wlarasian macroeconomics. Cambridge, 39-55.

Malang, Thomas/Leifeld, Philip, 2009: Glossar Netzwerkanalyse, in: Volker Schneider/Janning Frank/Leifeld Philip/Malang Thomas (eds.) Politiknetzwerke. Modelle, Anwendungen und Visualisierungen. Wiesbaden (i.E.).

Mayntz, Renate, 1980: Die Implementation politischer Programme. Theoretische Überlegungen zu einem neuen Forschungsgebiet, in: Mayntz Renate (ed.) Implementation politischer Programme. Empirische Forschungsberichte. Königstein/Ts., 236-249.

Mayntz, Renate, 1997: Soziale Dynamik und politische Steuerung : theoretische und methodologische Überlegungen. Frankfurt a. M.

Mayntz, Renate, 2005: Governance Theory als fortentwickelte Steuerungstheorie, in: Gunnar Folke Schuppert (ed.) Governance-Forschung. Vergewisserung über Stand und Entwicklungslinien. Baden-Baden. Baden-Baden, 11-20.

Mayntz, Renate/Scharpf, Fritz W., 1995: Gesellschaftliche Selbstregelung und politische Steuerung. Frankfurt a. M.

Myerson, Roger B., 1991: Game theory: analysis of conflict. Cambridge MA.

Olson, Mancur, 1965: The Logic of Collective Action. Cambridge MA.

Ostrom, Elinor, 1986: An agenda for the study of institutions, in: Public Choice 48, 3-25.

Pappi, Franz U./Kappelhoff, Peter, 1984: Abhängigkeit, Tausch und kollektive Entscheidung in einer Gemeindeelite, in: Zeitschrift für Soziologie 13, 87-117.

Pappi, Franz U./König, Thomas/Knoke, David, 1995: Entscheidungsprozesse in der Arbeits- und Sozialpolitik: Der Zugang der Interessengruppen zum Regierungssystem über Politik-feldnetze: Ein Deutsch-amerikanischer Vergleich. Frankfurt a. M.

Perrow, Charles, 1996: Eine Gesellschaft von Organisationen, in: Patrick Kenis/Schneider Volker (eds.) Organisation und Netzwerk. Institutionelle Steuerung in Wirtschaft und Politik. Frankfurt a. M., 75-121.

Raab, Jörg/Kenis, Patrick, 2007: Taking Stock of Policy Networks: Do They Matter?, in: Frank Fischer/Miller Gerald J./Sidney Mara S. (eds.) Handbook of Public Policy Analysis. Boca Raton, 187-200.

Rapoport, Aanatol/Guyer, Melvin, 1978: A Taxonomy of 2 X 2 Games, in: General Systems 23, 125-136.

Scharpf, Fritz W., 2000: Interaktionsformen: Akteurszentrierter Institutionalismus in der Politikforschung. Opladen.

Schneider, Volker, 2000: Organisationsstaat und Verhandlungsdemokratie, in: Raymund Werle/Schimank Uwe (eds.) Gesellschaftliche Komplexität und kollektive Handlungsfähig-keit. Frankfurt a. M., 243-269.

Schneider, Volker/Bauer, Johannes, 2008: Von der Governance- zur Komplexitätstheorie: Entwicklungen der Theorie gesellschaftlicher Ordnungsbildung, in: Ingo Schulz-Schaeffer/Weyer Johannes (eds.) Management komplexer Systeme. München.

Schneider, Volker/Janning, Frank, 2006: Politikfeldanalyse. Akteure, Diskurse und Netzwer-ke in der öffentlichen Politik. Wiesbaden.

Schneider, Volker/Janning, Frank/Leifeld, Philip/Malang, Thomas, 2009: Politiknetzwerke. Modelle, Anwendungen und Visualisierungen. Wiesbaden (i.E.).

Schneider, Volker/Lang, Achim/Leifeld, Philip/Gundelach, Birte, 2007: Political Networks – Structured Bibliography. https://www.uni-konstanz.de/FuF/Verwiss/Schneider/epapers/PolNetw_StructBibliography.pdf.

Schneider, Volker/Mayntz, Renate, 1995: Akteurzentrierter Institutionalismus in der Tech-nikforschung. Fragestellungen und Erklärungsansätze, in: Jahrbuch Technik und Gesellschaft 8, 107-130.

Schubert, Klaus, 1991: Politikfeldanalyse. Opladen.

Scott, John, 2000: Social Network Analysis: A Handbook. London.

Simon, Herbert A., 1982: Models of Bounded Rationality. Cambridge MA.

Simon, Herbert A., 1993: Homo rationalis. Die Vernunft im menschlichen Leben. Frankfurt a. M.

Streeck, Wolfgang, 1972: Das Dilemma der Organisation-Tarifverbände zwischen Interessenvertretung und Stabilitätspolitik, in: Werner Meissner/Unterseher Lutz (eds.) Verteilungskampf und Stabilitätspolitik. Suttgart.

Tenbücken, Marc/Thiem, Janina, 2004: Facettentheoretische Verfahren in der Politikwissenschaft - eine Einführung, in: Volker Schneider/Tenbücken Marc (eds.) Der Staat auf dem Rückzug. Frankfurt a. M., 317-326.

Wasserman, Stanley/Faust, Katherine, 1994: Social Network Analysis: Methods and Applications. Cambridge.

Verständnisfragen

1. Wie definiert Schneider „Policy-Akteure"? Welche Typen von Policy-Akteuren unterscheidet er?

2. Warum weichen reale Partizipationsstrukturen in politischen Prozessen von ideal-typischen Modellen der Politikentwicklung ab?

3. Warum ist das Gefangenendilemma ein „Dilemma"?

4. Worüber geben die Maßzahlen der Gradzentralität, der Nähezentralität und der Intermediationszentralität Aufschluss?

Transferfragen

1. Nennen Sie eigene Beispiele für Ressourcen, die Verbände oder große Unternehmen bei Tauschbeziehungen mit staatlichen Akteuren einbringen könnten.

2. Mit welchen Methoden lassen sich die Daten erheben, die für eine Untersuchung der Interessenpositionen der Akteure in der Gesundheitspolitik verwendet werden können?

3. Mit welchen Methoden lassen sich die Daten erheben, mit denen sich die Akteurpositionen in den politischen Beziehungsstrukturen bei der materiellen Privatisierung der Deutschen Bahn AG darstellen lassen?

Problematisierungsfragen

1. Diskutieren Sie Anwendungsbereiche und Probleme von Vergleichen der Interessenprofile verschiedener Akteure auf Grundlage der im Text beschriebenen Verfahren der Codierung von Präferenzen mit Zahlen, Berechnung der Euklidischen Distanzen zwischen den Interessenprofilen und Darstellung der Akteure in einem zweidimensionalen Streudiagramm mit Hilfe der Multidimensionalen Skalierung (MDS).

2. Diskutieren Sie die mögliche Anwendungsbereiche und Probleme von mathematischen Ermittlungen von Akteurkonstellationen in Politikprozessen auf Grundlage von binären Erhebungen der Beziehungen einerseits und differenzierteren Messungen der Intensität von Beziehungen andererseits.

Vergleichende Policyanalyse
Eine Einführung in makro-quantitative und makro-qualitative Methoden

Herbert Obinger

1 Einleitung

Warum unterscheiden sich die Rüstungsausgaben im internationalen Vergleich (Cusack 2007)? Wie kann die Pionierrolle von Ländern in der Umweltpolitik erklärt werden (Jänicke 2007)? Wer ist Schuld an den Schulden (Wagschal 2006) und warum sind die Bildungsausgaben in Deutschland im internationalen Vergleich nur Mittelmaß (Schmidt 2004)? Wer regiert in der Steuerpolitik (Ganghof 2004) und gleichen sich die Policies in den entwickelten Demokratien der OECD-Welt im Zeitverlauf einander an (Holzinger et al. 2007)? Gibt es Länderfamilien, die ein ähnliches Staatstätigkeitsprofil aufweisen, und sind solche Policyregime über die Zeit stabil (Castles/Obinger 2008)?

Solche und ähnliche Fragen sind charakteristisch für die vergleichende Policyanalyse. In ihrem Mittelpunkt steht die Analyse der Gemeinsamkeiten und Unterschiede von Staatstätigkeit von Nationen, die Erforschung der Bestimmungsgründe für das „Tun und Lassen von Regierungen" (Manfred G. Schmidt) und die daraus resultierenden Folgewirkungen in Gesellschaft, Wirtschaft und Politik. Die vergleichende Politikfeldanalyse fokussiert dabei keineswegs nur auf den Vergleich von Nationalstaaten, sondern findet auch bei der Analyse der Politik von Gliedstaaten (Hildebrandt/Wolf 2008), Kommunen oder Weltregionen breite Anwendung.

Dieser Beitrag gibt am Beispiel der Sozialpolitik eine Einführung in die makro-quantitative und makro-qualitative ländervergleichende Staatstätigkeitsforschung. Im Mittelpunkt steht eine Analyse der Bestimmungsfaktoren der Sozialleistungsquote in den ökonomisch hochentwickelten Ländern der OECD-Welt, welche sich durch ähnliche Basisstrukturen in Politik (rechtsstaatlich eingehegte Demokratien) und Wirtschaft (reiche Marktwirtschaften) auszeichnen. Zunächst werden anhand eines einfachen Beispiels die Grundzüge der makroquantitativen Aggregatdatenforschung dargestellt. Neben den Stärken werden auch die Probleme dieses methodischen Zugangs kurz diskutiert, ehe dann qualitative Methoden und Forschungsdesigns der vergleichenden Policyanalyse vorgestellt werden. Dabei wird deutlich, dass es wie in der gesamten Disziplin auch in der vergleichenden Politikfeldanalyse keinen methodischen Königsweg gibt. Jede der im Folgenden skizzierten Methoden besitzt eigentümliche Stärken und Schwächen. Aus Platzgründen und angesichts der enormen theoretischen und methodischen Ausdifferenzierung dieses Forschungsfeldes muss sich dieses Kapitel auf elementare Grundlagen beschränken. Der Beitrag gibt daher lediglich eine erste und zweifellos unvollständige Orientierung in diesem Feld, hätte aber seinen Zweck dann erreicht, wenn Neugier auf die in der Bibliographie angeführte weiterführende Literatur geweckt würde.

2   Makro-quantitative Policyforschung

Die makro-quantitative Staatstätigkeitsforschung zielt vorrangig auf die Überprüfung von Theorien. Im Zentrum steht die Analyse des Einflusses einer oder mehrerer unabhängiger (= erklärender) Variablen X_i auf eine abhängige Variable Y, wobei die abhängige Variable eine bestimmte Policy abbildet. Mit Hilfe statistischer Verfahren der Datenanalyse wird der Effekt der unabhängigen Variablen auf die abhängige Variable geprüft. Im Folgenden sollen das Forschungsprogramm und der Forschungsprozess der makro-quantitativen Policyanalyse anhand eines einfachen Beispiels aus der vergleichenden Sozialpolitikforschung illustriert werden.

Forschungsfrage

Das 20. Jahrhundert stand im Zeichen eines massiven Anstiegs der Staatsausgaben (Cusack/Fuchs 2003). Eine wesentliche Triebfeder dieser Entwicklung war die Expansion des Wohlfahrtsstaates mit dem Ergebnis, dass heute in den entwickelten Demokratien rund die Hälfte der gesamten Staatsausgaben im Sozialbereich gebunden ist. Dessen ungeachtet enthüllt der internationale Vergleich große Unterschiede im Ausbaugrad des Wohlfahrtsstaates. Ein (grober) Indikator zur Messung des Umfangs des Sozialstaates ist die Sozialleistungsquote, die die öffentlichen Sozialausgaben in Relation zum Bruttoinlandsprodukt (BIP) ausdrückt. Im Jahr 2003 lag die Sozialleistungsquote in 21 wirtschaftlich hoch entwickelten Ländern der OECD im Schnitt bei 22,3%. Hinter diesem Mittelwert verbergen sich allerdings große länderspezifische Unterschiede. Die Spannweite, also die Differenz zwischen der höchsten und geringsten Sozialleistungsquote, beträgt immerhin 15,3 Prozentpunkte. In Schweden fließt fast jede dritte Krone in den Sozialbereich, während in Irland der Sozialstaat lediglich nur knapp 16% des BIP beansprucht (vgl. Tabelle 1, Spalte 3). Diese beträchtlichen Unterschiede sind erklärungsbedürftig. Unsere Forschungsfrage lautet daher: Warum unterscheiden sich die Sozialausgaben in entwickelten Demokratien? Ziel unserer Untersuchung ist die Identifizierung von Bestimmungsfaktoren, welche länderübergreifend die Unterschiede zwischen den nationalen Sozialausgaben im Jahr 2003 erklären.

Theorien

Für die Beantwortung der Forschungsfrage benötigen wir zunächst Theorien, aus denen Hypothesen zur Erklärung der Sozialleistungsquote gewonnen werden können. Anschließend wollen wir diese mit multivariaten Verfahren der Datenanalyse überprüfen, wobei wir auf eine Regressionsanalyse zurückgreifen. Mit der Formulierung der Forschungsfrage wurde die abhängige Variable, nämlich der über die Sozialleistungsquote gemessene Ausbaugrad des Wohlfahrtsstaates, bereits festgelegt. Die Auswahl der unabhängigen Variablen muss theoriegeleitet erfolgen. Gesucht sind Faktoren, welche die Sozialleistungsquote kausal beeinflussen. An dieser Stelle bietet sich etwa der Rückgriff auf die Heidelberger Schule der vergleichenden Staatstätigkeitsforschung an (vgl. Schmidt et al. 2007: 21-95; Zohlnhöfer 2008). Vier der sechs dort namhaft gemachten Theorieschulen werden in der Folge aufgegriffen und anschließend auf ihre empirische Tragfähigkeit untersucht.

Als erster Theoriestrang erklärt die sozio-ökonomische Theorieschule Sozialstaatstätigkeit zum einen mit sozio-ökonomischen Problemlagen, die an das politische System adressiert und dort in kollektiv verbindliche Entscheidungen übersetzt werden. So erzeugt beispielsweise Arbeitslosigkeit sozialpolitischen Kompensationsbedarf und auch die Ergrauung der Gesellschaft sollte sich über höhere Rentenlaufzeiten und den höheren Pflegebedarf älterer Menschen im Sozialbudget niederschlagen. Zum anderen betont diese Theorieschule die ökonomische Leistungsfähigkeit eines Landes, die darüber entscheidet, ob und inwieweit diese Problemlagen auch sozialpolitisch bearbeitet werden können. Mit Blick auf letzteres Argument könnte nun folgende Hypothese aus dieser ersten Theorieschule abgeleitet werden:

H1:   *Je größer das Wohlstandsniveau eines Landes ist, desto höher ist die Sozialleistungsquote*

Die Parteiendifferenzthese als zweite Theorieschule rückt hingegen die politischen Akteure in den Mittelpunkt. Anonyme Prozesse wie das Wirtschaftswachstum oder die Ergrauung der Gesellschaft liefern zwar Impulse für Staatsintervention, ob und inwieweit auf diese Inputs politisch reagiert wird, hängt jedoch aus Sicht dieser Theorieströmung von den Präferenzen der maßgeblichen Akteure und ihren Machtressourcen ab. Im Mittelpunkt dieser Theorieschule steht hier daher das Wollen von Akteuren. In modernen Massendemokratien kommt insbesondere Parteien eine Schlüsselstellung im politischen Willensbildungs- und Entscheidungsprozess zu. Vertreter der Parteiendifferenztheorie argumentieren in diesem Zusammenhang, dass politische Parteien eine unterschiedliche Politik (i.S. von Policy) betreiben. Die tiefer liegende Ursache für parteipolitisch bedingte Unterschiede von Politikergebnissen ist die Verwurzelung von Parteien in unterschiedlichen sozialen Milieus. Kommt eine bestimmte Partei an die Macht, wird sie daher eine Politik realisieren, die den Präferenzen ihrer Anhängerschaft Rechnung trägt. Für unser Politikfeld könnte daher argumentiert werden, dass sozialdemokratische Parteien eine sozialstaatsexpansivere Politik als ihre bürgerlichen Mitbewerber forcieren, wobei allerdings innerhalb des bürgerlichen Lagers in Bezug auf die sozialpolitischen Positionen Unterschiede zwischen liberalen Parteien und säkular-konservativen Parteien auf der einen Seite und christdemokratischen Parteien auf der anderen bestehen. Dessen ungeachtet könnte aus diesen Überlegungen folgende Hypothese formuliert werden:

*H2:   Je stärker das bürgerliche Lager in einem Land ist, desto geringer ist die Sozialleis-
        tungsquote*

Neben dem Wollen spielt aber auch das Können eine wichtige Rolle für Politikergebnisse.
Nicht immer, wenn politische Akteure eine bestimmte Policy durchsetzen wollen, sind sie
dazu auch in der Lage. Der politische Handlungsspielraum einer Regierung wird insbesondere durch Institutionen begrenzt, die im Zentrum einer dritten Theorieschule stehen, die die
Prägekraft von politischen Institutionen auf Politikergebnisse thematisiert. Eine Beschnei-
dung der politischen Handlungschancen der Regierung ist etwa anzunehmen, wenn andere
individuelle oder kollektive Akteure qua Verfassung einer Änderung des Status quo zustimmen müssen. Je stärker ein politisches System auf Machtteilung beruht, desto mehr solcher
Vetospieler (Tsebelis 2002) oder Mitregenten (Schmidt 2000) können den Reformspielraum
einer Regierung einschränken. Beispiele wären ein föderaler Staatsaufbau (Regierungen der
Gliedstaaten als Mitregenten), eine mächtige Zweite Parlamentskammer, ein Präsident mit
weitreichenden Vetorechten oder eine über Referenden gewährleistete plebiszitäre Öffnung
des politischen Systems (Souverän als Mitregent). Je mehr solcher Vetospieler in einem
politischen System vorhanden sind, desto schwieriger ist es, den Status quo (i. S. von Policy)
zu verändern (Tsebelis 2002). Daraus kann unmittelbar folgende Hypothese abgeleitet werden:

*H3:   Je größer die Zahl der Mitregenten in einem Land ist, desto geringer sollte die So-
        zialleistungsquote sein*

Staatstätigkeit wird schließlich auch von den politischen Entscheidungen in der Vergangenheit beeinflusst. Diese langen Schatten der Geschichte werden von einer vierten Theorieschule, der Politikerblastheorie, betont. Die Anfänge des modernen Wohlfahrtsstaates reichen in einigen Ländern weit über hundert Jahre zurück. Der Einführungszeitpunkt von Sozialschutzsystemen und die dabei vorgenommenen Weichenstellungen hinsichtlich ihrer
strukturellen Ausgestaltung blieben nicht folgenlos für das spätere Niveau und die Entwicklungsdynamik der Sozialausgaben. Beispielsweise kann argumentiert werden, dass die Wohlfahrtsstaaten in sozialpolitischen Pionierländern früher ihren Vollausbau erreicht haben als in
jenen Ländern, wo Sozialschutzsysteme mit einer erheblichen zeitlichen Verzögerung etabliert wurden und daher noch Wachstumspotenzial besitzen. Die aktuelle Sozialleistungsquote
sollte daher in den sozialpolitischen Vorreiternationen höher sein. Die entsprechende Hypothese lautet daher:

*H4:   Je früher der Sozialstaat konsolidiert wurde, desto höher ist die Sozialleistungsquo-
        te.*

Operationalisierung

Nachdem nun aus den verschiedenen Theorieschulen der vergleichenden Staatstätigkeitsforschung vier Hypothesen gewonnen wurden, müssen diese im nächsten Schritt des Forschungsprozesses operationalisiert, d.h. messbar gemacht werden. Gesucht sind also Indikatoren, die die theoretischen Konstrukte wie Wohlstand (H1), Stärke des bürgerlichen Lagers
(H2), Zahl der Mitregenten (H3) und zeitliche Konsolidierung des Sozialstaates (H4) möglichst genau abbilden. Für die abhängige Variable wurde das theoretische Konstrukt „Aus-

baugrad des Wohlfahrtsstaates" bereits durch die Sozialleistungsquote im Jahr 2003 operationalisiert.

Da die Forschungsfrage darin besteht, die Unterschiede im aktuellen Ausbaugrad von Wohlfahrtsstaaten zu erklären, sind Überlegungen erforderlich, über welchen Zeitraum die unabhängigen Variablen gemessen werden. Aus theoretischer Sicht macht es etwa wenig Sinn, die Sozialausgaben im Jahr 2003 mit den nationalen ökonomischen und politisch-institutionellen Gegebenheiten am Beginn des 21. Jahrhunderts zu erklären. Vielmehr ist der Wohlfahrtsstaat über Jahrzehnte kontinuierlich gewachsen (insbesondere im Zeitraum nach 1945), sodass die Annahme plausibel ist, dass die gegenwärtigen Sozialausgabenniveaus die politischen, ökonomischen und institutionellen Verhältnisse in der Nachkriegszeit reflektieren. Wir interpretieren daher die aktuellen Sozialausgaben als geronnene Politik der Vergangenheit. Zudem wurde mit dem Zeitpunkt der Sozialstaatskonsolidierung eine Variable berücksichtigt, die die sozialpolitische Ausgangssituation vor 1945 aufgreift.

Im nächsten Schritt müssen für alle Indikatoren und alle in die Untersuchung einbezogenen Länder Daten gesammelt werden, wobei wir auf Sekundärdaten zurückgreifen. Die Daten zur Sozialleistungsquote im Jahr 2003 stammen aus der Social Expenditure Database der OECD (2007). Das Wohlstandsniveau eines Landes wird durch das BIP pro Kopf (in Geary-Khamis Dollar) gemessen. Die Daten stammen von Maddison (2003) und spiegeln das durchschnittliche BIP pro Kopf im Zeitraum zwischen 1960 und 2001 wider. Die Stärke von bürgerlichen Parteien wird durch den Kabinettssitzanteil von liberalen, säkular-konservativen, christdemokratischen Parteien sowie Parteien der nicht-christlichen Mitte gemessen. Die Daten stammen von Manfred G. Schmidt und erstrecken sich über den Zeitraum zwischen 1950 und 2003. Die Zahl der Mitregenten in einem politischen System wird über einen standardisierten Additivindex gemessen, der auf Basis von Daten von Lijphart (1999) berechnet wurde. Dieser Index besteht aus drei Komponenten (Bikameralismus, föderaler Staatsaufbau und Schwierigkeitsgrad einer Verfassungsänderung). Der Konsolidierungszeitpunkt des Wohlfahrtsstaates wird durch den durchschnittlichen Einführungszeitpunkt von vier grundlegenden Sozialschutzsystemen (Kranken-, Unfall-, Arbeitslosen- und Rentenversicherung) abgebildet. Die Datenquelle ist Schmidt (2005: 182). Die Variable „Sozialstaatskonsolidierung" misst für die einzelnen Länder die zeitliche Verspätung bei der Einführung von vier Sozialprogrammen (in Jahren) relativ zum Sozialstaatspionier Deutschland.

Am Ende der Operationalisierung und der Datenerhebungsphase steht eine Datenmatrix, die in Tabelle 1 dargestellt ist. Die letzten Zeilen dieser Tabelle geben für alle Variablen grundlegende deskriptive Statistiken (Lage- und Streuungsmaße) wieder.

Aus Tabelle 1 ist ersichtlich, dass die makro-quantitative Staatstätigkeitsforschung variablenorientiert ist. Die Besonderheiten der einzelnen Länder, wie sie etwa im Zentrum der qualitativen, fallorientierten Policyforschung stehen, bleiben nämlich ausgeblendet. Vielmehr gehört es zum Forschungsprogramm der ländervergleichenden quantitativen Staatstätigkeitsforschung, die Ländernamen durch Variablenbezeichnungen zu ersetzen (Przeworski/Teune 1970). Die in die Untersuchung einbezogenen Länder dienen in erster Linie dazu, eine hinreichend große Varianz bei den Merkmalsausprägungen der unabhängigen und abhängigen Variablen sicherzustellen, die zur Analyse kausaler Zusammenhänge zwingend erforderlich ist. Im Zentrum der Analyse stehen nicht daher nicht einzelne Länder, sondern der statistische Zusammenhang zwischen den in der ersten Zeile aufgelisteten Variablen. Eine zentrale Rolle spielt dabei das Konzept der Kovarianz. Eine unabhängige Variable X kann nur dann einen kausalen (linearen) Einfluss auf Y ausüben, wenn entweder mit zunehmenden Werten von X auch die Werte von Y steigen (positiver Einfluss) oder wenn mit steigenden Werten von X die Werte von Y geringer werden (negativer Einfluss). Ist keine Kovarianz zwischen X und Y feststellbar, kann ein kausaler Zusammenhang ausgeschlossen werden.

Tabelle 1: Datensatz

	Länder-code	Y Sozialleistungs-quote 2003	X1 BIP pro Kopf 1960-2001	X2 Kabinettssitz-anteil bürger-licher Parteien 1950-2003	X3 Institutionelle Rigidität	X4 Sozialstaats-konsolidierung (Timelag zu Deutschland)
Australien	AUS	17,90	14584,02	71,01	3,00	29,75
Belgien	BEL	26,48	13893,33	65,71	2,14	8,50
Dänemark	DK	27,58	15779,26	46,22	1,15	1,25
Deutschland	D	27,25	13575,76	65,67	2,88	0,00
Finnland	FIN	22,45	12759,93	55,20	1,40	32,25
Frankreich	FRA	28,72	14260,05	58,14	1,49	14,50
Griechenland	GR	21,30	8147,00	57,33	0,95	33,00
Irland	IRL	15,93	9716,93	86,76	1,20	11,75
Italien	ITA	24,19	12789,02	70,65	1,55	24,00
Japan	JPN	17,73	13516,67	95,91	2,15	35,75
Kanada	CAN	17,27	15606,24	100,00	2,75	47,75
Neuseeland	NZ	18,01	12840,24	68,47	0,70	22,75
Niederlande	NL	20,67	14580,52	77,21	2,10	21,00
Norwegen	NOR	25,07	15137,12	32,23	1,53	15,75
Österreich	A	26,05	13349,83	43,18	2,15	4,75
Portugal	POR	23,51	8111,17	53,71	1,20	43,75
Schweden	SWE	31,28	14783,74	19,10	1,05	14,00
Schweiz	CH	20,52	18232,17	75,57	3,00	43,50
Spanien	ESP	20,31	9178,57	45,05	2,10	24,25
USA	USA	16,20	19174,83	100,00	3,00	45,50
UK	UK	20,64	13611,83	63,03	1,08	11,00
Mittelwert		**22,33**	**13506,11**	**64,29**	**1,83**	**23,08**
Standard-abweichung		**4,43**	**2862,17**	**21,15**	**0,75**	**14,81**
Spannweite		**15,35**	**11063,67**	**80,90**	**2,30**	**47,75**

Empirische Analyse

Nach der Erstellung des Datensatzes kann mit der empirischen Analyse begonnen werden. Als Verfahren der Datenanalyse stützen wir uns auf eine lineare Mehrfachregression mit deren Hilfe wir den Einfluss der vier unabhängigen Variablen auf die Sozialleistungsquote schätzen wollen. Zunächst sollen aus didaktischen Gründen jedoch eine einfache Korrelationsanalyse sowie eine bivariate Regression durchgeführt werden. Da sich Policyforscher/innen insbesondere für politische Determinanten der Staatstätigkeit interessieren, wollen wir zunächst den Einfluss der parteipolitischen Färbung der Regierung (X2) auf die Sozialleistungsquote (Y) untersuchen. Wir können die entsprechenden Daten aus Tabelle 1 in einem Streudiagramm darstellen, wobei die unabhängige Variable auf der x-Achse und die abhängige Variable auf der y-Achse abgetragen wird. Die daraus resultierende Punktwolke ist auf der linken Seite in Abbildung 1 zu sehen. Die Punktwolke deutet auf einen (mit unserer Hypothese konformen) negativen Zusammenhang zwischen der Stärke bürgerlicher Parteien und der Sozialleistungsquote hin. Mit Hilfe der Korrelationsanalyse kann ein Maß für die Stärke des Zusammenhangs zwischen X2 und Y berechnet werden. Da die Daten metrisch skaliert sind, kann der Korrelationskoeffizient nach Pearson[1] berechnet werden. Der Korrelationskoeffizient beträgt r= -0,76 und deutet daher auf ein starken Zusammenhang zwischen der parteipolitischen Färbung und der Sozialleistungsquote hin, wobei das negative Vorzeichen des Korrelationskoeffizienten den bereits im Abbildung 1 ersichtlichen inversen Zusammenhang zwischen Y und X2 anzeigt.

Abbildung 1: Der Zusammenhang zwischen der parteipolitischen Färbung der Regierung (X2) und der Sozialleistungsquote (Y)

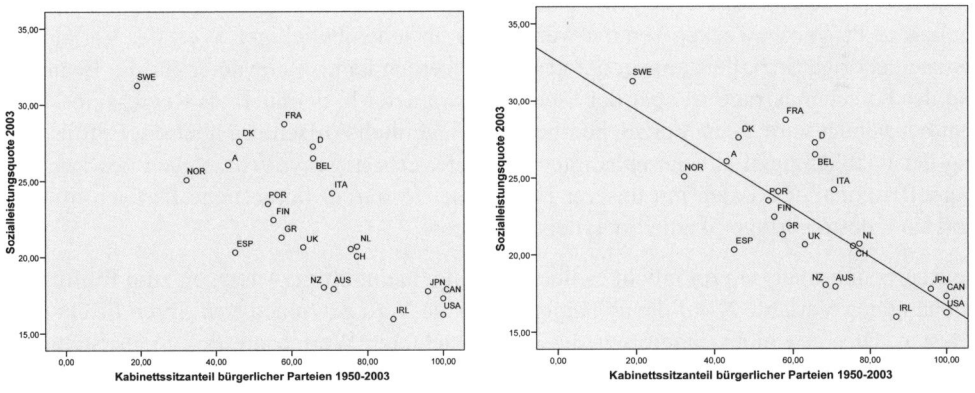

---

1   Die Formel für den Korrelationskoeffizienten lautet: r = COV (x,y) / sx sy. Im Zähler steht die Kovarianz zwischen x und y, im Nenner das Produkt der Standardabweichungen von x bzw. y.

Ziel der linearen Regressionsanalyse ist es, durch die in Abbildung 1 dargestellte Punktwolke eine Gerade zu legen, die den Zusammenhang am besten beschreibt. Das ist diejenige Gerade, die die Summe der quadrierten Residuen minimiert (diese Vorgehensweise wird als Methode der kleinsten Quadrate bzw. Ordinary Least Squares, OLS, bezeichnet). Diese Gerade ist auf der rechten Seite in Abbildung 1 dargestellt. Die Residuen sind die vertikalen Abstände zwischen den Länderpunkten und der Regressionsgeraden. Für die Schweiz ist das Residuum beispielsweise null, da sich das Land genau auf der Regressionsgerade befindet.

Die auf der rechten Seite in Abbildung 1 dargestellte Regressionsgerade kann mathematisch als

$$y = a - bx$$

ausgedrückt werden, wobei a den Achsenabschnitt bzw. die Konstante (d.h. die Stelle an der die Regressionsgerade die y-Achse schneidet) und b die Steigung der Geraden bezeichnet (die in diesem Fall negativ ist). Den exakten Zusammenhang zwischen X und Y erhält man, wenn das Residuum e zur Gleichung hinzufügt wird:

$$y = a - bx + e.$$

Auf Basis unserer Daten ergibt sich folgende Regressionsgleichung:

$$y = 32{,}56 - 0{,}159x + e$$

Demnach beträgt die Steigung der Geraden b = -0,159. Der Achsenabschnitt beträgt 32,56 und liefert uns die Schätzung der Sozialleistungsquote für ein (fiktives) Land, das in der gesamten Nachkriegszeit von einer linken Alleinregierung (x=0) kontrolliert wurde. Dieses Beispiel zeigt bereits eine erste Anwendungsmöglichkeit der Regressionsanalyse. Sie kann nämlich zu Prognosezwecken benutzt werden, da für jeden beliebigen Wert der Variable X2 die dazugehörige Sozialleistungsquote geschätzt werden kann. Relevanter für die Beantwortung der Forschungsfrage ist aber der Steigungsparameter b, der auch als Regressionskoeffizient bezeichnet wird. Sein Vorzeichen liefert uns nämlich Aufschluss über die Einflussrichtung der unabhängigen auf die abhängige Variable. Das negative Vorzeichen des Regressionskoeffizienten deckt sich mit unserer Hypothese: Je stärker bürgerliche Parteien in einem Land sind, desto geringer ist die Sozialleistungsquote.

Die Regressionsanalyse ermöglicht es überdies, allgemeingültige Aussagen zum Einfluss der unabhängigen Variable X auf die abhängige Variable Y zu gewinnen bzw. ihren Effekt auf Y zu testen. Dies geschieht, indem wir die 21 beobachteten Wertepaare (x_i, y_i) als Stichprobe einer realen oder hypothetischen Grundgesamtheit interpretieren und mit Hilfe der Inferenzstatistik die unbekannte Regressionsfunktion der Grundgesamtheit schätzen. Da uns die Stichprobe einen negativen Steigungskoeffizienten liefert, lautet der „wahre" Zusammenhang in der Grundgesamtheit vermutlich

$$y = \alpha - \beta x + \varepsilon$$

wobei ε einen unbekannten stochastischen Störterm bezeichnet. Mit Hilfe der Inferenzstatistik können wir nun auf Basis der Stichprobenregression Konfidenzintervalle für den Regressionskoeffizienten β der Grundgesamtheit ermitteln und zudem auch Hypothesentests für ihn durchführen. Die Konstante und der Regressionskoeffizient der Stichprobenregression werden typischerweise von Stichprobe zu Stichprobe variieren. Liegen z.B. Daten für 35 Länder vor, so würde man höchstwahrscheinlich einen anderen Regressionskoeffizienten als für die bislang untersuchte Stichprobe von 21 Ländern erhalten. Diese stichprobenabhängige Streuung wird als Standardfehler des Regressionskoeffizienten bezeichnet, der auf Basis einer konkreten Stichprobe geschätzt werden kann. Mit Hilfe des Standardfehlers lässt sich nun für eine a priori gewählte Vertrauenswahrscheinlichkeit (typischerweise 95% und höher) ein Konfidenzintervall für den unbekannten Regressionskoeffizient β der Grundgesamtheit bestimmen. In unserem Beispiel liegt für eine gewählte Vertrauenswahrscheinlichkeit von 95% der „wahre" Regressionskoeffizient der Grundgesamtheit im Bereich zwischen -0,223 und -0,094.[2]

Die Attraktivität der Regressionsanalyse für die Sozialwissenschaften liegt aber insbesondere im Test von Hypothesen bzw. Theorien. Konkret soll mit den Informationen der Stichprobe geprüft werden, ob zwischen der parteipolitischen Färbung der Regierung und der Sozialleistungsquote in der Grundgesamtheit ein statistisch signifikanter Zusammenhang besteht. Kein Zusammenhang ist offenkundig dann vorhanden, wenn der Steigungsparameter β in der Grundgesamtheit gleich null wäre. Dies ist die so genannte Nullhypothese, die nun einem statistischen Test unterzogen wird. Die Alternativhypothese lautet (bei einer zweiseitigen Fragestellung) hingegen β ≠ 0 und würde darauf hindeuten, dass der Zusammenhang zwischen X und Y signifikant von null verschieden ist. Für den Test der Nullhypothese muss eine Vertrauenswahrscheinlichkeit (typischerweise 95%) und ein statistisches Testverfahren ausgewählt werden. Der Quotient des Stichprobenregressionskoeffizienten und seines Standardfehlers liefert eine empirische Prüfgröße, die einer Studentverteilung mit n-2 Freiheitsgraden gehorcht und deren Betrag mit dem entsprechenden t-Wert aus der t-Tabelle verglichen wird. Übersteigt die empirische Prüfgröße den tabellarischen t-Wert, kann die Nullhypothese verworfen werden und es gilt damit die Alternativhypothese, wonach der „wahre" Steigungskoeffizient β der Grundgesamtheit sich mit einer Vertrauenswahrscheinlichkeit von 95% signifikant von null unterscheidet. Die Irrtumswahrscheinlichkeit beträgt daher 5%. Für unser Beispiel können wir die Nullhypothese verwerfen[3] und es gilt die Alternativhypothese. Die parteipolitische Zusammensetzung der Regierung steht daher mit der Sozialleistungsquote in einem statistisch signifikanten Zusammenhang, wobei die Einflussrichtung dem Vorzei-

---

2   Das Konfidenzintervall wird bestimmt durch: b - t sb ≤ β ≤ b + t sb , wobei b der Regressionskoeffizient der Stichprobe, sb sein Standardfehler und t der t-Wert aus der Tabelle der Studentverteilung für eine Vertrauenswahrscheinlichkeit von 95% und 19 Freiheitsgrade (n-2) ist. In unserem Beispiel beträgt sb = 0,031 (gerundet). Aus der t-Tabelle ergibt sich für 19 Freiheitsgrade und eine Vertrauenswahrscheinlichkeit von 95% ein t-Wert von 2,09.

3   Der Betrag der empirischen Prüfgröße (b/sb) beträgt 5,07 (=0,15911/0,03134). Da dieser größer ist als der tabellarische t-Wert (2,09), kann die Nullhypothese verworfen werden.

chen des Regressionskoeffizienten zu entnehmen ist: Je stärker bürgerliche Parteien sind, desto geringer sind die Sozialausgaben.

Darüber hinaus ermöglicht die Regressionsanalyse die Messung der Erklärungsgüte unseres theoretischen Modells. Diese ist offenkundig um so höher, je näher sich die Punkte um die Regressionslinie gruppieren. Ein Maß für die Erklärungsgüte des Modells ist der Determinationskoeffizient R^2, der (multipliziert mit 100) angibt, wieviel Prozent der Varianz der abhängigen Variable durch die unabhängige Variable erklärt wird. Grundsätzlich kann R^2 im Bereich zwischen 0 und 1 liegen. Letzteres wäre etwa dann der Fall, wenn alle Punkte auf der Regressionsgeraden liegen würden, so dass ein perfekter (deterministischer) Zusammenhang zwischen X und Y vorläge. In unserem Beispiel beläuft sich R^2 auf 0,576. Die parteipolitische Zusammensetzung der Regierung erklärt somit 57,6% der Varianz der Sozialleistungsquote – ein beachtlich hoher Wert!

In den seltensten Fällen kann jedoch ein bestimmtes Phänomen mit nur einer einzigen unabhängigen Variablen erklärt werden. Zumindest aus theoretischer Perspektive existieren zumeist konkurrierende Erklärungen eines bestimmten Sachverhalts. Tatsächlich haben wir oben vier potenzielle Bestimmungsfaktoren der Sozialleistungsquote theoretisch hergeleitet. Der Einfluss mehrerer unabhängiger Variablen kann mit einer multivariaten Regression untersucht werden. Bezieht man alle vier Variablen in die Analyse ein, kann die Regressionsgleichung durch

$$y = a + b_1 x_1 + b_2 x_2 + b_3 x_3 + b_4 x_4 + e$$

ausgedrückt werden. Aufgrund unserer theoretischen Überlegungen (H1-H4) erwarten wir, dass b_1 positiv ist, während b_2, b_3 und b_4 negativ sind.

Die Vorgehensweise bei der linearen Mehrfachregression deckt sich mit jener der bivariaten Regression. Allerdings sind die Regressionskoeffizienten anders zu interpretieren. Sie geben nämlich den partiellen Einfluss einer bestimmten Variablen unter der Bedingung an, dass alle anderen Variablen konstant gehalten werden. Beispielsweise gibt uns der Stichprobenkoeffizient b_2 Auskunft über den Einfluss der parteipolitischen Färbung (X2) auf die Sozialleistungsquote, wenn wir gleichzeitig für den Effekt der drei anderen unabhängigen Variablen (X1, X3, X4) kontrollieren.

Grundsätzlich können alle möglichen Kombinationen aus den vier unabhängigen Variablen in ein Schätzmodell aufgenommen werden. Allerdings ist darauf zu achten, dass die unabhängigen Variablen nicht stark miteinander korrelieren[4]. Tabelle 2 zeigt nun vier Schätzgleichungen (Spalte 1-4). Jede Spalte steht für ein bestimmtes Schätzmodell, d.h. für eine bestimmte Regressionsgleichung. Ausgehend von der bereits bekannten bivariaten Regression (Spalte 1), wird jeweils eine zusätzliche unabhängige Variable in die Analyse aufgenommen.

---

4   Besteht zwischen den unabhängigen Variablen eine hohe Korrelation, spricht man von Multikollinearität. Dadurch können die Schätzergebnisse verzerrt werden.

In der Tabelle sind die unstandardisierten[5] Regressionskoeffizienten und in Klammern darunter die dazugehörigen t-Werte dargestellt, die sich aus der Division des Regressionskoeffizienten durch seinen Standardfehler ergeben. Durch den Vergleich mit dem t-Wert der t-Tabelle kann wiederum geprüft werden, ob die Variable einen signifikanten Einfluss auf die Sozialleistungsquote ausübt. Statistisch signifikante Koeffizienten (d.h. Koeffizienten für die wir die Nullhypothese ablehnen können) werden, je nach Signifikanzniveau, mit bis zu drei Sternchen versehen.

Tabelle 2: Ergebnisse der multivariaten Regressionsanalyse

	Abhängige Variable: Sozialleistungsquote 2003			
	(1)	(2)	(3)	(4)
Konstante	32,56*** (15,38)	32,620*** (16,29)	28,919*** (9,14)	29,138*** (8,77)
Bürgerlicher Kabinettssitzanteil	-0,159*** (5,07)	-0,128*** (3,75)	-0,140*** (4,12)	-0,144*** (-3,87)
Sozialstaatskonsolidierung	—	-0,088* (1,80)	-0,084* (1,77)	-0,086* (1,75)
BIP pro Kopf	—	—	0,000 (1,09)	0,000 (1,09)
Zahl der Mitregenten	—	—	—	0,349 (0,32)
N	21	21	21	21
R2	0,57	0,64	0,68	0,68
adj. R2	0,55	0,60	0,62	0,60

*Anmerkung: *** = p ≤ 0,01; ** = 0,01 < p ≤ 0,05; * 0,05< p ≤ 0,10*

Fügt man zum bereits bekannten bivariaten Basismodell die Variable X_4 (=Zeitpunkt der Sozialstaatskonsolidierung) hinzu (Spalte 2), so steigt R^2 auf 0,64. Im Einklang mit unserer Hypothese (H4) weist der geschätzte Koeffizient ein negatives Vorzeichen auf. Je später also die Sozialstaatskonsolidierung stattfand, desto geringer ist die aktuelle Sozialleistungsquote. Wie der t-Statistik zu entnehmen ist, kann die Nullhypothese für eine Vertrauenswahrscheinlichkeit von 95% zwar nicht verworfen werden, wohl aber für eine Vertrauenswahrscheinlichkeit von 90% (und damit unter Inkaufnahme einer höheren Irrtumswahrscheinlichkeit). In den Modellen 3 und 4 (Spalte 3-4) werden schließlich schrittweise die beiden verbleibenden Variablen X1 und X3 in die Analyse einbezogen. Beide Variablen erweisen sich auf den herkömmlichen Signifikanzniveaus als insignifikant, d.h. die Nullhypothese, wonach diese Variablen keinen Einfluss auf die Sozialleistungsquote ausüben, kann nicht abgelehnt werden. Während der geschätzte Koeffizient für das Wohlstandsniveau zumindest das theoretisch erwartete positive Vorzeichen aufweist, zeigt das Vorzeichen des Koeffizienten für die Variable „Zahl der Mitregenten" sogar in die der Hypothese entgegengesetzte Richtung.

---

5 Die unstandardisierten Regressionskoeffizienten können nicht miteinander verglichen werden, da sie die Maßeinheiten der einzelnen Variablen widerspiegeln. Will man die Regressionskoeffizienten miteinander vergleichen, müssen die Daten vorher einer z-Transformation unterzogen werden.

Auf Basis der empirischen Befunde sind wir nun in der Lage, unsere Forschungsfrage zu beantworten, da wir jetzt (einige) Bestimmungsfaktoren der internationalen Variation der Sozialleistungsquote identifiziert haben. Allen voran ist auf die parteipolitische Zusammensetzung der Regierung zu verweisen. Der Parteieneffekt bleibt auch dann signifikant, wenn wir andere potenzielle Einflussgrößen in das Modell einbeziehen und dadurch konstant halten. Eine zweite relevante Stellgröße ist der Konsolidierungszeitpunkt des Sozialstaates.

Beide Variablen erklären zusammen immerhin fast zwei Drittel der Varianz der Sozialleistungsquote. Die übrigen Hypothesen haben sich hingegen nicht bestätigt: Ein hohes Wohlstandsniveau ist offenkundig keine Voraussetzung für eine hohe Sozialleistungsquote, während eine hohe institutionelle Rigidität des politischen Systems die Sozialausgaben nicht zwangsläufig bremst.

Stärken und Schwächen

Die Stärke der variablenorientierten quantitativen Forschung liegt darin, dass wir generalisierbare Aussagen über einen Ursache-Wirkungs-Zusammenhang gewinnen können. Dabei können nicht nur lineare, sondern auch nicht-lineare Kausalbeziehungen sowie Interaktionseffekte zwischen den unabhängigen Variablen untersucht werden. Zudem ermöglicht die Regressionsanalyse die empirische Überprüfung von Theorien. Von den vier Theorieschulen haben sich zwei als empirisch tragfähig erwiesen, während zwei nicht bestätigt werden konnten. Ein weiterer Vorteil dieses Zweigs der vergleichenden Policyforschung liegt in der analytischen Breite. Wir haben mit der Regressionsanalyse ein Instrument zur Hand, um zahlreiche (z.B. 60 Länder) zu vergleichen und darauf aufbauend generelle Schlüsse zu ziehen.

Dieses Forschungsprogramm stößt aber auch an Grenzen. Aus dem Lager der qualitativen Komparatistik werden mehrere Defizite bemängelt. Goldthorpe (1997) hat allerdings gezeigt, dass auch die qualitative fallorientierte Komparatistik sich mit ähnlichen Problemen konfrontiert sieht, wobei sie zudem über keine besonderen Vorteile für ihre Lösung verfügt. Vielmehr würde das quantitative Forschungsprogramm bessere Möglichkeiten für ihre Behebung bereitstellen. Drei Problemfelder sollen in Anlehnung an Goldthorpe kurz diskutiert werden.

Erstens ist gerade in der ländervergleichenden Staatstätigkeitsforschung das so genannte small-N Problem virulent. Damit ist gemeint, dass typischerweise wenige Fälle, dafür aber viele unabhängige Variablen vorhanden sind. Das Problem der kleinen Fallzahl rührt daher, dass die Zahl der hoch entwickelten Demokratien (wie die Anzahl der Staaten generell) naturgemäß begrenzt ist. Dies bedeutet in unserem Fall etwa, dass wir eigentlich keine Stichprobe analysiert haben, weil unser Sample beinahe die gesamte Grundgesamtheit abdeckt. Ob inferenzstatistische Verfahren in diesem Fall noch sinnvoll eingesetzt werden können, ist umstritten (vgl. Behnke 2005). Kleine Fallzahlen implizieren auch, dass jedes Land einen großen Einfluss auf die Schätzergebnisse ausübt, wodurch statistische Ausreißer die Schätzergebnisse maßgeblich verzerren können. Zur kleinen Fallzahl kommt ferner das Problem hinzu, dass es typischerweise aus theoretischer Sicht zahlreiche konkurrierende Hypothesen gibt, um ein bestimmtes Phänomen zu erklären. Die Wohlfahrtsstaatsforschung ist hierfür ein gutes Beispiel. Wir haben zwar vier konkurrierende Hypothesen formuliert, diese sind aus theoretischer Sicht allerdings keineswegs erschöpfend. Vielmehr werden in der einschlägigen Literatur zahlreiche weitere Einflussfaktoren benannt, die den Ausbaugrad eines Wohlfahrtsstaates erklären können. Zu denken ist an Faktoren wie Religion, Korporatismus, Gewerkschaften und andere Interessengruppen, neue soziale Risiken, exogene Schocks (z.B. Kriege), Demografie, das Wirtschaftswachstum, die ethnische Fragmentierung einer Gesellschaft, die außenwirtschaftliche Abhängigkeit und andere mehr. Kurz: Wir haben zuweilen mehr unabhängige Variablen als Fälle. In dieser Situation sind keine kausalen Inferenzen möglich (King et al. 1994). Wir können daher nur wenige Variablen in unsere Schätzmodelle aufnehmen. Bei der sehr geringen Zahl von 21 Untersuchungsobjekten sollten etwa angesichts der limitierten Zahl an Freiheitsgraden kaum mehr als drei Variablen gleichzeitig in das Modell aufgenommen werden.

Einen Lösungsansatz für dieses Dilemma bildet innerhalb der quantitativen Policyforschung der Einsatz von gepoolten Regressionsanalysen. In unserem Beispiel haben wir eine einfache Querschnittregression durchgeführt. Für jedes Land und für jede Variable wies die Datenmatrix nur einen Messwert auf. Bei einer Panelregression wird nun eine temporale Dimension eingeführt. Wir könnten beispielsweise für den Zeitraum von 1980 bis 2003 für jedes einzelne Jahr Daten für alle Variablen erheben. Pro Land und Variable hätten wir daher 24 Messwerte, sodass sich die Zahl der Beobachtungen insgesamt von 21 auf 504 (21x24) erhöht, wodurch aufgrund der höheren Freiheitsgrade ungleich mehr Variablen in das Modell aufgenommen werden können. Allerdings handelt man sich dabei häufig andere Folgeprobleme ein, die aber wiederum durch entsprechende ökonometrische Korrekturverfahren technisch behoben werden können[6].

Ein zweites Problem ist das so genannte Black Box Problem. Zwar kann man mit Hilfe der Regressionsanalyse Kausaleffekte identifizieren, der entsprechende Kausalmechanismus bleibt aber – so ein häufiger Vorwurf seitens der qualitativen Forschung – im Dunkeln. Fallorientierte qualitative Studien bieten zweifellos gute Möglichkeiten, um etwa mittels einer tiefenschärferen Prozessanalyse (*process-tracing*) die intervenierenden kausalen Prozesse, d.h. die Kausalkette bzw. den Kausalmechanismus zwischen den unabhängigen Variablen und der abhängigen Variable, zu rekonstruieren (vgl. George/Bennett 2005). Auf der anderen Seite kann innerhalb der quantitativen Forschung der Kausalmechanismus formal modelliert werden. In Anlehnung an den methodologischen Individualismus der Wirtschaftswissenschaften wird heute verstärkt eine stärkere Mikrofundierung in der Policyforschung eingefordert. Diesem Postulat zufolge sollten Makrozusammenhänge zunächst durch ein verhaltensbasiertes Modell mit einer Mikrofundierung versehen werden, ehe dann die Modellimplikationen mittels Makrodaten empirisch getestet werden. Ein gutes Beispiel wäre etwa die Studie von David Soskice und Torben Iversen (2006) zum Zusammenhang zwischen dem Wahlsystem und den Umverteilungseffekten von Demokratien.

In der ländervergleichenden Staatstätigkeitsforschung ist drittens häufig auch das sogenannte Galton-Problem (vgl. Ross/Homer 1976) virulent. Demnach sind Länder nicht unabhängig

---

6   Für eine Diskussion über Chancen und Grenzen dieser Methode siehe Kittel (2005), Kittel/Winner (2005) und Plümper et al. (2005).

voneinander, sondern stehen in vielfältigen politischen und ökonomischen Interaktionsbeziehungen zueinander. So reagieren Länder häufig mit ihren Policies auf die Staatstätigkeit in anderen Nationen. Beispiele hierfür wären etwa die Steuerpolitik (Standortwettbewerb zwischen Ländern) oder die Verteidigungspolitik (Rüstungswettlauf). Die Regressionsanalyse setzt jedoch die Unabhängigkeit der Untersuchungsobjekte voraus. Allerdings gilt auch hier wiederum, dass solche Interaktionen zwischen Ländern im Rahmen der quantitativen Staatstätigkeitsforschung explizit modelliert und geschätzt werden können. Eine Studie, die dieses Problem bei der Analyse von Sozialausgaben explizit berücksichtigt hat, stammt von Detlev Jahn (2006).

Während es für drei bislang diskutierten Probleme grundsätzlich Lösungsstrategien gibt, wenngleich zuweilen nur unter Inkaufnahme von Folgeproblemen, können drei andere Einwände gegenüber der quantitativen Staatstätigkeitsforschung kaum entkräftet werden. Da die quantitative Staatstätigkeitsforschung ja Länder durch Variablen substituiert, bleiben erstens die Besonderheiten eines Falles unberücksichtigt. Zweitens blenden quantitative Untersuchungen äquifinale Kausalbedingungen aus. Damit ist gemeint, dass es mehrere Ursachen für ein bestimmtes Phänomen gibt. Im konkreten Fall würde Äquifinalität bedeuten, dass sich die kausalen Ursachen für die Ausdifferenzierung eines ausgebauten Wohlfahrtsstaates zwischen den Ländern unterscheiden. Die Regressionsanalyse basiert hingegen auf einer unifinalen Logik, indem für alle Länder raumübergreifend *eine* Schätzgleichung im Sinne einer additiven Kausalerklärung ermittelt wird. Schließlich nimmt drittens die ländervergleichende Policyanalyse zwangläufig eine analytische Makroperspektive ein, die den Blick auf politische Prozesse und Details versperrt. Ist man an einer tiefenschärferen Analyse nationaler Policies interessiert, führt letztlich kein Weg an der Reduzierung der Fallzahl vorbei. Kurz: Es besteht ein Zielkonflikt zwischen „knowing more about less and knowing less about more" (Gerring 2004: 348).

3   Qualitativ vergleichende Policyforschung

Bei der Analyse weniger Fälle schlägt die Stunde der qualitativen Policyanalyse. Als Forschungsdesigns bieten sich sowohl Fallstudien als auch small-N-Vergleichsdesigns an. Dabei ist jeweils auf eine gut begründete Fallauswahl zu achten. Durch die sorgfältige Analyse von wenigen Fällen sollen ja generalisierbare Aussagen und Erkenntnisse gewonnen werden „how the[…] cases relate to the others in a broader universe" (Seawright/Gerring 2008: 295).

Fallstudien und small-N Vergleiche

Eine Fallstudie ist eine sorgfältige, tiefenscharfe Untersuchung einer einzelnen Untersuchungseinheit (*single unit*) mit dem Ziel, generalisierbare Aussagen für eine größere Zahl von Untersuchungseinheiten zu gewinnen (Gerring 2004). Bei der Auswahl der Fälle steht eine Reihe von Alternativen offen, wobei die Fallauswahl sogar mit Hilfe einer Regressionsanalyse unterstützt werden kann (vgl. Seawright/Gerring 2008). Fallstudien können etwa Extremfälle (*extreme cases*) unter die Lupe nehmen, wobei ein Extremfall auf Basis der X-Variablen oder der Y-Variable ausgewählt wird. Extremwerte wären beispielsweise Werte, die mehrere Standardabweichungen vom Mittelwert entfernt sind. Angenommen unsere Forschungsfrage fokussiert analog zu unserer bivariaten Regression auf den Einfluss von politischen Parteien auf die Sozialpolitik. *Extreme cases* bezüglich X wären am ehesten[7] die USA oder Kanada (vgl. Tabelle 1). Schweden wäre hingegen ein Extremfall im Hinblick auf Y. Die Untersuchung eines Extremfalls dient hauptsächlich explorativen Zwecken, indem die Ursachen von Y oder die Effekte von X ergebnisoffen am Beispiel eines Landes mit extremer Merksmalsausprägung der interessierenden Variable sondiert werden.

Fallstudien werden auch eingesetzt, um einen abweichenden Fall (*deviant case*) genauer zu untersuchen. Einen solchen abweichenden Fall könnten wir mit Hilfe einer Regressionsanalyse identifizieren. Ein *deviant case* ist dabei das Land mit einem großen Residuum und liegt folglich weit von der Regressionsgeraden entfernt. Gemäß Abbildung 1 wäre das z.B. Frankreich. Gewöhnlich soll durch die Untersuchung eines abweichenden Falles eine neue unspezifizierte Erklärung geprüft werden. Drittens kann auch ein typischer Fall (*typical case*) ausgewählt werden, um anhand dieses Falles stellvertretend für alle Länder den Kausalmechanismus zwischen X und Y einer genauen Analyse zu unterziehen. Im Mittelpunkt steht dabei die Bestätigung oder Erkundung einer bereits existierenden Kausalhypothese („pattern-matching"). Auch hierzu kann man sich der Regressionsanalyse bedienen, indem ein Land ausgewählt wird, das möglichst nahe an der Regressionsgerade liegt. In unserem Beispiel könnte das die Schweiz sein.

Qualitative Vergleichsdesigns mit kleinen Fallzahlen (small-N-Designs) greifen für die Kausalanalyse typischerweise auf die Millschen Methoden zurück (Mill 1974). Es stehen zwei Vergleichsstrategien zur Verfügung, die jeweils mit einer spezifischen Logik der kausalen Erklärung (Differenzmethode bzw. Konkordanzmethode) korrespondieren. Tabelle 3 illustriert anhand eines fiktiven Beispiels die Differenzmethode (*method of difference*). Es sind offenkundig die unterschiedlichen Merkmalsausprägungen der Variable X2, die die Varianz der abhängigen Variable erklären. Alle anderen Variablen scheiden als kausale Ursache aus, da die zwischen beiden Ländern identischen Merkmalsausprägungen von X1, X3 und X4 (=Vergleich möglichst ähnlicher Fälle) nicht die Varianz der abhängigen Variable erklären können.

Tabelle 3: Differenzmethode: Vergleich möglichst ähnlicher Fälle

	Variable	Land 1	Land 2
X1	Hohes wirtschaftliches Entwicklungsniveau	Ja	Ja
X2	Bürgerliche Dominanz	Nein	Ja
X3	Institutionelle Rigidität	Nein	Nein
X4	Sozialstaatspionier	Nein	Nein
Y	Ausgebauter Wohlfahrtsstaat	Ja	Nein

---

7 Da die Merkmalswerte weniger als zwei Standardabweichungen vom Mittelwert entfernt liegen, handelt es sich um keine Extremwerte im statistischen Sinne.

Tabelle 4 stellt die Konkordanzmethode (*method of agreement*) anhand eines Beispiels dar. Hier werden möglichst verschiedenartige Fälle miteinander verglichen. Mit einer Ausnahme unterscheiden sich die Merkmalsausprägungen der unabhängigen Variablen. Es ist die Übereinstimmung der Merkmalsausprägung von Variable X1, welche die identische Merkmalsausprägung von Y erklärt. Demgegenüber liegt zwischen Y und X2, X3 sowie X4 keine Kovarianz vor.

Tabelle 4: Konkordanzmethode Vergleich möglichst verschiedener Fälle

	Variable	Land 1	Land 2
X1	Hohes wirtschaftliches Entwicklungsniveau	Ja	Ja
X2	Bürgerliche Dominanz	Nein	Ja
X3	Institutionelle Rigidität	Ja	Nein
X4	Sozialstaatspionier	Nein	Ja
Y	Ausgebauter Wohlfahrtsstaat	Ja	Ja

Ungeachtet der Warnung von John Stuart Mill vor der Anwendung dieser Methoden in den Sozialwissenschaften, werden sie in der politikwissenschaftlichen Komparatistik nicht zuletzt deshalb häufig eingesetzt, weil sie als Lösung für das small-N Problem gesehen werden (z.B. Skocpol/Sumers 1980). Wie Goldthorpe (1997) gezeigt hat, ist das small-N Problem jedoch auch hier virulent. Beispielsweise besteht das Problem, dass die große Zahl an unabhängigen Variablen kaum so kontrolliert werden kann, dass genau *ein* kausaler Einflussfaktor isoliert werden kann. Die Anwendung der Millschen Methoden in den Sozialwissenschaften ist zudem auch deshalb problematisch, weil die Millschen Methoden auf einem deterministischen und nicht auf einem probabilistischen Konzept von Kausalität beruhen und überdies Interaktionen zwischen den unabhängigen Variablen ausklammern (Lieberson 1991). Beide Aspekte sind aber gerade für die Sozialwissenschaften charakteristisch.

Makro-qualitative Methoden (QCA)

Eine Mittelstellung zwischen den bislang diskutierten quantitativen und qualitativen Methoden nimmt die Qualitative Comparative Analysis (QCA) ein. Diese von Charles Ragin (1987) eingeführte und mittlerweile weiterentwickelte Methode (vgl. Schneider/Wagemann 2007) ist für die Komparatistik deshalb interessant, weil QCA selbst für relativ wenige Fälle die Berücksichtigung von vergleichsweise vielen unabhängigen Variablen grundsätzlich zulässt und überdies die fallspezifischen Besonderheiten nicht in der Analyse unterdrückt werden. Anspruch von QCA ist es vielmehr, sowohl die analytische Tiefe von Fallstudien als auch die analytische Breite der quantitativen Forschung auszuschöpfen. Wie die folgenden Ausführungen zeigen werden, weist trotz vielfältiger Stärken allerdings auch QCA genuine Probleme auf.

QCA ist ein auf der Booleschen Algebra basierendes Verfahren der Datenanalyse. Folglich steht die Zugehörigkeit zu Mengen, d.h. die Existenz bzw. Absenz eines Merkmals bzw. einer Bedingung, im Mittelpunkt der Analyse. Das Verfahren zielt darauf hin ab, eine bestimmte abhängige Variable (=Outcomevariable) durch eine logisch sparsame Konfiguration von hinreichenden bzw. notwendigen Bedingungen (=den unabhängigen Variablen) zu erklären.

Tabelle 5. Dichotomisierter Datensatz der Tabelle 1

	BIP/ Kopf (B)	Bürgerliche Parteien (P)	Sozialstaatskonsolidierung (C)	Outcome Ausgebauter Sozialstaat (S)
Australien	1	1	1	0
Belgien	1	1	0	1
Dänemark	1	0	0	1
Deutschland	1	1	0	1
Finnland	0	1	1	1
Frankreich	1	1	0	1
Griechenland	0	1	1	0
Irland	0	1	0	0
Italien	0	1	1	1
Japan	1	1	1	0
Kanada	1	1	1	0
Neuseeland	0	1	0	0
Niederlande	1	1	0	0
Norwegen	1	0	0	1
Österreich	0	0	0	1
Portugal	0	1	1	1
Schweden	1	0	0	1
Schweiz	1	1	1	0
Spanien	0	0	1	0
USA	1	1	1	0
UK	1	1	0	0

Dazu müssen in der klassischen Variante von QCA (Crisp-Set QCA) sämtliche Variablen dichotomisiert werden. Als Schwellenwert für die binäre Kodierung der Daten könnte man beispielsweise den Mittelwert benutzen. Unterdurchschnittlichen Merkmalsausprägungen wird in diesem Fall der Wert 0 (=Absenz des Merkmals) und überdurchschnittlichen Ausprägungen der Wert 1 (=Existenz des Merkmals) zugeordnet. Für unseren Datensatz aus Tabelle 1 ist das Ergebnis dieser Datentransformation (mit dem arithmetischen Mittel als Schwellenwert) in Tabelle 5 dargestellt. Aus Gründen der Übersichtlichkeit haben wir die Variable „Zahl der Mitregenten" aus der Untersuchung ausgeschlossen. Tabelle 5 zeigt die binären Merkmalsausprägungen für das BIP pro Kopf (B), die Kabinettssitzanteile bürgerlicher Parteien (P), den Zeitpunkt der Sozialstaatskonsolidierung (C) und für die Outcomevariable, d.h. den Ausbaugrad des Sozialstaates (S). Die 21 Fälle (Länder) werden nun als Konfigurationen von drei Merkmalen verstanden, die entweder vorhanden (1) oder nicht vorhanden sind (0). Australien weist beispielsweise die Merkmalskonfiguration 1,1,1 (= hohes Wohlstandsniveau, Dominanz bürgerlicher Parteien, späte Konsolidierung des Sozialstaates) auf. Diese Kombination korrespondiert mit einem gering ausgebauten Sozialstaat (Outcome = 0). Für Irland finden wir ebenfalls einen gering ausgebauten Sozialstaat (Outcome = 0), die Konfiguration, die mit diesem Outcome korrespondiert, lautet allerdings 0,1,0 (=geringes Wohlstandsniveau, Dominanz bürgerlicher Parteien, frühe Sozialstaatskonsolidierung).

Mit Hilfe der Booleschen Algebra können wir für die beiden Länder die Bedingungen, die zu einem gering ausgebauten Sozialstaat führen, folgendermaßen formulieren:

$$BPC + bPc => s$$

Großbuchstaben bezeichnen dabei die Existenz des Merkmals (1), Kleinbuchstaben seine Absenz (0). Die Boolesche Multiplikationen entspricht dabei dem logischen UND, während die Boolesche Addition dem logischen ODER entspricht. Verbal ausgedrückt bedeutet dieser Ausdruck, dass zwei Merkmalskonfigurationen zu einem gering ausgebauten Sozialstaat führen, nämlich (1) ein hohes wirtschaftliches Entwicklungsniveau UND eine Dominanz bürgerlicher Parteien UND eine späte Konsolidierung des Sozialstaates ODER (2) ein geringes wirtschaftliches Entwicklungsniveau UND eine bürgerliche Dominanz UND ein frühe Sozialstaatskonsolidierung. Für drei Variablen (bzw. Bedingungen) existieren 2^3 (= 8) logisch mögliche Kombinationen[8]. Diese so genannte Wahrheitstafel ist in Tabelle 6 dargestellt, wobei jede Zeile eine dieser acht logisch möglichen Kombination zeigt. Auf Basis der in Tabelle 5 enthaltenen Informationen können wir alle Länder einer dieser logischen Kombinationen zuordnen. Dabei zeigt sich, dass einige Konfigurationen empirisch mehrfach besetzt sind. So trifft die Kombinationen (1,1,1) nicht nur auf Australien, sondern auch auf Kanada, Japan, die Schweiz und die USA zu (N=5). Dies ist in der vorletzten Spalte dargestellt. Aus dieser Spalte ist überdies ersichtlich, dass nicht alle logischen Kombinationen durch ein Land empirisch abgedeckt sind, da die Kombination (1,0,1) in keinem unserer 21 Länder vorkommt. Eine solche empirisch nicht vorhandene Konfiguration wird als logisches Rudiment bezeichnet. Logische Rudimente stellen ein Problem dar, das aber mit unterschiedlichen Strategien behoben werden kann, sofern die Zahl der logischen Rudimente begrenzt bleibt.

Die letzte Spalte von Tabelle 6 zeigt schließlich die zu jeder logischen Kombination zugehörige Ausprägung der Outcomevariable. Dabei zeigt sich ein weiteres Problem. Die in fünf Ländern identische Kombination (1,1,0 bzw. BPc) und die in vier Ländern identische Kombination (0,1,1 bzw. bPC) führen jeweils zu widersprüchlichen Outcomes. Beispielsweise führt die Konfiguration (1,1,0) in Deutschland zum Outcome 1, in den Niederlanden aber zum Outcome 0! Auch hier gibt es mehrere Strategien, wie solche logischen Widersprüche gelöst werden können (vgl. Schneider/Wagemann 2007: 116-118). Man könnte beispielsweise durch Einbeziehung einer vierten Variable versuchen, die Widersprüche aufzulösen, oder auch einzelne Fälle ausschließen. Im Folgenden schließen wir die widersprüchlichen Fälle aus der Untersuchung aus, obwohl wir damit neun Länder eliminieren. Für die Forschungspraxis wäre dieser Weg also keineswegs ratsam! Von den acht logisch möglichen Kombinationen bleiben daher fünf übrig, die empirisch vorhanden sind. Drei davon führen zum Outcome 0 (=schwacher Sozialstaat), während zwei mit dem Outcome 1 (=starker Sozialstaat) korrespondieren.

---

8   Allgemein gilt, dass für n Variablen 2n logische Kombinationen existieren. Die Wahrheitstafel besteht aus also aus 2n Zeilen.

Tabelle 6: Wahrheitstafel der QCA

B	P	C	Outcome (S)	N	
1	1	1	0	5	AUS, J, US, CH, CAN
1	1	0	1/0	5	BEL, F, D, NL, UK
1	0	1	--	--	--
1	0	0	1	3	SWE, N, DK
0	1	1	1/0	4	FIN, GR,POR, ITA
0	1	0	0	2	IRL, NZ
0	0	1	0	1	ESP
0	0	0	1	1	A

Für jede der beiden Ausprägungen der Outcomevariablen können die dazugehörigen Konfigurationen in die Sprache der Booleschen Algebra übersetzt werden. Für den Outcome 0 (=schwach ausgebauter Sozialstaat, s) lauten die Rohausdrücke, die auch primitive Ausdrücke genannt werden, also:

$$BPC + bPc + bpC => s$$

Die primitive Ausdrücke für den Outcome 1 (=ausgebauter Sozialstaat, S) lauten hingegen:

$$Bpc + bpc => S$$

All diese Kombinationen sind hinreichende Bedingungen für das Auftreten des Outcome, da sie jede für sich den Outcome generieren. Diese primitiven Ausdrücke können unter bestimmten Voraussetzungen logisch weiter vereinfacht werden. Betrachten wir dazu die beiden Konfigurationen, die zum Outcome (1) führen, nämlich Bpc bzw. bpc. Die Variable „Wohlstandsniveau" (B) ist offenkundig irrelevant, um den Outcome zu erklären, da der Outcome sowohl auftritt, wenn das Merkmal vorhanden ist (Bpc), als auch wenn es nicht vorhanden ist (bpc). Der Outcome tritt also unabhängig von der Ausprägung des Wohlstandsniveaus B auf. Die Variable B kann daher eliminiert werden (sie ist logisch redundant) und wir erhalten den Ausdruck

$$pc => S$$

Wir konnten somit eine Konfiguration von Bedingungen identifizieren, die zu einem ausgebauten Sozialstaat führt, nämlich die Existenz von schwachen bürgerlichen Parteien UND eine frühe Konsolidierung des Wohlfahrtsstaates.

QCA besitzt zweifellos eigentümliche Stärken und lässt sich in der vergleichenden Politikfeldanalyse gewinnbringend einsetzen. Die Methode eignet sich insbesondere für die Analyse mittlerer Fallzahlen, wobei vergleichsweise viele unabhängige Variablen in die Analyse einbezogen werden können. Die Methode eignet sich überdies gut, um äquifinale Kausalprozesse sichtbar zu machen, und leistet ferner gute Dienste, um das Nicht-Auftreten eines Phänomens zu erklären. Anders als bei der eingangs dargestellten Regressionsanalyse unterscheiden sich nämlich die Bedingungen, die zu dem Outcome 0 bzw. 1 führen. Dies wird deutlich, wenn man die Rohausdrücke für die beiden Outcomes (0 bzw. 1) miteinander vergleicht.

Diesen Stärken stehen allerdings auch Schwächen gegenüber. Dazu gehört das bereits ange-sprochene Problem in Zusammenhang mit logischen Rudimenten. Je mehr unabhängige Variablen wir in die Analyse einbeziehen, desto höher ist die Wahrscheinlichkeit, dass logi-sche Variablenkonfigurationen empirisch nicht abgedeckt werden[9]. Hauptgrund dafür ist wiederum die begrenzte Zahl an Ländern, die wir untersuchen können. Auch Widersprüche in der Wahrheitstafel sind problematisch. Wenn zu ihrer Eliminierung die Zahl der unabhän-gigen Variablen erhöht wird, erfolgt dies unter Umständen zum Preis einer größeren Zahl an logischen Rudimenten. Ferner ist QCA eine statische Methode (Schneider 2006: 282). Eine letzte Problematik der klassischen QCA, die hier in der gebotenen Kürze dargestellt wurde, ist der mit der binären Transformation der Daten einhergehende Informationsverlust. Durch die Weiterentwicklung der Methode, insbesondere in der Version der fuzzy set QCA (fs/QCA), konnte dieses Problem jedoch deutlich entschärft werden. Eine vorzügliche Ein-führung in die klassische QCA sowie die jüngsten Weiterentwicklungen wie fs/QCA bietet das Lehrbuch von Schneider/Wagemann (2007).

4   Schlussfolgerungen

Dieser Beitrag hat grundlegende Methoden und Forschungsdesigns der ländervergleichenden Policyanalyse vorgestellt. Aus dieser Einführung sollte deutlich geworden sein, dass jeder dieser methodischen Zugänge eigentümliche Stärken und Schwächen besitzt. Zwar gibt es für viele methodenspezifische Probleme Lösungsstrategien, diese ziehen aber häufige Folge-schwierigkeiten nach sich.

Lohnend ist jedenfalls eine Auseinandersetzung mit dem gesamten Methodenspektrum. Da-durch wird es nicht nur möglich, die Stärken und Defizite des eigenen Ansatzes besser zu verstehen, sondern es erhöhen sich zudem die Chancen, aus dem großen Methodenspektrum ein adäquates Forschungsdesign bzw. geeignete Verfahren der Datenanalyse für die Beant-wortung der Forschungsfrage zu finden. Gefragt ist jedenfalls der Dialog zwischen unter-schiedlichen methodischen Ansätzen, um das Schisma zwischen quantitativen und qualitati-ven Analyseverfahren zu überwinden (Behnke et al. 2006).

---

9   Die interessierten Leser/innen können dies leicht nachprüfen, indem sie die bislang ausgeklammerte Variable
      „Zahl der Mitregenten" in die Analyse einbeziehen. Die Wahrheitstafel besitzt in diesem Fall 16 (= 24) Zeilen.
      Damit steigt die Gefahr, dass bestimmte logische Kombinationen von den 21 Ländern nicht repräsentiert wer-
      den.

5 Literatur

Behnke, Joachim (2005): Lassen sich Signifikanztests auf Vollerhebungen anwenden? In: Politische Vierteljahresschrift 46: 1-15.

Behnke, Joachim; Gschwend, Thomas; Schindler, Delia; Schnapp, Kai-Uwe, Hg. (2006): Methoden der Politikwissenschaft. Neuere qualitative und quantitative Analyseverfahren, Baden-Baden: Nomos.

Castles, Francis G.; Obinger, Herbert (2008): Worlds, Families, Regimes: Country Clusters in European and OECD Area Public Policy, in: West European Politics 31: 1-2, 321-344.

Cusack, Thomas R. (2007): Sinking Budgets and Ballooning Prices: Recent Developments Connected to Military Spending, in: Francis G. Castles (Hg.), The Disappearing State? Cheltenham/Northampton: Elgar, 103-132.

Cusack, Thomas R.; Fuchs, Susanne (2006): Parteien, Institutionen und Staatsausgaben, in: Herbert Obinger, Uwe Wagschal, Bernhard Kittel (Hg.), Politische Ökonomie, Wiesbaden: VS, 321-354.

Ganghof, Steffen (2004): Wer regiert in der Steuerpolitik? Einkommensteuerreform zwischen internationalem Wettbewerb und nationalen Verteilungskonflikten, Frankfurt/New York: Campus

George, Alexander L.; Bennett, Andrew (2005): Case Studies and Theory Development in the Social Sciences, Cambridge: MIT Press.

Gerring, John (2004): What Is a Case Study and What is It Good for? American Political Science Review 98:2, 341-353.

Goldthorpe, John H. (1997): Current Issues in Comparative Macrosociology: A Debate on Methodological Issues, in: Lars Mjøset et al. (eds), Comparative Social Research Vol. 16: Methodological Issues in Comparative Social Science, London: Jai Press, 1-26.

Hildebrandt, Achim; Wolf, Frieder (2008): Die Politik der Bundesländer. Staatstätigkeit im Vergleich, Wiesbaden: VS.

Holzinger, Katharina; Jörgens, Helge; Knill, Christoph, Hg.(2007), Transfer, Diffusion und Konvergenz von Politiken, PVS-Sonderheft 38/2007, Wiesbaden: VS.

Jahn, Detlev (2006): Globalization as 'Galton's problem': The Missing Link in the Analysis of Diffusion Patterns in Welfare State Development, in: International Organization 60: 2, 401-431.

Jänicke, Martin (2007): Trendsetter im „regulativen Kapitalismus": Das Beispiel umweltpolitischer Pionierländer, in: Holzinger et al., 131-149.

King, Gary; Keohane, Robert O.; Verba, Sydney (1994): Designing Social Inquiry. Scientific Inference in Qualitative Research, Princeton: Princeton University Press.

Kittel, Bernhard (2005): Pooled Analysis in der ländervergleichenden Forschung: Probleme und Potenziale, in: Sabine Kropp, Michael Minkenberg (Hg.), Vergleichen in der Politikwissenschaft, Wiesbaden: VS, 96-115.

Kittel, Bernhard; Winner, Hannes (2005): How Reliable is Pooled Analysis in Political Economy? The Globalization-welfare state Nexus Revisited, in: European Journal of Political Research 44:2, 269-293

Lieberson, Stanley (1991): Small N's and Big Conclusions: An Examination of the Reasoning in Comparative Studies Based on a Small Number of Cases, in: Social Forces 70:2, 307-320.

Lijphart, Arend (1999): Patterns of Democracy, New Haven: Yale University Press.

Madisson, Angus (2003): The World Economy. Historical Statistics, Paris: OECD.

Mahoney, James; Goertz, Gary (2006): A Tale of Two Cultures: Contrasting Quantitative and Qualitative Research; Political Analysis 14:3, 227-249.

Mill, John Stuart (1974)[1843]: A System of Logic. Ratiocinative and Inductive. Being a Connected View of the Principles of Evidence and the Methods of Scientific Invetsigation, Toronto: University of Toronto Press.

OECD (2007): Social Expenditure Database, Paris.

Plümper, Thomas; Tröger, Vera; Manow, Philip (2007): Panel Data Analysis in Comparative Politics. Linking Method to Theory, in: European Journal of Political Research 44: 2, 324-357.

Przeworski, Adam; Teune, Henry (1970): The Logic of Comparative Social Inquiry, New York: Wiley.

Ragin, Charles C. (1987): The Comparative Method: Moving Beyond Qualitative and Quantitative Strategies, Berkeley: University of California Press.

Ragin, Charles C. (1997): Turning the Tables: How Case-oriented Research Challenges Variable-oriented Research, in: Lars Mjøset et al. (eds), Comparative Social Research Vol. 16: Methodological Issues in Comparative Social Science, London: Jai Press, 27-42.

Ragin, Charles C. (2000): Fuzzy-set Social Science, Chicago; University of Chicago Press.

Ross, Marc Howard; Homer, Elizabeth L. (1976): Galton's Problem in Cross-national Research, in: World Politics 29: 1 1-28.

Schmidt, Manfred; Ostheim, Tobias; Siegel, Nico; Zohlnhöfer Reimut (Hg.) (2007): Der Wohlfahrtsstaat. Wiesbaden: VS.

Schmidt, Manfred G. (2000): Demokratietheorien, Opladen: Leske+Budrich.

Schmidt, Manfred G. (2005): Sozialpolitik in Deutschland. Historische Entwicklung und internationaler Vergleich, Wiesbaden: VS.

Schneider, Carsten Q. (2006): Qualitative Comparative Analysis und Fuzzy Sets, in: Behnke et al, S. 273-285.

Schneider, Carsten Q.; Wagemann, Claudius (2007): Qualitative Comparative Analysis (QCA) und Fuzzy Sets. Ein Lehrbuch für Anwender und jene, die es werden wollen, Opladen & Farmington Hills: Barbara Budrich.

Seawright, Jason; Gerring, John (2008): Case-Selection Techniques in Case Study Research: A Menu of Qualitative and Quantitative Options, in: Political Research Quarterly 61: 294-308.

Skocpol, Theda; Somers, Margaret (1980): The Uses of Comparative History in Macrosocial Inquiry, Comparative Studies in Society and History 22:2, 174-197.

Soskice, David; Iversen, Torben, (2006): Electoral Institutions, Parties and the Politics of Class: Why Some Democracies Distribute More Than Others, in: American Political Science Review 100: 2, 165-181.

Tsebelis, George (2002): Veto Players. How Political Institutions Work, Princeton: Princeton University Press.

Van Evera, Stephen (1997): Guide to the Methods for Students of Political Science, Ithaca u.a.: Cornell University Press.

Wagschal, Uwe (2006), Wer ist Schuld and den Schulden? In: Herbert Obinger, Uwe Wagschal, Bernhard Kittel (Hg.), Politische Ökonomie, Wiesbaden: VS, 289-320.

Zohlnhöfer, Reimut (2008): Stand und Perspektiven der vergleichenden Staatstätigkeitsforschung, in: Frank Janning, Katrin Toens (Hg.), Die Zukunft der Policy-Forschung. Theorien, Methoden, Anwendungen, Wiesbaden: Verlag für Sozialwissenschaften, 157-174.

Verständnisfragen
1. Mit welchen Variablen erklärt die sozio-ökonomische Theorieschule unterschiedliche Politikergebnisse verschiedener Länder?
2. Welche These lässt sich aus der Politikerblasttheorie zur Höhe der Staatstätigkeit in einem Land ableiten?
3. Erläutern Sie die unabhängigen Variablen in Tabelle 1.
4. Erläutern Sie die Methode der kleinsten Quadrate.
5. Welche Aussage ist aufgrund des Vorzeichens der Geradensteigung bei einer linearen Regression zwischen einer unabhängigen und einer abhängigen Variablen möglich?
6. Erläutern Sie das Problem der Multikollinearität bei einer multivariaten Regressionsanalyse.
7. Was sind gepoolte Regressionsanalysen?
8. Nach welchen Kriterien lassen sich Fälle für Einzelfallstudien auswählen?
9. Wie kann man bei einer QCA auf das Problem von Widersprüchen in der Wahrheitstafel reagieren und welches neue Problem kann daraus entstehen?

Transferfragen
1. Formulieren Sie Thesen zum Zusammenhang zwischen der Stärke grüner Parteien in einem Land und den Politikergebnissen in einem ausgewählten Feld.
2. Entwickeln Sie auf Grundlage realer Beispiele mögliche Forschungsdesigns nach der Differenzmethode einerseits und der Konkordanzmethode andererseits.
3. Stellen Sie mit Hilfe der Boolschen Algebra die folgende Aussage dar: „Die Kombination aus bürgerlicher Regierung, Föderalismus und fehlendem Verhältniswahlrecht führt ebenso zu einer geringen Arbeitslosigkeit wie die Kombination aus Korporatismus und fehlender rechtsextremer Partei.

Problematisierungsfragen
1. Welche in dem Beispiel nicht berücksichtigten Variablen könnten einen zusätzlichen Beitrag zur Erklärung der unterschiedlichen Sozialausgaben in entwickelten Demokratien leisten?
2. Lässt sich theoretisch auch die These begründen, dass eine hohe Zahl von „Mitregenten" (Vetospielern) zu einer höheren Sozialleistungsquote führt?
3. Welche Probleme sind bei nicht-linearen Zusammenhängen zwischen Variablen zu beachten, wenn Regressionsanalysen angewendet werden sollen?
4. Diskutieren Sie die Vor- und Nachteile des im Text vorgestellten Verfahrens zur Bestimmung der „Erklärungsgüte" einer Regressionsanalyse im Vergleich zum Verfahren einer Standardisierung der Variablen.
5. Diskutieren Sie Anwendungsfelder und Grenzen der drei vorgestellten Methoden im Hinblick auf die jeweils zugrundeliegenden Kausalitätsverständnisse.

Methodenkonflikt oder Methodenpluralismus? Policy-Forschung auf dem Prüfstand

Sylvia Kritzinger und Irina Michalowitz

1 Einleitung

Ein klares Untersuchungsdesign und eine sorgfältige Auswahl anzuwendender Methoden sind zentrale Bestandteile der empirischen Forschung in der Politikwissenschaft und somit auch in der Policy-Forschung. Angewendete Methoden unterscheiden sich insbesondere in ihrem Charakter als qualitative und als quantitative Methoden. Zwischen den beiden Methodentypen herrschten lange Zeit starke kritische Auseinandersetzungen in der Forschungslandschaft, die besonders auf zwei Punkte zurückzuführen waren (vgl. Read und Marsh, 2002): unterschiedliche wissenschaftstheoretische Grundpositionen der jeweiligen Forschenden einerseits, und eine Orientierung von Fragestellungen an den bevorzugten Methoden andererseits. Letzteres sorgte für die Notwendigkeit, Forschungsinteressen an die Grenzen der jeweiligen Methoden anzupassen. Diese Auseinandersetzung ist mittlerweile – zumindest in der Methodenforschung – größtenteils überwunden. Qualitative und quantitative Methoden führen sowohl für sich genommen als auch in einer Kombination zu methodisch sauber erworbenen Erkenntnisgewinnen – und gerade ein Methodenmix kann zu Forschungsresultaten führen, die ein umfassenderes Bild des Untersuchungsobjekts liefern (vgl. Schnapp *et al.*, 2006). In der Praxis, und hier besonders in der Policy-Forschung, die sich mit dem Policy-Wandel beschäftigt, und bei welcher die Generierung empirischer Daten zentraler Bestandteil des Forschungsprozesses ist, um das Zustandekommen politischer Inhalte zu erforschen, ist die Zusammenführung qualitativer und quantitativer Methoden allerdings noch nicht gelungen: Die Anwendung beider Ansätze zur Beantwortung einer Forschungsfrage findet nur selten, unter dem Stichwort „Triangulation", statt.

In diesem Beitrag stellen wir anhand verschiedener hypothetischer methodologischer Designs dar, welche Problemstellungen in der Policy-Forschung mit welchen Methoden erfasst bzw. *nicht* erfasst werden können. Es wird aufgezeigt, unter welchen Bedingungen ein Zusammenwirken der verschiedensten Methoden für die Erstellung eines umfassenden Bildes mit sich ergänzenden Perspektiven sinnvoll sein kann. Die bisher methodisch eng geführte Policy-Forschung kann durch das Hinzuziehen von neuen und unterschiedlichen methodischen Zugängen substantiell bereichert werden und somit von einem Methodenmix profitieren (Stoker und Marsh, 2002). Durch die Hinzunahme der Fragen nach dem Wer?, Was? und Wann?, neben den Hauptfragen der Policy-Forschung nach dem Warum?, und der damit erzielten Verbindung von quantitativen und qualitativen Methoden, kann es der Policy-Forschung gelingen komplexe Systeme in ihrer Gesamtheit zu ergründen sowie die Tiefendimension des komplexen Policy-Zyklus (Politikformulierung, -implementation, -beendigung und -wirkung) zu erfassen.

Der Beitrag geht auf vier unterschiedliche Aspekte ein. Zuerst wird kurz auf den Forschungsstand zu Methoden in der Policy-Forschung eingegangen. Zweitens werden anhand der gängigen Methodenliteratur die Grenzen der jeweiligen Methodenstränge aufgezeigt. Drittens wird die Methode der Triangulation ausgeführt. Schlussendlich wird im vierten Teil anhand von zwei beispielhaften Politikfeldanalysen dargestellt, wie quantitative und qualitative Methoden in der Policy-Forschung gewinnbringend zusammengeführt werden können.

2   Policy-Forschung und Methoden

Die bisherige Policy-Forschung ist stark von der Anwendung qualitativer Methoden geprägt, um über induktive Vorgehensweisen Politikentwicklungen zu erforschen. Als Folge davon ist die Datengrundlage bis heute sporadisch geblieben, in einigen Politikfeldern besser ausgeprägt als in anderen. Insgesamt sind wenige Beispiele aus der Policy-Forschung bekannt, in welchen quantitative Methoden angewandt werden. Manche Forschende gehen sogar so weit, quantitative Methoden für nicht anwendbar zu erklären, einerseits weil noch nicht ausreichend qualitative Daten gesammelt seien, andererseits, weil Policy Prozesse zu komplex seien, um mittels quantitativer Methoden zu stichhaltigen und weiterführenden Erkenntnissen kommen zu können (vgl. van Schendelen, 2002).

Die häufige Beschränkung auf qualitative Methodenanwendung, mehr noch aber die Beschränkung auf jeweils einen *einzigen* methodologischen Ansatz, verstärkt jedoch die Schwäche der Policy-Forschung, Fragen nach dem Machtaspekt in Entscheidungsprozessen unberücksichtigt zu lassen – wer entscheidet, und wie wird entschieden? Dies lässt sich anhand der Analyse von zwei politikwissenschaftlichen Zeitschriften mit einem Schwerpunkt auf der Politikfeldforschung – *„Journal of European Public Policy"* (JEPP) und *„Journal of Public Policy"* (JPP) – beispielhaft verdeutlichen:

Im Jahr 2006 wurden in den beiden Zeitschriften insgesamt 34 Artikel veröffentlicht, die im engeren Sinne der Policy-Forschungsliteratur zuzuschlagen sind, sich also mit einzelnen Aspekten der Entwicklung eines Policy-Inhalts oder der Gesamtheit eines Policy-Zyklus im Kontext einer oder mehrerer thematisch zu bestimmender Policies beschäftigen. 29 davon beruhten auf qualitativen empirischen Daten oder qualitativ bearbeitetem Fallstudienmaterial, 5 Studien bauten auf quantitativen Analysen auf. Keine einzige Untersuchung stützte sich auf einen Methodenmix (vgl. Tabelle 1). Diese Auflistung verdeutlicht einerseits die Dominanz von qualitativer Methodenanwendung in der Policy-Forschung, andererseits aber auch die relativ undurchlässige Trennung von qualitativen und quantitativen Methoden.

Inwiefern sich davon auch eine Vernachlässigung des Machtaspekts in Policy-Entscheidungen ableiten lässt, zeigt eine nähere Betrachtung der einzelnen Artikel. In den meisten Fällen spielt die Frage nach dem Zustandekommen und der Zuordnung von Entscheidungen tatsächlich keine oder jedenfalls eine stark untergeordnete Rolle.[1] Aufgrund der bestehenden Fragestellungen können hinsichtlich der Steuerung von Entscheidungen bestenfalls informierte Einschätzungen abgeleitet werden. Zwar entsteht ein Verständnis dafür, wer in verschiedenen Policy-Issues beteiligt ist oder wie ein bestimmtes Thema auf verschiedenen Ebenen entsteht – doch bleibt unklar, welche Machtstrukturen über den politischen Kontext hinaus für die Steuerung von Politik verantwortlich sind.

Eine Reihe von Policy-Studien nimmt den Machtaspekt jedoch sehr wohl in den Blick.[2] Diese Analysen interessieren sich für Entscheidungswege und die Frage, wer für bestimmte Effekte auf Politikfelder verantwortlich ist. Da in diesen Studien zwar einerseits ein oder mehrere Politikfelder untersucht werden, andererseits jedoch Akteure und Strukturen innerhalb eines Politikfeldes zentral behandelt werden, klassifizieren wir diese Studien als Polity-orientierte Policy-Forschung.

Ferner wurde eine Reihe von eindeutig als Polity-Untersuchungen einzustufende Artikel in den beiden Zeitschriften veröffentlicht. Deren zentrales Anliegen ist es ein Verständnis dafür zu schaffen, wer Entscheidungen trifft, wie diese zustande gekommen sind und wie sie auf andere Akteure wirken. Diese Artikel nehmen zum Teil eine gegebene Situation innerhalb eines Politikfelds als Ausgangspunkt für eine Polity-Studie, oder sie behandeln politische Strukturen und Akteure auf einer abstrakteren Ebene[3] (vgl. Tabelle 1).

Angesichts der Kritik des Mangels an Interesse am Machtaspekt in der Policy-Forschung (Greven, 2008), ist hinsichtlich dieser Studien zu fragen, ob durch einen Methodenmix der Machtaspekt gegebenenfalls in die verschiedenen Untersuchungen eingebaut werden könnte. Wir sehen uns von den hier aufgeführten Differenzen und der klaren Methodentrennung darin bestätigt, dass die Methodenauswahl eine Einschränkung der Fragestellung bzw. der Antwort auf eine Fragestellung zur Folge haben kann, und dass diese durch die Anwendung von Triangulation effektiv und mit der Folge einer komplexeren Beantwortung der Ausgangsfragestellung erweitert werden könnte. Umgekehrt gilt es anzumerken, dass Polity-zentrierte Forschung stark quantitativ ausgerichtet ist und somit Fragen nach dem Warum?

---

1 Siehe Artikel von Woll (2006a), Damro, Baldwin, Jones, Timmermans/Scholten, Enderlein, Meunier/Nicolaidis, Mitzen, McGuire, Bicci, Lersch/Schwellnus, Young/Peterson, Holmes, Shaffer, de Bièvre, Alter/Meunier, Jordan/Halpin, Christou/Simpson, Helgøy/Homme, Baumgartner et al., Allen et al., Keading.

2 Siehe Artikel von Penner et al., Walgrave et al., Green-Pedersen/Wilkerson, Lewis, Littoz-Monet, Princen/Rhinard, Bell/Park, van Thiel, Howlett/Rayner, Da Conceição-Heldt, Breunig, Gordin.

3 Sie Artikel von. Majone, Stone-Sweet, Schmidt, Bauer, Clifton et al., Christopoulos, Lopez-Santana, Edquist, Bruno et al., Selle/Osterlund, Goul-Andersen, Kriesi et al., Crum, Randall, Woll (2006b), Egeberg, Schäfer, Hobolt, König/Prokesch, Mattila, Kumlin, Rice et al., Woldendorp/Keman.

und Wie? vernachlässigt (siehe dazu verschiedene Artikel in der Zeitschrift „*European Union Politics*").

Tabelle 1[4]: Quantitative und qualitative Forschung im Journal of European Public Policy und Journal of Public Policy im Jahr 2006

	Qualitativ	**Quantitativ**	**Triangulation**
Policy-Forschung	Woll (a), Damro, Baldwin, Jones, Timmermans/Scholte, Enderlein, Meunier/Nicolaidis, Mintzen, McGuire, Bicci, Lersch/Schwellnus, Young/Peterson, Holmes, Shaffer, de Bievre, Alter/Meunier, Jordan/Halpin, Christou/Simpson, Helgøy/Homme	Baumgartner et al., Allen et al., Keading	
Polity-orientierte Policy-Forschung	Penner et al., Walgrave et al., Green-Pedersen/Wilkerson, Lewis, Littoz-Monet, Princen/Rhinard, Bell/Park, van Thiel, Howlett/Rayner,	Breunig, Gordin	
Polity-Forschung	Majone, Stone-Sweet, Schmidt, Bauer, Clifton *et al.*, Christopoulos, Lopez-Santana, Edquist, Bruno *et al.*, Selle/Osterlund, Goul-Andersen, Kriesi *et al.*, Crum, Randall, Woll (b), Egeberg, Schäfer, Hobolt	König/Prokesch, Mattila, Kumlin, Rice et al., Woldendorp/Keman	

Es liegt daher nahe, nicht nur eine stärkere Einbeziehung des Polity-Aspekts, sondern auch eine Einbeziehung der dominanten Methoden der Polity-Forschung vorzuschlagen. Gerade aufgrund der Komplexität von Policy-Forschung und aufgrund der problematischen Datenbasis wäre ein Methodenmix von großem Vorteil für diesen Forschungsstrang. In den folgenden Abschnitten wollen wir daher aufbereiten, welche Stärken die jeweiligen Methoden besitzen und wie sie für die Policy-Forschung erfolgreich kombiniert werden könnten.

---

4   Aus den 2006er Ausgaben des JEPP haben wir einige Artikel hier nicht aufgelistet, da wir diese als theoretische Artikel, ohne Policy- oder Polity-Orientierung bzw. aufgrund der fehlenden methodologischen Orientierung für unseren Vergleich nicht relevant, identifizieren. Dies gilt beispielsweise für das v.a. Polity-interessierte Sonderheft 13:8 des JEPP, aber auch für einzelne Titel innerhalb der übrigen Ausgaben.

3   Qualitative und quantitative Methoden im Vergleich

Der folgende Überblick zu quantitativen und qualitativen Methoden wird absichtlich verein-facht dargestellt, um die besonderen Merkmale, aber auch die Unterschiede zwischen den Methoden herauszuheben. Uns sind die vielfältigen Methoden beider Stränge bewusst, deren Erkenntnisgewinne weniger deutlich in Kategorien einzuordnen sind, als dies von uns in den folgenden Absätzen dargestellt wird.

Qualitative und quantitative Methodenansätze werden prinzipiell für unterschiedliche Analy-seziele genutzt: Qualitative Methoden dienen vorrangig der detaillierten Erforschung der Mikroebene von gesellschaftlichen Vorgängen. Quantitative Methoden ermöglichen Einbli-cke auf der Makroebene und vergleichende Arbeiten auf der Grundlage großer, eine Vielzahl von Faktoren umfassender Datensätze.

Der häufig bemühte „Methodenkrieg" zwischen qualitativ und quantitativ Forschenden er-klärt sich teils aus den wissenschaftstheoretischen Grundlagen, die den jeweiligen For-schungsinteressen als Ausgangspunkte dienen. Quantitative Methoden werden stärker den ontologischen Ansätzen zugeordnet, während qualitative Methoden stärker auf epistemologi-schen Ansätzen beruhen.

Ontologische Ansätze bezeichnen eine Theorie des Seins. Sie beschäftigen sich mit den Fra-gen, was ist und was existiert. In anderen Worten: was gibt es, worüber wir etwas wissen sollten? (z.B. gibt es Unterschiede zwischen Geschlechtern, Altersgruppen, etc.). Epistemo-logische Ansätze hingegen bezeichnen eine Theorie des Wissens. Sie interessieren sich da-für, was wir wissen können und wie wir es erfahren können.

Während die Ontologie einen positivistischen Ansatz verfolgt, verfährt die Epistemologie eher interpretativ. Im ersten Fall ist der Fokus auf die *Erklärung* von sozialen Phänomenen gerichtet, während im zweiten Fall der Schwerpunkt auf dem *Verstehen* liegt. Grundlegend wird davon ausgegangen, dass die Welt sozial konstruiert ist und es diese Konstruktion zu verstehen gilt. Kausale Zusammenhänge, die über Zeit und Raum gelten (wie sie Gegenstand des positivistischen Ansatzes sind), können daher nicht aufgezeigt werden (Marsh und Fur-long, 2002).

In der Literatur trifft man immer wieder auf die Meinung, dass Forschende sich lediglich einer Forschungstradition, also entweder der ontologischen oder der epistomologischen Schule, zugehörig fühlen können und nicht in der Lage sind, ihre Position je nach For-schungsfrage zu verändern. Die Positionen wirken sich auf die Auswahl der Forschungsan-sätze aus, wie und was untersucht wird und können nicht so einfach abgestreift werden (Marsh und Furlong, 2002). Wenn der positivistische Ansatz mit quantitativer Analyse „ob-jektive" und generalisierbare Ergebnisse durch kausale Beziehungen zu erzielen sucht, fällt es schwer, einen interpretativen Ansatz mit qualitativen Datenmöglichkeiten zu integrieren, die dazu dienen sollen, eine mögliche Interpretation gegenüber den Beziehungen der unter-suchten sozialen Phänomene zu geben (Marsh und Furlong, 2002) – und umgekehrt.

Unserer Meinung nach fehlt es bei dieser Betrachtungsweise an der gegenseitigen Offenheit für den Wert des jeweils anders gearteten Erkenntnisinteresses. Die Kombination von qualitativen und quantitativen Forschungsmethoden kann den Erkenntnisgewinn (interpretativ oder kausal) enorm steigern, und die Methoden müssen sich nicht gegenseitig ausschließen.

Ausgangspunkt zur Anwendung von verschiedenen Methoden bzw. eines Methodenmixes ist das Forschungsinteresse. Qualitativ zu bearbeitende Fragestellungen beschäftigen sich stärker als quantitative mit dem „Warum" eines gesellschaftlichen Phänomens, quantitative Studien konzentrieren sich stärker auf das „Wie oft" und „Wieviel" und gehen davon aus, dass sich davon die Beantwortung des „Warum" ableiten lässt.

Forschungsfragen können in folgenden Formen auftreten und dementsprechend die Wahl der Methode bedingen:

- Das Forschungsinteresse begründet sich durch das „Was" in Form der Fragen „Wieviele" bzw. „Wieviel". Es ist eine explorative Frage, der durch Umfragen und Archivanalysen nachgegangen wird.
- Das Forschungsinteresse begründet sich durch die Fragen „Wer" und „Wo". Auch hier werden Umfragen und Archivanalysen durchgeführt (Frage ist vorausschauend).
- Das Forschungsinteresse begründet sich durch die Fragen „Wie" und „Warum". Fallstudien, historische Untersuchungen sowie Experiment sind die Analyseinstrumente.

Generell werden bei den qualitativen Methoden Daten analysiert, die die Qualität von Beziehungen erfassen, d.h. die Inhalte von Beziehungen. Methoden sind beispielsweise die teilnehmende Beobachtung, Interviews, Fokusgruppen oder Dokumentenanalyse: Leitfäden mit offenen Fragestrukturen werden dafür erstellt, Interviewsituationen mit Einzelpersonen oder Gruppen durchgeführt, Aufnahmen transkribiert und korrigiert und schlussendlich mit Hilfe von einfachen Codierungsschemata interpretiert. Qualitative Methoden werden hauptsächlich dazu verwendet, um Individuen und Gruppen des politischen Systems in einer detaillierten Art und Weise zu studieren.

Qualitative Methoden bieten sich für die Analyse von Bedeutungs- und Interpretationsfragen sowie zur nachvollziehbaren Erfassung von Zusammenhängen an. Besonders wertvoll sind qualitative Methoden ferner zur Berücksichtigung von Kontextfaktoren. Insgesamt liegt der Wert qualitativer Methoden also in der Erfassung von Bedeutung, Prozess und Kontext (Devine, 2002: 199).

Darüber hinaus müssen für eine sinnvolle Verwendung von qualitativen Methoden eine Reihe weiterer Faktoren vorliegen (Herbert und Shepard, 2002). So sind qualitative Methoden hilfreich, wenn die Priorität des Forschungsinteresses auf den Beweggründen und der Wahrnehmung von Veränderungen, Abläufen oder anderen prozessinhärenten Faktoren liegt. Sie sind auch besonders hilfreich, wenn es um die Erfassung qualitativer Auswirkungen von Veränderungen bzw. politischen Entscheidungen oder -entwicklungen geht. Sie eignen sich ferner zur Überprüfung von quantitativ gewonnenen Daten und zur Hypothesenbildung zum Design quantitativer Studien.

Demgegenüber gibt es auch Faktoren, die gegen die Verwendung eines qualitativen Methodendesigns sprechen. Dies ist beispielsweise der Fall, 1) wenn es keine überschaubar einzugrenzende Zielgruppe gibt, die man als Einheit analysieren könnte; 2) wenn Wirkungsindikatoren leicht und klar über Umfragen zu messen sind; 3) wenn Wirkungsindikatoren unkontrovers sind; und 4) wenn Informationen schnell benötigt werden und standardisierte, statistische und repräsentative Verallgemeinerungen gewünscht sind. Daneben zählen die Faktoren „Repräsentativität" („Ist das Ergebnis einer qualitativen Studie generalisierbar?", *small-n-problem*) und „Legitimation" („Interpretationen widerspiegeln die eigene, sozial konstruierte Realität") zu den Schwächen der qualitativen Methoden in der Politikwissenschaft.

Quantitative Methoden hingegen greifen vor allem auf Instrumente wie Umfragen, statistische Verfahren, Textcodierungen etc. zurück und beschäftigen sich mit einer großen Anzahl von Beobachtungen. Diese Beobachtungen dienen in der politikwissenschaftlichen Forschung beispielsweise der Analyse von Wahlergebnissen, Wahlsystemen, Parteiprogrammen und politischen Einstellungen der Bevölkerung. Über die Beobachtung einer großen Anzahl von Fällen werden Schlussfolgerungen über politisches Verhalten gezogen. Gleichzeitig können durch das *große N* generalisierbare Aussagen über die empirische Realität getroffen werden.

Quantitative Methoden werden außerdem angewandt, wenn eine quantitative Bewertung von Auswirkungen gesucht ist, wenn statistische Vergleiche zwischen Gruppen über einen bestimmten Zeitraum hinweg und/oder verschiedenen Orten gezogen werden sollen, wenn Mechanismen zur Implementation der Studie gut funktionieren, daher die Investition in die Studie ermöglichen und rechtfertigen, oder wenn die Zielpopulation heterogen ist und es schwerfällt, Faktoren zu isolieren, die nichts mit der Intervention zu tun haben (Herbert und Shepard, 2002).

Sind jedoch beispielsweise nur eine kleine Anzahl von Individuen von einer Intervention betroffen, oder sind politische Entscheidungstragende hauptsächlich an den Ergebnissen der Intervention interessiert, oder ist das Ziel der Studie, komplexe Aktivitäten und Prozesse zu untersuchen sowie leicht beobachtbare Veränderungen in der physischen Umgebung zu dokumentieren, so bieten quantitative Methoden keinen guten Analyserahmen. Quantitative Studien können meistens nur ein eingeschränktes Ziel verfolgen, da komplexe Realitäten nicht unbedingt durch sich wiederholende Beobachtungen erfasst werden können.

Wie King et al. anmerken, hat die Methodenanwendung und -frage zu einer allgemeinen Zweiteilung der Forschungslandschaft geführt – und zwar zu einem „quantitative-systematic-generalizing branch and a qualitative-humanistic-discursive branch" (1994: 4) –, wo die Stärken des jeweilig anderen Ansatzes ignoriert und die Schwächen besonders hervorkehrt werden. Viele qualitativ Forschende erachten die Anwendung von quantitativen Methoden als eine Stärkung des Positivismus in der politikwissenschaftlichen Forschung, während qualitative Forschung der Erforschung komplexer Realitäten nachgeht, nicht aber anstrebt, universelle Regeln für menschliches Verhalten aufzustellen (John, 2002). Umgekehrt erachten quantitativ Forschende die qualitativen Methoden als unsystematisch und nicht generalisierbar. Beide Kritikpunkte sind zu entkräftigen. Qualitativen Methoden muss ein ebenso systematisches Forschungsdesign und Auswertungsschema zugrunde liegen wie bei quantitativen Methoden. Während dies für quantitative Methoden bereits für die Datensammlung notwendig ist, da ansonsten die Datensätze nicht erstellt werden können, können jedoch bei einer qualitativen Vorgehensweise auch weniger systematische Datenaufarbeitungen bereits zu Schlussfolgerungen herangezogen werden. Diese Problematik liegt jedoch eher in der Arbeitsweise des einzelnen Forschenden begründet und nicht in der Qualität der qualitativen Methoden. Ebenso können quantitative Methoden nicht pauschal als unterstützendes Element des Positivismus abqualifiziert werden, wie verschiedenste Forschungsfelder zeigen (vgl. Hooghe *et al.*, 2002). Mit der Entwicklung der QCA (Ragin, 1987; 2000; 2006; Wagemann, 2008; vgl. auch Obinger in diesem Band) ist diese Aufweichung noch klarer ersichtlich geworden, kann doch dadurch mit quantitativen Methoden ein besserer Einblick in komplexe Realitäten gewonnen werden.

Tabelle 2: Qualitative und quantitative Methoden im Vergleich

	Qualitative Methoden	*Quantitative Methoden*
Analyseziel	Mikroebene gesellschaftlicher Vorgänge	Makroebene, Suche nach Verallgemeinerung
Wissenschaftstheoretischer Ansatz	epistomologisch	ontologisch
Fragestellungen	Warum?	Wie oft, wieviel?
Datenerhebung	teilnehmende Beobachtung, Interviews, Fokusgruppen, Dokumentenanalyse Leitfäden mit offenen Fragestrukturen	Textkodierungen, verschiedenste statistische Verfahren (z. B. Netzwerkanalyse, Regressionsanalysen, Logit/Probit Modelle, etc.)
Erkenntnisgewinn	Wahrnehmung von Veränderungen, Abläufen, Interpretationen, Berücksichtigung von Kontextfaktoren (Bedeutung, Verfahren und Kontext), Prüfung oder Hypothesenbildung im Vorfeld oder als Nachbereitung quantitativer Studien	Bewertung von Auswirkungen, statistische Vergleiche von Gruppen über einen bestimmten Zeitraum hinweg/an verschiedenen Orten, Isolation von relevanten Faktoren in heterogenen Zielgruppen, Prüfung der Verallgemeinerbarkeit von Ergebnissen qualitativer Studien und Bereitstellung von Problemstellungen im Vorfeld qualitativer Studien
Schwächen	Zielgruppe muss überschaubar einzugrenzen sein Repräsentativität, Verallgemeinerbarkeit von Daten nicht gegeben; Vorwurf mangelnder Systematik und Sorgfalt	eingeschränktes Ziel, wenig Möglichkeit zur Erfassung komplexer Realitäten; Positivismus-Vorwurf

Wieso erachten wir die Kombination bzw. die Zusammenführung der beiden Methodenstränge als so wichtig? Da die Fragestellung im Forschungsdesign Vorrang hat, ist die Methodenauswahl in dieser impliziert. Das Problem, das in der Forschung nun oft aufgeworfen wird, ist, dass innerhalb eines Forschungsfeldes mehrere dieser Fragen formuliert werden (Wieviel? Wer? Wo? Warum? Wie?) und das Forschungsinteresse leiten. Aufgrund von mangelnden Zeit- und Geldressourcen können jedoch nur Teile erforscht und analysiert werden. Ein umfassendes und vollständiges Bild kann dadurch nicht gezeichnet werden (Greven 2008). Die Entfernung und Rivalität der beiden Methodenstränge wird insbesondere dadurch noch verstärkt (abhängig von der Fragestellung), dass die Rechtfertigung für die Analyse einer dieser Fragestellungen auch über die methodologische Schiene bzw. die methodologischen Ausführungen gemacht wird, was durchaus zu einer „Degradierung" der nichtbeachteten Methode führen kann. Pragmatismus in der Forschung ist daher teilweise ausschlaggebend für den oft zitierten Methodenkonflikt.

Wir folgen in unserer Argumentation Quine (1961): ihm zufolge reicht es für die Erfassung von sozialen Phänomenen in ihrer Gesamtheit nicht, sie lediglich zu klassifizieren und zu beschreiben, sondern sie müssen gleichzeitig auch interpretiert werden. Die beiden Methodenstränge ergänzen sich also: qualitative Methoden können als hilfreich angesehen werden, um Hypothesen zu generieren, auf denen dann quantitative Untersuchungsdesigns zur Gewinnung von verallgemeinerbaren Aussagen erstellt werden, oder aber um ausgehend von den Ergebnissen quantitativer Untersuchungen Details der Mikroebene zu erforschen. Sie werden als sinnvoll erachtet, Hypothesen zu bilden und zu entwickeln, sowie auf quantitativem Material fußende Hypothesen zu überprüfen, sowie quantitative Daten zu ergänzen, zu beleuchten oder neu zu interpretieren.

Beide Methodenstränge weisen – wie dargestellt – Vor- und Nachteile in ihrer Anwendung auf, die aber weniger konfliktreich sind als angenommen (detailliert Herbert/Shephard 2002). Da die jeweiligen Instrumente der beiden Methodenstränge jeweils nur eingeschränkte Analysen liefern können, scheint es sinnvoll die beiden Methoden zu vereinen und somit vollständigere und uneingeschränktere Resultate zu erhalten.

4   Triangulation: Zusammenführung qualitativer und quantitativer Methoden

Die sogenannte Triangulation ist die wissenschaftliche Bezeichnung für eine systematische Zusammenführung verschiedener Methoden. Die Triangulation bedeutet zunächst einmal nichts anderes als die Anwendung und Kombination verschiedener Forschungsmethoden in der Untersuchung desselben Phänomens (Denzin, 1992). Die Anwendung verschiedener Methoden und Theorien und die Einbeziehung verschiedener Datenquellen sollen einen größtmöglichen Erkenntnisgewinn über ein soziales Phänomen bringen.

Die Triangulation ermöglicht also, unterschiedliche Perspektiven auf ein Untersuchungsobjekt einzunehmen und miteinander in Verbindung zu bringen. Diese Perspektiven können aus unterschiedlichen qualitativen oder quantitativen oder eben qualitativen und quantitativen Analysemethoden für die Beantwortung derselben Forschungsfrage bestehen, aber auch aus der Untersuchung eines Forschungsthemas ausgehend von möglichst gleichberechtigt angewandten, unterschiedlichen theoretischen Zugängen oder der Verwendung unterschiedlicher Datensorten. Charakteristisch für die Triangulation ist die Herstellung des Bezugs der jeweiligen Perspektiven aufeinander (Flick, 2004).

Eine systematische Zusammenstellung der verschiedenen Forschungsschritte in der Triangulation ermöglicht, die Stärken der jeweiligen Forschungsperspektiven miteinander zu kombinieren, aber auch die Grenzen besser zu definieren. Während eine Methode die Beleuchtung struktureller Aspekte ermöglicht, kann die Nutzung einer anderen Methode als Ergänzung helfen, die Bedeutung dieser strukturellen Aspekte für die involvierten Akteure zu erfassen. Zum Beispiel könnte eine teilnehmende Beobachtung durch qualitative Interviews ergänzt werden. Auf ein und dasselbe Forschungsobjekt bezogen, werden sich die Erkenntnisgewinne unterscheiden und in ihrer Kombination zu einem umfassenderen Forschungsresultat führen (Hoffmann, 2006).

Problematisch ist der jeweils herzustellende Zusammenhang zwischen der Forschungsfrage und der geeignetsten Methode – da gerade qualitative und quantitative Methoden für unterschiedliche Fragestellungen konzipiert sind, muss die Fragestellung untergliedert und sorgfältig formuliert werden (Kelle, 2001; Flick, 2004). Flick betont die Notwendigkeit einer sinnvollen Reihenfolge bei einer qualitativ-quantitativen methodischen Erhebung bzw. von durch die Forschungslogik bedingten Parallelerhebungen, aufbauend auf einem „integrierten Forschungsdesign" (Flick, 2004: 56). Während bei ersterem Vorgang quantitative und qualitative Methoden gleichzeitig dazu verwendet werden, ein soziales Phänomen ausgehend von unterschiedlichen Perspektiven zu erklären, ist bei letzterem Vorgang ein chronologisches Vorgehen vorgesehen. Die Ergebnisse, die z.B. aus einer qualitativen Studie hervorgegangen sind, werden für das Design und die Durchführung einer quantitativen Studie verwendet (und umgekehrt). Sinnvoll ist eine solche Methodenkombination also, wenn die jeweiligen Ergebnisse der Forschungsschritte aufeinander bezogen werden, statt verbindungslos nebeneinander zu stehen (Hoffmann, 2006).

Eine solch systematische Verknüpfung quantitativer und qualitativer Methoden fehlt allerdings bisher meist. Flick kritisiert, was er als „Forschungs- und Konzeptpragmatik" (2004: 21) bezeichnet, d.h. die Methodenbegründung richtet sich nach den Ergebnissen. Wichtig ist eine vorab zu erfolgende Abschätzung des zu erwartenden Gewinns aus der Kombination von Methoden, sowie eine ebenfalls vorab zu leistende Bestimmung und Begründung der Gewichtung jeweils qualitativer und quantitativer Forschungsanteile und die begründete Annahme einer Kausalbeziehung der Resultate aus den verschiedenen Untersuchungsschritten: werden die unterschiedlichen methodologischen Perspektiven und Ergebnisse aufeinander bezogen, und wenn ja, wie stark? Welche logische Verbindung besteht zwischen den gewählten Perspektiven, und welchen Stellenwert besitzt diese bei der Auswertung der empirischen Ergebnisse? (Flick, 2004: 56 und 85). Schlussendlich spielt die Verhältnismäßigkeit zwischen Nutzen und Aufwand der Untersuchung eine Rolle: Ist der zu erwartende Erkenntnisgewinn der durch die Triangulation gewonnenen Daten den Aufwand der Datengenerierung wert? Und welchen Stellenwert hat die Methodologie in der Gesamtuntersuchung? (Hoffmann, 2006)

Bei der sorgfältigen Erstellung eines Forschungsdesigns gibt es also keinen Methodenkonflikt. Vielmehr können durch die sinnvolle Kombination von unterschiedlichen Methoden mehrere – wenn nicht alle – Aspekte eines Forschungsinteresses untersucht und die Validität der Forschung – insbesondere der so besonders stark empirisch arbeitenden europäischen Policy-Forschung – erhöht werden. Durch die Nutzung einer Vielfalt von Methoden können neue Erkenntnisse gewonnen werden.

Triangulation in der Praxis

Wir geben zwei Beispiele für eine mögliche, systematisch geplante Triangulation in der Politikfeldforschung. Dieses Forschungsfeld hält Forschungsobjekte auf Mikro- wie Makroebene bereit, qualitative wie quantitative Methoden können hier große Beiträge leisten. Allerdings wird, wie eingangs dargestellt, meistens nur den Fragen nach dem „Warum" und „Wie" nachgegangen. Wir zeigen nun anhand von zwei Forschungsanordnungen zu demselben Forschungsvorhaben auf, wie mit der Triangulation von qualitativen und quantitativen Methoden die unterschiedlichen Gesichtspunkte eines Policy-Phänomens von zwei methodischen Perspektiven her ausreichend beleuchtet werden können.

Unsere fiktiven Fallsbeispiele zielen auf Forschungsvorhaben im Bereich „Repräsentation in liberalen Demokratien" in EU-Mitgliedstaaten ab. Nehmen wir an, wir wollen den Wandel von formeller Repräsentation durch Parteien und andere Mandatsträger zu informeller Repräsentation durch organisierte zivilgesellschaftliche Akteure am Beispiel einiger EU-Mitgliedstaaten und anhand einiger ausgewählter Politikfelder untersuchen (zur Problematik aus theoretischer Sicht, vgl. Greven 2005).

Natürlich müssen wir zunächst unsere Forschungsfrage begründen. Ausreichend gleiche und substantielle Repräsentation ist eine große Errungenschaft liberaler Demokratien. Demokratische Repräsentation in ihrem Grundverständnis ist die Delegation von Aufgaben an Repräsentanten, unter der Bedingung, dass ein gewisser Grad an Kontrolle bei den Repräsentierten verbleibt.

Diese Delegation wird durch Parteiensysteme, Wahlen und teils durch formelle korporatistische Einbindung ausgewählter Kerngruppen (z.B. Gewerkschaften und Arbeitgeberverbände) legitimiert. Daneben existiert ein System informeller Repräsentation in der Form von hochspezialisierten zivilgesellschaftlichen Organisationen. Bürger partizipieren themenspezifisch über das Engagement in Vereinen, Kirchen, NGOs und anderen Gruppen. Diese repräsentieren Bürger, vermögen jedoch keine Gleichheit der Vertretung von Bürgern herstellen, weil sie in erster Linie die Interessen ihrer Mitgliedschaft vertreten.

Zivilgesellschaftliches Engagement wird von einer Reihe von Forschern als demokratieunterstützender Faktor gewertet (Schmitter, 2000). Während dies unter Vorstellungen assoziativer oder partizipatorischer Demokratietheorie zutreffen mag, bedeutet zivilgesellschaftliches Engagement auf Kosten von Parteimitgliedschaft und Vertrauen in korporatistische Arrangements auch eine Informalisierung von Politik und eine Schwächung repräsentativer

Politik (vgl. Greven, 2005). Dies könnte zu einer Kollidierung von Repräsentationssystemen führen, was die demokratische Qualität eines Systems schwächen würde.

Für ein empirisches Untersuchungsdesign zu diesem Problem ist es wichtig herauszufiltern, wer Entscheidungen trifft (formelle oder informelle Akteure?) und wie diese Entscheidungen zustande kommen (formell oder mit stark informellen Elementen?):

Wir haben es mit einem Forschungsgegenstand zu tun, der methodologisch quantitative und qualitative Ansätze erfordert sowie auf unterschiedlichen Ebenen angesiedelt ist, da wir folgende Fragen erörtern wollen:

Wer war wann, wie von Informalisierungstendenzen betroffen? Was hat sich verändert und wie? Warum/Welche Gründe waren für die Veränderungen ausschlaggebend? Welchen Einfluss haben die europäischen Integrationsbestrebungen im Hinblick auf die Informalisierungstendenzen?

Eine methodologische Triangulation ermöglicht uns dafür einen größtmöglichen Erkenntnisgewinn. Wir entwerfen zwei mögliche Untersuchungsdesigns, die auf einem jeweils unterschiedlichen Aufbau einer Kombination quantitativer und qualitativer Untersuchungsmethoden beruhen. Je nach Forschungsinteresse bzw. Aufbau der Forschungsfrage lassen sich unterschiedliche Methoden-Kombinationen zur vergleichenden Analyse von Veränderungen von Repräsentation in einem Politikfeld anwenden. Unsere Vorgehensweise ist dabei die Anwendung von verschiedenen Methoden zur Beantwortung unterschiedlicher Aspekte einer Forschungsfrage. Damit wollen wir die Stärken der jeweiligen Methoden zur Erfassung der Komplexität des Forschungsthemas nutzen sowie die jeweiligen Schwächen der anderen genutzten Methoden abmildern.

Untersuchungsaufbau 1

Ausschlaggebend für unsere Fragestellung ist zu erfassen, a) welche Akteure b) von Wichtigkeit waren, c) welchen Einfluss hatten, und d) ob dieser Einfluss und dessen Gewicht sich über Zeit veränderten.

Unser erstes Untersuchungsdesign beginnen wir mit einer quantitativen Untersuchungsmethode. Mit einer quantitativ gestalteten Expertenumfrage (Fragebogen) identifizieren wir die Verbindungen zwischen formellen und informellen Akteuren (politische Parteien, Parlamente, Verwaltung, Ministerien, korporatistische Akteure, zivilgesellschaftliche Akteure etc.) im Entscheidungsfindungsprozess zu zwei verschiedenen Zeitpunkten, d.h. wir fragen nach Beziehungen zwischen Verbänden, NGOs oder anderen informellen Akteuren und Parteien, Regierungen, Verwaltungen oder Ministerien. Diese Umfrage soll sich an Forscher und Journalisten als Experten im weiteren Sinne richten. Sie ermöglicht einen ersten Einblick in das Beziehungsgeflecht im politischen System im Allgemeinen sowie Erkenntnisse zu den wichtigen Akteuren zum jeweiligen Zeitpunkt und zu signifikanten Veränderungen im Besonderen.

> **Fragebogen**
>
> Ein quantitativ auszuwertender Fragebogen enthält im Unterschied zu qualitativ auszu-wertenden Fragebögen geschlossene Fragen, die mit ja oder nein bzw. durch die Auswahl eines Zustimmungsgrads auf einer Skala (z.B. von 1 bis 5 („stimme vollkommen zu" bis „stimme überhaupt nicht zu")) beantwortet werden. Die Antworten werden kodiert und können computergestützt ausgewertet werden, z.B. über die Programme SPSS oder STATA. Mittels eines solchen Fragebogens werden die Fragestellungen der Forschenden in eine Reihe von Fragen umgewandelt. Der Fragebogen wird meistens mehreren Perso-nen vorgelegt. Dadurch können also Informationen eingeholt werden, die statistisch aus-gewertet und getestet werden können.

Die Expertenumfrage spiegelt die Verteilung der Akteure im institutionellen Rahmen, die Machtindizes, etc. wieder. Damit können wir die Position der verschiedenen formellen und informellen Akteure im Entscheidungsfindungsprozess erfassen und ein erstes Bild des Rep-räsentationsgefüges zeichnen. Dadurch lässt sich erfahren, wie sich die von uns untersuchten Staaten in Bezug auf Repräsentation und das Einbeziehen von informellen Akteuren vonein-ander unterscheiden.

Auch der zweite Untersuchungsschritt beruht auf einer quantitativen Vorgehensweise. Nun entwickeln wir eine Art „Stakeholder-Survey", d.h. wir erstellen einen Fragebogen, der be-teiligte Akteure nach Machtbeziehungen, Einfluss und Bedeutung der Akteure während der Verhandlungsprozesse in dem Politikfeld fragt. Die Umfrage geht an eine repräsentative Stichprobe von Beteiligten der politischen Entscheidungen innerhalb des Politikfelds und ermöglicht uns, einen repräsentativen Überblick über die Stellung der Akteure im Entschei-dungsfindungsprozess zu gewinnen. Auch hier können wir den Fragen nach dem Wer? und dem Wie? der Veränderung nachgehen.

> **Umfrage**
>
> Mittels des Erhebungsinstruments „Umfrage" erhalten die Forschenden Informationen über eine sie interessierende Grundgesamtheit. Dafür wird eine repräsentative Stichprobe aus einer zu bestimmenden Grundgesamtheit gezogen, mittels welcher man Generalisie-rungen für diese Grundgesamtheit treffen kann. In der Umfrage werden jene Themen mit-tels eines standardisierten Fragebogens abgefragt, die dem jeweiligen Forschungsinteres-se zugrunde liegen. Die daraus resultierenden Informationen sind beschreibender Art und enthalten sozio-demographische und sozio-ökonomische Faktoren sowie Meinungen, Verhaltensweise, Werte, etc. Für eine quantitativ auszuwertende Umfrage werden die In-formationen wie beim Fragebogen über geschlossene Fragen abgefragt.

Was uns nun noch fehlt, sind allerdings Informationen dazu, wie die Beziehungen zwischen den Akteuren ablaufen bzw. abgelaufen sind. Vor allem kennen wir nach wie vor die Gründe für Veränderungen nicht, da wir mit der schriftlichen Umfrage nur wenig Offenheit für eige-ne Erklärungen geben können. Hier kann nun ein qualitativer Analyseschritt sinnvoll ergän-zen. Mit qualitativen Interviews, deren Fragen auf den Ergebnissen aus den vorherigen zwei

Schritten aufbauen, wird Interviewpartnern Raum für die eigene Darstellung der Geschehnisse gegeben und ermöglicht, Kontextfaktoren einzubeziehen.

Die drei Datensorten lassen wir, aufeinander bezogen, in eine soziale Netzwerkanalyse (vgl. Schneider in diesem Band) einfließen.

Soziale Netzwerkanalyse

Die Soziale Netzwerkanalyse analysiert die verschiedenen Elemente der sozialen Beziehungen. Dabei gehen Forschende der Entstehung von sozialen Strukturen nach und legen deren Konsequenzen im Sinne der Beschaffenheit von Handlungsstrukturen dar. Zugrunde liegen theoretische Annahmen über die Bedeutung von Interaktionen und Strukturen zwischen Akteuren in bestimmten Handlungszusammenhängen. Methodologisch lässt sich eine soziale Netzwerkanalyse sowohl qualitativ als auch quantitativ durchführen. Eine quantitativ durchgeführte Netzwerkanalyse stützt sich auf eine über Fragebögen erhobene Grundgesamtheit von Kontaktpartnern. Für diese Menge an Personen werden dann mittels quantitativer Analysesoftware die Anzahl, Dichte und Zentralität von Beziehungen erhoben.

Mittels sozialer Netzwerkanalyse können wir ermitteln, welche/r Akteur/e im Zentrum stehen/steht und welche Akteure sich in der Peripherie bei der Einbeziehung in die Entscheidungsfindungsprozesse befinden. Die soziale Netzwerkanalyse hilft uns festzustellen, ob Positionsveränderungen und somit Veränderungen im Einfluss unter den Akteuren stattgefunden haben. Da wir unterschiedliches Datenmaterial zur Verfügung haben, kann uns die soziale Netzwerkanalyse behilflich sein, die Qualität der verschiedenen Verbindungen zwischen den Akteuren im Entscheidungsfindungsprozess zu interpretieren – und somit die Qualität der formellen und informellen Repräsentation zu ergründen (siehe Abbildung 1).

Warum nun halten wir einen solch zweistufigen quantitativ-qualitativen Ansatz für hilfreich? Würden wir nur eine quantitative Analyse durchführen, könnten wir die Bedeutung, die die Interviewpartner den Antworten zumessen, nicht erfassen; wir würden womöglich mit der Interpretation unserer quantitativen Daten gänzlich falsch liegen. Mit Hilfe einer qualitativen Methode – Interviews – können wir eine exaktere Erklärung zu den Antwortkategorien rekonstruieren. Eine reine qualitative Analyse wiederum würde es uns nicht erlauben, ein generelles Bild des Repräsentationsgefüges im politischen System zu zeichnen. Der Erkenntnisgewinn im Unterschied zur Verwendung ausschließlich qualitativer oder quantitativer Methoden ist also die Möglichkeit, unterschiedliche Facetten der Veränderung von Repräsentativität im Politikfeld A untersuchen und entsprechend ihrer Komplexität interpretieren zu können.

Abbildung 1: Untersuchungsdesign 1

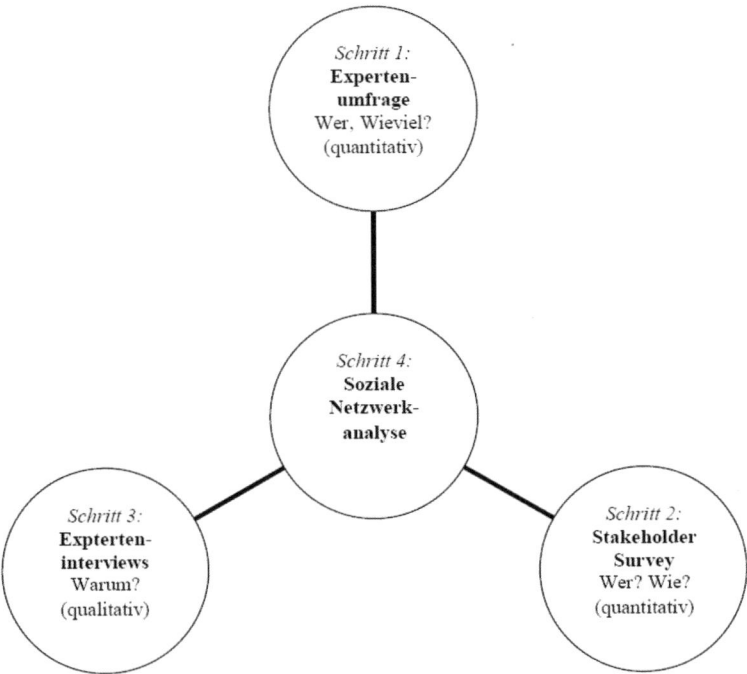

Untersuchungsaufbau 2

Die oben aufgestellte Forschungsfrage lässt sich auch in einer stärker qualitativen Studie, allerdings wiederum mittels einer methodologischen Triangulation untersuchen. Wiederum wollen wir in drei Analyseschritten zur schlussendlichen Nutzung einer sozialen Netzwerkanalyse vorgehen. Zunächst beginnen wir nun mit einer Dokumentenanalyse. Mittels der Dokumentenanalyse streben wir nach einer qualitativen Bewertung von Prozessen und ihren Akteuren zu zwei verschiedenen Zeitpunkten. Anhand der Berichterstattung in den einschlägigsten nationalen und internationalen Medien zu den politischen Prozessen ermitteln wir die bedeutsamsten Akteure innerhalb dieser Prozesse und lernen, wie und unter Beteiligung welcher Akteure die jeweiligen Rechtsakte zustande gekommen sind.

Für den zweiten Schritt wird auf der Grundlage der Kenntnisse um diese Akteure ein Forschungsdesign zur Durchführung von Experteninterviews erstellt. Dafür müssen zunächst Interviewpartner ermittelt werden. Wir müssen die zuvor erstellten Akteursnamen zu den verschiedenen Zeitpunkten abgleichen: welche Akteure waren lediglich in einem der politischen Prozesse zu einem Zeitpunkt beteiligt, welche waren zu beiden Zeitpunkten in einem Land beteiligt? Gibt es darüber hinaus Akteure, die in mehreren untersuchten Ländern in von uns betrachteten politischen Prozessen beteiligt waren? Die Art der Interviews wird an die unterschiedlichen Akteurskategorien angepasst und soll aus Fokusgruppeninterviews und qualitativen Leitfadeninterviews mit Einzelpersonen bestehen.

Fokusgruppeninterviews

Fokusgruppeninterviews sind Interviews mit einer Mehrzahl von Teilnehmern – in der Regel 8 bis 12. Im Rahmen einer moderierten Diskussion sollen sich die Teilnehmenden intensiv mit dem diskutierten Thema auseinandersetzen und reflektieren. Gerade bei der Frage nach Veränderungen von formeller hin zu informeller Repräsentation könnten sich durch die Gruppendynamik und Diskussion zusätzliche Erkenntnisse ergeben.

Qualitative Leitfadeninterviews mit Einzelpersonen sollen mit Akteuren geführt werden, die zu beiden Zeitpunkten in die analysierten Prozesse einbezogen waren. Qualitative Leitfadeninterviews mit Experten ermöglichen in diesem Fall eine induktive Generierung von detaillierten Informationen dazu, wie und warum ein politischer Prozess abgelaufen ist. In diesem Fall ist es wichtig, Experten mit verschiedenen Hintergründen zu ermitteln, um die Übernahme subjektiver Bewertungen einzelner Interviewpartner zu vermeiden. Neben den zu gewinnenden Informationen haben diese Interviews den zusätzlichen Vorteil, dass sie zur Auswertung der Fokusgruppeninterviews herangezogen werden können und die dort getroffenen Aussagen bestätigen oder in einem anderen Kontext erscheinen lassen können. Sie verstärken also die Validität. Genauso können die Fokusgruppeninterviews bei der Auswertung der Leitfadeninterviews helfen und zur Erstellung der Frageleitfäden beitragen.

Qualitative Leitfadeninterviews

Qualitative Leitfadeninterviews sind Interviews mit Einzelpersonen, deren Fragen sich auf einen strukturierten Leitfaden beziehen, d.h. in der Regel entwirft der Forschende einen Leitfaden von zehn oder mehr offenen Fragen. Die Befragten können nicht mit ja oder nein antworten, sondern müssen stärker ausholen. Je nach Untersuchungsdesign nutzt der Forschende seinen Leitfaden als Grundgerüst und flicht während des Gesprächs Nachfragen ein (halboffenes Leitfadeninterview), oder das Interview hält sich strikt an die zuvor strukturierten Fragen. Stärker soziologisch interessierte Interviews arbeiten auch vollkommen ohne Leitfaden (narrative Interviews). Solche Interviews bieten sich für induktive Vorgehensweisen an, erfordern aber eine besonders systematische und sorgfältige Auswertungsmethode.

Mittels dieser Daten lassen sich bereits Schlüsse hinsichtlich möglicher Informalisierungstendenzen ziehen. Nun fehlt uns allerdings die Repräsentativität unserer Erkenntnisse. Daher wählen wir für unseren dritten Untersuchungsschritt ein quantitatives Untersuchungsdesign. Wie im vorherigen Untersuchungsaufbau erstellen wir einen Fragebogen zu Machtbeziehungen, Einfluss und Bedeutung der Akteure während der Verhandlungsprozesse im jeweiligen Politikfeld. Dieses Mal entwickeln wir unsere Fragen anhand der zuvor in den qualitativ geführten Einzel- und Fokusgruppeninterviews ermittelten Ergebnisse. Wieder senden wir die Umfrage an eine repräsentative Stichprobe von Entscheidungsträgern.

Schlussendlich kann auch bei diesem Aufbau mittels einer sozialen Netzwerkanalyse eine zusätzliche Interpretationsdimension eingebaut werden. Sie gibt Aufschluss darüber, welche Veränderungen in der Intensität der Beziehungen von Akteuren aus unterschiedlichen Gruppen, beispielsweise zwischen Politikern und zivilgesellschaftlichen Akteuren, zu beobachten sind, und inwiefern sich bestimmte Gruppen voneinander entfernt oder sich angenähert haben (siehe Abbildung 2).

Dieses Beispiel beinhaltet also ebenfalls einen zweistufigen Ansatz, allerdings in umgekehrter Reihenfolge als im vorangegangenen Beispiel: zunächst werden qualitative Daten erhoben, auf denen aufbauend in einem zweiten Schritt quantitative Analysemethoden verwendet werden. Mit diesem Aufbau wird ebenfalls ermöglicht, die Komplexität der Fragestellung zu erfassen, allerdings werden andere Akzente gesetzt. Die Betonung der qualitativen Studien gibt zunächst über die bedeutsamsten Akteure und deren Interpretation der Prozessentwicklung Aufschluss. Das „Warum" steht dabei im Zentrum dieses Forschungsdesigns, allerdings können die Methoden auch gleichwertig gewichtet werden, wenn der Auswertung der Daten in der Darstellung der Ergebnisse entsprechend anteiliger Raum gegeben wird. Die Ergänzung der qualitativen Studien durch eine quantitativ auszuwertende Umfrage und einer Netzwerkanalyse ermöglicht, die daraus gewonnenen Hypothesen an einer repräsentativen Anzahl beteiligter Akteure zu überprüfen. Daraus können validere Aussagen zur Entwicklung von Repräsentation gewonnen werden, indem einerseits ein größerer Grad an Repräsentativität der qualitativen Aussagen gewonnen werden kann, und andererseits zusätzliche Erkenntnisse zur Grundgesamtheit der beteiligten Akteure gewonnen werden, die in der Auswertung der quantitativen Daten zu einer gehaltvolleren Interpretation der Veränderung von Repräsentation führen können.

Abbildung 2: Untersuchungsdesign 2

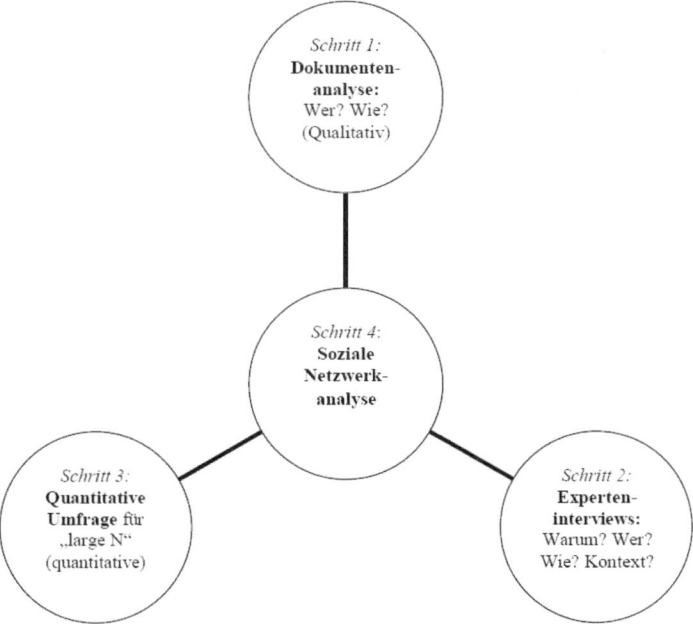

Tabelle 3 veranschaulicht noch einmal, welche Erkenntnisgewinne mit welche Methoden in unseren hypothetischen Designs erzielt werden können.

Natürlich könnten auch mit einem minimalistischeren Untersuchungsdesign und/oder mit einer lediglich auf qualitativen bzw. quantitativen Datenerhebungen beruhenden Analyse wertvolle Kenntnisse und informierte Hypothesen aufgestellt werden. Unsere Auffassung ist jedoch, dass die beschriebene Mischung verschiedener Datensorten gerade aufgrund der enormen Komplexität von Politikfeldentwicklungen, insbesondere unter Berücksichtigung des Mehrebenencharakters von Politikentscheidungen in globalen Zusammenhängen, wichtig ist, um ein umfassendes Bild dieser Entwicklungen entwerfen zu können und die eigenen Daten mit einer sorgfältigen Überprüfung von verschiedenen Perspektiven in ihrem Wert zu bestätigen.

Tabelle 3: Methodenerkenntnisgewinne

	Beispiel 1	Beispiel 2
Qualitative Methoden	• Herausfilterung der bedeutsamsten Akteure und ihres Einflusses • Begründung von einzelnen Akteurspositionen • Erklärungen zur Veränderung von Repräsentation • Interpretation dieser Daten zur Hypothesenbildung, allerdings ohne repräsentativen Charakter	• Herausfilterung der bedeutsamsten Akteure und ihres Einflusses • Informationen zur Interpretation der Akteure von Veränderungen • Verständnis von Kontextfaktoren, die die Veränderung von Repräsentation beeinflusst haben • Herausfilterung gruppendynamischer Unterschiede, die Aufschluss über Veränderungen geben können
Quantitative Methoden	• Repräsentativität der Daten • Quantitative Abbildung der Positionierung von Akteuren • Herstellung von Korrelationen zu Positionen in Wahlprogrammen, Reden und Presseaussendungen • Keine Kenntnisse der Gewichtung einzelner Akteure, ihres Einflusses und der Kontextfaktoren mit Einfluss auf die quantitativ erworbenen Daten	• Repräsentativität der Daten • Positionierung aller involvierten Akteure • Interpretation der allgemeinen Rezeption von Veränderungen
Methodentriangulation	• Bewertung kontextueller Faktoren mit Einfluss auf die quantitativ erworbenen Daten	• Zeichnung eines umfassenden Bilds sowohl der Kausalbeziehungen als auch der feststellbaren Veränderungen

5   Schlussbemerkungen

Das Ziel unseres Beitrags war es aufzuzeigen, dass eine Zusammenführung quantitativer und qualitativer Methoden – im Sinne von Triangulation – einen Mehrwert zur Erhebung komplexer Zusammenhänge besitzt sowie relevante polity-orientierte Elemente in die Policy-Forschung einspeisen kann. Dadurch können unterschiedliche, für die Erfassung eines Forschungsfeldes jedoch wichtige Fragestellungen analysiert werden, die dazu beitragen, soziale Phänomene in ihrer Gesamtheit besser zu verstehen und zu überblicken. Die Ergebnisse, die durch die Anwendung einer Methode generiert wurden, sollen dabei in das methodische Design der nächsten Datengenerierung einfließen und somit den Erkenntnisgewinn von einem methodischen Schritt zum nächsten steigern.

Die sorgfältige Zusammenführung der beiden methodischen Stränge liefert unserer Auffassung nach im Zusammenspiel Forschungsergebnisse, die die Policy-Forschung in ihrer Qualität, in ihrer internationalen Reputation sowie innerhalb ihrer Disziplin voranbringen würde. Insbesondere lässt sich dadurch auch eine aufwandsadäquate Einbeziehung von Fragen zum Machtaspekt politischen Entscheidens erreichen, die in der Policy-Forschung bisher wenig Raum einnimmt. Methodenpluralismus kann somit zu synergetischer Forschung im Bereich „Policy" beitragen und den isolierenden, unilateralen Charakter, der der Policy-Forschung oftmals innewohnt, überwinden. Interaktionen zwischen quantitativen und qualitativen Methoden führen zu sich gegenseitig befruchtenden Vorteilen, welche – wie Greven (2008) ausgeführt – dazu führen, dass es der Policy-Forschung gelingen wird, komplexe Systeme in ihrer Gesamtheit zu ergründen.

6   Literatur

Allen, Mathey, Lothar Funk und Heinz Tüselmann (2006) 'Can Variation in Public Policies Account for Differences in Comparative Advantage?', Journal of Public Policy 26/1, 1-19.

Baldwin, Matthew (2006) 'EU trade politics – heaven or hell?', Journal of European Public Policy 13/6, 926-942.

Bauer, Michael (2006) 'Co-managing programme implementation: conceptualizing the European Commission's role in policy execution', Journal of European Public Policy 13/5, 717-735.

Baumgartner, Frank R., Christoffer Green-Pedersen und Bryan D. Jones (2006) ,Comparative studies of policy agendas', Journal of European Public Policy 13/7, 959-974.

Bell, Stephen und Alex Park (2006) 'The Problematic Metagovernance of Networks: Water Reform in New South Wales', Journal of Public Policy 26/1, 63-83.

Bicchi, Federica (2006) ,'Our size fits all': normative power Europea and the Mediterranean', Journal of European Public Policy 13/2, 286-303.

Breunig, Christian (2006) ;The more things change, the more things stay the same: a comparative analysis of budget punctuations', Journal of European Public Policy 13/7, 1069-1085.

Bruno, Isabelle, Sophie Jacquot und Lou Mandin (2006) ,Europeanization through its intrumentation: benchmarking, mainstreaming and the open method of co-ordination... toolbox or Pandora's box?' Journal of European Public Policy 13/4, 519-536.

Christopoulos, Dimitrios C. (2006) ,Relational attributes of political entrepreneurs: a network perspective', Journal of European Public Policy 13/7, 757-778.

Christou, George und Seamus Simpson (2006) 'The Internet and Public-Private Governance in the European Union', Journal of Public Policy 26/1, 43-61.

Clifton, Judith, Francisco Comin und Daniel Diaz Fuentes (2006) ,Privatizing public enterprises in the European Union 1960-2002: ideological, pragmatic, inevitable?', Journal of European Public Policy 13/5, 736-756.

Conceição-Heldt, Eugénia da (2006) 'Taking Actors' Preferences and the Institutional Setting Seriously: the EU Common Fisheries Policy', Journal of Public Policy 26/3, 279-299.

Crum, Ben (2006) ,Parliamentarization of the CFSP through informal instituion-making? The fifth European Parliament and the EU high representative', Journal of European Public Policy 13/3, 383-401.

Damro, Chad (2006) ,The new trade politics and EU competition policy: shopping for convergence and co-operation', Journal of European Public Policy 13/6, 867-886.

De Bièvre, Dirk (2006) ‚The EU regulatory trade agenda and the quest for WTO enforcement. Journal of European Public Policy 13/6, 851-866.

Denzin, Norman (1992) Symbolic Interactionism and Cultural Studies: The Politics of Interpretation. Cambridge: Blackwell Publishers.

Devine, Fiona (2002) ‚Qualitative Methods’, in David Marsh und Gerry Stoker (Hrsg.) Theory and Methods in Political Science. Houndmills/Basingstoke: Palgrave Macmillan, 197-215.

Edquist, Kristin (2006) ‚EU social-policy governance: advocating activism or servicing states?’, Journal of European Public Policy 13/4, 500-518.

Egeberg, Morten (2006) ‚Executive politics as usual: role behaviour and conflict dimensions in the College of European Commissioners’, Journal of European Public Policy 13/1, 1-15.

Enderlein, Henrik (2006) ‚The euro and political union: do economic spillovers from monetary integration affect the legitimacy of EMU?’, Journal of European Public Policy 13/7, 1133-1146.

Flick, Uwe (2004) Triangulation. Eine Einführung. Wiesbaden: VS Verlag.

Gordin, Jorge P. (2006) ‘Intergovernmental Fiscal Relations, ‘Argentine Style”, Journal of Public Policy 26/3, 255-277.

Green-Pedersen, Christoffer und John Wilkerson (2006) ‚How agenda-setting attributes shape politics: Basic dilemmas, problem attention and health politics developments in Denmark and the US’, Journal of European Public Policy 13/7, 1039-1052.

Greven, Th. Michael (2005) ‘Informalization of Transnational Governance – A threat to Democratic Government’, in Edgar Grande und Louis W. Pauly (Hrsg.) Complex Sovereignty: Reconstituting Political Autonomy in the 21st Century. Toronto: Toronto University Press, 35-62.

Greven, Michael Th. (2008) ‘’’Politik” als Problemlösung – und als vernachlässigte Problemursache. Anmerkungen zur Policy-Forschung’, in Frank Janning und Kathrin Toens (Hrsg.) Die Zukunft der Policy-Forschung: Theorien, Methoden, Anwendungen. Wiesbaden: VS Verlag, 23-33.

Goul Andersen, Jørgen (2006) ‚Political power and democracy in Denmark: decline of democracy or change in democracy?’, Journal of European Public Policy 13/4, 569-586.

Helgøy, Ingrid und Anne Homme (2006) ‘Policy Tools and Institutional Change: Comparing education policies in Norway, Sweden and England’, Journal of Public Policy 26/2, 141-165.

Herbert, Alicia und Andrew Shepherd (2002) 'Spin-off study: Impact Assessment for Poverty Reduction.' International Development Department, School of Public Policy. Part of DFID funded 'Evaluation of DFID Support to Poverty Reduction' London, EvD, DFID.

Hobolt, Sara (2006) ‚Direct democracy and European integration’, Journal of European Public Policy 13/1, 153-166.

Hoffmann, Dagmar (2006) ‚Rezension: Uwe Flick (2004) Triangulation. Eine Einführung‘, Forum Qualitative Sozialforschung 7/3.

Holmes, Peter (2006) ‚Trade and domestic policies: the European mix‘, Journal of European Public Policy, 13/6, 815-831.

Hooghe Liesbet, Gary Marks und Carole Wilson (2002) ‚Does Left/Right Structure Party Positions on European Integration?‘, Comparative Political Studies 35/8, 965-989.

Howlett, Michael und Jeremy Rayner (2006) ‘Convergence and Divergence in ‘New Governance’ Arrangements: Evidence from European Integrated Natural Resource Strategies’, Journal of Public Policy 26/2, 167-189.

John, Peter (2002) ‚Quantitative Methods‘, in David Marsh und Gerry Stoker (Hrsg.) Theory and Methods in Political Science. Houndmills/Basingstoke: Palgrave Macmillan, 216-230.

Jones, Erik (2006): ;Europe’s market liberalization is a bad model for a global trade agenda’, Journal of European Public Policy 13/6, 943-957.

Jordan Grant und Darren Halpin (2006) ‘The Political Costs of Policy Coherence: Constructing a Rural Policy for Scotland’, Journal of Public Policy 26/1, 21-41.

Kaeding, Michael (2006) ‘Determinants of Transposition Delay in the European Union’, Journal of Public Policy 26/3, 229-253.

Kelle, Udo (2001) ‚Integration qualitativer und quantitativer Methoden‘. Beitrag für die ‘CAQD 1999 – Computergestützte Analyse qualitativer Daten’ am 7. und 8. Oktober 1999 in Marburg.

King, Gary, Robert O. Keohane and Sidney Verba (1994) Designing Social Inquiry. Princeton: Princeton University Press.

König, Thomas und Proksch, Sven-Oliver (2006) ‚Exchanging and voting in the Council: endogenizing the spatial model of legislative politics‘, Journal of European Public Policy 13/5, 647-669.

Kriesi, Hanspeter, Silke Adam und Margit Jochum (2006) ‚Comparative analysis of policy networks in Western Europe‘, Journal of European Public Policy 13/3, 341-361.

Kumlin, Staffan (2006) ‘Learning from Politics? The Causal Interplay between Government Performance and Political Ideology’, Journal of Public Policy 26/2, 89-114.

Lerch, Marika und Guido Schwellnus (2006) ‚Normative by nature? The role of coherence in justifying the EU’s external human rights policy’, Journal of European Public Policy 13/2, 304-321.

Lewis, Jane (2006) ‚Work/family reconciliation, equal opportunities and social policies: the interpretation of policy trajectories at the EU level and the meaning of gender equality’, Journal of European Public Policy 13/3, 420-437.

Littoz-Monnet, Annabelle (2006) ‚Copyright in the EU: droit d'auteur our right to copy?', Journal of European Public Policy 13/3, 438-455.

López-Santana, Mariely (2006): ‚The domestic implications of European soft law: framing and transmitting change in employment policy', Journal of European Public Policy 13/4, 481-499.

Majone, Giandomenico (2006) ‚The common sense of European integration', Journal of European Public Policy 13/5, 607-626.

Marsh, David und Paul Furlong (2002) ‚Ontology and Epistemology in Political Science', in David Marsh und Gerry Stoker (Hrsg.) Theory and Methods in Political Science. Houndmills/Basingstoke: Palgrave Macmillan, 17-41.

Mattila, Mikko (2006) ‚Fiscal transfers and redistribution in the European Union: do smaller member states get more than their share?', Journal of European Public Policy 13/1, 34-51.

McGuire, Steven (2006) ‚No more euro-champions? The interaction of EU industrial and trade policies', Journal of European Public Policy 13/6, 887-905.

Meunier, Sophie und Karen Alter (2006) ‚Nested and overlapping regimes in the transatlantic banana trade dispute', Journal of European Public Policy 13/3, 362-382.

Meunier, Sophie und Kalypso Nicolaïdis (2006) ‚The European Union as a conflicted trade power', Journal of European Public Policy 13/6, 906-925.

Mitzen, Jennifer (2006) ‚Anchoring Europe's civilizing identity habits, capabilities and ontological security', Journal of European Public Policy 13/2, 270-285.

Penner, Erin, Kelly Blidook und Stuart Soroka (2006) ‚Legislative priorities and public opinion: representation of partisan agendas in the Canadian House of Commons', Journal of European Public Policy 13/7, 1006-1020.

Quine, Willard (1961) From a Logical Point of View. New York: Harper & Row.

Princen, Sebastiaan und Mark Rhinard (2006) ‚Crashing and creeping: agenda-setting dynamics in the European Union' Journal of European Public Policy 13/7, 1119-1132.

Ragin, Charles C. (1987) The Comparative Method. Berkeley: The University of Berkeley Press.

Ragin, Charles C. (2000) Fuzzy-Set Social Science. Chicago/London: The University of Chicago Press.

Ragin Charles C. (2006) 'Set Relations in Social Research: Evaluating Their Consistency and Coverage', Political Analysis 14/3, 2691-310.

Randall, Ed (2006) ‚Not that soft or informal: a response to Eberlein and Grande's account of regulatory governance in the EU with spezial reference to the European Food Safety Authority (EFSA)', Journal of European Public Policy 13/3, 402-419.

Read, Melvyn und David Marsh (2002) 'Combining Quantitative and Qualitative Methods', in David Marsh und Gerry Stoker (Hrsg.) Theory and Methods in Political Science. Houndmills/Basingstoke: Palgrave Macmillan, 231-248.

Rice, James Mahmud, Robert E. Goodin und Antti Parpo (2006) 'The Temporal Welfare State: A Crossnational Comparison', Journal of Public Policy 26/3, 195-228.

Schäfer, Armin (2006) ‚A new form of governance? Comparing the open method of coordination to multilateral surveillance by the IMF and the OECD', Journal of European Public Policy 13/1, 70-88.

Schendelen, Rinus P.C.M. van (2002) Machiavelli in Brussels. The Art of Lobbying the EU. Amsterdam: Amsterdam University Press.

Schmidt, Vivien A. (2006) 'Procedural democracy in the EU: the Europeanization of national and sectoral policy-making processes', Journal of European Policy 13/5, 670-691.

Schnapp, Kai Uwe, Delia Schindler, Thomas Gschwend und Joachim Behnke (2006),Qualitative und Quantitative Zugänge: Eine integrative Perspektive', in Joachim Behnke, Thomas Gschwend, Delia Schindler und Kai Uwe Schnapp (Hrsg.) Methoden der Politikwissenschaft. Neuere qualitative und quantitative Analyseverfahren. Baden-Baden: Nomos, 11-26.

Scott, John (2000) Social Network Analysis: A Handbook. London: Sage Publications.

Selle, Per und Øyvind Østerud (2006) ‚The eroding of representative democracy in Norway', Journal of European Public Policy 13/4, 551-568.

Shaffer, Gregory (2006) ‚What's new in EU trade dispute settlement? Judicialization, public-private networks and the WTO legal order', Journal of European Public Policy, 13/6, 832-850.

Stoker, Gerry und David Marsh (2002) ‚Introduction', in David Marsh und Gerry Stoker (Hrsg.) Theory and Methods in Political Science. Houndmills/Basingstoke: Palgrave Macmillan, 1-16.

Stone Sweet, Alec (2006) ‚The new Lex Mercatoria and transnational governance', Journal of European Public Policy 13/5, 627-646.

Thiel, Sandra van (2006) 'Styles of Reform: Differences in quango creation between policy sectors in the Netherlands', Journal of Public Policy,26/2, 115-139.

Timmermans, Arco und Peter Scholten (2006) 'The political flow of wisdom: science institutions as policy venues in The Netherlands', Journal of European Public Policy 13/7, 1104-1118.

Wagemann, Claudius (2006) 'Qualitative Comparative Analysis und Policy-Forschung', in Frank Janning und Kathrin Toens (Hrsg.) Die Zukunft der Policy-Forschung: Theorien, Methoden, Anwendungen. Wiesbaden: VS Verlag, 242-258.

Walgrave, Stefaan, Frédéric Varone und Patrick Dumont (2006) ‚Policy with or without parties? A comparative analysis of policy priorities and policy change in Belgium, 1991 to 2000', Journal of European Public Policy 13/7, 1021-1038.

Woldendorp, Japp und Hans Keman (2006) ‚The Contingency of Corporatist Influence: Incomes Policy in the Netherlands', Journal of Public Policy 26/3, 301-329.

Woll, Cornelia (2006a) ‚The road to external representation: the European Commission's activism in international air transport', Journal of European Public Policy 13/1, 52-69.

Woll, Cornelia (2006b) 'Lobbying in the European Union: From sui generis to a comparative perspective', Journal of European Public Policy 13/3, 456-469.

Young, Alasdair and John Peterson (2006) ‚The EU and new trade politics', Journal of European Public Policy 13/6, 795-814.

Verständnisfragen

1. Welche Voraussetzungen sollten bei der Anwendung qualitativer Methoden gegeben sein?

2. Welche Fragestellungen können mit qualitativen und mit quantiativen Methoden jeweils bearbeitet werden?

3. Was ist Triangulation?

4. Inwiefern lassen sich Machtaspekte politischen Entscheidens durch Triangulation umfassender untersuchen?

Transferfragen

1. Überprüfen Sie die These der Autorinnen, dass Policy-orientierte Forschung eher qualititativ und Polity-orientierte Forschung eher quantitativ ausgerichtet ist, auf Grundlage der Beiträge eines aktuellen Jahrgangs der deutschsprachigen Fachzeitschriften Politische Vierteljahresschrift (PVS), Österreichische Zeitschrift für Politikwissenschaft (ÖZP), Zeitschrift für Parlamentsfragen (ZParl) und Zeitschrift für Politikwissenschaft (ZPol).

2. Entwickeln Sie ein triangulatives Entwicklungsdesign zur Untersuchung eines anwendungsbezogenen Fragekomplexes zum Thema der Verbesserung der Versorgungsqualität im deutschen Gesundheitswesen.

Problematisierungsfragen

1. Diskutieren Sie, ob sich die Erkenntnisinteressen qualitativer und quantitativer Ansätze ergänzt oder gegenseitig ausschließen.

2. Welchen Erkenntnisgewinn verspricht die Verbindung qualitativer und quantitativer Verfahren bei deterministischen Zusammenhängen einerseits und probabilistischen Zusammenhängen andererseits?

3. Können quantitative Verfahren dazu beitragen, politische Prozesse und Politikergebnisse zu verstehen, wenn diese stark von einzelnen Personen und jeweils subjektiven Wahrnehmungen von Problemen, Handlungsspielräumen, Zielen und Strategien geprägt sind?

4. Diskutieren Sie den Erkenntniswert qualitativer, quantitativer und triangulativer Verfahren für die Grundlagenforschung einerseits und anwendungsbezogene Fragestellungen andererseits.

Teil IV: Erklärungen

Institutionen zur Zentralisierung und Kontrolle politischer Macht

Frans van Waarden[1]

1 Policy und Polity: Der institutionelle Rahmen

Warum war es für die holländische Regierung 1965 leichter die staatlichen Kohlebergwerke zu schließen als für die deutsche? Warum konnte Margaret Thatcher die heftig umstrittene Kopfsteuer für Gemeinden (poll tax) im Parlament durchsetzen, während Bill Clinton mit seinem Plan eines nationalen Gesundheitssystems im Kongress chancenlos war? Warum können die Deutschen relativ sicher sein, dass ihr Kanzler im Falle eines Misstrauensvotums durch den Bundestag sein Amt friedlich niederlegen wird, während die Indonesier oder Simbabweaner nicht so sicher sein können, ob ihr Präsident sich einem Votum der Parlamentsmehrheit beugen wird? Und warum sind Wahlen in Deutschland immer an einem Sonntag, in den USA immer am ersten Dienstag nach dem ersten Montag im November, und in Großbritannien wann immer der Premierminister sie festlegt?

Die Antworten auf diese Fragen haben alle auf irgendeine Weise mit politischen Institutionen zu tun, die in den einzelnen Ländern verschieden sind. Der Politik*inhalt* - die Errichtung eines öffentlichen Gesundheitssystems oder die Einführung einer Steuer - ist das Ergebnis eines politischen *Prozesses*, der je nach Art der Verfahrensregeln oder *Institutionen* eines Landes einen unterschiedlichen Verlauf nimmt. Wie bereits im einleitenden Beitrag zu diesem Band dargestellt, unterscheidet die englische Sprache (und auch die deutsche Politikfeldanalyse) im Gegensatz zum deutschen Alltagsbegriff „Politik" zwischen dem Ergebnis, dem Prozess und den Spielregeln des Politischen:

- **Policy** steht für den substantiellen Inhalt und für die Themen über die kollektive Entscheidungen getroffen werden.

---

1 Mit herzlichen Dank an Brigitte Unger, für die Übersetzung aus dem Englischen.

- **Politics** steht für den Prozess der Entscheidungsfindung und im engeren Sinn für Verhandlungen, Koalitionsbildung, Machtkampf, Machtausübung, Zwang, Überzeugung, aber auch Gerissenheit, List, Machiavellismus, Manipulation, Betrug usw.
- **Polity** steht für die Regeln nach denen der Entscheidungsfindungsprozess stattfindet: Regeln, die für die „Funktionäre" die an den verschiedenen Stufen der Entscheidungsfindung beteiligt sind, Rechte und Pflichten, Möglichkeiten und Grenzen, Zugangsbestimmungen, Kompetenzen, Befugnisse und Verfügungsrechte über Ressourcen festlegen.

Diese drei Politikbegriffe sind miteinander verknüpft wie bei einem Spiel: Das Ergebnis (wer/was gewinnt) ist das Resultat des Spielverlaufs, und dieser hängt teilweise von den Spielregeln ab - aber natürlich nur teilweise, denn ohne die Fähigkeiten und das Glück der Spieler, auf die es ebenfalls ankommt, wäre das Spiel nicht spannend und niemand würde es spielen wollen. Jeder einzelne Entscheidungsfindungsprozess kann als ein Spiel angesehen werden. Da es verschiedene Politikfelder und Entscheidungen gibt, bedeutet dies, dass das Spiel immer wieder gespielt wird, und auch, dass viele Spiele parallel laufen. Man kann sich das als einen Schachmarathon vorstellen, wo nicht nur der Champion gegen mehrere Gegner antritt, sondern alle Spieler simultan gegen alle spielen.

Die *politischen Spielregeln* sind in den einzelnen Ländern viel unterschiedlicher als oft angenommen wird. Selbst die Länder, die wir gewöhnlich als „Demokratien" zusammenfassen unterscheiden sich gewaltig. So haben Wähler jeweils unterschiedliche Rechte und Pflichten. Auch die Rechte und Pflichten der jeweiligen staatlichen Ebenen, Behörden und Regierungsvertreter variieren stark.

Diese unterschiedlichen Spielregeln können zu deutlichen Unterschieden in den Politikergebnissen beitragen, wie u.a. in einer beeindruckenden und mittlerweile klassischen Studie von Immergut (1992) gezeigt wurde. Die Studie argumentiert, dass die Varianz der Gesundheitssysteme in Frankreich, der Schweiz und in Schweden weitgehend mit den unterschiedlichen politischen Systemen erklärt werden kann. Politische Institutionen beinhalten „Vetopunkte", welche die Handlungsmöglichkeiten der Akteure, die Probleme und Problemlösungen beeinflussen. Ein Beispiel eines Vetopunktes ist die Volksabstimmung in der Schweiz, die ein ausgebautes öffentliches Gesundheitssystem im schwedischen Stil verhinderte.

2   Institutionen

Institutionen wurden bisher als „Spielregeln" bezeichnet. Genauer definiert sind sie „eine Ansammlung von mehr oder weniger dauerhaften sozialen *gegenseitigen Erwartungen*, aus denen sich *Regelsysteme* herauskristallisiert haben, welche die sozialen Interaktionen steuern". Regelsysteme sind hier in einem weitesten Sinn des Wortes gemeint, sie beinhalten nicht nur formelle, sondern auch informelle Regeln und gegenseitige Erwartungen und Verhaltensinterpretationen der sozialen Akteure.

Vetopunkte

Vetopunkte sind Verfahren, die bei einer politischen Entscheidung durchlaufen werden müssen und bei denen eine Ablehnung zur Verhinderung der Entscheidung führt. Einige Vetopunkte basieren auf allgemeinen Eigenschaften des jeweiligen Regierungssystems und sind in allen Politikfeldern wirksam. So führt etwa das Verhältniswahlrecht üblicherweise dazu, dass bei Regierungsentscheidungen die Zustimmung mehrerer Koalitionspartner notwendig ist. Andere Vetopunkte gelten nur für bestimmte Politikfelder. So können etwa die Kassenärztlichen Vereinigungen bestimmte gesundheitspolitische Entscheidungen in Deutschland verhindern. Mittlerweile existiert eine breite wissenschaftliche Diskussion zur Problematik der Vetopunkte. Diese zielt zum einen auf unterschiedliche Möglichkeiten der konzeptionellen Differenzierung dieses Begriffs (etwa Vetopunkte der Konkordanz, der Delegation, der Expertise oder des Parlaments, vgl. Immergut 1992). Andererseits wird auch untersucht, ob und unter welchen Bedingungen Vetopunkte im Einzelfall umgangen werden können und wann und in welchem Ausmaß Vetopunkte tatsächlich politische Entscheidungen prägen

---

2.1   Regeln, Rollen und soziale Situationen

Zwischen Regeln, Rollen und sozialer Situation besteht eine Dreiecksbeziehung. Regeln definieren was von einem sozialen Akteur in einer spezifischen *Rolle* (und dies beinhaltet die Ressourcen über die er verfügt oder die Verfügungsgewalt die er hat) und in einer spezifischen *Situation* erwartet werden kann. Regeln sagen etwas aus, über die *Intentionen,* die andere in dieser Situation haben und wie sie sich *wahrscheinlich verhalten* werden. Sie sind an die Situation angepaßt, und diese wird üblicherweise durch Zeit, Ort, die anderen anwesenden Akteure, den Grund des Treffens, das anstehende Problem usw. bestimmt. Dies ermöglicht uns vorauszusehen, wie sich eine bestimmte Person in einer bestimmten Situation verhalten wird, und demgemäß zu reagieren. Wir erwarten unterschiedliches Verhalten von Leuten auf dem Schlachtfeld, auf dem Markt, in der Familie, in einer Single Bar, oder in einer Schule. Und wir erwarten unterschiedliches Verhalten von einem Soldaten und einem Ambulanzhelfer am Schlachtfeld, ebenso wie von einem feindlichen Soldaten und einem Soldaten der eigenen Truppe (die Uniform definiert oft die Rolle). Dieselbe Person kann in verschiedenen Situationen verschieden handeln. Ein strammer, wie aus dem Ei gepellter, langweiliger Beamter wird sich abends im Fußballstadion oder in der Homo-Bar ganz anders verhalten.

Die Aufgabe jedes sozialen Akteurs ist es, die soziale Lage zu definieren in der er sich befindet: In welcher Situation befinde ich mich? Wer ist was hier? Was ist meine Rolle in dieser Situation? Was erwarten andere von mir? Soziale Akteure müssen herauszufinden, welche Regeln für welche Rolle in welcher sozialen Situation gelten. Dies ist ähnlich wie bei einem Richter, der die Aufgabe hat, herauszufinden welche Rechtsregeln für einen Gerichtsfall anzuwenden sind. So wie das Recht definiert, welche Regeln existieren und für welche Situation anzuwenden sind, erfolgt dies im allgemeinen sozialen Leben durch kulturelle Regeln.

Soziale Regeln müssen immer wieder befolgt und gelebt werden, um real existierende Regeln zu sein. Durch ihre Befolgung werden sie ständig wiedererschaffen, sie sind mehr als nur geschriebene Regeln („rules in the books") wie Rechtssoziologen dies nennen. Sie müssen gelebte Regeln („rules in action") sein. In Neapel, gibt es zwar Ampeln. Aber bei Rot bleiben Neapolitaner selten stehen. Ausländer lernen diese Regel entweder, indem sie andere Fahrer beobachten, oder sie werden zu einem Verkehrshindernis. Da die Neapolitaner bei einigen Ampeln aber sehr wohl bei Rot stehen bleiben, gilt es auch, die informelle Regel herauszufinden, wann dies der Fall ist.

Durch wiederholte Anwendung bekommen wechselseitige Erwartungen, die Rollen und Situationen definieren, eine gewisse Dauerhaftigkeit und Beständigkeit. Wenn man sagt, etwas werde „*institutionalisiert*", meint man genau diese Dauerhaftigkeit und Beständigkeit. Die Regeln können zur Tradition oder zur Konvention werden. Beispiele solcher Institutionen im sozialen Leben sind Etikette, Kleidungsvorschriften, Rituale des Liebeswerbens, Arbeitsethik, Verkehrsregeln, Gesetze, Sprache, etc.

Sprache ist ein gutes Beispiel um einige Merkmale von Institutionen hervorzuheben und zu verdeutlichen. Im Prinzip ist Sprache eine komplexe Ansammlung von Regeln: Regeln, die eine Verbindung zwischen Gegenständen und Lauten herstellen, Regeln über das Bilden von Wörtern aus Lauten, and von Sätzen aus Wörtern, Grammatikregeln, Aussprache- und Rechtschreibregeln, Regeln darüber wie Sprache in der sozialen Interaktionen verwendet wird, wie z.B. Umgangsformen: wen kann ich duzen, wen muss ich siezen? Soziale Akteure müssen bei jeder Interaktion herausfinden, welche Worte sie gegenüber einem anderen verwenden können, dürfen oder auch sollen: welche Sprache spricht/versteht er, was ist seine soziale Position, wie soll ich ihn oder sie ansprechen? Der Andere wird durch Rolle und Situation definiert. Diese Regeln sind aus „unvordenklichen Zeiten" in sozialen Interaktionen in sozialen Gemeinschaften entstanden und entwickelt, dank der kognitiven Fähigkeiten des Menschen. Interessanterweise sind sie nicht nur das Produkt von sozialer Interaktion, sondern machen auch weitere Interaktionen möglich. Und sie strukturieren soziale Interaktionen wie soziale Unterscheidungen und Differenzierungen, Arbeitsteilung, Hierarchie, soziale Schichtung.

Sprache existiert bereits bevor wir geboren sind. Generationen vor uns haben sie entwickelt. Wir werden in sie hinein sozialisiert und lernen sie zu gebrauchen. Aber während wir sie aktiv anwenden, geben wir diesen Regeln einen Sinn. Indem sie Sprachregeln gebrauchen und anwenden, interpretieren und reinterpretieren soziale Akteure diese Regeln. Dadurch entwickelt sich Sprache weiter. Sie wird auf neue Gegenstände, Ereignisse und soziale Situationen angepasst. Gelegentlich sind diese Veränderungen etwas revolutionärer. In der französischen Revolution versuchte man die Sprache zu verändern, damit sie den Idealen von Freiheit, Gleichheit und Brüderlichkeit diene. Auch Teenager verändern Begriffe auf dialektische Art und Weise.

Tabelle 1: Verschiedene Ebenen von Regeln in Regelsystemen

Art/Ebene der Institution	im Rechtssystem	in der Gesellschaft
konkrete Vereinbarungen, die das Verhalten spezifischer sozialer Akteure regeln	Verordnung	Vereinbarung bezüglich Interaktion mit bestimmten Individuen (Ehegatte, Vorgesetzter)
formale und *konkrete* Regeln, die Interaktionen steuern	Fallentscheidungen, Verwaltungsverfahren der Behörden	interne Anweisungen von Organisationen, soziale Etikette
formale und *abstrakte* Regeln, die Interaktionen steuern	bürgerliches Recht, Verwaltungsrecht	Arbeitsbeziehungen, Normen des Flirtens, Sprache
konstituierende Organisationen	Verwaltungsrecht, das öffentliche Organisationen (Behörden, Universitäten) definiert	Organisationen, wie Vereine, Verbände, Unternehmen
konstituierende Netzwerke von Organisationen	Verfassungsrecht, das die Gesamtheit der „polity" definiert	Wirtschaft, Wissenschaft, Ausbildungssystem, Gesundheitssektor
informelle Regeln und Vereinbarungen, Konventionen	informelle interne Regeln der Gerichte	Regeln der Burschenschaften, Regeln, die Tausch, Schenkung, oder Einladungen definieren
Grundrechte	Demokratie, Gleichheit vor dem Gesetz, Rechtssicherheit	Eigentumsrechte, Respekt und Toleranz gegenüber anderen
Meta-Regeln	Rechtsprinzipien (Prinzip der Rechtstaatlichkeit, Vorherrschaft des Parlaments, Prinzipien einer ordentlichen Regierung	Märkte, Hierarchien, Machtabstand in Organisationen, der Notwendigkeit die Situation zu definieren
Grundwerte	Menschenrechte	Individualismus vs. Kollektivismus, Universalismus vs. Partikularismus, Adversarialismus vs. Konsensualismus usw.

Quelle: eigene Darstellung

Eine andere idealtypische Institution ist das *Rechtssystem*. Es gehört zu jenen sozialen Regeln, die formalisiert und kodifiziert wurden. Das Rechtssystem hat sich auch langfristig und pfadabhängig entwickelt. Seine Anwendung erfolgt durch spezialisierte Funktionäre - Rechtsanwälte und Richter - die darüber entscheiden, welche Regeln für welchen spezifischen Fall anzuwenden sind.

Beide Idealtypen zeigen auch, dass institutionelle Systeme von einer Hierarchie von Regeln gebildet werden. Von sehr grundsätzlichen und beständigen, zu mehr konkreten und angewandten, die auch leichter veränderbar sind. Es ist leichter ein neues Wort in die Sprache einzuführen, als Grammatikregeln zu ändern. Desgleichen ist es einfach, eine einzelne Verordnung oder Fallentscheidung zu revidieren, hingegen schwierig, die Grundsätze des Strafprozessrechtes zu ändern. Tabelle 1 zeigt beispielhaft einige Regelhierarchien im Rechtssystem und im informellen Bereich sozialer Interaktion auf. Von oben nach unten verlaufend, sind die Regeln immer schwieriger abzuändern. Für jede Institutionenebene gibt es üblicherweise auch Regeln darüber, wie die Regeln verändert werden können. Sie werden von oben nach unten gelesen in der Tabelle immer restriktiver.

2.2   Werte, Identität und Gemeinschaft

Es gibt nicht nur eine Regelhierarchie, sondern auch verschiedene Arten von Regeln. Man unterscheidet:

– *Normen oder"Scripts":* sind Vorschriften für soziale Interaktion. Sie können informell oder rechtlich formalisiert sein. Die Norm kann moralisch („Du sollst nicht töten"), oder moralisch neutral („Fahre auf der rechten Straßenseite") sein.
– *Werte*: sind abstrakter als Normen, sie sind die Moral hinter den Normen, die Gut und Böse unterscheidet
– *Gewohnheiten, Konventionen, Gebräuche*: sind informelle Regeln die so eingespielt, internalisiert und selbstverständlich geworden sind, dass sozialen Akteuren nicht bewusst ist, dass es sich dabei um „Vorschriften sozialer Interaktion" handelt.
– *Glaubenssystem*: ist ein Wertesystem, eine Menge von mehr oder weniger zusammenhängenden Werten
– *Kultur: ist* eine Kombination von Normen, Werten, Gewohnheiten, Gebräuchen, Glaubenssystemen; hinzukommen noch: Identität, Symbole, Rituale, Mythen und Helden.

Regeln, die mit Werten zusammenhängen, werden üblicherweise streng eingehalten, geglaubt und verteidigt. Beispiele sind religiöse Regeln, aber auch Werte wie Demokratie, Gerechtigkeit, Gleichheit, Freiheit, Grundrechte des Menschen. Aber sogar Regeln, die auf den ersten Blick nicht moralisch relevant erscheinen, können streng befolgt werden: soziale Verhaltensregeln, wie man sich in der Kirche benimmt und kleidet, welche Nahrungsmittel man essen darf, die „richtige" Art um Essen zu servieren, wie man die Königin anspricht, etc.

Dies ist deshalb der Fall, weil Normen, Werte und Gewohnheiten sozial konstruiert werden und das Produkt einer bestimmten Gemeinschaft sind. Sie stehen für diese Gemeinschaft und unterscheiden diese oft von anderen. Sie formen ihre Identität, definieren die Gruppe, geben sozialen Zusammenhalt, symbolisieren das Zusammensein. Typische identifizierende Institutionen sind Sprache, Gewohnheiten, Zeremonien und Rituale, Gewohnheitsrecht, formelles Recht (das einen Nationalstaat innerhalb seiner territorialen Grenzen definiert), Symbole und

Regeln darüber, wann und wie sie angewendet werden können oder sollen. Die Einhaltung oder Nichteinhaltung dieser Normen entscheidet darüber, ob man als Insider oder als Außenseiter gilt. Durch Einhalten dieser Normen, sogar der praktischen, oberflächlichen, bekundet man, zu welcher Gemeinschaft man gehört oder gehören möchte. Zur deutschen oder amerikanischen Nation? Katholisch, moslemisch oder jüdisch? Fan von Popstar Joe? Menschen sind soziale Tiere, sie haben das Bedürfnis dazuzugehören. Deshalb übernehmen sie und verteidigen oft heftig die normativen Symbole ihrer Gemeinschaften. Gruppenanführer kultivieren solche Normen und Werte, da sie nicht nur den Gruppenzusammenhalt aufrechterhalten, sondern auch ihre Autorität unterstreichen und unterstützen.

2.3 Institutioneller Wandel

Die starke Identifikation von Gemeinschaften mit ihren Institutionen macht institutionellen Wandel tendenziell schwierig. Die Nichtbeachtung von Regeln, oder das „Versündigen gegen Regeln kann für die Identität und den Zusammenhalt einer Gemeinschaft bedrohlich sein, und damit auch die Sicherheit gefährden, die sie ihren Mitgliedern bietet. Mitglieder sind aufgebracht, fühlen sich beleidigt, tun jene die ihre Normen und Gebräuche in Frage stellen, als z.B. „unamerikanisch" oder als „untürkisch" ab. Bestimmte Normen werden bis aufs Messer verteidigt: die Gesetze von Allah, Moses, Jesus; Demokratie; Fahnen oder andere Symbole nationaler Identität und des Nationalstolzes. „Häretiker" werden verbannt, oder schlimmer noch, verbrannt. Menschen sind bereit für solche Normen zu morden und zu sterben.

Sogar mit politischen Institutionen kann man sich stark identifizieren. Die Briten schwören auf ihr Mehrheitswahlrecht, die Holländer auf ihr Verhältniswahlrecht. Und beide stehen zu Demokratie und Rechtstaatlichkeit. Sogar gewöhnliche „soziale Verkehrsregeln" können Wertbeladen werden, Symbole für Identität, die verteidigt werden. Nicht wenige Briten glauben, dass Linksverkehr - ursprünglich nur eine praktische Übereinkunft - Teil der britischen Lebensart sind. Es ist nicht einfach sich vorzustellen, dass die Briten zum Rechtsverkehr übergehen.

Oder, um nochmals auf die Sprache zurückkommen: Die Geschichte hat wiederholt gezeigt, dass es sehr schwierig ist, formelle Veränderungen in der Sprache vorzunehmen und auf viel Widerstand stößt. Ein solcher Fall ist die deutsche Rechtschreibreform. Selbst eine - für Außenseiter - minimale Veränderung der Rechtschreibung erweckte heftige Emotionen in Gesellschaft und Politik, mit dem Ergebnis, dass Jahre nach den Diskussionen und Verhandlungen, Kinder in verschiedenen Bundesländern nun leicht verschiedene Versionen von der „richtigen Art" des Deutschschreibens lernen. Wandel ist möglich, aber nur schrittweise, und leichter implizit als explizit. Dies gilt auch für andere Regelsysteme wie das Recht. Wandel durch Fallrecht erregt weniger Aufmerksamkeit als Wandel durch formelles Recht und wird daher leichter akzeptiert. Deshalb ist es auch beinahe unmöglich völlig neue Sprachen zu gründen, die keine Basis in historischer Konvention, Tradition und Werten haben. Das Scheitern von Kunstsprachen wie Esperanto und Volapük belegen dies.

2.4   Institutionen als „Soziale Fakten"

Institutionen sind soziale Konstrukte oder „soziale Fakten" (Durkheim 1897) im mehrfachen Sinn des Wortes:

1. Sie werden von Leuten in sozialen Interaktionen konstruiert. Manchmal bewusst und absichtlich, aber meistens weniger bewusst und absichtlich.

2. Sie können ihren Ursprung in sozialen Interaktionen haben, haben aber im Laufe der Zeit ein „Eigenleben" entwickelt und können nicht mehr auf das Handeln spezifischer Personen zurückgeführt werden. So gibt es z.B. keinen Erfinder der englischen oder deutschen Sprache. Bestenfalls gibt es einen der sie kodiert hat, der die Sprache aufgeschrieben und standardisiert hat, wie Luther es mit der deutschen Sprache tat, als er die Bibel vom Lateinischen in die Heimatsprache übersetzte. Solche Institutionen haben ein Leben, das relativ unabhängig von den gegenwärtig lebenden sozialen Akteuren ist. Für sie sind solche Institutionen vorgegeben, und in diesem Sinne „soziale Fakten", die man vorfindet, wenn man geboren oder Mitglied einer Gemeinschaft wird. So, wie man auch Technologie und Infrastruktur vorfindet. Solche sozialen Fakten „schweben" irgendwo über und in der Gesellschaft. Neue Generationen wählen nicht die Spielregeln nach denen sie leben wollen, sondern sie werden in diese bereits bestehenden Institutionen hineinsozialisiert, die von vorangegangenen Generationen geschaffen wurden.

3. Aber damit solche sozialen Fakten weiterbestehen können, müssen sie immer wieder akzeptiert und aufs Neue konstituiert werden, auch in sozialen Handlungen der heutigen Generation. Solche sozialen Fakten bestehen nur wenn sie kontinuierlich wieder angewendet und bestätigt werden, andernfalls werden sie archiviert, werden tote Briefe, oder im Fall von Sprache, tote Sprache. Diese Wiederbestätigung beinhaltet üblicherweise Reinterpretation und erlaubt damit institutionellen Wandel, allerdings nur schrittweise.

4. Institutionen sind soziale Fakten in dem Sinn, dass sie, aufgrund ihres sozialen Ursprungs, sozial definiert sind. Entgegen „natürlichen Fakten" wie Bäumen, existieren soziale Fakten nur, solange Menschen sie als etwas das ist, das existiert, das wahr und richtig ist, definieren und ihnen einen spezifischen Sinn geben. Ihre Existenz setzt voraus, dass sie kontinuierlich sozial akzeptiert werden und dass soziale Akteure ihr Handeln auf dieser Annahme basieren. Solche sozialen Fakten können Normen, aber auch Gegenstände, Ideen, Zeichen, Laute sein, denen eine spezifische Bedeutung zugeordnet wurde.

Soziale Fakten folgen dem berühmten „Thomas Theorem", nach dem amerikanischen Soziologen Thomas benannt, der 1937 feststellte, dass „wenn Menschen etwas als wirklich definieren, es wirklich in seinen Konsequenzen ist". Sie werden sich verhalten „als ob", auch wenn es in Wirklichkeit nicht wahr ist. Soziale Fakten bleiben nur solange bestehen, wie ihre Definition sozial aufrechterhalten bleibt, solange Leute daran „glauben", ihnen diesen Sinn geben. Es ist wie mit *des Kaisers neuen Kleidern*. Wenn jeder sagt, dass der Kaiser neue Kleider hat, wagt man nicht dies nicht zu glauben und handelt auf der Grundlage dessen. Bis der noch nicht sozialisierte Junge schreit, dass der Kaiser keine Kleider anhat und den Zauber bricht. Dann entsteht Zweifel, und Unglauben verbreitet sich inflationär.

Es gibt zahlreiche Beispiele dafür: ein bloßes Stück Papier, das als Geld definiert und akzeptiert wird, d.h. als allgemeines Zahlungsmittel mit einem spezifischen sozial definierten Wert „Vertrauen" erhält und akzeptiert wird. Ein Stück Brot (eine geweihte Oblate), definiert als der Leib Christi; ein Laut, definiert und akzeptiert als ein Wort; eine Geste eines Händlers an der Börse; der Werte einer bestimmten Aktie; das christliche Kreuz oder das moslemische Kopftuch; Zeichnungen, die Mohammed beleidigen; ein Stück bunter Stoff, das als Fahne definiert wird, als Symbol einer Nation oder eines Fußballclubs; eine Verkehrsregel, definiert, akzeptiert und eingehalten; Vertrauen in andere. Dies sind alles idealtypische soziale Fakten: Geld, Sprache, religiöse Symbole, Regelsysteme, Kultur (obgleich sie Ausdruck in sichtbaren Gegenständen finden können: Papier, Hostie, Gesetzbuch, Werkzeug, kulturelle Gegenstände).

Soziale Akteure werden ebenfalls sozial definiert: ihre Rolle, Rechte und Pflichten, Befugnis; ihre Vertrauenswürdigkeit, ihr Ruf durch öffentliches Bloßstellen („naming and shaming"); Wir behandeln eine Person unterschiedlich, wenn wir sie als Premierminister, Papst, Lehrer, Bettler oder vertrauenswürdigen Kandidaten für ein politisches Amt definiert haben. Diese Definition beeinflusst, ob wir sie als Autorität respektieren, und ihren Wünschen und Befehlen gehorchen. Die soziale Definition beeinflusst, ob ihre Worte für uns „Wahrheit" sind. Kleider und Symbole sind da, um uns Information über ihre soziale Position zu übermitteln: eine Krone, eine Robe oder eine Waagschale. Sozialer Ruf ist leicht zerstört. Ein Gerücht über einen einmaligen Aufenthalt in einer psychiatrischen Anstalt, kann für einen Präsidentschaftskandidaten das Ende bedeuten.

3 Institutionelle Theorien

Institutionen sind ein zentraler Forschungsgegenstand der Soziologen, eigentlich schon solange diese Disziplin existiert. Klassische Soziologen, wie Weber, Durkheim, Marx, Mannheim, Simmel, Parsons, haben sich alle ausführlich mit dem sozialen Entstehen und den sozialen Funktionen von Institutionen auseinandergesetzt. Institutionen sind eine bedeutende Lösung eines der zwei zentralen Probleme der Soziologie, nämlich wie soziale Ordnung möglich ist. Jedoch, gerade weil Institutionen gegenseitige Erwartungen stabilisieren, bereiten sie eine Schwierigkeit für das andere zentrale soziologische Problem, nämlich wie sozialer Wandel möglich ist. Institutionen sind Widerstandskräfte gegen Veränderung und als solche schwer selbst zu verändern.

Was für Soziologen ein alter Forschungsgegenstand ist, ist in den letzten zwei Jahrzehnten auch ein Forschungsschwerpunkt in anderen Disziplinen geworden. In der Ökonomie hat die Sub-Disziplin institutionelle Ökonomie an Bedeutung gewonnen; Organisations- und Verwaltungswissenschaften haben Institutionen ebenso entdeckt, wie die Politikwissenschaft. Diesen Disziplinen folgend, widmet auch die Wirtschafts- und Politikgeschichte der historischen Entwicklung und Rolle von Institutionen mehr explizite Aufmerksamkeit. Recht und

Religion haben sich immer mit Institutionen beschäftigt, aber sie nannten sie zuvor nicht Institutionen. Sie konzentrierten sich mehr auf die Interpretation und Wechselbeziehung zwischen Regeln („Hermeneutik") und nicht so sehr auf die soziale Eingebundenheit von Regeln. Das Bekanntwerden mit institutionellen Theorien hat ihre Arbeiten inspiriert und in neue Richtungen gelenkt. In diesem Sinn hat der Institutionalismus die Fähigkeit, eine Brücke der Verständigung zwischen verschiedenen Disziplinen zu schlagen und spielt eine ähnliche Rolle wie die allgemeine Systemtheorie in den 1950er und 1960er Jahren.

Die gegenseitige Verständigung wird allerdings sowohl zwischen als auch innerhalb der Disziplinen durch Verwirrung und sogar Unstimmigkeiten über die Bedeutung des Begriffs „Institution" und durch das Auftauchen verschiedener theoretischer Schulen erschwert. In den Wirtschaftswissenschaften z.B. zwischen jenen institutionellen Ökonomen, die innerhalb des Bereichs der Mainstream neoklassischen Ökonomie bleiben (z.B. Williamson) und jenen, die das nicht tun (z.B. Hodgson). In der Politikwissenschaft kann man zumindest drei verschiedene Arten von Institutionalismus unterscheiden: Rational-Choice-Institutionalismus, soziologischer Institutionalismus (inkl. Sozialer Konstruktivismus) und historischer Institutionalismus (siehe z.B. Hall und Taylor 1996 für einen Überblick).

3.1   Alter und Neuer Institutionalismus

Diese drei theoretischen Ansätze haben gemeinsam, dass sie alle als „Neo-Institutionalismus" bezeichnet werden. Der Begriff impliziert, dass es auch einen „alten Institutionalismus" gegeben haben muss. Das ist auch so. Alter Institutionalismus ist, womit die Politikwissenschaft vor den 1950er Jahren beschäftigt war: die formalen Regeln des Verfassungsrechts, d.h. die formelle Rolle, Aufgaben, Befugnisse, Rechte und Grenzen des Parlaments, der Regierung, eines Präsidenten, des Gerichtswesens, der Bürokratie, das Recht der Bürger, demokratisches Wahlrecht etc. Diese Disziplin, die oft bereits an Mittelschulen unterrichtet wurde, um demokratische Bürger zu erziehen, hieß nicht Politikwissenschaft, sondern „staatsinrichting" (NL), social studies (USA), Gemeinschaftskunde, Sozialkunde oder politische Bildung, an den Universitäten Staatswissenschaft (Österreich und Deutschland). Sie hatte mit Verfassungsrecht zu tun, aber nicht mit der rechtlichen Gestaltung, mit Fallrecht, d.h. der Interpretation der Gesetzgebung. Klassische Lehrbücher des Alten Institutionalismus sind Carl Friedrichs berühmtes Handbuch „Constitutional Government and Democracy, Theory and Practice in Europe and America" erschienen 1939, und Karl Loewensteins „Political Power and the Governmental Process" 1957. Noch stärker formal juristische Ansätze waren jene von Hans Kelsen und Carl Schmitt in Deutschland und Duverger und Duguit in Frankreich.

In den 1960er Jahren „revoltierten" amerikanische Politologen gegen diesen Ansatz, da sie fanden, dass er sich zu sehr auf formale Regeln konzentriere und nicht genug darauf, wer wirklich politische Macht habe, wie Politik wirklich abliefe, wer wirklich regiere, wie Machtpositionen wirklich eingenommen würden. Sie gingen davon aus, dass dies nicht nur oder nicht so sehr auf Grund von formalen Kompetenzen erfolgte, sondern vielmehr auf

Basis von sozialen und ökonomischen Ressourcen. Soziale und wirtschaftliche Ungleichheit könne demzufolge Demokratie und Verfassung verzerren. Außerdem fanden die Kritiker, sei der alte Institutionalismus zu unwissenschaftlich. Die einzige solide wissenschaftliche Grundlage sei, was empirisch beobachtet werden könne, und das sei das „Verhalten" der politischen Akteure: der Wähler, Geschäftsleute, Politiker, Richter. Diese Verhaltensforscher (Behavioristen) führten detaillierte empirische Studien darüber durch, „Who Governs?", wer gehört zur politischen Elite („The Power Elite"), um nur einige berühmte Titel zu nennen, die damals erschienen sind. Eine erste Darlegung dieses neuen Ansatzes war ein Sammelband herausgegeben von Austin Romney 1962, mit dem Titel „Essays on the Scientific Study of Politics". Diese behavioristische Revolution in der Politikwissenschaft war ähnlich und verlief parallel zu jener der Behavioristen in der Psychologie gegen die klassische Psychoanalyse.

Ab etwa Mitte der 1980er Jahre schwang das Pendel aber wieder zurück. Kritiker fanden, dass die Behavioristen zu weit gegangen sind, wenn sie politische Institutionen völlig außer Acht lassen. Sie wollten den Staat wieder zurück bringen. *Bringing the State Back in"* war der Titel eines Sammelbandes herausgegeben von Theda Skocpol, Peter B. Evans and Dietrich Rueschemeyer (1985). Sie betonten, dass politisches Verhalten innerhalb eines institutionellen Umfeldes stattfindet, und dass diese Spielregeln Rechte und Pflichten, Möglichkeiten und Grenzen für das Verhalten der Akteure in der politischen Arena darstellten, die wiederum selbst durch Institutionen definiert sei. Zwei berühmte Studien, die versuchten, das beste der beiden Welten des alten Institutionalismus und des Behaviorismus zu kombinieren, und die Grundlage des Neo-Institutionalismus bildeten, waren James March und Johan Olsens „Rediscovering Institutions. The Organizational Basis of Politics" (1989) und Fritz Scharpfs „Interaktionsformen: Akteurzentrierter Institutionalismus in der Politikforschung"! (2006, urspr. auf English 2000). Ziemlich zur gleichen Zeit interessierten sich Rational-Choice-Politikwissenschaftler, von denen einige Spieltheorie anwendeten, zunehmend für Spielregeln, wie Zugangsregeln und Vetomacht (z.B. Tsebelis, Veto Players. How Political Institutions Work,1997).

Diese verschiedenen Arbeiten legten den Grundstein für die drei verschiedenen theoretischen Ansätze für das Studium von Institutionen in den Politikwissenschaften. March und Olsen (1989), die auf Weber und Durkheim aufbauten, begründeten den soziologischen Institutionalismus. Tsebelis (2002), auf die Rational-Choice-Tradition von John Stuart Mill („Utilitarianism", 1861) bis Coleman (1990) aufbauend, legte den Grundstein für den Rational-Choice-Institutionalismus Pierson (2000) für den Ansatz, den man historischen Institutionalismus nennt.

Alle drei Richtungen beschäftigen sich damit, warum politische Akteure sich verhalten wie sie es tun, welche Wahlhandlungen sie treffen, und insbesondere wie diese Wahlhandlungen von Institutionen beeinflusst oder bestimmt werden.

3.2   Rational-Choice-Institutionalismus

Rational Choice (RC) (die Theorie der rationalen Wahl, Theorie der rationalen Entscheidung) ist im Grunde die Anwendung der Mikro-Ökonomie auf die Politikwissenschaft. In diesem Sinn basiert sie auf den mikro-ökonomischen Annahmen: dass soziale Akteure danach streben, ihren Nutzen (ihr Eigeninteresse) zu maximieren, und dass sie dies auf eine rationale Art tun, indem sie alternative Wahlmöglichkeiten vergleichen und jene aussuchen, die ihnen den maximalen Nutzen bei minimalen Kosten bringt. In ihrer groben Form trifft sie auch die Standardannahmen der neoklassischen Ökonomie: dass die Akteure ihre eigenen Präferenzen kennen, dass die Rangordnung ihrer Präferenzen eindeutig und stabil ist, dass Präferenzen exogen, also von außen vorgegeben sind und nicht von sozialer Interaktion abhängig sind, dass sie vollständige Information über alle Wahlmöglichkeiten und über die Kosten und Nutzen von diesen haben, und dass perfekter Wettbewerb am Markt herrscht.

Rational Choice Theoretiker betrachten die politische Arena als Markt. Wähler, Geschäftsleute, Politiker und Bürokraten verfolgen ihren Eigennutz und dies auf rationale Art und Weise. Sie werden von ihren Präferenzen und Interessen getrieben, die sie – so wird angenommen - gut kennen. Institutionen kommen ins Spiel als Verhaltensbeschränkungen. Sie sind Spielregeln im weitesten Sinn des Wortes. Sie steuern den Zugang, die Rechte und Pflichten der Spieler. Ein solches Recht ist die Vetomacht. Daher sind Vetospieler und Vetopunkte zentrale Konzepte des RC Institutionalismus geworden.

Das RC Modell abstrahiert vom sozialen Kontext. Die Betonung liegt auf Wahlhandlungen von atomistischen Individuen, die aus ihrem sozialen Kontext herausgelöst sind. Dies impliziert, dass soziale Definitionen von Präferenzen, Alternativen, Wahlmöglichkeiten, nicht problematisiert werden, nicht als relevant erachtet werden. Angestrebt wird eine Erklärung durch weitest mögliche Abstraktion von der komplizierten Wirklichkeit, eine Analyse von Wahlhandlungen mit dem einfachsten Modell das verfügbar ist. Sparsamkeit und theoretische Enthaltsamkeit werden hochgeschätzt. Erfolgskriterium ist nicht so sehr Übereinstimmung mit der Realität, als vielmehr die (bei den Ökonomen hochgeschätzte) Fähigkeit, gültige Voraussagen zu machen.

3.3   Soziologischer Institutionalismus

Während RC Institutionalismus annimmt, dass politische Akteure „handeln, weil sie es so wollen" – d.h. sie sind von ihren Präferenzen und Interessen geleitet – nimmt der soziologische Institutionalismus (SI) an, dass Akteure „handeln, weil sie denken dass es von anderen sozialen Akteuren so von ihnen erwartet wird". Das Leitprinzip für soziale Aktion oder Wahlhandlung sind Normen, Überzeugungen und zwischenmenschliche Erwartungen von Bezugspersonen. Die Logik, die sie leitet, ist eine „Logik der Angemessenheit" („logic of appropriateness", March und Olsen 1989), was sie als Handlung angemessen erachten in einer bestimmten Rolle und Situation. Soziale Akteure sind wie Richter, die versuchen, zuerst die Situation zu bestimmen, die sie im Gericht vor sich haben, und, ihre eigene Rolle in der Situation kennend, dann nach einem Paragraphen im Gesetz zu suchen, der die Situation regelt. Ist es Totschlag? Dann besagt das Strafrecht „x Jahre Gefängnis". Im Gegenteil dazu ist beim Rational Choice Ansatz die Wahl durch eine „Logik der Konsequenzen" bestimmt: was sind die Konsequenzen verschiedener Wahlhandlungen ausgedrückt in Kosten und Nutzen für mich als Akteur? Das typische Rollenmodell im RC Ansatz ist nicht der eines Richters sondern eines Händlers am Markt, der nach dem besten „deal" Ausschau hält.

Was „angemessen" ist, ist sozial konstruiert, durch die soziale Gemeinschaft von Bezugspersonen, die die Rollen und Situationen definiert, die Normen oder Scripts, und sogar die Präferenzen der Akteure. Soziale Akteure definieren ihre Präferenzen und Präferenzrangordnung nicht in Isolation, sondern in sozialen Interaktionen. Nicht selten definieren Bezugspersonen (Eltern, Kollegen, Gleichaltrige, Anführer) die Präferenzen für sie. Solche Präferenzen können sich auch während der sozialen Interaktion ständig verändern, d.h. im Laufe des Spiels. Sie sind endogen, während sie für Rational Choice Theoretiker exogen vorgegeben sind.

SI wird nicht umsonst soziologisch genannt: Akteure werden in eine soziale Struktur eingebettet gesehen, in einem sozialen und historischen Kontext. Individuen sind nicht Robinson Crusoes (wie die „Robinsonaden" in der Mikro-Ökonomie), sondern sind geboren, aufgewachsen und sozialisiert worden als Mitglieder von Gruppen, Gemeinschaften und Gesellschaften. Und diese Gesellschaften haben eine Geschichte. Dieser soziale und historische Kontext hat Institutionen im Laufe der Zeit gegründet oder zur Verfügung gestellt. Manchmal durch explizite Übereinkünfte, aber meistens implizit, durch gegenseitige Erwartungen, die allmählich bleibenden Charakter annahmen.

An einem bestimmten Ausgangspunkt – meist während der Sozialisation in eine neue Gemeinschaft – scannen soziale Akteure ihr Verhalten gegenseitig, versuchen abzuschätzen, was sie vom anderen in einer spezifischen sozialen Situation erwarten können (wie z.B. Columbus, der zum ersten Mal auf Indianer traf, oder jemand der zum ersten Mal in eine Single-Bar geht). Manchen Erwartungen wird entsprochen – d.h. soziale Akteure erfüllen die Erwartungen der anderen – manchen nicht. Die Erwartungen, die erfüllt werden, werden verfestigt. Akteur A erwartet Verhalten X von Akteur B, und die Bestätigung dieser Erwartung führt zur Verfestigung dieser Erwartung. Mit der Zeit stabilisieren sich diese Erwartungen und werden „institutionalisiert", d.h. erlangen Dauerhaftigkeit und Vorhersehbarkeit. Letztgenanntes ist auch der Hauptantrieb: soziale Akteure wollen Vorhersehbarkeit des Verhaltens des anderen und haben ein gegenseitiges Interesse daran. Vorhersehbarkeit ist das „Schmieröl" für soziale Interaktionen und reduziert Komplexität. D.h. die Regelsysteme sind entstanden und haben sich entwickelt seit „undenkbaren Vorzeiten" („time immemorial", wie es die Briten so nett über ihr Gewohnheitsrecht sagen). So werden Institutionen zu Verhaltensstandards. Sie definieren i) soziale Situationen, ii) Rollen und Identitäten und iii) Kriterien für Personen, um solche Positionen oder Rollen einzunehmen. D.h. Institutionen definieren Rollen in spezifischen Situationen. Sie sind situationsspezifisch (Schlachtfeld, Single-Bar, Polizist im Dienst, Premierminister im Amt). Neue Generationen treffen keine Wahl über die Spielregeln, nach denen sie sich verhalten wollen; sie werden sozialisiert in diese bereits bestehenden Institutionen, die frühere Generationen geschaffen haben.

Da Regeln aber das Produkt von sozialer Interaktion sind, verändern sie sich auch allmählich. Akteure, die die Scripts beobachten, interpretieren sie, müssen sie durch ihr eigenes

Verhalten wieder erschaffen und in diesem Prozess können und wollen sie schrittweise die Regeln verändern. Die Umdeutung von Rollen oder sogar Rollenmanipulation kann Teil von sozial/politisch strategischem Verhalten sein. Und wenn genügend viele Akteure oder sozial Einflussreiche die Regelinterpretation verändern, verändern sich Regeln allmählich. D.h. die Spielregeln sind endogen, im Modell variabel. Im Gegensatz dazu nimmt RC Institutionalismus an, dass die Regeln wie bei einem Spiel vorab bestimmt werden, und während des Spiels nicht mehr verändert werden können. Andernfalls könnte nicht fair gespielt werden. Sie betrachten die Regeln als invariabel im Modell, sie sind exogen vorgegeben. Dies ist für den Modellbau von Vorteil. Aber Soziologen fragen sich, ob dann nicht zu sehr von der sozialen Realität abstrahiert wird und, ob Modelle, die zwar in sich – d.h. formal-logisch – konsistent sind, auch noch mit der sozialen Realität übereinstimmen und insofern empirisch konsistent sind.

Der SI scheint insofern von einem gewissen sozialen Determinismus auszugehen, als er soziale Akteure als von außen, von Institutionen gesteuert wahrnimmt, d.h. soziale Akteure verhalten sich hier entsprechend dem, was – von ihnen unterstellt – andere als angemessen finden. Die Wahlhandlungen von Menschen sind also durch das soziale Umfeld determiniert. Sie machen was andere wollen, dass sie tun. Aber dieser Determinismus ist nie absolut. Denn diese Regelsysteme tauchen in sozialen Interaktionen auf und soziale Interaktionen setzen sich fort (die Geschichte geht weiter; ob wir es wollen oder nicht, wir werden älter). Die Regelsysteme verändern sich auch langsam. Regeln müssen befolgt werden, und in der Ausführung der Regeln werden sie kontinuierlich bestätigt. Wie gesagt, Regeln existieren nur als „Regeln in Aktion", nicht als „Regeln in Büchern". Aber soziale Akteure sind keine Roboter oder Automaten, die stur Regeln befolgen, wie ein Computer die Programmbefehle ausführt. Soziale Akteure sind sinnstiftende Akteure, geben ihrer Handlung Sinn, und verknüpfen ihre Handlung mit den Angemessenheitsstandards, die die Gesellschaft definiert hat. Weber und Habermas hielten „Sinn" (Sinngebung) für den „Grundbegriff der Soziologie". Konkret: soziale Akteure interpretieren die Regeln, und in dem Prozess können sie sie *reinterpretieren und langsam verändern*. Umso mehr, als Regeln intrinsisch Ambiguität aufweisen und, weil allgemeine Regeln immer wieder auf spezifische Situationen angewendet werden müssen. Ein Richter deutet auch Regeln, wenn er spezifische Fälle behandelt, und gibt ihnen langsam einen Sinn, und im Fallrecht kann er sie im Laufe der Prozesse verändern. Das Fallrecht kann sich verändern, wenn der Richter mit einer neuen Situation und gesellschaftlichen Veränderungen konfrontiert wird. Es erlaubt das Gesetz zu aktualisieren. In unserem täglichen Leben machen die sozialen Akteure dasselbe. Dies ist das voluntaristische Element im soziologischen Institutionalismus.

Es muss natürlich gesagt werden, dass Rational Choice durch das Negieren des sozialen Umfelds, das Problem des sozialen Determinismus nicht kennt. In den abstrakten Modellen betont Rational Choice die freie Wahl, Voluntarismus statt Determinismus. Es kann sein, dass Institutionen Beschränkungen setzen in dem Sinn, dass sie bestimmte Wahlmöglichkeiten ausschließen, aber sie sagen den Akteuren nicht, welche Wahl sie treffen müssen. Es gibt immer ein Minimum an Wahlmöglichkeiten zwischen verschiedenen Alternativen. Das mag für einige ein beneidenswertes Ideal sein – sehr realistisch ist es aber nicht.

3.4 Historischer Institutionalismus

Eine dritte institutionalistische Schule ist der historische Institutionalismus. Er betont, wie der Name bereits verrät, die Rolle der Geschichte, der Vergangenheit, des Vorangegangenen für politische Entscheidungsfindung. Der Ansatz betont Pfadabhängigkeit. Frühere Wahlhandlungen bestimmen spätere. D.h. Ereignisse oder Wahlhandlungen zum Zeitpunkt t1 beeinflussen oder bestimmen spätere Wahlhandlungen vom Zeitpunkt t2 bis tn. Am Anfang besteht viel Wahlfreiheit. Aber nach jeder getroffenen Wahl, werden immer mehr Optionen ausgeschlossen oder werden zumindest weniger wahrscheinlich gewählt.

Ein häufig verwendetes Beispiel ist das von den weißen und roten Kugeln in einer Schale. Zu Beginn sind eine rote und eine weiße Kugel in der Schale. Eine Person wählt mit verbundenen Augen eine Kugel aus. Nun werden zwei Kugeln derselben Farbe in die Schale dazugelegt. Hat sie eine rote Kugel genommen, werden zwei rote Kugeln zugefügt. Die Wahrscheinlichkeit, eine rote Kugel in der nächsten Runde zu wählen, ist nun auf 66% gestiegen, statt der 50% in der ersten Runde. Das Spiel geht so weiter. Die Chance, dass am Ende die große Mehrheit der Kugeln in der Schale rot ist, steigt bei jeder Wahl einer roten Kugel, und das wird selbst auch immer wahrscheinlicher. Bei der Wahl persönlicher Karriereentwicklung von Individuen, bei organisatorischer Entwicklung oder Gesellschaftsentwicklung ist es dasselbe. Zu Beginn sind alle Optionen noch offen. Aber die Wahl der Grundschule beeinflusst bereits die Wahl der Real- oder Oberschule (selbst, wenn es nur wegen der Bezugsgruppe ist, der man dort zugehört hat), und dies beeinflusst, ob man es auf die Universität schafft, was wiederum die Wahrscheinlichkeit verringert, ein Bauarbeiter zu werden. Ein Land, das in einer frühen Phase der Staatenbildung, wo noch viele Optionen offen sind, eine föderalistische Struktur wählte und eine Verfassung schuf, die diese schützt, hat viele politische checks und balances eingebaut, was es schwer macht, die Verfassung zu ändern. Dies ist z.B. in den USA der Fall. Das Land wird in späteren Zeiten Mühe haben um eine andere Richtung einzuschlagen, z.B. Macht zu zentralisieren.

Das Argument, dass frühere Wahlhandlungen spätere beeinflussen, ist auch für die Entwicklung von Institutionen von Bedeutung. Bestehende politische Institutionen beeinflussen nachfolgende Wahlhandlungen, einschließlich der Wahl, diese Institutionen zu verändern.

Während Rational Choice annimmt, dass soziale Akteure durch Präferenzen und Normen geleitet sind, und der soziologische Institutionalismus, dass Akteure Normen folgen, nimmt der historische Institutionalismus an, dass Akteure Traditionen, früher vorangegangenen Wahlhandlungen, folgen, dass sie den einmal eingeschlagen Pfad fortsetzen werden. Es sei denn, es stellen sich dem Hindernisse entgegen. Dem historischen Institutionalismus zufolge, werden die Akteure sagen: Ich handle, weil ich es immer so getan habe, weil Veränderung „teuer" ist. Sie folgen der Tradition und Institutionen verkörpern diese Tradition. Sie folgen einer „Logik der Sequenz", der zeitlichen Abfolge, statt einer „Logik der Konsequenz" oder einer „Logik der Angemessenheit".

Der Grund, warum sie der Tradition folgen, kann aber vielseitig sein. Veränderung kann, in Kosten-Nutzen-Relationen ausgedrückt, zu teuer sein oder mit den bestehenden Normen

nicht kompatibel. Was die Gründe für Pfadabhängigkeit anbelangt, unterscheidet der historische Institutionalismus zwei Varianten:

-   eine Rational Choice Variante, die betont, dass Akteure dem bereits einmal einge-
    schlagenen Pfad folgen, weil Veränderung in Kosten-Nutzen-Relationen gemessen zu
    teuer wäre, d.h. bereits zu hohe Investitionen entstanden sind. Zehn Jahre Medizin-
    ausbildung wäre verschwendet, wenn der Studienabgänger am Ende beschließt, doch
    lieber Bauer zu werden. D.h. es ist sehr wahrscheinlich, dass nach solch einer Ausbil-
    dung der Student doch Arzt wird.
-   eine soziologische Institutionalismus Variante, die betont dass Akteure die Richtung
    des einmal eingeschlagenen Pfades nicht verändern, weil ihr soziales Umfeld und ihre
    Normen dem entgegenstehen. Mit Traditionen zu brechen, kann emotional teuer zu
    stehen kommen.

Ich beschränke meine Besprechung des historischen Institutionalismus hier auf einen Vergleich mit den beiden anderen Ansätzen, weil dem historischen Institutionalismus in diesem
Buch ein eigenes Kapitel gewidmet ist.

3.5   Ein Vergleich der drei Ansätze des Institutionalismus

Die folgende Tabelle 2 zeigt die wichtigsten Unterschiede zwischen den drei institutionalistischen Ansätzen. Die drei Ansätze passen gut in die berühmte Typologie von Max Weber
vom zweckrationalen, wertrationalen und traditionalen Handeln. Rational Choice entspricht
Webers Typus vom zweckrationalen Handeln (Präferenzen und rationale Wahl betonend);
soziologischer Institutionalismus entspricht dem Typus vom wertrationalen Handeln (Normen und Werte betonend); und der historische Institutionalismus entspricht dem Typus vom
traditionalen Handeln (Gewohnheiten, Konventionen und Traditionen betonend).

So wie Weber diese drei Typen sozialen Handelns als einander ergänzend ansah und nicht
als sich gegenseitig ausschließend, meine ich, dass es richtig ist, die drei theoretischen Ansätze nicht so sehr als rivalisierend, sondern als Alternativen oder sogar einander ergänzende
Erklärungen von Verhalten anzusehen. Man kann sie sich als verschiedene Brillen vorstellen,
die einem erlauben, dieselbe soziale Realität aus verschiedenen Perspektiven zu sehen, obgleich einige ihrer Verfechter ernstlich glauben, dass ihre eigene Perspektive die einzig wahre ist.

Alle menschlichen Wesen handeln manchmal nach ihren Interessen, manchmal nach ihren
Normen und Glaubenssätzen, und manchmal nach ihren Traditionen. Aber manche tun das
eine mehr als das andere. Dies ist nicht reine Willkür, sondern hängt von der Rolle und Situation des Handelnden ab. Ein Priester in einer Kirche oder ein Richter im Amt werden
wahrscheinlich nach den entsprechenden Normen handeln. Ein Händler im Gebrauchtwa-
genmarkt oder ein Soldat am Schlachtfeld werden hemmungslos ihre Eigeninteressen verfolgen. Wichtig ist nur, dass man es von ihnen in ihrer spezifischen sozialen Lage erwarten
kann. Aber es ist weniger offensichtlich, wie sich ein Priester beim Kauf eines Gebrauchtwa-
gens verhält - dies gibt ihm mehr Wahlfreiheit. Es gibt Rollen und Situationen, wo es gera-

dezu die Norm ist, sich gemäß Rational-Choice-Annahmen zu verhalten, wie etwa bei Marktransaktionen oder dem Agieren von Interessenvertretern in der Politik. In anderen Situationen würde man über so ein unverfrorenes Verhalten die Stirn runzeln. Politiker oder Beamte, die ihre öffentliche Macht dazu verwenden, ihre eigenen Interessen zu verfolgen, gelten als korrupt und riskieren – zumindest in entwickelten Demokratien – ihre Macht zu verlieren. Daher ist solch ein Verhalten weniger wahrscheinlich. Sie tendieren dazu, sich nach Normen zu verhalten, oder dies – wenn auch vielleicht nur aus Eigeninteresse – zumindest vorzugeben.

Deshalb sind **Kombinationen** der obigen Ansätze sehr wohl möglich:

– Kombination des soziologischen und Rational-Choice-Institutionalismus: Warum folgen Leute Normen, warum wurden sie erfolgreich in bestimmten Kulturen sozialisiert? Weil während des Lernprozesses normkonformes Verhalten belohnt wurde und anderes Verhalten nicht (nicht nur materielle Belohung, sondern auch mittels Anerkennung und Respekt statt mit Ächtung, Übersehenwerden und Nichtbeachtung). Normkonformes Verhalten kann also ursprünglich sehr wohl „rational choice" gewesen sein. Jedoch hat es sich in der Folge verselbständigt. Menschen folgen Normen, „weil es angemessen ist", „weil es sich so gehört". Sie folgen Normen auch, weil es in ihrem Eigeninteresse, einfacher, oder weniger kostenintensiv ist. Die Präferenz, der sie folgen, ist dann die Anerkennung von Bezugspersonen zu erhalten oder auch nur die Vermeidung von Unannehmlichkeiten und Ärger. Während in einer religiösen fundamentalistischen Gemeinschaft oder in kommunistischen Systemen die Führer wirklich an ihre Sache glauben, werden manch Andere nur folgen, um ihr Leben einfacher zu gestalten.

– Umgekehrt findet Rational Choice immer in einem sozialen und kulturellen Umfeld statt, wo Normen die Präferenzen und akzeptablen bzw. verfügbaren Optionen definieren, auch wenn die sozialen Akteure versuchen, die Grenzen der kulturellen Werte auszudehnen. Kultur kann auch bestimmte Werte in einem Kontext angemessener erscheinen lassen als in einem anderen. Wie March und Olsen feststellten: Manchmal ist es angemessen sich rational zu verhalten (z.B. am amerikanischen Marktplatz, weniger im Kloster oder im Gerichtssaal), manchmal ist es rational sich angemessen zu verhalten (so ist es üblicherweise).

– Kombination des historischen und Rational-Choice-Institutionalismus: Die ökonomische Theorie der Pfadabhängigkeit (zunehmende Skalenerträge) (Pierson 2000) ist hierfür ein Beispiel. Historische Institutionen mögen einst aus rationalen Gründen im historischen Kontext entstanden sein. Aber einmal geschaffen, haben sie sich verselbständigt. Obwohl sie ihre rationale Bedeutung verloren haben, steuern sie noch das Verhalten, weil das, was ursprünglich ein Mittel war, nun ein Ziel geworden ist (Beispiel: Das koschere Essen der Juden diente ursprünglich hygienischen Zwecken und ist heute rein symbolisch).

Tabelle 2: Überblick über die Hauptmerkmale der drei Institutionalismus-Ansätze

Theoretischer Ansatz	Rational Choice	Soziologischer Institutionalismus	Historischer Institutionalismus
Weberscher sozialer Handlungstyp	zweckrational	wertrational	traditional
Annahmen über menschliches Handeln	Ich handle, weil ich es so will	Ich handle, weil ich glaube, dass es sich so gehört	Ich handle, weil wir es schon immer so getan haben, und weil Veränderung zu teuer ist
Rolle von Institutionen	sofern Instiutionen mich nicht beschränken	und Normen, Glauben (Institutionen), Ideen leiten mich darin, was ich in einer bestimmten Rolle und Situation tun soll	Institutionen stehen für unsere Tradition. Sie haben versunkene Kosten von erlernten Fähigkeiten, Werkzeugen, Infrastruktur und vereinfachen das Leben
d.h.Kategorien, die Verhalten lenken	Präferenzen, Interesse und rationale Wahl zwischen verfügbaren Optionen	Normen, Scripts, gegenseitige Erwartungen, soziale Definition von Rollen und Situationen	Geschichte und Traditionen
Logik der	Konsequenz	Angemessenheit	Sequenz
Zentraler Forschungsgegenstand	Wahlhandlung	Soziale Struktur, soziale Fakten	Geschichte, Pfadabhängigkeit
Schwerpunkt auf	Mikroebene, Mikrofundierung von sozialer Handlung, methodologischer Individualismus	v.a. Makroebene, obwohl zunehmend auch Mikrofundierung Azeptanz der Existenz sozialer Fakten	Mikro- und Makroebene
Vorstellung vom Menschen	atomistisches Individuum, rationaler Mensch, nutzenmaximierender Akteur	Akteur in sozialer Struktur eingebettet, der Mensch als normorientierter und sinngestaltender sozialer Akteur	Akteur eingebettet in die und das Produkt der Geschichte
typisches Rollenmodell	Händler am Markt auf der Suche nach dem besten Deal	Richter, der schaut, welches Gesetz er auf einen Fall anwenden kann	Handwerker, der ein Handwerk gelernt hat, religiöser Führer
Ursache der Präferenzen	exogen, soziale Definition von Präferenzen ist kein Thema	endogen. In sozialer Situation definiert, redefiniert und verändert	endogen. Von Tradition beeinflusst
Grad der Freiheit von sozialer Handlung	Voluntarismus. Modell eines Schachspiels	etwas Determinismus (variiert nach Ansatz)	Determinismus durch vergangene Tradition.
Ambition	- Sparsamkeit, Vereinfachung, Abstraktion, Testbarkeit -nomothetisch	-umfassendes Verstehen, Realismus - auch ideographisch	- Ziel, die Komplexität der Wirklichkeit zu erfassen - auch ideographisch
Logik	-deduktiv herleitend - analytisch; digital - Kausalität beweisen	- auch mehr induktiv - beobachten der sozialen Realität - holistisch, analog - Verstehen	- deduktiv und induktiv argumentieren - analytisch und holistisch - Kausalität beweisen und Verstehen

Theoretischer Ansatz	Rational Choice	Soziologischer Institutionalismus	Historischer Institutionalismus
Typische Methoden	Modellbau, Voraussagen auf Annahmen basierend, Vorliebe für quantitative Methoden, Reduktion der Wirklichkeit auf Zahlen	auch den Wert von Metaphern anerkennen, Geschichten, Interviews, teilnehmende Beobachtung, Hermeneutik, Analysen von Dokumenten	
Bedeutung von Methode	Methode (Modellbau) bestimmt die Themenwahl und schränkt Auswahl der Variablen ein	Komplexität des Gegenstandes bestimmt die Methode	
Rollenmodell des Forschers	Buchhalter	Künstler	Archivar, Archäologe
Typische Kritik am anderen Ansatz	vage, ungenau, nicht testbar, schwache interne Konsistenz, nicht „robust", zu heterogen	reduktionistisch, unrealistisch wegen Vernachlässigung des sozialen Kontexts, schwache externe Konsistenz, irrelevant, zu homogen (eine Sekte?)	ahistorisch, Ignoranz der Pfadabhängigkeit
Modelltyp des Künstlers	Mondrian, Abstraktion, Essentialismus	Monet, Impressionismus	Rembrandt

3.6 Mondriaan, Monet oder Rembrandt?

Die Bilder, die die drei Institutionalismus Schulen von der sozialen Realität malen, sind sehr unterschiedlich. Rational Choice Institutionalisten vereinfachen, abstrahieren. Sie sind die Mondriaans der Sozialwissenschaften. Mit dem Ergebnis, dass Gegner behaupten, dass sie in den abstrakten und scharfen markanten Linien, Quadraten und Farben die soziale Wirklichkeit nicht mehr sehen können. Soziologische Institutionalisten übermitteln ein Bild, eine Stimmung, versuchen zu verstehen, statt mechanische Kausalbeziehungen darzustellen. Sie sind die Monets der Sozialwissenschaften. Mit dem Ergebnis, dass ihre Gegner ihnen vorwerfen, sie seien zu vage, ungenau und ihre Theorien seien schwer zu falsifizieren. Der historische Institutionalismus betont Pfadabhängigkeit, die Bedeutung von schon existierenden Institutionen. Seine Anhänger sind die Rembrandts der Sozialwissenschaften. Nicht nur in dem Sinn, dass Rembrandt historische Ereignisse als Themen für seine Gemälde wählte, sondern mehr noch, dass er auf früheren Malertraditionen aufbaute, während er Neues hinzufügte. Alle drei Institutionalismus Ansätze sind schwer unter einen Hut zu bringen. Sie liefern verschiedene Betrachtungen der sozialen Wirklichkeit. Wir brauchen alle drei. Mondrian, Monet, und Rembrandt waren erstaunliche und eigenständige Künstler.

4 Politische Institutionen

Politische Institutionen sind das Regelsystem der Politik, auch Polity genannt. Sie regeln die Befugnisse verschiedener Personen bezüglich des Staatsmonopols über legitime Gewaltausübung, Besteuerung und Recht. Sie geben bestimmten Menschen dadurch die Macht, anderen Staatsbürgern Pflichten aufzuerlegen: sie Steuern zahlen zu lassen, sie in der Armee dienen zu lassen, sie Gesetze befolgen lassen, sie ins Gefängnis zu stecken – im Interesse der Allgemeinheit und zum Zwecke der Bereitstellung öffentlicher Güter.

Wie auch andere Institutionen bestehen sie aus einer Hierarchie von Regeln. Von grundsätzlichen, wie der Verfassung oder Grundrechten, über spezifische, wie Wahlrecht und Fallentscheidungen des Verfassungsgerichtshofs, bis zu dauerhaften informellen Erwartungen und Vereinbarungen zwischen staatlichen Behörden, die auch Teil des Verfassungsrechtes werden können. Alle Verfassungsregimes haben informelle oder ungeschriebene Regeln, aber manche mehr als andere. Ein extremes Beispiel sind hier die Briten, die sogar ohne schriftlich zusammengefasste Verfassung auskommen, obgleich es zu einzelnen Verfassungspunkten, wie Wahlrecht und Wahlverfahren, geschriebene Regeln gibt.

Für Regeln, die politische Interaktionen steuern, gilt aber insbesondere, dass sie mehr als in anderen Regulierungsbereichen früher oder später explizit und formell gemacht wurden, indem sie niedergeschrieben wurden. Das Motiv dahinter war, Menschen vor staatlicher Willkür zu schützen – und manchmal auch, die staatlichen Behörden vor der Macht des Volkes. Die meisten politischen Institutionen sind somit als Recht und Gesetze materialisiert. Deshalb besteht zwischen Politik und Recht ein enger Zusammenhang. Recht (genauer: Verfassungs- und Verwaltungsrecht) regelt die Beziehungen und Verfahren zwischen dem Staat und seinen Bürgern und zwischen verschiedenen Abteilungen, Organisationsebenen und Trägern der Regierung. In diesem Sinne liefert das Verfassungsrecht die „internen Spielregeln" für die Organisation des Staates. Die politischen Spielregeln haben verschieden wichtige **Funktionen**:

1. Sie ermöglichen gut strukturierte kollektive Entscheidungsfindung; indem sie

    – Macht, Befugnisse, Pflichten und Aufgaben je nach politischer Rolle und politischer sozialer Situation verteilen. Insbesondere regeln sie die Zuteilung von Macht, verbindliche Entscheidungen für alle zu treffen, und den Zugang zu bestimmten formalen politischen Positionen.
    – Dies beinhaltet die Befugnis, das Staatsmonopol über die legitimierte Ausübung von Herrschaft, Besteuerung und Gesetzgebung auszuüben.

2. Sie verteilen Ressourcen und Legitimität zwischen den politischen Akteuren.

3. Sie regeln den Zugang von Personen, aber auch Themen, Probleme und Lösungen im Politikfeld.

4. Sie schaffen die physischen, kognitiven und moralischen Bedingungen für politisches Handeln.

5. Sie beeinflussen die Wahrnehmung und Interpretation der Realität von politischen Akteuren, z B. bezüglich der Gesellschaft, ihrer Probleme und der eigenen Aufgaben.

6. Sie bilden eine symbolische Ordnung für Identität und Sinn von sozialen Gruppen, insbesondere Nationen.

5 Das zentrale Polity-Dilemma

Politische Institutionen können auch als dauerhafte Problemlösung betrachtet werden. Und das zentrale Problem, oder besser Dilemma, das sie lösen und regeln müssen ist: die andauernde Spannung zwischen der Notwendigkeit politische Macht zu bündeln und zu zentralisieren auf der einen Seite und der Notwendigkeit sie zu begrenzen auf der anderen Seite. Wie kann man den politischen Führern konzentrierte Macht in die Hände legen, ohne dass sie diese für ihre eigenen Zwecke missbrauchen?

Gesellschaftspolitik und Entscheidungsfindung benötigen ein Mindestmaß an Zentralisation und Konzentration von Macht. Dringende gesellschaftliche Probleme brauchen für ihre Lösung ein gewisses Ausmaß an **Machtzentralisation**. Grundlegende Beispiele sind der Schutz des Menschen vor den Menschen (das Problem der sozialen Ordnung, der Kriminalität, des Bürgerkrieges und des Krieges), der Schutz des Menschen vor der Natur (das Problem des materiellen, ökonomischen Überlebens) und der Schutz der Natur vor den Menschen (das Umweltproblem). Ohne Monopolisierung von politischer Macht in einem Zentrum, d. h. dem Staat, würden Trittbrettfahrer-Probleme mögliche Lösungen verhindern (vgl. dazu den Beitrag von Schneider in diesem Band) und Politiker hätten oft Schwierigkeiten politische Programme zur Lösung dringender gesellschaftlicher Probleme durchzusetzen.

Jede Konzentration von politischer Macht beinhaltet aber auch die Gefahr von Willkür, Missbrauch, Korruption und die Verfolgung von Eigeninteressen durch die Machtausübenden. Deshalb haben im Laufe der Geschichte Gesellschaften nicht nur politische und ökonomische Macht in Organisationen zentralisiert, sondern sie haben auch ein System von „checks and balances" – ein System institutionalisierter Hemmnisse und Gegengewichte – entwickelt, um Machtausübung zu kontrollieren, Machtmissbrauch und Willkür zu verhindern und Bürger, Konsumenten und Arbeitnehmer vor machtausübenden Akteuren und Organistionen zu schützen.

Aber zwischen den funktionellen Erfordernissen für die Zentralisation von Macht und für Machtbegrenzung besteht eine inhärente Spannung. Ungenügende Machtkontrolle führt zu Machtmißbrauch und Willkür, aber zu viele „checks and balances" können Macht zu sehr beschneiden und den Staat daran hindern, zu agieren und Politik auszuüben, d. h. sie können seine Regierungsfähigkeit paralysieren.

Politische, ökonomische, administrative, legale und kulturelle Institutionen verteilen Macht und müssen dabei eine Balance zwischen den widersprüchlichen Anforderungen von Regierbarkeit und Rechenschaftspflicht finden. Beide haben Auswirkungen auf die Legitimität: Herrschaftsbildende Institutionen können in den Augen der Untergebenen legitim sein, weil sie „funktionieren", „etwas leisten", oder „fähig sind, Güter oder andere Ergebnisse zu liefern" (Outputlegitimität), oder weil ihre Entscheidungen gemäß Verfahren zustande gekommen sind, die ein Mindestmaß an Rechenschaftspflicht beinhalten, die es den Untergebenen erlauben, die Machtinhaber zu kontrollieren (z. B. Prinzip der Rechtstaatlichkeit, Demokratie, politischer oder ökonomischer Wettbewerb, kurzum: Inputlegitimität).

Huntington (1968) hat drei Haupttrends bei der Staatenbildung unterschieden: Zentralisation von Staatsmacht, Differenzierung der Staatsstruktur, und Massenbeteiligung. Die beiden letzten Punkte können als zwei verschiedene Arten angesehen werden, in das politische System Kontrollmechanismen einzubauen. So erfolgt **Differenzierung** etwa durch das Prinzip der Rechtsstaatlichkeit (= Differenzierung zwischen Herrscher und Regel), die horizontale und vertikale Gewaltenteilung, die Einführung von Rechnungshöfen und Ombudsmännern, die Bürokratie, Interessenverbände und die freie Presse. **Massenbeteiligung** manifestiert sich in der Einführung von periodisch wiederkehrenden und demokratischen Wahlen, der Entwicklung von verschiedenen Wahlsystemen, Volksabstimmungen, Verwaltungsgesetzen und auch wiederum durch Ombudsmänner und Interessenverbände.

Selbst jene Länder, die wir in der Rubrik „Demokratien" zusammenfassen, haben sehr unterschiedliche Institutionen entlang der genannten Dimensionen von Differenzierung und Massenbeteiligung entwickelt. Sie halten die Balance zwischen Zentralisierung und Kontrolle sehr verschieden, d h. sie unterscheiden sich stark bezüglich Ausmaß, Art und Weise und Genauigkeit ihrer politischen Machtkontrolle. Einige halten nur ein Mindestmaß aufrecht, und diese wenigen Kontrollinstanzen sind manchmal nur informell und nicht sehr detailliert. Dies ist entweder typisch für eine Diktatur oder aber spiegelt ein großes Vertrauen in den Staat und seine Funktionäre wider.

In den folgenden Abschnitten werde ich kurz einige Dimensionen diskutieren, entlang derer politische Institutionen sich unterscheiden und einige Länder vergleichen. Selbstverständlich kann ich nicht alle Dimensionen und alle Länder im Detail darstellen. Dies würde das Ausmaß dieses Beitrages sprengen und ein Buch füllen. Meine Absicht ist es a) zu zeigen, wie man solche grundlegenden Dimensionen erarbeiten und operationalisieren kann und soll, um einen Vergleich zu ermöglichen, b) einige Länderunterschiede aufzuzeigen, die zur Erklärung der internationalen Varianz von politischen Prozessen und Politikergebnissen beitragen können und c) allgemeine und spezifische Entwicklungen der politischen Institutionen zu verdeutlichen, die zu Veränderungen der politischen Spielregeln führen.

6   Horizontale Differenzierung: Normenkontrolle

Ein wichtiges Element der Trias Politika (der horizontalen staatlichen Gewaltenteilung zwischen Legislative, Exekutive und Judikative) ist die Möglichkeit der Judikative, ein Gegengewicht zur Macht der Exekutive und Legislative zu setzen. Ein Beispiel ist die „Normenkontrolle" von exekutiven und legislativen Entscheidungen, also die Macht, parlamentarische Gesetze oder Verwaltungsbescheide aufzuheben oder als verfassungswidrig zu erklären. Selbstverständlich haben die Gerichte zuerst ihre eigene Funktion in der „Polity": die Rechtsprechung, die Überprüfung der Gesetzesimplementation, die Korrektur und Bestrafung bei Abweichungen zwischen Norm und Realität, die Schlichtung von Konflikten in der Gesellschaft. Aber das institutionelle Gegengewicht ist größer, wenn die Judikative nicht nur ein Monopol über die Rechtsprechung hat, wenn es keine strenge Trennung zwischen ihr und anderen staatlichen Gewalten gibt, sondern wenn die Judikative sich in die Exekutive und

Legislative einmischen kann. In gewisser Weise ist dies eine Institution, in der frühere Generationen und Regierungen (welche die Richter auf lange Zeit gewählt haben), indirekt über spätere Generationen weiterregieren. Damit sind auch Elemente der Machtkontrolle eingebaut, die möglicherweise unkluge Entscheidungen ihrer Nachfolger (die z.B. aus einer Tagesstimmung heraus getroffen wurden) verhindern können. Amerikanische Präsidenten haben gewissermaßen noch indirekt aus dem Grab heraus weiterregiert, indem sie während ihrer Regierungszeit lang amtierende Richter des Supreme Courts ernannt haben. Sowohl Roosevelt als auch Johnson haben liberale Richter nominiert, von denen manche mehr als vierzig Jahre im Amt blieben.

Normenkontrolle ist wichtig, weil sie andere „Checks und Balances" verstärken kann. Sie eröffnet anderen politischen Akteuren, die als Checks fungieren - Minderheiten im Parlament, regionale Regierungen, Verbände der Zivilgesellschaft - einen zusätzlichen Weg, Regierungsentscheidungen anzufechten.

Die **Macht der Judikative** – ihre Kontrolle der anderen Gewalten – ist am größten, 1. wenn die Richter und Gerichte unabhängig sind, 2. wenn sie ein Monopol über die Rechtsprechung haben und 3. wenn sie die Macht zur Normenkontrolle legislativer Entscheidungen hat. Ich werde diese drei Punkte der Reihe nach abhandeln.

ad 1: Die **Unabhängigkeit der Richter** hängt wiederum von folgenden Variablen ab:

a) **Weisungsfreiheit**: Andere (Exekutive, Legislative, Öffentlichkeit) können ihnen keine Weisungen geben. Dies gilt in allen demokratischen Ländern. Typisch für totalitäre Regimes ist es, dass die Exekutive der Judikativen Weisungen gibt.

b) Richter sollten nicht **Sanktionen** oder Drohungen, wie Entlassung ausgesetzt sein: Dies ist meist durch lebenslange Ernennung gewährleistet und in den meisten demokratischen Verfassungen verankert. Ausnahmen sind: periodische Wahlen von Richtern auf unteren Ebenen in den USA, zeitliche Begrenzung der Richter in einigen Höchstgerichten (Deutschland, Schweiz, EU) und die Möglichkeit der Amtsenthebung (Impeachment) im Falle von Geisteskrankheit oder krimineller Handlung.

c) Das **Auswahlverfahren**: Richter sollten nur das Recht als höchste Instanz anerkennen. Sie sollten niemandem einen Gefallen schulden, besonders nicht Mitgliedern der Exekutive und Legislative, die sie ja kontrollieren sollen. Hier haben Länder verschiedene Wege eingeschlagen, um die Autonomie der Richter durch das Rekrutierungsverfahren mehr oder weniger zu gewährleisten. Allerdings sind Direktwahlen – wie sie in den USA für einige Richter auf unterer Ebene vorgesehen sind – bisher in westlichen Demokratien die Ausnahme. Verbreiteter sind dagegen Verfahren, an denen in unterschiedlicher Weise Legislative und Exekutive beteiligt sind. In der Reihenfolge zunehmenden Einflusses der Exekutive werden Richter jeweils durch folgende Gewalten ernannt:

- die Legislative, beide Kammern (D, CH)
- alle drei Staatsgewalten (I, B)
- die Legislative und Exekutive (US, F, D höhere Bundesgerichtshöfe)
- die Exekutive (NL, F, EU)

ad 2: Das **Monopol der Judikative über die Rechtsprechung**: Dies ist fast in allen Ländern gewährleistet, mit wenigen Ausnahmen:

- Großbritannien, wo eine Kammer des Parlaments, das Oberhaus, auch der Oberste Gerichtshof ist,
- amerikanische unabhängige Regulierungsbehörden, die Recht sprechen können,
- die Möglichkeit der Verwaltungsbeschwerde innerhalb der Bürokratie,
- Selbst-Regulierung, inklusive der Fähigkeit, Mitglieder formal zu disziplinieren, wie dies etwa Berufsverbände der Ärzte und Rechtsanwälte haben
- und Schiedsgerichte außerhalb der ordentlichen Gerichte, z. B. für verschiedene Branchen.

ad 3: Die Möglichkeit der **Normenkontrolle**, oder die „politische Funktion" der Gerichte.

Die Obersten Gerichte können zwei Funktionen haben. Erstens sind sie die oberste Instanz für juristische Einsprüche. Diese Funktion haben sie in allen Ländern. In manchen Ländern haben die Obersten Gerichte zusätzlich die Aufgabe, die Gesetze, die das Parlament verabschiedet, auf ihre Verfassungsmäßigkeit zu überprüfen. In einigen Ländern werden diese beiden Aufgaben sogar von zwei getrennten, spezialisierten Gerichten durchgeführt, etwa in Frankreich und Deutschland. In Bezug auf die Normenkontrolle gibt es zwischen den Ländern große Unterschiede. Es existieren verschiedene Formen:

1. Unterscheidet man zwischen
   - **Normenkontrolle** (judicial review), einer ex-post Aufhebung von Entscheidungen demokratisch gewählter Legislativen durch die Gerichte, z. B. wegen Verfassungswidrigkeit. Diese Möglichkeit besteht beispielsweise in den USA und in Deutschland.
   - **antizipativer Normenkontrolle** (judicial preview), einer ex-ante Überprüfung von Gesetzesentwürfen durch spezielle staatliche Einrichtungen mit Juristen als Mitgliedern, wie der *Conseil d'Etat* in Frankreich oder der *Raad van State* in den Niederlanden.

2. Ex-Post-Normenkontrolle kann weiterhin unterscheiden werden in:
   - **konkrete Normenkontrolle** (concrete review), oder Beurteilung eines bestimmten Falles, der von Bürgern zu Gericht gebracht wurde. Wenn etwa eine tatsächlich stattgefundene Abtreibung als ungesetzlich verurteilt wird, wird damit die Regel, die Abtreibung zugelassen hat, implizit ungültig.
   - **abstrakte Normenkontrolle** (abstract review). Hier wird unmittelbar über die Regel selbst geurteilt. In solch einem Fall wird der Verfassungsgerichtshof üblicherweise von einem politischen Akteur, etwa einer Minderheit im Parlament angerufen.
     Der französische Cour Constitutionelle hat nur die Befugnis, abstrakte Kontrolle auszuüben. Der US Supreme Court hingegen kennt nur konkrete Normenkontrolle. Der Deutsche Bundesverfassungsgerichtshof hat die Kompetenzen, sowohl abstrakte als konkrete Normenkontrollen vorzunehmen.

3. Die Intensität der Normenkontrolle hängt drittens von der Aktivität des Gerichtes ab. Gerichte sind definitionsgemäß passiv. Sie können keine Initiative ergreifen, sondern müssen darauf warten, dass andere (Bürger, politische Einheiten) einen Fall zu Gericht

bringen. Daher hängt die de facto Macht der Gerichte von der **Prozessfreudigkeit** der Bevölkerung etc. ab, von ihrer Bereitschaft einen Fall zu Gericht zu bringen. Da die Prozessfreudigkeit in den USA sehr hoch ist, hat der Supreme Court eine ziemlich mächtige Position eingenommen. Vor kurzem hat er sogar das Ergebnis einer Präsidentschaftswahl entschieden.

Auch, wenn Gerichte passiv sind, so können sie doch ihre Aktivität durch die Regulierung der Zugangsbestimmungen beeinflussen. Der Zugang zu den Gerichten kann erleichtert und ihre Aktivität gesteigert werden durch:

– die Liberalisierung des Klagerechts, d.h. der Gründe weswegen eine klagende Partei das Recht hat, sich mit ihrer Klage an das Gericht zu wenden. Sind es nur Bürger, die direkt betroffen sind (ein Bauer, der unter Umweltverschmutzung leidet), oder können es auch Interessengruppen sein, die allgemein mit dem Thema befaßt (Umweltgruppen).

– eine Verbreiterung der Gründe, deretwegen die Gerichte eine Regierungsentscheidung oder eine Parlamentsentscheidung aufheben. Dies erhöht auch die Anzahl der eingebrachten Klagen.

– eine Politisierung der Gerichte, mit dem Effekt, dass die Öffentlichkeit die politische Rolle der Gerichte deutlicher wahrnimmt. Die Gerichte können dies tun indem sie z. B. abweichende Richtermeinungen zulassen (existiert in den USA und Deutschland, nicht hingegen in Frankreich), und indem sie das Abstimmungsverhalten der einzelnen Richter publik machen (existiert in den USA und Deutschland, nicht in Frankreich und der EU). Ein anderes Instrument das Oberste Gericht halb legalistisch und halb politisch zu gestalten, ist die Zulassung von Nicht-Richtern. Das deutsche Gesetz verlangt, dass nur drei Mitglieder jedes Senats des Bundesverfassungsgerichthofes ehemalige höhere Richter sind. De facto bedeutet das, dass etwa 40 Prozent Richter und 60 Prozent ehemalige Beamte, Politiker und Professoren Verfassungsrichter sind (Rudzio 1983: 279). Diese Regelung zielt auf eine Korrektur der Selbsternennung der Judikative und signalisiert die politischen Funktionen des Gerichts.

Mittels der angeführten Variablen, läßt sich ein Kontinuum von starker bis schwacher Normenkontrolle aufstellen. Tabelle 3 zeigt die Unterschiede der Normenkontrolle in verschiedenen Ländern.

Normenkontrolle ist in Einheitsstaaten (im Gegensatz zu Bundesstaaten), in denen eine lange demokratische Tradition, und relativ wenig Misstrauen gegenüber dem Staat besteht, üblicherweise schwach oder gar nicht vorhanden. Ein Paradebeispiel dafür ist Großbritannien, das sein Prinzip des Primats des Parlaments pflegt. Keine andere Macht soll über dem Parlament stehen (und wie gezeigt wurde, ist das Oberste Gericht sogar im Parlament angesiedelt). Der Eintritt Großbritanniens in die EU bedeutete große Veränderungen für das Land. Die EU-Institutionen, insbesondere der Europäische Gerichtshof, haben das Primat des Parlaments beschnitten.

Tabelle 3. Normenkontrolle und Kontrollvorschau in demokratischen Ländern

Ausmaß der Normenkontrolle	Zeitpunkt und Art der Normenkontrolle von Gesetzen	Länderbeispiele	Gründe für die jeweiligen Verfahren
sehr stark	ex post, abstrakt und konkret	D	Bundesstaat, totalitäre Vergangenheit
stark	ex post, nur konkret	USA	Bundesstaat, Misstrauen gegenüber den Staat
mittel	ex post und ex ante, begrenzt abstrakt	F	Einheitsstaat, Vertrauen in den Staat
schwach	nur ex ante	N	Einheitsstaat, Vertrauen in den Staat
nicht vorhanden		GB, FIN	Einheitsstaat, Vertrauen in den Staat

Quelle: eigene Darstellung. Vgl. für eine ähnliche Zuordnung anhand von Indexwerten auch Lijphart (1999)

Das erste Land, das Normenkontrolle einführte, waren die USA. In gewisser Weise läßt sich feststellen, dass die USA das „Naturrechtsprinzip" des Mittelalters beibehalten, und das Naturrecht durch ein von Menschen gemachtes Verfassungsrecht ersetzt haben. Dies geschah zu einer Zeit, als die Briten das Primat des Rechts durch das Primat des Parlamentes ersetzten. Offensichtlich hat die Angst vor der Zentralisation von Macht und vor einer Willkürregierung, unter der die nordamerikanischen Kolonien litten, die Amerikaner dazu veranlaßt, an dem Primat des Rechts festzuhalten, um die Staatsmacht zu limitieren. Normenkontrolle war daher ein Bestandteil des Systems der checks and balances in der amerikanischen Polity. Obgleich das Prinzip der Normenkontrolle mit der Verfassung eingeführt wurde, hat es viele Jahre gedauert, bis es seine heutige Bedeutung erlangte. Eine Reihe von wichtigen Entscheidungen des Supreme Courts bestätigten und erweiterten seine Macht gegenüber dem Kongress und der Exekutive. Außerdem hat der Kongress das Prinzip genützt um unabhängigen Regierungsbehörden Grenzen zu setzen. Immer mehr Gesetze beinhalteten die Normenkontrolle von Behördenentscheidungen. 1946 lieferte der Administrative Procedures Act die allgemeinen gesetzlichen Rahmenbedingungen. Später forderte der Congress diese explizit in die Statuten der verschiedenen sogenannten unabhängigen Regulierungsbehörden aufzunehmen. Das Prinzip wurde nicht nur deshalb bedeutungsvoll, weil es eine neue Möglichkeit der Kontrolle lieferte, sondern auch, weil es aufgrund der Prozessfreudigkeit und der aktivistischen Tradition in den USA intensiv genutzt wurde.

Das Prinzip verbreitete sich von den USA in viele andere Länder. Vor allem in Ländern,

- die frühere Diktaturen waren (neue Demokratien): Bürger wollten eine Kontrolle gegen zu viel exekutiver Staatsmacht.
- in denen in der Vergangenheit eine legislative Mehrheit zu einer Diktatur führte (I, D, A, Japan).

– die eine föderale Struktur haben (CAN, AUS, D, A, CH, Indien). Der Verfassungsgerichtshof hat hier auch die Aufgabe, Kompetenzstreitigkeiten zwischen den verschiedenen Regierungsebenen zu klären.

Im Laufe der historischen Verbreitung der Normenkontrolle, wurde diese weiter ausdifferenziert. Während die Schöpfer der amerikanischen Verfassung nicht vorhersehen konnten, dass der Supreme Court einmal so viel Macht durch Normenkontrolle erlangen würde, haben die deutsche und französische Verfassung eigene Institutionen mit explizit der Aufgabe entworfen (Bundesverfassungsgerichtshof und Cour Constitutionelle), die Legislative zu überprüfen.

7   Vertikale Differenzierung: Föderalismus

Ein zweites Instrument der Checks und Balances von zentraler Staatsmacht ist der Föderalismus. Föderalismus ist eine bestimmte Form der vertikalen Differenzierung von Staatsmacht zwischen dem Zentralstaat und den untergeordneten Einheiten (Regionen, Gemeinden). Man kann den Grad der Dezentralisierung von Staatsmacht „messen", indem Länder anhand von einer Anzahl von Kriterien gereiht werden. Solche Kriterien sind neben der Existenz von untergeordneten Einheiten (Staaten, Länder, Provinzen, Kantone, Regionen, Gemeinden) das jeweilige Ausmaß der Macht, Autonomie, oder Wichtigkeit dieser untergeordneten Ebenen. Durch Vergabe von Punktwerten an einzelne Länder in Abhängigkeit davon, ob bestimmte Merkmale des Föderalismus vorhanden sind (etwa eigenes Steueraufkommen von Zentralstaat und Gliedstaaten oder Existenz eines Verfassungsschutzes für die Autonomie der Sub-Einheiten) lassen sich den Ländern Gesamtpunktwerte zuordnen. Entsprechend hat Lijphart (1999) 23 Länder auf einem **Kontinuum** von stark zentralisiert (etwa Großbritannien oder Frankreich) bis stark föderalisiert (etwa Kanada, Deutschland, Schweiz und die USA) zugeordnet.

Es existieren einige Fälle, wo Föderalismus in vormals zentralisierten Staaten eingeführt wurde, um ein Übermaß an zentralstaatlicher Macht unter Kontrolle zu halten. Typische Beispiele sind ehemals totalitäre Staaten, die einen fundamentalen Politikwechsel oder eine Revolution durchmachten. Hier wollte entweder die eigene Bevölkerung, oder von außen, rivalisierende, andere Staaten, eine stärkere Kontrolle der Staatsmacht. Beispiele sind Österreich, Italien, Spanien, Belgien und Chile.

Historisch war Föderalismus aber nicht so sehr ein Versuch, die Macht des Zentralstaates zu verringern, als ein Versuch, die Herausbildung eines Zentralstaates überhaupt zu verhindern. Man kann Föderalismus daher als einen Schritt im Staatsbildungsprozess sehen. Deshalb findet sich Föderalismus oft in Staaten, die aus freiwilligen Zusammenschlüssen von Einheiten, und nicht aus erzwungenen resultieren: die Schweizerische Eidgenossenschaft, die Republik der sieben Vereinigten Niederlande (1581-1795), die USA, Kanada, Australien und jetzt die EU.

Manchmal wurde ein föderaler Staat mit der Zeit stärker zentralisiert. Die USA, wo die Bundesregierung heute viel mehr Macht hat als vor zweihundert Jahren, sind hierfür ein Beispiel. Auch die Niederlande weisen diesen Trend auf. Die Republik der sieben Vereinigten Niederlande (1581-1795) war eine stark dezentralisierte Polity. Manche Autoren (z.B. Daalder 1977) haben sogar bezweifelt, ob es sich dabei wirklich um einen Staat handelte oder nicht nur um eine lose Konföderation von Stadtstaaten. Dieser Trend zur Zentralisierung könnte sich in der Europäischen Union langfristig auch herausbilden.

Spielt die Ländergröße auch eine Rolle? Föderalismus würden wir in großen Ländern erwarten. Tatsächlich sind auch viele großen Länder föderalistisch: die USA, Kanada, die ehemalige Sowjetunion, Indien, Brasilien, Australien und nun die EU (sofern man hier schon von einem „Land" sprechen kann). Aber es gibt auch kleine föderale Staaten wie die Schweiz und Belgien. Dies kann ein Hinweis sein, dass es nicht so sehr die Größe, als die soziale Heterogenität - ethnisch, sprachlich, religiös - ist, die Föderalismus hervorruft. Diese Faktoren üben aber nur dann einen Druck aus, den Regionen mehr Macht zu geben, wenn ethnische, sprachliche oder religiöse Gruppen territorial konzentriert sind. Beispiele sind die Schweiz, Spanien, Kanada, Belgien, die ehemalige Sowjetunion und Indien.

8   Massenbeteiligung: Wahlen und Wahlsysteme

Während die Ausdifferenzierung der Staatsmacht ein internes Kontrollsystem darstellt, ist Massenbeteiligung ein **externes Kontrollsystem**. Die Essenz dieses Kontrollsystem ist, dass jene, die Machtpositionen innehaben, dies nur für einen begrenzten Zeitraum haben. Das bedeutet, dass es sich sowohl um eine ex ante als auch eine ex post Kontrollform handelt. Ex post, in dem Sinne, dass die Wähler die Leistung der Machthabenden im Nachhinein evaluieren können. Aber auch ex ante, im Sinne dass Machthabende wissen, dass sie später Rechenschaft ablegen müssen und dies bereits in die Art ihrer Machtausübung miteinbeziehen.

Wahlsysteme können sich auf viele Arten unterscheiden. Ich möchte folgende Unterschiede festhalten:

1. **Wer oder was wird gewählt?** In allen demokratischen Ländern wird zumindest eine Kammer im Parlament vom Volk gewählt. Dies ist die Mindestanforderung an eine Demokratie. Darüber hinaus können noch andere staatlichen Institutionen gewählt werden:

    – eine zweite Kammer (die meisten Länder),
    – das Oberhaupt der Exekutive (z. B. USA, Frankreich),
    – Mitglieder der Judikative (z. B. Richter unterer Instanzen in den USA),
    – Parlamente oder Regierungen untergeordneter Ebenen in Bundesstaaten,
    – öffentliche Ämter unterer Ebenen in der Exekutive (selten, z. B. die örtliche Polizei oder die Mitglieder der Schulverwaltung in einigen amerikanischen Bundesstaaten).

2. **Von wem werden sie gewählt?** Welche Mitglieder der Gesellschaft haben Wahlrecht? Historisch läßt sich ein Trend von der Eliten- zu Massenpartizipation feststellen. Wahlbe-

rechtigt waren zuerst die Reichen, die ein Mindestmaß an Steuern zahlen konnten, dann wurde die Wahlberechtigung auch auf jene, die weniger Steuern zahlen konnten, ausgeweitet. Danach auf jene, die lesen und schreiben konnten, auf alle freien Männer, auf alle ethnischen Gruppen oder Rassen, auf alle Männer, auch auf Frauen, auf jüngere und nun langsam auch auf Ausländer, die eine bestimmte Zeit am Wahlort gewohnt haben. Die schrittweise Ausdehnung des Wahlrechts erfolgte in den einzelnen Ländern unterschiedlich schnell und das Wahlrecht wurde auch verschieden weit ausgedehnt. Es hat lange gedauert bevor die Schwarzen in den USA das Wahlrecht bekamen. Bis vor kurzem hatten Frauen in einigen Schweizer Kantone kein Wahlrecht. In einige Ländern war es leichter, Ausländern ein örtliches Wahlrecht einzuräumen (die Niederlande) als in anderen (Deutschland zögert noch, außer für Aussiedler).

3. **Sind die Wahlen direkt oder indirekt?** In manchen Ländern werden die Mitglieder der zweiten Kammer, die regionale Interessen vertritt, indirekt gewählt. Wähler wählen das regionale Parlament und/oder die regionale Regierung, und diese sendet Vertreter in die nationale zweite Kammer, entweder proportional zur Wählerstimmenverteilung im regionalen Parlament (wie in der niederländischen Eerste Kamer) oder nur Vertreter der regionalen Regierung (wie im deutschen Bundesrat).

4. **Wie wählen die Wähler?** Welches Wahlsystem gibt es? Hier gibt es große Länderunterschiede. Die wichtigsten Arten sind:

   – relatives Mehrheitswahlsystem oder „first-past-the-post" System: das Land ist in Wahlkreise (districts) unterteilt und wer in einem Wahlkreis die meisten Stimmen bekommt, erlangt den Sitz. Ein Sitz kann auch mit einer absoluten Minderheit an Stimmen erreicht werden, wenn es nämlich genügend viele Parteien gibt. Dieses System existiert in Großbritannien und den USA.
   – absolutes Mehrheitswahlsystem: eine absolute Mehrheit ist nötig um einen Sitz zu erhalten. Dies kann eine zweite Wahlrunde zwischen den beiden Spitzenkandidaten der ersten Runde erfordern. Existiert in Frankreich.
   – Verhältniswahlrechtsystem. Hier werden die Sitze proportional zum Gesamtstimmenanteil der Parteien verteilt. Hierbei gibt es verschiedene Formen in Abhängigkeit von der Aufteilung des Landes in Wahlkreise, der Kandidatenauswahl und dem Verfahren der Sitzberechnung. Beispiele für Verhältniswahlrecht sind Deutschland, die Schweiz, die Niederlande und Schweden.
   – Es gibt auch Mischsysteme, wie in Dänemark. Die Wähler wählen einen Vertreter in einem Wahlkreis (Mehrheitssystem). Die Reststimmen können aber in andere Wahlkreise transferiert werden und für eine proportionale Verteilung der Restsitze gesammelt werden. Das deutsche Wahlsystem wird oft als Mischsystem bezeichnet, aber in Wirklichkeit ist es ein echtes Verhältniswahlrecht.

5. **Gibt es eine Sperrklausel für Parteien?** Deutschland hat eine Sperrklausel. Eine Partei muss mindestens 5 Prozent der Stimmen oder drei Direktmandate in Wahlkreisen erhalten um ins Parlament einzuziehen.

6. **Wie oft gehen die Wähler zu den Wahlurnen?** Dies kann alle 2 Jahre, wie in den USA sein, bis zu alle 5 Jahre, wie im britischen Parlament. In manchen Ländern finden Wahlen in festen Intervallen statt, in andern nicht. In Großbritannien kann der Premierminister Wahlen für das Unterhaus ansetzen wann er will, solange sie in das vierte oder fünfte Jahr seit den letzten Wahlen fallen.

7. **Für wie lange werden die Amtsträger gewählt?** Die Länge der Amtszeit schwankt stark. Sie beträgt ein Jahr in manchen Schweizer Kantonen, zwei Jahre für Mitglieder des House of Representatives in den USA und erstreckt sich auf 5 (vor Kurzem 7) Jahre für den französischen Präsidenten.

8. **Ist eine Wiederwahl möglich?** Eine Wiederwahl der Parlamentarier ist üblicherweise möglich. Beschränkungen bestehen manchmal für das Staatsoberhaupt, so etwa dürfen der amerikanische Präsident und der deutsche und österreichische Bundespräsident nur zwei Amtsperioden tätig sein.

9. **Wann finden die Wahlen statt?** Auch wenn dies ein weniger wichtiger Punkt ist, so handelt es sich doch um eine Institution. In manchen Ländern finden Wahlen an einem bestimmten Tag statt. In den USA z. B. alle zwei Jahre am zweiten November. In Deutschland und Österreich finden Wahlen immer an einem Sonntag statt (mit Ausnahme etwa der Arbeiterkammerwahlen, die an Wochentagen stattfinden). In den Niederlanden finden Wahlen in der Regel an Wochentagen statt.

Je nachdem, wie viele „Punkte" Länder für diese Variablen erhalten, kann man von mehr oder weniger Massenbeteiligung sprechen. Sie ist dann am stärksten, wenn die größte Anzahl und Vielfalt von Ämtern gewählt wird; der höchste Anteil der Bevölkerung wahlberechtigt ist, wenn Wahlen direkt erfolgen; wenn sie häufig stattfinden; wenn keine Stimmen verloren gehen (wie es z. B. in einem relativen Mehrheitswahlsystem, oder in einem System mit Sperrklausel der Fall ist); und wenn die Amtsperiode kurz ist.

Im Interesse der Regierbarkeit haben Länder aber Extreme der Massenbeteiligung vermieden. Dies trifft auch auf die Dauer der Amtsführung zu. Die Grenze wäre eine Amtsperiode von einem Tag. Aber eine solche Regierung könnte nicht regieren.

9   Überblick über Länderunterschiede: Extremfälle

Die drei hier angeführten wichtigsten Variablen geben nur einige Dimensionen wieder, in denen sich politische Institutionen in demokratischen Ländern unterscheiden können. Aus ihnen folgt bereits eine große Vielfalt. Länder haben den trade-off zwischen Zentralisierung und Kontrolle von Macht sehr unterschiedlich gelöst. Einige legen das Schwergewicht auf die Zentralisierung von Staatsmacht, andere auf die Checks und Balances von Macht. Im folgenden wird beispielhaft ein Überblick über zwei Länder gegeben, die bezüglich des Trade-offs einander diametral entgegengesetzte Extrempositionen einnehmen: Großbritannien und die USA.

Großbritannien ist ein gutes Beispiel für **starke Zentralisation von politischer Macht** und wenigen Checks und Balances. Sein parlamentarisches System weist keine Trennung zwischen Regierung und Parlament auf. Der Premierminister und die Minister sind Parlamentsmitglieder, es gibt auch keine klare Trennung der Judikative von den anderen Gewalten, das Oberhaus (House of Lords) ist auch der Oberste Gerichtshof. Es gibt keinen Föderalismus und lokale Regierungen sind in ihrer Autonomie vom Wohlwollen des Unterhauses abhängig. Es gibt keine schriftlich zusammengefasste Verfassung; das Verwaltungsrecht ist unterentwickelt, Statuten werden oft in sehr allgemeiner Form festgelegt. Es besteht eine Vorliebe für informelle Regelungen durch „Gentleman's Agreements", und der Politikimplementationsstil ist eher informell und flexibel.

Bezeichnend für die britische „Polity" ist die Position des Lord Chancellors. Er ist zuallererst der Sprecher des Oberhauses und repräsentiert daher die legislative Gewalt. Da das Oberhaus auch der Oberste Gerichtshof ist, repräsentiert er auch die Judikative. Und als Justizminister und Kabinettsmitglied ist er auch ein führender Repräsentant der exekutiven Gewalt, der Richter nominiert (und sogar Kirchenfunktionäre). Er ist ein Beispiel für eine sehr alte, nicht ausreichend differenzierte politische Position. Vor Jahrhunderten war er der wichtigste Berater des Königs (in der Regel ein gebildeter Schreiber und Kaplan), mit Titeln und Aufgaben wie der „Hüter des königlichen Gewissens" (Keeper of the King's Conscience) (ihm zu sagen was er tun kann und was nicht), und der „Hüter des großen Siegels" (Keeper of the Great Seal) (mit dem die wichtigsten Dokumente des Königs versehen wurden, d. h. er konnte Entscheidungen im Namen des Königs treffen). In keinem anderen westlichen demokratischen Land ist politische Macht so konzentriert wie in Großbritannien, formal im Unterhaus (House of the Commons; dem obersten Primat des Parlaments), und de facto im Führer der Mehrheitspartei im Parlament, der üblicherweise auch der Premierminister ist.

Die **Vereinigten Staaten** sind fast das genaue Gegenteil. Nirgendwo anders sind so **viele Checks und Balances** in das politische System eingebaut, was Ausdruck eines großen Misstrauens in den Staat von der ersten Stunde an ist. Die Verfassung wurde von einer Nation verfaßt, die sich selbst gerade von der absolutistischen Herrschaft der britischen Tudors befreit hatte, und die das Auftauchen einer ähnlichen autokratischer Regierung in den USA verhindern wollte. Dies hat Amerikas politische Kultur und seine Institutionen bis heute geprägt. Das System ist zuallererst hochdifferenziert. Die Direktwahl des Präsidenten impliziert einen starken Dualismus zwischen Regierung und Kongress. Der Brauch, bestimmte Politikfelder an unabhängige Regulierungsbehörden zu delegieren, die nicht Teil der Regierungsbürokratie sind und die dem Kongress direkt Antwort stehen, verstärkt den Dualismus noch weiter. Der Kongress ist in zwei Kammern geteilt, in den Senat und in das House of Representatives, die gleich viel Macht haben und sich gegenseitig in Schach halten, viel stärker als die Kammern anderer Parlamente. Normenkontrolle durch die Gerichtsbarkeit ist durch den Supreme Court gewährleistet, aber auch niedrigere Richterebenen intervenieren regelmäßig in staatliche Politikentscheidungen, indem sie die Entscheidungen der Exekutive als nicht verfassungskonform deklarieren. Es gibt auch eine gut ausgebaute vertikale Differenzierung. Die USA haben eines der elaboriertesten föderalen Systeme mit unabhängigen

Behörden der Bundesstaaten und Gemeinden. Auch Massenbeteiligung ist gut entwickelt. Wahlen finden häufig statt (für Mitglieder des House of Representatives alle zwei Jahre) und nicht nur für die Mitglieder der Legislative, auch für die Führer der Exekutive (Präsident, Gouverneur, Bürgermeister, die lokale Schulverwaltung usw.). In einigen Bundesstaaten werden sogar Richter niedriger Ebenen und Polizeibeamte gewählt. Es gibt zwar keine Volksabstimmung auf nationaler Ebene, sie existiert aber in vielen Bundesstaaten. Die Vielzahl der amerikanischen Wahlmöglichkeiten ist aus der Länge des Wahlzettels ersichtlich: Mancherorts ist es ein ganzes Buch, das am Wahlort ausgefüllt werden muss. Weiterhin gibt ein elaboriertes System von Verwaltungsrecht den Bürgern viele Möglichkeiten gegen Regierungsentscheidungen, von denen sie selbst betroffen werden, Einspruch zu erheben.

Aus den bisherigen Abhandlungen lassen sich die anfangs gestellten Fragen über Länderunterschiede weitgehend beantworten. Die vielen Checks und Balances im amerikanischen System, der starke Dualismus zwischen Regierung und Kongress erklären, warum Clinton mit seinem Plan für ein öffentliches Gesundheitssystem an den vielen Oppositionen scheiterte, während Thatcher beinahe autokratisch regieren konnte und die verteilungspolitisch bedenkliche Kopfsteuer trotz heftiger Proteste sogar der eigenen Parteimitglieder einführen konnte (obwohl dies letztendlich mit ein Grund für ihren Rücktritt war). Institutionen erklären auch, warum Deutschland sowohl bei der Umsetzung der EU-Richtlinien als auch beim Schließen von unwirtschaftlichen Kohlenbergwerken langsamer ist als andere Länder. Föderalismus, insbesondere der heftige Widerstand der Länder, bremsen die Umsetzung unpopulärer Maßnahmen. Dass die Deutschen immer an Sonntagen wählen ist nur eine kleine Regel innerhalb des Spiels. Und dass die Deutschen darauf vertrauen können, dass ihre politische Führer abtreten, wenn sie abgewählt sind, die Indonesier hingegen nicht, zeigt, dass Spielregeln nur dann gelten, wenn sich die Akteure auch daran halten. Sie müssen regelmäßig reproduziert und durch Handeln wiedererschaffen werden. Dies ist leichter, wenn Institutionen sich auf Werte stützen, die in der Kultur des Landes verankert sind. In Deutschland haben Gesetzestreue, Respekt vor dem Rechtsstaat, und Gehorsam einen hohen Wert, was in Indonesien weniger der Fall ist.

10   Trends: Mehr Zentralisation und Kontrolle von Macht

Historisch gesehen sind die drei Prozesse, die laut Huntington mit Staatenbildung einhergehen, Zentralisation, Differenzierung und Massenbeteiligung - verschiedenen Zeitpfaden gefolgt, sie verliefen nicht synchron. Üblicherweise erfolgte die Zentralisation zuerst (außer in der Schweiz und den Niederlanden). In einigen Ländern erfolgte die Entwicklung der beiden anderen Dimensionen sehr spät, was zu einer langen Phase absolutistischer Herrschaft führte (Frankreich, Preußen), in anderen (Großbritannien), tauchten institutionelle checks und balances früher auf. Differenzierung erfolgte in der Regel vor Massenbeteiligung. In den meisten Ländern war eine Frühform der Differenzierung die Schaffung eines relativ unabhängigen Rechnungshofes, der oft ein respektables Alter hat. Die Trias entwickelte sich auf verschieden Art und in unterschiedlichem Ausmaß, und zeigt die bekannte Dialektik des Fortschritts: in Ländern, die früh differenzierten, blieb die Differenzierung schwach ausgeprägt.

Massenbeteiligung erfolgte, chronologisch gesehen, als drittes. Wie bei der Differenzierung, kann man auch hier eine Entwicklung in Etappen feststellen, zumindest in Ländern mit früher Demokratisierung. Selten ist ein politisches System von keiner Massenbeteiligung zu voller Massenbeteiligung gesprungen. Das Wahlrecht wurde im 19. und 20. Jahrhundert etappenweise eingeführt. Nur späte Nachzügler der Demokratie wechselten sprunghaft von Diktatur zu voller Massenbeteiligung.

Die Entwicklung der drei Dimensionen hält weiterhin an. Die Geschichte ist noch nicht zu Ende. Wieder ist es die Zentralisierung, die der Entwicklung voranschreitet. Dies bedeutet, daß die institutionellen Machtkontrollen hinten nachhinken. Viele checks und balances sind in den neuen Zentren der Macht noch nicht entwickelt, sondern befinden sich noch dort, wo die Macht in früheren Phasen der Staatenbildung angesiedelt war, nämlich auf nationalstaatlicher Ebene. Dies bedeutet, daß wir derzeit ein Ungleichgewicht zwischen Machtzentralisierung und Machtkontrolle erleben.

Zentralisation

Während Macht zuerst von der lokalen Ebene auf die nationalstaatliche Ebene zentralisiert wurde, sehen wir heute eine **Zentralisation** auf einem noch höheren Aggregationsniveau. Mehr und mehr Politikentscheidungen werden auf die supra-nationale Ebene verlagert. Embryostaaten oder staatenähnliche Organisation entwickeln sich auf Kontinenten oder sogar weltweit: die EU, NAFTA, WTO, die UN, und ihre spezialisierten Tochterorganisationen, der Internationale Gerichtshof, der Europäische Gerichtshof für Menschenrechte usw.

Wie weit die Zentralisierung bereits fortgeschritten ist, ist heftig diskutiert und umstritten. Institutionalisten, die über europäische Integration arbeiten, sind der Auffassung, daß die EU-Institutionen (Kommission, Rat, Europäischer Gerichtshof) echte staatenähnliche Institutionen sind, die eine gewisse Unabhängigkeit von den Mitgliedsstaaten erlangt haben. Sie bilden eine von den Mitgliedsstaaten halbautonome Kraft in Richtung weiterer Integration und Zentralisierung. Stone Sweet behauptet, daß insbesondere das Fallrecht des Europäischen Gerichtshofs die EU von einem internationalen Regime, das nach internationalem Recht gegründet worden war, in eine Mehr-Ebenen, quasi-föderale Polity transformiert hat (2000: 160). Intergovernmentalisten (z.B. Moravcsik 1993) hingegen vertreten die Ansicht, daß obwohl die EU supra-nationale Institutionen hat, deren Gründung und Entscheidungsfindungsregel (qualifizierte Mehrheitswahl), immer noch durch Verhandlungen zwischen Regierungen erfolgt.

Differenzierung

Der Trend der **Differenzierung** wird weiterhin fortgesetzt, aber, wie bereits erwähnt, auf nationalstaatlicher oder regionaler Ebene. Einige dieser Entwicklungen sind:

1. Mehr Föderalismus. Immer mehr Länder dezentralisieren Politik, indem sie sub-nationale Regierungsebenen schaffen, oder diesen mehr Macht und Verantwortung geben. Im letz-

ten Jahrzehnt haben Italien, Spanien, Frankreich, Belgien dezentralisiert, teilweise um den Zentralstaat zu entlasten, teilweise um lokalen und regionalen Bedürfnissen nach mehr Autonomie entgegenzukommen. Andere Länder haben die Implementierung bestimmter Politikbereiche dezentralisiert, z.B. die Verlagerung der Kulturpolitik auf Gemeindeebene in den Niederlanden. Andere Staaten wiederum, die schon föderal waren, sind völlig auseinandergebrochen, wie z.B. die ehemalige Sowjetunion, Tschechoslowakei und Jugoslawien.

2. Zunehmende Macht der Judikative im Vergleich zu den anderen staatlichen Gewalten. Es ist derzeit eine globale Expansion juristischer Macht festzustellen, um den Titel eines jüngst erschienenes Buches von Tate und Vallinder (1997) zu zitieren. Normenkontrolle nimmt zu. Erstens formal und direkt. Immer mehr Länder haben seit dem zweiten Weltkrieg Verfassungs- und Verwaltungsgerichtshöfe und Normenkontrolle eingeführt. Zweitens weniger direkt, als Folge der europäischen Integration, die Ländern wie Großbritannien und den Niederlanden, die bis dato solche Institutionen nicht hatten, auch mit von Aussen kommenden Normenkontrolle und ein Obersten Verfassungsgerichtshof (der Europäischen Gerichtshof) konfrontierte. Bürger in diesen Ländern können nun ebenfalls nationale Regierungsentscheidungen bei Gerichten, die EU-Recht anwenden, anfechten.
Mit der Herausbildung eines europäischen Rechtsgebildes neben dem nationalen, ist das Rechtssystem ein Mehrebenensystem geworden und hat an Komplexität zugenommen. Es gibt dem Einzelnen und Gruppen mehr Möglichkeiten, gegen die eigene Regierung vorzugehen. Dafür werden Rechtsanwälte benötigt, deren Gewicht in der politischen Debatte zunimmt. Sweet Stone (2000) geht sogar so weit zu behaupten, dass die Herrschaft der Politiker durch die Herrschaft der Juristen abgelöst worden sei.
Dieser Trend ist nicht nur auf EU-Ebene sichtbar, sondern auch auf nationalstaatlicher Ebene. Gerichtshöfe nehmen eine aktivere Rolle bei der Rechtsinterpretation und der de facto Rechtsformulierung ein, oft herbeigeführt durch eine Bevölkerung, die sich mehr an Gerichte wendet. Dies bedeutet, daß Richter und Gerichte zunehmend Politiker- und Verwaltungssitze einnehmen und - oft contre coeur - politische Entscheidungen fällen.

3. Auch innerhalb der Exekutive lassen sich Differenzierungsprozesse beobachten: So nimmt die Zahl der Ministerien, Abteilungen, Behörden und unabhängige Behörden zu. Dies ist die organisatorische Konsequenz zunehmender Regierungsaufgaben. Halb öffentliche, halb private Organisationen übernehmen teilweise öffentliche Verantwortung.

Obwohl weitere Differenzierung bisher vor allem auf nationalstaatlicher Ebene erfolgte, können auch auf supranationaler Ebene erste Anzeichen gesichtet werden. Es ist nicht überraschend, daß dies vor allem bei einem der best entwickelten „Suprastaaten", der EU, der Fall ist. Die EU hat bereits eine volle Trias Politika, mit der Kommission als Exekutive, dem Rat und dem Parlament als den zwei legislativen Kammern (wobei der Rat territoriale Interessen vertritt) und dem Europäischen Gerichtshof, als Judikative. EU-institutionelle Macht ist ziemlich ausbalanciert zwischen der Europäischen Kommission, dem Europäischen Rat und dem Europäischen Gerichtshof. Letzterer hat mehr Macht durch Normenkontrolle erhalten, als vergleichbare Institutionen in den meisten Mitgliedsstaaten. Da die regulatorischen Aufgaben der EU zunehmen, erfolgt auch eine stärkere interne Differenzierung innerhalb der

Kommission und des Rats. Differenzierung schreitet auch in anderen internationalen Organisationen fort, aber weit langsamer. So erhalten sowohl WO als auch die Vereinten Nationen separate gerichtsähnliche Institutionen.

Massenbeteiligung

Institutionen für **Massenpartizipation** werden ebenfalls weiter entwickelt. Relevante Entwicklungen sind:

- ein Anstieg im Einsatz, Experimentieren oder Schaffen neuer legaler Möglichkeiten für Volksabstimmungen. Viele europäische Länder haben die Möglichkeit eines Referendums eingeführt, auch die Häufigkeit der Inanspruchnahme in Ländern, in denen es bereits bestand, hat zugenommen. Bürger erhalten die Möglichkeit, ihre Meinung bezüglich wichtiger politischer Entscheidungen kundzutun, so wie z. B. EU-Beitritt, oder EU-Verträge für engere Zusammenarbeit.
- Weiterentwicklung des Verwaltungsrechts, das den Bürgern mehr Möglichkeiten einräumt, Regierungsentscheidungen, die sie betreffen, zu beeinspruchen. Dies erfolgt sowohl durch Gesetze als auch durch Fallentscheidungen der Gerichte.
- Neue Formen der Massenbeteiligung finden sich derzeit meist auf nationaler und insbesondere lokaler und regionaler Ebene. Selten gibt es sie in internationalen Organisationen. Das Europäische Parlament ist eine der wenigen Ausnahmen. Aber Organisationen wie die World Trade Organisation (WTO), die Weltbank, der Internationale Währungsfonds oder die Vereinten Nationen sind notorisch undemokratische Organisationen. Ihre Macht wird, wenn überhaupt, von nationalen Regierungen kontrolliert, und viele sind keine wirklich ausbalancierende Macht. Angesichts ihres starken internationalen ökonomischen und politischen Einflusses leiden sie an einem erheblichen Demokratiedefizit, was von den Anti-Globalisierungsdemonstranten in Seattle und Genua artikuliert wurde. Sie erinnern an die Pro-Wahlrecht-Demonstranten zu Beginn des 20. Jahrhunderts.

11 Schlußfolgerungen

Politische Prozesse und Politikergebnisse werden wesentlich durch die „Spielregeln" geprägt, denen die Akteure in ihrem jeweiligen politischen System unterliegen. Die Politikfeldanalyse wird dieser Beobachtung dadurch gerecht, dass sie diese „Spielregeln" als politische Institutionen (oder Polity) in ihre theoretischen Erklärungsmodelle integriert. Diese theoretische Integration kann unterschiedliche Aspekte politischer Institutionen betonen. Je nach Erkenntnisinteresse finden sich daher unterschiedliche institutionalistische Ansätze, die in einer mittlerweile etablierten Einteilung idealtypisch dem Rational-Choice-Institutionalismus, dem historischen Institutionalismus und dem soziologischen Institutionalismus zugeordnet werden.

Die drei Institutionalismen sind keine theoretische Eigenheit der Politikfeldanalyse. Sie finden sich in entsprechender Form auch in anderen politikwissenschaftlichen Bereichen und in den Nachbardisziplinen der Politikwissenschaft. In der Politikfeldanalyse liegt das wichtigste

Anwendungsgebiet institutionalistischer Ansätze bei internationalen Vergleichen. Institutionalistische Zugänge tragen dabei der Tatsache Rechnung, dass in verschiedenen politischen Systemen unterschiedliche Formen der Zentralisation und Kontrolle politischer Macht existieren. Sie können daher zu differenzierten Erklärungen der Varianz von politischen Prozessen und Politikergebnissen in unterschiedlichen politischen Systemen beitragen.

Internationale Vergleiche werden bevorzugt mit den theoretischen Werkzeugen des Rational-Choice-Institutionalismus und des soziologischen Institutionalismus bearbeitet. In Verbindung mit Elementen des historischen Institutionalismus lassen sich aber auch **Längsschnittanalysen** institutionalistisch bearbeiten. Dabei wird dann danach gefragt, wie frühere politische Entscheidungen auf die heutige Politik einwirken und welche Auswirkungen gegenwärtige Institutionenentwicklungen auf zukünftige Politik haben können.

Der anhaltende Trend der Zentralisierung, Differenzierung und Massenbeteiligung engt nationale Regierungen von zwei Seiten ein. Einerseits verlieren sie politische Macht an supranationale Organisationen, andererseits durch eine zunehmende Anzahl von Kontrollen (Checks und Balances). Beides schränkt den Handlungsspielraum nationaler Regierungen gerade in einer Zeit, in der die Leistungsansprüche der Bürger an ihre Regierungen steigen.

Dieses Dilemma führt zu der Frage nach „guten" oder gar „optimalen" Institutionen. Kann politische Führung zu vielen Checks und Balances ausgesetzt sein? Führen mehr Föderalismus, Volksabstimmungen, Verwaltungsgesetze, Normenkontrolle usw. zu einer Paralyse der Regierung? Können Regierungen noch entschlossen handeln und die dringenden gesellschaftlichen Probleme lösen? Und wer soll die neuen Kontrolleure kontrollieren, die Gerichte, die Ombudsmänner, die Demonstranten auf der Straße?

Wie lassen sich Demokratie, „die Herrschaft des Volkes", und die „Herrschaft des Rechts und der Rechtsvertreter" vereinbaren? Wie kann die schwankende Balance zwischen demokratischer Verantwortung der Regierung gegenüber dem Parlament und die legale Verantwortung der Regierung gegenüber den Gesetzeshütern, den Gerichten, kontrolliert und gesteuert werden? Ist es akzeptabel, dass die Gerichte das letzte Wort haben und, wie im Falle der USA, letztlich darüber entscheiden, wer der nächste Präsident ist? Ist es wünschenswert und akzeptabel, dass Europäische Integration in ihrer Essenz, mehr und mehr ein legales Projekt wird, gesteuert durch den Europäischen Gerichtshof?

Wenig überraschend ist, dass diese Frage zuerst in dem Land aufgetaucht ist, das am meisten Checks und Balances in die Staatsmacht eingebaut hat, den Vereinigten Staaten. Der amerikanische politische Journalist Lazare drückte es im Titel seines Buches treffend aus: „Die eingefrorene Republik. Wie die Verfassung die Demokratie paralysiert" (Lazare 1996). Gilt dies auch für die europäischen Länder? Gibt es ein Maximum an institutionellen Checks und Balances? Oder ist auch das für die einzelnen Länder verschieden?

12 Literatur

Armingeon, Klaus, Michelle Beyeler, und Sarah Menegale (2000) Comparative Political Dataset 1960-1998, Bern: Universität Bern.

Badie, Bertrand, und Pierre Birnbaum (1983) The Sociology of the State, Chicago: University of Chicago Press.

Coleman, James (1990) Foundations of Social Theory, Cambridge Mass: Harvard University Press.

Daalder, Hans (1977) 'On Building Consociational Nations: the Cases of the Netherlands and Switzerland', International Social Science Journal, Bd 23, S. 355-70.

European Commission (2000) Single Market Scoreboard Nr. 7, Brüssel.

Friedrich, Carl J. (1968) Constitutional Government and Democracy. Theory and Practice in Europe and America, Waltham, Toronto und London (Blaisdell).

Huntington, Samuel P. (1968) 'Political Modernization: America versus Europe', in Reinhard Bendix (Hsg) State and Society. A Reader in Comparative Political Sociology, S. 170-200.

Immergut, Ellen (1992) 'The Rules of the Game: The Logic of Health Policy-making in France, Switzerland, and Sweden', in K. Thelen, T. Longstreth, and S. Steinmo (Hsg) Structuring Politics: Historical Institutionalism in a Comparative Perspective, New York (Cambridge UP), S. 57-89.

Lazare, Daniel (1996) The Frozen Republic. How the Constitution is Paralyzing Democracy, New York, San Diego und London (Harcourt Brace und Co).

Lijphart, Arend (1999) Patterns of Democracy: Government Form and Performance in Thirty-Six Countries, New Haven (Yale University Press).

March, James, und Johan Olsen (1989) Rediscovering Institutions. The Organizational Basis of Politics, London (Macmillan).

Pierson, Paul (2000) 'Increasing Returns, Path Dependence, and the Study of Politics', in American Political Science Review 94: 2, S. 251-267.

Rokkan, Stein (1975) 'Dimensions of State Formation and Nation Building: a Possible Paradigm for Research on Variations within Europe', in Charles Tilly (ed.) The Formation of National States in Western Europe, Princeton, S. 562-600.

Rudzio, Wolfgang (1983) Das politische System der Bundesrepublik Deutschland, Opladen (Leske und Budrich).

Sartori, Giovanni (1997) Comparative Constitutional Engineering, New York (New York UP).

Steiner, Jürg (1998) European Democracies, New York a.o. (Longman).

Sweet Stone, Alec, 2000: Governing with judges. Constitutional Politics in Europe. Oxford: Oxford University Press.

Tate, C. Neal/Vallinder, Thorbjorn (Hrsg), 1997: The Global Expansion of Judicial Power. New York: New York University Press.

Tilly, Charles (Hsg) (1975) The Formation of National States in Western Europe, Princeton: Princeton University Press.

Verständnisfragen

1. Welche Rolle spielen Institutionen im sozialen Leben?

2. Woran liegt es, dass an sich gleiche Politikinhalte in einzelnen Ländern häufig völlig unterschiedlich umgesetzt werden?

3. Inwiefern ist Föderalismus ein Element von Checks und Balances?

4. Von welchen Faktoren hängt es ab, dass Normenkontrolle durch die Judikative funktionieren kann?

5. Warum hat Großbritannien Probleme, sich mit der Struktur der EU anzufreunden?

6. Wie entwickelte sich die Normenkontrolle in den USA?

Transferfragen

1. Schildern Sie Beispiele, in denen politische Entscheidungen per Normenkontrolle von Gerichten wieder rückgängig gemacht wurden.

2. Erläutern Sie am Beispiel Deutschlands, in welcher Hinsicht die Kontrollfunktion von demokratischen Wahlen optimiert werden könnte.

Problematisierungsfragen

1. Diskutieren Sie die im Text erwähnte, zunehmende Zentralisierung von Macht (EU, UN, WTO etc.).

2. Wird die Herrschaft der Politik durch die Herrschaft der Juristen abgelöst?

3. Diskutieren Sie für die Situation in Deutschland die These, dass "die Verfassung die Demokratie paralysiert"?

Politisches Lernen:
Begriffe und Ansätze im Vergleich

Nils C. Bandelow[1]

1   Einleitung

Wodurch verändern sich politische Strategien und Politikergebnisse? Welche Erklärungen gibt es jenseits von Machtkämpfen zwischen eigeninteressierten Akteuren mit gleichbleibenden Strategien? Welche Auswirkungen haben etwa Erfahrungen aus früheren Politikprozessen, verschiedenen Ländern und Regionen und anderen Politikfeldern? Berücksichtigen Politiker akademisch produziertes Wissen bei der Formulierung von Zielen und Strategien? Welche Hindernisse stehen politischen Lernprozessen im Wege – und wie können diese Hindernisse überwunden werden? Diese Fragen stehen im Mittelpunkt der Debatte zum Policy-Lernen.

Auch in der politischen Praxis und der Politik(er)beratung spielen Konzepte des Policy-Lernens eine zentrale Rolle. Lernen soll angemessene und schnelle Reaktionen auf neue gesellschaftliche, technische und wirtschaftliche Herausforderungen ermöglichen. Durch politisches Lernen soll Politik verbessert werden, indem Entscheidungen rationaler begründet, Konflikte vermieden und Probleme gelöst werden können. Vor allem im Zusammenhang mit der Entwicklung „Dritter Wege" zwischen traditioneller Sozialdemokratie und wirtschaftlichem Liberalismus wurde die Idee einer evidenzbasierten, also wissenschaftlich begründeten und gestützten, Politik propagiert (Sanderson 2002).

Ansätze politischen Lernens entspringen unterschiedlichen theoretischen Debatten. Die ältesten Konzepte basieren auf kybernetischen Politikmodellen, die Lernen als Rückkoppelungsschleife wahrnehmen (Deutsch 1969). Andere Perspektiven stammen aus der Organisationssoziologie oder der Technologieforschung. Dabei stehen das Problem des Nichtwissens und

---

[1]   Ich danke für Kommentierungen zur ersten oder zweiten Auflage Klaus Schubert, Sven Sikatzki, Holger Strassheim, Kristina Viciska, Carina Vallo, Ulrich Widmaier (†) und Uwe Wilkesmann.

die Frage des Umgangs durch unterschiedliche Akteure im Zentrum des Erkenntnisinteresses (Bandelow 2006). In den 1990er Jahren wurden lerntheoretische Ansätze zunehmend auch als Kritik, Ergänzung oder Alternative zu ökonomischen Ansätzen der rationalen Wahl (Rational Choice) diskutiert (Braun/Busch 1999).

Die verschiedenen theoretischen und empirischen Perspektiven des Policy-Lernens sind nach wie vor unzureichend aufeinander bezogen. Es unterscheiden sich Definitionen des Lernbegriffs, Akteursbezüge, angenommene Ursachen, Hindernisse und Folgen des Lernens. Für einen einführenden Überblick über die wichtigsten Ansätze, bisherigen Erträge und Probleme des Policy-Lernens sind daher unterschiedliche Strukturierungen möglich. Die Darstellung könnte sich am Akteurverständnis oder an den epistemologischen und ontologischen Grundlagen der Ansätze orientieren. Möglich wäre auch Strukturierung im Hinblick auf den Stellenwert des politischen Lernens in den meist umfasseneren Erklärungen für politische Veränderungen (Bennet/Howlett 1992; Freeman 2006; Grin/Loeber 2007; Biegelbauer 2007).

Die hier gewählte Struktur folgt einer anderen Überlegung: Aufbauend auf der konzeptionellen Differenzierung des Lernbegriffs (Abschnitt 2) werden Lerntypen unterschieden. Dabei wird danach gefragt, welche Ziele im Rahmen der jeweiligen Ansätze verfolgt werden können, und worin jeweils Nutzen und Probleme der Ansätze liegen. Im abschließenden Fazit wird der Ertrag der lerntheoretischen Erweiterung der Politikfeldanalyse zusammenfassend diskutiert, um Hinweise für eine zweckmäßige Anwendung der Ansätze zu geben.

2   Lernbegriffe und Lerntypen

Sowohl die theoretischen Grundlagen als auch die praktische Bedeutung lerntheoretischer Ansätze sind davon abhängig, was jeweils unter Policy-Lernen verstanden wird. In einem ersten Schritt kann Lernen als Gegensatz zu Macht gesehen werden. Genauer bedeutet dies, politische Veränderungen durch Lernen als Alternative zu Veränderungen durch Machtverschiebungen zu interpretieren. Dabei sollte am Beginn der Verwendung des Lernbegriffs eine Klärung darüber stehen, ob Policy-Lernen und Macht als Kategorien oder als Idealtypen verwendet werden. Soll der Beitrag von Policy-Lernen auf politische Veränderungen gemessen werden, oder dient die Verwendung des Lernbegriffs dem besseren Verständnis eines politischen Prozesses? Erstgenannte Frage würde auf eine (szientistisch geprägte) kategoriale Verwendung zielen, während die zweite Perspektive der (geisteswissenschaftlich geprägten) verstehenden Forschung zuzuordnen ist (siehe auch Kritzinger/Michalowitz in diesem Band).

Über die wissenschaftstheoretische Grundlegung hinaus lassen sich verschiedene Begriffsverständnisse identifizieren. Die gemeinsame Schnittmenge der wichtigsten Definitionen besteht darin, dass Policy-Lernen die Veränderung von Überzeugungen, Wahrnehmungen und/oder Einstellungen bezeichnet. In den unterschiedlichen Ansätzen finden sich aber fast immer weitere Zusatzbedingungen oder implizite und explizite Präzisierungen des Lernbegriffs. Teilweise sind Zusatzbedingungen methodisch begründet, teilweise dienen sie der definitorischen Schärfung, oder sie präzisieren den normativen Anspruch des Lernbegriffs (Maier et al. 2003).

Verbreitet ist die Forderung, den Begriff Policy (orientiertes) Lernen nur für dauerhaften Wandel (der etwa mindestens eine Dekade erhalten bleibt) zu verwenden (Sabatier/Weible 2007: 198). Für diese Einschränkung lassen sich sowohl methodische als auch inhaltliche Rechtfertigungen finden. Angesichts der Schwierigkeit, bei empirischen Untersuchungen nachzuweisen, dass wechselnde Positionen derselben politischen Akteure nicht taktisch begründet sind, sondern auf kognitiven Prozessen beruhen, kann es als operationale Hilfsannahme sinnvoll sein, Dauerhaftigkeit als Zusatzbedingung einzuführen.

Inhaltlich ist die Forderung nach Dauerhaftigkeit dann zu rechtfertigen, wenn eine prinzipielle Stabilität zumindest eines Kerns von Überzeugungen angenommen wird. Kurzfristige Positionsveränderungen könnten dann als taktisch interpretiert werden. Sie wären nicht das Ergebnis neuer Informationen, sondern die Folge von Machtverschiebungen. Diese Annahme liegt dem Modell der Belief-Systeme zu Grunde (Übersicht 1).

Übersicht 1: Belief-Systeme und Erwartbarkeit von Überzeugungswandel

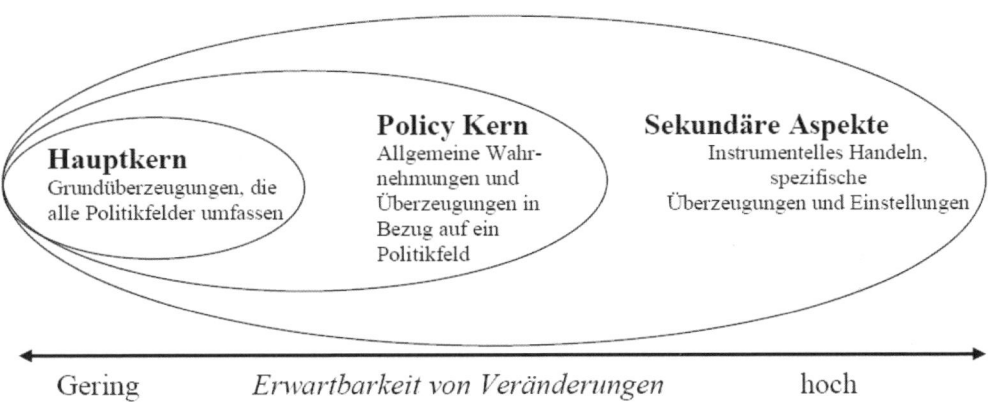

Leicht verändert aus: Czada 1997: 58, siehe auch Parsons 1995: 197.

Belief-Systeme sind definiert als miteinander funktional verbundene Überzeugungen und Einstellungen (Converse 1964: 207). Das Modell nimmt an, dass nur bei instrumentellen, spezifischen Überzeugungen und Einstellungen ein Überzeugungswandel bei neuen Informationen zu erwarten ist. Die empirischen Befunde zu dieser These sind allerdings widersprüchlich (Putnam 1976: 72-106, Peffley/Hurwitz 1985: 871; Inglehart 1985; Friedman 2006).

In der theoretischen Auseinandersetzung konkurriert das Konzept der Belief-Systeme mit dem Ansatz der „kognitiven Schemata" (Schissler/Tuschhoff 1988; Vowe 1994). Dieses

Konzept geht von unverbundenen Wahrnehmungs- und Denkmustern aus, die vom Individuum aktiv zugeordnet werden können. Danach könnte etwa derselbe Politiker im Verlauf einer politischen Auseinandersetzung einen Auslandseinsatz der Bundeswehr diesen zu einem Zeitpunkt aus seiner Perspektive als fundamentaler Pazifist und zu einem anderen Zeitpunkt und in einem anderen Zusammenhang aus seiner Perspektive als fundamentaler Anhänger des freien Welthandels bewerten. Folgt man diesem Konzept, dann lassen sich Einstellungsänderungen von individuellen Akteuren selbst kurzfristig nicht prognostizieren. Radikale Kehrtwenden müssen als ebenso wahrscheinlich angenommen werden wie eine moderate Änderung der Einstellung von Politikern zu Einzelaspekten.

Ein zentrales Problem bei der Definition und Operationalisierung des Lernbegriffs ist das Akteurverständnis. So ist von zentraler Bedeutung, ob individuelle Akteure oder Organisationen als Akteure betrachtet werden. Zwischen beiden Extremen sind zudem unterschiedliche Mischformen denkbar (Scharpf 2000: 205; Schneider in diesem Band).

Sowohl theoretisch als auch empirisch sind Lernprozesse und Machtverschiebungen zwischen Individuen innerhalb sowie zwischen Organisation unterschiedlich zu fassen. Organisationen können lernen, ohne dass ihre Mitglieder lernen. Gleichzeitig können auch Organisationsmitglieder lernen, ohne dass die Organisation lernt. Organisationale Lernprozesse können intern auf Machtverschiebungen beruhen. Auf der anderen Seite können Lernprozesse von Organisationsmitgliedern zu Machtverschiebungen innerhalb und zwischen Organisationen führen.

Der Einfluss von Lernen ist daher nur dann zu erfassen, wenn ein möglichst präzises Begriffsverständnis besteht. Dieses wird in verschiedenen Ansätzen durch die Zusatzbedingungen Policy-Wandel, Policy-Bezug und Erfahrungsbasiertheit angestrebt. Diese Bedingungen dienen vor allem der definitorischen Präzisierung. Die Bedingung Policy-Wandel bezeichnet die Forderung, den Lernbegriff in der Policy-Analyse nur dann zu verwenden, wenn veränderte Überzeugungen politischer Akteure auch zu Policy-Veränderungen führen. Problematisch an dieser Forderung ist die Zeitdimension: Müssen Überzeugungsänderungen unmittelbar zu politischen Veränderungen führen, oder können die politischen Veränderungen auch erst Jahrzehnte später eintreten – wenn etwa oppositionelle Akteure nach einem Lernprozess in Regierungsverantwortung gelangt sind?

Policy-Bezug und Erfahrungsbasiertheit zielen auf die in empirischen Arbeiten häufig vernachlässigte Präzisierung der konkreten Informationen, die Lernprozesse auslösen. Sollte man auch bei Informationen über Veränderungen ohne direkten Bezug zur Policy das Konzept Policy-Lernen verwenden? Ist es also Policy-Lernen, wenn ein Gesundheitsminister Positionen zur Gesundheitspolitik ändert, nachdem er „gelernt" hat, dass nach einer Wahl die alten Positionen nicht mehr durchsetzbar sind? Dies mag auf den ersten Blick mit einem klaren „nein" zu beantworten sein. Allerdings entsteht dann das Problem, das Kriterium des Policy-Bezugs operational zu definieren. Soll Policy-Bezug alle Inhalte bezeichnen, die von den jeweiligen Akteuren als Policy-bezogen wahrgenommen werden? Dies hätte dann zur Folge, dass in einem Politikfeld unterschiedliche inhaltliche Abgrenzungen gemacht werden müssten. So würden etwa Kirchenvertreter ethische Informationen als relevant für die Gentechnologiepolitik ansehen, während viele Molekularbiologen einen solchen Bezug nicht sehen.

Übersicht 2: Lerntypen

Lerntyp	Einfaches Lernen	Komplexes Lernen	Reflexives Lernen
Analoge Begriffe und verwandte Konzepte	– Verbesserungslernen – single-loop learning/ Einschleifen-Lernen – proto-learning/ first-order learning/ Lernen erster Ordnung – instrumentelles Lernen – Adaption – Anpassungslernen	– Veränderungslernen – double-loop learning/ Doppelschleifen-Lernen – proto-learning/ first-order learning/ Lernen erster Ordnung – soziales Lernen	– Metalernen – deutero learning/ Zweitlernen – second-order learning/ Lernen zweiter Ordnung – Prozesslernen
Bedeutung	Anpassung von Strategien zur besseren Erreichung bestehender Ziele	Änderung von grundlegenden Überzeugungen und Zielen	Lernen zu lernen
Analoge Fragestellungen der Policy-Analyse	Wie können politische Programme verbessert (effektiver, effizienter, legitimer) werden? (unter anderem Gegenstand der Evaluationsforschung)	Wie verändern sich die Grundlagen/Paradigmata politischer Programme? (meist rückblickend an Einzelfällen untersucht)	Wie können politische Organisationen (z. B. Regierungen oder Staaten) lernen, schneller und flexibler auf neue Informationen zu reagieren? (bisher aus verschiedenen Perspektiven diskutiert)

Quelle: eigene Darstellung

Zu klären ist auch, ob der Lernbegriff sich nur auf Überzeugungswandel aufgrund (eigener?) Erfahrungen beziehen soll. Muss Lernen eine empirische Grundlage haben? Oder kann Lernen auch die Folge abstrakter Überlegungen sein? Vertreter einer Rational-Choice-Perspektive verwenden den Begriff Policy-Lernen auch für die Modellierung von Optimierungsstrategien unter der Bedingung vollständiger Informationen (rationales Lernen bzw. bayesianisches Lernen, vgl. Mesequer 2005: 74-78). Policy-Lernen wird dabei als Spezialfall rationaler Entscheidungen interpretiert. Begriffstheoretisch ist dies zumindest missverständlich, da somit eine grundlegende Voraussetzung anderer lerntheoretischer Ansätze – nämlich die Entscheidung unter Unsicherheit – nicht mehr mit dem Konzept verbunden werden kann.

Von besonderem Interesse ist die Frage, ob der Lernbegriff jeweils eine Verbesserung der Prozesse oder Ergebnisse bezeichnet. Diese Frage wird in der folgenden Typologie lerntheoretischer Begriffe berücksichtigt. Die vorgestellten Lernbegriffe greifen Vorarbeiten aus der Pädagogik, der Psychologie und der Organisationsforschung auf. Grundlegend für alle diese Ansätze ist die Unterscheidung von drei Lerntypen: dem einfachen Lernen, dem komplexen

Lernen und dem reflexiven Lernen (Übersicht 2, für eine Erläuterung der Begriffe siehe unten).

2.1   Einfaches Lernen

Die Unterscheidung zwischen einfachem und komplexem Lernen wurde von *Deutsch* (1969: 146-147) in die Sozialwissenschaft eingeführt. Einfaches Lernen (Verbesserungslernen) umfasst danach Veränderungen bei den Wegen die gewählt werden, um bestehende Ziele zu erreichen. Diese Veränderungen müssen jeweils Verbesserungen bewirken, d. h. sie müssen eine effektivere Adaption an bestehende Ziele und Normen ermöglichen. Wird dies nicht erreicht, und führt die Veränderung zu einer weniger effektiven Zielerreichung, spricht man von „pathologischem" Lernen (Deutsch 1969: 147). Einfaches Lernen entspricht in seiner Logik dem von Argyris/Schön (1978: 3) eingeführten „single-loop learning".

„Single-loop learning" (Einschleifen-Lernen)

„Unter *Einschleifen-Lernen* verstehen wir instrumentales Lernen, das Handlungsstrategien oder Annahmen, die Strategien zugrunde liegen, so verändert, daß die Wertvorstellungen einer Handlungstheorie unverändert bleiben." (Argyris/Schön 1999: 35-36)

„Das Einschleifen-Lernen reicht dort aus, wo die Irrtumsberichtigung darin bestehen kann, Organisationsstrukturen und Annahmen innerhalb eines konstanten Rahmens von Leistungswerten und -normen zu ändern. Es ist instrumental und bezieht sich somit in erster Linie auf die Effektivität: wie man am besten bestehende Ziele erreicht und die Organisationsleistung in dem Bereich hält, der von den bestehenden Werten und Normen vorgegeben wird." (Argyris/Schön 1999: 37)

Auch mit den Bezeichnungen Adaption, Anpassungslernen, „first order learning" oder Verbesserungslernen ist in der Regel eine Form des einfachen Lernens gemeint (Klimecki/Laßleben/Altehage 1995: 48). Die Vielfalt der Begriffe beruht zum Teil darauf, dass sie trotz analoger Fragestellungen von unterschiedlichen Perspektiven geprägt sind: So entstammt der Begriff des einfachen Lernens handlungstheoretischen Ansätzen, während die Unterscheidung zwischen Einschleifen- und Doppelschleifen-Lernen von einer systemischen Perspektive ausgeht. In der Organisationsforschung ist der Typus des Anpassungslernens von besonderer Bedeutung, da er hier die Anpassung der Verhaltensweisen von Organisationsmitgliedern an die Ziele der Organisation bezeichnet. Rationales Lernen müsste als Spezialfall des Anpassungslernens gefasst werden, wenn man es als Policy-Lernen bezeichnen möchte. Es würde zusätzlich zu vorgegebenen Zielen auch vollständige Informationen und Risikoneutralität voraussetzen.

In realen Organisationen ist rationales Lernen unwahrscheinlich. Anpassungsvorgänge sind unter anderem von den jeweiligen Machtstrukturen in der Organisation abhängig, so dass sie als „Durchsetzung eines Routinespiels" (Wilkesmann 1999: 169) charakterisiert werden können. In der politischen Anwendung lässt sich das Konzept des einfachen Lernens für die

Bearbeitung der Frage nutzen, wie (auch gegen mögliche Widerstände) vorgegebene Ziele besser erreicht werden können.

2.2 Komplexes Lernen

Komplexes Lernen (Veränderungslernen) stellt Ziele und handlungsleitende Annahmen selbst in Frage. Auch für diesen Typus wurden unterschiedliche Bezeichnungen eingeführt. Obwohl die Begriffe „double-loop learning" (Argyris/Schön 1978: 20-26) und Veränderungslernen (Klimecki/Laßleben/Altehage 1995: 48) weitgehend deckungsgleich sind, wird der Typus des komplexen Lernens – unabhängig von der jeweiligen Begriffswahl – in unterschiedlicher Form umgesetzt.

„Double-loop learning" (Doppelschleifen-Lernen)

„Unter *Doppelschleifen-Lernen* verstehen wir ein Lernen, das zu einem Wertewechsel sowohl der handlungsleitenden Theorien als auch der Strategien und Annahmen führt. Die Doppelschleife bezieht sich auf die beiden Rückmeldeschleifen, die die festgestellten Auswirkungen des Handelns mit den Strategien und Wertvorstellungen verbinden, denen die Strategien dienen. Strategien und Annahmen können sich gleichzeitig mit einem Wertewechsel oder als Folge davon ändern." (Argyris/Schön 1999: 36)

Ursprünglich stammt die Unterscheidung zwischen Einschleifen- und Doppelschleifen-Lernen aus der Technik: Wenn etwa ein Thermostat die Wohnungstemperatur an vorgegebene Ziele anpasst, wird dieses noch als einfaches Lernen bezeichnet. Nun ist es aber denkbar, dass durch eine Veränderung der Situation (also z. B. der Außentemperatur) eine Anpassung der Wohnungstemperatur an die ursprünglichen Ziele nicht mehr möglich ist. Bei komplexem Lernen bzw. Doppelschleifen-Lernen passt der Thermostat die Zieltemperatur an die Situation an (Argyris/Schön 1999: 36). In der Politik bezieht sich das Konzept darauf, dass ein Akteur bestimmte Ziele seines Handelns verändert, um die Erreichung von noch grundlegenderen Zielen zu ermöglichen. Vor allem bei der Veränderung allgemeiner Ziele und Wahrnehmungsmuster (Paradigmata) wird der Begriff verwendet.

Um dies an einem Beispiel zu verdeutlichen: Das grundlegendste, aber wohl am wenigsten veränderliche Ziel eines jeden Akteurs ist die „Erhaltung des Strebens nach einer Zweckbestimmung" (Deutsch 1969: 148). Vor diesem Hintergrund könnte also ein Bauernverband „komplex" lernen, wenn er im Zuge der BSE-Krise seine Ziele verändert: Um eine Zweckbestimmung und somit seine Existenz zu erhalten, würde er sein (nicht mehr durchzusetzendes) bisheriges Ziel, den Schutz der klassischen Landwirtschaft, aufgeben und die Förderung ökologischer Landwirtschaft als neues Ziel definieren. Eine solche Abkehr von vorherigen allgemeinen Zielen würde man als komplexes Lernen bezeichnen. In der heute üblichen, allgemeineren Verwendung geht das Konzept des Veränderungslernens davon aus, dass sich Interessenlagen, Werte, Ziele und Handlungen politischer Akteure durch zusätzliche Informationen verändern.

In eine ähnliche Richtung zielt die Differenzierung zwischen „instrumental policy learning" und „social policy learning" bei May (1992). Instrumentelles Lernen bezeichnet bessere Zielerreichung, während soziales Lernen eine neue oder veränderte Wahrnehmung des Problems, der Reichweite des Problems oder der politischen Ziele beinhaltet (May 1992: 337).

Analytische Rahmen, Theorien oder Modelle, die das Konzept des komplexen Lernens nutzen, fragen danach, welche Denkmuster und politischen Ziele veränderlich bzw. welche eher konstant sind, und wodurch Individuen oder komplexe Akteure dazu gebracht werden, ihre Denkmuster und Ziele zu verändern.

Die Differenzierung von einfachem und komplexem Lernen ermöglicht so die Entwicklung konkreter Modelle zur Erklärung politischer Veränderungen in Abhängigkeit von Lernprozessen. Es dürfte aber auch deutlich geworden sein, dass die Unterscheidung nicht unproblematisch ist. Werden nur Strategien geändert, so spricht man von einfachem Lernen. Eine Änderung allgemeiner Ziele nennt man dagegen komplexes Lernen. Im jeweiligen Einzelfall ist es oft schwierig, zwischen allgemeinen Zielen und Strategien zu unterscheiden. Notwendig ist jeweils die Festlegung der Ebene politischer Ziele, deren Änderung als „komplexes Lernen" gefasst wird. Diese Festlegung kann theoretisch erfolgen (etwa auf Grundlage des Modells der Belief-Systeme), empirische Vorarbeiten nutzen oder sich auf einen Common Sense der Experten stützen.

2.3   Reflexives Lernen

Der dritte Lerntypus basiert auf einer Differenzierung, die in den 1940er Jahren von dem Sozialpsychologen Bateson eingeführt wurde. Bateson bezeichnet eine Verhaltensänderung auf Grundlage neuer Informationen als „proto-learning" (Lernen erster Ordnung). Diesem Proto-Lernen stellt Bateson das „deutero-learning" („second-order learning", Lernen zweiter Ordnung oder Zweitlernen) gegenüber.

Deutero-Lernen bezeichnet das Lernen zu lernen (Bateson 1947: 123; Argyris/Schön 1978: 26-28). Bateson's Differenzierung zielt ursprünglich darauf, die Beschleunigung individuellen Lernens bei mehreren Lernprozessen zu erklären. Als alternative Bezeichnungen finden sich reflexives Lernen, Prozesslernen (Probst/Büchel 1998: 37), Meta-Lernen (Weinmann 1999: 21) oder – in einem speziellen Verständnis, das auch Elemente des einfachen und komplexen Lernens enthält – Problemlösungslernen (Wilkesmann 1999: 169).

Politikfeldanalytische Lerntheorien haben zunächst nur selten explizit an die sozialpsychologischen Arbeiten zum Deutero-Lernen angeknüpft. Dies liegt vor allem daran, dass Politikwissenschaftler weniger daran interessiert waren, zu erklären, wie Individuen oder andere politische Akteure lernen, als vielmehr daran, was gelernt wird (Rose 1993: 23). Allerdings sind Veränderungen der Lernfähigkeit politischer Akteure und vor allem politischer Systeme auch für die Politikwissenschaft von entscheidender Bedeutung. Für lerntheoretische Fragestellungen der Politikfeldanalyse liegt die Bedeutung des Konzepts des Deutero-Lernens in dessen möglichem Beitrag zu der Fragestellung, wie politische Organisationen (etwa Regierungen, Ministerien, Parteien oder Verbände) ihre Lernfähigkeit verbessern können.

Die hier vorgestellte Unterscheidung von Lerntypen hat in der Organisationsforschung großen Einfluss gewonnen. Bei einer Übertragung auf politische Organisationen (Regierungen, Parteien, Verbände, Staaten etc.) müssen allerdings die jeweiligen Besonderheiten dieser Organisationstypen geklärt werden. Obwohl dies bei empirischen Arbeiten bisher nicht immer erfolgt, nutzt die Politikfeldanalyse in den letzten Jahren zunehmend systematisch Konzepte und Thesen soziologischer Ansätze zum organisationalen Lernen (z. B. Albach/Dierkes/Antal/Vaillant 1998; Wiesenthal 2006; Bandelow 2008).

Diese folgende Zuordnung der Ansätze darf aber nicht zu dem Missverständnis führen, dass eine solche Einordnung bisher üblich wäre oder von den Begründern der Ansätze bereits so bewusst vorgegeben würde. Im Gegenteil: Vor allem die hier dem Konzept des Veränderungslernens zugeordneten Ansätze diskutieren oft auch Fragen des Verbesserungslernens. Die Zuordnung orientiert sich daher an zentralen Fragen der Ansätze und berücksichtigt ferner das jeweilige Wissenschaftsverständnis bzw. die Stellung, die von den Ansätzen in dem Spannungsfeld von Theorie und Praxis eingenommen wird. Die jeweils in den Ansätzen explizit verwendeten Begriffe und theoretischen Bezüge sind deutlich komplexer, wie die chronologische Übersicht 3 zeigt.

3 Verbesserungslernen als Konzept der Politikfeldanalyse

Wie im Abschnitt 2.1 dargestellt, setzt das Konzept des Verbesserungslernens ex ante vorgegebene Ziele voraus. Diese Ziele können normativen oder politischen Grundlagen des Forschers und seiner Auftraggeber entspringen. Oft werden sie auch von der problemorientierten Forschung anderer Disziplinen entwickelt (Scharpf 2000: 33). Solche Ziele sind etwa „hoher Beschäftigungsstand" oder „Stabilität der Krankenversicherungsbeiträge". Auf der anderen Seite kann die Politikfeldanalyse auch den Grad demokratischer Beteiligung bei der Entscheidungsfindung messen und als Ziel etwa „demokratische Legitimität der Geldpolitik" annehmen.

Übersicht 3: Wer lernt warum? Lerntheoretische Begriffe und Ansätze im Vergleich

AUTOREN UND LERNBEGRIFFE	WER LERNT?	WAS LÖST LERNEN AUS?
Deutsch 1969: „kybernetische Rückkoppelung"	– selbstregulierende Netzwerke der Kommunikation	– Spannung zwischen Ziel und Realität – inneres Ungleichgewicht des Netzwerks
Heclo 1974: „political learning"	– zunächst korporative gesellschaftliche Akteure, dann durch die Vermittlung über individuelle Akteure (deren Status als staatliche oder gesellschaftliche Akteure unklar ist) der Staat	– ökonomische Entwicklung – Parteienwettbewerb und Stimmenwettbewerb zwischen politischen Führern – Druck von Interessengruppen – Entwicklung und Wachstum der Sachkenntnis der Verwaltung – „policy middlemen" (Mittler zwischen zentralen Akteuren)
Etheredge/Short 1983: „government learning" (vgl. auch Etheredge 1981)	– politische Organisationen (intelligentere interne Kommunikationstechniken, Normen, Kulturen etc.)	– wissenschaftlich (positivistisch) angeleitete Wissensvermehrung – individuelle Intuition – individuelle Kreativität – individuelles Geschick bei der Umsetzung von Zielen – individuelles Urteilsvermögen und Weisheit
Rose 1993: „lesson-drawing"	– zunächst individuelle Politiker, aber als komplexe Akteure betrachtet und als Policy Networks bezeichnet	– Unzufriedenheit mit dem Status quo
Hall 1993: *„social learning"*	– Policy Communities aus individuellen gesellschaftlichen und vor allem staatlichen Akteuren (offizielle Experten in dem Politikfeld)	– kognitive Dissonanzen – Erklärungsdefizite bestehender Paradigmata – politische, ökonomische und soziale Krisen
Kissling-Näf/Knoepfel 1998: „kollektives Lernen in öffentlichen Politiken"	– zunächst Individuen, Organisationen und interorganisationelle Netzwerke, letztlich politische Netzwerke (also kollektive Akteure)	– Interaktionsprozesse zwischen den Akteuren im Politiknetzwerk

Bandelow 2006: „policy-oriented learning", „tactical change"	– individuelle Akteure – Gleichsetzung politischer, gesellschaftlicher, wissenschaftlicher und anderer Akteure	– langfristig: Policy-bezogene Informationen – kurzfristig: Policy-bezogene und Policy-externe Informationen
Sabatier/Weible 2007: „policy-oriented learning" (vgl. auch Sabatier 1993; 1998; Sabatier/Jenkins-Smith 1993; 1999)	– Advocacy Koalitionen – Gleichsetzung politischer, gesellschaftlicher, wissenschaftlicher und anderer Akteure	– individuelles Lernen und Verhaltensänderungen – Diffusion neuer Überzeugungen in einer Koalition – Änderung der Zusammensetzung von Koalitionen – Gruppendynamiken (etwa Polarisierung zwischen konkurrierender Gruppen) – Austausch zwischen konkurrierenden Koalitionen (bei geeigneten Konflikten, Ressourcen und Foren) – interne Schocks – erzwungene Verhandlungen

Quelle: eigene Übersicht, vgl. auch Bandelow 1999: 63 und Bennett/Howlett 1992: 278-282

Der Fragestellung des Verbesserungslernens entsprechen politikfeldanalytische Ansätze dann, wenn sie die politischen Ziele vorgeben und beanspruchen, die Leistungen verschiedener politischer Wege bei der Zielerreichung bewerten zu können. Ein solcher Bewertungsanspruch findet sich etwa bei der Implementations- und Evaluationsforschung, die als Maßstäbe zur Bewertung politischer Programme deren Effektivität und Effizienz untersucht (Wollmann in diesem Band).

Auch Zielkonflikte können in Modellen des Verbesserungslernens berücksichtigt werden. So hat sich in der amerikanischen Policy-Analyse eine Schule etabliert, die ihre Aufgabe darin sieht, bei Zielkonflikten „Win-Win-Lösungen" zu entwickeln. Darunter werden Lösungen verstanden, die für konkurrierende Parteien oder Interessenkoalitionen gleichzeitig eine verbesserte Zielerreichung ermöglichen. Seit den 1990er Jahren wird in den USA auch die Idee der Erzeugung „bester" Lösungen in solchen Zielkonflikten vertreten. Solche „Super-Optimum Solutions" („SOS") sollen durch eine (etwa aus Drittquellen gespeiste) Ressourcenausweitung, die Maximierung der Effizienz bei der Zielerreichung und die Entwicklung neuer politischer Strategien unter Berücksichtigung der konkreten Kosten und Nutzen von Maßnahmen in unterschiedlichen Phasen des politischen Prozesses ermöglicht werden (Nagel 2000).

Effektivität und Effizienz

Die Begriffe effektiv und effizient werden umgangssprachlich meist synonym im Sinne von „wirksam" gebraucht. In der Politikwissenschaft wird dagegen üblicherweise eine auch in den Wirtschaftswissenschaften gebräuchliche Unterscheidung vorgenommen. Danach bezeichnet Effektivität den Grad der Wirksamkeit, sagt also aus, wie gut ein Ziel erreicht wird. Die Effektivität vergleicht das Ergebnis (Outcome) mit dem Ziel. Bei der Optimierung der Effektivität geht es darum, „die richtigen Dinge zu tun".

Effizienz bezeichnet dagegen die Wirtschaftlichkeit des Mitteleinsatzes, gibt also das Verhältnis von Wirkung und Kosten an. Die Effizienz vergleicht die erbrachten Leistungen mit den KostenMit dem Begriff der Effektivität ist der Grad der Zielerreichung gemeint, während Effizienz das Verhältnis von Wirkung zu Kosten bezeichnet. Beide Begriffe sind nicht unumstritten, da sie strenggenommen bereits eine Klärung dessen voraussetzen, was als wünschenswertes Ziel anzusehen ist. Nur wenn Ziele klar benannt und überprüfbar sind – wenn etwa in der Verkehrspolitik der Bau von 100 Kilometern neuer Autobahnstrecke beabsichtigt ist –, lässt sich der Grad der Zielerreichung messen. Auch dann darf „effektiv" nicht mit „gut" verwechselt werden: Aus der Sicht von Umwelt- und Naturschützern kann etwa ein effektiver Bau neuer Autobahnen auch negativ bewertet werden.

Das Konzept des Verbesserungslernens setzt weiterhin voraus, dass die gesteigerte Zielerreichung auf einem besseren Umgang von Akteuren mit ihrer Umwelt basiert. Diese Verbesserung kann etwa darin liegen, dass Probleme differenzierter wahrgenommen oder zusätzliche Verhaltensroutinen erworben werden. Akteure können daher als Ergebnis ihres Lernprozesses differenzierter auf unterschiedliche Situationen reagieren (Etheredge/Short 1983: 42; Klimecki/Laßleben/Altehage 1995: 12). Kognitive Veränderungen werden somit als Erweiterung von „Wissen" gefasst. Lerntheoretische Ansätze „erster Ordnung" nutzen also einen objektiven, ordinalen Lernbegriff: Wissen wird als zumindest vergleichend messbar angenommen, d. h. es kann im Vergleich zweier Akteure bzw. im Vergleich desselben Akteurs zu verschiedenen Zeiten angegeben werden, wann mehr Wissen vorhanden ist bzw. war.

Eine solche Konzeption von Lernen als Informationsgewinn ist vor allem in wissenszentrierten Feldern wie der Technologiepolitik verbreitet (Jachtenfuchs 1993: 2). Ihr liegt mitunter die Vorstellung zugrunde, dass politische Konflikte – wie etwa die Kontroversen über die Nutzung von Atom- oder Gentechnik – die Folge „falscher" Vorstellungen von Beteiligten des Konfliktes sind. Lernen soll dann dazu beitragen, Fehler zu korrigieren und dadurch zur Lösung von Konflikten beizutragen. Politikfeldanalytische Ansätze greifen diese Überlegungen auf, indem sie danach fragen, in welchen Politikfeldern und unter welchen institutionellen Rahmenbedingungen „Wissen" auf politische Prozesse einwirkt (Majone 1989; Radaelli 1995).

3.1 „Government learning"

Eine der ersten Studien, die sich systematisch mit unterschiedlichen Auslösern von Lernprozessen beschäftigt, wurde Anfang der 1980er Jahre von Etheredge vorgelegt (Etheredge 1981 und eine geringfügig weiterentwickelte Zusammenfassung der Überlegungen bei Etheredge/Short 1983). Etheredge und Short greifen auf normative Konzepte individuellen Lernens zurück und versuchen, diese auf Politiker und politische Organisationen zu übertragen. Lernen bezeichnet danach bei Individuen eine Steigerung von Intelligenz und Erfahrenheit. Diese Steigerung lässt sich in der Psychologie an drei Indikatoren ausmachen (Etheredge/Short 1983: 42-43):

1. erhöhtes Differenzierungsvermögen,
2. erhöhte Fähigkeit zur Organisation und hierarchischen Integration,
3. verbessertes Reflexionsvermögen.

Diese drei Indikatoren werden von Etheredge und Short auch auf Politiker angewendet. Dabei betonen die Autoren, dass eine Beurteilung von Lernerfolgen individueller Politiker immer voraussetzt, dass der Betrachter (Forscher) vorher den Begriff der Effektivität durch Festlegung wünschenswerter Ziele konkretisiert.

Bei der Anwendung ihres individuellen Lernbegriffs auf politische Organisationen stellen Etheredge und Short zunächst fest, dass das Lernen eines Regierungschefs noch nicht gleichbedeutend mit dem Lernen der Regierung ist. So können die Intelligenz und Erfahrenheit des Regierungschefs wachsen, ohne dass die Effektivität der Regierung wächst. Dies ist etwa der Fall, wenn unterschiedliche Regierungsvertreter unterschiedliche Ziele verfolgen. Es ist daher von Vorteil für eine Regierung, wenn das Regierungsverhalten möglichst kohärent ist.

Allerdings ist eine Steigerung des internen Zusammenhalts in der Regierung auch noch keine ausreichende Definition von Regierungslernen: Die Effektivität von Regierungen kann auch von technischen Bedingungen, internen Normen, Rollenstrukturen, Weltsichten usw. abhängen. Als umfassenden Begriff des „government learning" rekurrieren Etheredge/Short daher auf die „inferred coherence" (Etheredge/Short 1983: 49). Dieser Begriff soll alle Faktoren der systemischen Intelligenz politischer Organisationen umfassen. Was konkret von Forschern als „intelligentes" Verhalten einer politischen Organisation gefasst wird, wird bewusst offen gelassen.

Etheredge bemüht sich aber zumindest um eine beispielhafte Illustration des Konzepts, indem er Scheitern und Erfolg der US-Regierung bei drei militärpolitischen Entscheidungen unter Anwendung seines Konzepts untersucht. Er sieht (erfolgreiches) Regierungslernen als abhängige Variable, die von einer Reihe unabhängiger Variablen beeinflusst werden kann: den Inhalten universitärer Lehre, den Zielen der Wähler, den Forderungen von Lobbyisten, den Themen der Medien, der Qualität äußerer Kritik, dem Zeitgeist, den konzeptuellen und methodischen Neuerungen universitärer Forschung und der Frage, ob die Menschen ausreichend Vertrauen haben, um die „Wahrheit" zu äußern (Etheredge 1981: 135).

3.2   „Lesson drawing"

Während Etheredge Grundlagen individueller Lernprozesse und – am Beispiel der US-amerikanischen Bundesregierung – Bedingungen und Hindernisse von Regierungslernen diskutiert, befasst sich Richard Rose mit Phasen, in denen sich politische Lernprozesse vollziehen. Rose (1993: 27-34; 114-117) beschreibt es als vierstufigen Prozess:

1. In einem ersten Schritt suchen Politiker nach Erfahrungen in der Vergangenheit oder in anderen Regionen, um mögliche Wege zur Lösung eigener aktueller politischer Aufgaben zu finden.
2. Im zweiten Schritt bilden die Politiker auf Grundlage der gefundenen Lehren ein analytisches Modell, um die neuen Informationen in allgemeine Erklärungsmuster zu überführen. Ein solches Modell soll verdeutlichen, welche Wirkungen konkreter Strategien in der Praxis zu erwarten sind.
3. Anschließend finden politische Veränderungen als Anwendung des Gelernten statt – sei es durch Kopie von Programmen oder auch nur durch Inspirationen für eigene neue Programme.
4. Den letzten Schritt des Lernprozesses sieht Rose in einer vorausschauenden Bewertung des zu erwartenden Erfolgs des Programms. Eine solche vorausschauende Bewertung kann darin bestehen, dass die Voraussetzungen und Bedingungen für den Erfolg eines Programms an einem anderen Ort oder zu einer anderen Zeit erforscht werden, um dann zu prüfen, ob diese Bedingungen im eigenen Fall gegeben sind
5. Der von Rose entwickelte Ansatz hat den Vorteil, Lernen als Informationsgewinn durch Erfahrungen früherer Zeiten und anderer Orte systematisch fassen zu können. Aus dieser Perspektive müssen politische Entwicklungen nicht mehr auf eine Vielzahl von Einzelentscheidungen zurückgeführt werden. So lässt sich zum Beispiel der analoge Wechsel bei der Wahl wirtschaftspolitischer Instrumente in verschiedenen Ländern auf gleichzeitige Lernprozesse zurückführen: Die negativen Erfahrungen mit einer keynesianischen Globalsteuerung in den 1970er Jahren haben in verschiedenen Ländern – unabhängig von ihren jeweiligen Regierungssystemen und nationalen Interessenkonstellationen – zu einer wirtschaftspolitischen Neuorientierung geführt. In den späten 1990er Jahren wiederum lässt sich eine Umorientierung von neoliberalen Wirtschaftsmodellen hin zu sozialdemokratischen Modellen des „Dritten Wegs" feststellen. Solche internationalen Wellen der Instrumentenwahl lassen sich mit dem von Rose skizzierten lerntheoretischen Instrumentarium als grenzüberschreitendes Lernen fassen (Howlett/Ramesh 1993).

Roses Ansatz erfreut sich einer zunehmenden Bedeutung und hat sich bereits in einer Vielzahl von Studien bewährt (z. B. Stone 2002; Hough/Paterson/Sloam 2006). Die Einfachheit des Ansatzes führt allerdings auch zu Schwächen: So thematisiert das Lesson-Drawing nicht, wie und unter welchen Bedingungen „Vergessen" als umgekehrter Lernprozess politische Veränderungen erklären kann (Wiesenthal 1995: 151; Schmid 1998). Dem praxisorientierten Ansatz fehlt bisher auch ein empirisch prüfbarer theoretischer Kern.

Problematisch am Lesson-Drawing ist weiterhin, dass die Suche und Aufnahme von Informationen als theoriefreier Prozess gedeutet wird. Politische Akteure werden aber bei der

Suche und Interpretation von Informationen von ihren bestehenden Denkmustern (Werten, Zielen, Annahmen über kausale Zusammenhänge) geprägt (Bandelow 2006).

Nicht nur die Auswahl von Informationen, sondern auch die Bewertung von neuen Strategien, ist in der Regel umstritten: So ist zwar der Abbau hoher Arbeitslosigkeit ein weitgehend konsensuales politisches Ziel. Ist es aber ein Fortschritt, wenn Politiker „lernen", die Arbeitslosigkeit durch Zwangsmaßnahmen gegen Arbeitslose zu reduzieren? Die Antwort auf diese Frage hängt – wie fast alle politischen Bewertungen – von den Normen und Werten des Betrachters ab. Es ist daher nur selten möglich, politische Veränderungen im allgemeinen Konsens als positiven Fortschritt zu bewerten. Fasst man die bisherigen Überlegungen zusammen, dann finden sich idealtypisch drei Strategien, mit diesem Problem umzugehen:

1. Es wird von allgemeinen Zielen einzelner „lernender" Akteure ausgegangen, die durch Lernen effektiver oder effizienter erreicht werden sollen.
2. Es wird von allgemeinen Zielen des wissenschaftlichen Beobachters ausgegangen, die durch Lernen effektiver oder effizienter erreicht werden. Diese Perspektive wird in keinem der hier vorgestellten Ansätze explizit vertreten, dürfte aber vielen konkreten Anwendungen mehr oder weniger zugrunde liegen.
3. Lernprozesse werden als übergreifende Verbesserungen interpretiert, die allen Konfliktparteien im Rahmen von Win-Win-Lösungen zugute kommen. Diese Perspektive liegt den meisten Ansätzen explizit oder implizit zugrunde. Eine übergreifende Verbesserung kann dann etwa die erhöhte Kohärenz der Strategie einer Regierung sein, wie bei Etheredge und Lloyd angenommen.

Im konkreten Einzelfall ist es oft schwierig, zwischen der ersten und der dritten Strategie zu unterscheiden: Die erhöhte Kohärenz einer Regierung mag dazu führen, dass diese ihre Ziele besser durchsetzen kann. Für politische Gegner der Regierung oder auch Vertreter von Minderheitspositionen werden dadurch aber nur Einzelinteressen in der politischen Auseinandersetzung gestärkt. Ob es überhaupt möglich ist, Politik „besser" in einem allgemeinen Sinn zu gestalten, darf daher als umstritten gelten.

4　　Veränderungslernen als Konzept der Politikfeldanalyse

Das Problem der Bewertung politischer Veränderungen wird bei Untersuchungen von Prozessen des Veränderungslernens vermieden. Solche Untersuchungen gehen nicht von vorgegebenen Zielen aus, die durch Lernen besser erreicht werden sollen. Es wird vielmehr untersucht, wie sich politische Ziele, Überzeugungen und Verhaltensmuster von Akteuren verändert haben. Analytische Rahmen, Theorien und Modelle, die sich mit Prozessen des Veränderungslernens befassen, verwenden daher einen nominalen Lernbegriff (z. B. Hall 1993, Sabatier 1993, Bandelow 2006). In seiner allgemeinsten Form umfasst Lernen dann jede dauerhafte Verhaltensänderung, die auf neuen Informationen beruht – unabhängig davon, ob diese Verhaltensänderung dazu führt, dass irgendwelche Ziele besser, gleich gut oder schlechter erreicht werden. Die Verwendung der Vorstellung des Veränderungslernens in der Politikfeldanalyse geht von der Annahme aus, dass Akteure aufgrund neuer Informationen ihre Präferenzen oder Wahrnehmungen ändern und dass dadurch politische Veränderungen ausgelöst werden.

Im Gegensatz zum Verbesserungslernen wird beim Veränderungslernen nicht eine effektivere Erreichung politischer Ziele in den Vordergrund gestellt. Es geht also nicht um bessere Politik, sondern um eine bessere Erklärung der Politik. Lerntheoretische Ansätze wollen dabei „besser" sein als Ansätze, die den Faktor Lernen nicht berücksichtigen (wie etwa die meisten Rational-Choice-Ansätze). Die verschiedenen politikwissenschaftlichen Ansätze des Veränderungslernens unterscheiden sich vor allem in der Bedeutung, die dem Lernen politischer Akteure bei der Erklärung politischer Veränderungen jeweils zukommt.

Die geringste Rolle wird Lernen in Modellen beigemessen, die nach wie vor in Interessenkonflikten und institutionellen Strukturen die prägenden Faktoren von Politik sehen. Dies gilt etwa für den Akteurzentrierten Institutionalismus (Mayntz/Scharpf 1995; Scharpf 2000; van Waarden in diesem Band). Obwohl der von Mayntz und Scharpf entwickelte analytische Rahmen Lernen nicht ausschließt, handelt es sich daher nicht um einen lerntheoretischen Ansatz.

4.1   Ursprünge lerntheoretischer Erklärungen von Politikergebnissen

Als Vorreiter lerntheoretischer Ansätze wird oft die Studie von Heclo zur Sozialpolitik in Großbritannien und Schweden gesehen. Tatsächlich handelt es sich um ein Erklärungsmodell, das Lernen in den Mittelpunkt des Arguments stellt, aber dennoch in den „harten" Faktoren der sozioökonomischen Bedingungen die Basis zur Erklärung der unterschiedlichen politischen Strategiewahl sieht. Heclo's Modell führt aber politische Experten als wichtige zusätzliche Akteure ein und zeigt, dass die jeweils gewählten politischen Strategien nicht allein als Reaktionen auf aktuelle Probleme zu erklären waren, sondern gleichzeitig Erfahrungen mit früheren Strategien reflektieren (Heclo 1974).

Heclo's Modell hat vor allem durch die Gegenüberstellung der Begriffe „Powering" und „Puzzling" (Heclo 1974: 305) Einfluss gewonnen (z. B. Hall 1993; Lieberman 2002). Die Studie startet mit einem Überblick über den politikwissenschaftlichen Diskussionsstand der frühen 1970er Jahre, der Politikprozesse allein als Kampf um Zustimmung für Unterstützung in der Auseinandersetzung zwischen konkurrierenden Zielen gesehen hat („to power"). Angesichts der Ungewissheit über mögliche Lösungen und deren Auswirkungen ist Politik vielmehr auch dadurch geprägt, dass politische Akteure Probleme identifizieren, Lösungen benennen und deren Auswirkungen erkunden müssen („to puzzle"). Puzzling wird von Heclo als kollektiver Prozess eines „social learning" beschrieben. Dieses Social Learning definiert Heclo als relativ dauerhafte Veränderung von Verhalten auf Grundlage von Erfahrung (Heclo 1974: 306).

Heclo's wegweisende Studie nimmt wesentliche Elemente der heute aktuellen Debatten der Policy-Analyse vorweg. Bereits Mitte der 1970er Jahre problematisiert sie das Spanungsverhältnis zwischen individuellem Lernen und sozialem Lernen. Auch die besondere Bedeutung von politischen Vermittlern – „policy middlemen" (Heclo 1974: 311) – bleibt bis heute aktuell. Sie findet sich sowohl in Sabatier's Konzept des „policy broker" wieder, auch etwa bei der Rolle politischer Unternehmer im Multiple Streams Ansatz (Rüb in diesem Band).

4.2   „Social learning" und Paradigmenwechsel

Auch das Modell des historischen Institutionalisten Hall zum „social learning" in der Wirtschaftspolitik weist dem Faktor „Lernen" zur Erklärung politischer Veränderungen eine eingeschränkte Bedeutung zu. Hall ist Herausgeber eines 1989 erschienenen Sammelbandes, der sich vergleichend mit der Ausbreitung keynesianischer Ideen in verschiedenen Ländern beschäftigt. Die Verbreitung des Keynesianismus nach dem zweiten Weltkrieg sieht Hall als Paradigmenwechsel, der mit analogen Begriffen beschreibbar ist, wie die von Kuhn in verschiedenen naturwissenschaftlichen Disziplinen beobachteten wissenschaftlichen Revolutionen (Kuhn 1996). Ein politischer Paradigmenwechsel ist für Hall dann gegeben, wenn sich Zielhierarchien ändern, wenn also etwa das Ziel der Vollbeschäftigung nicht mehr als nachgelagert gegenüber dem Ziel der Preisstabilität gesehen, sondern diesem übergeordnet wird. Nicht als Paradigmenwechsel, sondern als Lernen 1. bzw. 2. Ordnung bezeichnet Hall die veränderte Anordnung von Steuerungsinstrumenten bzw. die Wahl neuer Steuerungsinstrumente.

Politische Paradigmenwechsel vollziehen sich nach Hall in verschiedenen Stufen, die denen wissenschaftlicher Revolutionen entsprechen: Ein politischer Paradigmenwechsel beginnt damit, dass das bestehende Paradigma immer weniger geeignet ist, reale Entwicklungen zu erklären („accumulation of anomalies"). Anschließend wird nach besseren Erklärungen gesucht („experimentation"). Dies hat zur Folge, dass das bisherige „Paradigma" und dessen führende Vertreter an Einfluss verlieren („fragmentation of authority"). In der nächsten Phase stellen sich die alternativen Erklärungen der öffentlichen und politischen Auseinandersetzung („contestation"). In dieser Phase setzt sich ein neues Paradigma durch politische Entscheidungsmechanismen (also z.B. Wahlen) durch. Abschließend erfolgt die Entwicklung von Institutionen zur Festigung und politischen Umsetzung des neuen Paradigmas („institutionalization of the new paradigm").

Für die Durchsetzung eines neuen Paradigmas müssen inhaltliche, politische und administrative Faktoren erfüllt sein. In dem Modell wirtschaftspolitischer Paradigmenwechsel wird die wissenschaftliche Akzeptanz als ein Element der „economic viability" gefasst (Übersicht 4). Diese ökonomische Gültigkeit eines Modells soll die Eignung einer Theorie bezeichnen, zentrale ökonomische Probleme zu erfassen. Wie Übersicht 4 zeigt, hängt sie nicht nur von der wissenschaftlichen Diskussion (deren Ergebnis als „Relationship to Existing Theories" dargestellt wird) ab, sondern auch von Eigenschaften der eigenen Volkswirtschaft und von internationalen Wirtschaftsregimes (etwa Wechselkurssystemen).

Anschließend muss sich ein neues Paradigma auch in der politischen Auseinandersetzung bewähren, die nicht an wissenschaftlichen Argumenten, sondern an Parteiinteressen ausgerichtet ist. Neben der so zu erlangenden „political viability" ist letztlich auch eine „administrative viability" notwendig. Die nicht parteipolitisch geprägten Institutionen des politischen Systems – etwa die Zentralbank – müssen dazu bereit und in der Lage sein, die Umsetzung des neuen Paradigmas zu ermöglichen (Hall 1989: 370-375).

Hall's Modell hat wesentlich dazu beigetragen, die Diskussion über eine eigenständige Bedeutung von Argumenten und Ideen bei Prozessen politischer Veränderungen voranzubringen. Es ist allerdings auf eine eingeschränkte Fragestellung konzentriert, indem es sich allein auf die Erklärung wirtschaftspolitischer Entwicklungspfade bezieht. Eine weitere Besonderheit liegt darin, dass Ideen vom eigentlichen politischen Prozess getrennt werden: Der argumentative Konflikt über eine Theorie beschränkt sich auf die Frage der „economic viability". Entsprechend treten Wissenschaftler auch nicht als Akteure im politischen Prozess auf. Das Modell ist nicht zuletzt durch diese Trennung von Entscheidungsprozessen, die jeweils eigenen Kriterien folgen und von unterschiedlichen Akteuren entschieden werden, nur begrenzt auf andere Politikfelder anzuwenden.

Übersicht 4: Hall's Modell zu den Voraussetzungen für die politische Umsetzung eines neuen wirtschaftspolitischen Paradigmas

Quelle: Hall 1989: 371

4.3   Advocacy-Koalitionsansatz

Sabatier präsentiert mit dem von ihm in Zusammenarbeit mit wechselnden Kollegen entwickelten Advocacy-Koalitionsansatz (Advocacy Coalition Framework, ACF) einen allgemeinen analytischen Rahmen, der auf unterschiedliche Politikfelder und politische Veränderungen anzuwenden ist. Die bei Hall vorgeschlagene Trennung unterschiedlicher Akteurtypen und eigenständiger Entscheidungsprozesse mit jeweils separaten Kriterien findet sich hier nicht.

Der ACF wurde als Alternative zur „Phasenheuristik" des Policy-Cycle (Jann/Wegrich in diesem Band) konzipiert, um langfristige politische Veränderungen allgemein analytisch zu fassen und Vergleiche zwischen den Ergebnissen von Einzelfallstudien zu ermöglichen (Sabatier/Jenkins-Smith 1993). Sabatier definiert Policy-orientiertes Lernen „als relativ stabile Veränderung des Denkens oder von Verhaltensintentionen (...), die aus Erfahrungen resultieren und die sich mit der Realisierung oder der Veränderung von Policy-Zielen befassen" (Sabatier 1993: 121-122). Mit dieser Definition geht er zumindest konzeptionell über den Bereich des Verbesserungslernens hinaus. Für die Zuordnung des Ansatzes zum Konzept des Veränderungslernens ist aber weniger die definitorische Fassung des Lernbegriffs verantwortlich als vielmehr, dass der Anspruch des ACF empirisch-analytisch und nicht normativ ist. Mit anderen Worten: Der Ansatz will die Grundlage für eine bessere Theorie der Politik und nicht – zumindest nicht unmittelbar und primär – für bessere Politik bieten. Er betrachtet also politische Veränderungen, ohne direkt politische Verbesserungen einzufordern.

Der ACF geht davon aus, dass Gesetze, Verordnungen und andere staatliche Entscheidungen die (tatsächlichen) Überzeugungen, Wahrnehmungen und Einstellungen der dominanten politischen Akteure widerspiegeln. Politische Akteure sind dabei neben staatlichen Organisationen auch Verbände, Bürgerinitiativen, Wissenschaftler oder Journalisten. Es werden also politische Eliten jeder Art berücksichtigt. Alle diese Akteure werden gemeinsam als „Policy-Subsystem" bezeichnet (Sabatier 1993: 126, siehe rechter Kasten der Abbildung 4). Während diese Definition auch Akteure integriert, die aus Mangel an Informationen noch nicht in den Aushandlungsprozess eingreifen („latente" Akteure), bleiben „einfache" Bürger unbeachtet.

Aussagen über Lernprozesse basieren zunächst auf der Vorstellung, dass sich die politischen Ziele von Akteuren in der Art von Belief-Systemen hierarchisch ordnen lassen (siehe Abbildung 1). Sabatier geht davon aus, dass sich im Streit um bestimmte politische Probleme – in seinem ursprünglichen Beispiel geht es um den Konflikt einer Landerschließung des Lake Tahoe im Westen der USA – langfristig Akteure mit übereinstimmenden allgemeinen Wertvorstellungen, Kausalannahmen und Problemwahrnehmungen zusammenschließen.

Auf diese Weise entstehen in jedem Subsystem zwei bis vier (in Ausnahmefällen nur eine) „Advocacy-Koalitionen" von Akteuren mit übereinstimmendem Kern der Belief-Systeme. Zwischen den Advocacy-Koalitionen stehen die sogenannten „Policy-Broker", die als Vermittler an einem Gesamtinteresse (etwa der Reduktion des Konfliktniveaus) interessiert sind. Broker könnten etwa hohe Beamte, Gerichte oder Regierungschefs sein (Sabatier 1993: 129).

Der Advocacy-Koalitionsansatz ist inzwischen der in der Politikfeldanalyse einfussreichste lerntheoretische Ansatz. Allerdings beruht die Einordnung des Ansatzes als „lerntheoretisch" vor allem darauf, dass die Väter des ACF mit dem Titel „Policy Change and Learning" (Sabatier/Jenkins-Smith 1993) ein Label vorgegeben haben, das dem Ansatz nicht unbedingt entspricht.

Tatsächlich bietet der ACF unterschiedliche Erklärungen für Policy-Veränderungen an, die nur teilweise eine lerntheoretische Perspektive haben. Mit den mehrfachen Modifikationen des ursprünglich induktiv entwickelten Ansatzes wurde die lerntheoretische Fokussierung zudem weiter reduziert.

Im ursprünglichen ACF von 1993 werden politische Veränderungen auf zwei Variablenbündel zurückgeführt: Policy-orientiertes Lernen und externe Ereignisse. Policy-orientiertes Lernen findet zunächst vor allem innerhalb der Advocacy-Koalitionen statt und kann unterschiedliche Grundlagen haben. So führen z. B. Erfahrungen dazu, dass Mitglieder der Koalitionen ihre Strategien ändern. Kontakte innerhalb der Koalitionen können zu einer Verbreitung bestimmter Ziele führen, neue Mitglieder können andere Sichtweisen einbringen oder alte Mitglieder die Koalition verlassen (Sabatier 1993: 137).

Übersicht 5: Diagramm des Advocacy-Koalitionsansatzes

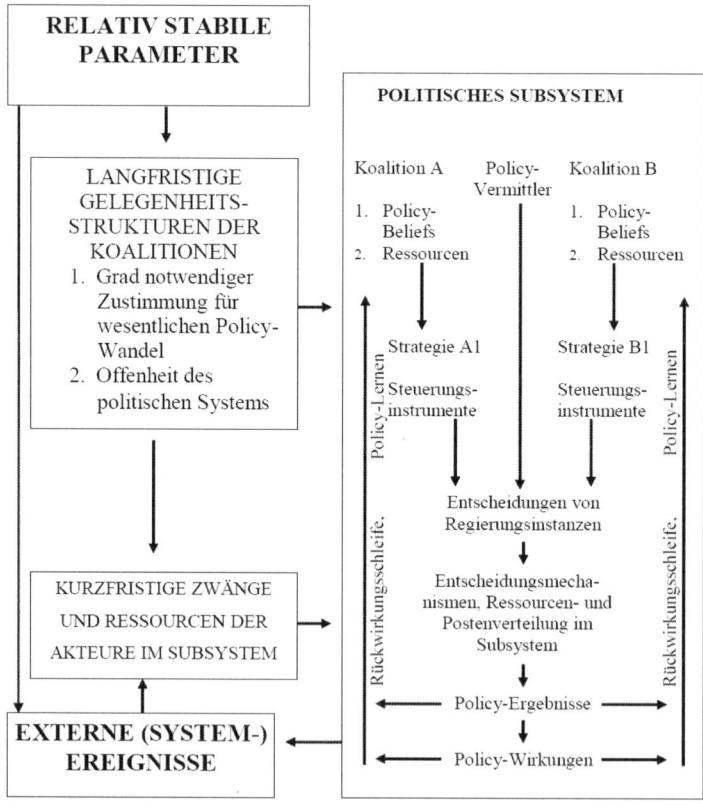

Quelle: vereinfacht auf Grundlage von Sabatier/Weible 2007: 202 (eigene Übersetzung)

Obwohl dieses Policy-orientierte Lernen innerhalb der Koalitionen auch noch weitere Ursachen haben kann, ist seine Bedeutung für politische Veränderungen gering. Mitglieder einer Koalition geben üblicherweise ihre allgemeinen Ansichten zu einem politischen Problem nicht auf (etwa die Ansicht, dass Umweltschutz wichtiger ist als Landentwicklung). Dies lässt sich zunächst mit der Vorstellung der Belief-Systeme begründen, wonach ja der allgemeine Kern politischer Überzeugungen besonders stabil ist. Weiterhin kann auch die Konzeption der Advocacy-Koalitionen einen Beitrag zur Stabilität politischer Positionen leisten: Advocacy-Koalitionen führen zu sozialen Kontakten von Individuen mit übereinstimmenden allgemeinen Zielen. Es ist davon auszugehen, dass diese sozialen Kontakte dazu führen, dass sich Individuen gegenseitig darin bestätigen, ihre gemeinsamen Ziele aufrechtzuerhalten – selbst wenn neue Informationen dem entgegenstehen (Bandelow 2006).

Wesentliche Veränderungen werden schon im ursprünglichen ACF fast ausschließlich auf externe Ereignisse zurückgeführt. Als externe Ereignisse interpretiert der Ansatz sozioökonomische Veränderungen, den Wandel der öffentlichen Meinung, Regierungswechsel und Auswirkungen aus anderen Politikfeldern (Sabatier 1993: 136, siehe dazu den Kasten unten links in Übersicht 5). Der ursprüngliche ACF verbindet somit externe Faktoren und kognitive Orientierungen einzelner Akteure, indem er das aus der Rational-Choice-Diskussion stammende Zwei-Filter-Modell (Ostrom 1990) weiterentwickelt. Bei Sabatier besteht der erste Filter aus stabilen Systemparametern (Eigenschaften des Politikfeldes, des Landes, der Gesellschaft und der Verfassung) sowie externen Systemereignissen, welche Restriktionen und Ressourcen der Akteure bestimmen und so den Handlungsspielraum einschränken (Übersicht 5). Der zweite Filter sind die Wahrnehmungen der Akteure, die zwischen den verbleibenden Entscheidungsoptionen wählen (in der Übersicht 5 verbleiben mindestens A1 und B1 als Optionen).

Entgegen seiner grundsätzlichen Annahme, dass wesentliche politische Veränderungen in der Regel auf externe Systemereignisse zurückzuführen sind, formuliert Sabatier auch Bedingungen, unter denen Policy-orientiertes Lernen den Kern politischer Programme verändern kann (Sabatier 1993: 139-141). Diese Bedingungen betreffen zum einen den institutionellen Rahmen der Konfliktaustragung und zum anderen den Konfliktgegenstand. Danach ist Veränderungslernen im engeren Sinn (also ein Wechsel grundlegender politischer Ziele von Akteuren) möglich, wenn zwischen den konkurrierenden Koalitionen ein gemeinsames Forum existiert, an dem sich führende Vertreter beider (bzw. aller) Seiten beteiligen. Notwendig sind dafür gemeinsame übergeordnete Ziele. Ein solches Ziel könnte zum Beispiel „Wirtschaftswachstum" sein, das in einem Konflikt zwischen Monetaristen und Keynesianern beide Seiten verbindet.

Für übergreifendes Lernen eignen sich vor allem Gegenstände, bei denen Einigkeit über die Festlegung und die Messung von Erfolgsindikatoren herrscht. So sind zum Beispiel Messungen von Ozonwerten wenig umstritten und können daher Grundlage eines Austauschs zwischen Akteuren mit unterschiedlicher umweltschutzpolitischer Strategie sein. Messungen des Erfolgs verschiedener Schulformen sind dagegen schwierig. Bei bildungspolitischen Kontroversen ist daher – so die Vermutung des ACF – die Wahrscheinlichkeit grundsätzlicher politischer Veränderungen auf Grundlage von Lernprozessen gering.

Der ACF präsentiert sich explizit als dynamischer Ansatz, der regelmäßige Anpassungen auf Grundlage von empirischen Erfahrungen zulässt. Unverändert bleiben dabei nur die positivistische Grundlegung und die Fragestellung. In der aktuellen Fassung finden sich drei wesentliche Modifikationen (Sabatier/Weible 2007):

1. Einführung eines neuen Variablensets „Politische Gelegenheitsstrukturen" („Political Opportunity Structures").
2. Konkretisierung der (kurzfristigen) Zwänge und Ressourcen der Akteure bzw. Koalitionen im Subsystem.
3. Einführung von zwei weiteren alternativen Erklärungen für grundlegende politische Veränderungen.

Mit dem Konzept der politischen Gelegenheitsstrukturen greift der ACF verschiedene Thesen aus dem Umfeld des Rational-Choice-Institutionalismus auf (allerdings mit teilweise überraschenden Einordnungen etwa des Westminster-Modells, Sabatier/Weible 2007: 201). Im Wesentlichen wird eine Typologie von politischen Systemen vorgestellt, die sich an Eigenschaften der jeweiligen intermediären Strukturen zwischen Gesellschaft und Staat sowie an der Zahl der Vetospieler orientiert. Die Erweiterung dient weniger der Entwicklung konkreter Hypothesen als vielmehr der Rechtfertigung einer Ausweitung des Anwendungsbereichs: Obwohl der ACF ursprünglich im Rahmen des von Checks and Balances geprägten präsidentiellen Systems der USA entwickelt wurde, lässt es sich auch auf europäische politische Systeme und sogar auf Entwicklungsländer anwenden (Sabatier 1998). Dabei sind die jeweils unterschiedlichen Zugangsmöglichkeiten zum politischen System und die Entscheidungsregeln im System zu berücksichtigen.

Die Konkretisierung der kurzfristigen Ressourcen von Akteuren im Subsystem basiert auf einer Kombination vorliegender empirischer Erfahrungen und verfügbarer theoretischer Konzepte. Im Ergebnis werden sechs Typen wichtiger Ressourcen genannt. Diese beziehen sich überwiegend auf Macht (etwa formale rechtliche Kompetenzen oder finanzielle Ressourcen). Gleichzeitig wird auch Information als Ressource benannt. Eine systematische Trennung zwischen dem lerntheoretischen Kern des Ansatzes und alternativen Erklärungen wird damit erschwert.

Auch die Benennung weiterer Erklärungen für politische Veränderungen basiert vor allem auf einer Auswertung bisher vorliegender Anwendungen des ACF. Die beiden neuen Wege sind interne Schocks und ausgehandelte Kompromisse. Bei beiden Erklärungen verzichtet der ACF auf eine analytische Trennung zwischen Macht und Lernen: So können interne Schocks sowohl Ressourcen neu verteilen (Macht) als auch Überzeugungen beeinflussen (Lernen). Ausgehandelte Kompromisse werden wiederum in Anlehnung an ein Schema der ADR-Literatur („Alternative Dispute Resolution") diskutiert. Auslöser ist hierbei ein machtbezogener Problemdruck („Politikstau" durch Blockade). Der Lösungsprozess nutzt wiederum Policy-Lernen als wesentliche Erklärung.

Die Stärken des Ansatzes liegen in seiner breiten Anwendungsmöglichkeit. Probleme bereiten der geringe Informationsgehalt der Hypothesen und die logische Konkurrenz zwischen den theoretischen Perspektiven, auf die sich die verschiedenen Erklärungen beziehen.

4.4 Kollektives Lernen in Netzwerken

Die Überbrückung dieses Spannungsfelds zwischen individuellem Lernen und organisationalem Lernen mit Bezug auf politische Veränderungen ist eine der wesentlichen Leistungen des von Knoepfel und Kissling-Näf entwickelten Modells kollektiver Lernprozesse in öffentlichen Politiken (Knoepfel/Kissling-Näf 1998). Das Modell geht davon aus, dass sich politische Lernprozesse in Netzwerken vollziehen. Im Vergleich etwa zu Advocacy-Koalitionen sind Netzwerke offener. Während Advocacy-Koalitionen lediglich die Verbindung von Akteuren mit gemeinsamen Grundüberzeugungen betrachten, erfassen Netzwerke sowohl die Rückbindung zu loyalen Partnern als auch „Außenkontakte" zu Akteuren mit anderen Zielen.

Das Zusammenspiel zwischen Individuen und korporativen Akteuren in diesen Netzwerken wird von Knoepfel und Kissling-Näf mit Konzepten analysiert, die sowohl psychologischen Lerntheorien als auch Modellen organisationalen Lernens entnommen sind. Auf dieser Basis identifizieren sie unterschiedliche Grundlagen, Verläufe und Rahmenbedingungen von Lernprozessen.

Das Modell dient der Analyse von 28 politischen Entscheidungsprozessen in der Schweiz. Dabei ergibt sich, dass der jeweilige Lerntypus wesentlich vom Politikfeld abhängig ist. So lassen sich in Politikfeldern mit hohem kognitiven Lernpotential (etwa beim Konflikt über die Gentechnologie) mehrere Lernformen finden. In anderen Feldern (etwa der Luftreinhaltepolitik) sind dagegen die Spielräume für Lernprozesse eingeschränkter.

Eine ausschließliche Zuordnung des Modells kollektiver Lernprozesse in öffentlichen Politiken zu den hier vorgestellten Ansätzen des Verbesserungs- oder Veränderungslernens ist schwierig. Die Untersuchung kollektiven Lernens richtet sich darauf, „Verbesserungen der Problemlösungsfähigkeit und Outputqualität öffentlicher Politiken" (Kissling-Näf/Knöpfel 1998: 242) zu analysieren. Dieser Lernbegriff scheint eher den Vorstellungen bei Rose oder Etheredge als bei Hall oder Sabatier zu entsprechen. Die Überlegungen eignen sich aber auch für eine Weiterentwicklung der bei Hall und Sabatier eingeführten Überlegungen zum Policy-Lernen, da die Differenzierung unterschiedlicher Netzwerktypen auch möglich ist, wenn nicht von vorgegebenen Zielen mit bewertbarer Zielerreichung ausgegangen wird.

Auch das differenzierte Netzwerkmodell ist allerdings noch keine Theorie mit konsistent aufeinander aufbauenden allgemeinen Hypothesen. Eine solche allgemeine politikwissenschaftliche Lerntheorie existiert bisher erst rudimentär. Sie müsste von einem eindeutigen Lernsubjekt ausgehen. Angesichts der bisher wenig zusammenhängenden Überlegungen über Lernformen komplexer Akteure empfiehlt es sich, als Subjekt von Lernprozessen zunächst nur einzelne Individuen anzunehmen. Die Schwächen dieser Perspektive sind zumindest bei der Betrachtung langfristiger Veränderungsprozesse vertretbar (Bandelow 2006).

Für analytische Fragestellungen ist es weiterhin zu empfehlen, auf eigene Maßstäbe bei der Bewertung von Lernerfolgen zu verzichten und lediglich das Ausmaß der Veränderungen politischer Überzeugungen zu messen. Problematisch ist es auch, grundsätzlich zwischen „objektiv" einwirkenden äußeren Faktoren und „subjektiv" wahrgenommenen Ideen zu unterscheiden. Es ist zwar oft pragmatisch angemessen, quasi-objektive Wirkungen bestimmter Entwicklungen vorauszusetzen (so lösen konjunkturelle Krisen zumeist einen Problemdruck aus, der auf die Sozialsysteme wirkt). Diese gelten aber nicht unabhängig von Zeit und Raum und sollten daher bei einer lerntheoretischen Betrachtung, die offen für jede Art von Entwicklungen sein will, in eine allgemeine Theorie der Wirkung politischer Informationen auf politische Veränderungen eingearbeitet werden.

Folgt man diesen Empfehlungen, so lassen sich zumindest einige allgemeine Hypothesen über die Wirkung unterschiedlicher Formen von Informationen auf politisches Lernen und politische Veränderungen ableiten (Bandelow 2006). Aber auch ein solches Vorgehen lässt zentrale Fragen unbeantwortet:

– Erstens fehlt es nach wie vor an konsistenten theoretischen Überlegungen, wie die Verbindung von individuellen Lernprozessen über kollektive Lernprozesse bis zu politischen Veränderungen zu schaffen ist.
– Zweitens ist die Frage zu klären, wie spezifische institutionelle Eigenschaften politischer Systeme auf Lernprozesse einwirken.

5   Reflexives Lernen als Konzept der Politikfeldanalyse

Die neuere politikwissenschaftliche Diskussion über „lernende Politik", den „lernenden Staat" oder „lernende Demokratien" konzentriert sich zunehmend auf die Frage, welche Faktoren dazu führen, dass in einigen politischen Systemen Regierungen flexibel auf neue Bedingungen reagieren und in kurzen Abständen neue Ziele definieren, während andere Staaten (etwa die Bundesrepublik) sich eher als stabile oder „blockierte" Systeme darstellen. Diese Beobachtung hat dazu geführt, dass Befürworter von Veränderungen vielfältige Bemühungen unternehmen, die Lernfähigkeit von Regierungen, Staaten oder anderen politischen Organisationen zu verbessern.

Wie aber können politische Organisationen Lernen lernen? Eine systematische Beantwortung dieser Frage durch eine politikfeldanalytische Anwendung der Überlegungen, die der Logik des reflexiven Lernens (Deutero-Lernens) entsprechen, steht bisher noch aus. Es bestehen allerdings schon verschiedene Ansätze, deren mögliche Bedeutung für ein politisches Deutero-Lernen hier kurz vorgestellt werden soll.

5.1   Reflexives Lernen in der politikfeldanalytischen Theorieentwicklung

Die Politikwissenschaft stellt für die vergleichende Analyse politischer Lernprozesse vorwiegend polit-ökonomische Ansätze bereit. Diese Rahmen, Theorien und Modelle verweisen auf institutionelle Strukturen, die (nach dem jeweils aktuellen Erfahrungsschatz des Faches) politische Veränderungen offenbar mehr oder weniger behindern (van Waarden in diesem Band). Diese Ansätze geben allerdings auf die Frage, wodurch bestimmte Strategien für politische Veränderungen ermöglicht oder gebremst werden, nur eine eingeschränkte Antwort. So bleibt die Frage unbeantwortet, wo neue Ideen entstehen und wie diese in den politischen Prozess eingebracht werden.

Diese Lücke lässt sich zum Teil mit dem jüngst wieder populär gewordenen Konzept des Policy-Transfers schließen (Dolowitz/Marsh 2000). Policy-Transfer bezeichnet Prozesse, bei denen Policies, Programme, negative Erfahrungen etc. zur Entwicklung von Policies oder Programmen zu anderen Zeiten oder an anderen Orten genutzt werden (Dolowitz/Marsh 1996: 344). Das Konzept basiert zum Teil auf Richard Rose's Ansatz des Lesson-Drawing, schließt aber im Gegensatz zu diesem auch erzwungene Transfers ein. Vor allem in der Diskussion über die Frage einer nationalen Pfadabhängigkeit politischer Entwicklungen einerseits oder einer Konvergenz nationaler Politiken in Folge von Globalisierungsprozessen andererseits dient Policy-Transfer als eine mögliche Erklärung für konvergente Politikentwicklungen (Holzinger/Knill 2005; Levi-Faur 2005; Meseguer 2005).

Andere Fälle können andere Länder, andere Regionen, andere Städte, andere internationale Systeme oder auch andere Zeitpunkte sein. Auch gesellschaftliche Organisationen (etwa Verbände) können Erfahrungen bereitstellen und von Erfahrungen anderer Organisationen profitieren. Dabei kann auch ein Transfer zwischen unterschiedlichen Einheiten stattfinden: Die Europäische Union nutzt zum Beispiel Vorbilder und Erfahrungen aus ihren Mitgliedstaaten. Diese werden unter anderem über nationale Vertreter in der Europäischen Kommission oder Expertengremien in die gemeinschaftliche Politik eingebracht (Radaelli 2000). Mit der offenen Methode der Koordinierung (OMK) wurde in den 1990er Jahren ein systematisches Verfahren zur Unterstützung transnationaler Lernprozesse entwickelt (Hodson/Maher 2002).

Das europäische Mehrebenensystem mit seiner geringen Konzentration von Macht und der relativ geringen strukturellen Koppelung zwischen Entscheidungsarenen ist einerseits in besonderer Weise offen für unterschiedliche Ideen. Andererseits begrenzen die unterschiedlichen institutionellen Strukturen, Problemlagen und politischen Kulturen der Mitgliedstaaten das Potential der OMK (Kerber/Eckardt 2007). Aus demokratietheoretischer Sicht ist die Methode umstritten, da die Gefahr besteht, dass die politische Verantwortung für Entscheidungen unklar wird (Benz 2007).

Auch im Vergleich zwischen Nationalstaaten lassen sich Hypothesen über Zusammenhänge zwischen politischen Institutionen und Wahrscheinlichkeiten Policy-bezogener Lernprozesse formulieren. Für die Theorieentwicklung ist diese Perspektive interessant, da die Thesen eine notwendige Ergänzung zu polit-institutionalistischen Perspektiven darstellen. Letztere betonen die Blockadewirkung machtbeschränkender Institutionen in politischen Systemen. Unter bestimmten Bedingungen können aber gerade gewaltenteilende und gewaltenverschränkende Institutionen politische Veränderungen begünstigen, indem sie Lernprozesse ermöglichen (Bandelow 2008). Die Perspektive des reflexiven Lernens bietet dadurch Erklärungen für grundlegende Veränderungen in Verhandlungsdemokratien. Sie überwindet damit auch das Problem eines möglichen Konflikts zwischen dem demokratischen Postulat der Machtkontrolle und der Forderung nach institutionellen Reformen zum Abbau machtbeschränkender Strukturen, indem diese für einen Reformstau verantwortlich gemacht werden.

5.2   Reflexives Lernen in der praktischen Politik

In der praktischen Politik finden sich unterschiedliche Ansätze für institutionelle Veränderungen, die darauf zielen, Lernprozesse wahrscheinlicher zu machen. Vor dem Hintergrund der normativen Idee einer rationaleren Idee lassen sich vielfältige Institutionalisierungen des Benchmarking beobachten. Dabei werden andere (im Idealfall „die Besten") politische Organisationen als Vorbilder für die eigene Politik definiert. Ein solches Benchmarking gibt vor allem Strategien und Ziele politischen Lernens vor. Es kann auch dazu beitragen, zu verdeutlichen, welche Elemente zu einer höheren Lernfähigkeit anderer Regierungen oder Staaten im Vergleich zu eigenen politischen Organisationen geführt haben. In diese Richtung zielt etwa die Institutionalisierung der OMK durch die Verankerung in den EG-Vertrag (Art. 137 EGV).

Benchmarking

Benchmarking bezeichnet die vergleichende Bewertung von Strukturen, Prozessen, Leistungen etc. unterschiedlicher Einheiten (z. B. Betriebe, Behörden, Staaten). Für den Vergleich werden Kennzahlen und Standards definiert, die es ermöglichen sollen, die beste Lösung (best practice) zu benennen. Benchmarking wird in den letzten Jahren zunehmend in der Politik verwendet. So wird es unter anderem bei der Verwaltungsmodernisierung, der Entwicklung des Bildungswesens und im Bündnis für Arbeit und Ausbildung genutzt. Benchmarking ist umstritten, da mitunter versucht wird, Vergleiche als „objektive" Leistungsbeurteilungen darzustellen (etwa bei Interpretationen des bekannten Beschäftigungsrankings der Bertelsmann-Stiftung). Kritiker sprechen dem Verfahren eine solche Objektivität angesichts der Abhängigkeit der Bewertungen von den jeweils verwendeten und oft umstrittenen Kriterien ab.

Auch die Institutionalisierung von Expertenkommissionen kann als reflexives Lernen in der praktischen Politik gesehen werden. Vor allem die sozialdemokratisch geführten Regierungen des „Dritten Wegs" in Großbritannien und Deutschland wollten die Lernfähigkeit durch verstärkte Einbindung von Experten verbessern (Bandelow 2007). Allerdings zielten die Reformen weniger auf eine höhere Anzahl derartiger Gremien als vielmehr auf eine andere Funktion. Durch die Darstellung der Kommissionsarbeit als Medienereignis wurden diese zu einer Machtressource bei Konflikten zwischen Regierung und parlamentarischen Regierungskritiken und konnten weniger zu Policy-orientierten Lernprozessen innerhalb der Kernexekutiven beitragen (Siefken 2007).

Für die praktische Politik ist die Perspektive des reflexiven Lernens dennoch von zunehmender Bedeutung, da sie eine Ergänzung zu den (vor allem in Deutschland) vorherrschenden Perspektiven zu Verfassungsreformen darstellt. Föderalismusreformen, Zuschnitte von Ministerien oder die Entwicklung des Parteiensystems müssen dann nicht allein die Anforderungen an klare Verantwortlichkeiten und schnelle Umsetzung von Reformen erfüllen, sondern auch Offenheit und Wandlungsfähigkeit bei der Entwicklung und internen Verbreitung neuer Ideen und Denkmuster gewährleisten.

6 Fazit

Der Nutzen von Ansätzen des Policy-Lernens in der Policy-Analyse ist sowohl normativ als auch empirisch-analytisch umstritten. Die normative Kritik an lerntheoretischen Ansätzen basiert vor allem darauf, dass klassische politikwissenschaftliche Kategorien wie Macht und Interesse vernachlässigt werden. Vor allem Ansätze, die mit den Konzepten des Verbesserungslernens operieren, sind außerdem mit dem Problem verbunden, dass (oft politisch umstrittene) Ziele und Bewertungsmaßstäbe durch den Forscher vorgegeben werden.

Auf der anderen Seite betonen lerntheoretische Ansätze die Wandelbarkeit politischer Präferenzen und zeigen damit Handlungsspielräume für aktive politische Veränderungen auf. In vielen politikwissenschaftlichen oder ökonomischen Erklärungen wird bisher die politische Entscheidung für ein wirtschaftspolitisches Modell auf institutionelle Zwänge oder vorgegebene Präferenzen von Akteuren zurückgeführt. In solchen Fällen werden vorhandene demokratische Einflussmöglichkeiten übersehen. So wird etwa dem demokratisch legitimierten Parlament die Möglichkeit abgesprochen, sich für ein alternatives wirtschaftspolitisches Modell zu entscheiden. Dabei wird missachtet, dass Wissenschaftler bei Verwendung unterschiedlicher wissenschaftlicher Methoden zu verschiedenen politischen Empfehlungen kommen können. Mit anderen Worten: Es besteht das Risiko, dass politische und normative gesellschaftliche Konflikte in wissenschaftlichen Studien als technische Fragen präsentiert werden. Der Verweis auf die grundsätzliche Wandelbarkeit politischer Ziele und staatlicher Organisationsstrukturen durch lerntheoretische Ansätze betont dagegen Handlungsspielräume und lenkt das Augenmerk der Policy-Analyse weniger auf die stabilisierenden als vielmehr auf die veränderlichen Aspekte politischer Entscheidungen.

Aus einer politisch-normativen Sicht ist daher festzuhalten, dass mit der Untersuchung von Policy-Lernen bei der Erklärung politischer Veränderungen eine Vorentscheidung für die Bewertung politischer Handlungsspielräume getroffen wird, die sowohl mit Vorteilen als auch mit Problemen verbunden ist. Forschern ist daher zu empfehlen, sich ihre normativen Gründe für die Wahl eines solchen Ansatzes bewusst zu machen und diese offen zu legen.

Auch der empirisch-analytische Nutzen lerntheoretischer Ansätze ist umstritten. So wird kritisiert, dass durch die Fokussierung auf Policy-Lernen die analytische Klarheit und Reichweite herkömmlicher Modelle unnötig aufgegeben wird (etwa Scharpf 2000). Eine solche Aufgabe oder Ergänzung plausibler und einfacher Ansätze ist analytisch nur zu rechtfertigen, wenn die herkömmlichen Erklärungen empirisch unbefriedigend sind. Bisherige Studien deuten darauf hin, dass das vor allem bei normativ geprägten und wissensbasierten Feldern und in Bereichen, bei denen großer Dissens der Akteure über mögliche Folgen politischer Entscheidungen besteht, der Fall ist. Dabei dienen lerntheoretische Perspektiven aus analytischer Sicht vor allem dazu, die Entstehung von Präferenzen und die Definition des Policy-Problems durch die Akteure zu klären (siehe auch Jachtenfuchs 1993).

Eine Anwendung kann auch in anderen Bereichen analytischen Nutzen bieten, wenn langfristige Veränderungen (Bandelow 2006) oder parallele Entwicklungen in verschiedenen Regionen/Ländern (Hall 1989) erklärt werden sollen. Daneben können Besonderheiten der institutionellen Rahmenbedingungen politischer Systeme für eine Verwendung lerntheoretischer Ansätze sprechen: So ist die Europäische Union als System mit vergleichsweise veränderlichen Rahmenbedingungen ein besonders geeignetes Feld für die Anwendung von Ansätzen des Policy-Lernens (Klemmer/Becker-Soest/Wink 2000; Radaelli 2000; Bandelow 2008).

Bei einer differenzierten Bewertung der verschiedenen hier vorgestellten Ansätze müssen die Spezifika der jeweiligen analytischen Rahmen, Theorien oder Modelle berücksichtigt werden: Die erste Besonderheit der verschiedenen Ansätze betrifft ihr jeweiliges Wissenschaftsverständnis. Ansätze, die auf eine Verbesserung praktischer Politik zielen (etwa das Lesson-Drawing), sind von Ansätzen zu unterscheiden, die auf genauere oder einfachere Erklärungen praktischer Politik zielen (wie etwa der Advocacy-Koalitionsansatz).

Das zweite wichtige Spezifikum ist der Bezug des jeweiligen Lernsubjekts. Es ist nützlich, systematisch zwischen individuellen, kollektiven und korporativen Akteuren zu unterscheiden. Die meisten Ansätze sind auch hier wenig explizit, sie beziehen sich oft gleichzeitig auf individuelle und korporative Akteure. Hinzu kommt, dass gesellschaftliche Akteure in einigen Ansätzen einbezogen werden (etwa bei Sabatier oder Hall) und in anderen Ansätzen unbeachtet bleiben (etwa bei Rose).

Das Problem der Akteursqualität von Lernsubjekten ist auch für die methodische Anwendung von Ansätzen des Policy-Lernens von zentraler Bedeutung. Lernen von Individuen kann auf Ebene von Organisationen zu Machtverschiebungen führen und umgekehrt. Machtverschiebungen und Lernprozesse sind in der politischen Realität eng miteinander verbunden. Lernen lässt sich daher kaum valide messen. Dies macht es schwierig, lerntheoretische Ansätze im Rahmen erklärender Forschung anzuwenden. Trotz dieser methodischen Probleme bleibt Lernen ein wichtiger Faktor politischer Prozesse. Die in allen Politikfeldern wichtige Bedeutung von Lernen hat dazu geführt, dass auch in der erklärenden Forschung mit dem Konzept des Policy-Lernens gearbeitet wird. Allerdings sprechen die bisherigen Erfahrungen eher dafür, Lernen als Idealtyp zu verwenden und für Studien zu nutzen, die auf ein verbessertes Verständnis konkreter politischer Prozesse zielen.

Als drittes Differenzierungsmerkmal müssen die jeweiligen Lernbegriffe unterschieden werden. Policy-Lernen kann als Wissenszuwachs gesehen werden, der eine verbesserte Erreichung vorher festgelegter Ziele ermöglichen kann. Ein solcher „ordinaler" Lernbegriff wurde hier als Verbesserungslernen bezeichnet und findet sich etwa bei Rose, Etheredge, Majone, Raedelli und Howlett/Ramesh. Andere Autoren gehen dagegen nicht von übergeordneten Zielen aus. Sie fragen danach, wie sich Einstellungen, Überzeugungen und Verhalten verändern, ohne zwischen „positiven" und „negativen" Änderungen zu unterscheiden. Dieser „nominale" Lernbegriff entspricht dem Konzept des Veränderungslernens der Organisationstheorie – wenngleich auch dort die unterschiedlichen normativen Implikationen nicht immer herausgestellt werden. Er findet sich etwa (mit Einschränkungen) bei Sabatier und Hall.

Angesichts der begrifflichen und konzeptionellen Unschärfen lerntheoretischer Ansätze ist Forschern, die politische Veränderungen in empirischen Arbeiten auf Lernen politischer Akteure zurückführen, zu raten, zumindest folgende Fragen vorab zu klären:

1. Welches Ziel wird mit der Wahl einer lerntheoretischen Perspektive primär verfolgt? Wird eine „bessere" politische Praxis angestrebt (Beratungsorientierung) oder soll eine „bessere" politikwissenschaftliche Erklärung der politischen Praxis erreicht werden (analytische Orientierung)?
2. Welcher Lernbegriff soll zur Untersuchung der gegebenen Fragestellung verwendet werden?
3. Welche Lernsubjekte sollen untersucht werden?
4. Welche möglichen weiteren Erklärungsfaktoren (z. B. Interessen der Akteure oder Rolle von Institutionen) werden bei dem gewählten Ansatz vernachlässigt, und wie wird diese Vernachlässigung gerechtfertigt?

Nur bei einer Klärung der zentralen Begriffe, normativen Grundlagen und analytischen Ziele wird die Verwendung von Ansätzen des Policy-Lernens zur Verbesserung des Verständnisses von politischen Veränderungen und vielleicht auch zur Verbesserung praktischer Politik beitragen.

7   Literatur

Albach, Horst/Dierkes, Meinolf/Antal, Ariane Berhoin/Vaillant, Kristina (Hrsg.), 1998: Organisationslernen – institutionelle und kulturelle Dimensionen. WZB-Jahrbuch, Berlin.

Argyris, Chris/Schön, Donald A., 1978: Organizational Learning. A Theory of Action Perspective, Reading, Mass u. a.

Argyris, Chris/Schön, Donald A., 1999: Die Lernende Organisation. Grundlagen, Methode, Praxis. Stuttgart.

Bandelow, Nils C., 2006: Advocacy Coalitions, Policy-Oriented Learning and Long-Term Change in Genetic Engineering Policy: An Interpretist View, in German Policy Studies 3/4, 587-594.

Bandelow, Nils C., 2007: Health Policy: Obstacles to Policy Convergence in Britain and Germany, in: German Politics 16/1, 150-163.

Bandelow, Nils C., 2008: Government Learning in German and British European Policies, in: Journal of Common Market Studies 46/4, 743-764.

Bateson, Gregory, 1947: Social Planning and the Concept of „Deutero-Learning", in: Theodore M. Newcom/Eugene L. Hartley (eds.), Readings in Social Psychology, New York, 121-128.

Bennett, Colin J./Howlett, Michael, 1992: The Lessons of Learning: Reconciling Theories of Policy Learning and Policy Change, in: Policy Sciences 25, 275-294.

Benz, Arthur, 2007: Accountable Multilevel governance by the Open Method of Coordination, in: European Law Journal 13/4, 505-222.

Biegelbauer, Peter, 2007: Ein neuer Blick auf politisches Handeln: Politik-Lernansätze im Vergleich, in: Österreichische Zeitschrift für Politikwissenschaft 36/3, 231-247.

Braun, Dietmar/Busch, Andreas (eds.), 1999: Public Policy and Political Ideas. Cheltenham, UK/Northampton, MA.

Converse, Philip E., 1964: The Nature of Belief Systems in Mass Publics, in: David Apter (Hrsg.), Ideology and Discontent, New York, 205-261.

Czada, Roland, 1997: Angewandte Politikfeldanalyse. Kurs der FernUniversität Hagen Nr. 001.083.597 (10.97).

Deutsch, Karl W., 1969: Politische Kybernetik. Modelle und Perspektiven, Freiburg.

Dolowitz, David/Marsh, David, 1996: Who Learns from Whom: A Review of the Policy Transfer Literatur, in: Political Studies 44, 343-357.

Dolowitz, David/Marsh, David, 2000: The Role of Policy Transfer in Contemporary Policy-Making, in Governance 13/1, 5-24.

Etheredge, Lloyd S., 1981: Government Learning: An Overview, in: Samuel L. Long (ed.), The Handbook of Political Behavior, Vol. 2, New York/London, 73-161.

Etheredge, Lloyd S./Short, James, 1983: Thinking about Government Learning, in: Journal of Management Studies, 20/1, 41-58.

Freeman, Richard, 2006: Learning in Public Policy, in: Michael Moran/Martin Rein/Robert E. Goodin (eds), The Oxford Handbook of Public Policy. Oxford, 367-388.

Friedman, Jeffrey, 2006: Democratic Competence in Normative and Positive Theory: Neglected Implications of "The Nature of Belief Systems in Mass Publics", in: Critical Review 18/1-3, 1-43.

Grin, John/Löber, Anne, 2007: Theories of Policy Learning: Agency, Structure, and Change, in: Frank Fischer/Gerald J. Miller/Mara S. Sidney (eds), Handbook of Public Policy Analysis. Theory, Politics, and Methods. Boca Raton/London/New York, 201-219.

Hall, Peter A., 1989: Conclusion: The Politics of Keynesian Ideas, in: ders. (Hrsg.), The Political Power of Economic Ideas. Keynesianism Across Nations, Princeton, 361-391.

* Hall, Peter A., 1993: Policy Paradigms, Social Learning, and the State: the case of economic policy-making in Britain, in: Comparative Politics 25/3, 275-296.

* Heclo, Hugh, 1974: Modern Social Politics in Britain and Sweden, New Haven, CT.

Hodson, Dermot/Maher, Imelda, 2002: The Open Method as a New Mode of Governance: The Case of Soft Economic Policy Co-ordination, in: Journal of Common Market Studies 39/4, 719-746.

Holzinger, Katharina/Knill, Christoph, 2005: Causes and Conditions of Cross-National Policy Convergence, in: Journal of European Public Policy 12/5, 775-796.

Hough, Dan/Paterson, William E./Sloam, James (eds.), 2006: Learning From The West? Abington.

Howlett, Michael/Ramesh, M., 1993: Policy-Instrumente, Policy-Lernen und Privatisierung: Theoretische Erklärungen für den Wandel in der Instrumentenwahl, in: Adrienne Héritier (Hrsg.), Policy-Analyse. Kritik und Neuorientierung (PVS-Sonderheft 24), Opladen, 245-264.

Ingelhart, Ronald, 1985: Aggreagate Sability and Individual –Level Flux in Mass Belief Systems: The Level of Analysis Paradox, in: American Political Science Review 79/1, 97-116.

Jachtenfuchs, Markus, 1993: Ideen und Interessen: Weltbilder als Kategorien der politischen Analyse. MZES, Working Papers, AB III/Nr. 2. Mannheim: Mannheimer Zentrum für Europäische Sozialforschung.

Kerber, Wolfgang/Eckardt, Martina, 2007: Policy Learning in Europe: The Open Method of Co-ordination and Laboratory Federalism, in: Journal of European Public Policy 14/2, 227-247.

Kissling-Näf, Ingrid/Knoepfel, Peter, 1998: Lernprozesse in öffentlichen Politiken, in: Horst Albach u. a.: Organisationslernen – institutionelle und kulturelle Dimenisionen (WZB-Jahrbuch), Berlin, 239-268.

Klemmer, Paul/Becker-Soest, Dorothee/Wink, Rüdiger, 2000: The European Union as a Virtual Learning Forum for National Labour Market Policy? – Comments on a 'Late Vocation' Field of European Governance, in: German Policy Studies, 1/1, 67-91.

Klimecki, Rüdiger/Laßleben, Hermann/Altehage, Markus Oliver, 1995: Zur empirischen Analyse organisationaler Lernprozesse im öffentlichen Sektor. Management Forschung und Praxis, Universität Konstanz. http://w3.ub.uni-konstanz.de/v13/volltexte/2000/373/ /pdf/373_1.pdf (abgerufen am 19. September 2008).

* Knoepfel, Peter/Kissling-Näf, Ingrid, 1998: Social Learning in Policy Networks, in: Policy and Politics, 26/3, 343-367.

Kuhn, Thomas S., 1996: Die Struktur wissenschaftlicher Revolutionen, Frankfurt a. M.

Levi-Faur, David, 2005. The Global Diffusion of Regulatory Capitalism, in: The ANNALS of the American Academy of Political and Social Science 598/1, 12-32.

Lieberman, Robert C., 2002: Ideas, Institutions, and Political Order: Explaining Political Change, in: American Political Science Review 96/4, 697-712.

Maier, Matthias L./Hurrelmann, Achim/Nullmeier, Frank/Pritzlaff, Tanja/Wiesner, Achim (Hrsg.), 2003: Politik als Lernprozess? Wissenszentrierte Ansätze in der Politikanalyse. Opladen.

Majone, Giandomenico, 1989: Evidence, Argument, and Persuasion in the Policy Process, New Haven.

May, Peter J., 1992: Policy Learning and Failure, in: Journal of Public Policy 12/4, 331-354.

Mayntz, Renate/Scharpf, Fritz W., 1995: Der Ansatz des akteurzentrierten Institutionalismus, in: dies. (Hrsg.), Gesellschaftliche Selbstregelung und Politische Steuerung, Frankfurt a. M./New York, 39-72.

Meseguer, Covadonga, 2005: Policy Learning, Policy Diffusion, and the Making of a New Order, in: The ANNALS oft he American Academy of Political and Social Science 598/1, 67-82.

Nagel, Stuart, 2000: Creativity and Public Policy: Generating Super-Optimum Solutions. Aldershot et al.

Ostrom, Elinor, 1990: Governing the Commons, Cambridge.

Parsons, Wayne, 1995: Public Policy. An Introduction to the Theory and Practice of Policy Analysis. Cheltenham, UK/Northampton, MA.

Peffley, Mark/Hurwitz, Jon, 1985: A Hierarchical Model of Attitude Constraint, in: American Journal of Political Science (Austin, Tex.), 29/4, 871-890.

Putnam, Robert, 1976: The Comparative Study of Political Elites. Englewood Cliffs, New Jersey.

Probst, Gilbert J. B./Büchel, Bettina S. T., 1998: Organisationales Lernen: Wettbewerbsvorteil der Zukunft, Wiesbaden.

Radaelli, Claudio M., 1995: The Role of Knowledge in the Policy Process, in: Journal of European Public Policy, 2/2, 159-183.

Radaelli, Claudio M., 2000: Policy Transfer in the European Union: Institutional Isomorphism as a Source of Legitimacy, in: Governance, 13/1, 25-43.

Rose, Richard, 1993: Lesson-Drawing in Public Policy. A Guide to Learning across Time and Space, Chatham, N.Y.

Sabatier, Paul A., 1993: Advocacy-Koalitionen, Policy-Wandel und Policy-Lernen: Eine Alternative zur Phasenheuristik, in: Adrienne Héritier (Hrsg.), Policy Analyse. Kritik und Neuorientierung (Politische Vierteljahresschrift, Sonderheft 24), Opladen, 116-148.

Sabatier, Paul A., 1998: The Advocacy Coalition Framework: Revisions and Relevance for Europe, in: Journal for European Public Policy 5/1, 98-130.

* Sabatier, Paul A./Jenkins-Smith, Hank C., (eds.), 1993: Policy Change and Learning. An Advocacy Coalition Approach. Boulder, Co.

* Sabatier, Paul A./Weible, Christopher M., 2007: The Advocacy Coalition Framework. Innovations and Clarifications, in: Paul A. Sabatier (ed.), Theories of the Policy Process, Boulder, Co, 189-220.

Sanderson, Ian, 2002: Evaluation, Policy Learning and Evidence-Based Policy Making, in: Public Administration 80/1, 1-22.

Scharpf, Fritz W., 2000: Interaktionsformen. Akteurzentrierter Institutionalismus in der Politikforschung, Opladen.

Schissler, Jakob/Tuschoff, Christian, 1988: Kognitive Schemata: Zur Bedeutung neuerer sozialpsychologischer Forschungen für die Politikwissenschaft, in: APuZ, B 52-53, 3-13.

Schmid, Josef, 1998: Arbeitsmarktpolitik im Vergleich: Stellenwert, Strukturen und Wandel eines Politikfeldes im Wohlfahrtsstaat, in: ders./Reiner Niketta (Hrsg.), Wohlfahrtsstaat, Krise und Reform im Vergleich, Marburg, 139-169.

Stone, Diane, 2002: Learning Lessons and Transferring Policy across time, Space and Disciplines, in: Politics 19/1, 51-59.

Vowe, Gerhard, 1994: Politische Kognition. Umrisse eines kognitionsorientierten Ansatzes für die Analyse politischen Handelns, in: PVS, 35/3, 423-447.

Siefken, Sven, 2007: Expertenkommissionen im politischen Prozess: Eine Bilanz zur rot-grünen Bundesregierung 1998-2005. Wiesbaden.

Weinmann, Georg, 1999: Britische Wege nach Europa, Baden-Baden.

Wiesenthal, Helmut, 1995: Konventionelles und unkonventionelles Organisationslernen: Literaturreport und Ergänzungsvorschlag, in: Zeitschrift für Soziologie, 24/2, 137-155.

Wiesenthal, Helmut, 2006: Gesellschaftssteuerung und gesellschaftliche Selbststeuerung. Wiesbaden.

Wilkesmann, Uwe, 1999: Lernen in Organisationen. Die Inszenierung von kollektiven Lernprozessen, Frankfurt a. M./New York.

Verständnisfragen

1. Wie kann Policy-Lernen definiert werden?

2. Was versteht Bandelow unter einfachem, komplexem und reflexivem Lernen?

3. Was verstehen Etheredge und Sabatier jeweils unter „Lernen"?

4. Welche Voraussetzungen müssen nach Peter Hall gegeben sein, damit sich ein neues wirtschaftspolitisches Paradigma politisch durchsetzen kann?

5. Worin unterscheiden sich der Advocacy-Koalitionsansatz (Sabatier) und Hall's Modell des „Social Learning"?

Transferfragen

1. Geben Sie Beispiele für Politikfelder und Fragestellungen, die sich besonders für eine Anwendung lerntheoretischer Ansätze eignen.

2. Welche Rolle spielte Policy-Lernen für die Arbeitsmarktreformen der rot-grünen Bundesregierung unter Gerhard Schröder?

Problematisierungsfragen

1. Sind Effektivität und Effizienz objektive Maßstäbe zur Beurteilung politischer Programme?

2. Lassen sich Argumente dafür finden, dass in Deutschland politischer Wandel durch policy-orientiertes Lernen unwahrscheinlicher ist als in den USA?

Multiple-Streams-Ansatz: Grundlagen, Probleme und Kritik

Friedbert W. Rüb[1]

1 Einleitung

Nicht nur Menschen haben ihre Zeit, sondern auch Bücher und Ideen. „Meine Zeit ist gekommen" – sagt der Volksmund und meint damit, dass nun eine günstige, ja ausgezeichnete Situation gegeben sei, in der man seine Kräfte, seine Energie und seine Intelligenz in bisher nicht erwartetem Maß ausspielen kann. Doch warum und wann kommt diese Zeit? Meist weiß man es nicht und findet keine überzeugende Erklärung. Die Zeit tritt eben ein und man sucht wenigstens *nachträglich* nach Gründen, weil man sinnhaft handeln und sich Ereignisse erklären will. Ob die *ex post* konstruierten mit den tatsächlichen Gründen übereinstimmen, ist eine andere Frage.

Policy-Theorien sind nicht nur Kinder ihrer Zeit, sondern haben ihre Zeit. Sie reagieren weit bewusster als Individuen auf zeitgeschichtliche Umstände, weil sie systematisch entwickelt werden und wissenschaftlicher Kritik standhalten müssen. Das ändert nichts an der Tatsache, dass Theorien Kinder ihrer Zeit sind. Ob damit aber ihre Zeit gekommen ist, ist eine andere Frage. Immer gibt es Theorien, die ihrer Zeit voraus sind, den Zeitgeist nicht treffen und deshalb keine Relevanz gewinnen können. Man könnte – so meine Vermutung – an Hand von Policy-Theorien die jeweilige geistige Situation der Zeit rekonstruieren: Ob sie von einer skeptischen Sicht auf die Zukunft geprägt sind, also Widerfährnisse in ihre Konzept einbeziehen, Probleme der Begrenztheit des menschlichen Wissens über gesellschaftliche Zusammenhänge bedenken und planerischen Ambitionen misstrauen. Oder ob sie an rationale Fähigkeiten der Menschen glauben, auf kausales Wissen vertrauen und auf zielgerichtete und steuernde Eingriffe setzen.

---

1 Ich danke meiner Hamburger „Regierungslehre-Crew" für wichtige Hinweise zu einer ersten Fassung, konkret Alexandra Böhme, Tessa Debus, Nina Eggers, Florian Spohr und Roland Willner.

Der Multiple-Streams-Ansatz (MS) entsprach zum Zeitpunkt seiner Formulierung nicht dem Zeitgeist. Das Buch des Begründers, John W. Kingdon's „Agendas, Alternatives and Public Policies" aus dem Jahr 1984 (Kingdon 1984), ist zwar eines der meist zitierten Bücher der Sozialwissenschaft, aber außer ein paar schlüssigen und eingängigen Begriffen, wie etwa „policy window", „political entrepreneur" u.ä., wurden die Grundideen kaum systematisch rezipiert. Zu beunruhigend waren und sind die damit verbundenen Prämissen und zu beunruhigend das damit verbundene Verständnis von Politik. Die 1995 erschienene zweite Auflage blieb unverändert und Kingdon hat nur ein kurzes, kommentierendes Kapitel angefügt, in dem er auf seine Kritiker eingeht und ein paar Sachverhalte klarstellt (Kingdon 1995: Kapitel 10). Zudem hat er in der Zwischenzeit – bis auf ganz wenige Ausnahmen – kaum publiziert und seine Position nicht weiterentwickelt. Als Paul A. Sabatier bei ihm nachfragte, ob er nicht ein Kapitel über MS in seinem 1999 herausgegebenen Sammelband „Theories of the Policy Process" schreiben wolle, hat er abgesagt (Sabatier 2007: 9). Nikolaos Zahariadis hat dann diesen Part übernommen, weil er einer der wenigen war, der Kingdon's Ansatz nicht nur weiterentwickelt, sondern auch bei seinen empirischen Forschungen zu Grunde gelegt hat (Zahariadis 1999).

Was ist nun das Beunruhigende an Kingdon's Ansatz? Welche Sachverhalte sprechen dafür, dass „an idea's time has not come" – um Kingdon selbst zu paraphrasieren? Welches Verständnis von Politik liegt seinem Ansatz zu Grunde? Warum provoziert er in der Policy-Analyse bisher gängige Vorstellungen? Welche Erklärungsvariablen liefert er, um Policy-Ergebnisse zu erklären?

Ich werde in vier Schritten vorgehen. Ich skizziere zunächst auf einer relativ abstrakten Ebene die methodologischen und analytischen *Grundprämissen* des MS-Ansatzes (2.). Danach gehe ich detaillierter auf die Vorstellungen des Policy-Prozesses ein und beobachte, wie fünf zentrale Fragen beantwortet werden: was (a) die *Auslösebedingungen* für politische Entscheidungen sind, (b) welche *Akteurskonzeption* unterstellt wird, (c) welche Bedeutung (politische) *Institutionen* im Entscheidungsprozess haben, schließlich (d) wie radikal *politische Veränderungen* sein können und wie (e) die *Substanz* von Policy-Entscheidung einzuschätzen ist, also wie rational Politik ist und ob sie gesellschaftliche Probleme lösen kann. Zusammengenommen ist es eigentlich *eine* Frage: Es die Frage, was Politik in modernen Gesellschaften ist und was sie bewirken bzw. nicht bewirken kann (3.). Anschließend diskutiere ich kurz einige Schwächen und Grenzen des Ansatzes (4) und endlich frage ich, ob die Zeit des MS-Ansatzes gekommen sein könnte (5).

2   Grundprämissen

Der MS-Ansatz beruht auf fünf Grundannahmen:

(i) Zunächst betrachtet er das Regierungssystem als eine in sich konflikthafte *Organisation*, die man mit Methoden der Organisationswissenschaft bzw. der -soziologie analysieren kann. Jede Organisation ist durch Zuständigkeiten, Regeln, Verfahren und zeitliche Prozessabläufe charakterisiert, die man auf das politische System und sich in ihm abspielende Policy-

Prozesse übertragen kann – deshalb der Rückgriff auf organisationssoziologische Überlegungen. Aber Kingdon stützt sich auf ein spezifisches und zugleich umstrittenes Modell, das sog. „garbage can model" des organisationalen Entscheidens (Cohen/March/Olsen 1972). Es analysiert Entscheiden nicht als zielgerichtetes Handeln zur rationalen Lösung von Problemen, das ein Problem definiert, aus den bestehenden Alternativen die beste hinsichtlich Kosten und Effektivität auswählt, implementiert und die Wirkungen kontrolliert. Vielmehr unterstellt es, dass der Konnex von Problem und Lösung unterbrochen ist und eine Entscheidung sich nicht auf ein Problem bezieht, sondern eher zufällig, stark situationsabhängig und nur schwer vorhersehbar getroffen wird. Die Vorstellung von Organisationen ist dadurch geprägt, dass sie als *organisierte Anarchien* betrachtet werden, in denen sich ein buntes Gemisch, ja ein Wirrwarr von verschiedenen Handlungsabläufen vollzieht, die durch die (formalen) Regeln der Organisation weder bestimmt noch kontrolliert werden können.

Garbage-Can-Modell

Das „Mülleimer-Modell" der Organisation wurde 1972 von Michael Cohen, James March und Johan Olsen entwickelt. Am Beispiel von Universitäten beschreiben sie Entscheidungsprozesse als organisierte Anarchie. Lösungen werden danach nicht für bestehende Probleme entwickelt. Vielmehr bestehen vier unabhängige Ströme, zu denen neben Lösungen und Problemen auch Teilnehmer und Entscheidungsgelegenheiten gehören. Weder sind die „Spielregeln" eindeutig, noch die Ziele der Akteure klar, noch die Anzahl der Teilnehmer stabil. Vielmehr entstehen Entscheidungsfenster, die sich kurzfristig öffnen.

John Kingdon hat mit seinem 1984 formulierten Multiple-Streams-Ansatz wesentliche Elemente des Modells aufgegriffen. Er entwickelte es zu einem allgemeinen Ansatz weiter, mit dem Agendsetting und die Spezifikation von Entscheidungsalternativen bei politischen Prozessen im präsidentiellen System der USA erklärt werden können. Nikolaos Zahariadis hat Kingdon's Ansatz in den 90er Jahren weiterentwickelt und auch für die Analyse von Entscheidungsprozessen generell und auch für parlamentarische Regierungssysteme passgenau gemacht.

Diese Betrachtungsweise hat den Vorteil, dass sie Staat und Regierung als Träger eines Gemeinwohls entmystifiziert, sie als einheitlich handelnde Akteure entzaubert und stattdessen als konfligierende Einheit beschreibt. Im Staat toben Machtkämpfe, er ist in sich zerrissen, unkoordiniert, und seine organisationale Einheit muss in konflikthaften Prozessen immer wieder neu hergestellt werden, um verbindliche Entscheidungen mit häufig offenem Ausgang treffen zu können.

(ii) Dies führt zum zweiten Aspekt, dem des *Denkens in Strömen*. Eine (Regierungs-)Organisation ist eine *prozesshafte Struktur*, die sich permanent auflöst und sich immer wieder neu zusammensetzt. Die Strommetapher will verdeutlichen, dass wir es (a) mit *zeitlich ausgedehnten Prozessen* zu tun haben, die – je nach Lage und Situation – unterschiedliche (Fließ-)Geschwindigkeiten annehmen können. Mal ist die Zeit extrem knapp und man muss ohne viele Informationen sowie unter hoher Ungewissheit entscheiden; ein anderes Mal kann man sich bei der Vorbereitung von Entscheidungen Zeit nehmen, Informationen sammeln, Diskussionen und Absprachen mit Anderen treffen, etc. Nie aber kann man dem Phänomen der Knappheit der Zeit entkommen. Hinzu tritt das Problem, dass (b) Organisationen nie regel- und strukturlos sind, aber über *variable Strukturen* verfügen, weil Zuständigkeiten ungenau definiert sind, Verantwortungen nicht von den zuständigen Stellen wahrgenommen werden, andere dagegen ihre Kompetenzen überschreiten etc. Immer sind die Strukturen im Fluss und müssen für jede Entscheidung neu (re)aktiviert bzw. (re)organisiert werden. Schließlich sind Organisationen (c) mit der *Logik der Unbestimmtheit* konfrontiert, weil man über den gleichen Sachverhalte unterschiedlicher Ansicht sein kann. Ein großer Teil der organisationalen Tätigkeit besteht darin, Mehrdeutigkeiten und Ambivalenzen in eindeutige Sachverhalte zu transformieren, was immer mit Konflikten und Machtspielen verbunden ist. Wer die Situation definiert, hat Macht über konkurrierende Wissensbestände und Anschauungen gewonnen.

(iii) Der MS-Ansatz theoretisiert von der Makroebene zur Mikroebene und nicht – wie Rational-Choice-Ansätze – umgekehrt. Organisationen können *parallel prozessieren*, während Individuen meist nur sequentiell handeln können. Eine Organisation kann ihre Aufmerksamkeit auf viele Sachverhalte gleichzeitig lenken. Während ein Ministerium an grundlegenden Fragen arbeitet, kann ein anderes bereits an einer Gesetzesvorlage schreiben, während im Bundestag gleichzeitig über eine andere Vorlage heftig gestritten wird; das Bundeskanzleramt stimmt sich nicht nur laufend mit den anderen Ministerien ab, sondern bereitet gleichzeitig über den Planungsstab die letzten Gesetzgebungsschritte der Legislaturperiode vor; und der Fraktionsvorsitzende klärt mit dem Regierungschef, wie man am besten die Fraktionen zur Zustimmung eines umstrittenen Gesetzes bringen kann. All dies läuft parallel ab; zugleich kann man entscheiden, wann und unter welchen Bedingungen *ein* Sachverhalt prioritär behandelt wird, also auf die politische Agenda gesetzt wird und gegenüber allen anderen den Vorzug bekommt. Weil ein Regierungs*system* immer mit zu vielen Ereignissen und Anforderungen konfrontiert ist, kommt „temporal sorting" (Zahariadis 2003: 4) eine große Bedeutung zu. Warum lenkt das politische System seine Aufmerksamkeit auf genau diesen und nicht auf einen anderen Sachverhalt? Wer kontrolliert die Prozesse der Aufmerksamkeitsstrukturierung?

Dominiert zeitliche Schwerpunktsetzung, dann kann der Sachrationalität einer Entscheidung nur noch untergeordnete Aufmerksamkeit entgegen gebracht werden und die „Vordringlichkeit des Befristeten" (Luhmann) und nicht die Sachlichkeit des Sachlichen fordert ihr Recht. Zeitliche *Prioritätensetzung* ist ein systemischer Prozess bzw. eine von der Regierungsorganisation zu treffende Entscheidung, die nicht in den Blickpunkt rückt, sofern man sich allein auf policy-spezifische Subsysteme bzw. deren Netzwerkstrukturen konzentriert. Der Ströme-Ansatz kann der Simultaneität vieler Ereignisse ebenso gerecht werden wie der Analyse der Prozesse, die aus der Vielzahl der parallel auftauchenden Ereignisse eines herausheben und darüber entscheiden. Man muss (er)klären können, warum einem Sachverhalt gegenüber allen anderen möglichen der Vorzug gegeben wird.

(iv) Der Ansatz ist ein Kontingenz-Modell des politischen Entscheidens. Alle vier von Cohen/March/Olsen (1972) in die Diskussion eingeführten Ströme, die dann von Kingdon (1984; 1995) auf drei reduziert wurden, gehen von der Kontingenz und Mehrdeutigkeit aller zentralen Phänomene einer Organisation aus: Von der (a) *Mehrdeutigkeit und Variabilität der Präferenzen* der beteiligten Akteure; von (b) *unklaren Technologien*, d.h. ungesteuerten und wenig koordinierten Prozessen in der Organisation und unklaren Instrumentenkombinationen; dann (c) von *fluktuierenden Teilnehmern* und variierender Intensität der Teilnahme am Entscheidungsprozess und schließlich (d) von der *Unbestimmtheit* von „Problem" und „Lösung", die unabhängig voneinander existieren und im Entscheidungsprozess nebeneinander gehandelt werden. Alles befindet sich im Fluss, nichts ist sicher erwartbar, vieles verändert sich im Laufe des Prozesses und die Substanz einer Entscheidung ist unter solchen Bedingungen eher zufällig und nicht konsistent, geschweige denn rational.

Kontingenz

Kontingent ist all das, was ist und zugleich auch anders möglich sein kann. Und alles ist anders möglich, weil nichts einen notwendigen Existenzgrund hat und alles auch anders begründet werden kann (Makropoulos 1987; Bubner 1984; Graeveitz/Marquard 1998; Wefer 2004; Rüb 2008). Unter diesem Aspekt bekommt Politik eine neue Qualität: Sie ist nicht rationales Problemlösen, sondern ein Spiel mit Möglichkeiten. Policies sind denkbare Möglichkeiten, mit denen Politik das „Anders-Sein-Können" in eine gegebene Situation einführt. Dieses Spiel mit Möglichkeiten ist historisch variabel, also begrifflich ambivalent, je nach geschichtlicher Situation verschieden und korrespondiert mit verschiedenen Weltbildern und einem historisch bedingten Selbstverständnis (Makropoulos 1997: 14). Kontingenz wird so zu einem Begriff der *politischen Selbstthematisierung* dessen, was in einer gegebenen historischen Konstellation als politisierbar und damit als politisch entscheidbar gilt.

(v) Und schließlich, als sei alles noch nicht unbestimmt genug, werden die Tatkraft, Geschicklichkeit und Durchsetzungsfähigkeit von *einzelnen Personen* ins Spiel gebracht, die letztlich über die Tragweite und die Substanz von Policies entscheiden. Die zentrale Figur ist hier der „policy entrepreneur", der für das Zustandekommen einer Policy verantwortlich ist. Wenn die Produktionsbedingungen von Policies auch noch von persönlichen Faktoren abhängig gemacht werden, deren Auftreten im Voraus nicht bestimmt werden können, dann wird der ganze Policy-Making Prozess noch kontingenter.

Policies – geforderte oder bereits entschiedene – sind die Instrumente, mit denen die politische Selbstthematisierung erfolgt und Kontingenz in den Status Quo eingeführt wird. Eine Policy kann problemorientiert sein; sie kann aber auch ins Spiel gebracht werden, um sich in einem politischen Kräftefeld neu zu positionieren, um den politischen Gegner zu überraschen, um ein bestimmtes Interesse zum Ausdruck zu bringen, etc. Policies sind strategische Repräsentationen von *sozialen* Interessen, die sich aus einer bestimmten historischen oder sozialen Situation ergeben; oder sie sind Repräsentationen von *politischen* Interessen, um sich in der Parteienkonkurrenz gegenüber anderen einen Vorteil zu verschaffen.

3 Der MS-Ansatz im Detail

Wie sieht nun das Modell im Detail aus? Ich lege die bereits in der Einleitung angedeuteten fünf Punkte zu Grunde, um die Darstellung des MS-Ansatzes zu strukturieren, wobei diese Punkte für jede Theorie des Policy-Prozesses relevant sind und einen Vergleich der wichtigsten Policy-Theorien entlang dieser Kriterien interessant macht (siehe auch Schlager 1999; 2007). Ich werde deshalb nicht chronologisch vorgehen, also mit dem „garbage can model" von Cohen/March/Olsen (1972) beginnen, dann Kingdon's Ansatz darstellen und schließlich die Variationen von Zahariadis analysieren. Stattdessen deute ich Variationen innerhalb der fünf Punkte an.

3.1 Auslösebedingungen von Policies

Die Frage danach, welche Faktoren den Policy-Prozess in Gang setzten, ist nicht einfach zu beantworten. Sind es externe Faktoren, also zu lösende gesellschaftliche Probleme? Oder sind es endogene Faktoren, die durch den politischen Machtkampf ausgelöst werden? Oder beides zugleich? Der Ansatz gibt keine klare Antwort. Um eine zu finden muss ich einen Umweg gehen und drei Ströme, die durch das Regierungssystem fließen, kurz skizzieren: den Problem-, Options- und Politicsstrom. Diese drei Ströme bewegen sich relativ unabhängig voneinander und jeder folgt einer ihm eigenen Antriebsdynamik. Erst nach deren Darstellung wird deutlich, wie MS die Auslösebedingungen von Politik konzeptionalisiert.

(i) Der *Problemstrom* enthält all die Probleme, die simultan im politischen System gehandelt werden und um Anerkennung konkurrieren. Sie sind Ausdruck der ins zeitlich-prozesshafte übersetzten funktionalen Differenzierung moderner Gesellschaften. Funktionale Differenzierung vollzieht sich immer im Wechselspiel der einzelnen Teilsysteme der Gesellschaft, wobei sich die Teilsysteme *intern* durch mehr oder weniger geschlossene (Eigen-)Dynamiken entwickeln, die *extern* für andere ambivalente Folgen produzieren und die Integration der Teilsysteme zu einem immer schwierigeren Unterfangen werden lässt. Diese Integration ist eine der Aufgaben der Politik, weil sie als einziges Teilsystem der Gesellschaft verbindliche Entscheidungen treffen kann und sich ordnungsstiftende Integration zur Aufgabe gemacht hat (Schimank 2000). All die Sachverhalte, die eine verbindliche Entscheidung durch Politik anstreben, tauchen im Problemstrom auf. Probleme kommen nicht ungefiltert von außen, sondern werden durch drei systeminterne Faktoren zu politisch relevanten Problemen, die die Aufmerksamkeit des politischen Systems und der in ihm operierenden Akteure strukturieren. Nicht alle Sachverhalte werden zu „Problemen", weil Probleme unvermeidlich ein „perceptual, interpretative element" (Kingdon 1995: 110) enthalten. Nur wenn bestimmte Sachverhalte mit bestimmten normativen Vorstellungen in Konflikt geraten, werden sie als Probleme wahrgenommen, weil sie diese Werte verletzen und zu Handlungen herausfordern.

> *„People define conditions as problems by letting their values and beliefs guide their decisions, by placing subjects under one category rather than another, by comparing*

current to past performance, and by comparing conditions in different countries."
(Zahariadis 2007: 71)

Probleme kommen also von außen auf die Politik zu, aber nur wenn sie bei politischen Akteuren Aufmerksamkeit hervorrufen, werden sie zu Problemen, ansonsten schwimmen sie im Problemstrom irgendwo mit.

(a) Zunächst signalisieren *Indikatoren* die Existenz und/oder die Intensität eines bestimmten Sachverhalts als auch Veränderungen gegenüber einem früheren Zustand. Indikatoren werden entweder routinemäßig erhoben (wie etwa die statistischen Daten der EU oder des Statistischen Bundesamtes) oder neu erstellt, um einen spezifischen Sachverhalt zu beobachten. Eine Stiftung kann eine Erhebung zur (Kinder-)Armut machen und diese Daten können benutzt werden, um politische Aufmerksamkeit zu erheischen und diesem Sachverhalt in der Öffentlichkeit eine gesteigerte Dringlichkeit im Vergleich zu anderen Sachverhalten zu geben.

(b) *Focusing events* bringen einen Sachverhalt schlagartig ins Bewusstsein, wobei solche Ereignisse von den Medien hochgespielt werden. Der Terroranschlag des 11. September wäre ein solches Ereignis ebenso wie eine Umweltkatastrophe oder ein von den Medien traktierter Sachverhalt, wie etwa spektakuläre Fälle von Kriminalität, vernachlässigte und verhungerte Kinder, Skandale, Unglücke oder ähnliches. Und schließlich ist

(c) Rückmeldung oder *feedback* von vorangegangenen Entscheidungen wichtig, weil so die Wirkungen von Entscheidungen beobachtet werden können. Missglückte Entscheidungen werden eher totgeschwiegen, während erfolgreiche, wie z.B. die Privatisierung von staatlichen Einrichtungen, zu *spillover*-Effekten führen, wobei eine erste Entscheidung weitere in dieselbe Richtung nach sich ziehen kann.

Alle drei Faktoren sind im Kern Aufmerksamkeit strukturierende Indikatoren, die in der Regierungsorganisation entwickelt und geprüft wurden und operativ leitend sind. Bei allen spielt *Problemladung* eine Rolle, konkret die Anzahl der Sachverhalte, mit denen sich die Politik zu einem gegebenen Zeitpunkt beschäftigen muss. Weil Aufmerksamkeit eine begrenzte Ressource ist und nicht beliebig verausgabt werden kann, ist ein Regierungssystem immer mit (zu) vielen Problemen konfrontiert. Ist es in einer gegebenen Situation mit Problemanforderungen überladen, so ist es gegenüber Indikatoren, Focusing events und Rückkopplungen ignoranter und Sachverhalte kommen mit geringerer Wahrscheinlichkeit auf die politische Agenda. Probleme sind weder objektiv noch wissenschaftlich eindeutig bestimmbar, sondern es sind Sachverhalte, die nach bestimmten Relevanzkriterien und unter zeitlichen Aspekten sortiert werden. Die Auslösebedingungen für politisches Handeln sind hoch selektiv und zentrale Sachverhalte müssen von den politischen Akteuren erst zu „Problemen" gemacht werden. Manche Probleme verschwinden wieder von der Agenda, weil die Regierung ihre Aufmerksamkeit dringlicheren Problemen widmet, ein Wandel von Werten oder Normen manche zum Verschwinden bringt oder wenn keine adäquaten Handlungsoptionen entwickelt werden oder die Kosten zu hoch sind. Gleichwohl drückt sich im Problemstrom die Kontingenz moderner Gesellschaften aus, hier wird all das zum Problem gemacht, was bisher noch nicht verbindlich entschieden wurde bzw. was neu entschieden werden soll. Was ist soll auch anders möglich sein.

(ii) Der *Policy-Strom* oder – wie ich sagen würde – der Optionsstrom wird als eine Art Ur-suppe beschrieben („policy primeval soup" Kingdon 1984: 122), in dem eine Vielzahl unter-schiedlicher Ideen um Akzeptanz und Anerkennung kämpfen. Sie werden von Policy-Spezialisten in Netzwerken produziert - konkret von Bürokraten, Interessenvertretern, Wis-senschaftlern, Think Tanks, doktrinären Ideologen, missionarischen Personen, Stiftungen, politiknahen Institutionen, u.ä. - und auf Kongressen, bei (parlamentarischen) Anhörungen, in Enqueten, Kommissionen und anderen Foren propagiert und in Papern, Zeitungen, Zeit-schriften, Stellungnahmen, etc. publiziert. Hier entsteht unvermeidlich ein Überschuss an Ideen, die oft völlig unabhängig von konkreten Problemen entwickelt werden und nur weni-ge schaffen es, politische Relevanz zu erlangen. Was aber als möglich anerkannt und letzt-lich als wünschenswerte Option akzeptiert wird, hängt von der technischen Machbarkeit, der normativen Akzeptanz und antizipierten Widerständen ab; auch Finanzierbarkeit spielt eine große Rolle (Kingdon 1984: 137-146; Zahariadis 2007: 72).

Technische Machbarkeit meint die plausible Umsetzung in rechtliche und organisationelle Formen und damit die grundsätzliche Anschlussfähigkeit an Bestehendes. Ideen, deren büro-kratische Umsetzung schwierig ist und die neue institutionelle oder organisatorische Struktu-ren erfordern, haben eine geringere Chance. Eine radikale Privatisierung der Alterssicherung ist deshalb kaum zu realisieren, weil sie massive Übergangsprobleme mit sich bringen wür-de, konkret den Aufbau völlig neuer, privater Alterssicherungsmärkte und die Weiterführung des alten Systems, um die bestehenden Rentenansprüche zu befriedigen, was eine doppelte finanzielle Belastung der gegenwärtigen Beitragszahler mit sich bringt.

Normative Akzeptanz setzt die Einfügbarkeit einer Idee in einen gegebenen Wertekonsens voraus, der in einer pluralistischen Gesellschaft je nach Akteuren, Interessen und historischer Situation differiert. Nur die Optionen haben eine realistische Chance, die mit dem Normen-system zentraler Akteuren (etwa den politischen Parteien) oder dem umfassenden Wertekano-non einer Gesellschaft kompatibel sind. Ein aus linken und sozialdemokratischen Parteien zusammengesetzte Regierungskoalition wird andere Optionen für relevant halten als eine konservativ-christliche.

Die Realisierbarkeit einer Idee hängt auch von *antizipierten Widerständen* von Interessen-gruppen, innerparteilicher Strömungen, der Öffentlichkeit und von Wählergruppierungen ab. Jede Regierung will nicht nur über Policies entscheiden, sondern auch und vor allem an der Macht bleiben. Policies, die dies in Frage stellen, werden meistens nicht oder nur in abge-schwächter Form realisiert.

Im Policy-Strom werden Ideen oft „aufgekocht" (Kingdon 1984: 134) und auf ihre Akzep-tanz getestet. Dies ist ein experimenteller Prozess, indem z.B. eine Idee in einer Rede eines Ministers, Abgeordneten oder Bürokraten erwähnt wird, um dann die Reaktionen des politi-schen Gegners oder der Öffentlichkeit zu testen (Kingdon 1984: 136). Manche Ideen tauchen auf und verschwinden wieder, andere halten sich länger, ohne dass sie je relevant werden; und wiederum andere schaffen den Sprung auf die politische Agenda. Zwei Faktoren sind hierfür bedeutsam: Zum einen die Fähigkeit einer Policy zur Rekombination mit bereits bestehenden Optionen (Kingdon 1984: 131) und zum anderen die Netzwerkstruktur eines Policyfeldes, die über Größe, Interaktionsmodus, Kapazität und Zugang typologisiert werden kann (Zahariadis 2007: 72-73).

Integrierte Netzwerke sind eher klein, die Akteure operieren konsensorientiert, ihre administrative Kapazität ist hoch und der Zugang zu ihnen eingeschränkt. Neue Ideen sind nur dann erfolgreich, wenn sie mit bisherigen Policies kombiniert werden können und wenn deren Innovationsgrad gering ist. Policywandel erfolgt deshalb nur langsam. *Unstrukturierte Netzwerke* sind dagegen meist größer, ihr Interaktionsmodus ist konkurrenzorientierter, die administrative Kapazität eher gering und die Aufnahme neuer Teilnehmer mit neuen Ideen erfolgt leichter. In diesen Netzwerken gibt es weit mehr und ideologisch weiter auseinanderliegende Optionen und die Chance für radikale Politikoptionen steigt.

Der Policy-Strom ist der ins zeitlich-prozesshafte übersetzte Ausdruck der potentiell vorhandenen Möglichkeiten, über die eine Gesellschaft verfügt und mit der sie ihr „Anders-Sein-Können" thematisiert. Diese Ideen stellen den Status-Quo ununterbrochen in Frage, führen Kontingenz in einen gegebenen Zustand ein und problematisieren den gegenwärtigen bzw. zukünftigen Zustand der Gesellschaft. Auch wenn es keine dringend zu bearbeitenden Probleme gibt, finden hier die zentralen Auseinandersetzungen der pluralistischen Gesellschaften mit sich selbst statt.

(iii) Der „*political stream*" oder Politics-Strom wurde im MS-Ansatz mehrmals neu konzipiert. Seine Dynamik hat erheblichen Einfluss darauf, was auf die politische Agenda gelangt und worüber letztlich entschieden wird. Kingdon macht für seine Dynamik drei Faktoren verantwortlich. Zunächst (a) „*national mood*" (Kingdon 1984: 153-157), der eine Stimmung in einer Gesellschaft wiedergibt und nicht mit der Meinung identisch ist, wie sie sich in Meinungsumfragen ermitteln lässt. Er ist vielmehr eine Art *Zeitgeist*, der sich in Kommentaren, Stellungnahmen, Denk- und Wissensmustern niederschlägt und von der Politik beobachtet und wahrgenommen wird. Kingdon beschreibt ihn etwas unglücklich als „large number of people out in the country (that) are thinking along certain common lines" (Kingdon 1984: 153). Die Folgen dieses Zeitgeistes bestehen darin, dass manche Policies leichter den Weg auf die politische Agenda finden als andere, die ihm widersprechen. Dann muss man mit einer Idee warten, bis der Zeitgeist wieder günstig ist.

Hinzu kommt (b) die *Machtverteilung der organisierten Interessen*. Nach Kingdon's Ansicht ist es viel wahrscheinlicher, dass Policies erfolgreich sind, wenn sie auf eine ausgeglichene Verteilung der organisierten Interessen treffen bzw. wenn starke Interessen eine Entscheidung befürworten. Wenn aber Interessen gegen eine angestrebte Policy mobilisieren und zudem als starke Interessen wahrgenommen werden, dann werden Entscheidungen unwahrscheinlicher. Die Macht von Interessengruppen steht hier im Mittelpunkt.

Der letzte und vielleicht wichtigste Punkt ist (c) die *Regierung* im weiteren Sinne. Dies mag auf den ersten Blick trivial erscheinen, aber Kingdon fasst darunter mehrere nicht-triviale Prozesse. Zunächst „turnover of key personnel" (Kingdon 1984: 169-172), zu denen v.a. die Abgeordneten und die Mitglieder der Regierung, aber auch die höhere Ministerialbürokratie gehören. Da Wahlen eine permanente Unruhe in den Bestand des politischen Personals einbauen, verändern sich nach jeder Wahl die Chancen für Policies. Auch die Bedeutung von einzelnen Personen, deren Tatkraft, Geschick und politischer Mut, spielen eine große Rolle. Wichtig sind auch Zuständigkeiten bzw. Aufgabenbereiche und deren Zuschnitt oder Neuorganisation macht einen Unterschied. Manche Policies schaffen deshalb nie den Sprung auf die politische Agenda, weil es keine Ansprechpartner gibt, weil sie nicht passgenau für bestimmte Zuständigkeitsbereiche sind oder weil sie in eine ungünstige personelle oder politische Konstellation eingebracht werden.

Während im Problemstrom argumentative Überzeugung ein wichtiger Handlungsmodus sein kann, dominiert im *political stream* Bargaining, also Kompromissbildung durch den Tausch von Vor- und Nachteilen. Kompromissbildung ist ein konflikthafter Prozess, bei dem mit Drohungen, Täuschungen, Machtdemonstrationen, etc. gearbeitet wird. Sobald politische oder interessierte Akteure eine Bewegung in eine bestimmte Richtung wahrnehmen, tauchen sie in der politischen Arena auf, versuchen Einfluss zu nehmen, schließen gut verhandelte oder auch *ad hoc* gebildete Kompromisse, um aussichtsreich im Spiel zu bleiben. Die wichtigsten Faktoren aber, die die Chancen von Optionen bestimmen, sind die nationale Stimmung sowie die Dynamik der Parteienkonkurrenz, die häufig den Einfluss von Interessengruppen überspielt (Kingdon 1984: 171-172).

Zahariadis hat diese drei Faktoren durch eine einzige konzeptionelle Variable ersetzt, die *Ideologie der Regierungspartei*, um MS für parlamentarische Regierungssysteme passgenauer zu machen (Zahariadis 1995; Zahariadis/Allen 1995; Zahariadis 1999: 79-81; Zahariadis 2003: 29-30). In ihnen spielen politische Parteien und deren Programmatik eine erhebliche größere Rolle als beim Policymaking im US-präsidentiellen Regierungssystem. Drei Sachverhalte legen nach seiner Sicht diesen Schluss nahe: Zunächst wird (a) die *nationale Stimmung* durch die Politik selbst, also von Parteienregierungen, stark beeinflusst; die nationale Stimmung ist häufig des Resultat von politischen Kampagnen. Zudem spielt (b) *administrative turnover* in präsidentiellen Regierungssystemen eine erheblich größere Rolle, während in parlamentarischen die Gesetzgebung von der Regierungspartei bzw. -parteien auch gegenüber der Verwaltung dominiert wird und das Berufsbeamtentum in den meisten europäischen Staaten dazu führt, dass Regierungswechsel in Form von Parteienwechsel die zentrale Variable im Politikstrom sind und nicht *administrative turnover*. Und schließlich ist (c) die *Interessenvermittlung* stark auf die Regierung(sparteien) konzentriert und weniger auf die Verwaltung, weil Regierungen Parteienregierungen sind und zentrale Konflikte zwischen der Regierung und der Opposition und nicht zwischen der Ein-Mann-Regierung in Form des direkt gewählten Staatspräsidenten und den beiden Häusern des Kongresses ausgetragen werden. Parteienideologie wird vereinfacht an Hand ihrer Stellung zur Privatisierung operationalisiert, weil diese Positionierung eine Vielzahl von Policyoptionen in anderen Politikfeldern erklären kann (Zahariadis 2003: 29).

Alle drei Ströme fließen relativ unabhängig nebeneinander, weil jeder seine eigenen Antriebskräfte und seine eigene Dynamik hat. Zwar gibt es gegenseitige Beeinflussungen, aber zentral für die Theorie ist die Prämisse, dass es zunächst keinen systematischen Zusammenhang gibt. Stattdessen gilt:

> *„(...) advocates lie in wait in and around government with their solutions at hand, waiting for problems to float by to which they can attach their solutions, waiting for a development in the political stream they can use to their advantage." (Kingdon 1984: 173)*

Das sind die zentralen Ausgangsprämissen des Ansatzes und ich will nun auf die Ausgangsfrage zurückkommen: Was löst Policies aus? Die Antwort ist komplex und vielschichtig:

zunächst Politik im engeren Sinne, also Veränderungen in der nationalen Stimmung und elektorale Veränderungen durch die Parteienkonkurrenz; dann Probleme, die im Problemstrom gehandelt werden und um Anerkennung kämpfen und strategische Repräsentationen von Interessen sind (und nicht objektiv-sachliche Probleme); und schließlich Optionen oder Ideen, die unabhängig von bestimmten Problemen entwickelt und gehandelt werden. Der MS-Ansatz löst den Konnex von Problem und Lösung systematisch auf und führt stattdessen andere Dynamiken ein, die für die Entstehung von Policies ursächlich sind. Er erkennt an, dass „Probleme" zwar von außen kommen können, also als soziale oder gesellschaftliche Probleme wahrgenommen oder definiert werden, aber erst durch systeminterne Indikatoren und interpretative Prozesse auf die Agenda kommen. Sie können aber auch aus dem politischen Prozess selbst entspringen und endogen produziert sein. Dies dann, wenn Policies im Machtkampf oder in der Parteienkonkurrenz erfunden und eingesetzt werden, um sich eine neue Position zu erkämpfen.

3.2   Akteurskonzeption

Eine der Grundfragen aller Policy-analytischen Theorien ist die nach der Handlungsmotivation von Akteuren: Handeln sie rational im Sinne des *homo oeconomicus*, was auch begrenzt rationales Handeln im Sinne von H.A. Simon's „bounded rationality" einschließt (Simon 1972; Simon 1993)? Letzteres unterscheidet sich vom vollständig rationalen Handeln u.a. dadurch, dass Akteure auf der Basis von unvollständiger Information rational zu handeln versuchen; am Kern der prinzipiellen Vorstellung des rationalen Handelns ändert sich wenig. Oder handeln Akteure norm- bzw. programmorientiert, was deren Bindung an eingelebte Normen oder an programmatische Positionen einschließt und sie dem Typus des *homo sociologicus* zuordnet? MS konzipiert das Akteurshandeln anders und geht davon aus, dass Menschen zwar versuchen, rational zu handeln, aber mit der *grundsätzlichen Mehrdeutigkeit* aller Phänomene konfrontiert sind.

Ambiguität

Ambiguität ist die prinzipielle Möglichkeit, einen Sachverhalt, sei es ein Wort, ein Begriff, ein Symbol, eine „Tatsache" oder einen spezifischen Gegenstand, in mehrfacher Weise zu verstehen oder zu interpretieren. Sie ist entweder gegeben oder wird bewusst in eine Situation/Handlung eingeführt. Ambiguität lässt sich durch mehr Informationen nicht beseitigen, wie etwa Unsicherheit, sondern bleibt bestehen und kann durch mehr Information nicht reduziert werden. Im Gegenteil, mehr Information erhöht die Mehrdeutigkeit von Sachverhalten. Die Gegenbegriffe sind Eindeutigkeit, Klarheit, Präzision, Kausalität, was wiederum die Voraussetzungen für rationales Entscheiden sind.

Ambiguität ist für Policy-Maker ein Zustand, in dem ein Sachverhalt, ein Problem oder eine Gegebenheit immer und grundsätzlich in mehrdeutiger Weise beobachtet und interpretiert werden kann (Zahariadis 2007: 66-67). Mehrdeutigkeit ist vorgefunden oder wird in den politischen Prozess von den verschiedensten Akteuren eingebracht. Sofern aber Ambiguität unhintergehbar und für Policy-Making zentral ist, ist *politische Manipulation* die Technik,

Ambiguität zu kontrollieren und Herrschaft auszuüben, indem Mehrdeutigkeiten in scheinbare Eindeutigkeiten überführt werden. Ein längeres Zitat soll die Intention von MS verdeutlichen:

> *„Political manipulation aims primarily to provide meaning, clarification, and identity. In a world replete with ambiguity, the most important aspect of entrepreneurial activity is not to pursue self-interest, but to clarify or create meaning for those policy makers, and others, who have problematic preferences. (...) MS assumes that policy makers have not made up their minds, so there is little to be changed. In the absence of well-formed goals, more information is not the answer. The key is to understand how information is presented and processed." (Zahariadis 2007: 70; Herv. von mir)*

Leitend ist die Vorstellung, dass Präferenzen und Interessen dem politischen Prozess nicht exogen, sondern endogen sind und im politischen Konflikt durch politische Manipulation oft erst entstehen, variiert oder präzisiert werden. Politische Ziele sind – im Gegensatz zu Zielen von wirtschaftlichen Unternehmungen – oft nicht klar und eindeutig, sondern bilden sich im politischen Prozess heraus. Was das Ziel ist, ist das Ergebnis der Politik und steht nicht von Beginn an fest. Dies schließt ein, dass Akteure – wie politische Parteien, Ministerialbürokratie, Regierung und Interessengruppen – bereits zu Beginn ihre Positionen formulieren und festlegen, aber diese werden im politischen Prozess variiert, verflüssigt, an wechselnde Situationen angepasst, etc. Hierbei handelt es sich nicht nur um Kompromisse, sondern um Variationen, Neubegründungen bis hin zu Neupositionierungen. Entscheidungen müssen getroffen werden, obwohl man nicht genau weiß, was man eigentlich will und welche Folgen Entscheidungen haben. Gerade deshalb spielen politische Unternehmer in dem Ansatz eine zentrale Rolle, weil sie durch Manipulation und Framing unklare Präferenzen in eindeutige Handlungsmotive transformieren.

Die Rationalitätsprämisse wird durch einen zweiten Faktor unterlaufen, durch zeitliches Sortieren. Da man seine Aufmerksamkeit nicht auf viele (oder alle) Sachverhalte gleichzeitig lenken kann, spielt die *zeitliche Strukturierung* von Aufmerksamkeit eine große Rolle. Zunächst in dem Sinne, dass sich im Lauf der Zeit viele von der Politik nicht unmittelbar beeinflussbare Faktoren ändern, wie etwa die wirtschaftliche Entwicklung, die Steuereinnahmen oder die nationale Stimmung. Bestimmte Policies können nun nicht mehr oder gerade deshalb realisiert werden. Und dann unterminiert zeitliches Ordnen die inhaltliche Dimension von Entscheidungen und „the primary concern of decision makers – policy makers, business executives, or top civil servants – is to manage time effectively rather than to manage tasks." (Zahariadis 2007: 68)

Sind Probleme und Präferenzen nicht eindeutig, sondern ambig *und* ist Zeit knapp, dann ist rationales Abwägen und die Suche nach *der* nutzenmaximierenden Option ein vergebliches Unterfangen. Insofern unterstellt MS individuellen wie korporativen Akteuren die prinzipielle Fähigkeit zum rationalen Entscheiden, aber Entscheidungen können nur unter extremen und in der Politik unwahrscheinlichen Bedingungen rational sein. Denn obwohl Parteien, Politiker, Bürokraten und Interessengruppen oft nicht wissen, was sie wollen, obwohl Regierungen über Sachverhalte entscheiden müssen, die sie nicht verstehen, obwohl sie Instrumente einsetzen, über deren Wirkungen sie nur wenig wissen, obwohl Politiker versprechen, bestimmte Probleme zu lösen, über die sie keine ausreichenden Informationen haben, *müssen*

Entscheidungen laufend getroffen werden. Rationale und zielgerichtete Entscheidungen sind unter solchen Bedingungen oft nicht zu erwarten. Da der MS-Ansatz nicht *a priori* von der Prämisse rationalen Handelns und problemlösenden Entscheidungen ausgeht, kann er *ex post* das in politischen Prozessen tatsächlich realisierte Rationalitätspotential empirisch untersuchen.

3.3 Bedeutung von (politischen) Institutionen

Während viele Policy-Theorien politischen Institutionen einen großen Erklärungswert beimessen (vgl. van Waarden in diesem Band), spielen Institutionen und deren Wirkungen auf den Policy-Making-Prozess im MS-Ansatz kaum eine Rolle. Dies ist umso erstaunlicher, als der Ansatz auf der systemischen bzw. der organisationalen Ebene theoretisiert und insofern die institutionelle Struktur von Regierungssystemen von Bedeutung ist. Die Gewaltenteilung ist u.a. ein durch die Institutionen des politischen Systems zeitlich strukturierter Ablauf von Entscheidungsprozessen, dem der Ansatz keine Beachtung schenkt. Und beim parallelen Prozessieren von vielen Problemen sind nicht nur Policy Subsysteme von Bedeutung (Zahariadis 2003: 4), sondern auch die institutionelle Architektur des politischen Systems, wie etwa die Aufteilung in Ressorts, die parallel und weitgehend unabhängig voneinander viele Sachverhalte simultan abarbeiten, die Struktur der Regierung, eine Zweite Kammer, Kompetenzen der Legislative und der föderale oder unitarische Staatsaufbau.

Es gibt – wenn ich das Recht sehe – nur einen Kontext, in dem der institutionellen Struktur eines Regierungssystem Aufmerksamkeit entgegen gebracht wird:

> *„Institutional structure strongly effects attention. Because policy makers at the top are frequently overwhelmed by the number and complexity of problems they encounter, they have designed institutions to ease overload. The entire system has been organized into sectors, which are frequently called policy communities or subsystems. They act as filters in that problems and solutions usually first incubate in those communities before they are taken up at the top by national politicians.“ (Zahariadis 2003: 11; ähnlich ders. 2007: 68)*

Hier wirken Institutionen, konzeptionalisiert als Policy Communities oder Policy Subsysteme, als Filter, die eine Überlastung der Spitze des Regierungssystems verhindern und zugleich paralleles Prozessieren von Problemen und Optionen ermöglichen. Aber ein eigenständiger Einfluss auf die Präferenzen, Handlungsstrategien und Prozessabläufe wird ihnen nicht zugestanden.

Ein weiteres Mal tauchen Institutionen in Form der Struktur von Policy Netzwerken auf. Die institutionelle Konfiguration von Netzwerken oder – in anderen Worten – deren Integrationsmuster beeinflussen die Art und Weise, wie neue Policy Ideen im Optionsstrom entstehen, sich verbreiten und auf die politische Agenda gelangen (Zahariadis 2007: 72). Ein systematischer Einbau institutioneller Fragen in den Ansatz lässt sich aber nicht beobachten.

3.4   Reichweite von politischen Veränderungen

Die Reichweite von politischen Entscheidungen bzw. die Abweichung vom Status Quo ist seit Tsebelis' Veto Spieler-Theorie (Tsebelis 2002) und den im Kontext der Reformen des Wohlfahrtsstaates entwickelten Ansätzen der Pfadabhängigkeit politischer Entscheidungen (Beyer 2005) eine der zentralen Fragen der Policy-Analyse. Und nicht zuletzt ist diese Frage ins Bewusstsein der Öffentlichkeit und der Disziplin selbst durch die angebliche Unfähigkeit der Politik gelangt, weitreichende Reformen in Gang zu setzen und Reformstaus aufzulösen. Auch hier sind institutionalistische Erklärungen dominant geworden. Der MS-Ansatz geht einen anderen Weg. Nicht Institutionen, sondern erneut Zeit und Personen spielen eine zentrale Rolle.

Der MS-Ansatz setzt sich vom schrittweisen Vorgehen oder vom „Sich-Durchwursteln" (Lindblom 1959) insofern ab, als er zwischen Agendasetting und Alternativenspezifikation unterscheidet. Während bei letzterem in der Regel kleine Schritte erfolgen, die immer an vorangegangene Policies anknüpfen und große Sprünge vermeiden, kann man beim Agendasetting eine andere Logik beobachten. Hier kommt es häufig zu Diskontinuitäten. Aber auch beim politischen Entscheiden bzw. der Alternativenspezifikation kommt es zu überraschenden Änderungen, die zwar seltener, aber gleichwohl vorkommen (Kingdon 1984: 83-88). Jedenfalls sind Kontinuitäten und Pfadabhängigkeiten zu beobachten, aber ebenso Pfadwechsel und massive Abweichungen vom Status Quo; obwohl bestimmte problematische Sachverhalte seit Jahren, ja manchmal seit Jahrzehnten diskutiert werden, „a subject rather suddenly ‚hits', ‚catches on' or ‚takes off'." (Kingdon 1984: 85). Was ist die Erklärung für diese Sprunghaftigkeit und Plötzlichkeit? Oder in Kingdon's Worten: „What makes an idea's time come?" (Kingdon 1984: 1)

(i) Zunächst spielt der Faktor Zeit eine Rolle. Zeit ist zwar auch der kontinuierliche Fluss von Minuten, Stunden und Tagen, aber zugleich ist Zeit diskontinuierlich. Dramatische Ereignisse, die bereits erwähnten „focusing events", aber auch Zufälle haben zur Folge, dass – metaphorisch gesprochen – Zeit komprimiert wird und in Tagen, Wochen oder Monaten das realisierbar wird, was sonst nur im Verlauf von Jahren gelingt. Die Denkfigur und analytische Kategorie sind „windows of opportunity", die sich überraschend und nur unter bestimmten Bedingungen öffnen. Sie sind

> *„opportunities for action on given initiatives, present themselves and stay open for only short periods. If the participants cannot or do not take advantage of these opportunities, they must bide their time until the next opportunity comes along." (Kingdon 1984: 174)*

Zeitfenster öffnen sich oder werden aktiv geöffnet. Sie öffnen sich durch Ereignisse im Politics-Strom, etwa durch den Amtsantritt einer neuen Regierung nach Wahlen, durch Wechsel in parlamentarischen Ausschüssen, durch neue Vorsitzende in Komitees, oder auch durch den Wandel der nationalen Stimmung. So ergeben sich neue Chancen, die vorher nicht bestanden. Sie öffnen sich aber auch durch Ereignisse im Problemstrom, wie etwa durch „focusing events", dramatische Ereignisse, Berichte von Kommissionen, u.ä. Solche Ereignisse strukturieren die politische und öffentliche Aufmerksamkeit neu und manche Sachverhalte schaffen den Sprung auf die politische Agenda, während andere verschwinden oder für später aufgeschoben werden.

Zeitfenster werden aktiv geöffnet, wenn PolitikerInnen plötzlich eine Chancen sehen und sie für ihre Interessen nutzen. Die Einsetzung der Hartz-Kommission ist ein Beispiel. Bundeskanzler Schröder nutzte den vom Bundesrechnungshof aufgedeckten Vermittlungsskandal, die festgefahrene und durch Interessengruppen blockierte Arbeitsmarktpolitik aufzubrechen. So wie sich Zeitfenster öffnen, so schließen sie sich auch wieder. Die Zeit einer Idee kann kommen, sie kann auch wieder verschwinden und die Chance ist vertan. Die Aufmerksamkeit verlagert sich dann auf andere Sachverhalte, die nun als dringender betrachtet werden.

Zugleich gilt, dass Zeit für die Vorbereitung, die Alternativenauswahl und die Entscheidung immer knapp ist, Informationen nie ausreichend sind, Alternativen nie systematisch abgewogen, die Folgen nie vollständig abgeschätzt und trotzdem Entscheidungen gefällt werden. Zeit ist eine notorisch knappe Ressource und sie kann nicht vermehrt werden, obwohl man sie dringend bräuchte. Schon allein deshalb sind rationale oder problemlösende Entscheidungen extrem unwahrscheinlich.

(ii) Zum anderen spielen Personen ein große Rolle, die in der Figur des „political entrepreneurs" auftauchen. Ihre Bedeutung ist vielfältig, aber ihre zentrale Aufgabe ist das Verkoppeln der Ströme, besser und analytisch richtiger: das Verkoppeln des Materials der eigenständigen Ströme, die durch das politische System fließen. Verkoppeln als Aktivität, als spezifische Form des politischen Handelns, umfasst mehrere Tätigkeitsfelder. Zunächst *Framing*, das einer mehrdeutigen Ausgangssituation eine eindeutige oder dominierende Interpretation gibt. Informationen sind nicht neutral, die Interpretation von Zahlen ebenso wenig, und die Kunst besteht darin, ihnen einen bestimmten Sinn zu geben und eine Interpretation gegenüber konkurrierenden durchzusetzen. In der Politik hat derjenige Macht, der seine Interpretation einem ambigen Sachverhalt aufzwingen kann.

Damit eng verbunden ist *Symbolisierung*, die – wie Framing auch – vor allem kognitive, aber auch emotionale Auswirkungen hat. Wichtig ist die Verdichtung und Reduktion von hochkomplexen Sachverhalten auf ein Symbol; dadurch kann Unterstützung gewonnen werden. Die Symbolisierung einer Situation oder einer Maßnahme als Verlust ist eine erfolgreiche Strategie, weil bei einer gegebenen Situation deren Umformulierung in Verluste anders bewertet wird als in Gewinne (Kahnemann/Tversky 1979). Auch die Mobilisierung von Ängsten lässt sich durch Symbolisierung erreichen: „Das Boot ist voll", „eine Flut" von diesem oder jenem, Notwendigkeitskonstruktionen, mit denen politische Entscheidungen als alternativlos begründet werden: All das sind angstmachende Symbolisierungen, die auf das Handeln von Akteuren Einfluss nehmen (siehe auch Sunstein 2005).

Dann „*salami tactics*" (Zahariadis 2007: 78), die den strategischen Umgang mit Zeit, insbesondere den sequentiellen Ablauf von Entscheidungsprozessen, beinhalten. Das Management von Zeit ist eine zentrale Aufgabe und wenn das erfolgreich gelingt, dann sind erhebliche Politikwechsel denkbar. Zu jedem Zeitpunkt des Agendasetting und Entscheidungsprozesses muss ein politischer Unternehmer genau wissen, wann er Koalitionen bzw. Kompromisse zu bilden hat, wann er kompromisslos agieren und wann er mehr auf Argumentieren statt auf Macht setzten muss.

Und schließlich ist „*affect priming*" der Versuch der strategischen Beeinflussung von Emotionen. Menschen verarbeiten Informationen und Zustandsbeschreibungen immer selektiv, sie überschätzen oder ignorieren neue Informationen. Politik bedeutet nicht nur die gezielte Beeinflussung von kognitiven Dimensionen (wie beim Framing oder beim Gebrauch von Symbolen), sondern auch von Emotionen. Diese sind zentral für soziale und politische Prozesse und haben großen Einfluss auf die Richtung und die Formen von Policy-Entscheidungen (Klein/Nullmeier 1999; Rüb 1999; Zahariadis 2005). Negative Stimmungen oder auch negativ geframte Kontexte führen zur Überschätzung bzw. zur Überbetonung der negativen Folgen von Handlungen und tragen zudem zur Polarisierung der politischen Auseinandersetzung bei.

Zusammenfassend sind die Reichweite von politischen Entscheidungen und die Radikalität des Policywandels vor allem von der Fähigkeit zur politischen Manipulation abhängig.

> „*Policy makers and entrepreneurs use labels and symbols that have specific cognitive referents and emotional impact. Employing these elements strategically alters the dynamics of choice by highlighting one dimension of the problem over others. It's the strategic use of information in combination with institutions and policy windows that changes the context, meaning, and policies over time.*" (Zahariadis 2007: 69-70)

Für Politik ist nicht nur Argumentieren und Verhandeln, sondern auch politische Manipulation essentiell. Es ist genuin politisches Handeln und zentrales Element im politischen Kampf, das Kontexte verändert und Chancen und Möglichkeiten neu strukturiert. Politik ist – und dies gilt auch für policy-analytische Fragestellungen – wesentlich Kampf um Macht und professionalisierte Politik nutzt *alle* Möglichkeiten, um erfolgreich zu sein und bestimmte Ideen gegenüber anderen durchzusetzen. Dazu gehört auch die Unterstützung durch Werbeagenturen, professionelle Marketingexperten, Spin-Doctors etc., die Andere in ihrem Sinn zu beeinflussen suchen. Wie politisches Manipulieren funktioniere, und welche Bedeutung politische Unternehmer beim Agendasetting und der Alternativenspezifikation haben, kann man an den Entscheidungen zur militärischen Intervention in Afghanistan und weit besser im Irak sehen (Woodward 2003; 2004).

Radikale Änderungen sind also dann wahrscheinlich, wenn politische Unternehmer erfolgreich operiert haben und ihre Position durch geschicktes Framing, Affect priming, Salami tactics und den Gebrauch von Symbolen durchsetzen konnten. Dazu müssen sie an prominenten Positionen in einer politischen Machtkonstellation platziert sein, über ausreichend Zeit, über politische bzw. expertokratische Reputation und über bestimmte Ressourcen verfügen. Dies sind v.a. Wissens- und Informationsressourcen, wie z.B. Think Tanks, Beratungsinstitute und universitäre Forschungseinrichtungen. Peter Hartz, der den Vorsitz in der gleichnamigen Kommission inne hatte und die Konturen der Arbeitsmarktreformen unter der Regierung Schröder entwarf, ist ebenso ein politischer Unternehmer wie etwa der Wirtschaftswissenschaftler Bert Rürüp, der in verschiedenen Kommissionen der Bundesregierung sitzt und bei zentralen sozialpolitischen Fragen nicht nur konsensorientierte Policy-Optionen entwickelt, sondern auch über wissenschaftliche und politische Reputation verfügt. Aber auch ein Regierungschef kann diese Funktion erfüllen oder die Kernexekutive (Rhodes/Dunleavy 1995) als operatives Zentrum des Regierungsprozesses, sofern sie einheitlich und überzeugend handelt. Ob radikale oder nur inkrementale Policy-Wechsel eintreten, ist also kontingent. Radikaler Wandel kommt seltener vor als gradueller und alles hängt von einer komplexen Kombination vieler Faktoren ab, die nur schwierig zu bestimmen sind, für deren Analyse der MS-Ansatz aber zentrale Faktoren angeben kann. Zeitfenster und politische Unternehmer samt ihrem manipulativen Geschick sind gleichwohl am bedeutsamsten.

3.5   Substanz von politischen Entscheidungen

Die Frage nach der Substanz von politischen Entscheidungen zielt darauf ab, die Problemlösungskapazität von Policies analytisch zu erschließen. Die Frage nach dem Rationalitätspotential der Politik ist eine der Kernfragen der Politikwissenschaft (z.B. Elster 1987; Oakeshott 1966). Dass politische Akteure oft wider besseren Wissens von der problemlösenden Wirkung ihrer Policies ausgehen, ist unvermeidlich und gehört zum politischen Geschäft (der politischen Manipulation). Aber welche Position nimmt der MS-Ansatz ein? MS ist eindeutig und grenzt sich von rationalistischen Ansätzen deutlich ab:

> *„In contrast to models that stress consequential action, the garbage can model provides an alternative logic based on temporal order. Choice has more to do with simultaneous evocation of problems and solutions than with any inherent correlation between them. In other words, choice is often made on a first-come, first-saved basis. (...) Because the primary concern of decisions makers – whether policymakers, business executives, or top civil servants – is to manage time rather than to manage tasks (...), it is reasonable to use a lens that accords significance to time rather than rationality."* (Zahariadis 2003: 4-5)

Politik trifft in der Regel keine rationalen und problemlösenden Entscheidungen in Form von Policies, weil die Logik des politischen Prozesses nicht in der Logik der Rationalität aufgeht. Rationalität unterstellt, dass man zuerst ein Problem identifiziert und dann nach einer Lösung sucht, die es am zweckmäßigsten bearbeitet. Diese wird aus einem Fundus von möglichen Alternativen gewählt und als Policy verbindlich entschieden. Politik operiert grundsätzlich nach einer anderen Logik und folgerichtig tragen viele von ihr produzierten Entscheidungen in der Regel keinen problemlösenden Charakter. Probleme und Lösungen existieren simultan, immer gibt es einen Überschuss an Problemen und an Optionen, die ohne eine verbindende Logik parallel produziert werden und sowohl Problem als auch Lösung sind immer mehrdeutig.

MS erkennt grundsätzlich zwei Typen von politischen Entscheidungen an, die unterschiedliche Rationalitätsgrade bzw. Problemlösungskapazität beinhalten. Zum einen sind Policies (a) *konsequentialistisch*, sofern das Zeitfenster durch den Problemstrom geöffnet wird. Optionen werden dann in Reaktion auf bestimmte, gleichwohl interessierte und deshalb konstruierte Probleme entwickelt. Wenn z.B. Finanzkrisen der Sozialversicherung endemisch werden, dann wird es Optionen geben, die eine Antwort darauf geben wollen. Dann steigt die Wahrscheinlichkeit, dass sich ein Zeitfenster öffnet, ein Problem auf die Agenda gesetzt und auch darüber entschieden wird. Werden Zeitfenster durch Ereignisse im Politicsstrom geöffnet, dann sind Optionen (b) *ideologisch* bzw. doktrinär. Policyoptionen suchen dann nach Problemen, mit denen sie sich verkoppeln können und gehen „Problemen" sachlich und zeitlich voraus. Wichtiger wird dann die Entscheidung für eine bestimmte Option und nicht die Lösung eines Problems.

Auch werden Policies konstruiert und erfunden, um sich in der Parteienkonkurrenz neu zu positionieren oder um eine bestehende Machtkonstellation zu verändern. Die Verlängerung des Arbeitslosengeldes für ältere Arbeitnehmer, welche die SPD auf ihrem Parteitag 2007 in Hamburg beschloss und dann in der großen Koalition durchsetzte, ist typisch hierfür. Es ging ausschließlich um eine politische Neupositionierung gegenüber der Partei *Die Linke*, um alte und verloren gegangene Wählergruppierungen zurück zugewinnen, nicht aber um die Lösung eines konkreten oder drängenden Problems.

Prinzipiell geht der MS-Ansatz davon aus, dass es keine systematische Verbindung zwischen einem Problem und einer Policy geben muss. Eine Ausgangslage, ein Sachverhalt wird dann zu einem Problem, wenn eine bestimmte Gruppe, eine Partei oder eine Interessengruppe der Überzeugung ist, dass etwas getan werden soll. Erst mit diesem aktivistischen Moment beginnt die Transformation eines Sachverhalts in ein Problem (Kingdon 1984: 115; Zahariadis 2007: 70-71).Unter Bezugnahme auf Karl E. Weick formuliert Zahariadis, dass „choice becomes less an exercise in solving problems and more an attempt to make sense of a partially comprehensible world." (2007: 67) und Weick selbst hat diese Tätigkeit als "retrospective sense-making" (Weick 1995) bezeichnet. Kingdon hat die Situation unnachahmlich beschrieben und deshalb soll ihm abschließend das Wort gegeben werden: Zu einem bestimmten Zeitpunkt

> *„(...) (p)articipants dump their conceptions of problems, their proposals, and political forces into the choice opportunity and the outcome depends on the mix of elements present and how the various elements are coupled." (Kingdon 1984: 174).*

Dass rationale Problemlösungen zu Stande kommen ist unter diesen Ausgangsbedingungen zwar unwahrscheinlich, aber nicht ausgeschlossen. Abbildung 1 verdeutlicht die Konstruktion des gesamten Modells.

4 Schwächen und Grenzen des MS-Ansatzes

Wie jedes theoretische Konzept hat auch MS seine Schwächen und Grenzen. Während er sich zunehmender Beliebtheit erfreut (Münter 2006; Nill 2002; Peters/Pierre 2002; Bendel 2006; Richardson 2006; Keeler 1993; Zahariadis/Trevis 2002; Lipson 2007), nimmt parallel die Kritik an dem Ansatz zu. Beide Entwicklungen signalisieren eine Bedeutungszunahme des Ansatzes, denn die selektive und nur bruchstückhafte Wahrnehmung wird nun durch eine systematischere Kritik ersetzt. Ich konzentriere mich hier auf fünf Punkte:

Abbildung 1: Der Multiple-Streams-Ansatz

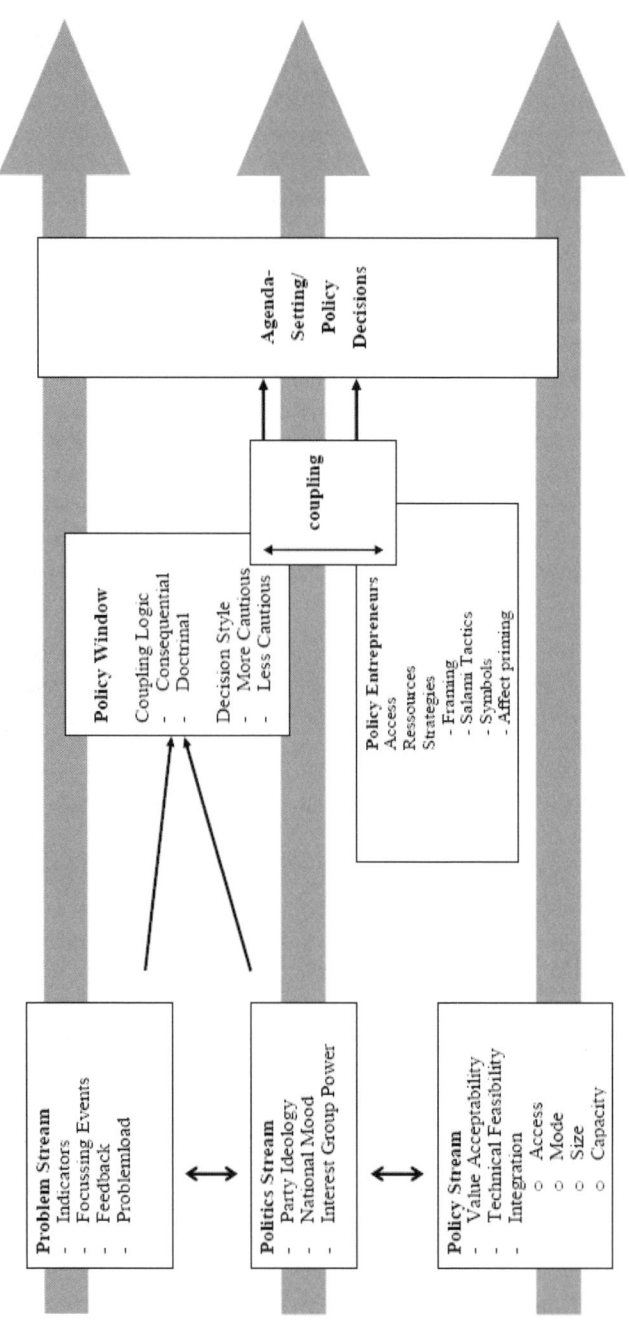

Quelle: eigene Übersicht auf Grundlage von Kingdon 1995 und Zahariadis 2007

(i) Der Ansatz unterschätzt und vernachlässigt *politische Institutionen*, die durch Recht gesetzt und durch Recht veränderbar sind (Göhler 1987a: 11, 17; Göhler 1987). Diese enge Definition hat den Vorteil, dass man analytisch klar zwischen den Institutionen selbst und Handeln in Institutionen trennen kann. (Soziale) Normen, Gewohnheiten, Routinen etc. zählen nicht zu (politischen) Institutionen, sondern müssen gesondert in ihrer Bedeutung analysiert werden.

Obwohl MS auf der systemischen Ebene theoretisiert ist, werden die institutionellen Formen von Regierungssystemen, insbesondere die des parlamentarischen, unterschätzt. Gerade weil situative Faktoren eine dominante Rolle spielen, müssen Interaktionen und Prozessmuster in einen institutionellen Kontext eingebettet werden, um die institutionell bedingten Positionen von Akteuren präziser analysieren zu können. Institutionelle Faktoren sind sowohl für Agendasetting- als auch Entscheidungsprozesse relevant, weil sie Kompetenzen, Zuständigkeiten und zeitliche Prozessabläufe festlegen.

Politische Institutionen bewirken nicht nur eine sachliche, sondern auch eine zeitliche Aufteilung von Zuständigkeiten. Gesetzentwürfe werden zunächst beraten, kommen zu einem bestimmten Zeitpunkt in einen Ausschuss und/oder in eine Zweite Kammer, es gibt immer mehrere Lesungen, etc. Sie teilen Prozessabläufe in erwartbare Schritte auf und öffnen so Zeitfenster, in denen man Einfluss nehmen kann und sich die Chance zum Verkoppeln ergibt. Solche institutionellen Vetopunkte hat E. Immergut als *Zonen strategischer Unsicherheit* bezeichnet (Immergut 1992: 66), weil sie Chancen und Möglichkeiten im Prozessverlauf eröffnen, die man nutzen kann oder auch nicht.

(ii) Die Idee des *Verkoppelns* hat den Vorteil, die Rolle von Individuen stärker in den Mittelpunkt der Politikanalyse zu rücken; in der Tat spielen die Tatkraft, das Geschick, der Durchsetzungswille, der persönliche Ehrgeiz u.ä. in der Politik eine tragende Rolle. Gleichwohl haben wir es häufig mit korporativen Akteuren zu tun, seien es Regierungen, politische Parteien, Interessengruppen etc. Sie sind es, die in der Regel das Geschäft des Verkoppelns betreiben, insbesondere in parlamentarischen Demokratien. Hier spielen Parteien ein erheblich größere Rolle als bei Politikprozessen in präsidentiellen Regimen. Politische Unternehmer können dann korporative Akteure sein, die wie diese handeln und agieren, die Kunst der politischen Manipulation eingeschlossen. Zudem unterstellt Zahariadis, dass politische Entscheider problematische Präferenzen haben und Gegenstand der politischen Manipulation sind, während die Manipulateure zielorientiert sind (2007: 70). Aber oft haben politische Entscheider selbst Ziele – wie mehrdeutig und unpräzise sie auch immer sein mögen – und deren Realisation sie anstreben. Hierbei manipulieren sie andere und auch sich selbst, indem sie Eindeutigkeiten konstruieren, die faktisch nicht gegeben sind. Dann werden Entscheider selbst zu politischen Unternehmern.

(iii) Die Prämisse der *relativen Unabhängigkeit der drei Ströme* ist oft bestritten und deren Interdependenz unterstellt worden (Mucciaroni 1992; Bendor, Moe et al. 2001). In der Tat beeinflussen Ereignisse in einem Strom Entwicklungen in den anderen beiden. So wird ein ernsthaftes und konstantes Problem dazu führen, dass im Optionsstrom angestrengter nach plausiblen und vertretbaren Optionen gesucht wird. Umgekehrt werden missionarische Optionsträger immer neue Probleme entdecken und ihre Option immer wieder neu anbieten. Neoliberale Missionare haben immer eine Antwort bereit: Deregulierung und marktliche

Steuerungsmechanismen, die für alles und jedes und zu jeder Zeit anwendbar sind. Dominiert eine solche Sichtweise und hat sie Resonanz im Politicsstrom, konkret findet sie Widerhall in der nationalen Stimmung, dann sind marktorientierte Reformen wahrscheinlicher, relativ unabhängig vom konkreten Problemlagen. Immer kann man einen Sachverhalt finden, dem man in ein Problem transformiert und mit einer bereits bestehenden Option verkoppelt. Gleichwohl hat die Denkfigur den unbestrittenen Vorteil

> *„enabling researchers to uncover rather than to assume rationality, i.e. the point that solutions are always developed in response to clearly defined problems. Sometimes policies are in search of rationale or they solve no problems." (Zahariadis 2007: 81).*

(iv) MS ist – so ein weiterer Vorwurf – eine ahistorische und kontextlose Theorie, die die Bedeutung vorangegangener Entscheidungen für gegenwärtige unterschätzt und Pfadabhängigkeiten nicht akzeptiert. Policies seien deshalb immer nur graduelle Abweichungen vom Status Quo, während MS eine *tabula rasa*-Situation unterstellt, in der weitreichende Abweichungen denkbar sind (Muccarioni 1992: 470-472). Die Kritiker übersehen, dass Kingdon und Zahariadis die Entwicklung von verfügbaren Policy-Optionen im Policystrom differenziert betrachten. Je stärker ein Policy-Subsystem integriert ist, desto unwahrscheinlicher sind neue und radikale Policy-Optionen, die beim Verkoppppeln zur Verfügung stehen. Zahariadis/Allen (1995) haben den von Kingdon verwendeten Begriff der Policy-Community durch den *Netzwerkbegriff* ersetzt und die Struktur von Netzwerken nicht nur neu kategorisiert, sondern auch mit deren Innovationsgrad in einen kausalen Zusammenhang gebracht.

(v) MS unterschätzt wie viele andere policy-analytischen Theorien die Bedeutung und Rolle der *Medien* beim Agendasetting und beim politischen Entscheiden. Ob man von der Instrumentalisierung der Medien durch die Politik, von der Instrumentalisierung der Politik durch die Medien oder von einer Koevolution von Politik und Medien ausgeht: Medien setzen Trends, beeinflussen die nationale Stimmung, drücken Themen auf die politische Agenda, starten populistische Kampagnen (oft ermuntert durch den politischen Gegner), vereinfachen komplexe Sachverhalte durch Personalisierung und Symbolisierung etc., und betreiben selbst politische Manipulation, während sie umgekehrt von der Politik zur politischen Manipulation benutzt werden. Jedenfalls ist ihr Einfluss auf den Policy-Making-Prozess nicht zu übersehen (Sarcinelli 1998; Meyer 2001; Hoffmann 2003).

5   Multiple Streams: „An idea that time has come"?

Welche sozialen und politischen Entwicklungen könnten dazu beitragen, dass nun die Zeit des MS-Ansatzes gekommen ist? Während in der Frühzeit der Policy-Analyse der soziale und demokratische Fortschritt im Mittelpunkt stand und das Policy-Wissen politische Entscheidungen in diesem Sinne verbessern sollte, wurde in der Steuerungs- und Planungseuphorie die Prämisse formuliert, dass zielgerichtete und problemlösende Politik nicht nur wünschenswert, sondern faktisch erreichbar sei. Vor allem die systemtheoretisch inspirierte Sichtweise hat den Steuerungsoptimismus durch Pessimismus verdrängt. MS geht einen anderen Weg. Er akzeptiert die Komplexität und Kontingenz der Welt und versucht gleichwohl, (variable) Strukturen und Prozessmuster zu identifizieren, politische Entscheidungen akteurstheoretisch zu rekonstruieren und hierbei die Knappheit der Zeit ins Zentrum zu stellen. MS kann die zunehmende Kontingenz der Politik in modernen Gesellschaften wie kein anderer Ansatz analytisch reflektieren. Dies ist sein großer Vorteil und ich möchte fünf Dimensionen andeuten, die die Vermutung der Kontingenzsteigerung in heutigen Gesellschaften unterstützen.

(i) Die *räumliche Dimension* der Politik wird kontingent und hat zur Folge, dass sich die Staatsbezogenheit vieler Entscheidungsprozesse auflöst und neue Orte und Räume der Politik hinzutreten. *Intern* verflüchtigt sich Politik aus den für sie vorgesehenen Orten und Institutionen, was die Entstaatlichung der Politik und die „Vergesellschaftung des Regierens" (Brozus, Take et al. 2003) zur Folge hat. Die netzwerkorientierte Policy-Analyse hat hier die notwendigen Konzepte und empirischen Studien geliefert. *Extern* beobachten wir eine Denationalisierung politischer Entscheidungsprozesse, deren neue Strukturen mit dem Begriff der Governance be- oder umschrieben werden. In beiden Fällen haben wir es mit einer Auflösung klarer Regeln, Zuständigkeiten und Verantwortungs- bzw. institutionellen Strukturen zu tun, was alle politischen Prozeduren verflüssigt. Der organisatorische Charakter der Politik vermindert sich und diese neuen Strukturen nähern sich weiter dem an, was Kingdon u.a. als organisierte Anarchien bezeichnet haben.

(ii) Die *kognitive Dimension* bezieht sich auf die Bewusstseins- und Wahrnehmungsformen einer gegebenen gesellschaftlichen Situation, wobei zwei Sachverhalte relevant sind. Zunächst setzt die Politisierung aller gesellschaftlichen Sachverhalte ein Kontingenzbewusstsein voraus, das sich in der heutigen Zeit radikalisiert. Alles ist prinzipiell entscheidbar, alles stellt sich als Konflikt dar, alles kann politisiert und über alles kann politisch entschieden werden (Greven 1999: 55). Obwohl in der Idee der Demokratie und der demokratischen Politik grundsätzlich angelegt, ist erst heute das ungeheuerliche Ausmaß der kontingenten Entscheidbarkeit durch Politik ins Bewusstsein gerückt.

Und zweitens wird Wissen generell und Experten- und wissenschaftliches Wissen im Besonderen kontingent. Zu jedem Expertenwissen gibt es einen Gegenexperten, dessen Wissen strategisch eingesetzt werden kann. Zentral wird die Erfahrung, dass mit steigendem Wissen das Bewusstsein über das Nicht-Wissen zunimmt und Expertenwissen nicht mehr Ungewissheiten reduziert, sondern steigert. Gerade weil fast alle Entscheidungen von einem Expertendissens begleitet und alle Expertenkommissionen Minderheiten- und Mehrheitspositionen enthalten, kann es keine einheitliche „Lösung" geben. Und gerade weil der Dissens des Wissen unvermeidlich ist, muss trotz und gerade deswegen eine *politische Entscheidung* getroffen werden (Beck/Bonß/Lau 2001: 53 ff.) Es sind unvermeidlich Entscheidungen unter Ungewissheit und ohne gute Gründe.

(iii) Die *interaktive Dimension* konzentriert sich auf das Kontingentwerden von stabilen, strukturierten und dauerhaften Interaktionsformen, wobei zwei von besonderer Bedeutung sind. Zunächst besteht (a) der Vorteil korporatistischer oder netzwerkartiger *Interessenvermittlung* darin, dass sich stabile Verhandlungssysteme aus korporativen Akteuren entwickeln, die in zeitraubenden Verhandlungen Kompromisse aushandeln. Interessenvermittlung hat sich heute zum *Lobbying* gewandelt. Durch Hinzutreten neuer Akteure, die Auflösung der bisherigen relativ robusten Verhandlungsmuster, die Instabilität der Präferenzen der

beteiligten korporativen Akteure, den massive Verlust von Mitgliedern zentraler Interessen-
organisationen, die Abnahme der Verpflichtungsfähigkeit der Führung gegenüber den Mitgliedern u.ä., treten variablere Strukturen an die Stelle relativ fester. Die Parameter, mit denen Politik rechnen konnte und die stabile Umweltrepräsentationen waren, verflüssigen sich
ebenso wie die damit verbundenen Kommunikationsmuster (Winter 2004; Leif/Speth 2003).
Dies erschwert Entscheiden und macht Politik situationsabhängiger.

Die zweite Dimension ist (b) die *Parteienkonkurrenz*, die sowohl für die Substanz wie die
Reichweite von Reformen zentral ist. Zunahme von Kontingenz bedeutet hier, dass die handlungsleitende Qualität der bisherigen Ideologien und parteipolitischen Programmatiken,
einschließlich der Grundsatz- und Wahlprogramme ab- und die Hypokrasie zunimmt. Auch
verkürzt sich ihre Geltungsdauer und sie werden situativer entworfen (Wiesendahl 1998;
Beyme 2000; Mair 2002; Rüb 2005). Sie geben für Problemkonstellationen keine klaren
Antworten, sondern zeichnen sich durch Unklarheiten und Mehrdeutigkeiten aus, sind als
generelle Programme überdeterminiert und versuchen vor allem Neupositionierungen in der
Parteienkonkurrenz. Wahlorientiertes politisches Handeln beginnt zu dominieren, populistische Kampagnen nehmen zu und politischer Opportunismus und verantwortungslose Opposition werden endemisch. Der Parteienbetrieb professionalisiert sich, wird zunehmend selbstre-
ferentiell und induziert einen Organisations- und Funktionswandel vom Typus der Volkspar-
tie hin zu professionalisierten Wählerparteien (Katz/Mair 2002; Wolinetz 2002; Wiesendahl
2006).

(iv) Die *institutionelle Dimension* der Kontingenzsteigerung bezieht sich darauf, dass jede
institutionelle Regel auch anders sein könnte und die Änderungsmöglichkeit von Regeln und
Verfahren im Bewusstseinshorizont immer präsent ist. Zwar gibt es Regeln zur Änderung
von Regeln, also Regeln zweiter Ordnung, die den Wandel von Institutionen erschweren,
aber meist sind qualifizierte statt einfacher Mehrheiten vorausgesetzt. Die Änderung von
Regeln durch einfache Mehrheiten, wie etwa beim Wahlrecht, führt häufig dazu, dass sie
unter (macht)strategischen Gesichtspunkten geändert werden und überparteiliche bzw. Effi-
zienzgesichtspunkte an Bedeutung verlieren. Auch nimmt *informelle Politik* zu, was eine
spezifische Form des Kontingentwerdens von Institutionen ist; ergänzt wird dies häufig
durch die bewusste Verletzung von institutionellen Normen, wie nicht zuletzt die zunehmende Anzahl von Korruptionsfällen auf kommunaler, Länder- und Bundesebene signalisiert.
Auch die Parteienfinanzierung ist ein zunehmendes Problem, weil neben die umstrittene und
zunehmende staatlichen Finanzierung auch Parteispendenskandale das brüchig werden von
rechtlichen Normen verdeutlicht.

(v) Die *zeitliche Dimension* stellt ab auf die Beschleunigung vieler sozialer und gesellschaftlicher Prozesse, wobei Globalisierung auch eine zeitliche Dimension besitzt. Denn zum Einen steigert sich durch die Beschleunigung der geschichtlichen Zeit die Geschwindigkeit der
Variation und Selektion von Strukturen und Semantiken und verringert deren sinnstiftende,
stabilisierende und ordnende Bedeutung. Zum Anderen, und weit wichtiger, nimmt die Beschleunigung aller sozialen, ökonomischen und technischen Prozesse zu und die Frage ist, ob
die *Eigenzeit* der Politik mit den Zeittakten ihrer Umwelt synchronisiert ist. Vermutlich haben wir es mit einer De-Synchronisation zu tun, was unvermeidlich die Umstellung der Poli-

tik von zielgerichteter Rationalität auf zeitorientierte Reaktivität zur Folge hat (Luhmann 2000: 142; Rosa 2005: bes. Kap. XII).

Zusammenfassend verflüssigen sich viele zentrale Parameter, mit denen Politik rechnen konnte und das eher ungeplante, spontane, reaktive Moment des politischen Entscheidens tritt stärker in der Vordergrund. Das sollte die Politikwissenschaft theoretisch und konzeptionell berücksichtigen, weil die Policy-Analyse immer ein Kind ihrer Zeit ist und eine Historisierung ihrer Theorien, Begriffe und Methoden für ein grundlegendes Verständnis des Wandels derselben unvermeidlich ist.

Ein Kollege hat mich nach einem Vortrag, in dem ich die Kontingenzthesen und die Grundideen von MS vorgestellt habe, in der Diskussion gefragt, ob nun alle „Strömungslehre" betreiben sollten. Meine Antwort war ein eindeutiges Jein. MS will andere Ansätze der Politikfeldanalyse nicht ersetzen bzw. in einen minderen Rang versetzen, sondern allein das Augenmerk auf Aspekte richten, die von anderen Theorien nicht genügend berücksichtigt werden. Vielleicht liegt die Stärke von MS nicht in seiner Exklusivität, sondern in der Kombination mit anderen Ansätzen der Politikfeldanalyse. Denkbar ist auch eine Strategie, die Analyse einer Policy-Entscheidung mit mehreren Ansätzen parallel zu betreiben. Dies wäre nicht nur die Anerkennung eines Methodenpluralismus, sondern zugleich der Versuch, eine multiple Perspektive auf einen Gegenstand zu werfen. (vgl. den Versuch zur Kuba-Krise von Allison 1971). Deshalb ein klares Nein gegenüber jeglichem konzeptionellen Purismus. Aber zugleich ein klares Ja zur „Strömungslehre", weil jede Theorie nicht nur über ihre geschichtliche Bedingtheit reflektieren sollte, sondern zugleich fragen muss, in welcher geschichtlichen Zeit wir heute leben und welche Folgen sich für politisches Entscheiden ergeben. Jedenfalls hat sich die Ausgangslage dramatisch verändert und die in den 70er Jahren entstandenen Konzepte, in denen sich die meisten europäischen Wohlfahrtsstaaten in ihrer stabilen Hochzeit befanden, sind womöglich heute nicht mehr adäquat, um die neue Situation mit ihren neuen Herausforderungen angemessen zu analysieren. MS könnte eines von vielen anderen möglichen sein.

6   Literatur

Allison, Graham T., 1971: Essence of Decision. Explaining the Cuban Missile Crisis, Boston: Little, Brown and Company.

Beck, U./W. Bonß (Hrsg.) 2001: Die Modernisierung der Moderne. Frankfurt/M., Suhrkamp.

Beck, Ulrich, et al., 2001: Theorie reflexiver Modernisierung - Fragestellung, Hypothesen, Forschungsprogramme, in: Beck/Bonß (Hrsg.): 11-59.

Bendel, Petra, 2006: Migrations- und Integrationspolitik der Europäischen Union: Widersprüche, Trends und Hintergründe, in: Baringhorst, Sigrid/Hunger, Uwe/Schönwälder, Karen: Politische Steuerung von Integrationsprozessen: Intention und Wirkung. Wiesbaden: Verlag für Sozialwissenschaften. S. 95 – 120.

Bendor, Jonathan, et al. 2001: Recycling the Garbage Can: An Assessment of the Research Program, in: American Political Science Review 95 (2): 169-190.

Beyer, Jürgen 2005: Pfadabhängigkeit ist nicht gleich Pfadabhängigkeit! Wider den impliziten Konservatismus eines gängigen Konzepts, in: Zeitschrift für Soziologie 41 (1): 5-21.

Beyme, Klaus von, 2000: Parteien im Wandel. Von den Volksparteien zu den professionalisierten Wählerparteien, Opladen: Westdeutscher Verlag.

Brozus, Lars, et al., 2003: Vergesellschaftung des Regierens? Der Wandel nationaler und internationaler politischer Steuerung unter dem Leitbild der nachhaltigen Entwicklung, Opladen: Leske + Budrich.

Bubner, Rüdiger, 1984: Geschichtsprozesse und Handlungsnormen, Frankfurt/M.

Cohen, Michael D./March, James D./Olsen, Johan P., 1972: A Garbage Can Model of Organizational Choice, in: Administrative Science Quarterly 17 (1): 1-25.

Elster, Jon, 1987: The Possibility of Rational Politics, in: Arch. Europ. Socio. XXVIII: 67-103.

Graeveitz, Gerhart von/Marquard, Odo (Hrsg.), 1998: Kontingenz, München: Wilhelm Fink.

Greven, Michael, Th., 1999: Die politische Gesellschaft. Kontingenz und Dezision als Probleme des Regierens und der Demokratie, Opladen: Leske + Budrich.

Gunther, Richard, et al. (Hrsg.), 2002: Political Parties. Old Concepts and New Challenges, Oxford: Oxford UP.

Hoffmann, Jochen, 2003: Inszenierung und Interpenetration. Das Zusammenspiel von Eliten aus Politik und Journalismus, Wiesbaden: Westdeutscher Verlag.

Immergut, Ellen, 1992: The Rules of the Game: The Logic of Health Policy-Making in France, Switzerland, and Sweden, in: Steinmo, Sven et.al. (Hrsg.): Structuring Politics: Historical Institutionalism in Comparative Analysis, N.Y., Cambridge UP: 57-89.

Immergut, Ellen, 1997: The Normative Roots of the New Institutionalism: Historical-Institutionalism and Comparative Policy Studies, in: Benz, Arthur/ Seibel, Wolfgang (Hrsg.): Theorieentwicklung in der Politikwissenschaft - eine Zwischenbilanz, Baden-Baden: Nomos: 325-356.

Kahnemann, David/Tversky, Amos, 1979: Prospect Theory: An Analysis of Decisions under Risk, in: Econometria 47 (2): 263-291

Katz, Richard S./Mair, Peter, 2002: The Ascendancy of the Party in Public Office: Party Organizational Change in the Twentieth-Century Democracies, in: Gunther, Richard u.a. (Hrsg.): 113-135.

Keeler, John T., 1993: Window of Reform. Mandates, Crisis, and Extraordinary Policy-Making, in: Comparative Political Studies 25 (4): 433-486.

Kingdon, John W., 1984: Agendas, Alternatives, and Public Policies, Boston/Toronto: Little & Brown.

Kingdon, John W., 1995: Agendas, Alternatives and Public Policy, New York: Harper-Collins, 2nd ed.

Klein, Ansgar/Nullmeier, Frank (Hrsg.), 1999: Masse-Macht-Emotionen. Zu einer politischen Soziologie der Emotionen, Wiesbaden: Westdeutscher Verlag.

Leif, Thomas/Speth, Rudolf (Hrsg.), 2003: Die Stille Macht. Lobbyismus in Deutschland, Wiesbaden: Westdeutscher Verlag.

Lindblom, Charles E. 1959: The Science of Muddling Through, in: Public Administration Review 19: 79-88.

Lipson, Michael, 2007: A "Garbage Can Model" of UN Peacekeeping, in: Global Governance 13 (1): 79-97.

Luhmann, Niklas, 2000: Die Politik der Gesellschaft. Frankfurt/M.: Suhrkamp.

Mair, Peter, 2002: Party System Change. Approaches and Interpretations, Oxford: Clarendon Press.

Makropoulos, Michael, 1997: Modernität und Kontingenz, München: Wilhelm Fink.

Meyer, Thomas, 2001: Mediokratie. Die Kolonisierung der Politik durch die Medien, Frankfurt/M.: Suhrkamp.

Mucciaroni, Gary 1992: The Garbage Can Model and the Study of Policy Making: A Critique, in: Polity 24 (3): 459-482.

Münter, Michael, 2005: Verfassungsreform im Einheitsstaat. Die Politik der Dezentralisierung in Großbritannien. Wiesbaden: Verlag für Sozialwissenschaften.

Nill, Jan, 2002: Wann benötigt Umwelt-(innovations-) Politik politische Zeitfenster? Zur Fruchtbarkeit und Anwendbarkeit von Kingdons „policy window" Konzept. Diskussionspapier des Instituts für ökologische Wirtschaftsforschung 54/02. Berlin.

Oakeshott, Michael, 1966, Der Rationalismus in der Politik, in: ders.: Rationalismus in der Politik, Neuwied/Berlin: Luchterhand: 9-45.

Peters, Guy/Pierre, Jon, 2002: Multi-Level Governance: A View from the Garbage Can. Manchester Papers on Politics, EPRU-Series 1/2002, Manchester.

Rhodes, R.A.W./Dunleavy, Peter (Hrsg.), 1995: Prime Minister, Cabinet, and Core Executive, London: MacMillan.

Richardson, Jeremy, 2006: Policy-Making in the EU: Interest, Ideas, and Garbage Cans of Primeval Soup, in: ders. (Hrsg.): European Union: Power and Policy-Making, Routledge, London: 3-26.

Rosa, Hartmut, 2005: Beschleunigung. Die Veränderung der Zeitstrukturen in der Moderne, Frankfurt/M.: Suhrkamp.

Rüb, Friedbert W., 1999: Die Rückkehr der Barbarei. Nationalismus, ethnische Konflikte und Genozid im ehemaligen Jugoslawien, in: Klein, Ansgar/Nullmeier Frank (Hrsg.): Masse-Macht-Emotionen. Zu einer politischen Soziologie der Emotionen, Wiesbaden: Westdeutscher Verlag: 40-65

Rüb, Friedbert W. 2005: „Sind die Parteien noch zu retten?" Zum Stand der gegenwärtigen Parteien- und Parteiensystemforschung, in: Neue Politische Literatur 50 (3): 397-421.

Rüb, Friedbert W., 2008: Policy-Analyse unter den Bedingungen von Kontingenz. Konzeptionelle Überlegungen zu einer möglichen Neuorientierung, in: Janning, Frank/ Toens, Katrin (Hrsg.): Die Zukunft der Policy-Forschung. Theorien, Methoden, Anwendungen, Wiesbaden: VS Verlag: 88-111.

Sabatier, Paul A., 2007: The Need for Better Theories, in: Sabatier, Paul A. (Hrsg.), 2007: Theories of the Policy Process, 2nd ed., Boulder/Colorado: Westview Press, 3-17.

Sarcinelli, Ulrich u.a. (Hrsg.), 1998: Politikvermittlung und Demokratie in der Mediengesellschaft, Bonn.

Scharpf, Fritz W., 2000: Interaktionsformen. Akteurzentrierter Institutionalismus in der Politikforschung, Opladen: Leske + Budrich.

Schimank, Uwe, 2000: Theorien gesellschaftlicher Differenzierung, 2. Aufl., Opladen: Leske + Budrich.

Schlager, Edella, 1999: A Comparison of Frameworks, Theories, and Models of the Policy Process, in: Sabatatier, Paul A. (Hrsg.): 233-260.

Schlager, Edella, 2007: A Comparison of Frameworks, Theories, and Models of Policy Processes, in: Sabatier, Paul A. (Hrsg.) 2nd ed., Boulder/Colorado: Westview Press, 293-319.

Simon, Herbert A., 1993: Homo Rationalis. Die Vernunft im menschlichen Leben, Frankfurt/New York: Campus.

Sunstein, Cass R., 2005: Laws of Fear. Beyond the Precautionary Principle, Cambridge: Cambridge UP.

Tsebelis, George, 2002: Veto Players. How Political Institutions Work, Princeton: Princeton UP.

Wefer, Matthias, 2004: Kontingenz und Dissens. Postheroische Perspektiven des politischen Systems, Wiesbaden: VS Verlag.

Weick, Karl E., 1995: Der Prozeß des Organisierens, Frankfurt/M.: Suhrkamp.

Wiesendahl, Elmar, 1998: Parteien in Perspektive, Opladen: Westdeutscher Verlag.

Wiesendahl, Elmar, 2006: Mitgliederparteien am Ende? Eine Kritik der Niedergangsdiskussion, Wiesbaden: VS Verlag.

Winter, Thomas von 2004: Vom Korporatismus zum Lobbyismus. Paradigmenwechsel in Theorie und Analyse der Interessenvermittlung, in: Zeitschrift für Parlamentsfragen (4): 761-776.

Wolinetz, Stephen B, 2002: Beyond the Catch-All Party: Approaches to the Study of Parties and Party Organizations in Contemporary Democracies, in: Gunther, Richard u.a. (Hrsg.): 136-165.

Woodward, Bob, 2003: Bush at War, München: Wilhelm Heine.

Woodward, Bob, 2004: Der Angriff, München: Deutsche Verlagsanstalt.

Zahariadis, Nikolaos, 1995: Markets, States, and Public Policy. Privatization in Britain and France, Ann Arbor: The University of Michigan Press.

Zahariadis, Nikolaos, 1999: Ambiguity, Time and Multiple Streams, in: Sabatier, Paul A. (Hrsg.) Theories of the Policy Process, Boulder/Colorado: Westview Press: 73-93.

Zahariadis, Nikolaos, 2003: Ambiguity and Choice in Public Policy. Political Decision Making in Modern Democracies, Washington D.C.: Georgetown UP.

Zahariadis, Nikolaos, 2005: Essence of Political Manipulation. Emotion, Institutions, and Greek Foreign Policy, New York etc.: Peter Lang.

Zahariadis, Nikolaos, 2007: The Multiple Streams Framework: Structure, Limitations, Prospects, in: Sabatier, Paul A. (Hrsg.) 2nd ed., Boulder/Colorado: Westview Press, 65-92.

Zahariadis, Nikolaos/Allen, Christopher S. 1995: Ideas, Networks, and Policy Streams: Privatization in Britain and Germany, in: Policy Studies Review 14 (1/2): 71-98.

Zahariadis, Nikolaos/Travis, Rick, 2002: A Multiple Streams Model of U.S. Foreign Policy, in: Political Studies 30 (4): 495-514.

Verständnisfragen

1. Wie entstehen und was sind politisch relevante Probleme im Verständnis des Multiple-Streams-Ansatzes?

2. Welche drei Faktoren prägen den „Political Stream" nach Kingdon?

3. In welchem Verhältnis stehen Probleme, Optionen (Policies) und der „Political Stream"?

4. Was versteht der Multiple-Streams-Ansatz unter „politischen Unternehmern" und welche Rolle spielen diese bei der Formulierung von Entscheidungsalternativen und beim Entscheidungsprozess?

5. Worin unterscheidet sich die Akteurskonzeption des Multiple-Streams-Ansatzes von der Perspektive der Neuen Politischen Ökonomie (Rational Choice)?

6. Welche Bedeutung haben Argumente und Macht für den Multiple-Streams-Ansatz?

Transferfragen

1. Wie lässt sich aus der Perspektive des Multiple-Streams-Ansatzes die politische Problematisierung steigender Gesundheitsausgaben erklären?

2. Erläutern Sie aus der Perspektive des Multiple-Streams-Ansatzes die Formulierung der unterschiedlichen Modelle zur materiellen Teil-Privatisierung der Deutschen Bahn AG.

Problematisierungsfragen

1. Vergleichen Sie die Akteurskonzeption „normaler" Policy-Maker in dem Ansatz mit der Akteurskonzeption des politischen Unternehmers.

2. Welche Probleme können entstehen, wenn der Multiple-Streams-Ansatz nicht nur auf das Agenda Setting und die Formulierung von Entscheidungsalternativen angewendet wird, sondern auch auf spätere Phasen des politischen Prozesses, insbesondere des Entscheidungsprozesses?

3. Was ist zu beachten, wenn der Multiple-Streams-Ansatz auf das europäische Mehrebenensystem angewendet wird?

4. Wie ist der Informationsgehalt des Multiple-Streams-Ansatzes zu beurteilen? Lassen sich nur Ex-Post-Beschreibungen politischer Prozesse oder auch vorausschauende und allgemeine Hypothesen ableiten? Welches Verständnis von Kausalität liegt dem Ansatz im Vergleich zu anderen Ansätzen/Konzepten zu Grunde?

Teil V: Anwendungen

Kontrolle in Politik und Verwaltung: Evaluation, Controlling und Wissensnutzung

Hellmut Wollmann

Problemstellung

Zur Kontrolle von Regierung und Verwaltung sind in der deutschen Verfassungs- und Verwaltungsentwicklung vor allem vier „Kontrollschleifen" ausgebildet worden, nämlich vereinfacht gesprochen,

- die *politische* Kontrolle von Regierung und Verwaltung durch das *Parlament,*
- die Überprüfung der Ordnungsmäßigkeit und Wirtschaftlichkeit der Verwaltung durch die *Rechnungshöfe,*
- die Überprüfung von deren *Rechtmäßigkeit* durch die *Gerichte und*
- die *verwaltungsinterne* Kontrolle durch Formen verwaltungsinterner Führung und Aufsicht (Hierarchie).

Seit den 1960er Jahren haben sich in diesem überkommenen Bild und Arrangement der „Kontrollschleifen" tiefgreifende Veränderungen und Verschiebungen vollzogen, von denen in diesem Beitrag in zwei Schritten die Rede sein soll.

- Zunächst wird der (mit der „Planungsdiskussion" der 1960er und 1970er Jahre verknüpfte) Aufstieg der *Evaluation und Evaluationsforschung* als Analyseverfahren zur Informationsbeschaffung und –rückmeldung in Politik und Verwaltung diskutiert (unten 1),
- dann wird das (in der jüngsten Phase der Staats-, Politik- und Verwaltungsmodernisierung unter den Stichworten New Public Management und Neues Steuerungsmodell diskutierte) *Controlling* behandelt (unten 2),
- schließlich soll auf Fragen der *Wissensverwendung* als der Nutzung von (sozial-)wissenschaftlich gewonnenen Informationen und Erkenntnissen in Politik und Verwaltung eingegangen werden (unten 3).

1   Evaluation/Evaluationsforschung

1.1   Entstehungszusammenhänge

Zwar wurde Evaluation von (sozialstaatlichen) Politiken und Programmen zur (sozialwissen-schaftlich fundierten) Erkundung und Rückmeldung von deren Wirkungen erstmals bereits in den 1930er Jahren in den USA in Zusammenhang mit dem „New Deal" durchgeführt. Jedoch erlebte sie ihren Aufstieg als Analyseverfahren zur systematischen Überprüfung und Rück-meldung der Wirkungen politischer Programme und Maßnahmen in den 1960er Jahren, zunächst wiederum in den USA und dann in einer wachsenden Zahl anderer westlicher In-dustriestaaten, darunter als einer der ersten auch die Bundesrepublik. Diese Entwicklung wurde von einschneidenden Veränderungen in den gesellschaftlich-politischen und konzep-tionell-ideologischen Rahmenbedingungen angetrieben (zur Entwicklung in der Bundesrepu-blik vgl. Hellstern/Wollmann 1984, Stockmann 2006b, für internationale Überblicke vgl. Levine 1981, Wagner/Wollmann 1986, Rist ed.1990, Derlien 1990, Furubo et al. (ed.) 2002, Stockmann (ed.) 2006a).

Als Reaktion auf die als immer krisenhafter wahrgenommenen sozio-ökonomischen Verän-derungen der 1960er Jahre sahen immer mehr Länder Veranlassung, den *laissez-faire*-Tenor der konservativ-liberalen Politik der Nachkriegsperiode aufzugeben und verstärkt auf sozial-politische Interventionen und neo-keynesianische Wirtschaftspolitik zu setzen. Das Profil eines fortgeschrittenen Sozial- und Interventionsstaats („advanced welfare state") prägte sich zunächst in den USA insbesondere in den Sozialpolitischen Aktionsprogrammen (*Social Action Programs*) des Bundes im „Krieg gegen die Armut" (seit 1964) aus . In der Bundes-republik fand es – im Verlauf der 1960er Jahre unter der christlich-liberalen Regierung ein-setzend, von der Großen Koalition (1966-1969) aufgegriffen und von der sozial-liberalen Koalition (ab 1969) programmatisch zu einer „Politik der inneren Reformen" zugespitzt – in einer Expansion sozial- und infrastrukturpolitischer Programme und Maßnahmen – auf der Bundes- ebenso wie auf der Landes- und Kommunalebene – seinen Ausdruck.

Zum einen war diese gestiegene Politikdichte und Programmkomplexität von einem rapide anwachsenden Informationsbedarf – aus der Sicht der Exekutive ebenso wie aus der des Parlaments - begleitet. Dieses gesteigerte Analyse- und Kontrollinteresse machte sich in den USA darin geltend, dass der US-Congress die Verabschiedung neuer sozialpolitischer Handlungsprogramme seit Mitte der 1960er Jahre durchweg mit dem Erfordernis ihrer Eva-luation verknüpfte. Ähnlich wurde in der Bundesrepublik die Verabschiedung neuer Förde-rungsprogramme (z.B. Städtebauförderung ab 1971) oder Reformgesetze (z.B. Wohnungs-kündigungsgesetz von 1971) mit Evaluationsaufträgen verbunden.

Zum andern wurde dieser gewachsene „Informationshunger" von Politik und Verwaltung konzeptionell-ideologisch von den Vorstellungen und Forderungen der „Planungsdiskussion" angetrieben, wonach die Handlungsfähigkeit von Politik und Verwaltung unter den veränder-ten sozio-ökonomischen Rahmenbedingungen durch die Einführung von Planungs- und Informationsverfahren und -instrumenten zu sichern und zu steigern sei. Das Planungs- und Handlungsmodell wurde in einem *Management-Zyklus* abgebildet, der von der Politikformulierung/Zielfindung über die Implementations- zur Wirkungsphase abrollt; indem dessen unterschiedliche Phasen durch vielfältige (kybernetische) Informations- und Rückmelde (*feedback*)-Schleifen verbunden sind, erhält Evaluation als systematisches Analyseverfahren ihren zentralen und strategischen Stellenwert, sei es, dass sie in der Politikformulie-rungs-/Planungsphase die Aufgabe hat, vorab (ex ante) Folgeabschätzungen für die unter-schiedlichen Entscheidungs- und Verlaufsoptionen zu bieten, sei es, dass sie Analysen über Verlauf und Ergebnisse der in Gang gesetzten Handlungsprogramme liefert. Seinen instituti-onell und prozedural ehrgeizigsten Ausdruck fand dieses neue Managementkonzept im *Planning-Programming Budgeting-System* (PPBS), in dem die Einbindung in den Entschei-dungs- und Vollzugsprozess des Budget-Verfahrens („Programmbudget") angestrebt wurde (und das in den USA, vom Verteidigungsministerium übernommen, in den mittleren 1960er Jahren auch in den Zivilministerien eingeführt wurde, jedoch rasch weitgehend wieder auf-gegeben wurde, vgl. Rürup 1971).

Konzeptionell lag diesem Aufbruch zu einer Information, Planung und Evaluation nutzenden Politik letztlich die (normative) Vorstellung eines (wissenschafts-)*"rationalen"* Politikmo-dells zugrunde, in dem davon ausgegangen wird, dass die (zwischen den politischen Akteu-ren und gesellschaftlichen Interessen in der Regel kontroversen) politischen Entscheidungen durch analytische Transparenz diskussionsfähig(er) und entscheidungsfähig(er) werden (vgl. etwa Wollmann 2007: 396 ff.). Seinen beredtesten Ausdruck fand dieses Leit- und Wunsch-bild in der von *Donald Campbell* formulierten Vorstellung einer „experimentierenden Ge-sellschaft" (*experimenting society)* (Campbell 1969), in der die Entscheidung politisch kon-troverser Fragen durch „soziale Experimente" anzuleiten sei, in deren methodischer Untersu-chungsanordnung und Auswertung (im Wege von Evaluation) die (Sozial-)Wissenschaften eine Schlüsselrolle spielen sollten (vgl. Hellstern/Wollmann 1983, Danielson 2007).

Auch in Deutschland ging die Einführung des neuen Politik-, Planungs- und Evaluationsmo-dells Hand in Hand mit einer tiefgreifenden Neubestimmung des Verhältnisses und des Rol-lenverständnisses von Politik, Gesellschaft und Wissenschaft. War das Verhältnis von Poli-tik/Verwaltung und Wissenschaft in Deutschland traditionell eher von Distanz und die Funk-tion des Wissenschaftssystems – sowohl in der Deutung durch die Politik als auch in der Eigendeutung der Wissenschaftler – durch Grundlagenforschung bestimmt, so wurde nun-mehr von der Praxis- wie von der Wissenschaftsseite verstärkt ein Praxis-, Anwendungs- und Politikberatungsbezug von wissenschaftlicher Forschung gesucht und akzeptiert. In einem in der Politik- und Wissenschaftsgeschichte Deutschlands beispiellosen Umfang wirk-ten in den späten 1960er und frühen 1970er Jahren Sozialwissenschaftler an Politik- und Verwaltungsreformprojekten (auf Bundesebene insbesondere in den Aktivitäten der *Projekt-gruppe Regierungs- und Verwaltungsreform*) mit. Zusammen mit reformorientierten Politi-kern und Verwaltungsbeamten bildeten sie „Reformkoalitionen", die sich als Promotoren einer „verwissenschaftlichten" Politik und verstärkten Nutzung (sozial-)wissenschaftlicher Forschung und wissenschaftlicher Politikberatung (vgl. Wollmann 2004a: 700 ff., Wewer 2008) in der Politik- und Verwaltungspraxis erwiesen. Diese (kurzlebige) Phase einer aus-drücklich „verwissenschaftlichten" Politik kam in einer Reihe von systematisch angelegten Vorhaben „experimenteller Politik" zum Ausdruck (Gesamtschule, Einphasen-Juristenausbildung, Tempo-Limit-Großversuche usw.) (vgl. Hellstern/Wollmann Hrsg. 1983).

1.2   Ansätze und Methoden der Evaluation/ Evaluationsforschung

Angesichts dessen, dass Evaluation in den 1960er und 1970er Jahren (zumal in den für Politik-Evaluation bahnbrechenden USA) vielfach politische Programme zum Gegenstand hatten, wurde in den USA die Bezeichnung *program evaluation* (vgl. Rist ed. 1990) üblich und kam auch in der deutschen Diskussion der Terminus Programmevaluation und *Programmforschung* in Umlauf[1]. Zur Abgrenzung von konzeptionell und gegenständlich verwandten Fragestellungen und Ansätzen mag der (in der Politikfeld-/Policyforschung gebräuchliche) „Politikzyklus" (*policy cycle): Politikformulierung, Politikimplementation/-realisierung, Politikbeendigung/Wirkungen* dienen: Während die *Policy-Forschung* auf eine umfassende Analyse des Policy-Zyklus angelegt ist (und gewissermaßen als „Oberbegriff" gelten kann) (vgl. Jann/Wegrich in diesem Band) und die *Implementationsforschung* in erster Linie auf den Realisierungsprozess von Politik (und dessen Verknüpfung mit der Politikformulierung) abhebt (vgl. Mayntz ed. 1990, Wollmann ed.1990), ist *Evaluationsforschung* in erster Linie darauf gerichtet, die Wirkungen von Politiken und deren Bestimmungsfaktoren zu erfassen.

Je nach Durchführungsphase und Aufgabenstellung werden gebräuchlich mehrere Untersuchungsvarianten und -typen unterschieden (vgl. etwa Stockmann 2003b: 17 f., Wollmann 2007: 393 ff.)

- (*Ex-post* oder *summative*) Evaluation wird erst nach Abschluss des politischen Programms/der Maßnahme durchgeführt. Sie ist die „klassische" Variante der Evaluation/Evaluierungsforschung. Hat sie vor allem die Aufgabe, den Zielerreichungsgrad zu ermitteln, ist vielfach von *Erfolgskontrolle* die Rede. Ist sie darauf gerichtet, die Wirkungen (intendierte Wirkungen des Handlungsprogramms = Ziele ebenso wie nicht-intendierte Wirkungen) zu erfassen und zu ermitteln, ob und inwieweit die beobachtbaren Veränderungen auf das Handlungsprogramm (kausal) zurückzuführen sind, kann von *Wirkungsanalysen* gesprochen werden. Konzeptionelle Verwandtschaft weist die mit der Wirksamkeit/tatsächlichen Geltung von Gesetzen befasste (meist der Rechtssoziologie zugeschriebene) *Rechtstatsachenforschung* auf (vgl. Wollmann 1982).
- Demgegenüber hat *ex-ante* Evaluation die Aufgabe, die Wirkungen und Ursache-Wirkungszusammenhänge eines künftigen Handlungsprogramms/einer Maßnahme vorab abzuschätzen (*pre-assessment).* Damit dient sie der (planerischen) Vorbereitung eines Handlungsprogramms und kann hierbei die Aufgabe haben, alternative Handlungspfade (im Wege unterschiedlicher Handlungs- und Wirkungsszenarien) abzuschätzen. Damit weist sie Überschneidungen mit (*ex-ante) Kosten-Nutzen-Analysen* auf, mit denen die Kosten und Nutzen (von Varianten) einer künftigen Maßnahme vorab ermittelt werden sollen.

---

1   Vgl. hierzu insbesondere Derlien 1990, der den Begriff „Programmforschung" seit den späten 1970er Jahren propagiert hat; die von ihm mitbegründete *Gesellschaft für Programmforschung* spiegelt in ihrem Namen diese Begriffswahl programmatisch wider.

- Davon kann die *Evaluierbarkeits-Abschätzung (evaluability pre-assessment)* unterschieden werden, die darüber Auskunft geben soll, ob sich das betreffende Handlungsprogramm/die Maßnahme überhaupt für eine Evaluation eignet.
- *Formative* (oder – in neuerer Diktion – *on-going*) Evaluation setzt während der Programm-/Maßnahmenrealisierung, nach Möglichkeit von deren Anfang an ein; sie dient der früh- und rechtzeitigen Rückkopplung *(feedback)* von (Zwischen-)Ergebnissen an die relevanten (politischen, administrativen und gesellschaftlichen) Akteure, um etwaige Korrekturen noch während der laufenden Programm-/Maßnahmenrealisierung zu ermöglichen.
- Der formativen Evaluation steht das Konzept der *Begleitforschung* nahe, innerhalb derer wiederum zwischen einer distanzierten, die *analytische* Evaluationsfunktion betonenden, einer (zusätzlich) *beratenden* und einer sich in den Projektverlauf *„aktiv einmischenden"* *Forschung* Übergänge zur „Aktionsforschung" aufweisenden Variante von Begleitforschung unterschieden wird[2].
- Als *Monitoring* kann schließlich die deskriptiv-analytische (auf die „Kausalfrage" und -interpretation weitgehend verzichtende) Beobachtung relevanter Ergebnisse (insbesondere mit Hilfe brauchbarer Indikatoren) verstanden werden.
- *Effektivitäts*untersuchungen fragen (im Wege eines Soll-Ist-Vergleichs) nach dem *Zielerreichungsgrad („Erfolgskontrolle")* eines Programms/einer Maßnahme.
- *Effizienz-* (oder Wirtschaftlichkeits-)Analysen von Programmen/Maßnahmen sind darauf gerichtet, das Verhältnis von *Input* (d.h. den aufgewandten organisatorischen, personellen, finanziellen usw. Ressourcen) und *Output* (d.h. den erreichten Zielen, Handlungserträgen usw.), also (insoweit den *Kosten-Nutzen-Analysen* verwandt) die Relation von *Kosten* und *Nutzen,* zu ermitteln – sei es, ob mit gegebenen Mitteln ein maximales Ergebnis erzielt worden ist (sog. *Maximum*prinzip) oder ein bestimmtes Ergebnis mit einem möglichst geringen Aufwand und Mitteleinsatz erreicht worden ist (*Minimum*prinzip).

Bekanntlich sind bei der Durchführung von Evaluationsuntersuchungen vor allem zwei konzeptionelle und methodische Probleme zu bewältigen: zum einen die Konzipierung der Ziele/intendierten Wirkungen (*Konzipierungs-/Indikatorenproblem*) zur Erfassung der interessierenden Veränderungen, zum andern eine leistungsfähige Vorgehensweise zur validen Beantwortung der Frage, ob die beobachteten Veränderungen auf das interessierende Politikprogramm/die Maßnahme (kausal) zurückzuführen seien (*Kausalitätsproblem*).

Auf die Auseinandersetzung mit und Lösung dieser Probleme kann an dieser Stelle nur in wenigen Stichworten und Verweisen eingegangen werden (ausführlich Hellstern/Wollmann 1977, zuletzt etwa Wollmann 2007: 397 ff.).

Die Evaluationsforschung – als bedeutsamer Bereich angewandter Politik- und Sozialforschung – bedient sich zur Gewinnung valider Kausalitätsaussagen selbstredend des gesamten

---

2   Zu der in den 1970er Jahren (insbesondere im Kontext der damaligen umfangreichen Schulversuche) geführten lebhaften Diskussion („distanzierte" versus „intervenierende" Begleitforschung) vgl. Hellstern/Wollmann 1983: 59 ff. mit Nachweisen.

methodischen Repertoires der Sozialwissenschaften und spiegelt hierbei die in diesen (in den USA mit besonderer Schärfe) ausgetragenen wissenschaftstheoretischen und methodischen Kontroversen exemplarisch wider. In den 1960er bis in die 1980er Jahre waren die methodische Diskussion und Praxis der Evaluationsforschung vorrangig am vom neo-positivistisch-nomologischen (den Naturwissenschaften nacheifernden) Wissenschaftsmodell bestimmt und infolgedessen von experimentellen, quasi-experimentellen und quantitativen Vorgehensweisen und Methoden beherrscht. Demgegenüber hat in den letzten Jahren ein „post-positivistisches", konstruktivistisches und letztlich relativistisches Wissenschaftsverständnis und in dessen Gefolge qualitativ-hermeneutische Methoden, in denen Fallstudien einen hohen Stellenwert haben, eine wachsende Anhängerschaft gefunden (vgl. Guba/ Lincoln 1989: „fourth generation evaluation"). Gegenwärtig findet in der Evaluationsforschung ein (dem Wissenschaftstheoretiker I. Lakatos folgendes) „realistisches", am Objektivitätsanspruch und Streben der Wissenschaft – ungeachtet aller „konstruktivistischen" Abstriche – grundsätzlich festhaltendes Wissenschaftsverständnis (vgl. Pawson/Tilley 1997) verbreitet Anerkennung. Forschungspraktisch und -pragmatisch wird vielfach ein Methodenpluralismus oder „Methodenmix" verfolgt, der auf der Einsicht beruht, dass es den *einen* methodischen Königsweg nicht gibt, sondern dass bei der Auswahl und Kombination der Methoden, insbesondere bei der Mischung aus quantitativem und qualitativem (Fallstudien) Vorgehen, dem konkreten Untersuchungsgegenstand sowie bei der Fragestellung – last but not least – den zur Verfügung stehenden finanziellen, zeitlichen usw. Forschungsressourcen Rechnung zu tragen ist.

1.3   Wellen und Felder der Evaluation und Evaluationsforschung

Nachdem der Aufstieg der Politikevaluation und Evaluationsforschung in den USA Mitte der 1960er Jahre eingesetzt hatte, gehörte die Bundesrepublik unter den europäischen Ländern (neben Schweden) zu deren Vorreitern in dieser „ersten Welle" der Politikevaluation (vgl. Levine 1981, Wagner/Wollmann 1986, Derlien 1990). Den reformpolitischen Entstehungszusammenhang widerspiegelnd, verknüpften Politik und Verwaltung in dieser „ersten Welle" mit der Evaluation der Programme und Maßnahmen in erster Linie das Ziel, deren Wirksamkeit (und „Output") zu verbessern. Das in dieser Phase verfolgte *rationale* Politikmodell kam, wie bereits erwähnt, darin zum Ausdruck, dass in den späten 1960er und frühen 1970er Jahren in der Bundesrepublik in einem bemerkenswerten Umfang „Politikexperimente" (Modellversuche mit Gesamtschulen, Einphasen-Juristenausbildung, Autobahn-Tempo-Limit usw.) durchgeführt wurden (vgl. Hellstern/Wollmann 1983).

In den späten 1970er und in den 1980er Jahren erweisen sich Politikevaluation und Evaluationsforschung zwar als etablierte Analyseverfahren, sind jedoch - unter den Vorzeichen der (neoliberalen) Wohlfahrtsstaatkritik und der Haushaltskonsolidierung – in erster Linie auf *Kosten-Input-Reduzierung* gerichtet.

In den 1990er Jahren erfuhren sie insbesondere zwei Anstöße. Zum einen ist die Evaluation ein wichtiges Instrument vor allem der Bildungs- und Wissenschaftspolitik geworden, nachdem im Prozess der deutschen Vereinigung das gesamte von der DDR hinterlassene Hochschul- und Forschungssystem zum Gegenstand einer umfassenden – über die Weiterführung oder „Abwicklung" von Forschungseinrichtungen und Wissenschaftlern entscheidenden – Evaluation gemacht worden war. Zum andern ist die Europäische Union dazu übergegangen, ihre Strukturfondförderung im EU- ebenso wie im mitgliedsstaatlichen Rahmen einer Evaluation zu unterziehen, in der die verschiedenen Phasen der Evaluierung (*ex-ante, on-going* und *ex-post*) geradezu lehrbuchmäßig angewandt werden (vgl. Leeuw 2006). Für material-reiche Berichte zum Stand der Evaluierungsforschung in einzelnen Politikfeldern vgl. Kromey 2006 (Evaluation im System Hochschule), Büeler 2006 (Schulentwicklung), Kuhlmann 2006 (Forschungs- und Innovationspolitik), Bangel et al. 2006 (Arbeitsmarktpolitik), Huber/Müller 2006 (Umweltschutz), Wollmann 2006, Ritz 2003 (Verwaltungspolitik) und Stockmann 2006c (Entwicklungspolitik).

1.4   Ausbildung (verwaltungs-)interner Evaluationsstrukturen

Unter dem Einfluss dieser Veränderungsschübe kamen in der Bundesrepublik auf der Bundes-, Landes- und Kommunalebene tiefreichende organisatorische, personelle, instrumentelle und konzeptionelle Veränderungen in Gang, die nicht zuletzt im Aufbau umfangreicher Planungs-, Informations- und Evaluationsressourcen ihren Ausdruck fanden.

- Organisatorisch wurden in Bundes-, Landes- und Kommunalverwaltungen verbreitet Verwaltungseinheiten umgegründet oder neugebildet, die teils die Aufgabe haben, Evaluationen selber durchzuführen (verwaltungsinterne, „in house" Evaluationen) oder externe Evaluationen zu initiieren, entsprechende Forschungsaufträge zu vergeben und zu betreuen und die Ergebnisse auszuwerten.
- Die seit den 1960er Jahren verstärkt verfügbar werdenden EDV-Kapazitäten wurden dazu genutzt, auf Bundes-, Landes- und Kommunalebene umfangreiche *Informationssysteme und Datenbanken* aufzubauen, die ebenso die neuen Planungs- wie Evaluierungsfunktionen unterstützen sollten. Mit besonderem Nachdruck ist der Aufbau von Statistischen Informationssystemen und von ergänzenden Raumbezugssystemen, die die Verknüpfung planungs-, handlungs- und evaluierungsrelevanter Daten in kleinräumigem Maßstab (bis zu Straßenblock- und Straßenangaben) ermöglichen, bis in jüngste Zeit vor allem auf der kommunalen Ebene, insbesondere von den Städtestatistikern in den kommunalen Ämtern für Statistik, weiterverfolgt worden[3].

---

3   Die Tagungsbände, in denen der *Verband Deutscher Städtestatistiker* seine jährlichen Fachtagungen dokumentiert, sind eine Fundgrube einschlägiger Informationen.

1.5 Probleme externer Evaluationsforschung

Angesichts dessen, dass Politik und Verwaltung auf Bundes-, Landes- und Kommunalebene in der Regel nur in beschränktem Umfang personell und qualifikatorisch im Stande sind, systematische, methodisch gesicherte Evaluationsuntersuchungen selber (*in-house*) durchzuführen, sind sie seit den späten 1960er Jahren dazu übergegangen, hierfür externe Forschungskapazitäten im Wege von Forschungsaufträgen heranzuziehen. Für die Entgeltung dieser Auftragsforschung sind bei den Bundes- und Landesministerien und auch in den Kommunen Haushaltsmittel („Ressortforschungsmittel") vorgesehen, über deren Vergabe die jeweiligen auftraggebenden Dienststellen überwiegend im Wege der offenen oder beschränkten Ausschreibung, teils aber auch „freihändig" entscheiden. Diese unmittelbar aus den Budgets gespeisten „Ressortforschungsmittel" haben sich als ein eigenständiger neuer „Finanzmarkt" für die Beauftragung und Förderung von Forschungsleistungen (zur „Auftragsforschung", vgl. Wollmann 2003, Stockmann 2006b: 27) etabliert – neben (und in Konkurrenz zu) der Grundlagenforschung, deren „klassische" Förderungsinstitution die *Deutsche Forschungsgemeinschaft* ist (mit auf dem Grundsatz der „wissenschaftlichen Selbstverwaltung" und des inner-wissenschaftlichen Wettbewerbs beruhenden Antrags- und Bewilligungsverfahren) und die vorrangig von den Universitäten als dem klassischen Standort der Grundlagenforschung in Anspruch genommen wird. In Reaktion auf diesen expandierenden „Auftragsforschungsmarkt" haben sich die „Forschungslandschaft" der Bundesrepublik seit den 1970er Jahren tiefgreifend verändert (vgl. Hellstern/Wollmann 1984: 33 ff). In großer Zahl sind außeruniversitäre, kommerziell operierende Forschungs- und Beratungsinstitute entstanden, die sich am „Auftragsforschungsmarkt" durchgesetzt haben und einen Löwenanteil an diesem sichern konnten, wohingegen die universitären/"akademischen" Forschungseinrichtungen und -gruppen sich für die Akquisition und Bearbeitung von Auftrags- und Beratungsforschung als nur teilweise bereit und fähig gezeigt haben, am Forschungsmittelmarkt zu konkurrieren, und an diesem eher am Rande stehen.

Die intellektuelle Unabhängigkeit und „wissenschaftliche Objektivität" der Auftragsforschung scheint in mehrfacher Hinsicht herausgefordert und gefährdet (vgl. Wollmann 2003). Dies fängt mit der weitgehenden „Fremdbestimmung" in Untersuchungsgegenstand und Fragestellung an. Während sich die akademische Grundlagenforschung in der Wahl ihrer Untersuchungsfelder, -fragen und -methoden, ihrem Grundverständnis von der „Autonomie" und Eigenbestimmung wissenschaftlicher Forschung folgend, durch wissenschafts*interne* „Wahrheits"-, Relevanz- und Reputationskriterien leiten lässt, ist Auftragsforschung maßgeblich durch das Grundverhältnis von Auftraggeber und Auftragnehmer geprägt, in dem der erstere die zentralen Festlegungen (*terms of reference*) des zu vergebenden Forschungsprojektes (Gegenstandsbereich, Fragestellung, möglicherweise Methoden, zeitlicher Rahmen usw.) entscheidet und sich der Auftragnehmer darauf einlässt. Durch Zeit- und Kostendruck der Projektbearbeitung kann es dazu kommen, dass statt eines an wissenschaftlichen Standards orientierten methodischen Designs ein methodisch einfaches, wenn nicht krudes („quick and dirty") methodisches Vorgehen eingeschlagen wird. Der Neigung des Auftragnehmers, bei der Durchführung des Projekts – und sei es eher unbewusst – den Erwartungen, die der Auftraggeber in dessen Ergebnisse setzen mag, Rechnung zu tragen, kann die schiere Auftragsfinanzierung ebenso Vorschub leisten wie die Sorge, sich künftige Akquisitionschancen nicht zu verderben – bis zur extremen Form von „Gefälligkeitsforschung", auf die die Volksweisheit „Wer zahlt, schafft an" passt. Hinzu kommt, dass die Ergebnisse von Auftragsforschung nicht selten bei den Auftraggebern unveröffentlicht unter Verschluss gehalten („schubladisiert") und damit nicht der öffentlichen Diskussion und auch wissenschaftlichen Debatte (*peer review*) ausgesetzt werden. Vor diesem Hintergrund ist – insbesondere aus der Sicht akademischer Wissenschaft und Forschung – kritisch (und mit durchaus guten Gründen) eingewandt worden, dass angewandte Forschung, in Sonderheit Auftrags- und mit ihr Evaluationsforschung, einem strukturellen, bis in ihre Erkenntnisprämissen reichenden „Sog" („epistemic drift", Elzinga 1985) ausgesetzt sei, der die Gefahr einer „Kolonialisierung" wissenschaftlicher Forschung durch Politik- und Praxisinteressen in sich birgt.

Unter den mit Evaluation und Evaluationsforschung befassten Wissenschaftlern und Praktikern ist inzwischen – zunächst wiederum in den USA, in Ansätzen derweil auch in Deutschland – ein Prozess der *Professionalisierung* in Gang gekommen, der insbesondere in der Veröffentlichung von Evaluationszeitschriften und in der Gründung einschlägiger Fachverbände zum Ausdruck kommt (vgl. Stockmann 2006b: 35 ff.).

Nach dem Vorbild der *American Evaluation Society*, die auf die frühen 1980er Jahren zurückgeht, wurden inzwischen – neben der *European Evaluation Society* – in einer Reihe von europäischen Ländern nationale Evaluationsgesellschaften gegründet, darunter im September 1997 – die *Deutsche Gesellschaft für Evaluation, DeGEval* (www.degeval.de). Mit rund 300 Mitgliedern weist der Verband bislang allerdings wohl „erst eine geringe Integrationskraft" (Stockmann 2006b: 38) in der fachprofessionellen *community* auf.

Europäische Gesellschaften für Evaluation (Auswahl):	
European Evaluation Society	www.europeanevaluation.org
Associazione Italiana de Valuatazione	www.valutazione.it
Deutsche Gesellschaft für Evaluation	www.degeval.de
Finnish Evaluation Society	www.finnishevaluationsociety.net
Schweizerische Evaluationsgesellschaft	www.seval.ch
Société Française de l'Evaluation	www.sfe.asso.fr
UK Evaluation Society	www.evaluation.org.uk
Société Wallonne de l'Evaluation et de la Prospective	www.la-swep.be
Sociedad espanol de evaluación	www.sociedadevaluacion.org
Svenska utvärderingsföreningen (Swedish Evaluation Society)	www.svuf.nu

Bereits Mitte der 1990er Jahre war die *American Evaluation Society* mit dem Beispiel vorgegangen, einen „professionallen Ethikkodex" (*Guiding Principles of Evaluation*) auszuarbeiten und zu beschließen, durch den die intellektuelle und institutionelle Unabhängigkeit der

mit Auftragsforschung befassten Einrichtungen und Wissenschaftler gegenüber Auftraggebern und der politischer und administrativer Praxis postuliert und gesichert werden sollten
(vgl. Rossi et al. 1999: 425 f., Wollmann 2003:11578). Diesem Vorbild folgend diskutierte
und beschloss die *DeGEval* im Jahr 2001 *Standards für Evaluation.*[4]

Als ein weiterer Schritt der „Professionalisierung" wurde im Jahr 2002 eine deutschsprachi-
ge (halbjährliche) *Zeitschrift für Evaluation* (www.zfev.de) ins Leben gerufen, die eine Platt-
form und Arena für den fachlichen Austausch zwischen Wissenschaft und Praxis, für die
interdisziplinäre Bündelung sektoralen Fachwissens, für die Verbreitung von Standards in
der Evaluation und für die Vermittlung der Theorien und Methoden der Evaluationsforschung bieten soll (vgl. Stockmann 2006b: 38).

Ungeachtet dieser aussichtsreichen Professionalisierungsschritte konnte sich die Evaluation
in Deutschland – im Unterschied zu den USA – bislang als eigenständige (auch über eigene
universitäre Ausbildungsgänge und -abschlüsse verfügende) sozialwissenschaftliche Teildisziplin noch nicht etablieren (vgl. Stockmann 2006b: 38).

2 Controlling als Schlüsselkonzept in der aktuellen Politik- und Verwaltungsreform

2.1 Entstehungszusammenhang

Seit den frühen 1990er Jahren ist eine breite Diskussion um eine umfassende Politik- und
Verwaltungsmodernisierung in Gang gekommen, die wesentlich von dem Konzept eines
Neuen Steuerungsmodells bestimmt ist und in der an die seit den späten 1970er Jahren inter-
national dominierenden Vorstellungen eines *New Public Management* angeknüpft wird (vgl.
Politt/ Bouckaert 2004, Schröter/Wollmann 2005).

In seinem Kern lässt sich das *NSM* vor allem an drei Dimensionen festmachen (vgl. Jann
2005, Bogumil et al. 2007:23 ff.)

- Im *Verhältnis von Politik und Verwaltung*: Steuerung und Kontrolle der Verwaltung durch
  die Politik mittels Leistungs- und Wirkungs-(*output*) orientierte Budgets, "politische"
  Kontrakte (Zielvereinbarungen) und Berichtswesen (politisches/externes *Controlling*),
- *verwaltungsintern* (Binnenorientierung): Erhöhung der Leistungsfähigkeit und Wirtschaftlichkeit durch dezentrale Ressourcenverantwortung, Kosten-Leistungs-Rechnung,
  administrative Kontrakte (Zielvereinbarungen) und (administratives/internes) Controlling,

---

4 Siehe http://www.degeval.de/calimero/tools/proxy.php?id=18054.

- im Verhältnis von Verwaltung und Bürger: Einführung von Wettbewerb, Kundenbefragung usw.

Indem dem NSM die Vorstellung eines *Managementzyklus* zugrunde liegt, der die Phasen *Ziel-(Output-)Bestimmung/Durchführung/(Output-)Kontrolle* durchläuft und verknüpft, stimmt es einerseits mit jenem Planungs- und Handlungszyklus mit seiner Abfolge von Planung/Implementation/Evaluation in den Grundzügen sowie in dem prinzipiellen Plädoyer für eine umfassende Transparenz des Politik- und Verwaltungshandels überein. Andererseits sind seine Besonderheit (und auch sein konzeptioneller Fortschritt) gerade darin zu erkennen, dass dem *Controlling* im Gesamtkonzept des NSM eine strategische Schlüsselfunktion zugewiesen wird. (vgl. hierzu ausführlicher zuletzt Wollmann 2003b: 2f.):

- *Politisches/(verwaltungs)externes Controlling*: Zum einen soll das Verhältnis von Parlament/Kommunalvertretung und „Exekutive"/Verwaltung/Verwaltungsführung im Neuen Steuerungsmodell dadurch neu bestimmt und austariert werden, dass die Steuerungs- und Kontrollfähigkeit des Parlaments gegenüber der Exekutive/Verwaltung gestärkt und *gleichzeitig* der Handlungsspielraum und Anreiz der Exekutive/Verwaltung für flexibles, innovatives und wirtschaftliches Verwaltungshandeln erweitert werden sollen. Dieses auf den ersten Blick in sich widersprüchlich scheinende Doppelziel soll dadurch eingelöst werden, dass sich das Parlament aus der traditionellen „Input-Steuerung" der Verwaltung (in Form von detaillierten Verfahrensregeln und detaillierten budgetären Mittelbewilligungen/Ausgabenermächtigungen) tendenziell zurückzieht und stattdessen der Exekutive/Verwaltung inhaltliche Leistungsziele (in Form von eher „globalen" denn detaillierten budgetären „Output-,"Festlegungen) vorgibt. Die entscheidende Pointe des Neuen Steuerungsmodells liegt bekanntlich darin, dass das Parlament einerseits die Exekutive/Verwaltung auf die Erreichung bestimmter inhaltlicher, allerdings verhältnismäßig globalisierter Ziele (in der Absicht einer ausdrücklichen „Output-Steuerung") festlegt (anstatt sich, wie im überkommenen Budgetierungsverfahren, im wesentlichen auf die Bewilligung bestimmter Ressourcen – „Inputs" – der Verwaltung zu konzentrieren) und andererseits diese sowohl in der Konkretisierung der Ziele als auch in der Entscheidung über die hierfür einzusetzenden Ressourcen „an langer Leine laufen" lässt. Damit aber gewinnt *Controlling* einen zentralen strategischen Stellenwert als Informations-, Rückmelde- und Berichtssystem, über das sich das Parlament laufend oder periodisch über die Verwirklichung der von ihm beschlossenen Politiken informieren kann.
- *Verwaltungs-(internes) Controlling.* Auch innerhalb der Verwaltung soll diese neue Steuerungs- und Kontroll-Logik im Verhältnis von Verwaltungsführung und (nachgeordneten) Verwaltungseinheiten dadurch verwirklicht werden, dass der Handlungsspielraum der letzteren zu eigenverantwortlichem, flexiblen Handeln gestärkt wird. Dieses soll vor allem dadurch bewirkt werden, dass den nachgeordneten Verwaltungseinheiten die Leistungsziele/"Outputs" (etwa in Form von mit der Verwaltungsführung abzuschließenden „Zielvereinbarungen") vorgegeben werden und sie (im Konzept der „dezentralen Ressourcenverantwortung") in den Stand gesetzt werden, zur Erreichung der ihnen vorgegebenen Ziele („outputs") über die Verwendung der ihnen zugewiesenen Ressourcen (Finanzen, Personal, Organisation) selbständig zu entscheiden. Zugleich soll damit das dem überkommenen Verwaltungsmodell eigentümliche System der „doppelten hierarchischen

Kontrolle" (zum einen Fachverwaltung, zum andern Querschnittsverwaltung – Finanzen, Personal, Organisation) beseitigt werden. Es liegt auf der Hand, dass angesichts der Ausdünnung der herkömmlichen inneradministrativ-hierarchischen Leitungs- und Kontrollstrukturen und der in der „dezentralen Ressourcenverantwortung" angelegten „natürlichen" zentrifugalen Tendenzen die Fähigkeit der Verwaltungsleitung, ihre Steuerungs- und Kontrollfunktion wirksam wahrzunehmen, mit der Etablierung eines (verwaltungsinternen) *Controlling* als eines Informations- und Rückmeldesystems, insbesondere als laufendes Auskunftsmittel über Zielverwirklichung, Einhaltung der Leistungsvereinbarungen usw. steht und fällt.

2.2   Instrumentelle Varianten von Controlling

Im (inneradministrativen) *Verwaltungscontrolling* wird – in Widerspiegelung der Abstufung dezentraler Zuständigkeiten und „Kontrollspannen" – zwischen einem *strategischen* und einem *operativen* Controlling unterschieden (vgl. KGSt 1994, Schedler 2005). Das erstere wird institutionell der Verwaltungsführung – als in einer Stabsfunktion agierenden zentralen Steuerungsdienst – zugeordnet. Es hat die Aufgabe, die Verwaltungsführung bei der „strategischen" Steuerung und Kontrolle der Verwaltungseinheit zu unterstützen. Unter *operativem* Controlling werden Informations- und Rückmeldeaktivitäten verstanden, die als (dezentrale) *Steuerungsdienste* auf der Durchführungsebene (in der Kommunalverwaltung auf Dezernats- oder auch auf Amtsebene) anzusiedeln sind und vor allem der betreffenden (dezentralen) Verwaltungsleitung zuarbeiten.

Das *Beteiligungscontrolling*, mit dem ausgegliederte (z.B. städtische) Betriebe und Unternehmen gesteuert werden (vgl. Richter 2001: 402 ff.), gewinnt umso größere Bedeutung, je mehr Kommunen in Verfolgung der ihnen vom *NSM* nahegelegten „Konzernstruktur" dazu übergehen, bislang verwaltungsintern organisierte Leistungen und Aufgaben in selbständige Organisations- und Betriebseinheiten „auszugründen" („outsourcing").

Ein maßgebliches Kommunikationsmedium im Controlling-System bildet das *Berichtswesen* mit Berichten, in denen – in einem je nach Adressaten abgestuften Detaillierungsgrad – die im Rahmen des verwaltungsinternen Controlling erhobenen Daten aggregiert werden. „In mehr oder weniger großem Umfang wird dabei mit Kennzahlen gearbeitet, wobei immer häufiger angestrebt wird, nicht nur Kosten-, sondern auch Qualitätsgesichtspunkte über Kennzahlen abzubilden" (Brandel u.a. 1999: 62 f.).

Das „Informationsmanagement" zwischen Kommunalvertretung und Verwaltung ist mit guten Gründen als „die entscheidende Voraussetzung für eine gelingende Umsetzung des Neuen Steuerungsmodells" bezeichnet worden (Hill 1997: 27). Zwar wird inzwischen in einigen Städten – vorerst in Form von Pilotvorhaben – versucht, neue Informations- und Kommunikationstechnologien (einschließlich Internet und E-mail) für die Einrichtung des kommunalen Berichtswesens und dessen Nutzung durch die Kommunalparlentarier einzusetzen (vgl. Brandel u.a. 1999: 58 ff.). Jedoch bleiben die Kommunalvertretungen noch überwiegend von den verwaltungsintern verfügbaren Controll-Informationen abgeschnitten und droht sich das Informationsgefälle zwischen Verwaltung und Kommunalvertretung zu Lasten der letzteren sogar noch weiter zu verschärfen.

2.3   Konzeptionelle Varianten und Probleme des Controlling

Dadurch, dass die Leistungsfähigkeit des *Controlling* ebenso wie der anderen Kernelemente des *NSM*, wie Output-Budgetierung, Kosten-Leistungsrechnung, wesentlich davon abhängt, ob brauchbare Steuerungs- und Kontrollinformationen verfügbar sind, bildet die Konzipierung und die empirische Darstellung dieser Informationsbasis eine entscheidende Voraussetzung. So wurden denn auch in der (kommunalen) Modernisierungspraxis besondere konzeptionelle, personelle und finanzielle Anstrengungen in die Formulierung der „Produkte" und „Kennzahlen" als der Informationsbasis des gesamten Steuerungssystems, einschließlich seines Controlling- und Berichtswesens, gesteckt (vgl. Reichard 1998.). Allerdings deuten vorliegende Untersuchungen und Berichte darauf hin, dass eine brauchbare Präzisierung der Produkte durch Indikatoren/Kennziffern (vgl. Nullmeier 2005) oder Qualitätsmerkmale vielfach gar noch immer am Anfang steht (vgl. Jaedicke u.a. 1999: 126 ff.). Hinzu kommt, dass selbst dort, wo brauchbare Indikatoren an sich verfügbar sind, deren empirische Darstellung hinterherhinkt, zumal die Nutzung der „Verwaltungsvollzugsdaten" hinter ihren Möglichkeiten auffällig zurückbleibt (vgl. Jaedicke u.a. 1999: 291).

Insoweit das (verwaltungsinterne) Controlling darin besteht, anhand geeigneter (Ziel-/Output-)Indikatoren laufend oder periodisch Soll-Ist-Vergleiche anzustellen und rückzumelden, stimmt es weitgehend mit der *Evaluation* (insbesondere dem *Monitoring)* geläufigen Vorgehensweise überein (vgl. Nullmeier 2005).

Wird die Leistungsfähigkeit mehrerer Verwaltungseinheiten innerhalb einer Organisation anhand geeigneter Indikatoren, Kennziffern usw. vergleichend in Beziehung gesetzt, spricht man auch von („internem") *Benchmarking* (von Bandemer 2005).

Demgegenüber ist von einem (externen) *Benchmarking* die Rede, wenn solche Leistungsvergleiche anhand einheitlicher Indikatoren, Leistungs- und Wertmaßstäbe inter-organisatorisch, inter-kommunal usw. zwischen mehreren Organisationseinheiten (z.B. Kommunen) angestellt werden (vgl. Kuhlmann 2004 zu *Benchmarking* in „Vergleichsringen" zwischen Kommunen).

2.4   Zwischenbilanz: Mehr Transparenz und politische Kontrolle durch Controlling: Licht und Schatten

Das (betriebswirtschaftlich inspirierte) *Neue Steuerungsmodell*, das unter dem Druck der knappen öffentlichen Kassen seit den frühen 1990er Jahren zunächst vor allem auf der kommunalen Politik- und Verwaltungsebene aufgegriffen worden ist, hat einen *verwaltungsinternen* Veränderungsprozeß ausgelöst. In dessen Verlauf wurde das (die überkommene Verwaltungstradition prägende „Max Weber'sche") *hierarchische* Bürokratiemodell zunehmend von flexibleren Managementstrukturen und -verfahren abgelöst. Dadurch gewann das *Controlling* als Verfahren zur Gewinnung und Verwendung von steuerungs- und handlungsrelevanten Informationen über Prozeß und Ergebnis des Verwaltungshandelns immer stärkere Bedeutung. Nutznießer dieses neuen Steuerungswissens scheinen bislang jedoch vorrangig die Verwaltungsführung und die Exekutivpolitiker im Verhältnis zur Verwaltung zu sein. Demgegenüber steht die Erwartung des NSM, gleichzeitig die Steuerungs- und Kontrollfähigkeit der Parlamente, insbesondere durch Verfahren eines *politischen* Controlling, zu stärken, noch weitgehend auf dem programmatischen Papier (vgl. Bogumil et al. 2007: 64 ff.). Zudem deuten Umfragen darauf hin, dass das Gefühl der Ohnmacht, insbesondere der mangelnden Steuerungs- und Kontrollfähigkeit der Kommunalvertretungen gegenüber der Verwaltung, in den letzten Jahren sogar noch gewachsen ist. Dies dürfte nicht zuletzt darauf zurückzuführen sein, dass aus der Sicht vieler Kommunalvertreter das NSM - ob seines betriebswirtschaftlichen und anglizistischen Modernisierungsjargons ohnedies für sie vielfach nach wie vor schwer verständlich - eine Stärkung ihrer Leitungs- und Kontrollmittel gegenüber der Verwaltung bislang schuldig geblieben ist.

3   Nutzung der Ergebnisse von (Evaluations-) Forschung in Politik und Verwaltung

Angesichts dessen, dass sich seit den 1960er Jahren die Evaluationsforschung – im Zuge der rapide steigenden Nachfrage der Politik und Verwaltung nach externen Forschungsleistungen und des expandierenden Auftragsforschungs-Marktes – geradezu zu einer „Wachstumsindustrie" entwickelt hat, stellte sich, vor allem aus der Sicht der auf Anerkennung und Umsetzung ihrer Analysen erpichten Wissenschaftsgemeinde, die Frage, ob, in welchem Umfang und unter welchen Bedingungen die Ergebnisse (sozial-)wissenschaftlicher Forschung, zumal von Evaluations- und sonstiger Auftragsforschung, von der politischen, administrativen (und gesellschaftlichen) Praxis tatsächlich genutzt werden. In den USA entwickelte sich die „Wissensnutzungs-Forschung" (*knowledge utilization research*) regelrecht als Teildisziplin (vgl. Caplan et al. 1975, Weiss 1977); in der Bundesrepublik kam dieser Forschungsstrang, ungeachtet eines DFG-Schwerpunktprogramms, über eher bescheidene Anläufe kaum hinaus (vgl. Beck/ Bonß 1984, Wingens 1988).

In der Verwendungsforschung war zunächst die Vorstellung bestimmend, das Wissenschaftssystem als Wissensproduzent und das politisch-administrative System als möglicher Wissensanwender stünden sich als „zwei Welten" gegenüber (vgl. Wollmann 2004a: 699 ff. mit Nachweisen), die unterschiedlichen „Rationalitäten", „Logiken" und Handlungsimperativen gehorchen (vgl. etwa Caplan u.a. 1975). Danach besteht die „politische Rationalität" als Dreh- und Angelpunkt des politisch-administrativen Entscheidungs- und Handlungsprozesses in erster Linie darin, dass die politischen Akteure – unter den Rahmenbedingungen der demokratisch-pluralistischen, parteienstaatlichen Verfassungssysteme und unter Entscheidungs- und Handlungsdruck – wesentlich von dem Motiv und Bestreben angetrieben sind, Wahlen zu gewinnen, Macht zu erringen und zu erhalten, Interessen durchzusetzen und gegebenenfalls Konsense und Kompromisse zu suchen. Demgegenüber ist die „wissenschaft-liche Rationalität" vom Streben nach wissenschaftlich gesicherter Erkenntnis und, idealty-pisch gesprochen, nach „Wahrheit" geprägt.

Von der Vorstellung von „zwei Welten" und ihren unterschiedlichen (wissenschaftlichen versus politischen) „Rationalitäten" ausgehend, lassen sich die Prozesse der Wissensnutzung einerseits *von der Wissenschaft her,* also *wissenschaftszentriert* interpretieren, wobei ange-nommen wird, dass das wissenschaftlich gewonnene Wissen aufgrund seines Objektivitäts-anspruchs und „Wahrheitsgehalts" dem sonstigen gesellschaftlichen (der wissenschaftlichen Erkenntnisverfahren entbehrenden) und politischen (im Kern interessenbestimmten) Wissen überlegen sei.

- In einer radikalen Variante dieser wissenschaftszentrierten Sichtweise, die etwa das von *Donald Campbell* formulierte Konzept einer „*experimenting society"* (Campbell 1969) zugrunde legte, wird unterstellt und erwartet, dass die sozialwissenschaftlich generierten Erkenntnisse und „Wahrheiten" für die politischen Akteure gewissermaßen so zwingend und unwiderstehlich seien, dass sie sich – ungeachtet etwa entgegenstehender politischer und gesellschaftlicher Interessen – von diesen leiten lassen. Da in diesem explizit wissen-schaftszentrierten Konzept der Wahrheitslogik der (fach-)wissenschaftlichen Erkenntnis eine geradezu „sachzwanghafte" Überzeugungs- und Instruktionskraft für die politische Entscheidungsfindung beigemessen wird, kann man es dem (die „politische" Rationalität außer Kraft setzenden) „technokratischen" Entscheidungsmodell (Habermas 1968) zu-ordnen.
- In einer realistischeren, aber noch immer „wissenschaftszentrierten" Variante wird davon ausgegangen, dass die sozialwissenschaftlichen Erkenntnisse – als grundsätzlich an Wahrheitsgehalt überlegenes Wissen – in der Regel nicht unmittelbar und unverzüglich von der politischen und administrativen Praxis rezipiert und umgesetzt werden, sondern als Informationen, Konzepte und Argumente („data, ideas, arguments", Weiss 1991) zu begreifen sind, die in den politischen Meinungs-, Willensbildungs- und Entscheidungs-prozess „einsickern" und eher mittelfristig und sozusagen schleichend die Auffassungen, Denk- und Argumentationsmuster verändern. Mit wissenschaftszentriertem Akzent wur-de dieser Prozess auch als „Aufklärungsmodell" (*enlightenment model,* Weiss 1977) ge-deutet. Auf verschlungenen Diffusionswegen (Gespräche, Bücher, Medien usw.) kann die ursprüngliche wissenschaftliche Information vielfältigen „Verwandlungen" („knowledge conversion", Caplan 1983) unterliegen, ja sie kann (als gewissermaßen erfolgreichste Va-riante der Wissensnutzung) in einer Art von „Soziologisierung" (oder „Versozialwissen-schaftlichung") des Alltagswissens regelrecht „verschwinden" (vgl. Beck/Bonß 1984: 384).

Auf der anderen Seite kann die Wissensnutzung auch „von der politisch-administrativen Praxis" her, also *anwendungszentriert,* begriffen werden.

- In einer (moderaten) Variante trifft dies auf das als „engineering" und „problem solving" bezeichnete Modell (Weiss 1986) zu, wonach sich die Politik/Verwaltung sozialwissen-schaftlicher Forschungs- und Beratungsleistungen in der „instrumentellen" Absicht be-dient, deren analytische Hilfestellung zur Erreichung bestimmter politisch (bereits vor-)

entschiedener Ziele in Anspruch zu nehmen und (externes) Forschungspotential sozusagen als „verlängerte Werkbank" (Ritter 1982: 460) zu nutzen.

- Politik und Verwaltung können (externe) Forschungsleistungen aber auch in der Absicht
  in Auftrag geben und nutzen, um politisch (längst) gefällte Entscheidungen nachträglich
  zu legitimieren oder aber für noch zu treffende politische Entscheidung Zeit zu gewinnen
  ("tactical model", Weiss 1986). Solches in der „politischen Rationalität" wurzelnde Entscheidungsverhalten ist dem „dezisionistischen" Entscheidungsmodell (Habermas 1968)
  zuzurechnen.

Gegenüber den vorgenannten Konzepten, die mit unterschiedlicher Verortung auf der Vorstellung von den „zwei Welten" (Politik/Verwaltung einerseits und Wissenschaft andererseits) beruhen, liegt nach neueren Überlegungen die Deutung zugrunde, dass diese beiden
Welten objektiv wie subjektiv fließende Übergänge aufweisen. Dies insofern, als auf der
einen Seite die Politik- und Verwaltungswelt in durchaus beachtlichem Maße (nicht zuletzt
als Ergebnis der stattgehabten institutionellen, personellen und qualifikatorischen, die poli-
tik- und verwaltungseigene Informations- und Analysekapazität erhöhenden „Aufrüstung")
längst „verwissenschaftlicht" worden ist. Umgekehrt ist die Wissenschaft dadurch in gewissem Maße „politisiert" worden, dass nicht nur – im Zuge ihrer Inanspruchnahme für Auftragsforschung – ihre Praxis- und Politiknähe zugenommen hat, sondern – als Ergebnis wis-
senschaftstheoretischer Debatten und des Vordringens eines „konstruktivistischen" und
„relativistischen" Wissenschaftsverständnisses – inner-wissenschaftlich die („neo-
positivistische") Objektivitäts-Gewissheit erschüttert und die Einsicht in die (epistemologische) Bedingtheit wissenschaftlicher Erkenntnis durch unterschiedliche (normative) Prämissen, wenn nicht Interessen, weithin geteilt wird. Damit ist der Weg frei für eine Betrachtung
und Deutung des Verhältnisses von Politik/Verwaltung und Wissenschaft, in der wissenschaftliche Erkenntnisse sich nicht nur innerwissenschaftlich einer Kritik („peer review"),
Kontroverse und Konkurrenz um die „gültige" Einsicht ausgesetzt sieht, sondern sich auch
außer-wissenschaftlich, in der politisch-gesellschaftlichen Arena (etwa im Rahmen von parlamentarischen Anhörungen), einem Wettstreit rivalisierender Informationen, einschließlich
der Befunde und Stellungnahmen gesellschaftlicher Interessengruppen und Lobbyisten zu
stellen hat (vgl. Krautzberger/Wollmann 1988: 181 ff.). Dieses (veränderte) Verhältnis von
Politik/Verwaltung und Wissenschaft lässt sich angemessen eher mit einem „interaktionistischen" Modell erfassen (vgl. Wingens 1988), in dem Politik/Verwaltung und Wissenschaft
im Prozess der Politikberatung und Wissensnutzung in einen (kontroversen) Dialog treten,
der sich als „pragmatisches" Entscheidungsmodell (Habermas 1968) abbilden lässt.

In der Erforschung der in der politisch-administrativen Praxis beobachtbaren Prozesse und
Grade der *Nutzung sozialwissenschaftlich generierten Wissens* werden die Analyse und Interpretation weitgehend von dem angewandten Fragerahmen bestimmt. Lässt man sich von
dem wissenschaftszentrierten Konzept leiten, dass die Wissensnutzung an der (zeitlich) unmittelbaren Rezeption und Umsetzung sozialwissenschaftlicher Erkenntnisse in politischen
Entscheidungen abhebt, erweist sich auf diesem analytischen Bildschirm die Wissensnutzung
vermutlich als ein verhältnismäßig rarer Ausnahme- und „Glücksfall". Das Bild ändert sich
erheblich, sobald man konzeptionell die Möglichkeit mittel- und längerfristiger, in ihrem
Ablauf komplexer und interaktiver Lern- und „Sicker"-Prozesse ins Auge fasst. Unter einer

solchen (weder einseitig wissenschafts- noch anwendungszentrierten, sondern interaktionistischen und dialogischen) Betrachtungsweise dürften vielfach durchaus handlungsrelevante, allerdings eher „sickerhaft"-inkrementelle denn umstürzende Nutzungs- und Lernprozesse und -ergebnisse sichtbar werden (vgl. Krautzberger/Wollmann 1988).

4   Literatur

Bandemer, Stephan 2005, Benchmarking, in: Blanke,Bernhard/ Bandemer, Stephan von/Nullmeier, Frank/ Wewer, Göttrik (Hrsg.) 2005, Handbuch zur Verwaltungsreform, 3. Aufl., Wiesbaden: VS Verlag, S. 444-451.

Bangel, Bettina/ Brinkmann, Christian/ Deeke, Axel 2006, Evaluation von Arbeitsmarktpolitik, in: Stockmann, Reinhard (Hrsg.), Evaluation, 3. Aufl., Waxmann: Münster, S. 311-344.

Beck, U./Bonß,W. (Hrsg.) 1990, Verwendung, Verwandlung, Verwissenschaftlichung, Frankfurt/M.

Beck, Ulrich/Bonß, Wolfgang 1984, Soziologie und Modernisierung, in: Soziale Welt, S. 381 ff.

Bogumil, Jörg/ Grohs, Stephan/Kuhlmann, Sabine/ Ohm Anna K. 2007, Zehn Jahre Neues Steuerungsmodell. Eine Bilanz kommunaler Verwaltungsmodernisierung, Sigma: Berlin.

Brandel, Rolf/ Stöbe-Blossey, Sybille/ Wohlfahrt, Norbert 1999, Verwalten oder gestalten. Ratsmitglieder im Neuen Steuerungsmodell, Berlin.

Büeler, Xaver 2006, Qualitätsevaluation und Schulentwicklung, in: Stockmann, Reinhard (Hrsg.), Evaluation, 3. Aufl., Waxmann: Münster, S. 260-288.

Campbell, Donald T. 1969, Reforms as Experiments, in: American Psychologist, pp. 409 ff.

Caplan, N. 1983, Knowledge Conversion and Utilization, in: Holzner, B./Knorr, K./Strasser, H. (Hrsg.), Realizing social Science Knowledge, Wien.

Caplan, N./Morrison, A./Stambaugh, R. 1975, The Use of Social Science Knowledge in Policy Decisions at the National Level, Ann Arbor.

Danielson, Caroline 2007, Social Experiments and Public Policy, in: Fischer, Frank/ Miller, Gerard J./ Sidney, Mara S. (eds.), Handbook of Public Policy Analysis, CRC Press: Boca Raton etc., pp. 381-392.

Derlien, Hans-Ulrich 1990b, Genesis and Structure of Evaluation Efforts in Comparative Perspective, in: Rist, Ray C. (ed.) 1990, Program Evaluation and the Management of Government, New Brunswick/London: Transaction, p. 147 –176.

Elzinga, Ant 1985, Research Bureaucracy and the Drift of Epistemic Criteria, in: Wittrock, Björn/Elzinga, Aant (eds.), The University Research System, Stockholm: Almqvist and Wiksell, pp. 191-220.

Furubo, Jan-Eric, Rist, Ray C./ Sandahl, Rolf (eds.), International Atlas of Evaluation, New Brunswick/London: Transaction.

Guba, Y./Lincoln E. 1989, Fourth Generation Evaluation, London: Sage.

Habermas 1968, Verwissenschaftlichte Politik und öffentliche Meinung, in: ders., Technik und Wissenschaft als Ideologie, Frankfurt: Suhrkamp.

Hellstern, Gerd-Michael/Wollmann, Hellmut (Hrsg..)1983: Experimentelle Politik – Reformstrohfeuer oder Lernstrategie. Bestandsaufnahme und Evaluierung. Opladen: Westdeutscher Verlag.

Hellstern, Gerd-Michael/Wollmann, Hellmut 1984, Evaluierung und Evaluierungsforschung – ein Entwicklungsbericht, in: Hellstern, Gerd-Michael/Wollmann, Hellmut (Hrsg.), (1984)a: Handbuch zur Evaluierungsforschung. Bd. 1, Opladen, S. 17 ff.

Huber, Josef/ Müller Axel 2006, Zur Evaluation von Umweltschutz-Maßnahmen in Staat und Unternehmen, in: Stockmann, Reinhard (Hrsg.), Evaluation, 3. Aufl., Waxmann: Münster, S. 345-377.

Jaedicke, Wolfgang/Thrun, Heinrich/Wollmann, Hellmut 1999, Modernisierung der Kommunalverwaltung. Evaluierungsstudie zur Verwaltungsmodernisierung im Bereich Bauen, Planen und Umwelt, Stuttgart: Kohlhammer.

Jann, Werner 2005, Neues Steuerungsmodell, in: Blanke,Bernhard/ Bandemer, Stephan von/Nullmeier, Frank/ Wewer, Göttrik (Hrsg.) 2005, Handbuch zur Verwaltungsreform, 3. Aufl., Wiesbaden: VS Verlag S. 82-92.

KGSt-Bericht, 1994 „Verwaltungscontrolling im Neuen Steuerungsmodell", Nr. 15, Köln.

Krautzberger, Michael/Wollmann, Hellmut 1988, Verwendung sozialwissenschaftlichen Wissens in der Gesetzgebung, in: Zeitschrift für Rechtssoziologie, 177 ff.

Kromrey, Helmut 2006, Qualität und Evaluation im Hochschulsystem, in: Stockmann, Reinhard (Hrsg.), Evaluation, 3. Aufl., Waxmann: Münster, S. 234-259.

Kuhlmann, Sabine 2004, Interkommunaler Leistungsvergleich in Deutschland. Zwischen Transparenzgebot und Politikprozess, in: Kuhlmann, Sabine/ Bogumil, Jörg/ Wollmann, Hellmut (Hrsg.) 2004, Leistungsmessung und -vergleich in Politik und Verwaltung, Wiesbaden: VS Verlag, S. 94-122.

Kuhlmann, Sabine/ Bogumil, Jörg/ Wollmann, Hellmut (Hrsg.) 2004, Leistungsmessung und –vergleich in Politik und Verwaltung, Wiesbaden: VS Verlag.

Leeuw, Frans L. 2006, Evaluation in Europe, in: Stockmann, Reinhard (Hrsg.), Evaluation, 3. Aufl., Waxmann: Münster, S. 64-84.

Levine, Robert A. 1981, Program Evaluation and Policy Analysis in Western Nations: An Overview, in: Levine, Robert A./ Solomon, Marian A./Hellstern, Gerd-Michael/ Wollmann, Hellmut (eds.) 1981, Evaluation Research and Practice. Comparative and international perspectives, Beverly Hills/London: Sage, pp. 12-27.

Mayntz, Renate (Hrsg.) 1980, Implementation politischer Programme, Königstein.

Nullmeier, Frank 2005, Kennzahlen und Performance Measurement, in: Blanke,Bernhard/ Bandemer, Stephan von/Nullmeier, Frank/ Wewer, Göttrik (Hrsg.) 2001, Handbuch zur Verwaltungsreform, 2. Aufl., Opladen: Leske + Budrich, S. 383 – 392.

Pawson, Ray/Tilley, Nick, (1997): Realistic Evaluation. London etc.: Sage.

Pollitt, Christopher/ Bouckaert Geert 2003, Evaluating Public Sector Reforms: An International Perspective, in: Wollmann, Hellmut (ed.), Evaluation in Public Sector Reform, Elgar: Cheltendam, pp. 12-35.

Pollitt, Christopher/ Bouckaert, Geert 2004, Public Management Reform, 2nd ed., Oxford: Oxford U Press.

Reichard, Christoph 1998, Der Produktansatz im Neuen Steuerungsmodell – von der Euphorie zur Ernüchterung, in: Grunow, Dieter /Wollmann, Hellmut (Hrsg.) 1998, Lokale Verwaltungsreform in Aktion. Fortschritte und Fallstricke, Basel usw.: Birkhäuser.

Richter, Walter 2001, Controlling und Berichtswesen, in: Blanke,Bernhard/ Bandemer, Stephan von/Nullmeier, Frank/ Wewer, Göttrik (Hrsg.) 2001, Handbuch zur Verwaltungsreform, 2. Aufl., Opladen: Leske + Budrich, S. 392- 401.

Rist, Ray (ed.) 1990, Program Evaluation and the Management of Government, New Brunswick/London: Transaction.

Ritz, Adrian 2003, Evaluation von New Public Management, Bern etc.: Haupt.

Ritter, Ernst-Hasso 1982, Perspektiven für die wissenschaftliche Politikberatung, in: PVS, Sonderheft 13, S. 458 ff.

Rossi, Peter/Freeman, Howard/ Lipsey, M.W. 1999, Evaluation. A Systematic Approach, 6th edition, Sage: Thousand Oaks.

Rürup, Bert 1971, Die Programmfunktion des Bundeshaushaltsplans. Eine deutsche Haushaltsreform im Lichte der amerikanischen Erfahrungen mit dem Planning-Programming-Budget-Systems, Berlin: Duncker & Humblot.

Schedler, Kuno 2005, Verwaltungscontrolling, in: Blanke,Bernhard/ Bandemer, Stephan von/Nullmeier, Frank/ Wewer, Göttrik (Hrsg.) 2005, Handbuch zur Verwaltungsreform, 3. Aufl., Wiesbaden: VS Verlag, S. 413-421.

Schröter, Eckhard/ Wollmann, Hellmut 2005, New Public Management, in: Blanke, Bernhard/ Bandemer, Stephan von/Nullmeier, Frank/ Wewer, Göttrik (Hrsg.) 2005,, Handbuch zur Verwaltungsreform, 3. Aufl., Wiesbaden: VS Verlag, S. 63-73.

Stockmann, Reinhard (Hrsg.) 2006a, Evaluationsforschung, 3. Aufl., Waxmann: Münster.

Stockmann, Reinhard 2006b, Evaluation in Deutschland, in: Stockmann, Reinhard Hrsg. 2006, Evaluationsforschung, 3. Aufl., Waxmann: Münster, S. 15-46.

Stockmann, Reinhard 2006c, Evaluation staatlicher Entwicklungspolitik, in: Stockmann, Reinhard (Hrsg.), Evaluation, 3. Aufl., Waxmann: Münster,, S. 378-414.

Vedung, Evert 1999, Evaluation im öffentlichen Sektor. Wien usw.: Böhlau.

Wewer, Göttrik 2008, Politikberatung und Politikgestaltung, in diesem Band.

Wagner, Peter/ Wollmann, Hellmut (1986), Fluctuations in the development of evaluation research. In: International Social Science Journal, pp. 205-218.

Weiss,Carol H. 1977, Using Social Research in Public Policy Making, Lexington M.A.: D.C. Heath.

Weiss, C.H. 1991, Policy research: data, ideas or arguments?, in: Wagner, Peter/ Weiss Carol H./ Wittrock, Björn/ Wollman, Hellmut. (eds.) 1991, Social Sciences and Modern States, Cambridge: Cambridge U Press, pp 290-306.

Wingens, Matthias 1988, Soziologisches Wissen und politische Praxis, Frankfurt/New York.

Wittmann, Werner 1985, Evaluationsforschung: Aufgaben, Probleme und Anwendungen. Berlin usw.: Springer.

Wollmann, Hellmut (Hrsg.) 1980, Politik im Dickicht der Bürokratie, Opladen: Westdeutscher Verlag.

Wollmann, Hellmut 1982, Untersuchungsansätze und Nutzungschancen einer Rechtstatsachenforschung im Städtebaurecht, in: Informationen zur Raumentwicklung, 1982, S. 1 ff.

Wollmann, Hellmut 2000, Evaluierung und Evaluierungsforschung von Verwaltungspolitik und –modernisierung, in: Stockmann, Reinhard (Hrsg.), Evaluation, 3. Aufl., Waxmann: Münster,, S. 207 - 233.

Wollmann, Hellmut 2003a, Contractual Research and Policy Knowledge, in: International Encyclopedia of Social and Behavioral Sciences, vol. 5 , Elsevier, pp. 11574-11577.

Wollmann, Hellmut 2003b, Evaluation in public-sector reform: Twoards a „third wave" of evaluation?, in: Wollmann, Hellmut (ed.), Evaluation in Public Sector Reform, Elgar: Cheltendam, pp. 11ff.

Wollmann, Hellmut 2004a, Politikberatung, in: Nohlen, Dieter/ Schultze, Rainer-Olaf (Hrsg.), Lexikon der Politikwissenschaft, Bd. 2, 2. Aufl., Beck: München, S. 699-703.

Wollmann, Hellmut 2004b, Politikevaluierung in: Nohlen, Dieter/ Schultze, Rainer-Olaf (Hrsg.), Lexikon der Politikwissenschaft, Bd. 2, 2. Aufl., Beck: München,, S. 703-706.

Wollmann, Hellmut 2007, Policy Evaluation and Evaluation Research, in: Fischer, Frank/ Miller, Gerard J./ Sidney, Mara S. (eds.), Handbook of Public Policy Analysis, CRC Press: Boca Raton etc., pp. 393-404.

Wollmann, Hellmut/Hellstern, Gerd-Michael 1977, Sozialwissenschaftliche Untersuchungsregeln und Wirkungsforschung. In: Haungs, Peter (Hg.): Res Publica. München, S. 415-466.

Verständnisfragen

1. Ist die Evaluationsforschung in der Phase der Einschränkung staatlicher Interventionen in der Sozial- und Wirtschaftspolitik entstanden?

2. Was versteht man unter „ex-post-", „ex-ante-" und „ongoing-"Evaluation?

3. Was sind die Besonderheiten von „Begleitforschung" und „Monitoring"?

4. Wie hat sich das Methodenverständnis der Evaluationsforschung seit den 1960er Jahren entwickelt?

5. Welche Probleme sind mit der zunehmenden Verlagerung der Auftragsforschung von den Universitäten zu den außeruniversitären, kommerziellen Beratungsinstituten verbunden?

6. Wie sieht das Konzept der „experimenting society" den Konflikt zwischen wissenschaftlicher und politischer Rationalität gelöst?

7. Welche wichtige Voraussetzung für ein erfolgreiches „Controlling" kann bisher vielfach noch nicht erfüllt werden?

8. Erläutern Sie die Begriffe „strategisches Controlling" und „operatives Controlling"!

Transferfragen

1. Welche Möglichkeiten hat der deutsche Bundestag, die Bundesregierung zu kontrollieren?

2. Nennen Sie Beispiele für Einheiten von Bundes-, Landes-, oder Kommunalverwaltungen, die selbst Evaluationen durchführen!

Problematisierungsfrage

1. Ist es für sozialwissenschaftliche Auftragsforschung möglich, durch Orientierung an wissenschaftlichen Kriterien ihre Auftraggeber zur Anerkennung der Ergebnisse zu bewegen, auch wenn die Ergebnisse den Interessen der Auftraggeber entgegen stehen?

Politikberatung und Politikgestaltung

Göttrik Wewer[1]

1 Politik machen: Mit „Kopf" oder „Bauch"?

Es gibt wohl kaum eine andere Berufsgruppe, die ständig so viele gute Ratschläge bekommt wie die Politiker: Ratschläge von Parteifreunden, von Journalisten, von Lobbyisten, von Familienmitgliedern; Ratschläge aus dem Parlament, aus der Verwaltung, aus der Wirtschaft, aus der Wissenschaft; Ratschläge in Veranstaltungen, bei Empfängen, auf der Straße, im Taxi; Ratschläge per Zuruf, per Telefon, per Brief, per Fax und per Mail; mündliche Ratschläge und schriftliche, öffentliche Ratschläge und vertrauliche, unverblümte Ratschläge und diskrete, kluge Ratschläge und dumme, uneigennützige Ratschläge und eigennützige, gutgemeinte Ratschläge und andere.

Politik ist ein bisschen wie das Wetter oder wie Fußball: jeder glaubt, mitreden zu können. Niemand würde es wagen, als Laie einem Biologen, einem Philosophen oder einem Unternehmer – also einem Fachmann oder einer Fachfrau – ähnlich kluge Ratschläge zu geben. Politiker gelten offenbar nicht als Experten für irgendetwas, oder aber Politik wirkt so simpel, dass sich diesen Job im Prinzip jeder zutraut. Das entspricht ja auch dem westlichen Demokratiemodell: Jeder kann für hohe und höchste politische Ämter kandidieren, ohne eine besondere Qualifikation nachweisen zu müssen. Man braucht weder Abitur noch Studium, keinerlei formale Abschlüsse und auch keine bestimmten, erfolgreich nachgewiesenen Karrierestufen. Man muss nur gewählt werden.

Man kann mit 54 oder mit 29 Jahren Minister werden, als gelernter Lehrer, als Pastor oder als Professorin und in Deutschland inzwischen sogar als früherer „Terroristenanwalt" oder Straßenkämpfer. Nichts ist (mehr) unmöglich. Ob es jemand schafft, der plötzlich ein Ministerium mit mehreren hundert oder gar tausend Mitarbeitern übernimmt, diesem Haus einen Stempel aufzuprägen, eigenes Profil zu gewinnen und Politik erkennbar zu gestalten, ist eine andere Frage. Quereinsteiger, die nicht über die politische „Ochsentour" kommen, haben sich in der Regel nicht lange gehalten, sind selten erfolgreiche Minister geworden. Eine an-

---

1 unter Mitarbeit von Olaf Bull.

erkannte Professorin, ein kampferprobter Gewerkschafter oder ein erfolgreicher Unternehmer muss noch lange kein guter Politiker werden.

Offenbar macht es doch einen Unterschied, ein Institut oder eine Universität zu leiten, einen Verband oder einen Betrieb zu managen oder eben Politik zu machen. Was diejenigen lernen, die lange genug Politik machen, ist nicht nur, Mehrheiten zu organisieren, Kompromisse auszuhandeln, Entscheidungen herbeizuführen und öffentlich zu vertreten, Versammlungen, Veranstaltungen und Demonstrationen zu überstehen und mit ständiger Kritik zu leben. Sie entwickeln zugleich ein Sensorium, eine Antenne, ein Radar, einen Kompass, ein Gefühl, einen Instinkt, bestimmte Situationen – und eben auch bestimmte Ratschläge – politisch einzuschätzen. Diese Einschätzung kann richtig oder – bei Strafe der Abwahl – falsch sein.

Aber diesen „Bauch" kann man sich nicht in Lehrbüchern anlesen oder in Seminaren trainieren, nicht in einer Firma oder einem Verband lernen, sondern nur dadurch, dass man selbst aktiv Politik betreibt, sie nicht nur – teilnehmend oder teilnahmslos – vom Rand her beobachtet. Am Anfang mag der „Bauch", der sich allmählich entwickelt, der im wahrsten Sinne des Wortes reifen muss, noch zuweilen trügen. Wessen Instinkt zu häufig versagt, der dürfte freilich gar nicht erst in die Verlegenheit kommen, für wichtigere Ämter gehandelt zu werden. Insofern stellt die häufig geschmähte politische „Ochsentour" auch eine Art Ausleseprozess in einem Bereich dar, in dem formale Qualifikationen nichts gelten. Ob das dann reicht, ein Ministerium erfolgreich zu führen, steht auf einem anderen Blatt. Weil die wenigsten Politiker wirklich gelernt haben, eine größere Organisation zielgerecht zu steuern, hat Carl Böhret lange für eine Managementakademie speziell für diese Zielgruppe plädiert. Die SPD hat mittlerweile auf dieses Defizit reagiert und für hoffnungsvolle Talente eine Akademie der sozialen Demokratie eingerichtet.

> *Politiker brauchen, wenn sie Ämter erfolgreich wahrnehmen wollen, Managementkompetenz und Organisationswissen, Sachverstand („Kopf") und Instinkt („Bauch").*

Bei den erstgenannten Qualifikationen können sie eher Abstriche machen als bei der letzten. Natürlich müssen sie etwas von dem Politikfeld verstehen, das sie in der Fraktion oder in der Regierung, im Parlament und in der Öffentlichkeit zu vertreten haben. Aber das kann man lernen, außerdem arbeiten ihnen in einem Ministerium hunderte von Fachleuten zu, die alle Details kennen. Andernfalls wäre es kaum möglich, dass Politiker eine Zeitlang dieses Ministerium leiten, dann ein paar Jahre ein anderes, um später noch ein drittes zu übernehmen. Manche nehmen das gern als Beleg dafür, dass man letztlich keinen richtigen Sachverstand brauche, um Minister zu werden. Das ist natürlich Unsinn. Manager in der Wirtschaft wechseln auch zwischen Immobilien-, Maschinenbau- und Medienbranche. Sie bringen Erfahrungen in der Finanzierung oder im Personalwesen, im Controlling oder im Marketing mit, müssen sich in die Besonderheiten der neuen Branche aber erst einarbeiten. Das ist in der Politik ganz ähnlich.

Anders als in der Wirtschaft, wo das wichtiger sein mag, müssen Politiker nicht unbedingt gute Manager sein. Ihr politisches Überleben hängt nicht davon ab, ob sie ihr Ministerium gut oder schlecht organisieren, permanent rationalisieren oder die Zügel schleifen lassen. Das ist auch der Grund, weshalb sich Politiker relativ wenig für ihre Organisation und irgendwelche Verwaltungsreformen interessieren. Die Mitarbeiter im Hause mögen schier verzweifeln, weil der Chef Papiere hortet, Spielregeln ignoriert und Entscheidungen verschleppt. So lange das intern bleibt und nicht nach außen dringt, ist das unschädlich. Die Mitarbeiter sind darauf geeicht, mit Marotten von Vorgesetzten zu leben, Fehler möglichst unauffällig zu beheben und Pannen auszubügeln. Viel wichtiger ist, wie der Minister draußen ankommt. So lange er eine „gute Presse" hat, kann intern durchaus das Chaos regieren. Das ist auch der Grund, weshalb Politiker nahezu „Junkies" sind, was Zeitungen und Nachrichten angeht, und weshalb der Arbeitstag in vielen Ministerien mit der „Presselage" beginnt. Auf diesem Feld wird über Sieg oder Niederlage entschieden.

Die öffentliche Wahrnehmung muss mit der Realität nicht unbedingt übereinstimmen. Auch das ist so lange unschädlich, wie das Image im Prinzip positiv bleibt. Politikern, die den Eindruck vermitteln, sie hätten nicht nur Kopf und Bauch, sondern auch ein Herz, sehen übrigens die Bürger Schwächen eher nach als Politikern, die sich als effiziente Manager inszenieren. Gerecht und sachkundig sind die Wähler, die Medien und die Kritiker ohnehin nicht. Was Minister wirklich leisten – auch im Vergleich zur Wirtschaft –, ist kaum bekannt und wird selten anerkannt. Eine falsche Rede – siehe Philipp Jenninger –, ein falscher Brief – siehe Jürgen Möllemann – kann einen Politiker das Amt kosten. Etwas kann sachlich richtig, aber politisch völlig falsch sein. Deshalb ist der Instinkt so wichtig, frühzeitig zu wittern, wo etwas anbrennen könnte, und zwischen „politisch richtig" und „politisch falsch" entscheiden zu können – und zwar häufig ganz schnell, wenn einem nämlich das erste Mikrophon unter die Nase gehalten wird. Kein anderer Berufsstand verrichtet sein Handwerk derart im grellen Licht der Öffentlichkeit wie die Politiker.

Politik ist ständiges Handeln unter Unsicherheit. Um diese Situation bewältigen zu können, brauchen Politiker nicht nur einen Kopf, sondern auch viel Instinkt. Das meinen im Kern auch diejenigen, die sagen, Politik sei keine Wissenschaft, sondern eine Kunst. Und insofern wäre es völlig verfehlt, „Kopf" und „Bauch" gegeneinander auszuspielen. Das Problem von Politikern ist nicht, zu wenige Ratschläge zu bekommen, sondern in der Fülle der Informationen, die täglich auf sie einprasseln, die richtigen und wichtigen zu erkennen.

> *Wichtig sind Ratschläge, die politische Flurschäden zu vermeiden helfen und das Überleben im Amt sichern, richtig sind Ratschläge, die aktuell oder strategisch für die politische Profilbildung verwertbar sind.*

In der Wirtschaft oder in der Wissenschaft mögen andere Ratschläge richtig und wichtig sein. Man sollte deshalb aber nicht den Stab über der Politik brechen, sondern zur Kenntnis nehmen, dass dort besondere Rationalitäten vorherrschen, denen sich Politiker nicht entziehen können. Diese Rationalitäten sind nicht moralisch besser oder schlechter als die in Wissenschaft oder Wirtschaft, sondern schlicht anders. Noch einmal: Was sachlich in einer bestimmten Situation angeraten sein kann, kann politisch völlig falsch sein. Die Enttäuschung vieler Politikberater rührt daraus, das nicht verstanden zu haben: „Da die meisten Konflikte eher auf unterschiedliche Interessen als auf unterschiedliche kognitive Möglichkeiten verweisen dürften, wäre auch die Hoffnung verfehlt, Sachverstand oder gar Wissenschaft könnten die Konflikte auflösen" (Hoffmann-Riem 1988: 54).

Milton Friedman, der geistige Vater des Monetarismus, hat auf die Frage, ob die britische Premierministerin Margret Thatcher, die sich als seine Anhängerin erklärt hatte, sein theoretisches Programm in die Praxis umsetze, einmal geantwortet, dass sie allenfalls drei von fünf Essentials praktizieren würde. Was er nicht gesagt und vermutlich auch nicht erkannt hat, ist, dass jeder Politiker, der dieses Programm strikt und stramm umsetzen würde, in einer westlichen Demokratie wenig Chancen auf Wiederwahl hätte, praktisch also politischen Selbstmord begehen würde. Aber das muss einen Ökonomen ja nicht interessieren (vgl. Cassel 2005).

Im Folgenden soll:

- überprüft werden, ob die Modelle von Politikberatung, die in der Wissenschaft kursieren, die äußerst vielfältige Beratungspraxis halbwegs angemessen abbilden (2.);
- dargelegt werden, auf welchen Stationen des Politikzyklus Politikberatung eine größere oder kleinere Rolle spielt (3.);
- versucht werden, Angebot und Nachfrage auf dem Beratungsmarkt genauer zu bestimmen (4.).

Das alles mündet in der Frage, ob die Politik in Deutschland gut oder schlecht beraten ist (5.). Diese Frage ist, wie die Ausführungen zeigen werden, gar nicht so einfach zu beantworten (zu anderen Ländern siehe u.a. Gehlen 2005, Fröschl/Kramer/Kreisky 2007, Peters/Barker 1993).

2   Modelle der Politikberatung

Drei Modelle sind es, die üblicherweise diskutiert werden, wenn es um die Beratung der Politik geht: das dezisionistische Modell, das technokratische Modell und das pragmatische Modell. Sie alle gehen auf einen Aufsatz „Verwissenschaftlichte Politik und öffentliche Meinung" zurück, den der Philosoph und Soziologe Jürgen Habermas 1963 erstmals publiziert hat. Die Zeitgebundenheit seiner Überlegungen – zwischen Technokratiedebatte und Planungseuphorie – gilt es im Auge zu behalten, wenn ihre Tauglichkeit im Internet-Zeitalter zu überprüfen ist (zu Phasen der Politikberatung in der Geschichte der Republik: Fisch/Rudloff 2004).

- Das **dezisionistische Beratungsmodell** geht von einer strikten Trennung zwischen den Funktionen des Sachverständigen und des Politikers aus und gesteht diesem letztlich die Entscheidung darüber zu, was mit den wissenschaftlichen Erkenntnissen gemacht wird. In letzter Instanz könne sich das politische Handeln nicht rational begründen, es realisiere vielmehr eine Entscheidung zwischen konkurrierenden Wertordnungen und Glaubensmächten, die wissenschaftlich nicht entscheidbar sind. Die

Rationalität der Mittelwahl gehe zusammen mit der erklärten Irrationalität der Stellungnahme zu Werten, Zielen und Bedürfnissen (Habermas 1968: 121).

– Im **technokratischen Beratungsmodell** kehrt sich das Verhältnis von Fachmann und Politiker um – dieser wird zum Vollzugsorgan einer wissenschaftlichen Intelligenz, die unter konkreten Umständen den Sachzwang der verfügbaren Techniken und Hilfsquellen sowie der optimalen Strategien und Steuerungsvorschriften entwickelt. Politisch zu entscheiden gibt es im Grunde nichts mehr, der „Sachzwang" der Spezialisten scheint sich gegen die Dezision der Politiker durchzusetzen (Habermas 1968: 122). Der Soziologe Helmut Schelsky sah seinerzeit schon das „Ende der Ideologien" und eine Herrschaft der Experten heraufziehen: „Der Sachzwang der technischen Mittel, die unter der Maxime einer optimalen Funktions- und Leistungsfähigkeit bedient sein wollen, enthebt von diesen Sinnfragen nach dem Wesen des Staates. Die moderne Technik bedarf keiner Legitimität. Mit ihr ,herrscht' man, weil sie funktioniert und solange sie optimal funktioniert. Sie bedarf auch keiner anderen Entscheidungen als der nach technischen Prinzipien; dieser Staatsmann ist daher gar nicht ,Entscheidender' oder ,Herrschender', sondern Analytiker, Konstrukteur, Planender, Verwirklichender. Politik im Sinne der normativen Willensbildung fällt aus diesem Raume eigentlich prinzipiell aus, sie sinkt auf den Rang eines Hilfsmittels für Unvollkommenheiten des ,technischen Staates' herab" (Schelsky 1961: 25 und 29).

– Gegen das dezisionistische und gegen das technokratische Modell setzte Habermas sein **pragmatistisches Beratungsmodell**. Anstelle der strikten Trennung beider Funktionen trete darin ein kritisches Wechselverhältnis zwischen Sachverständigem und Politiker: Weder sei der Fachmann, wie im technokratischen Modell, souverän geworden gegenüber den Politikern, die faktisch nur noch Sachzwängen unterworfen seien und nur noch fiktiv entscheiden könnten; noch behielten diese, wie das dezisionistische Modell unterstelle, außerhalb der zwingend rationalisierten Bereiche der Praxis ein Reservat, in dem praktische Fragen nach wie vor durch Willensakt entschieden werden müssten. Vielmehr scheine eine wechselseitige Kommunikation derart möglich und nötig zu sein, dass einerseits wissenschaftliche Experten die Entscheidung fällenden Instanzen „beraten" und umgekehrt die Politiker die Wissenschaftler nach Bedürfnissen der Praxis „beauftragen" (Habermas 1968: 126 f.).

Nur ein solches Lernen voneinander schien Habermas das einer Demokratie angemessene Modell zu sein. Dieses könne aber nur dann entsprechend funktionieren, wenn in diesen Dialog die Öffentlichkeit einbezogen werde, also möglichst wenig abgeschirmtes „Herrschaftswissen" existiere. Die Öffentlichkeit tritt hier als dritter Akteur in die Diskussion um das Verhältnis von Wissenschaft und Politik. „Als mündig könnte sich eine verwissenschaftlichte Gesellschaft nur in dem Maße konstituieren, in dem Wissenschaft und Technik durch die Köpfe der Menschen hindurch mit der Lebenspraxis vermittelt würden" (Habermas 1968: 144). Mit seinem Entwurf wandte er sich ausdrücklich auch gegen ein erweitertes dezisionistisches Modell, wie es etwa der Philosoph Hermann Lübbe vertrat: „Mochte einst der Politiker über den Fachmann, weil dieser bloß wusste und plante, was jener durchzusetzen verstand, im Respektverhältnis erhoben sein; nunmehr kehrt es sich um, sofern der Fachmann zu lesen versteht, was die Logik der Verhältnisse vorschreibt, während der Politiker Positionen in Streitfällen vertritt, für die es Instanzen irdischer Vernunft nicht gibt" (zitiert bei Habermas 1968: 124). Lübbe rügt am technokratischen Selbstverständnis der neuen Experten, dass sie als Logik der Sachen tarnen, was doch in Wahrheit Politik sei wie eh und je. Aber er meint auch, dass ein erweitertes Wissen den puren Dezisionismus einschränke auf einen Kern, einen Rest politischer Entscheidungen, der schlechterdings nicht weiter rationalisiert werden könne. Hier sei das originäre Feld der Politik.

Was die Chancen anging, sein Modell zu realisieren, zeigte sich Habermas eher skeptisch: „Diese prinzipiellen Erwägungen sollen freilich nicht darüber hinwegtäuschen, dass die empirischen Bedingungen für die Anwendung des pragmatistischen Modells fehlen. Die Entpolitisierung der Masse der Bevölkerung und der Zerfall einer politischen Öffentlichkeit sind Bestandteile eines Herrschaftssystems, das dazu tendiert, praktische Fragen aus der öffentlichen Diskussion auszuschließen. Der bürokratisierten Ausübung der Herrschaft entspricht vielmehr eine demonstrative Öffentlichkeit, die bei einer mediatisierten Bevölkerung für Zustimmung sorgt" (Habermas 1968: 138 f.).

Das Schema von Habermas hat mancherlei Widerspruch provoziert (u.a. von Lompe 1966), dient aber – jedenfalls in Deutschland – bis heute als Folie für einschlägige Untersuchungen (Euchner/Hampel/Seidl 1993: 11 ff.). Die drei idealtypischen Beratungsmodelle helfen zwar, die Gedanken zu ordnen, sie bilden aber die Wirklichkeit der Politikberatung nur unzureichend ab.

Zum einen beziehen sich alle Modelle nur auf die wissenschaftliche Politikberatung und blenden die vielen anderen Ratschläge, die Politiker tagtäglich bekommen, prinzipiell aus. Darin steckt eine beträchtliche Arroganz: So als könnten nur Professoren den Politikern erklären, wie die Welt funktioniert. Dieses Argument kann man getrost umdrehen: Tatsächlich dürften die wenigsten Professoren verstanden haben, wie Politik wirklich funktioniert. Das gilt beileibe nicht nur für Physiker, Informatiker oder Ökonomen und ist einer der Gründe für Enttäuschungen, wenn sie – rein sachlich natürlich – versuchen, auf diesem Felde Ratschläge zu geben. Wissenschaftler erkennen manchmal die politische Brisanz von Empfehlungen gar nicht, die sie der Politik geben. Die Sprache der Wissenschaft, die häufig als Barriere genannt wird, kommt nur noch hinzu.

Theoretisch trifft sicherlich zu, dass wissenschaftliche Erkenntnisse in modernen Gesellschaften immer bedeutsamer werden (Brohm 1987: 208 f.). Für die Informations- und Wissensgesellschaft unserer Tage gilt das mehr noch als früher. Bleibt die Frage, ob sich der abstrakte Bedarf an Beratung auch in konkreter Nachfrage durch die Politik niederschlägt (dazu unten mehr). Objektiv soll ja angeblich auch der Bedarf an Politologen steigen, unabhängig davon, was sie im Studium gelernt haben.

Empirisch dürfte es hingegen so sein, dass die wissenschaftliche Politikberatung – von der Quantität und von der Relevanz her – für Politiker im Alltag die geringste Bedeutung hat. Hier muss man zunächst die „Adressaten der Beratung", die sich in zwei große Gruppen unterteilen lassen, genauer unterscheiden. Das sind zum einen die **Mandatsträger**, die (teilweise ehrenamtlich) im Gemeinderat, im Landtag, im Deutschen Bundestag oder im Europäischen Parlament sitzen, und zum anderen die **Amtsträger** als (hauptamtlicher) Bürgermeister oder Landrat, als Minister, Kanzler oder Kommissar. Generell lässt sich sagen: Je tiefer die Ebene, auf der Politik gemacht wird, und je ausgeprägter das ehrenamtliche Element, desto geringer die Bedeutung von Wissenschaft. Wissenschaftliche Politikberatung hat etwas mit der Professionalisierung von Politik und Verwaltung zu tun.

Die meisten Ratschläge, die Politiker bekommen, dürften – jedenfalls im strengen Sinne – „unwissenschaftlich" sein. Sie stammen zwar häufig von Beratern, die eine akademische Ausbildung haben, aber diese würden selbst nicht den Anspruch erheben, Wissenschaft zu betreiben. Das ist nicht ihre Aufgabe, dafür haben sie gar keine Zeit. Das gilt schon für die Mitarbeiter in Parteien, Fraktionen, Parlamenten, Ministerien und nachgeordneten Behörden, die der Politik zuarbeiten und teilweise Beratungsprozesse organisieren (Jann 1994; Jasanoff 1990). Sie sind in erster Linie die Ansprechpartner der Politikberater, betreuen Beiräte und schreiben Gutachten aus, nicht die Politiker selbst. Und sie bereiten gutachterliche Stellungnahmen auf, „übersetzen" Expertisen so, dass die Politik ihre Relevanz erkennen kann, und verbinden das mit Vorschlägen für das weitere politische oder administrative Verfahren. Sie sind – auch weil sie das Vertrauen der Politiker genießen – die eigentlichen Berater, weniger die Gutachter.

Auch die Juristen, Ingenieure, Steuerberater und sonstigen „Consultants", die außerhalb der Verwaltung von Politikern beauftragt werden, erheben zumeist nicht den Anspruch, streng wissenschaftlich zu argumentieren. Sie wenden wissenschaftliche Erkenntnisse – mehr oder weniger – lediglich auf praktische Fragen an, betreiben selbst aber keine Wissenschaft und von daher auch keine wissenschaftliche Politikberatung. Bei rechtlichen Auskünften, bei organisatorischen Untersuchungen, bei „Headhuntern", die Personalvorschläge unterbreiten sollen, oder bei technischen Gutachten zum Straßenbau, zum Küstenschutz, zu Biotopverbünden oder zur Reaktorsicherheit kann man schon streiten, ob es sich überhaupt um eine politische Beratung handelt. Trassenkorridore für Autobahnen rufen heute überall Protest und politische Verwerfungen hervor, orientieren sich jedoch nicht daran, sondern vorrangig an Kriterien wie dem prognostizierten Verkehrsaufkommen, den finanziellen Aufwendungen für Bau und Betrieb und an den ökologischen Auswirkungen. Die politischen Auswirkungen abzuwägen und zu bewerten, bleibt Sache der Politik.

Alle drei idealtypischen Beratungsmodelle, die im Gefolge von Habermas diskutiert werden, beziehen sich im Grunde nicht auf das Verhältnis von Wissenschaft und Politik, sondern auf das Verhältnis von Wissenschaft und Exekutive, also die Beratung von Regierung und Verwaltung. Schon die Expertise, die sich das Parlament über Anhörungen, Kommissionen und Gutachten besorgt, um nicht völlig von Lobbyisten und Bürokratie abhängig zu sein, passt nicht so recht ins Bild (Schüttemeyer 1989). Das gilt auch für andere Konzepte, die der Beratung „oben" – des Parlaments, der Regierung, der Ministerien – eine wissenschaftlich-politische Beratung von Initiativen, Vereinen und Verbänden entgegensetzen (Peters 1993). Wissenschaftsläden, die allen Bürgern offen stehen sollten, Bürgergutachten, Planungszellen und „Gegenöffentlichkeit" standen für Konzepte und Instrumente einer wissenschaftlichen Politikberatung „von unten" (Saretzki 1997). „Public Policy" sollte, wie Charles Lindblom gesagt hat, anstatt nur den Bedürfnissen der Bürokratie zu dienen, dem normalen Bürger dienen (deLeon 1993: 477).

Neben die administrative Perspektive trat ganz bewusst eine partizipatorische Perspektive von Beratung, wobei nicht nur in den USA, sondern in nahezu allen westlichen Demokratien das NIMBY-Prinzip einer lokalen Sichtweise („not in my backyard") mehr und mehr vom

NIABY-Prinzip einer allgemeinen Betrachtung („not in anyone's backyard") abgelöst wurde (Fischer 1993; Saretzki 1997). Diese Vielfalt und die Gegenläufigkeit der Beratungsprozesse bildet das Modell von Habermas nicht hinreichend ab (hierzu u.a. Nullmeier 2007, Saretzki 2007).

Renate Mayntz hat an Beispielen aus der Forschungs- und Technologiepolitik gezeigt, wie wenig das „duale Modell" eines Wechselspiels von Politik und Wissenschaft die Wirklichkeit angemessen abzubilden vermag. Das Beispiel „Technology Assessment" mache deutlich, dass die Funktion solcher Einrichtungen sich von der Beratung der Politik weg bewege und hin zu öffentlicher Diskussion und Konsensbildung. Politik und Verwaltung seien gar nicht mehr die primären Adressaten dieser Expertise. In bestimmten Bereichen, folgert Mayntz, in denen die staatlichen Möglichkeiten der Steuerung begrenzt sind, verliere Politikberatung an praktischer Bedeutung und müsste, sofern Wissenschaft auf Wirkung aus sei, praktisch durch Formen einer „Gesellschaftsberatung" ersetzt werden (Mayntz 1994: 20, Leggewie 2007).

Neben Bereichen, in denen die wesentlichen Entscheidungen **außerhalb** des politischen Systems getroffen werden, gebe es Bereiche, schreibt Mayntz, in denen der Staat Kompetenzen, die ihm eigentlich zuständen, delegiert habe. Als Beispiel dienen ihr die ca. 150 privatrechtlich verfassten Organisationen (wie das Deutsche Institut für Normung [DIN]), die heute bestimmte Standards formulieren und verbreiten und unbestimmte Rechtsbegriffe wie „Stand der Technik" ausfüllen. Hier habe man es mit einer Form staatlich prozedural geregelter Selbststeuerung zu tun, bei der es weder politische Letztentscheider noch sie bloß beratende Wissenschaftler gebe (Mayntz 1994: 20 f.). Die Standards im Internet setzt heute sogar eine „private Regierung" wichtiger Unternehmen, die keinerlei öffentliches Mandat hat.

Bereiche, in denen der Staat nur begrenzte Kompetenzen oder in denen er Möglichkeiten der Steuerung auf andere übertragen habe, habe es immer gegeben, betont Mayntz. Dort finde Politikberatung nach dem dualen Modell kaum statt, obwohl Wissenschaftler an den Regelungsversuchen durchaus beteiligt seien. Ob diese Bereiche zunehmen würden, wie es den Anschein habe, und das duale Modell deshalb erodiere, sei noch nicht sicher. Es gebe aber offenkundige strukturelle Veränderungen, die dieses Modell in Frage stellen würden: nämlich eine Tendenz zur Politikentwicklung in Netzwerken und eine Verschiebung von Kompetenzen auf die europäische Politikebene, die anders als nationale politische Systeme funktioniere (Mayntz 1994: 21 f.). In Netzwerken von Politik, Verwaltung, Wissenschaft und Wirtschaft werde nicht beraten (Wissenschaft) und entschieden (Staat), sondern verhandelt. Das komme im dualen Modell gar nicht zum Ausdruck.

Mayntz nennt hier die Forschungsförderung, wo Wissenschaftler als präsumptive Berater zugleich Adressaten der Politik sind. Politikentwicklung in Verhandlungssystemen sei nicht dasselbe wie Politikentwicklung durch Politiker oder Ministeriale, die im Gespräch mit ihren wissenschaftlichen Beratern seien. Im Netz sei die Entscheidungsmacht nämlich verteilt: „Das Ergebnis der Verhandlungen wird zwar politisch sanktioniert, ist jedoch in dem Sinne keine rein politische Entscheidung mehr, als sie nicht mehr allein von Akteuren des politischen Systems nach politischen Kriterien getroffen wird. Im Netz verliert sich infolgedessen die Dichotomie von Steuerungssubjekt und Steuerungsobjekt. Zugleich verliert sich das Gegenüber von politischer Logik und Sachlogik" (Mayntz 1994: 24).

Die Verlagerung von Kompetenzen auf Europa ist eine weitere Tendenz, die das duale Modell fragwürdig werden lässt. Die Entwicklung des Förderprogramms ESPRIT war, wie Mayntz zeigt, „ein bei umfangreicher Einspeisung wissenschaftlicher Expertise von den Adressaten gesteuerter Prozess", von den Mitarbeitern der Kommission ausdrücklich so gewollt. Mit der Verlagerung auf Europa kommt also nicht einfach eine neue Hierarchieebene hinzu, sondern diese Verlagerung geht einher mit der auch für die nationale Ebene konstatierten Tendenz zur Ausbildung von Policy Networks. Die daraus resultierenden Verhandlungssysteme seien aber nicht mehr horizontale Netze, sagt Mayntz, sondern höchst komplexe Mehrebenen-Strukturen (Mayntz 1994: 27, Dagger/Kambeck 2007).

Politikberatung und Selbststeuerung, Verhandlungen und Mehrebenennetze sind – das lassen die Beispiele von Renate Mayntz erkennen – weitaus vielschichtigere Phänomene, als dass sie nach dem einfachen Muster von Politik hier und Wissenschaft dort eingefangen werden könnten. Wissenschaftler fungieren in solchen Netzwerken und Verhandlungen nicht nur als Berater, sondern auch als Lobbyisten in eigener Sache, als Vertreter ihres Landes und als politische Mitentscheider. Wegen der Freiräume, die Verhandler grundsätzlich haben müssen, dominiert in manchen Gremien der technische Diskurs. Auch wenn die Experten politische und ökonomische Gesichtspunkte nicht völlig ignorieren können, gewinnt unter den skizzierten Bedingungen die wissenschaftliche Perspektive bzw. die Sachlogik ein stärkeres Gewicht, als ihr im dualen Modell zugestanden wird.

Erstens könnte die Erosion der Politikberatung nach diesem Modell zwar nicht den Einfluss von Wissenschaftlern, aber den Einfluss wissenschaftlicher Argumente in kollektiven Entscheidungsprozessen stärken. Zweitens könne es aber auch sein, dass gerade eine klare Rollentrennung zwischen wissenschaftlichem Sachverstand und verantwortlichen Entscheidern – also die explizite Auseinandersetzung zwischen verschiedenen Logiken anstelle ihrer intrapersonalen Vermittlung – am Ende zu besseren Ergebnissen führe (Mayntz 1994: 27 f.).

3   Politikberatung im Politikzyklus

Allgemein lassen sich vier Felder von Politikberatung unterscheiden:

- Beratung, die auf eine Verbesserung der Organisation, ihrer Abläufe, des Personals oder der Finanzen abzielt, wobei es sich hier um Parteien, Fraktionen, Stiftungen, Parlamente, Verwaltungen, Hochschulen und Forschungsstätten, öffentliche Unternehmen oder Kammern handeln kann (betriebswirtschaftliche **Organisationsberatung**);
- Beratung, die Lösungen für technische Probleme vorschlagen oder eine Auswahl unter denkbaren Alternativen vornehmen soll, wobei es sich häufig um naturwissenschaftliche oder ingenieurwissenschaftliche Fragen handelt, aber auch um empirische Fragen handeln kann und Rechtsfragen, die Kosten und ökologische Auswirkungen natürlich immer eine Rolle spielen (technische **Fachberatung**);

– Beratung, die auf die Gestaltung materieller Politik zielt, wobei es sich um die Planung, Durchsetzung oder Evaluierung politischer Programme, aber auch um das Besetzen bestimmter Themen handeln kann (materielle **Politikberatung**);
– Beratung, die mit dem politischen Wettbewerb zu tun hat (kompetitive **Politikberatung**).

In der Praxis lassen sich die vier Beratungsfelder nicht immer fein säuberlich trennen. Die kritische Analyse der eigenen Stärken und Schwächen im Vergleich zum politischen Gegner kann – bei Regierung wie Opposition – dazu führen, sich im nächsten Schritt bei der Konzipierung eines bestimmten politischen Programms von außen beraten zu lassen. Beide Arten politischer Beratung gehen ineinander über bzw. knüpfen aneinander an. Die Chancen der Regierung, ein Programm auch durchzusetzen, sind natürlich ungleich größer.

Aber auch die Opposition kann punkten, wenn sie ein Konzept vorlegt, das viele anspricht oder die Regierung sichtlich in Verlegenheit bringt. Wer ein Gesetz plant, das ein größeres Politikfeld reformiert, kann darauf stoßen, dass auch die Organisation geändert werden muss, wenn der Vollzug klappen soll. Hier wäre dann, weil das ganz andere Qualifikationen erfordert, eine zusätzliche Beratung nötig. Technische Gutachten wiederum können politische Schockwellen auslösen, gerade wenn sie völlig unpolitisch an ihre Fragestellung herangehen. Insofern darf man die analytische Trennung der vier verschiedenen Beratungsfelder auch nicht überbewerten.

> *Wenn von Politikberatung gesprochen wird, so ist häufig nur jene Art Beratung gemeint, die auf inhaltliche Politikgestaltung abzielt, also z.B. auf Fragen der Sicherheitspolitik (Schneckener 2007) oder der Arbeitsmarktpolitik (Siefken 2006).*

Eine solche Betrachtung würde aber nur einen begrenzten Ausschnitt der Wirklichkeit erfassen. Die Nachfrage nach Beratung wiederum könnte man daran festmachen, dass Politiker selbst danach verlangen, einen konkreten Auftrag nach außen vergeben und bereit sind, dafür zu zahlen. Wenn die Verwaltung Beratungsbedarf hat, was weit häufiger vorkommen dürfte, muss sie zumindest bei größeren Aufträgen die Einwilligung der Hausspitze einholen. Die Etats der Ressorts weisen Mittel für Beratung und Gutachten auf, deren relativ geringe Höhe schon andeutet, wie hoch der Stellenwert von Politikberatung ist, jedenfalls externer, kommerzieller Beratung. Hinzu mögen Mittel kommen für Beiräte, Sachverständigenräte und andere Beratungsgremien, die mehr oder weniger regelmäßig tagen, ihre Berichte abliefern oder auch Sondergutachten anfertigen. Nicht jeder Minister kann mit diesen Räten, die er häufig „geerbt" hat und nur deshalb nicht auflöst, weil das nicht opportun erscheint, sonderlich viel anfangen. Ihnen genügt im Regelfall der fachliche Rat ihrer Mitarbeiter im Hause, die sich auf ihrem Gebiet meist gut auskennen.

Die technische Fachberatung ist eindeutig die Domäne der Verwaltung. Derartige Gutachten, die in bestimmten Verfahren sogar gesetzlich vorgeschrieben sind, werden in der Regel von Mitarbeitern von Behörden vorgeschlagen, ausgeschrieben, abgenommen und ausgewertet, die diese Sache fachlich nicht hinreichend beurteilen können oder neben ihren sonstigen Aufgaben nicht die Zeit für eine gründliche Untersuchung haben. Die Führung des Hauses interessiert sich für technische Details nur insoweit, als dass sie politische Auswirkungen haben können. Sie gibt „technische" Gutachten in Auftrag, wenn die Verwaltung das braucht und vorschlägt oder um eine politische Entscheidung fachlich zu legitimieren oder um sich gegenüber politischen Angriffen zu entlasten.

Betriebswirtschaftliche Organisationsuntersuchungen gehen meist auf Beratungen zwischen Apparat und politischer Führung zurück: Entweder haben Politiker Hinweise von außen darauf, dass die Verwaltung nicht optimal funktioniert, oder aber aus der Verwaltung selbst kommen Vorschläge, den Apparat zu straffen, Verfahren zu vereinfachen und Kosten zu sparen. Die Rationalisierung der Verwaltung hat nur dann politische Auswirkungen, wenn sie auf den Widerstand von Gewerkschaften und Berufsverbänden (wie dem Beamtenbund) oder von regionalen Würdenträgern (Abgeordneten, Bürgermeistern, Landräten) stößt. Zur kompetitiven Politikberatung zählen Meinungsumfragen, Wahlanalysen und Strategiepapiere, die sich mit dem eigenen Profil und mit dem politischen Gegner auseinandersetzen, aber auch gutachterliche Stellungnahmen zur Wahlkreiseinteilung, zur Abgeordnetenfinanzierung oder zu einem Parteienverbot.

Auch das ist Politik. Sie ist, soweit es sich nicht um gesetzliche Regelungszwänge handelt, die Domäne der Parteien, Fraktionen, Stiftungen und manchmal noch von Planungsstäben in Ministerien. Es gibt Regierungszentralen in Deutschland, die regelmäßig Meinungsumfragen in Auftrag geben, und andere, die überhaupt keine Umfragen machen lassen. Zeitungen, Magazine, Rundfunk- und Fernsehsender veröffentlichen ständig Umfrageergebnisse, die man auswerten kann. Politiker saugen durch ihre täglichen Kontakte außerdem unaufhörlich Informationen auf, wie eine bestimmte Politik in der Bevölkerung ankommt. Diese Art von Beratung ist, obwohl es dafür durchaus einen Markt gibt, meistens nicht gemeint, wenn über Politikberatung räsonniert wird. Während in den USA und anderswo Politiker und Parteien kaum noch eine Entscheidung treffen sollen, ohne vorher die „polls" zu befragen, ist das hierzulande noch lange nicht der Fall. Manche Politiker sollen wichtige Entscheidungen erst dann treffen, wenn sie ihre Ehefrau, einen Taxifahrer oder ihre Astrologin befragt haben. Kompetitive und materielle Politikberatung können im Übrigen – nicht nur in der Medienpolitik – in bestimmten Situationen und bei bestimmten Aufträgen ineinander übergehen.

Natürlich erfahren Beratung nicht nur einzelne Politiker, sondern auch kollektive Akteure – Organisationen wie Parteien, Fraktionen, Stiftungen bzw. deren Gremien, Institutionen wie Städte, Parlamente und Regierungen – und abstrakte Phänomene wie „die Medien" oder „die Öffentlichkeit". Nicht selten versuchen Wissenschaftler, die Politik auf dem Umweg über die Medien zu beeinflussen oder auf sich aufmerksam zu machen. Mit den Erkenntnissen, die ihnen Wissenschaftler vortragen oder zukommen lassen, können die Mitglieder von Gremien unterschiedlich umgehen: desinteressiert oder aufgeschlossen, zustimmend oder ablehnend, konstruktiv oder destruktiv, hilflos oder sachkundig.

Dass Parteivorstände, Fraktionen oder Kabinette einen einheitlichen Willen haben, wie das insbesondere die ökonomische Theorie der Politik annimmt, ist richtig und falsch zugleich: Richtig ist, dass es Beschlüsse gibt, die zumindest formal alle Mitglieder in gewissem Umfang binden und die nach außen möglichst gemeinsam vertreten werden sollen. Falsch ist aber die Annahme, dass alle Mitglieder wirklich so denken und handeln. Auch wissenschaftlich fundierte Empfehlungen werden danach beurteilt, wie sie politisch in die eigenen strategischen und taktischen Planungen passen. Jeder, der in einem solchen Gremium sitzt, kann deshalb ganz andere Schlüsse aus derartigen Ratschlägen ziehen.

Objektiv mag es sinnvoll sein, in bestimmten Punkten nach außen Geschlossenheit zu demonstrieren, weil die Wähler „Streiterei" nicht sonderlich mögen; für das eigene Weiterkommen kann es aber durchaus förderlich sein, gegen diese Regel zu verstoßen, wenn es einem Rivalen schadet oder die Chance bietet, eine alte Rechnung zu begleichen. Man muss das ja nicht unbedingt offen tun, sondern kann auch heimlich Journalisten instruieren. Wer immer nur brav die Parteilinie vertritt, also das sagt, was alle sagen, gewinnt nur schwer Profil. Manche Politiker machen sich gerade deshalb interessant, weil sie ständig gegen Parteibeschlüsse anstänkern oder dagegen verstoßen. Gerhard Schröder hat sich in diesem Sinne immer als ein Mann mit Ecken und Kanten inszeniert, der notfalls auch wider den Stachel seiner Partei löckt.

Eine derartige Strategie ist zwar eine Gratwanderung, weil die Mitglieder einer Partei, einer Fraktion oder einer Regierung niemanden mögen, der sich demonstrativ – oder auch verdeckt – permanent auf Kosten der anderen profiliert. Aber so lange sie auch davon profitieren, weil das beim Bürger und beim Wähler gut ankommt, nimmt man solche Eskapaden hin. Wenn die Strahlkraft einer „Wahllokomotive" nachlässt, setzt dann aber auch schnell die kollektive Erinnerung daran ein und wird abgerechnet. Nicht alles, was Politiker sagen oder tun, ist im Übrigen rational, kluge Strategie oder böse Absicht: Unbedachte Äußerungen haben schon so manchen Sturm im Wasserglas und schon so manches politische Erdbeben ausgelöst (man denke an Ronald Reagans Witzelei, in wenigen Minuten beginne die Bombardierung Russlands, oder an Helmut Kohls Vergleich von Gorbatschow mit Goebbels). Weil Politiker ständig im Rampenlicht stehen und beobachtet werden, müssen sie immer damit rechnen, dass auch „private" Äußerungen durchsickern und öffentlich werden. Ständig auf der Hut sein und die Worte wägen zu müssen, führt über kurz oder lang zu jener gekünstelten Politikersprache, die wir alle nicht mögen.

Abgeordnete in den Landtagen und im Bundestag können seit der „Kleinen Parlamentsreform" Ende der 1960er Jahre eine gewisse wissenschaftliche Infrastruktur in Anspruch nehmen. Sie dürfen persönliche Mitarbeiter einstellen, die über eine akademische Vorbildung verfügen können, und können darüber hinaus auf die Referenten der Fraktion zugreifen, für die das überwiegend auch gilt. Sie können zudem Aufträge an den Wissenschaftlichen Dienst erteilen, der fraktionsübergreifend Dienstleistungen für alle Abgeordneten anbietet (Backhaus-Maul 1990).

Die Wissenschaftlichkeit dieser Politikberatung darf man nicht übermäßig hoch veranschlagen. Das liegt weniger an der Qualifikation der Zuarbeiter, die häufig promoviert und teilweise hochqualifiziert sind, sondern vorrangig an den Bedingungen, unter denen die Zuarbeit stattfindet. Wenn die Politik einen Rat braucht, dann will sie ihn schnell. Während Professoren manchmal über Jahrzehnte ein Steckenpferd reiten und über Jahre Projekte betreiben, haben die akademisch trainierten Politikberater in den Apparaten manchmal nur Stunden, ein paar Tage und zuweilen einige Wochen, um Aufträge zu erledigen. Und meistens handelt es sich dabei um einen Auftrag unter vielen, die sie in dieser Zeitspanne abarbeiten müssen. Ihr Rat kann dann nicht annähernd so tiefgründig sein wie eine gutachterliche Stellungnahme, die zum Beispiel als externer Auftrag über Monate von Wissenschaftlern an einer Hochschule erarbeitet und dann als dicke Studie abgeliefert wird.

In der Regel wird das auch gar nicht erwartet: Kein Politiker hat ernsthaft die Zeit, mehrere hundert Seiten wissenschaftliche Expertise zu lesen. Das gilt schon für Abgeordnete, die sich auf ein bestimmtes Fachgebiet spezialisiert haben, und erst recht für Mitglieder von Kabinetten mit ihren prall gefüllten Terminkalendern. Mandatsträger wollen üblicherweise knappe Informationen über einen bestimmten Sachverhalt und häufig auch eine juristische Auskunft, bei der man streiten kann, ob es sich um eine wissenschaftliche Politikberatung oder um eine schlichte Rechtsberatung handelt. Wenn Abgeordnete wissenschaftliche Politikberatung wünschen, dann veranstalten sie eine Anhörung von Experten (Hearing), setzen eine Enquetekommission (Altenhof 2002) ein oder vergeben Gutachten (Petermann 1990).

Verglichen mit dem, was Abgeordnete sonst noch tun, sind das relativ seltene Fälle (Schindler 2000; Euchner/Hampel/Seidl 1993). Der Bedarf nach dieser Art Beratung hält sich – subjektiv, aus der Sicht der Parlamentarier – offenbar in Grenzen. Daneben erhalten sie ständig unaufgefordert Ratschläge, die sich häufig auch einen wissenschaftlichen Anstrich geben: Professoren schicken ihnen Aufsätze oder Bücher zu, Verbände schicken Expertisen zu diesem oder jenem Gesetz. Viele Lobbyisten nutzen wissenschaftlichen Sachverstand, um ihre Argumente zu untermauern: vom Institut der deutschen Wirtschaft bis zur Hans-Böckler-Stiftung der Gewerkschaften. Der Bund der Steuerzahler stützt sich auf sein Karl-Bräuer-Institut, um seine Forderungen mit dem Anschein wissenschaftlicher Seriosität zu versehen. Unabhängige „Denkfabriken", die nicht mehr oder weniger eng mit einem Verband oder einer Partei verbunden sind, sind in Deutschland selten anzutreffen (Gellner 1995; Reinicke 1996; Thunert 2003).

Der meiste Rat, den Politiker bekommen, ist „unwissenschaftlich". Das gilt für Parteien, Fraktionen, Parlamente, Kabinette und Verwaltungen gleichermaßen. Theoretisch kann Beratung in allen Phasen des Politikzyklus eine Rolle spielen: schon bei der Problemartikulation, bei der Problemdefinition, bei der Politikdefinition, bei der Programmentwicklung, bei der Implementation des Programms, bei seiner Evaluierung – und ggf. bei dessen späterer Neuformulierung als Reaktion darauf, wie das Programm „angenommen" wird. Auch in der Praxis dürfte das – wenn auch nicht in jedem Einzelfall – der Fall sein. Eine kontinuierliche wissenschaftliche Begleitung vom Aufkommen eines Problems über das politische „agenda setting" bis hin zur Überprüfung eines umgesetzten Programms dürfte die Ausnahme sein, nicht die Regel. Wissenschaftliche Politikberatung wird – abgesehen von ständigen Beiräten, Kommissionen und ähnlichen Gremien – von Parlamenten, Regierungen und Verwaltungen meistens punktuell in Anspruch genommen, wenn man an einer Stelle allein nicht weiter kommt, aber externe Berater werden – aus verschiedensten Gründen – selten als Partner über Jahre akzeptiert.

Folgende Beratungsformen lassen sich unterscheiden:

- eine zeitlich unbefristete, fachlich grob begrenzte Dauerberatung, die zumeist kollektiven Akteuren aufgegeben ist (Sachverständigenrat zur Begutachtung der gesamtwirtschaftlichen Entwicklung, Konjunkturrat, Finanzplanungsrat, Monopolkommission, Wissenschaftsrat, Normenkontrollrat, Ethikrat, Beiräte der Ministerien u.ä.m.);

- eine zeitlich befristete, fachlich stärker eingegrenzte Beratung, die eigens dafür gegründeten Arbeitsgruppen übertragen wird (Projektgruppen, Ad-hoc-Ausschüsse, wie
  z.B. die Hartz-Kommission etc.);
- die sporadische, teilweise gesetzlich vorgeschriebene Beratung durch Sachverständige
  der Spitzenverbände bei bestimmten Vorhaben (in Anhörungen usw.);
- eine unregelmäßige, politisch gewollte wechselseitige Beratung von Politik, Wirtschaft, Gewerkschaften und Wissenschaft (z. B. Konzertierte Aktion, „Bündnis für
  Arbeit");
- Modellversuche, die einer generellen Verwirklichung neuer Konzepte vorgeschaltet
  werden, um praktische Erfahrungen zu sammeln;
- Mediationen zwischen unterschiedlichen Interessen, wenn Konflikte anders nicht aufzulösen sind;
- die gelegentliche, förmliche Vergabe von Gutachtenaufträgen an einzelne Personen,
  Institutionen oder Beratungsfirmen;
- informelle Gespräche zwischen Politikern und Beratern außerhalb der Verwaltung.

Alle diese Formen der Beratung haben Vorzüge und Nachteile und der Grad der Institutionalisierung zeichnet die faktische Funktion vor (Mayntz 2006: 116). Modellversuche werden
üblicherweise wissenschaftlich begleitet; eine kontinuierliche wissenschaftliche Begleitung
der vielen Gesetze, Verordnungen und Programme, die Parlamente und Regierungen beraten
und entscheiden, findet hingegen nur in wenigen Fällen statt.

4   Angebot und Nachfrage auf dem Beratungsmarkt

Wo Nachfrage besteht, sagt das ökonomische Marktmodell, entwickelt sich auch ein Angebot; Angebote schaffen sich notfalls ihre Nachfrage selbst, beides pendelt sich allmählich in
einer Art Gleichgewicht ein. Jedenfalls soll es in Marktwirtschaften so sein. Deutschland hat
eine Marktwirtschaft. Entsprechen sich, bezogen auf den Beratungsmarkt, Angebot und
Nachfrage? Diese Frage ist gar nicht so einfach zu beantworten.

Politiker bekommen, wie gesagt, ständig mehr oder minder gute Ratschläge. Will man das
unübersichtliche Geschehen etwas ordnen, können vier Fragen das Feld schon deutlich lich-
ten:

- Geht die Beratung auf einen förmlichen Auftrag eines Politikers oder eines kollektiven politischen Akteurs, also auf dessen konkrete Nachfrage zurück?
- Wird dieser Auftrag nicht nach innen vergeben, in den Apparat hinein, sondern nach
  draußen?
- Geht dieser Auftrag an jemanden, der unstreitig zur „scientific community" gehört?
- Ist der Auftraggeber bereit, diese Beratung finanziell zu honorieren, also dafür Geld
  in die Hand zu nehmen?

Legt man diese Kriterien an, scheiden die weitaus meisten Ratschläge, die Politiker, Parteien, Fraktionen oder Ministerien bekommen, von vornherein aus. Sie kommen ungefragt, unwissenschaftlich und/oder unentgeltlich. Anders gesagt: Wenn wir in diesem Sinne von Politikberatung reden, und zwar von wissenschaftlicher Politikberatung, reden wir nicht vom Normalfall politischer Praxis, sondern von relativ wenigen Ausnahmen.

Man kann in der Politik zwar manches lernen, aber Politik ist keine Fortbildung. Die wenigsten Politiker dürften die Muße und das Interesse haben, selbst Fachliteratur zu lesen. Dafür haben sie ihre „Übersetzer" in den Stäben und in der Linie, die ihnen Fachthemen mundgerecht aufbereiten, sofern und soweit das nötig ist. Meistens sind es diese Mitarbeiter in den Parteien, Fraktionen oder Ministerien und nicht die Politiker, die dafür plädieren, für diesen oder jenen Zweck einen Beratungsauftrag zu vergeben oder ein Gutachten einzuholen. Die Politiker müssen solchen Vorschlägen in der Regel zustimmen, und sie tun das meistens auch. Wenn Politiker selbst auf die Idee kommen, einen Berater einzusetzen oder ein Gutachten zu vergeben, dann treibt sie höchst selten ein fachliches Interesse, sondern dominieren zumeist politische Motive: um sich in politischer Bedrängnis erst einmal Luft zu verschaffen oder um den politischen Gegner in Bedrängnis zu bringen, um – nach der alten Weisheit der Verwaltung: „Wenn Du nicht mehr weiter weißt, gründe einen Arbeitskreis ..." – eine heftige öffentliche Debatte in geordnete Bahnen zu lenken, um angesichts von Kritik Handlungsfähigkeit zu demonstrieren, um getroffene Entscheidungen nachträglich wissenschaftlich legitimieren zu lassen, um ein bestimmtes Thema zu „besetzen" und Profil zu gewinnen usw. .

Um daran gar keinen Zweifel aufkommen zu lassen: Das alles ist völlig legitim. Legitim ist es auch, wenn ein Abgeordneter der Opposition beim Wissenschaftlichen Dienst des Parlaments eine gutachterliche Stellungnahme bestellt in der Hoffnung, der Regierung damit eins auswischen zu können. Der Nutzen von Gutachten liegt für Politiker nicht in der fachlichen Information oder Aufklärung, die darin steckt, sondern vorrangig in dem Nutzen, der sich politisch daraus ziehen lässt. Politik ist kein wissenschaftlicher Diskurs.

> *Der politische Nutzen steuert in der Politik letztlich die Nachfrage nach Beratung, auch nach wissenschaftlicher Beratung.*

Längst nicht jeder, der Politiker berät, versteht sich als Mitglied der „scientific community" oder würde dort ohne weiteres als solches akzeptiert. Das gilt beispielsweise für die Unternehmensberater, die zunehmend auch Staat und Verwaltung ihre Dienste andienen, für Rechtsanwälte, Wirtschaftsprüfer, Bauingenieure oder Künstler. Dass es sich um eine wissenschaftliche Beratung handelt, darf man wohl bei jenen unterstellen, die an Hochschulen forschen und lehren oder an öffentlichen Forschungsstätten (Wissenschaftszentrum Berlin, Max-Planck-Institut für Gesellschaftsforschung, Deutsches Institut für Wirtschaftsforschung, Stiftung Wissenschaft und Politik und anderen „Hochschulen ohne Studenten") arbeiten. Doch was ist mit Ratschlägen, die aus Forschungsstätten der Industrie stammen oder auf Forschungsaufträge von Unternehmen oder Verbänden zurückgehen? Ist das Wissenschaft oder Lobbyarbeit?

Die Investitionen in Forschung sind in der Wirtschaft ungleich höher als das, was in staatlicher Regie läuft. Das Institut der deutschen Wirtschaft, die Hans-Böckler-Stiftung des Deutschen Gewerkschaftsbundes oder das Karl-Bräuer-Institut des Bundes der Steuerzahler mögen seriöse Forschung betreiben, gelten aber nicht als unabhängig genug und nur bedingt als Teil der „scientific community". Ähnliches gilt für die Forschungsinstitute der Parteistiftungen oder kommerzielle Unternehmungen wie die Prognos AG und andere, die von Forschungs- und Beratungsaufträgen leben. Finanziell unabhängig sind Denkfabriken wie die Bertelsmann Stiftung oder die Schader-Stiftung, die aber – anders als das Hamburger Institut für Sozialforschung oder das Freiburger Öko-Institut – selbst nicht den Anspruch erheben, Wissenschaft zu betreiben. An der Grenze zwischen Wissenschaft und Geschäft operieren auch die Meinungs- und Wahlforscher – von der Forschungsgruppe Wahlen e. V. über das Institut für Demoskopie, Allensbach, bis hin zu Infratest. Dieser bunte Markt macht es zuweilen schwierig zu entscheiden, ob alles, was sich den Anstrich der Wissenschaft gibt, auch objektiv wissenschaftliche Politikberatung ist. Klar ist nur: Wissenschaft ist – entgegen dem Anschein, den idealtypische Beratungsmodelle bisweilen suggerieren – nicht bloß das, was im öffentlichen Sektor stattfindet. Und nicht jeder Rat ist wissenschaftlich abgesichert, nur weil ihn ein Professor erteilt. Die Grenzen sind fließend.

Hinzu kommt, dass es zu vielen Fragen unterschiedliche Lehrmeinungen gibt. Es ist ja nicht so, dass ein Politiker immer eine klare Antwort bekommt, wenn er nur die Wissenschaft befragt. Wissenschaftler neigen dazu, sich wegen der Komplexität der Welt nur ungern eindeutig festzulegen, während Politiker entscheiden müssen und dafür Rat und Hilfe suchen, mit der sie etwas anfangen können. Bei vielen politischen Auseinandersetzungen findet man Wissenschaftler auf beiden Seiten, dafür und dagegen. Der Streit um den künftigen Länderfinanzausgleich wurde vor dem Bundesverfassungsgericht mit dicken Klageschriften, Gutachten und Gegengutachten ausgetragen. Es gibt Politiker, die selbst „gelernte" Wissenschaftler sind. Andere bekommen Rat von Wissenschaftlern, mit denen sie befreundet sind oder mit denen sie zusammen in Parteigremien, Parlamenten oder Verwaltungsräten sitzen.

Diese Ratschläge, selbst wenn sie ausführlicher aufgeschrieben werden, sind im Allgemeinen nicht gemeint, wenn von wissenschaftlicher Politikberatung die Rede ist. Es gibt Wissenschaftler, die befreundete Politiker nicht nur beim Wein über neuere Entwicklungen informieren, sondern auch unentgeltlich Analysen, Reden und Buchbeiträge für sie schreiben. Und es gibt Politiker, die einen informellen Beraterkreis um sich geschart haben, in dem politische Strategien und Maßnahmen diskutiert werden. Diese Beispiele zeigen ebenfalls, wie schwer und wie falsch eine strikte Trennung von Politik und Wissenschaft ist.

Viele Ratschläge bekommen Politiker unentgeltlich, die meisten sind unerbeten. Unentgeltliche Expertise bekommen Politiker nicht nur aus ihrem Hause, sofern sie Minister sind – aus Fachreferaten oder Planungsstäben –, sondern auch von Wissenschaftlern, die ihnen persönlich oder politisch verbunden sind, von nachgeordneten Fachbehörden oder nahestehenden Stiftungen und von wissenschaftlichen Instituten diverser Verbände, deren Stellungnahmen ihnen unaufgefordert ins Haus flattern. Das meiste davon landet im Papierkorb oder in der Ablage. Von echter Nachfrage kann man lediglich dann sprechen, wenn Politiker bereit sind, gegen Entgelt aus der Wissenschaft Beratung einzuholen.

Selbst die Frage, ob es sich um politische Beratung handelt, ist nicht immer ohne weiteres zu beantworten. Bei der Festlegung einer Autobahntrasse kann es notwendig sein, die Flora und Fauna zu bestimmen, die davon beeinträchtigt wird. Wenn dort seltene Vogelarten gefunden werden, so ist das heutzutage ein Politikum. Aber handelt es sich auch um eine politische Beratung? Ähnliche Fragen lassen sich stellen, wenn es um mögliche Alternativen beim Küstenschutz oder um die Sicherheit in Atomkraftwerken geht. Rein technisch oder politisch?

Wenn man die Nachfrage nach wissenschaftlicher Politikberatung in Deutschland quantifizieren wollte, müsste man jene Mittel addieren, die im Bund, in den Ländern und in den Kommunen von Parteien, Fraktionen, Parlamenten, Regierungen und Verwaltungen für Gutachten und ständige wissenschaftliche Beratergremien ausgegeben werden. Die Entschädigungen und Honorare für Sachverständige, die zu Anhörungen, Veranstaltungen oder Kongressen anreisen, gehörten in den Gesamtbetrag hinein, erstattete Reisekosten vielleicht nicht. Puristen müssten außerdem Entgelte für Unternehmens- und Rechtsberater, Architekten und Biologen abziehen, die sich nicht zum erlauchten Kreis der Wissenschaft zählen dürfen. Es mag an solchen Fragen liegen, warum es für diese Marktseite nicht einmal Näherungswerte gibt. Selbst die Anzahl der Gremien, die ständig oder zeitweilig die Bundesministerien beraten, ist bisher nicht präzise zu ermitteln gewesen (Murswieck 1994a: 10). Sie soll aber kräftig gestiegen sein: Von 91 im Jahre 1962 auf 146 im Jahre 1965, von 203 im Jahre 1969 auf 358 Mitte der siebziger Jahre mit insgesamt 5.600 Wissenschaftlern und sonstigen Sachverständigen. 1984 kam der Rechnungshof in einer vergleichbaren Aufstellung sogar auf 528 Beiräte und Kommissionen (Landfried 1986: 107; Brohm 1987: 223; zuletzt Mayntz 2006: 120.).

Beim Versuch, den Markt der Anbieter ein bisschen zu sortieren, kann man zunächst danach unterscheiden, ob der potentielle Auftragnehmer von Beratung leben muss oder nicht. Für alle, die fest im öffentlichen Dienst arbeiten, gilt das nicht. Zu den **kommerziellen Anbietern** zählen:

– Anwaltskanzleien, Steuerberater und Wirtschaftsprüfer sowie Consultingfirmen, die nicht auf politische Beratung spezialisiert sind, deren Rat aber zuweilen bei politischen Entscheidungen benötigt wird.
– Stadtplaner, Ingenieure oder Informatiker helfen bei „technischen" Entscheidungen, die aber erhebliche politische Auswirkungen haben können. Sie bereiten in der Regel politische Entscheidungen vor oder sichern sie ab.
– Private Institute (wie Prognos), die materielle Politikberatung anbieten, aber ansonsten eher in der Wirtschaft tätig sind.
– Die Meinungs- und Wahlforscher außerhalb der Universitäten (wie Infratest, das Institut für Demoskopie Allensbach u.a.m.).
– Institute von Verbänden, die vorrangig deren Positionen untermauern und die Mitglieder mit Expertise beliefern, aber auch öffentliche Aufträge übernehmen (Institut für Mittelstandsforschung u.ä.);
– Denkfabriken wie das Freiburger Öko-Institut oder das von Kurt Biedenkopf und Meinhard Miegel gegründete Institut für Wirtschafts- und Gesellschaftspolitik e. V.,

das von privaten und öffentlichen Aufträgen lebt und sich ansonsten durch Spenden finanziert.

Politische „Denkfabriken" wollen häufig nicht so sehr bei Gesetzesvorhaben beraten, sondern zielen mehr auf die öffentliche Meinung. Sie wollen die öffentliche Debatte beeinflussen und die „Lufthoheit über den Stammtischen" gewinnen, aber nicht praktische Probleme lösen.

Neben dem kommerziellen Beratermarkt gibt es potentielle Anbieter, die zwar nicht von Politikberatung leben, aber durchaus Aufträge mitnehmen, wenn es sich lohnt oder reizvoll erscheint. Neben den eben genannten Anbietern zählen dazu insbesondere die Hochschulen, d.h. einzelne Wissenschaftler oder Institute, und die Forschungsinstitute der Parteistiftungen.

Eine dritte Gruppe von potentiellen Anbietern muss beraten, ob sie will oder nicht. Sie können nicht immer auf Bezahlung bestehen, sondern müssen auch Aufträge erledigen, die ihnen erteilt oder angetragen werden. Zu dieser Gruppe zählen:

– Die Rechnungshöfe, die auf Anforderung des Parlaments oder der Regierung verpflichtet sind, gutachterliche Stellungnahmen abzugeben;
– die Bundesbank, die sich einem Wunsch nach Beratung nicht entziehen würde;
– nachgeordnete Behörden wie das Bundesumweltamt oder ein Landesamt für Natur und Umwelt, die selbst Labore und wissenschaftlichen Sachverstand vorhalten;
– eigens für die Politikberatung geschaffene Einrichtungen (wie die Stiftung Wissenschaft und Politik, die Bundesamt für Bauwesen und Raumordnung oder das Institut für Arbeitsmarkt- und Berufsforschung der Bundesagentur für Arbeit);
– Institutionen der Grundlagenforschung (wie das Wissenschaftszentrum Berlin, das Max-Planck-Institut für Gesellschaftsforschung und andere).

Die Beiräte, Kommissionen und sonstigen Gremien, die Politik beraten, ergänzen dieses Netzwerk an Institutionen.

Eine vierte Gruppe bilden Anbieter, die gegen Entgelt oder ohne Entgelt Politik beraten können, aber nicht von konkreten Aufträgen abhängig sind, weil sie über ausreichende eigene Mittel verfügen. Hierzu zählt zum Beispiel die Bertelsmann Stiftung, die sich aus dem Eigenkapital und Erträgen des Konzerns finanziert, ein eigenes Programm verfolgt und sich aufgrund ihrer finanziellen Unabhängigkeit aussuchen kann, ob sie mit der Politik kooperiert oder nicht. Solche Einrichtungen sind in Deutschland relativ selten (vgl. im Vergleich zu den USA u.a. Reinicke 1996 und Gellner 1995, Thunert 2003).

Für Politiker, die Rat suchen, ist der Markt relativ unübersichtlich. Sie müssen sich auf die verlassen, die ihnen zuarbeiten, oder auf jene, die sie selbst kennen. Vertrauen ist immer dann wichtig, wenn Berater Einblick in interne Unterlagen und politische Planungen bekommen müssen, um ihren Auftrag erfüllen zu können. Zuweilen kann es klug sein, eine Expertise von jemandem erstellen zu lassen, von dem alle wissen, dass er gerade nicht zum eigenen Lager gehört. Selbst die Vergabe von Gutachten ist bisweilen Politik.

> *Von professioneller Politikberatung kann man eigentlich nur dann sprechen, wenn Anbieter das nicht nur gelegentlich tun, sondern mehr als die Hälfte ihres Umsatzes mit Aufträgen aus der Politik machen.*

Wenn man dieses Kriterium anlegt, dürfte der Kreis professioneller Politikberater in Deutschland relativ klein sein (zur Anzahl und den Funktionen der amerikanischen „Think tanks" siehe u.a. Reinicke 1996: 34 ff.). Die meisten Beratungsfirmen machen ihr Hauptgeschäft noch immer in der Wirtschaft, die meisten Hochschullehrer akquirieren ihre Drittmittel entweder dort oder bei den öffentlichen Forschungsförderern. Überwiegend von Aufträgen aus der Politik leben allenfalls einige Werbeagenturen, die Wahlkämpfe unterstützen, sowie vielleicht einige in der Meinungs- und Wahlforschung. Einen spezialisierten Politikberatermarkt gibt es ansonsten nicht. Das entspricht der Nachfrage.

Das Angebot ist ebenfalls begrenzt. Längst nicht alle Wissenschaftler haben ein Interesse daran, zur Lösung praktischer Probleme beizutragen, oder wären in der Lage, relativ kurzfristig praktikable Vorschläge zu entwickeln. Viele frönen lieber der reinen Lehre und haben Angst davor, den Maßstäben der Wissenschaft nicht mehr zu genügen, wenn sie sich in den Dienst der Praxis stellen. Andere befürchten, ihre Unschuld zu verlieren und politisch instrumentalisiert zu werden, wenn sie sich auf eine Beratung der Politik einlassen. Wieder andere haben mehr Freude daran, die „dumme" oder „böse" Politik durch mehr oder weniger kluge Beiträge zu entlarven, als ihre „gute" Wissenschaft dazu zu nutzen, bei der Bewältigung sozialer Probleme zu helfen.

Claus Offe hat in den 1970er Jahren des vergangenen Jahrhunderts im Verzicht auf Politikberatung die erfolgreichste Art der Beratung gesehen: Statt ihnen zu helfen, komme es darauf an, den Politikern qua Politikforschung ihre Realitätsverleugnung vorzuführen (Offe 1977: 322; vgl. Landfried 1986: 100 ff.).

Die Frage, ob die Wissenschaft der Politik überhaupt helfen kann, praktische Probleme (besser) zu bewältigen, stellt sich bei dieser Sichtweise überhaupt nicht. Sie könnte zwar, sie will aber nicht (nämlich „mit den Herrschenden konspirieren"). Umgekehrt gibt es aber auch Zweifel, ob die Wissenschaft kann, selbst wenn sie will. Politiker erwarten häufig unmittelbar anwendbare „Rezepte", während Wissenschaftler wissen, dass sie allenfalls dazu beitragen können, Politik von der Formulierung eines Programms bis hin zur praktischen Durchführung etwas rationaler zu gestalten (Landfried 1986: 101). Die Lösung aller Probleme darf man von wissenschaftlicher Beratung nicht erwarten. Die Wissenschaft kann längst nicht alle Nebenfolgen ihrer Empfehlungen kontrollieren, sie kann im Gegenteil selbst die Ursache für soziale und politische Probleme sein. Auch diese unterschiedlichen wechselseitigen Erwartungen und Ansprüche tragen dazu bei, dass der Beratermarkt in Deutschland relativ klein bleibt. Bei einer Umfrage unter Verwaltungsbeamten nach der Verlässlichkeit von Ergebnissen verschiedener wissenschaftlicher Disziplinen rangierte die Politikwissenschaft damals an letzter Stelle (Bruder 1980: 63; Friedrich 1970).

5 Politik in Deutschland: gut oder schlecht beraten?

Ist „die Politik" in Deutschland gut oder schlecht beraten? Würde es den Deutschen besser gehen, wenn sich ihre Politiker stärker beraten ließen? Bekommen Parteien, Parlamente und Regierungen den Rat, den sie brauchen, um vernünftig entscheiden zu können? Würde Deutschland im Vergleich zu anderen OECD-Ländern besser dastehen, wenn die Politik anders beraten würde? Alle diese Fragen sind schwer zu beantworten.

Das, was man in der Literatur lesen kann, stimmt nicht gerade hoffnungsfroh. Vieles deute darauf hin, meint etwa Wolfgang Petermann, dass es dem Deutschen Bundestag genau daran mangele, nämlich „an der Qualität von Beratung (nicht aber an Wegen und Mengen transferierter Informationen)" (Petermann 1990: 7). Es gebe aber auch andere Stimmen, wonach der Bundestag zu den bestinformierten Parlamenten der Welt gehöre. Liegt die Wahrheit, wie so häufig, womöglich irgendwo in der Mitte?

Versuche, solche Fragen empirisch zu klären, gibt es nicht, jedenfalls keine, die überzeugen. Sie müssten vorab die Maßstäbe klären, die sie anlegen wollen. Woran will man ablesen, ob die Politik in Deutschland gut oder schlecht beraten ist? An der Anzahl der Stunden, die (alle) Politiker im Gespräch mit Wissenschaftlern verbringen? An der Anzahl der Expertisen, die Parteien, Fraktionen, Parlamente, Regierungen und Verwaltungen in Bund, Ländern und Gemeinden Jahr für Jahr in Auftrag geben? Oder an der Menge der gutachterlichen Stellungnahmen, die Politikern ungefragt ins Haus flattern? An der Höhe der Mittel, die insgesamt für Gutachten und Beratung in die öffentlichen Haushalte eingestellt werden? Daran, ob diese Mittel steigen oder sinken? Oder am Anteil dieser Mittel im Vergleich zum Gesamtbudget? Solche Zahlen, Daten und Fakten, die noch niemand systematisch ermittelt hat, wären ein erster notwendiger Schritt für eine empirische Erfassung des Phänomens Politikberatung. Sie wären jedoch nur Hinweise auf die Quantität, nicht aber auf die Qualität der Beratung.

Wann sind Politiker gut beraten? Wenn sie den neuesten wissenschaftlichen Kenntnisstand kennen, also „objektiv" bestens informiert sind? Sollen und können Politiker fachlich mithalten, wenn Informatiker, Physiker und Biologen über den neuesten Stand der Technik berichten? Oder haben sie eine andere Aufgabe? Können sie tatsächlich beurteilen, wer recht hat, wenn sich Wissenschaftler widersprechen? Wer definiert eigentlich, was der neueste Stand der Wissenschaft ist? Gibt das Renommee eines einzelnen Wissenschaftlers den Ausschlag oder entscheidet letztlich die „scientific community"? Und wann entscheidet sie? Wenn der Politiker ein solches Votum braucht? Nach jahrelangen Diskussionen? Oder erst nach Jahrzehnten, wenn ein tradiertes Paradigma von einem neuen abgelöst wurde? Und wer legt fest, ob eine Debatte abgeschlossen ist oder nicht?

Die Qualität, nicht die Menge der Ratschläge oder der Aufwand für Beratung, ist bei der Antwort auf die Frage, ob Politiker gut beraten sind, das entscheidende Kriterium. Ein Politiker kann ziemlich viel Zeit im Kreise von Professoren verbringen und dennoch schlecht beraten sein, wenn diese drittklassig, Ideologen oder wissenschaftlich nicht auf der Höhe der

Zeit sind. Ein Rat kann (und sollte!) kurz und knapp und deshalb gut sein, weil er im richtigen Moment und „auf den Punkt" kommt, also das Problem präzise beschreibt und die politischen Implikationen sowie mögliche Lösungen mit ihren Vorzügen und Nachteilen aufzeigt. Die Qualität eines Ratschlages oder eines Gutachtens messen Politiker nicht daran, ob andere Wissenschaftler dem Kollegen applaudieren oder ihm wenigstens Respekt für die erbrachte Leistung zollen. Politiker interessiert lediglich, ob sie mit den Ratschlägen in der politischen Praxis etwas anfangen können oder nicht. Das ist ihr Qualitätsmaßstab, und dieser Maßstab ist nicht nur dann legitim, wenn sie für die Beratung auch bezahlt haben.

Politikberatung ist kein Selbstzweck. Nachfrage und Angebot, Kosten und Nutzen, Aufwand und Ertrag kann man quantitativ und qualitativ zu erfassen versuchen – und dennoch keine endgültige Antwort auf die Frage haben, ob die Politik in Deutschland gut oder schlecht beraten ist. Letztlich ginge es nämlich nicht nur um das, was am Beratermarkt investiert (Input) und produziert (Output) wird, sondern um die Auswirkungen dieser Beratung (Outcome). Stünde Deutschland im Vergleich mit den anderen OECD-Staaten besser da, wenn die Politiker entweder mehr wissenschaftliche Beratung bekämen oder aber offener für Ratschläge aus der Wissenschaft wären? Stehen andere Staaten vielleicht nur deshalb besser da als wir, weil dort die Politik besser beraten ist? Wie hoch ist überhaupt der Anteil einer „guten", einer funktionierenden Politikberatung an der Leistungs- und Wettbewerbsfähigkeit von Nationen zu veranschlagen?

Alle diese Fragen sind beim gegenwärtigen Stand der Forschung (als Überblick: Murswieck 1994, Mayntz 2006, Nullmeier 2007) völlig offen. Angesichts der Komplexität des Gegenstandes ist das nicht weiter verwunderlich. Verwunderlich sind allenfalls manche pauschalen Urteile in dieser Sache, die man hier und da hören oder lesen kann.

Es ist aufwendig genug, aber noch relativ einfach, in Fallstudien die Bedeutung von zureichenden und zutreffenden Informationen und fundierter Analyse bei politischen Entscheidungen auszuloten (als Beispiel: Mansfield 1990). Seine Anwendung zu simulieren, um die Folgen eines Gesetzes abschätzen zu können, ist derart aufwendig, dass man das allenfalls für einige besonders wichtige Programme machen kann (Böhret/Konzendorf 2000a, 2000b). Aber es geht. Auch kann man die Beratungskanäle zusammenstellen, die Parlamente (Petermann 1990; Euchner/Hampel/Seidel 1993), Regierungen oder Verwaltungen nutzen (Murswieck 1994: 101 ff.), oder die Anbieter von Beratung sortieren und den deutschen Markt mit anderen vergleichen (Reinicke 1996; Gellner 1995). Kaum zu leisten ist aber eine systematische Erfassung des Phänomens. Das liegt nicht nur am gewaltigen Aufwand, der angesichts der Vielzahl der Kontakte und Akteure auf den verschiedenen staatlichen Ebenen zu leisten wäre. Empirisch ist dieses Phänomen auch deshalb schwer zu greifen, weil vieles informell läuft (Wewer 1998). Praktisch unmöglich ist es, auch noch die Qualität der Beratung im Einzelnen und im Durchschnitt zu beurteilen.

Die meisten Politiker in Deutschland haben offenbar nicht das Gefühl, schlecht oder nicht ausreichend beraten zu sein. Sonst könnten sie das jederzeit ändern. Oder aber ihre Erwartungen an die Wissenschaft sind nicht so, dass sie deren Ratschläge vermissen bzw. mehr Rat einfordern würden (Ritter 1982; König/Dose 1993). Die Nachfrage scheint geringer zu sein als das Angebot. Das muss nicht nur an den Politikern liegen. Wenn Politik und Verwaltung sich durch Experten von außen beraten lassen, so geht es ihnen nicht immer nur darum, ihr

Sachwissen zu erweitern. Ganz andere – völlig legitime – Motive können für sie im Vordergrund stehen. Politikberatung kann sehr unterschiedliche Funktionen erfüllen (Landfried 1986: 110; Brohm 1987: 220):

- **Problemerkennungs- oder Prognosefunktion**
  Gutachten oder Szenarien können in Auftrag gegeben werden, um unabhängig von aktuellen Streitfragen in die Zukunft zu schauen und Probleme möglichst frühzeitig zu erkennen;
- **Unterstützungs- oder Autoritätsfunktion**
  renommierte Wissenschaftler oder prominente Beratungsfirmen können eingeschaltet werden, um eine bestimmte Position gegenüber der Opposition oder der Regierung, gegenüber der Öffentlichkeit oder anderen Ressorts besser begründen und durchsetzen zu können;
- **Feigenblatt- oder Dekorfunktion**
  wissenschaftliche Argumente können zur Absicherung dessen herangezogen werden, was man aus ganz anderen Motiven heraus anstrebt;
- **Verschiebungs- oder Befreiungsfunktion**
  die Vergabe von Gutachten kann auch dazu dienen, sich in politischer Bedrängnis erst einmal Luft zu verschaffen oder eine Entscheidung auf die lange Bank zu schieben;
- **Konfliktschlichtungs- oder Schiedsrichterfunktion**
  die Einschaltung von Beratern oder Moderatoren kann helfen, politisch kontroverse Fragen zu neutralisieren oder verhärtete Fronten aufzubrechen;
- **Evaluierungs- oder Kontrollfunktion**
  Berater können helfen, Maßnahmen zu überwachen und innerhalb von Institutionen eine gewisse Kontrolle wahrzunehmen;
- **Legitimationsfunktion**
  die Wissenschaft kann in Anspruch genommen werden, um bereits getroffene Entscheidungen nachträglich zu untermauern;
- **Erhöhungs- oder Prestigefunktion**
  staatliche Instanzen können sich nur deshalb mit Wissenschaftlern und Expertisen schmücken, um von deren Ansehen zu profitieren und eine höhere Weihe zu bekommen.

Die unterschiedlichen Funktionen, die wissenschaftliche Beratung haben kann, machen deutlich, warum die Antwort auf die Frage, ob die Politik gut oder schlecht beraten ist, so einfach und so schwer zugleich ist: Aus der Sicht der Politik ist Beratung dann nützlich und erfolgreich, wenn sie ihren Zweck in einer bestimmten Situation erfüllt. Nicht mehr und nicht weniger. Das ist leicht zu verstehen und relativ einfach zu erfassen. Die Motive, aus denen heraus externe Beratung in Anspruch genommen wird, wechseln aber von Fall zu Fall und von Zeit zu Zeit (Krevert 1993). Insofern fehlt der eine Maßstab, an dem man „gut" oder „schlecht" einfach ablesen könnte, und ist es schwierig, eine Gesamtbilanz der Politikberatung in Deutschland zu erstellen.

Ein Gutachten mag wissenschaftlich fadenscheinig oder halbseiden sein – und kann politisch dennoch seinen Zweck erfüllen. Dafür gibt es zahllose Beispiele – im Übrigen nicht nur aus der Politik, sondern auch aus Wirtschaft und Wissenschaft. Auch gutachterliche Stellungnahmen zu Stipendien, Berufungen, Symposien oder Forschungsgeldern werden so geschrieben, dass sie möglichst ihren Zweck erfüllen. Auch dabei spielen nicht immer nur rein wissenschaftliche Überlegungen und Motive eine Rolle. Der Politik vorzuwerfen, sie habe ein primär instrumentelles Verhältnis zu wissenschaftlichen Ratschlägen, ist schon aus diesem Grunde reichlich verlogen. Wenn es um Drittmittel, das Unterbringen von Personen oder eigene Interessen und Privilegien geht, machen auch Wissenschaftler ganz handfest Politik. Juristen, die es gewohnt sind, je nach Bedarf in die Rolle des Anklägers, des Verteidigers oder des Richters zu schlüpfen, können sich damit offenbar leichter arrangieren als Disziplinen, in denen nach wie vor um das Ideal der einen alleinigen Wahrheit gefochten wird (Landfried 1986: 113 f.).

6   Literatur

Altenhof, Rolf, 2002: Die Enquete-Kommissionen des Deutschen Bundestages, Opladen.

Backhaus-Maul, Holger, 1990: Die Organisation der Wissensvermittlung beim Deutschen Bundestag. Am Beispiel der Wissenschaftlichen Dienste, in: Thomas Petermann (Hrsg.), Das wohlberatene Parlament, 19-63.

Böhret, Carl/Konzendorf, Götz, 2000a: Moderner Staat – moderne Verwaltung. Leitfaden zur Gesetzesfolgenabschätzung, Berlin (Broschüre).

Böhret, Carl/Konzendorf, Götz, 2000b: Handbuch zur Gesetzesfolgenabschätzung, Berlin.

Brohm, Winfried, 1987: Sachverständige Beratung des Staates, in: Josef Isensee/Paul Kirchoff (Hrsg.), Handbuch des Staatsrechts der Bundesrepublik Deutschland, Bd. 2, Heidelberg, 207-248.

Bruder, Wolfgang, 1980: Sozialwissenschaften und Politikberatung. Zur Nutzung sozialwissenschaftlicher Informationen in der Ministerialverwaltung, Opladen.

Cassel, Susanne, 2005: Politikberatung und Politikerberatung – welche Fortschritte bringt die Wissenschaft?, in: Uwe Jens/Hajo Rohmann (Hrsg.), Glanz und Elend in der Politikberatung, Marburg, 175-196.

Dagger, Steffen/Kambeck, Michael, 2007 (Hrsg.): Politikberatung und Lobbying in Brüssel, Wiesbaden.

deLeon, Peter, 1993: Demokratie und Policy-Analyse: Ziele und Arbeitsweise, in: Adrienne Héritier (Hrsg.), Policy-Analyse, 471-485.

Euchner, Walter u.a., 1993: Länder-Enquete-Kommissionen als Instrumente der Politikberatung. Rechtliche Ordnung, Fallbeispiele und ihre Praxis im Urteil von Mitgliedern, Baden-Baden.

Falk, Svenja u.a., 2006: Handbuch Politikberatung, Wiesbaden.

Fisch, Stefan/Rudloff, Wilfried, 2006 (Hrsg.): Experten und Politik. Wissenschaftliche Politikberatung in geschichtlicher Perspektive, Speyer.

Fischer, Frank, 1993: Bürger, Experten und Politik nach dem „Nimby"-Prinzip, in: Adrienne Héritier (Hrsg.), Policy-Analyse, 451-470.

Friedrich, Hannes, 1970: Staatliche Verwaltung und Wissenschaft. Die wissenschaftliche Beratung der Politik aus der Sicht der Ministerialbürokratie, Frankfurt a.M.

Fröschl, Erich/Kramer, Helmut/Kreisky, Eva, 2007 (Hrsg.): Politikberatung zwischen Affirmation und Kritik, Wien.

Gehlen, Martin, 2005: Politikberatung in den USA. Der Einfluss von Think tanks auf die amerikanische Sozialpolitik, Frankfurt a.M.

Gellner, Winand, 1995: Ideenagenturen für Politik und Öffentlichkeit, Think tanks in den USA und in Deutschland, Opladen.

Habermas, Jürgen, 1968: Verwissenschaftlichte Politik und öffentliche Meinung (1963), in: ders., Technik und Wissenschaft als „Ideologie". Frankfurt a.M.

Heidelberger Akademie der Wissenschaften, 2006 (Hrsg.): Politikberatung in Deutschland, Wiesbaden.

Héritier, Adrienne, 1993 (Hrsg.): Policy-Analyse. Kritik und Neuorientierung (=PVS- Sonderheft, Opladen.

Hoffmann-Riem, Wolfgang, 1988: Sachverstand: Verwendungsuntauglich? Eine Fallanalyse zur Politikberatung im Rahmen der Enquete-Kommission „Neue Informations- und Kommunikationstechniken", in: Jahrbuch für Rechtssoziologie und Rechtstheorie, 367ff.

Jann, Werner, 1994: Wissenschaftler in der Regierung – Advokatoren der Verwissenschaftlichung der Politik, in Axel Murswieck (Hrsg.), Regieren und Politikberatung, 159-174.

Jasanoff, Sheila, 1990: The Fifth Branch: Science Advisers as Policymakers, Cambridge, Mass./London.

König, Klaus/Dose, Nicolai, 1993 (Hrsg.): Instrumente und Formen staatlichen Handelns, Köln usw.

Krevert, Peter, 1993: Funktionswandel der wissenschaftlichen Politikberatung in der Bundesrepublik Deutschland. Entwicklungslinien, Probleme und Perspektiven im Kooperationsfeld von Politik, Wissenschaft und Öffentlichkeit, Münster.

Landfried, Christine, 1986: Politikwissenschaft und Politikberatung, in Klaus von Beyme (Hrsg.), Politikwissenschaft in der Bundesrepublik Deutschland. Entwicklungsprobleme einer Disziplin, Opladen, 100-115.

Leggewie, Claus, 2007 (Hrsg.): Von der Politik- zur Gesellschaftsberatung. Neue Wege öffentlicher Konsultation, Frankfurt a.M./New York.

* Leschke, Martin/Pies, Ingo, 2005 (Hrsg.): Wissenschaftliche Politikberatung. Theorien, Konzepte, Institutionen, Stuttgart.

Lompe, Klaus, 1966: Wissenschaftliche Beratung der Politik. Ein Beitrag zur Theorie anwendender Sozialwissenschaften, Göttingen.

Mansfield, Michael W., 1990: Political Communication in Decision-Making Groups, in David L. Swanson/Dan Nimmo (Hrsg.), New Directions in Political Communication. A Resource Book, Newbury Park, 255-304.

Mayntz, Renate, 1994: Politikberatung und politische Entscheidungsstrukturen: Zu den Voraussetzungen des Politikberatungsmodells, in: Axel Murswieck (Hrsg.), Regieren und Politikberatung, 17-30.

Mayntz, Renate, 2006: Die Organisation wissenschaftlicher Politikberatung in Deutschland, in: Heidelberger Akademie der Wissenschaften (Hrsg.), 115-122.

Murswieck, Axel, 1994 (Hrsg.): Regieren und Politikberatung, Opladen.

Nullmeier, Frank, 2007: Neue Konkurrenzen: Wissenschaft, Politikberatung und Medienöffentlichkeit, in: Claus Leggewie (Hrsg.): Von der Politik- zur Gesellschaftsberatung, 171-180.

Offe, Claus, 1977: Die kritische Funktion der Sozialwissenschaften, in: Wissenschaftszentrum Berlin (Hrsg.), Interaktion von Wissenschaft und Politik, Frankfurt a.M., 321-329.

Peters, B. Guy, 1993: Alternative Modelle des Policy-Prozesses: Die Sicht „von unten" und die Sicht „von oben", in: Adrienne Héritier (Hrsg.), Policy-Analyse, 289-303.

Peters, B. Guy/Barker, Anthony, 1993 (Eds.): Advising West European Governments. Inquiries, Expertise and Public Policy, Edinburgh.

Priddat, Birger/Theurl, Theresia, 2004 (Hrsg.): Risiken der Politikberatung. Der Fall der Ökonomen, Baden-Baden.

Reinicke, Wolfgang H., 1996: Lotsendienste für die Politik. Think tanks – amerikanische Erfahrungen und Perspektiven für Deutschland, Gütersloh.

Ritter, Ernst Hasso, 1982: Perspektiven für die wissenschaftliche Politikberatung?, in: Joachim Jens Hesse (Hrsg.), Politikwissenschaft und Verwaltungswissenschaft, Opladen, 459ff.

Saretzki, Thomas, 1997: Demokratisierung von Expertise? Zur politischen Dynamik der Wissensgesellschaft, in Ansgar Klein/Rainer Schmalz-Bruns (Hrsg.), Politische Beteiligung und Bürgerengagement in Deutschland, Baden-Baden, 277-313.

Saretzki, Thomas, 2007: ...address unknown? Was heißt Gesellschaftsberatung und was folgt daraus für Wissenschaft und Demokratie?, in: Claus Leggewie (Hrsg.), Von der Politik- zur Gesellschaftsberatung, 95-116.

Schelsky, Helmut, 1961: Der Mensch in der wissenschaftlichen Zivilisation, Köln und Opladen.

Schindler, Peter, 2000: Handbuch zur Geschichte des Deutschen Bundestages 1949-1999 (drei Bände), Baden-Baden.

Schneckener, Ulrich, 2007: Die soziale Konstruktion des Terrorexperten: Terrorismusforschung im Spannungsfeld von Wissenschaft, Medien und Politikberatung, in: Gunther Hellmann (Hrsg.), Forschung und Beratung in der Wissensgesellschaft, Baden-Baden, 249-264.

Schüttemeyer, Suzanne S., 1989: Öffentliche Anhörungen, in: Hans-Peter Schneider/Wolfgang Zeh (Hrsg.), Parlamentsrecht und Parlamentspraxis, Berlin, 1145-1159.

Siefken, Sven T., 2006: Die Arbeit der so genannten Hartz-Kommission und ihre Rolle im politischen Prozess, in: Svenja Falk u.a., Handbuch Politikberatung, 374-389.

Siefken, Sven T., 2007: Expertenkommissionen im politischen Prozess. Eine Bilanz zur rot-grünen Bundesregierung 1998-2005, Wiesbaden.

Thunert, Martin, 2003: Think tanks in Deutschland – Berater der Politik?, in: Aus Politik und Zeitgeschichte, B 51/2003, 30-38.

Wewer, Göttrik, 1998: Politische Kommunikation als formeller und informeller Prozess, in: Jarren/Sarcinelli/Saxer (Hrsg.), Politische Kommunikation, 324-329.

Verständnisfragen

1. Vor welchem Problem steht nach Wewer die wissenschaftliche Politikberatung?

2. Mit welchen Argumenten kritisiert Wewer die von Habermas eingeführt Typologie wissenschaftlicher Politikberatung?

3. Inwiefern unterscheidet sich die Beziehung zwischen politischen und sachverständigen Akteuren in verschiedenen Bereichen der Techniksteuerung von der Vorstellung eines Beratungsverhältnisses?

4. Nach welchen Kriterien unterscheidet Wewer betriebswirtschaftliche Organisationsberatung, technische Fachberatung, materielle und kompetitive Politikberatung?

5. Welchen Nutzen können die Berater auf der einen und die Adressaten (Politiker) auf der anderen Seite aus einer Politikberatung ziehen?

Transferfragen

1. Diskutieren Sie die Probleme der politischen Umsetzung theoretischer Programme am Beispiel der Einführung einer Ökosteuer.

2. Gibt es neben den im Text genannten Beispielen weitere Felder, in denen der Staat Steuerungskompetenzen auf andere übertragen hat?

3. Bei welchen der von Wewer genannten Anbietern von politischen Expertisen können Politikfeldanalytiker tätig sein?

4. Welche Funktionen haben die regelmäßigen Wirtschaftsgutachten der sogenannten „Fünf Weisen"?

Problematisierungsfragen

1. Teilen Sie die Auffassung, dass politische Konflikte in der Regel auf Interessenkonflikten beruhen und daher kognitiv nicht lösbar sind? Versuchen Sie, sowohl Beispiele zu finden, die diese These stützen als auch Beispiele für Konflikte zu benennen, bei deren Lösung Sachverstand einen wesentlichen Beitrag geleistet hat oder leisten könnte.

2. Wird durch die staatliche Delegation von Kompetenzen auf private Akteure die Demokratie gestärkt oder unterwandert?

3. Sind Sie der Meinung, dass sich trennscharfe Kriterien für die Unterscheidung zwischen wissenschaftlichen und nicht-wissenschaftlichen Expertisen benennen lassen?

Teil VI: Reflektionen

Aufklärung, Beteiligung und Kritik: Die „argumentative Wende" in der Policy-Analyse

Thomas Saretzki

1 Einleitung

Stärker als andere „traditionelle" Zweige der Politikwissenschaft ist die Policy-Analyse durch eine Ausrichtung auf gesellschaftliche Probleme und durch die Suche nach Problemlösungsmöglichkeiten gekennzeichnet. Politik erscheint aus der Policy-Perspektive nicht so sehr als Ordnungs- oder als Macht- und Interessenpolitik, sondern als Problembearbeitungsprozess. Unter dem Policy-Aspekt werden die Inhalte von Politik in den Blick genommen – und diese erscheinen aus der Sicht der Politik dann als Aufgaben oder – weniger emphatisch formuliert – als Probleme, die von der Politik bearbeitet werden.

Die Ausrichtung der Policy-Analyse auf Probleme und Problemlösungen geht zugleich mit einer starken Anwendungsorientierung einher. Von einer explizit problem- und problemlösungsorientierten Wissenschaft erwartet man, dass ihre Ergebnisse und Erkenntnisse auch praktisch anwendbar sein sollen. Die Frage nach möglichen Anwendungen ist der Policy-Analyse damit weniger äußerlich als anderen Zweigen der Politikwissenschaft. Sie hatte bereits beim Entstehen der „policy sciences" nach dem Zweiten Weltkrieg eine grundlegende Bedeutung für die ganze Forschungsrichtung (Lerner/Lasswell 1951).

Fragt man heute nach möglichen praktischen Anwendungen der Policy-Analyse, dann fallen in der Regel zunächst einmal die Stichworte „Evaluation" und „Politikberatung". In beiden Bereichen haben sich bei dem Versuch, der Policy-Analyse praktische Relevanz zu verleihen und ihre Ergebnisse und Empfehlungen in politischen Prozessen umzusetzen, allerdings Schwierigkeiten gezeigt, die nicht nur mit den spezifischen Bedingungen einzelner Fälle zu tun haben. Vielmehr sind grundlegende Probleme einer anwendungsorientierten Policy-Forschung zu Tage getreten. Diese beziehen sich bei der Evaluation von politischen Programmen auf das Verhältnis von Wissen und Werten, bei der Politikberatung auf das Verhältnis von Wissenschaft und Politik, allgemeiner gesagt: von Wissen und Macht. Die zunächst naheliegende Vorstellung, es ginge bei der Policy-Analyse einfach darum, der Macht die Wahrheit zu sagen (Wildavsky 1979), erwies sich als sehr viel voraussetzungsvoller, als man auf der Basis der vorhandenen Modelle angewandter Wissenschaft zunächst gedacht hatte.

Die Vergegenwärtigung dieser Anwendungsprobleme hat bei den Policy-Analytikern zu einem grundsätzlichen Überdenken der eigenen Praxis geführt. Von dieser Reflexion sind auch die wissenschaftlichen Grundlagen der Policy-Analyse und das eigene Selbstverständnis der praktisch tätigen Policy-Analytiker nicht unberührt geblieben:

- Welche Art von Wissen wird im Rahmen einer Policy-Analyse erzeugt und welchen Status hat dieses Wissen?
- Welche Rolle spielen Policy-Analytiker im Verhältnis zur Wissenschaft einerseits und zur Politik andererseits, welche sollten sie spielen?

Empirische Untersuchungen zur Frage nach der Nutzung des sozialwissenschaftlichen Wissens durch politische Akteure lieferten zunächst ein ernüchterndes Bild (Rich/Oh 1994). Das von den Beratern angebotene wissenschaftliche Wissen wird bei der politischen Entscheidungsfindung sehr viel seltener genutzt als von den Beratern erhofft. Und wenn dies doch geschieht, dann meist nicht in der direkten und instrumentell gedachten Problemlösungsfunktion, die von den wissenschaftlichen Beratern in der Regel unterstellt wird. Allerdings ergaben sich im Rahmen der „Knowledge Utilization Research" einige Anhaltspunkte dafür, dass die wissenschaftliche Politikberatung andererseits auch nicht einfach völlig wirkungslos geblieben ist.

So hat etwa Weiss (1977) den Policy-Analysen bereits früh eine eher indirekte „Aufklärungsfunktion" zugeschrieben: sie beeinflussen politische Entscheidungen auf indirekte Weise, indem sie neue Informationen und Ideen vermitteln und dadurch mit der Zeit auch die Wahrnehmung und Bewertung von Problemen und Problemlösungsmöglichkeiten durch politische Akteure verändern. Über diese indirekte Aufklärungsfunktion kommt den Policy-Analysen im politischen Prozess zugleich eine gewisse Kritikfunktion zu (Weiss 1977: 544, 1991: 314), die von anderen Autoren auch aus normativen Überlegungen heraus gefordert wird (Schubert 1991: 197-198).

In dem Prozess der kritischen Selbstverständigung über die Voraussetzungen und möglichen Folgen ihrer Analysen haben Vertreter der US-amerikanischen Policy-Analyse sowohl in wissenschaftlicher als auch in praktischer Hinsicht für eine Neuorientierung plädiert. Ergebnis ist die Forderung nach einem „argumentative turn in policy analysis and planning" (Fischer/Forester 1993b). Diese „argumentative Wende" wird zumindest von einem Teil ihrer Befürworter auch als Rückbesinnung auf die demokratischen Intentionen der Gründergeneration der „policy orientation" verstanden (Lasswell 1951). Dabei geht es nicht zuletzt um die Frage, wie die Policy-Analyse den ursprünglich leitenden Visionen der „policy sciences of democracy" unter veränderten wissenschaftlichen, gesellschaftlichen und politischen Bedingungen entsprechen kann (deLeon 1997, Saretzki 2008).

Nach einem knappen Blick auf den Entstehungskontext und die Protagonisten eines „argumentative turn" in der Policy-Analyse soll im folgenden zunächst gefragt werden, was inhaltlich mit der vorgeschlagenen argumentativen Wende gemeint ist und wie dieser Vorschlag begründet wird. Wie bei manch anderer „Wende", die in der Wissenschaft ausgerufen wurde, so steht auch der „argumentative turn" in der Policy-Analyse nicht für einen einheitlichen wissenschaftlichen Ansatz, sondern eher für einen Richtungs- und Perspektivenwechsel. Dieser ist allerdings mit einigen grundlegenden konzeptionellen und begrifflichen Umstellungen verbunden.

Und wie bei manch anderer Wende, so ist auch hier eher klar, wovon die Vertreter der argumentativen Wende sich abwenden wollen, während weniger Einigkeit darüber herrscht, wohin die Policy-Analyse denn nach vollzogener Wende streben soll. Unterschiede zeigen sich bereits beim Grad der Abwendung von dem Pfad, auf dem der Mainstream der Policy-Analyse bisher vorangeschritten ist. Diese Differenzen nehmen deutlich zu, wenn weiter gefragt wird, welchem Weg sich die Policy-Analyse denn nach der argumentativen Wende zuwenden soll und welches die Probleme sind, die dabei einer vorrangigen Bearbeitung bedürfen (vgl. Gottweis 2006).

Geht man von der Begriffsprägung selbst aus, so legt die Rede von einem „argumentative turn" in der Policy-Analyse zunächst zwei Lesarten nahe, die nicht völlig deckungsgleich sind. Die argumentative Wende könnte einerseits eine stärkere Hinwendung zu Argumenten als Gegenständen der Policy-Analyse implizieren. Argumente erscheinen bei dieser Lesart als Gegenstände, die bisher vernachlässigt wurden und die jetzt eine stärkere Aufmerksamkeit, wenn nicht bevorzugte Berücksichtigung in der Policy-Analyse erfahren sollen: Policy-Analyse wird in dieser Sichtweise zur Argumentationsanalyse, Policy-Analysten zu Interpreten und Produzenten von Argumenten. Die Forderung nach einer argumentativen Wende könnte aber auch so verstanden werden, als ob die Policy-Analyse bei ihrem Bemühen um Wirksamkeit in Zukunft nach vollzogener Wende nun selbst in stärkerem Maße „argumentativ" auf den politischen Prozess ausgerichtet sein solle: Policy-Analyse erscheint in dieser Perspektive als rhetorisch-persuasiv ausgerichtete Argumentation, Policy-Analysten als Anwälte von Argumenten.

2   Die „argumentative Wende" in der Policy-Analyse

In welchem **Kontext** ist der Ruf nach einer argumentativen Wende in der Policy-Analyse entstanden? Der „argumentative turn" stellt zunächst eine Reaktion auf die Anwendungsprobleme von Policy-Analysen im politischen Prozess einer Demokratie dar. Sie erwächst zugleich aus einer Reflexion übergreifender Veränderungen, die in der zweiten Hälfte des vergangenen Jahrhunderts im Anwendungsbereich der Policy-Analyse zwischen Wissenschaft und Politik zu beobachten sind (deLeon 1988). Auf der einen Seite steht dabei die Reflexion über den veränderten Status der **Wissenschaft**, der sich aus den epistemologischen und wissenschaftstheoretischen Diskussionen im Anschluss an den „linguistic turn" in der Philosophie und Erkenntnistheorie ergeben hat. Wissenschaft erscheint danach nicht mehr als Quelle objektiven und sicheren Wissens, und das nicht nur, weil wissenschaftskritische Bewegungen die Autorität von wissenschaftlichen Experten von außen in Zweifel ziehen, sondern auch, weil die Einsicht in die Sprachgebundenheit von Erkenntnis die Grundlagen eines positivistischen Wissenschaftsmodells auch innerhalb der Wissenschaft in Frage gestellt hat.

Auf der anderen Seite ist auch die **Politik** Veränderungen unterworfen: Politik hat es mit immer komplexeren Problemen zu tun, sie kann wegen der fortschreitenden Pluralisierung immer seltener einen grundlegenden Wertekonsens bei der Problembearbeitung unterstellen und sie muss mit steigenden Beteiligungsansprüchen der Bürgerinnen und Bürger rechnen. Die Veränderungen in den beiden Bezugssystemen Wissenschaft und Politik lassen zum dritten auch die überkommenen Modelle der Interaktion zwischen diesen beiden ausdifferenzierten Systemen problematisch erscheinen, seien diese nun eher „technokratisch" oder eher „dezisionistisch" ausgerichtet. Die überkommenen Modelle von **Politikberatung,** die darunter eine Beratung von Experten für Eliten verstehen, stoßen mittlerweile unter Legitimationswie unter Effizienzgesichtspunkten auf zunehmende Probleme. Politikberatung muss heute sowohl mit einer Differenzierung ihrer Adressaten als auch mit einer Vervielfältigung ihrer Vermittlungsformen rechnen (Saretzki 2005, Leggewie 2007).

Der Ruf nach einer argumentativen Wende in der Policy-Analyse hat neben dem Wandel dieser allgemeinen Rahmenbedingungen im Verhältnis von Wissenschaft, Gesellschaft und Politik auch mit einem **länderspezifischen Kontext** zu tun. Wie die „policy science"-Bewegung der 1950er Jahren, so ist auch der „argumentative turn in policy analysis and planning" der 1990er Jahre zuerst in den USA proklamiert worden. Um zu verstehen, worum es den Protagonisten dabei geht, muss man sich vergegenwärtigen, welche Rolle Policy-Analysen im amerikanischen politischen System und in der amerikanischen (Politik-)Wissenschaft im Unterschied zur „Politikfeldanalyse" in der Bundesrepublik Deutschland spielen (vgl. dazu Saretzki 2006, 2007). Policy-Analyse ist in den USA nicht nur eine politikwissenschaftliche Teildisziplin, die an Universitäten vertreten ist. Policy-Analyse steht auch für eine außerhalb der Hochschulen beruflich tätige Profession.

Die Angehörigen dieser Profession sind als **Policy-Analysten** in Regierungen, Verwaltungen und Parlamenten auf nationaler, bundesstaatlicher und kommunaler Ebene, bei Nicht-Regierungsorganisationen, in Think Tanks oder freiberuflich auf dem Markt für Beratungsdienstleistungen tätig. Professionell tätige Policy-Analysten erstellen ihre Studien zunächst einmal für ihre Auftraggeber, die ihnen als „Klienten" gegenübertreten. Da es sich bei den Studien aber um Analysen öffentlicher Probleme handelt – weshalb im amerikanischen Kontext auch von „Public Policy Analysis" die Rede ist – haben sie neben ihren Klienten zumindest implizit immer auch einen weiteren Adressatenkreis, nämlich die anderen interessierten, betroffenen oder engagierten Interessengruppen und eine mehr oder weniger diffuse Öffentlichkeit, die sich um das Problem oder die vorgeschlagene Problemlösung herum gebildet hat oder bilden könnte.

Der „argumentative turn" ist zwar nicht von praktisch tätigen Policy-Analysten selbst ausgerufen worden, sondern von Vertretern der akademischen Policy-Analyse. Diese sind allerdings nicht nur in der wissenschaftlichen Policy-Forschung tätig, sondern auch in der akademischen Lehre. Sie bilden also Studierende aus, die später zu einem großen Teil im außeruniversitären Bereich als Policy-Analysten beruflich tätig sein werden. Von daher sind sie zumindest von Zeit zu Zeit bei der Evaluation ihrer Studiengänge mit der Frage konfrontiert, ob ihre Absolventinnen und Absolventen während des Studiums auch die Kenntnisse und

Fähigkeiten gelernt haben, die sie in ihrem beruflichen Alltag als Policy-Analysten tatsächlich brauchen, und ob die Rollendefinitionen, die ihnen im Studium vermittelt wurden, noch mit den Anforderungen ihrer beruflichen Praxis in Übereinstimmung stehen oder nicht. Der Ruf nach einem „argumentative turn" ergibt sich auch daraus, dass hier akademisch tätige Vertreter der Policy-Analyse in den USA wachsende Differenzen zwischen den im Studium vermittelten Fähigkeiten und Rollendefinitionen und der beruflichen Realität von Policy-Analysten ausgemacht haben und Konsequenzen aus dieser Differenzerfahrung ziehen wollen.

– Was ist inhaltlich mit dem „argumentative turn" in der Policy-Analyse gemeint?
– Und warum soll die Policy-Analyse eine solche Wende vollziehen?

Die Herausgeber des einschlägigen Sammelbandes über den „argumentative turn in policy analysis and planning" (Fischer/Forester 1993b) setzen bei der Erläuterung ihres programmatischen Titel nicht auf der begrifflichen Ebene an. Sie gehen vielmehr von der **Praxis der Policy-Analyse** aus, also von dem, was Policy-Analysten und Planer tatsächlich in ihrem beruflichen Alltag tun. Am Anfang des „argumentative turn" steht für sie die Einsicht: „Policy analysis and planning are practical processes of argumentation" (Fischer/Forester 1993a: 2). So gesehen bringt die argumentative Wende also zunächst nur zu Bewusstsein und auf den Begriff, was Policy-Analysten in ihrer täglichen Praxis immer schon tun (bisher nur allzu oft nicht richtig verstanden haben). Die „argumentative Wende" ist insoweit als Aufklärung zu verstehen, genauer: als empirisch orientierte Selbstaufklärung der Policy-Analyse über ihre eigene Praxis. Gefordert wird eine neue, realistische Sichtweise dieser Praxis: „This view can enhance our sense of realism simply because interpreting, marshaling, and presenting arguments is what analysts do all the time" (Fischer/Forester 1993a: 7-8).

Die Praxis der Policy-Analyse wurde von den Analysten selbst meist als wissenschaftliche Untersuchung dargestellt, die mit wissenschaftlichen Methoden und Techniken arbeitet und die sich primär an rationalen wissenschaftlichen Kriterien orientiert. Die Adressaten der Policy-Analysen im politischen System behandelten die Ergebnisse dieser Analysen dann oft als wissenschaftlich abgesicherte „Wahrheit", die Handlungsempfehlungen als die „besten" verfügbaren Problemlösungen, die von Policy-Analysten mit wissenschaftlichen Methoden identifiziert worden sind. Aber nicht nur die Produzenten und Adressaten haben die Policy-Analyse als „Wissenschaft" verstanden und entsprechend behandelt. Auch die theoretischen Konzepte der Policy-Analyse, die von wissenschaftlichen Policy-Theoretikern formuliert und an den Universitäten gelehrt wurden, orientieren sich an einem Paradigma von **„analysis as science"**.

Im Rahmen dieses objektivistischen Modells, so die Autoren des „argumentative turn", wird die tägliche Praxis der Policy-Analyse aber nur unzureichend und überdies äußerst einseitig reflektiert (Fischer/Forester 1993a: 5). Sie erscheint vorrangig, wenn nicht ausschließlich als Sammeln und Analysieren von Daten und Fakten, als Formulieren von Prognosen und als Identifizieren von optimalen Problemlösungen mit Hilfe von Kosten-Nutzen-Analysen oder Verfahren aus dem Bereich der „Operations Research" – eine „szientistische" Modellvorstellung, die der empirisch beobachtbaren Praxis von Policy-Analysten nicht gerecht werde:

„In actual practise, policy analysts and planners do a great deal more than they have been given credit for doing. They scan a political environment as much as they locate facts, and they are involved with constructing senses of value even if they identify costs and benefits. When meeting with representatives of other agencies and affected parties, analysts protect working relationships as well as press on to gather data. As they attempt to foresee streams of consequences, analysts try not only to predict those consequences, but to understand why they are consequential, how they will matter ethically and politically" (Fischer/Forester 1993a: 2).

In der vielschichtigen Praxis der Policy-Analyse, so der Ausgangspunkt für die Autoren des „argumentative turn", hat bei Licht betrachtet nicht die Anwendung von abstrahierenden Modellen und quantitativen Analysemethoden nach dem Vorbild der „exakten" Naturwissenschaften, sondern sprachlich vermittelte Kommunikation einen zentralen Stellenwert. Policy-Analysten und Theoretiker der Policy-Analyse täuschen sich und andere, wenn sie auch bei der Beschäftigung mit komplexen, „verzwickten" Problemen, mit denen es die Politik heute in vielen Politikfeldern zu tun hat, noch an einem Modell von Analyse festhalten, das von sicheren empirischen Befunden und exakten Beweisen ausgeht. Nicht die aus der naturwissenschaftlichen Suche nach Wahrheit bekannten Vorgehensweisen von Experiment und externer Beobachtung, Messung und komplexen statistischen Datenanalysen bilden den übergreifenden Bezugspunkt für die tägliche Praxis von Policy-Analysten.

Vielmehr ist es die **Sprache**, die hier ins Zentrum rückt. Freilich nicht jede Form von sprachlicher Äußerung, sondern vornehmlich solche sprachlich vermittelten Aussagen, die sich an Kriterien rationaler Nachvollziehbarkeit orientieren und in Form von Argumenten auftreten. So heißt es am Anfang eines viel zitierten Buches von Giandomenico Majone: „As politicians know only too well but social scientists too often forget, public policy is made of language. Whether in written or oral form, argument is central in all stages of the policy process" (Majone 1989: 1). Kurzum: Die etablierte Modellvorstellung von „analysis as science" muss, so der übergreifende Impetus, ersetzt werden durch das Paradigma **„analysis as argument"** (Dryzek *1993*).

Von daher ergeben sich auch die Fragen, um die es den Autoren des „argumentative turn" geht: „We need to understand just what policy analysts and planners do, how language and modes of representation both enable and constrain their work, how their practical rhetoric depicts and selects, describes and characterizes, includes and excludes, and more" (Fischer/Forester 1993a: 2). Diese Fragen zielen auf ein **Untersuchungsprogramm**, das zunächst einmal den Analyseprozess selbst und damit auch die Rolle der Policy-Analysten in diesem Prozess ins Zentrum rückt. Dieses Untersuchungsprogramm soll damit auch der kritischen Selbstverständigung der Policy-Analyse über ihre eigene Praxis dienen.

- Wie kommen Policy-Analysten zu ihren Ergebnissen und Empfehlungen?
- Wie „produzieren" oder „konstruieren" sie Probleme und Problemlösungsmöglichkeiten?
- Wovon hängt es ab, ob ihre Argumente im politischen Prozess tatsächlich zur Anwendung kommen?

> *„To see policy analysis and planning as argumentative practises is to attend closely to the day-to-day work analysts do as they construct working accounts of problems and possibilities. Recognizing these accounts as politically constrained, organizational accomplishments in the face of little time and poor data, we can evaluate the analysts' arguments not only for their truth or falsity but also for their partiality, their selective framing of the issues at hand, their elegance or crudeness of presentation, their political timeliness, their symbolic significance, and more" (Fischer/Forester 1993a: 2).*

Versteht man die Ergebnisse der praktisch tätigen Policy-Analysten als Argumente, die auf den politischen Prozess bezogen sind, dann können sie nicht mehr einfach nur nach wissenschaftlichen Kriterien, d.h. als „wahr" oder „falsch" bewertet werden. Ihre Evaluation unterliegt anderen Kriterien, die sich eher aus dem politischen Prozess ergeben. Nicht nur die wissenschaftliche Wahrheit, sondern auch die genannten anderen Bewertungskriterien spielen für die praktische „Anwendbarkeit" und tatsächliche Nutzung der Argumente von Policy-Analysten im politischen Prozess eine große Rolle. Sie werden aber – und das ist die (selbst-)kritische Stoßrichtung des „argumentative turn" – in den theoretischen Modellen über die Praxis der Policy-Analyse in ihrer Bedeutung bisher nicht angemessen reflektiert.

Um zu verstehen, was Policy-Analysten tatsächlich tun und wie es um die **Anwendung von Policy-Analysen** bestellt ist, so Fischer und Forester (1993a: 3), muss man sich neben der Bindung an die Sprache auch die **politischen Bedingungen** vergegenwärtigen, unter denen sie arbeiten. Wie praktisch tätige Planer, so wüssten auch Policy-Analysten schon nach kurzer professioneller Tätigkeit meist sehr genau, dass sie sorgfältig recherchierte und kohärent aufgebaute Studien erstellen könnten, die aber in der Regel die angestrebte Wirkung auf den politischen Prozess weitgehend verfehlen, wenn die Analysten sich nur auf die wissenschaftliche Qualität und inhaltliche Kohärenz ihrer Studien konzentrierten und die Wahrnehmungen, Interessen und Werte ihrer Adressaten und der breiteren Öffentlichkeit aus dem Blick verlieren. Ihre Problemdiagnosen und Lösungsvorschläge müssten nicht nur auf inhaltlich fundierten Analysen beruhen, sondern in politischen Kontexten auch so artikuliert werden, dass sie im politischen Prozess Wirkung entfalten könnten.

Ein besonders schwieriges Element bei dieser Artikulation, so Fischer und Forester (1993a: 3) unter Hinweis auf die Erfahrungen eines Stadtplaners bei der Vermittlung von Analysen zu umstrittenen Projekten an politische Gremien, „is knowing what *not* to say" (Hervorheb. i. Orig.). Was nach innerwissenschaftlichen Normen eigentlich als unvertretbar gilt, nämlich das bewusste Verschweigen von relevanten Tatsachen oder normativen Implikationen, erscheint in einem politischen Kontext so als opportunes Verhalten, um für die eigenen Analysen überhaupt Gehör und Aufnahmebereitschaft zu finden.

In ihrer praktischen Arbeit sind die Policy-Analysten also mit **zwei** unterschiedlichen, sehr oft **widersprüchlichen Herausforderungen** konfrontiert. Ihre Arbeit soll inhaltlich den professionellen Standards einer rationalen Analyse genügen. Zugleich sollen diese Analysen im Prozess des „policy-making" aber politisch „anwendbar", zumindest „anschlussfähig" sein, ohne dabei in reine „propaganda" oder „sales talk" für vorab feststehende Positionen abzugleiten.

„In practise, clearly, analysts must attend to the demands of both substantive analysis and cogent articulation. We can think of this necessary duality of practise - these moments of analysis and articulation – as reflecting the challenge of doing politically astute and rationally sound policy analysis and planning." (Fischer/Forester 1993a: 3-4)

Solange diese beiden Anforderungen allerdings als antithetisch oder gar als wechselseitige Bedrohung wahrgenommen werden, scheinen Policy-Analysten einen „unmöglichen" Job zu haben.

Sie sind gefangen zwischen zwei Erwartungsmustern, die nicht miteinander vereinbar zu sein scheinen. Wenn sie der einen Rolle entsprechen wollen, müssen sie sich gleichzeitig für die andere entschuldigen: „Seeking to anticipate and respond to political pressures and influences, analysts can feel sheepish in public in seeming to compromise the abstract rationality of their analyses. Alternatively, in seeking to abstract their analyses from the actual review and implementation processes at hand, analysts may feel vulnerable to charges that they have neglected the political realities that will determine whether anyone will really listen to their analyses" (Fischer/Forester 1993a: 4).

Die argumentative Wende soll dazu beitragen, die doppelte Herausforderung für die Praxis der Policy-Analyse realistisch zu sehen. Hierin liegt zunächst ein Moment der empirischen Aufklärung über die Aufgaben, mit denen Policy-Analysten es tatsächlich zu tun haben. Was sie an Argumenten hervorbringen, muss in zwei verschiedenen Bezugssystemen überzeugen:

„This is the practical challenge the argumentative turn illuminates: to do their work well, in real time, planners and policy analysts must make practical arguments that are internally coherent and externally compelling, persuasively gauged to real and thus diverse political audiences" (Fischer/Forester 1993a: 4-5, Hervorheb. i. Orig.).

Wollen sie dieser doppelten Aufgabe in ihrer Praxis entsprechen, dann ist in die professionelle Arbeit von Policy-Analysten unvermeidlich eine **ambivalente Rollendefinition** eingebaut. Die argumentative Wende zielt u. a. darauf, diese Rollenambiguität nicht nur zu erkennen, sondern auch im eigenen Selbstverständnis anzuerkennen. Sie richtet sich damit kritisch gegen eine einseitige Rollendefinition, die eine unrealistische Distanz der Analysten zum politischen Prozess behauptet. Ein professionelles Selbstverständnis und theoretische Modelle von Policy-Analyse als rationaler Untersuchung vor und jenseits jeder Politik halten einem praktischen Realitätstest nicht stand. Erkennt man die aus dem politischen Prozess erwachsenden Anforderungen an die Policy-Analysten aber an, so die Kritik der Vertreter des „argumentative turn", dann muss das verbreitete Selbstbild einer „unpolitischen" Politikanalyse aufgegeben werden:

„for these analysts are political animals whether they wish to be or not. Vulnerable to external political events and influences, they work in complex organizations structured by complex political processes. They tackle messy issues involving diverse populations with multiple and conflicting interests" (Fischer/Forester 1993a: 4).

Der „argumentative turn" beinhaltet aber nicht nur eine Kritik an einer unrealistischen Verweigerung gegenüber der doppelten Herausforderung der Policy-Analyse und an einer einseitig wissenschaftsorientierten Antwort auf diese doppelte Herausforderung. Neben Aufklärung über die Komplexität der Aufgaben und Kritik an einseitigen Aufgabenbewältigungsstrategien tritt als Drittes eine konstruktive Orientierung. Der „argumentative turn" soll auch Perspektiven auf eine **Integration von analytischen und politischen Anforderungen** eröffnen. **Denn, so Fischer und Forester (1993a:** 4) „the focus on the argumentative character of analysts' work integrates institutional and political concerns with substantive and methodological questions".

Die doppelte Herausforderung, vor der die praxisorientierte Policy-Analyse steht, und die Rollenambiguität, mit der die Policy-Analysten in ihrer professionellen Praxis umgehen müssen, finden mit der argumentativen Wende danach auf der begrifflichen Ebene eine Entsprechung in der doppelten Referenz des Begriffes Argument:

> *„In assessing policy analysis and planning as argumentative, we wish to exploit the systematic ambiguity of the term argument, for it refers both to an analytic content (‚the logic of the argument') and to a practical performance (‚the argument fell on deaf ears'). We argue that all policy analysis and planning is systematically ambiguous in this way, requiring attention to content and performance, to technical analysis and political articulation" (Fischer/Forester 1993a: 4).*

Anders gesagt: Wer Policy-Analyse als praktischen Argumentationsprozess versteht, hat schon mit der Wahl dieses Begriffes unweigerlich auch die doppelte Herausforderung angenommen, vor der Policy-Analysten in ihrer beruflichen Praxis stehen:

> *„Argumentation involves, at a minimum, two challenges: analysis (what is argued) and articulation (how the speaker or writer engages the attention of the practical audience). Analysis without articulation may never make a difference. Articulation without analysis may be empty at best, deceptive flimflam at worst" (Fischer/Forester 1993a: 15).*

Herausforderungen und Aufgaben der Policy-Analyse nach der argumentativen Wende

Herausforderung	Ausgangspunkt	Aufgabe	Rolle der Policy-Analysten
Analyse	Bindung an Sprache	Policy-Analyse als Analyse von Argumenten	Interpreten und Produzenten von Argumenten
Artikulation	Politische Bedingungen	Policy-Analyse als argumentative Politikberatung	Anwälte von Argumenten

Quelle: eigene Darstellung nach Fischer/Forester 1993a

Was ist die argumentative Wende in der Policy-Analyse? Kritiker des „argumentative turn" haben bezweifelt, dass es den Herausgebern des einschlägigen Sammelbandes gelungen sei, eine eindeutige Antwort auf diese Frage zu geben und eine kohärente Botschaft zu vermitteln (Durning 1995). Versucht man, trotz aller Unterschiede zwischen den Autoren und Konzepten, auf die in den folgenden Abschnitten noch näher eingegangen wird, so etwas wie eine übergreifende Stoßrichtung der propagierten Wende auszumachen, dann lässt sich zusammenfassend zumindest soviel sagen: Die argumentative Wende ist ein Plädoyer für eine aufgeklärte **„realistische" Sichtweise der Praxis der Policy-Analyse** und für ein verändertes Verständnis der Rolle von Policy-Analytikern im politischen Prozess einer Demokratie. Sie ist damit zugleich eine **Kritik an etablierten Modellen der Policy-Analyse**, die Inhalt und Aufgabe dieser Praxis darzustellen versuchen, und an dem Selbstverständnis der Policy-Analysten, die sich an diesen Modellen orientieren (Fischer 2003).

3   Policy-Analyse als Analyse von Argumenten

Die argumentative Wende lässt sich bei einer inhaltlichen, auf den analytischen Aspekt fokussierten Lesart so verstehen, dass es dabei allererst um eine **Hinwendung zu Argumenten als Gegenständen der Policy-Analyse** geht. Offen bleibt dabei zunächst, ob diese Gegenstände am Anfang oder am Ende der Analyse stehen. Versteht man Policy-Analysten nicht mehr als „number cruncher", sondern als „producer of arguments" (Majone 1989: xii), dann bilden Argumente das Ergebnis eines Analyseprozesses, der selbst in Analogie zu einem „Produktionsprozess" dargestellt wird. Diese – von vielen Vertretern des argumentative turn geteilte – Sichtweise von Policy-Analysten als **Produzenten von Argumenten** sagt zunächst einmal etwas über den epistemologischen Status der „Produkte", die Policy-Analysten nach getaner Arbeit im Regelfall anzubieten haben. Es handelt sich nicht um Schlussfolgerungen, deren Wahrheit oder Richtigkeit exakt bewiesen oder demonstriert werden konnte, sondern um mehr oder weniger gut begründete, mehr oder weniger stark überzeugende Argumente (Majone 1989: 42). Wie die Argumente „produziert" werden, von welchen „Rohstoffen" die Policy-Analysten dabei ausgehen, das spielt für eine primär output-orientierte Sichtweise des „argumentative turn" zunächst keine Rolle. Wichtig ist zunächst nur, dass beim Verkauf dieser Produkte kein Etikettenschwindel betrieben wird – dass nicht das Qualitätssiegel „wahr" oder „wissenschaftlich bewiesen" auf dem Produkt steht, obwohl die Policy-Analysten bei realistischer Betrachtung eigentlich nur rational begründete Argumente anzubieten haben.

An dieser Stelle setzen einige Autoren an, die dem „argumentative turn" eine primär **methodologische Richtung** verleihen wollen. Argumente repräsentieren danach nicht nur den Output von Policy-Analysen. Sie können auch ihren Input bilden. Das kann etwa dann der Fall sein, wenn der Klient eines Policy-Analysten bereits eine vorgefasste Meinung zu dem Problem hat, um das es in der Policy-Analyse gehen soll – und der Policy-Analyst es für geboten hält, die vorhandene Position seines Klienten nicht einfach als gegeben zu unterstellen, sondern ihrerseits im Hinblick auf die Rationalität der zugrundeliegende Wahrnehmungen, Werte und Interessen zu analysieren. Argumente werden aber insbesondere dann nicht nur am Ende, sondern bereits am Anfang einer Policy-Analyse stehen, wenn bereits öffentlich über das bearbeitungsbedürftige Problem oder eine vorgeschlagene Problemlösung diskutiert wurde und interessierte, betroffene oder engagierte Gruppen sich dabei mit unterschiedlichen Positionen und Argumenten zu Wort gemeldet haben. Argumente bilden dann –

um im Bild des „producers" zu bleiben - nicht nur das fertige Produkt, sondern auch die Rohstoffe für die Arbeit der Policy-Analysten. Und diese Rohstoffe sollten bei einer systematisch angelegten Policy-Analyse nicht irgendwie, sondern auf eine methodisch kontrollierte Art und Weise bearbeitet werden, damit am Ende ein Produkt von höherer Rationalität und besserem Gebrauchswert entsteht.

Natürlich kann ein Policy-Analyst eine bereits **vorhandene Argumentationslandschaft** bei seiner Arbeit auch einfach ignorieren und seine eigene Untersuchung mit Hilfe der bisher in der Policy-Analyse üblichen abstrahierenden und quantifizierenden Methoden – etwa mit Hilfe von Simulationen, ökonometrischen Modellen oder Kosten-Nutzen-Bilanzen – erarbeiten. Ganz gleich wie sich die Qualität der bereits vorgebrachten Argumente aus der Sicht von Experten darstellen mag – ein solches, von einem gegebenen Kontext abstrahierendes methodisches Vorgehen erscheint aus der Sicht der Autoren des „argumentative turn" allerdings wenig „realitätsgerecht" und politisch meist nicht „anschlussfähig".

Die Anwendbarkeit solcher von einem gegebenen Argumentationskontext abstrahierender Policy-Analysen erweist sich im politischen Prozess dann in der Folge oft als schwierig. Aus dieser Sicht des „argumentative turn" stellt sich für die Policy-Analyse hier in einem ersten Schritt die Aufgabe, die in einem Politikfeld vorhandenen, auf das untersuchungsbedürftige Problem bezogenen Argumentationen zu sammeln, zu interpretieren und zu analysieren. Policy-Analyse stellt sich insoweit in der Praxis erst einmal als Argumentationsanalyse dar.

Bei der Wahrnehmung dieser Aufgabe – der Sammlung und Interpretation, der Strukturierung und Analyse von Argumenten – so die Empfehlung der praktisch und methodologisch ausgerichteten Vertreter des „argumentative turn – kann und sollte die Policy-Analyse auf vorhandene Ansätze und Methoden der **Diskurs- und Argumentationsanalyse** zurückgreifen bzw. diese in modifizierter Form in das eigene Methodenrepertoire übernehmen. Darüber hinaus erweisen sich diese Ansätze und Methoden – zumindest für einige Vertreter der argumentativen Wende – auch als geeignete Hilfsmittel, wenn es an die nächsten Aufgaben geht, denen sich die meisten praxisbezogenen Policy-Analysen stellen müssen: die Evaluation der analytisch aufbereiteten Argumentationslage zu Problemdiagnosen und Problemlösungsoptionen und ihre Integration zu handlungsorientierten Empfehlungen für die politische Praxis.

Bei der Evaluation und Integration von Policy-Argumentationen ziehen Policy-Analysten in der Regel sehr viel stärkere Kritik auf sich als bei den ersten Schritten der **Identifizierung**, **Interpretation** und **Analyse** vorhandener Argumentationsstränge. Kritik entzündet sich im Zweifelsfall zunächst an der Frage, ob alle problemrelevanten Argumente berücksichtigt sind und ob sie auf eine angemessene Art und Weise interpretiert wurden. Die explizite oder implizite **Bewertung** von Argumentationen (etwa als nicht konsistent oder nicht valide, zumindest aber als nicht einschlägig oder weniger wichtig), die sich bei der **Integration** einer komplexen Argumentationslage zu politischen Handlungsoptionen unvermeidlich ergibt, führt meist dazu, dass die Policy-Analysen selbst zum Gegenstand politischer und professioneller Kritik werden. Gleichwohl: Um die Fruchtbarkeit einer argumentationsbezogenen Policy-Analyse für die praktische Arbeit von Policy-Analysten zu verdeutlichen, verweisen die Vertreter des „argumentative turn" auf analytische Konzepte, die ursprünglich in den Sozial- und Sprachwissenschaften oder in der Philosophie entwickelt wurden. Diese Konzepte werden dabei allerdings meist auf spezifische Art und Weise interpretiert und damit zugleich im Hinblick auf ihre möglichen Anwendungen im Rahmen einer Policy-Analyse modifiziert.

Eine Aufgabe, die sich für viele Policy-Analysten zu Beginn ihrer Arbeit stellt, ist die Erhebung der „Vorgeschichte" eines Policy-Problems. Dieser historische Zugang ist oft nötig, um mit der Vorgeschichte auch die „Vorbelastungen" erkennen zu können, die sich aus früheren (gescheiterten) Problemlösungsversuchen ergeben. Einem methodologischen Trend in der Geschichtswissenschaft folgend liegt es nahe, bei dieser historisch ausgerichteten Analyse nicht nur auf „objektive Daten" zu bauen, die in Dokumenten und Statistiken zu finden sind, sondern auch die Erzählungen der direkt oder indirekt Beteiligten heranzuziehen, um so die Problemwahrnehmungen und Problemlösungsperspektiven der Akteure von vornherein mit in die Analyse einzubeziehen. „**Stories**", so der Ausgangspunkt von Thomas Kaplan (1993), könnten eine wichtige Rolle in einer argumentativen Policy-Analyse spielen. Policy-Akteure und Analysten organisieren danach ihre Argumente zu den unterschiedlichen Aspekten eines Policy-Problems in der Kommunikation mit anderen nämlich oft in Form einer erzählbaren Geschichte – mit einem Anfang, einer Mitte und einem Schluss.

Dabei hat insbesondere die Anordnung der Argumente zu einem lesbaren, kohärenten „Plot" eine hohe Bedeutung – man könnte auch sagen: der „Plot" ist „das Argument" der Geschichte. Für die Policy-Analysten kommt es nun einerseits darauf an, solche ordnenden „Plots" in den Geschichten von Akteuren angemessen interpretieren zu können. Andererseits geht es für sie darum, die ungeordnete Vielfalt von Ereignissen, Bewertungen und Empfehlungen zu einem Policy-Problem am Ende der eigenen Analysen selbst zu „Policy-Narrativen" zusammenfügen zu können, die über solche ordnenden und sinnvermittelnden „Plots" verfügen (Kaplan 1993).

Policy-Analysten werden damit in ihrer beruflichen Praxis erst zu Zuhörern, dann selbst zu Erzählern von neuen, die anderen Erzählungen integrierenden Erzählungen. Kompetenzen zur Interpretation und zur Konstruktion von Policy-Narrativen gehören danach zu den methodischen Fähigkeiten, über die Policy-Analysten verfügen müssten. Versteht man die „**narrative**" Sicht des „**argumentative turn**" darüber hinaus nicht nur als Methode zur Interpretation und Konstruktion von „Policy-Geschichten", sondern als grundlegende Theorie der Policy-Analyse, dann hat jede Policy-Analyse letztlich selbst eine grundlegend „narrative Struktur" (Kaplan 1986).

Andere Vertreter des „argumentative turn" wollen die Hinwendung zu Argumenten zwar nicht mit einem solchen „narrativ" fundierten theoretischen Ansatz identifizieren, der allen Policy-Analysen eine narrative Struktur zuschreibt, betonen aber gleichwohl, dass eine hermeneutisch reflektierte Orientierung an „Stories" sowohl für die praktische Arbeit als auch für die Ausbildung von Policy-Analysten eine erkenntnisfördernde Erweiterung ihres Methodenrepertoires mit sich bringen kann. So versucht John Forester (1993) zu zeigen, dass zukünftige Policy-Analysten im Rahmen ihres Studiums aus der Analyse von „**Practise Stories**" sehr viel über die Prioritäten in ihrer späteren Berufspraxis lernen können.

Vor allem bei Policy-Problemen, deren Wahrnehmung und Bewertung angesichts großer Unsicherheit, hoher Komplexität und konfligierender Interessen und Werte sehr kontrovers ist, so ein anderer Vertreter der „narrativen" Policy-Analyse (Roe 1994), sei es sehr hilfreich, zunächst mit einer Analyse der vorhandenen Policy-Narrative zu beginnen. Neben den „Stories", die ein etabliertes Policy-Regime unterstützten, müssten dabei auch die „Gegengeschichten" anderer Akteure und eventuell vorhandene „Non-Stories" identifiziert werden – letztere verstanden als partielle „Narrative", denen ein Element einer vollständigen Story (also Anfang, Mitte oder Schluss bzw. ein instruktiver „Plot") fehlt. Die Aufgabe des Policy-Analysten besteht diesem narrativen Ansatz zufolge im nächsten Schritt darin, „Stories", „Counterstories" und „Non-Stories" miteinander zu vergleichen und daraus ein **„Meta-Narrativ"** zu konstruieren, mit dessen Hilfe die unterschiedlichen Aspekte der Streitfrage genauer beschrieben werden können. Dieses – vom Analysten produzierte – Meta-Narrativ kann dann auch mit Hilfe konventioneller Analysetechniken weiter bearbeitet werden (vgl. van Eeten 2007).

Kontroversen um Probleme, die angesichts unsicheren Wissens, hoher Komplexität und starker Werthaltigkeit als „wicked" oder „messy" gelten, haben auch bei anderen Vertretern einer reflektierten Praxistheorie Anlass zur Suche nach neuen, reflexiv angelegten Analysestrategien gegeben. Diese Suche führt u.a. zu Konzepten, die in der Lage sind, die unterschiedlichen Wahrnehmungs- und Bewertungshorizonte von Akteuren zu erfassen, aus denen heraus ein Policy-Problem überhaupt als problematisch erscheint. Dazu gehört etwa das in vielen Zusammenhängen diskutierte Konzept des **„Framing"**, das Martin Rein und Donald Schön auf den Prozess des „policy-making" angewendet haben. Bei ihrer praxisorientierten Aufnahme dieses Konzeptes werden insbesondere Möglichkeiten eines „Reframing" von „Policy-Diskursen" in den Blick gerückt (Rein/Schön 1993).

Diese „reflexive" Perspektive auf den jeweiligen Bezugsrahmen, in dem Kontroversen über Policies von den beteiligten Akteuren und Analysten wahrgenommen und interpretiert werden, verfolgt also ein durchaus praktisch motiviertes Interesse. Die Reflexion unterschiedlicher „Frames" in einem „frame-reflective discourse" soll Perspektiven auf die Lösung von komplexen Policy-Kontroversen eröffnen, die zunächst als „nicht traktierbar" erscheinen (Schön/Rein 1994).

Im Rahmen der argumentativen Wende wird nicht nur auf die narrative Struktur oder Konzepte zur Analyse des jeweiligen Bezugsrahmens von Policy-Argumentationen verwiesen. Vielmehr werden auch Ansätze und **Methoden der sprachwissenschaftlichen oder philosophischen Diskurs- und Argumentationsanalyse** herangezogen, mit deren Hilfe einzelne Argumente, bestimmte Argumentationsstrategien (und ihre Fallstricke) oder die argumentative Begründung ganzer Policies in verschiedener Hinsicht analysiert und im Hinblick auf ihre Rationalität bewertet werden können (für einen Überblick vgl. Gasper 1996). So greift etwa William Dunn (1993) auf die bekannte Argumentationstheorie des Philosophen Stephen Toulmin zurück, mit deren Hilfe Toulmin versucht hat, nicht nur die formale, sondern auch die **„informale" Logik von praktischen Argumentationen** zu erfassen und zu rekonstruieren.

Mit Hilfe dieses analytischen Argumentationsmodells entwickelt Dunn ein mehrdimensionales System für die **Überprüfung von policy-relevanten Behauptungen** und identifiziert eine korrespondierende Liste von typischen „threats" für die Anwendbarkeit von Wissen im Rahmen von policy-relevanten Argumentationen. Dunn gewinnt damit eine Reihe von übergreifenden formalen Gesichtspunkten, unter denen Policy-Argumentationen nicht nur analysiert, sondern auch bewertet werden können. Der Rückgriff auf formale Argumentationstheorien liefert hier eine Art (Check-)Liste von typischen „Fehlschlüssen", die bei der Formulierung von Policy-Argumenten vermieden werden sollten.

Einen Schritt weiter im Hinblick auf die problembezogene **Bewertung von komplexen Policy-Argumentationen** geht etwa Robert Hoppe (1993). Hoppe greift auf eine „Logik von Policy Fragen" zurück, die Frank Fischer (1980) zunächst aus methodologischen Überlegungen heraus für die Evaluation von Policies entwickelt und zu einem mehrstufigen Analysemodell zusammengefasst hat (vgl. auch Fischer 1995). Dieses Modell besteht aus einer „logisch" aufeinander aufbauenden Abfolge von Fragen, die sich bei der Evaluation von politischen Programmen stellen oder die doch gestellt werden können und gestellt werden sollten, wenn kein für eine umfassende Urteilsbildung notwendiger Analyseschritt ausgelassen wird. Hoppe wendet Fischers **mehrdimensionales Modell zur Evaluation von Policies** auf ein ganzes Politikfeld an („Ethnicity Policy" in den Niederlanden), um damit Bewertungskriterien für den Prozess der Urteilsbildung und die Entstehung von „Policy Belief Systems" über einen Zeitraum von mehreren Jahrzehnten zu gewinnen.

Bei diesem Verständnis des „argumentative turn", demzufolge die Praxis der Policy-Analyse ausdrücklich als „production of political judgements" (Hoppe 1993: 78) zu verstehen ist, steht die Rekonstruktion einzelner Policy-Argumente nicht mehr im Zentrum der Analyse. Stattdessen rückt die Frage nach der übergreifenden Beurteilung politischer Programme und Problemlösungsstrategien in den Vordergrund. Fischers Modell der Policy-Evaluation liefert hier auf der methodologischen Ebene einen Standard für die Bewertung von Policy-Analysen im Hinblick auf die Vollständigkeit der Urteilsbildung. Mit einem solchen Modell bekommen praktisch arbeitende Policy-Analysten einen Maßstab an die Hand, mit dem sie die vorfindlichen Rechtfertigungen für oder gegen bestimmte Policy-Positionen nicht nur interpretieren und rekonstruieren, sondern auch aus professioneller Sicht im Hinblick auf methodologische Standards kritisieren können:

> „A policy analyst can use the model ... to exploit omissions and weaknesses in opponents' positions; to advocate the neglected, underdeveloped, or downplayed strands in policy reasoning; or to design a more comprehensively argued, and therefore more defensible, policy position" (Hoppe 1993: 98).

Ein **primär methodologisch ausgerichtetes Verständnis des „argumentative turn"** ist auch für Autoren anschlussfähig, die ansonsten ein grundlegend anders angelegtes Konzept von Policy-Analyse vertreten und den wissenschaftstheoretischen Begründungen wie auch den politischen Implikationen der vorgeschlagenen argumentativen Wende eher skeptisch bis ablehnend gegenüberstehen. So weist etwa Weimer (1998), der selbst eine „craft perspective", also ein handwerkliches Verständnis von Policy-Analyse vertritt (Weimer/Vining 1999), dem „argumentativen" Ansatz eine produktive Funktion bei der Herstellung von Policy-Studien zu, wenn es um die Analyse der Ziele, Werte und Interessen von potentiellen „stakeholders" geht.

4   Policy-Analysten als Anwälte von Argumenten?

So umfassend und differenziert ihre argumentativen Analysen nach wissenschaftlichen Maßstäben auch immer ausfielen – um ihre Arbeit wirklich gut zu machen, so die praxisbezogene Forderung der Vertreter eines „argumentative turn", dürften Policy-Analysten sich nicht allein auf die „interne" Überzeugungskraft ihrer Argumente innerhalb der „policy analysis community" verlassen. Sie müssten vielmehr Argumente präsentieren, die nicht nur „internally coherent" sind, sondern auch „externally compelling" und das hieße: „persuasively gauged to real and thus diverse audiences" (Fischer/Forester 1993a: 4-5). Rationale Analyse von Argumenten ist nur die interne Seite der Arbeit von Policy-Analysten, die **wirkungsvolle Artikulation von Argumenten im politischen Prozess** ist die externe, für einige Vertreter der argumentativen Wende ungleich wichtigere Herausforderung. Analyse ohne Artikulation – so ihr Ausgangspunkt – ist eine politisch wirkungslose Analyse: sie macht keinen Unterschied für den politischen Prozess.

Was folgt aus dieser Forderung? Um der argumentativen Funktion der Policy-Analyse auch **nach außen** hin gerecht zu werden und unterschiedliche Adressatengruppen wirksam überzeugen zu können, so etwa die viel zitierten Überlegungen von Majone (1989), müssen die Policy-Analysten Fähigkeiten entwickeln, die über die Beherrschung traditioneller analytischer Methoden aus dem Bereich von Operations Research und mathematischer Modellbildung hinausgehen. Zur Beherrschung formaler statistischer Methoden bei der Analyse müssen **klassische rhetorische Fähigkeiten des adressatenspezifischen und publikumsbezogenen öffentlichen Argumentierens** hinzukommen:

> „... if the purpose of policy analysis is not simply to find out what is a good or satisfactory policy but to ensure that the policy will actually be chosen and implemented, the traditional skills are not sufficient. The analyst must also learn rhetorical and dialectic skills – the ability to define a problem according to various points of view, to draw an argument from many different sources, to adapt the argument to the audience, and to educate public opinion" (Majone 1989: xii).

Wenn die Policy-Analysten versuchen, ihren Analysen im politischen Prozess Gehör zu verschaffen, dann wird die traditionell immer wieder betonte, scharfe Trennung zwischen professioneller Policy-Analyse einerseits, „policy advocacy" und „policy deliberation" andererseits allerdings fragwürdig. Policy-Analysten müssen sich – so Majone (1989) – verabschieden vom alten „image of technical, nonpartisan problem solvers". Suchte das alte Image des „analyst as problem solver" Parallelen zum Bild eines Wissenschaftlers oder Ingenieurs, so entspricht das neue, für Majone realitätsgerechtere Bild des Policy-Analysten eher der **Rolle eines Anwalts**:

> „The policy analyst is a producer of policy arguments, more similar to a lawyer – a specialist in legal arguments – than to an engineer or a scientist. His basic skills are not algorithmical but argumentative: the ability to probe assumptions critically, to produce and evaluate evidence, to keep many threads in hand, to draw for an argument from many disparate sources, to communicate effectively. He recognizes that to say anything of importance in public policy requires values judgements, which must

be explained and justified, and is willing to apply his skills to any topic relevant to public discussion" (Majone 1989: 21-22).

Hat man den sicheren Hort des Modells „analysis as science" mit seinen klaren Grenzen zwischen Wissenschaft und Politik erst einmal verlassen und sich auf das Konzept „analysis as argument" eingelassen, dann führt eine so verstandene argumentative Wende offenbar rasch noch einen Schritt weiter hin zu einem Verständnis von „analysis as persuasion" (vgl. White 1994). Welche Konsequenzen ergeben sich daraus für das **Selbstverständnis und die Rolle von Policy-Analysten** im politischen Prozess?

Majone (1989) begründet diesen Schritt hin zu einer rhetorisch-persuasiven Orientierung von Policy-Analysten gegenüber ihren Adressaten und einer breiten Öffentlichkeit nicht nur mit wissenschaftstheoretischen Einwänden gegen ein positivistisches Wissenschaftsmodell und praktischen Problemen eines dezisionistischen Modells von Politikberatung. Für ihn kommen **normative Erwartungen an den Beruf des Policy-Analysten in einer Demokratie** hinzu. Diese sieht er nicht zuletzt in der Förderung von innovativen Problemlösungen, etwa im Rahmen von Machbarkeitsstudien:

> *„... the job of the analyst is not only to find solutions within given constraints, but also to push out the boundaries of the possible in public policy. Major policy break- throughs become possible only after public opinion has been persuaded to accept new ideas. But new ideas face powerful intellectual and institutional obstacles. Economic, bureaucratic, and political interests combine to restrict the range of options that are submitted to public deliberation or given serious consideration by the experts" (Ma- jone 1989: 35-36). Denkt man diese Forderung nach Wirksamkeit von Policy- Analysen im politischen Prozess weiter, dann folgt daraus: „... objective analysis, un- assisted by advocacy and persuasion, is seldom sufficient to achieve major policy in- novation, Thus, in order to be effective, an analyst must often be an advocate as well" (Majone 1989: 36).*

Die neue Rolle des Advokaten soll das alte Selbstverständnis des problembezogenen Analy- tikers dabei nicht einfach ersetzen. Sie tritt allerdings ergänzend hinzu, wenn es darum geht, die Ergebnisse von Policy-Analysen im politischen Prozess wirksam werden zu lassen. Der **Konflikt zwischen wissenschaftlicher Integrität und praktischer Effektivität** wird da- nach nicht grundsätzlich einseitig aufgelöst, in dem man sich ganz von der einen auf die andere Seite schlägt. Die Frage nach dem Verhältnis von rationaler Analyse und rhetorisch- persuasiver Argumentation stellt sich in der Praxis von Policy-Analysten nicht grundsätzlich, sondern kontext- und situationsabhängig.

Will man überhaupt Aufmerksamkeit für die Ergebnisse von Policy-Analysen in der Politik erzeugen, politische Unterstützung für neue Ideen gewinnen und vorhandene institutionelle Trägheiten überwinden, dann ist der Rückgriff auf rhetorisch-persuasiv angelegte, funktional auf Zustimmungsgewinn ausgerichtete Formen der Argumentation für praktisch tätige Poli- cy-Analysten nicht zu vermeiden. „The practical question, therefore, is not whether to use persuasion, but which form of persuasion to use and when" (Majone 1989: 37).

Obwohl dieses Bild vom Policy-Analysten als Anwalt bei Umfragen unter praktisch tätigen Analysten überwiegend als zutreffend bezeichnet wurde (Durning/Osuna 1994), ist für einige andere Theoretiker der Policy-Analyse bei diesem offenen Imagewechsel hingegen eine Grenze überschritten, die es aus **berufsethischen** oder **professionspolitischen** Gründen doch besser zu erhalten gelte. Ist der Anspruch auf positivistische Objektivität und Wertneutralität erst einmal aufgegeben, so die Befürchtung, dann erscheint Policy-Analyse rasch als „käuflich", bestenfalls als eine Stimme unter vielen anderen im Kampf um Meinungen und Ideen. Soviel scheint klar: Wenn sie sich als Anwalt in einer öffentlichen Streitfrage oder für eine Interessengruppe engagieren, ergreifen Policy-Analysten offenkundig **Partei** und können nicht mehr die Rolle von neutralen „Sachverständigen" reklamieren, die für die mühsam erkämpfte Anerkennung als Profession so wichtig gewesen ist. Ob nun als „issue advocate" oder als „client's advocate", mit dem offenen Abschied der Policy-Analysten von der Rolle des „objective technician" (Weimer/Vining 1999: 44-47) wird auch der **Anspruch der Policy-Analyse auf unparteiliche Analyse** von „public policies" fraglich (vgl. Weiss 1991: 321-329).

Hat sich damit auch die Erwartung der Gründergeneration erledigt, die „policy science"-Orientierung „will be directed toward providing the knowledge needed to improve the practise of democracy" (Lasswell 1951: 15)? Ein **advokatorisches Verständnis von Policy-Analyse**, so die Kritik von Jennings (1993: 104), scheint hier zunächst den Ausweg zu verbauen und im Hinblick auf die demokratischen Ambitionen der „policy science"-Bewegung nur defätistische Konsequenzen übrig zu lassen:

> *„... policy analysis as advocacy maintains that policy advice will inevitably be informed by some particularistic interests that can be balanced but cannot be transformed into a more public-regarding civitas. One has either objective knowledge (as positivistic policy science claimed to provide) or subjective opinion; there is no middle ground."* Wer mit dieser Alternative aus normativen Gründen unzufrieden ist, muss Ausschau halten nach einer Form von *„public policy analysis that can move beyond pluralistic advocacy and interest group liberalism"* (Jennings 1993: 102).

5   Diskursive Verfahren

Wie kann die Policy-Analyse konstruktiv mit den Problemen wachsender kognitiver Unsicherheit in der Wissenschaft und zunehmender Pluralisierung von Weltbildern, Werten und Interessen in der Politik umgehen? Wie ist die in Aussicht genommene **Integration** der Forderungen nach institutionell vermittelbarer und **politisch wirksamer Argumentation** mit den inhaltlichen und methodologischen Anforderungen einer **rationalen Analyse** auf der Ebene praktischen Handelns zu denken?

Die konzeptionellen Antworten, die hier von den meisten Vertretern eines „argumentative turn" auf die anerkannte doppelte Herausforderung der Policy-Analyse in einer Demokratie gegeben werden, lassen sich unter den Stichworten **Partizipation** und **Prozeduralisierung** zusammenfassen. Die Antwort auf die Vermittlungsprobleme von Policy-Analysen in einer Demokratie besteht – verkürzt gesagt – in der **Demokratisierung der Policy-Analyse** selbst.

Diese praktische Konsequenz ziehen auch Policy-Theoretiker, die den wissenschaftstheoretischen Begründungen des „argumentative turn" eher skeptisch gegenüberstehen, die Rückkehr zu den Intentionen von Lasswells (1951) „policy sciences of democracy" aber begrüßen (deLeon 1997). Der Rekurs auf die Gründergeneration bietet hier eine Brücke. Bereits in den frühen Beiträgen Lasswells läßt sich eine „methodologisch-politische Konvergenz" ausmachen, in deren Zentrum „Partizipation" steht (Torgerson 1986: 42).

Die Ausweitung der **Partizipation** auf Bürger und gesellschaftliche Gruppen, die möglicherweise von den untersuchten Policies betroffen sind oder die an ihrer effektiven Umsetzung mitwirken müssen, soll die Defizite des bisher dominierenden Modells einer Politikberatung von Experten für Eliten beheben. Partizipation, so die Hoffnung, erlaubt eine bessere Erschließung des lokalen Wissens von Akteuren vor Ort und ermöglicht eine umfassendere Einbeziehung der Problemwahrnehmungen und Problembewertungen der beteiligten Bürger und Interessengruppen. Die partizipative Öffnung der bisher eher geschlossenen Analyse- und Beratungskanäle soll allerdings nicht ungeregelt erfolgen, sondern aufgabenbezogen in strukturierten **Verfahren** durchgeführt werden.

Die Grundidee dieser Form von partizipativer, prozedural geordneter Problemanalyse besteht darin, erweiterte Beteiligungsmöglichkeiten in analytisch-deliberativen Verfahren mit diskursiver Aufklärung und wechselseitiger Kritik zu verbinden – und zwar so, dass dies sowohl vom Prozess als auch vom Ergebnis her gesehen einer problembewussten demokratischen Bürgerschaft förderlich ist. Die vielfältigen Vermittlungsprobleme, die bei eher exklusiven Formen der Politikberatung zwischen wissenschaftlich fundierten Analysen von Experten einerseits und ihren Adressaten im politischen System andererseits oft beschrieben und beklagt wurden, sollen durch eine **intelligente Kombination von wissenschaftlicher Analyse und öffentlicher Deliberation** in geordneten Verfahren verringert werden. Was sonst im politischen Prozess eher selten ist, soll hier durch eine argumentationsorientierte Strukturierung der Verfahren sowie durch ein begleitendes argumentatives „enlightenment" und „empowerment" möglichst weitgehend gewährleistet werden: dass außer dem Zwang des besseren Argumentes keine politischen Restriktionen für den offenen Diskurs unter Freien und Gleichen bestehen.

Um die Kombination von Beteiligung und Verfahren zu charakterisieren, die mit dem „argumentative turn" anvisiert wird, gebraucht Dryzek (1990) übergreifend den Begriff von „discursive designs" – und macht damit zugleich deutlich, dass die **Aufgabe der Policy-Analytiker in einer partizipativ geöffneten und prozeduralisierten Policy-Analyse** zunächst einmal darin besteht, eine Struktur für die Verfahren zu entwerfen, in deren Rahmen die Policy-Probleme dann von den Beteiligten analysiert und bewertet werden sollen. Wenn sie keine vorgegebenen Verfahrensdesigns übernehmen (müssen), dann werden Policy-Analysten danach zuerst als **Konstrukteure** und ggf. auch als **Koordinatoren** von **Verfahren** tätig, bevor sich in einem zweiten Schritt die Frage stellt, welche Rolle sie innerhalb dieser analytisch-deliberativen Verfahren übernehmen (vgl. dazu Saretzki 2005: 359-366).

Wenn man fragt, welche Verfahren von den Vertretern des „argumentative turn" vorgeschlagen werden, um die angesprochene Integrationsaufgabe besser als bisher zu bewältigen, und welche Rollen Policy-Analysten in diesen Verfahren übernehmen sollen, dann zeigen sich nicht nur Gemeinsamkeiten, sondern auch Unterschiede. Das ist nicht weiter verwunderlich, wenn man sich klar macht, dass mit dem Schritt von „analysis as argument" zu „analysis as procedure" ein neuer **Möglichkeitsspielraum für Verfahrensstrukturierung und -kombinatorik** eröffnet wird, der – je nach Kontext, Aufgabe und Beteiligungsmodell – in sachlicher, sozialer, zeitlicher und institutioneller Hinsicht unterschiedlich konkretisiert werden kann – auch wenn weitgehend Einigkeit darüber herrscht, dass die Verfahren sowohl „partizipativ" als auch „diskursiv" anzulegen sind.

Um eine Antwort für die genannte Integrationsaufgabe zu geben, unterscheidet Duncan MacRae (1993: 296) zwischen einem eher **konsensuell orientierten, professionell geleiteten Policy-Diskurs**, in dem man zu einer begründeten Auswahl von Problemlösungsvorschlägen kommt, und einem **adversativ angelegten Diskurs**, in dem persuasiv orientiertes Argumentieren dominiert:

> „...we can ... distinguish two types of policy discourse: in the first, more consensual (‚proposal selection') policy proposals are selected within a like-minded group in terms of shared values possibly related to the public interest; in the second (‚argumentation'), the selected proposals are then advanced in more adversarial competition in the larger, less consensual, political community".

Beide Diskurstypen haben unterschiedliche Aufgaben, Adressaten und Regeln, für beide lassen sich unterschiedliche „Guidelines" und Rollenanforderungen für Policy-Analysten formulieren (MacRae 1993: 300-312).

Unterschiede zwischen den vorgeschlagenen diskursiven Designs und den damit verbundenen **Aufgabenbeschreibungen für Policy-Analytiker** hängen auch damit zusammen, wie die Partizipationsforderung jeweils interpretiert und in konkrete Repräsentations- und Beteiligungsmodelle übersetzt wird. So befürwortet deLeon (1997) vornehmlich eine Form der **partizipatorischen Policy-Analyse**, die vor allem auf eine Beteiligung von einzelnen Bürgern setzt. Diese sollen in ihrem gemeinwohlorientierten Bürgersinn angesprochen und gestärkt werden. Demgegenüber verweist Fischer (1993) vorwiegend auf Fälle, in denen direkt betroffene Interessengruppen an partizipatorischen Projekten beteiligt werden. In diesen Projekten übernimmt der Policy-Analytiker die Rolle des „interpretierenden Mediators zwischen theoretischem Wissen und konkurrierenden praktischen Argumenten" (Fischer 1993: 467). Darüber hinaus sieht Fischer den Policy-Analytiker auch in der Rolle eines „Faciliator" – mit der Aufgabe, „Betroffene zu lehren, Klarheit zu gewinnen und selbst zu entscheiden" (Fischer 1993: 465).

Dryzek (1995) schließlich sieht die Aufgaben des Policy-Analytikers in diskursiven Verfahrens zu allererst in der prozeduralen und interaktiven Dimension: Seine Rolle besteht vor allem darin, auf die Bedingungen zu achten, unter denen sich die Diskussion zwischen den Beteiligten vollzieht (vgl. auch die programmatische Weiterentwicklung zu einer „critical policy analysis" bei Dryzek 2006). Damit zeigt sich: Die Vorschläge zur argumentativen Integration der doppelten, analytisch und politisch bedingten Anforderungen an die Policy-

Analyse sind nicht zuletzt von unterschiedlichen **Vorstellungen über das anzustrebende Demokratiemodell** geprägt und spiegeln insoweit die Konfliktlinien, die für die neuere demokratietheoretische Diskussion generell kennzeichnend sind: direkte Partizipation vs. Repräsentation, Bürger- vs. Interessengruppendemokratie, aggregative vs. deliberative Demokratie (Saretzki 1998).

6   Diskurskoalitionen

Ob sie nun als Advokaten auftreten oder im Rahmen von diskursiven Designs versuchen, ihren Argumenten Geltung zu verschaffen – skeptische Zeitgenossen werden weiter fragen, ob und wie es den Policy-Analysten gelingen kann, tatsächlich auf den politischen Prozess einzuwirken: **Does Analysis matter?** Do Analysts matter? In dem Maße, wie die Argumente der Policy-Analysten erfolgreich sind, müssten sie den politischen Prozess auf eine irgendwie feststellbare Art und Weise verändern. Um diese Frage nach den externen Wirkungen einer argumentativ ausgerichteten Policy-Analyse zu beantworten, muss man die Perspektive des problembezogen argumentierenden Policy-Analysten zunächst verlassen und das Zusammenspiel von Policy-Analyse und politischem Prozess von außen aus der Perspektive eines externen Prozessbeobachters in den Blick nehmen. Das meistzitierte konzeptionelle Angebot, das dazu von Autoren des „argumentative turn" vorgelegt wurde, heißt **„Diskurskoalitionen"**.

Nach der Interpretation, die Hajer (1993) diesem Konzept gibt, bilden Akteure aus verschiedenen sozialen Zusammenhängen eine Koalition, die versucht, eine bestimmte Definition eines Problems (in seinem Fall: „saurer Regen") mit Hilfe von narrativen Darstellungen – „story lines" – gegenüber anderen Problembeschreibungen durchzusetzen:

> *„A discourse coalition is thus the ensemble of a set of story lines, the actors that utter these story lines, and the practises that confirm to these story lines, all organized around a discourse. The discourse coalition approach suggests that politics is a process in which different actors from various backgrounds form specific coalitions around specific story lines" (Hajer 1993: 47, vgl. auch Hajer 2008: 217-219).*

Wirkung auf den politischen Prozess können wissenschaftliche Experten und Policy-Analysten nach dieser Konzeption u.a. dann entfalten, wenn sie problemdefinierende „story lines" erzeugen und dazu beitragen, dass ihre Problemdefinitionen zum Kristallisationspunkt einer Diskurskoalition werden. Eine solche Diskurskoalition kann als **erfolgreich** gelten, wenn sie zwei **Bedingungen** erfüllt: sie muss den „diskursiven Raum" um ein Problem dominieren, d. h. „central actors are persuaded by, or forced to accept, the rhetorical power of a new discourse (condition of discourse structuration)". Und die damit dominierende Diskurstrukturierung sowie die zugehörigen Praktiken müssen in dem Politikfeld institutionalisiert werden, d.h. „the actual policy process is conducted according to the ideas of a given discourse (condition of discourse institutionalization)" (Hajer 1993: 48). Misslingt diese Institutionalisierung (wie Hajer am Beispiel des Diskurses „ökologische Modernisierung" zum sauren Regen in Großbritannien zeigt), so kann eine Diskurskoalition zwar den diskursiven Raum zu einem Problem dominieren, aber auf der Ebene der materiellen Problembearbeitung in einem Politikfeld weitgehend erfolglos bleiben.

Die Frage nach der Wirkung von intern und extern überzeugenden Argumenten in einem Politikfeld weist damit analytisch über einen argumentations- oder diskurszentrierten Ansatz im engeren Sinne hinaus. Erfolg oder Scheitern lassen sich nach dem Konzept von Hajer nur durch eine Analyse erfassen, die auf einer **diskursanalytischen** und auf einer **institutionenbezogenen** Ebene vorgeht. Dazu heißt es etwa bei Hajer (1993: 45):

> „*The real challenge for argumentative analysis is to find ways of combining the analysis of the discursive production of reality with the analysis of the (extradiscursive) social practices from which social constructs emerge and in which actors that make these statements engage.*"

7   Die „argumentative Wende" in der Policy-Analyse: Fragen und Gegenargumente

Die Argumente für einen „argumentative turn" in der Policy-Analyse müssen, wenn man der vorgeschlagenen „argumentativen Wende" folgt, selbst auf den Prüfstand der Kritik und mit kritischen Fragen und möglichen Gegenargumenten konfrontiert werden. Wenigstens einige der grundlegenden Fragen, die sich bei einer Analyse der vorgetragenen Argumente für eine „argumentative Wende" stellen, sollen hier im Stile einer immanenten Kritik vorgebracht werden. Diese Fragen richten sich auf die Prämissen der Argumentation, die in den Ausgangspunkten formuliert werden, auf die Kohärenz der Argumentation, die sich bei einem Zusammenziehen der verschiedenen theoretischen und empirischen Quellen des „argumentative turn" ergibt, und auf die Reichweite der analytischen Perspektive, die mit einem Einschwenken auf die argumentative Wende verbunden ist.

Dabei fällt zuerst die „realistische" Präsentation der Ausgangspunkte ins Auge. Am Anfang des „argumentative turn", so Fischer und Forester (1993: 2), steht die profunde Einsicht: Policy Analyse und Planung sind praktische Prozesse der Argumentation. Eine theoretisch unvermittelte **„realistische" Sicht** auf die Wirklichkeit ist mit der überwiegend vertretenen post-positivistischen Erkenntnis- und Wissenschaftstheorie allerdings nicht ohne weiteres vereinbar. Die Praxis der Policy-Analyse realistisch sehen heißt nach der hier vorgetragenen Argumentation, sie als praktischen Argumentationsprozess sehen. Ganz so „selbstevident" ist es bei näherer Betrachtung freilich nicht, dass sich die Praxis der Policy-Analyse eindeutig als Argumentationsprozess und nur als solcher präsentiert.

In vielerlei Hinsicht – etwa bei der Festlegung der Rahmenbedingungen und der Präzisierung der Fragestellungen, dem Umfang und dem Differenzierungsgrad der Untersuchung – stellt sich die Praxis der Policy-Analyse nicht nur als Argumentations-, sondern auch als Verhandlungsprozess dar. Auch Diskussionsforen, auf denen eigentlich nur die Kraft des besseren Argumentes zählen soll, lassen sich bei einer genaueren empirischen Untersuchung als „verhandelte Diskurs" analysieren. **Verhandeln** ist aber nicht dasselbe wie **Argumentieren**. Wenn diese Unterscheidung Sinn macht, dann ergeben sich daraus zwei Anschlussfragen:

- Braucht man neben der Argumentationstheorie auch eine Verhandlungstheorie, um Kommunikationsprozesse angemessen analysieren zu können?
- Beruht die profunde Ausgangsannahme des „argumentative turn" über das, was Policy-Analyse und Planung „sind", allein auf einer „realistischen", empirischen Einsicht in ihr „Sein", oder gehen hier bereits normative Annahmen ein über das, was Policy-Analyse und Planung sein sollen?

„Public Policy is made of language" heißt es am Anfang des Buches von Majone (1989: 1). „Language only?" ist man versucht zu fragen. Will sagen: Politische Programme oder Projekte werden offenkundig nicht nur aus **Sprache** gemacht. Der Prozess des „policy making" und die Funktionsweise von Policies – beides geht auch mit der Allokation von ökonomischen Ressourcen, der Setzung von sanktionsbewehrten rechtlichen Regeln und anderen „materiellen" Umstrukturierungen einher, die nicht nur aus Sprache bestehen. Wie werden diese nicht-sprachlichen Dimensionen von politischen Prozessen und Programmen im Rahmen eines Ansatzes erfasst, der die Sprache ins Zentrum der Policy-Analyse rückt?

Die Autoren des „argumentative turn" betonen in ihren Fallstudien die **Bedeutung des gesellschaftlichen und politischen Kontextes**, in dem politische Akteure argumentieren und Policy-Analysten Argumente analysieren und rekonstruieren. Ein Text erhält seine politische Bedeutung immer erst in einem Kontext, der selbst nicht nur aus anderen Texten besteht. Argumentations- und Diskursanalysen untersuchen zunächst einmal Text:

- mit welchen Konzepten und Kategorien wird dann der Kontext analysiert, in dem diese Texte produziert und interpretiert werden?
- Lässt sich dieser Kontext überhaupt im Rahmen einer analytischen Perspektive erfassen, die selbst primär auf Argumentationsprozesse ausgerichtet ist?
- Oder muss die Argumentationsanalyse durch eine (nicht-argumentative) Kontextanalyse ergänzt werden, um auch die „extradiskursiven" Bedingungen des Argumentierens angemessen berücksichtigen zu können?

8   Literatur

deLeon, Peter, 1988: Advice and Consent. The Development of the Policy Sciences, New York.

deLeon, Peter, 1997: Democracy and the Policy Sciences, Albany, NY.

Dryzek, John S., 1990: Discursive Democracy. Politics, Policy, and Political Science, Cambridge (u.a.).

Dryzek, John S., 1993: Policy Analysis and Planning: From Science to Argument, in: Frank Fischer/John Forester (Hrsg.), 213-232.

Dryzek, John S., 1995: Critical Theory as a Research Program, in: Stephen K. White (Hrsg.): The Cambridge Companion to Habermas, Cambridge, 97-119.

Dryzek, John S., 2006: Policy Analysis as Critique, in: Michael Moran/Martin Rein/Robert E. Goodin (Hrsg.), The Oxford Handbook of Public Policy, Oxford, 190-203.

Dunn, William N., 1993: Policy Reforms as Arguments, in: Frank Fischer/John Forester (Hrsg.), 254-290.

Durning, Dan, 1995: Review of: Frank Fischer and John Forester, eds., The Argumentative Turn in Policy Analysis and Planning, in: Policy Sciences, Vol. 28, No. 1, 102-108.

Durning, Dan/Osuna, Will, 1994: Policy Analysts' Role and Value Orientations: an Empirical Investigation using Q Methodology, in: Journal of Policy Analysis and Management, Vol. 13, 629-657.

Fischer, Frank, 1980: Politics, Values and Public Policy: The Problem of Methodology, Boulder, CO.

Fischer, Frank, 1993: Bürger, Experten und Politik nach dem „Nimby"-Prinzip: ein Plädoyer für die partizipatorische Policy-Analyse, in: Adrienne Héritier (Hrsg.), Policy-Analyse. Kritik und Neuorientierung, Opladen, 451-470.

Fischer, Frank, 1995: Evaluating Public Policy, Chicago.

* Fischer, Frank, 2003: Reframing Public Policy. Discursive Politics and Deliberative Practises, Oxford.

Fischer, Frank/Forester, John, 1993a: Editors' Introduction, in: Frank Fischer/John Forester (Hrsg.), 1-17.

* Fischer, Frank/Forester, John (Hrsg.), 1993b: The Argumentative Turn in Policy Analysis and Planning, Durham, London.

Fischer, Frank/Miller, Gerald J./Sidney, Mara S. (Hrsg.), 2007: Handbook of Public Policy Analysis. Theory, Politics, and Methods, Boca Raton, London, New York.

Forester, John, 1993: Learning from Practise Stories: The Priority of Practical Judgement, in: Frank Fischer/John Forester (Hrsg.), 186-209.

Gasper, Des, 1996: Analysing Policy Arguments, in: Raymond Apthorpe/Des Gasper (Hrsg.), Arguing Development Policy: Frames and Discourses, London/Portland, 36-62.

Gottweis, Herbert, 2006: Argumentative Policy Analysis, in: B. Guy Peters/Jon Pierre (Hrsg.), Handbook of Public Policy, London (u.a.), 461-479.

Janning, Frank/Toens, Katrin (Hrsg.), 2008: Die Zukunft der Policy-Forschung. Theorien, Methoden, Anwendungen, Wiesbaden.

Hajer, Maarten A., 1993: Discourse Coalitions and the Institutionalizations of Practise: The Case of Acid Rain in Great Britain, in: Frank Fischer/John Forester (Hrsg.), 43-76.

Hajer, Maarten A., 2008: Diskursanalyse in der Praxis: Koalitionen, Praktiken, Bedeutung, in: Frank Janning/Katrin Toens (Hrsg.), 211-222.

Hoppe, Robert, 1993: Political Judgement and the Policy Cycle: The Case of Ethnicity Policy Arguments in the Netherlands, in: Frank Fischer/John Forester (Hrsg.), 77-100.

Jennings, Bruce, 1993: Counsel and Consensus: Norms of Argument in Health Policy, in: Frank Fischer/John Forester (Hrsg.), 101-114.

Kaplan, Thomas J., 1986: The Narrative Structure of Policy Analysis, in: Journal of Policy Analysis and Management, Vol. 5, No. 4, 761-778.

Kaplan, Thomas J., 1993: Reading Policy Narratives: Beginnings, Middles, and Ends, in: Frank Fischer/John Forester (Hrsg.), 167-185.

Lasswell, Harold D., 1951: The Policy Orientation, in: Daniel Lerner/Harold D. Lasswell (Hrsg.), 3-15.

Leggewie, Claus (Hrsg.), 2007: Von der Politik- zur Gesellschaftsberatung. Neue Wege öffentlicher Konsultation, Frankfurt/New York.

Lerner, Daniel/Lasswell, Harold D. (Hrsg.), 1951: The Policy Sciences. Recent Developments in Scope and Method, Palo Alto, CA.

MacRae, Duncan Jr., 1993: Guidelines for Policy Discourse: Consensual versus Adversarial, in: Frank Fischer/John Forester, 291-318.

* Majone, Giandomenico, 1989: Evidence, Argument and Persuasion in the Policy Process, New Haven, London.

Rein, Martin/Schön, Donald, 1993: Reframing Policy Discourse, in: Frank Fischer/John Forester (Hrsg.), 145-166.

Rich, Robert F./Oh, Cheol H., 1994: The Utilization of Policy Research, in: Stuart S. Nagel (Hrsg.), Encyclopedia of Policy Studies (Second Edition), New York (u.a.), 69-92.

Roe, Emery, 1994: Narrative Policy Analysis: Theory and Practise, Durham, NC.

Saretzki, Thomas, 1998: Post-positivistische Policy-Analyse und deliberative Demokratie, in: Michael Th. Greven/Herfried Münkler/Rainer Schmalz-Bruns (Hrsg.), Bürgersinn und Kritik. Festschrift für Udo Bermbach zum 60. Geburtstag, Baden-Baden, 297-321.

Saretzki, Thomas, 2005: Welches Wissen – wessen Entscheidung? Kontroverse Expertise im Spannungsfeld von Wissenschaft, Öffentlichkeit und Politik, in: Alexander Bogner/Helge Torgersen (Hrsg.), Wozu Experten? Ambivalenzen der Beziehung von Wissenschaft und Politik, Wiesbaden, 345-369.

Saretzki, Thomas 2006: Policy-Analyse und Politikwissenschaft, in: Hubertus Buchstein/Rainer Schmalz-Bruns (Hg.) 2006: Politik der Integration. Symbole, Repräsentation, Institution, Baden-Baden, 229-246.

Saretzki, Thomas 2007: The Policy Turn in German Political Science, in: Frank Fischer/Gerald J. Miller/Mara S. Sidney (Hrsg.), 587-602.

Saretzki, Thomas, 2008: Policy-Analyse, Demokratie und Deliberation: Theorieentwicklung und Forschungsperspektiven der „Policy Sciences of Democracy", in: Frank Janning/Katrin Toens (Hrsg.), 34-54.

Schön, Donald A./Rein, Martin, 1994: Frame Reflection. Toward the Resolution of Intractable Policy Controversies, New York.

Schubert, Klaus, 1991: Politikfeldanalyse. Eine Einführung, Opladen.

Torgerson, Douglas, 1986: Between Knowledge and Politics: Three Faces of Policy Analysis, in: Policy Sciences 19, 33-59.

van Eeten, Michel J.G. 2007: Narrative Policy Analysis, in: Frank Fischer/Gerald J. Miller/Mara S. Sidney (Hrsg.), 251-269.

Weimer, David L., 1998: Policy Analysis and Evidence: A Craft Perspective, in: Policy Studies Journal, Vol. 26, No. 1, 114-128.

Weimer, David L./Vining, Aidan R., 1998: Policy Analysis. Concepts and Practise (Third Edition), Upper Saddle River, NJ.

Weiss, Carol, 1977: Research for Policy's Sake: The Enlightenment Function of Social Research, in: Policy Analysis, Vol. 3, No. 4, 531-545.

Weiss, Carol Hirschon, 1991: Policy Research: Data, Ideas, or Arguments?, in: Peter Wagner/Carol Hirschon Weiss/Björn Wittrock/Helmut Wollmann (Hrsg.), Social Sciences and Modern States, Cambridge (u.a.), 307-332.

White, Louise G., 1994: Policy Analysis as Discourse, in: Journal of Policy Analysis and Management, Vol. 13, No. 3, 506-525.

Wildavsky, Aaron, 1979: Speaking Truth to Power. The Art and Craft of Policy Analysis, Boston.

Verständnisfragen

1. Worin besteht die doppelte Herausforderung, von der Frank Fischer und John Forester bei ihren Überlegungen für eine argumentative Wende in der Policy-Analyse ausgehen?

2. Welche unterschiedlichen Interpretationen der argumentativen Wende lassen sich unterscheiden? Warum sollten Policy-Analytiker eine solche Wende vollziehen?

3. Wie sind die Paradigmen "analysis as science" und "analysis as argument" zu interpretieren? Wie wird der Wechsel vom ersten zum zweiten Paradigma begründet?

4. Wie sind die Begriffe „Stories", „Counterstories" und „Non-Stories" zu verstehen? Was ist mit einem „Meta-Narrativ" gemeint und wie kommt dieses zustande?

5. Welche Folgen hat die Weiterentwicklung der Policy-Analyse in Form von partizipativ angelegten, diskursiven Verfahren für die Aufgaben der Policy-Analytiker?

6. Wie lässt sich eine Diskurskoalition definieren?

Transferfragen

1. Welche Konsequenzen können Unterschiede im professionellen Selbstverständnis eines Policy-Analysten für Anlage, Durchführung und Ergebnis einer Policy-Studie sowie für die Vermittlung ihrer Empfehlungen gegenüber Auftraggebern und der Öffentlichkeit haben? Beschreiben Sie die Konsequenzen, die sich aus unterschiedlichen idealtypischen Rollen des Policy-Analysten ergeben, am Beispiel einer Studie zu einem aktuellen Policy-Problem!

2. Welche Wirkungen können argumentationsorientierte Policy-Analysen im politischen Prozess entfalten und wie lassen sich solche Wirkungen empirisch untersuchen? Skizzieren Sie ein Design für die Untersuchung der Wirkungen des Handelns von Policy-Analysten am Beispiel einer ausgewählten Policy mit Hilfe des Konzepts der Diskurskoalitionen!

Problematisierungsfragen

1. Stimmt die Annahme, dass öffentliche Policies „aus Sprache gemacht" sind?

2. Treten Policy-Analysten als Anwälte von Argumenten auf, sollten sie dies tun? Welche Konsequenzen sind mit einem advokatorischen Verständnis von Policy-Analyse verbunden?

3. Vertreter der argumentativen Wende haben eine Demokratisierung der Policy-Analyse gefordert. Diskutieren Sie die Voraussetzungen und Folgen, die mit der Ausweitung der Beteiligung über den Kreis von wissenschaftlich ausgewiesenen Experten hinaus auf Bürger und Vertreter gesellschaftlicher Gruppen verbunden sind – für die Policy-Studien selbst und für den politischen Prozess, in dem diese Policy-Studien als Beratungsangebote genutzt werden sollen!

Deutsche Policy-Forschung aus kritischer Perspektive[1]

Michael Th. Greven

1 Die anfängliche Verunsicherung des Faches durch die Policy-Forschung

1984 fand im Leibniz-Haus in Hannover auf Initiative des damaligen Vorsitzenden der „Deutschen Vereinigung für Politische Wissenschaft" (DVPW), des Hamburger Politologen Hans-Hermann Hartwich eine erste Bestandsaufnahme über die damals in Deutschland noch ziemliche neue und von wenigen betriebene „Policy-Forschung in der Bundesrepublik Deutschland" statt. Die Konferenz unter prominenter Beteiligung von Vertretern des Faches sollte damals deren "Selbstverständnis und Verhältnis zu den Grundfragen der Politikwissenschaft" (Hartwich 1985) erhellen.

Allein die Tatsache dieser Konferenz und die dort lebendig bis kontrovers geführten Diskussionen, die der dokumentierende Band nur unzureichend wieder zu geben vermag, zeigt noch im Nachhinein, wie sehr sich ein Teil der in den 1970er Jahren gerade erst im Universitäts- und Wissenschaftssystem angekommen glaubenden Disziplin durch diesen vorwiegend aus den USA importierten Neuansatz herausgefordert fühlte. Die Gründe dafür waren sicher vielfältig, verrieten aber auch eine weiterhin bestehende Unsicherheit der gerade erst etablierten Disziplin, ob mit dem neuen „approach" nicht eine Verunsicherung, wenn nicht gar Auflösung der gerade erst mühsam etablierten Fachdisziplingrenzen verbunden sein könnten. Man muss zum Verständnis dieser Unsicherheit und des damit verbundenen Anerkennungsproblems daran erinnern, dass das nach 1949 nur zögerlich, bis 1960 gerade mal mit knapp zwanzig Professuren – und oft gegen den Widerstand der etablierten Disziplinen wie der

---

1 Bei dem vorstehenden Beitrag handelt es sich um die nur um einige fachgeschichtliche Aspekte ergänzte, leicht überarbeitete Fassung meines Vortrages auf dem Münsteraner Politologentag 2006, zuerst abgedruckt in: K.D. Wolf (Hrsg.), Staat und Gesellschaft – fähig zur Reform? 23. wissenschaftlicher Kongress der Deutschen Vereinigung für Politische Wissenschaft, Baden-Baden 2007, 329 - 339.

Geschichte, der Rechts- und Wirtschaftswissenschaften – etablierte neue Fach in West-
deutschland, erst in der zweiten Hälfte der 1960er Jahre eine auch zahlenmäßig sich nieder-
schlagende Konsolidierung erfahren hatte. Die Unsicherheit hatte aber auch inhaltliche
Gründe, weil die sogenannte Gründergeneration naturgemäß in fachlicher und methodischer
Hinsicht nur eine sehr geringe Kohärenz aufwies und weil aus ihr zwar bedeutende Einzel-
werke und langsam auch standortspezifische Profilierungen sich herausgebildet hatten
(Bleek/Lietzmann 1999: 183-318) die aber nicht darüber hinwegtäuschen konnten, sondern
eher noch dazu beitrugen, dass das nunmehr zahlenmäßig expandierende Fach sich kaum auf
ein konsolidiertes oder gar kanonisiertes Selbstverständnis seiner Fragestellungen, Gegenstände und erst recht Methoden stützen konnte. Auf diese hier nur skizzenhaft in Erinnerung
gebrachte Situation des Faches und die damit einhergehende Unsicherheit wirkte die schnelle, vor allem von Konstanz ausgehende Etablierung des neuen Ansatzes nicht zuletzt deswegen herausfordernd, weil die propagierte Interdisziplinarität, der damit einhergehende Theo-
rieimport aus den Verwaltungs-, Wirtschafts- und Rechtswissenschaften aus einer eher traditionellen Perspektive den erreichten Konsolidierungsstand des Faches zu gefährden schienen.
Wilhelm Bleek, der in seiner „Geschichte der Politikwissenschaft" die Konferenz in Hannover unter der Überschrift „Politikfeldanalyse" beschreibt, zitiert unter anderem Klaus von
Beyme, der vor einer „paradigmatischen Hypertrophie der neuen Forschungsrichtung warnte
(Bleek 2001: 390) und Carl Böhret mit der Sorge, „dass die Logik notwendiger Kompetenz
zur Erforschung unterschiedlicher Politikfelder den Verlust politikwissenschaftlicher Identität" bedeuten könnten (Bleek 2001: 390).

Man darf als Hintergrund dieser Verunsicherung auch nicht vergessen, dass das Fach Anfang
der 1970er Jahre durch die zeitweilige Marxismus-Renaissance in seinen verschiedenen
Varianten bereits eine mächtige Erschütterung seines disziplinären Selbstbewusstseins nur
mühsam überdauert hatte, die auch innerhalb der DVPW – etwa auf dem Hamburger Polito-
logenkongress 1973 unter dem Titel „Politik und Ökonomie" (Narr 1973) – zu heftigen Kontroversen über die Fachidentität geführt hatten. Kurt Tudyka missbrauchte sogar den von der
Frankfurter Schule entliehenen Begriff der „Kritischen Theorie", indem er den „Klassen-
kampf" als das „zentrale Kriterium einer wissenschaftlichen Analyse von Politik" (Tudyka
1973: 23) erkannt haben wollte, während die „Berliner" als Einführung konzipierte „Kritik
der Politischen Wissenschaft" im umfangreichen Schlussteil den Versuch unternahmen,
Politik, Staat und Recht aus der Wertform des Kapitals „abzuleiten" (Blanke/Jürgens/
Kastendiek 1975). Langfristig und untergründig haben die damaligen Konflikte zu der allerdings dann verspäteten und überflüssigen Abspaltung der „Deutschen Gesellschaft für Politische Wissenschaft" 1983 beigetragen – verspätet und überflüssig und letztlich deswegen
erfolglos, weil sich die Gemüter in der zweiten Hälfte der 1970er Jahre beruhigt hatten und
jedenfalls einige der Kontrahenten längst und gerade auch im Bereich der „Politikfeld-
Analysen" (Ellwein 1979) in das wissenschaftliche Gespräch eingetreten waren. Der unter
diesem Titel veranstaltete Augsburger Politologentag 1979 dokumentiert dies einerseits,
andererseits dass semantisch die Bezeichnung des neuen Ansatzes noch zwischen „Policy-"
und dem deutschen „Politikfeld-Forschung" schwankte und schließlich auch, dass sich die
„traditionelle" Politikwissenschaft gut zu behaupten wusste.

In allen diesen Verunsicherungen lag sicher eine Quelle der aufkommenden Diskussionen,
wie sie dann in Hannover und danach – allerdings im Gegensatz zu den frühen 1970er Jahren

eher in Gestalt wechselseitig fruchtbaren wissenschaftlichen Austausches geführt wurden. Diese Episode ist in der sowieso vernachlässigten Fachdisziplingeschichte bisher sicher noch unterbelichtet; nicht zuletzt würde ihr Aufarbeitung zeigen können, wie einige Wissenschaftlerbiographien quer zu den scheinbaren Fronten verliefen, wie beispielsweise ehemals den Marxismus als Alternative zur „bürgerlichen Wissenschaft" propagierende Jungakademiker schließlich als anerkannte Policy-Forscher sich in Hannover und anderswo etablierten.

Mein eigener kleiner Diskussionsbeitrag in Hannover forderte damals aus der Perspektive einer von der Frankfurter Schule beeinflussten „kritischen Politikwissenschaft" (Greven 2006) die weiter zu führende Beschäftigung mit Fragen der „Macht, Herrschaft und Legitimität" als Zentralkategorien der Politikwissenschaft ein (Greven 1985) und war weniger an den skizzierten Fragen der fachlichen und methodischen Integration des Faches interessiert. Die Semantik der damaligen Diskussionen war durch die unterschwellige Opposition von „traditionellem" und neuem „professionellem" Verständnis der Politikwissenschaft geprägt. Im Nachhinein fällt auf, wie sehr die damaligen Diskussionen einer fachspezifischen Bauchnabelschau ähnelten, wie wenig sie wahrnahmen und bewusst reflektierten, dass das innerfachliche Aufkommen der Policy-Forschung und ihres theoretischen und methodischen Rüstzeugs auch durch die veränderte politische und gesellschaftliche Situation der sozialdemokratischen Reformära nach Regierungsübernahme der sozialliberalen Koalition beeinflusst und befördert worden war. Bei Wilhelm Bleek findet sich der knappe richtige Hinweis darauf und die anschließende Feststellung:

> *„Auch nachdem der Schock der Ölkrise von 1974 der Reformeuphorie ein jähes Ende bereitete und unter den Bundeskanzlern Helmut Schmidt und Helmut Kohl die Bewältigung von vielfältigen Krisenproblemen zur hauptsächlichen Staatsaufgabe erhoben wurden (sic!), erlebten Politikfeldanalysen wegen ihrer politikberatenden Funktion eine ungeahnte Konjunktur" (Bleek 2001: 383).*

Auch heute besteht wie damals Anlass, die Entwicklungen innerhalb der Disziplin mit den gesellschaftlichen und politischen insgesamt kritisch in ein Verhältnis zu setzen. Was das "Selbstverständnis und die Grundfragen der Politikwissenschaft" letztlich ausmacht, mag auch fürderhin im von mir gewünschten Pluralismus der Lehrmeinungen und wissenschaftlichen Ansätze umstritten bleiben; wichtig bleibt nur, dass wie damals überhaupt darüber gesprochen und von mir aus gestritten wird und zwar gerade über die Grenzen der jeweiligen Lehrmeinungen und Ansätze hinweg. Dabei kann es sich die Politikwissenschaft als historische Sozialwissenschaft wissenschaftlich keineswegs länger erlauben, ihre eigene Entwicklung nur immanent und unabhängig von gesellschaftlichen und politischen Bedingungen zu betrachten. Es fällt einem doch nur noch das biblische Zitat vom übersehenen Balken im eigenen Auge ein (Mt 7, 3-5), wenn man beobachtet, dass in der Policy-Forschung inzwischen „wissenspolitologisch" von „vermachteten Wissensmärkten" in Politikfeldern die Rede ist (Rüb 2006: 348), während Einführungen und Lehrbücher die eigene Disziplin weiterhin als rein wissenschaftsimmanenten kognitiven Prozess beschreiben, in dem allein der wissenschaftliche Be- oder Nachweis, der „zwanglose Zwang des besseren Arguments" und die größere Raffinesse des analytischen Designs zählen. Gerade Aufkommen und Erfolg der Policy-Forschung und die damit verbundenen Veränderungen des Selbstverständnisses der

Disziplin insgesamt standen nicht nur an ihrem Beginn in einem mitbedingenden gesellschaftlichen und politischen Umfeld.

2 Das Selbstverständnis der Policy-Pioniere in Deutschland

Abgrenzungen, „Grenzen" wurden damals man möchte fast sagen „identitätspolitisch" von
den Vertretern der neuen Ansätze sehr bewußt gezogen, man verstand sich als eigene
„Zunft" innerhalb des Faches. Ein Jahr vor der Hannoveraner Konferenz hatte Fritz W.
Scharpf als Berichterstatter der Arbeitsgruppe A „Politikfelder" des Plenums des DVPW-
Kongresses von 1982 in Berlin u.a. resümiert:

> „Was in den Referaten vorgeführt wurde, war gewiss nicht Politikwissenschaft im
> klassischen Sinne, aber noch weniger decouvrierte sich hier eine auf fremden Feldern
> mit unzulänglichen Mitteln dilettierende Pseudo-Politologie. Wer sich dafür interes-
> sierte, erlebte statt dessen die Vorstellung einer für die Bundesrepublik relativ neuen,
> interdisziplinären Forschungsrichtung... Sachlich geht es dabei in erster Linie um die
> empirische Aufklärung der Wirkungsweise und Wirksamkeit politischer Programme
> und Maßnahmen; methodisch kommen je nach Untersuchungsthema und Datenlage
> prinzipiell alle Forschungsansätze der empirischen Sozialforschung in Frage. Nach
> meinem Urteil war jedenfalls bei einigen der vorgestellten Untersuchungen die pro-
> fessionelle Qualität extrem hoch. Die Diskussion (die, wie immer, unter extremem
> Zeitdruck zu leiden hatte) hat auch gezeigt, dass hier eine scientific community ent-
> standen ist, die in der Lage ist, Policy-Untersuchungen im Forschungsansatz wie im
> technischen Detail mit Sachverstand und professioneller Skepsis zu kritisieren und zu
> bewerten" (Scharpf 1983: 505f, hervorg. i.O.).

Der Bericht von Scharpf wie Anlass und Untertitel der Konferenz von Hannover machen
deutlich, wie sehr die eigentlich erst in der zweiten Hälfte der 1970er Jahre in der weiteren
Fachöffentlichkeit wahrgenommene neue Fragestellung und Untersuchungsmethode auf
beiden Seiten der Unterscheidung „klassische Politikwissenschaft" wie „Policy-Forschung"
als etwas grundstürzend Neues begriffen wurde, wie groß damals die Verunsicherung war,
ob dieses „Neue" und wie die Wortwahl von Scharpf deutlich belegt durchaus selbstbewusst
auftretenden "Paradigma" mit dem bisherigen Fachverständnis und der Rolle der Politikwissenschaft in Lehre und Forschung in Einklang zu bringen wäre. "Fremde Felder", das hieß,
das wahrscheinlich erstmals auf einem Politologentreffen in Deutschland überhaupt Fragen
der „Beschäftigungspolitik" oder der „Arbeitspolitik" (so der damals neue Terminus der
Arbeitsgruppe unter der Leitung von Frieder Naschold) diskutiert wurden. In der Tat war die
Politikwissenschaft, wie ich und viele sie ja noch studiert haben, gemessen an den praktischen Fragen des Regierens in der Nachkriegszeit ein merkwürdig ignorantes Fach: was in
der Alltagsperspektive der Regierten wie Regierenden wohl immer schon einen entscheidenden Platz einnahm, vielleicht sogar manchmal als *pars pro toto* des Politischen überhaupt
genommen wird, also Wirtschafts- und Finanzpolitik, die wichtige Frage der Steuern, Sozial-

und Bildungs- und Schulpolitik, spielte damals in der Politikwissenschaft kaum eine Rolle oder blieb, wie etwa die Sozialpolitik, aus disziplingeschichtlichen Gründen den Sektionen anderer Fächer vorbehalten. Von den zentralen Policies war allein die Außenpolitik rountinemäßig Bestandteil des politikwissenschaftlichen Kanons und gemessen am Policy-Zyklus dominierten – ohne dass die analytischen Begriffe bereits Verwendung fanden – Darstellungen des Agenda-setting und der Programmformulierung seitens der Parteien und seltener einzelner Verbände, also das, was man damals und teilweise heute noch deutsch als „politische Willensbildung" bezeichnet.

Man achte auf die geradezu „identitiätspolitische" Semantik bei Scharpf: diese Policy-Forschung beanspruchte über die Erschließung der für Politikwissenschaft „fremden Politikfelder" „interdisziplinär" und „professionell" zu werden, betreibe „empirische Sozialforschung", die „professionelle Qualität" sei teilweise „extrem hoch" gewesen und man fühle sich im Kreise der Beteiligten als eigene „scientific community", die etwas „Neues" zu tun beanspruche.

Man muss vielleicht heute in Erinnerung rufen, dass damals eine Ausbildung in empirischen Methoden nur an den wenigsten Standorten für angehende Politologen und Politologinnen verbindlich war, dass „die Methoden" erst in der zweiten Hälfte der 1980er Jahre über die Rahmenordnungen der Kultusministerkonferenz als eigenständiger Kernbereich politikwissenschaftlicher Ausbildung kanonisiert wurden. Bis dahin war für die meisten Politologen und Politologinnen „empirische Sozialforschung" jenseits der Wahl- und Einstellungsforschung eine Sache der Soziologie. Auch der damit anklingende Anspruch, im Unterschied zur „klassischen" Politikwissenschaft „professionell" zu arbeiten, war kritisch absetzend gemeint und führte innerhalb der Politikwissenschaft zu einer eigenen Selbstverständigungsdebatte (Hartwich 1987) mit häufig problematischen Entgegensetzungen wie Professionalisierung versus Wissenschaftsimmanenz oder etwas bemüht anmutenden Anpassungsversuchen, wenn etwa unter dem damals neu empfundenen Professionalisierungsdruck von der „Nutzanwendung der ideengeschichtlichen Tradition für die moderne Politikwissenschaft" (Euchner 1987) die Rede war hier also mit der nicht weniger problematischen Entgegensetzung und Zuordnung von Tradition und Moderne.

3 Zwischenfazit: Die Politikwissenschaft hat die Policy-Forschung integriert

Nimmt man die fachliche Intensität der damaligen Debatte als Indikator für die Verunsicherung des institutionalisierten und verbandlich organisierten Faches, so wird man heute sagen dürfen: die Sache ist wohl seit langem ausgestanden. Damalige Einschätzungen, das Fach unterliege seit Mitte der 1970er Jahre einem schnellen radikalen Wandel, waren nicht falsch, aber die damals damit von einigen verbundenen Befürchtungen für Weiterexistenz[2] und Identität des Faches scheinen zwanzig Jahre später im Alltag des Faches marginalisiert. Im Großen und Ganzen hat die Policy-Forschung, ursprünglich von einigen wenigen Kollegen aus den USA importiert und eigenständig an wenigen Standorten weiterentwickelt und in der Lehre dominant gemacht, sich zu einem bedeutenden, vielleicht sogar dem bedeutendsten Teilbereich des Faches neben den Internationalen Beziehungen entwickelt. Einzelne Politikfelder, wie frühzeitig die Umwelt-, Technologie und Medienpolitik, entwickelten sich wegen ihrer schnell wachsenden gesellschaftlichen Bedeutung oder sogar Brisanz nicht ganz zufällig zu politikwissenschaftlichen Schwerpunkten, durch die das Fach insgesamt in der Konkurrenz zu andern Fächern Terraingewinne verzeichnen konnte

Die damit verbundene empirische Wendung hat in vielen Teilen der Disziplin Erfolge und Anerkennung produziert, insgesamt dem früher durch den Aspekt der Allgemein- und Lehrerausbildung dominierten Fach eine stärkere Forschungsprofilierung ermöglicht, was in anderen Disziplinen und teilweise wohl auch politisch zu einer größeren Anerkennung führte. Früh erschien 1987 von Frau Héritier ein eigenes Einführungs- und Lehrbuch der Teildisziplin (Windhoff-Héretier 1987) und Anfang der 1990er Jahre ebenfalls von Frau Héritiert herausgegeben als PVS-Sonderheft bereits eine eindrucksvolle Zwischenbilanz (Windhoff-Hèretier 1993); inzwischen sind vor allem aus dem Umkreis des WZB und des MPI in Köln zahlreiche zunehmend auch international vergleichende Einzelstudien publiziert worden und auf dem Markt konkurrieren jüngst gleich mehrere neu erschienene Einführungs- und Lehrbücher.

An all dem ist nichts weiter auszusetzen, denn auch jene im Fach, die selbst nicht empirische Policy-Forschung betreiben, könnten von den empirischen Ergebnissen der zahlreichen Studien vieles über konkrete Politikabläufe und die Inhalte von Einzelpolitiken lernen, das so vorher nicht bekannt war. Die Reichhaltigkeit der dabei angewandten theoretischen Modelle und analytischen und methodischen Instrumentarien, die Vielfalt der konkurrierenden Ansätze und Fragestellungen erlaubt es kaum noch, von *der* Policy-Forschung zu sprechen. „The lack of unity to the study of public policy reflects the nature of the research topic", schreibt Peter John in seiner mehrfach aufgelegten kritischen Einführung (John 1998: 9); insofern ist es für den eher außen stehenden Beobachter erst recht schwierig und riskant, generalisierende Aussagen und Kritiken vorzubringen.

---

2   Sie waren angesichts der mancherorts praktizierten und manchmal generell propagierten Forderung einer „integrierten Ausbildung" als Alternative keineswegs gänzlich aus der Luft gegriffen, siehe z.B. Lehner 1987; im Zuge der Einführung der neuen BA- und MA-Studiengänge stellen sich heute ähnliche Existenzfragen.

4 Die semantische Umpolung des Politik- und Reformbegriffes und der Beitrag der Policy-Forschung

Betrachtet man diese hier natürlich nur sehr knapp angerissene Entwicklung nicht nur aus der fachimmanenten und wissenschaftsinternen Perspektive, so muss man wohl konstatieren: das Fach hat sich bewusst strategisch oder teils unbewusst getrieben durch äußere Umstände gut in einen allgemeinen Trend gefügt. Spätestens Mitte der 1970er Jahre schien der gesellschaftliche Bedarf an der bis dahin betriebenen kritischen Aufklärung und Allgemeinbildung gedeckt und mit der abnehmenden Zahl der Lehramtstudierenden trocknete auch an den Universitäten eine wichtige Nachfrage allmählich aus. Ich würde auch den allgemeinen politischen und gesellschaftlichen Stimmungswandel seit Mitte der 1970er Jahre zu diesem Trend rechnen, durch den die Emphase einer partizipations- und emanzipationsorientierten Systemreformera durch die finanzpolitisch zunehmend erzwungene Konsolidierung einzelner Politikfelder durch Einzelreformen ersetzt wurde. Vermittelte der Reformbegriff nach 1966, erst recht unter der ersten Regierung Brandt-Scheel noch gesellschaftsweit das vielleicht nachträglich in mancher Hinsicht illusionäre Gefühl des Aufbruchs in eine neue, bessere Zukunft der Gesellschaft, so verbindet sich mit ihm seitdem zunehmend zumeist das Negativimage von Einschnitten, Rückbau und Kürzungen. Kaum jemand erwartet von „politischen Reformen" heute noch Fortschritt und Emanzipation. Der Reformbegriff ist nicht mehr wie zwischen Mitte der 1960er bis etwa Mitte der 1970er Jahre mit einer besseren Zukunft der Gesellschaft oder gar „systemverändernd" konnotiert, sondern mit der Wahrnehmung gegenwärtiger und bedrängender Probleme, um deren Linderung oder gar" Lösung" es eben durch Reformen gehen soll. Für weite Bevölkerungskreise haben Begriffe wie Gesundheits-, Arbeitsmarkt- oder Rentenreform deshalb inzwischen nicht ohne Anlass einen bedrohlichen Beiklang angenommen. Es deutet sich früh bereits die Aufspaltung der einige Zeit umfassenderen Reformsemantik an. In deren Folge richteten sich die eher emphatischen Reform- und Veränderungshoffnungen auf Emanzipation und Demokratisierung innerhalb der Disziplin wie bei den gesellschaftlichen Akteuren seit Mitte der 19070er Jahre zunehmend nicht mehr auf den Staat und die Regierungspolitik, sondern auf (Reform-)Bewegungen und zivilgesellschaftliche Akteure. Der „kritische" Flügel des Faches, Jahre zuvor noch in Debatten über Staatsintervention und Staatsautonomie verstrickt, setzte nun zunehmend auf Bewegungsakteure und die Zivilgesellschaft insgesamt, deren Proteste und Diskurse „lebensweltliche Motive" über den öffentlichen Diskurs in die staatliche Willensbildung einspeisen sollten. Reformen im Sinne von Problemlösungen oder der Abwendung oder Milderung von Krisen erwartete und erwartet man aber weiterhin oder wieder[3] vom Staat, von Regierungen und Bürokratien. Dem widerspricht nicht, dass empirisch zwischenzeitlich beginnend in der Korporatismusdiskussion, dann fortgesetzt unter Konzepten wie „kooperativer" oder „regula-

---

[3] Dass historisch der Reformbegriff eher mit gouvernementaler als mit zivilgesellschaftlicher Praxis verbunden war, habe ich bereits zu Zeiten einer gewissen Bewegungseuphorie anzumerken versucht (Greven 1978).

tiver" Staat und heute in die derzeit alles beherrschende „Governance"-Perspektive einmündend beobachtet wird, dass diese staatlichen Akteure, mit ihren ursprünglichen hierarchischen Steuerungsmethoden und begrenzten Instrumentarien in die Defensive geraten und sich deshalb als „kooperative" Regulierer und Beteiligte in Verhandlungssystemen, Policy-Regimen und Advocacy-Coalitions um größere Effektivität der Programmentwicklung und -umsetzung bemühen und bemühen müssen. In dem Maße freilich, in dem die Politikforschung nicht-staatliche Beteiligte des Regierungsprozesses in den Blick nimmt, schreibt sie ihnen zunehmend auch die rationale Problemlösungsperspektive zu; diese Umwertung geschieht so bemerkenswert eindeutig, dass selbst der ehemals eindeutig pejorative Gebrauch des Begriffes „Lobbying" heute den Anstrich zivilgesellschaftlichen Partizipation angenommen hat. Ob durch diese größere Beteiligung gesellschaftlicher Akteure „die" Politik insgesamt, ob insbesondere staatliche Politik dadurch an Macht und Interventionskapazität verloren hat, ist empirisch eben so wenig eindeutig und bleibt bis heute umstritten wie die gerade in der Policy-Forschung häufig anzutreffende Unterstellung, allein schon durch diese Kooperation stiegen die Problemlösungskapazität oder gar die Rationalität der Politikergebnisse staatlicher Policies.

Auf jeden Fall soll diese kleine Erinnerungsskizze verdeutlichen, wie es in wenigen Jahren zu einer semantischen und inhaltlichen Umpolung des Politik- und Reformbegriffes gekommen ist und wie es dadurch zu jener Aufspaltung des Politikverständnisses kam, nach der sich eine eher technokratisch-gouvernementale Problemlösungsperspektive mit der neuen Policy-Auffassung von „Politik" in Gesellschaft *und* Politikwissenschaft verband. In dieser technokratisch-gouvenementalen Problemlösungsperspektive macht sich die Politikfeld- und Policy-Forschung zumeist gewissermaßen die Gedanken der Regierenden, sieht die Probleme mit deren Augen und orientiert sich an deren Erfolgs- und Effektivitätskriterien. Eine lobenswerte Ausnahme macht hier die neue, durchaus ansonsten professionell der hier charakterisierten Policy-Forschung zuzuordnende „Einführung" von Paul Kevenhörster; sie legt ihren Schwerpunkt bei der Darstellung des Policy-Zyklus auf die Analyse der „Ergebnisse und Wirkungen" und weist zu deren Bewertung von den Grundrechten über Gerechtigkeitsmaßstäbe bis hin zur Nachhaltigkeit auf normative Kriterien hin, die auch eine gegenüber den Policy-Akteuren kritische Position einzunehmen erlauben (Kevenhörster 2006, bes. 58ff).

Der ursprünglich in der klassischen" politikwissenschaftlichen Perspektive immer mit der Betrachtung des Staates und des Regierens verbundene herrschafts- und machtkritische Aspekt trat aber ansonsten gerade bei der empirischen Analyse der Macht- und Herrschaftsausübung der Policy-Forschung zunehmend in den Hintergrund. Dass „Politik" nicht nur advokatorische Arbeit am „Gemeinwohl", durchgeführt von legitimierten „Altruisten" und „wahren" Volksvertretern ist[4], mehr noch, dass „politisch" und durch „Politik" nicht nur Probleme gelöst, sondern auch allererst erzeugt und verstärkt werden könnten, gerät dem heute domi-

---

4   Peter John mahnt in seiner kritischen Einführung immerhin an, die „competition for rewards within governements and bureaucracies" in den Policy-Studies nicht zu vernachlässigen (John 1998: 27) – nach meinen begrenzten Beobachtungen mit beschränktem Erfolg.

nierenden politikwissenschaftlichen Denken aus dem Blick. Die Politikwissenschaft wird dadurch gegenüber ihrem ureigensten Untersuchungsmaterial unkritisch und ist in Gestalt der Politikfeld- und Policy-Forschung in der Gefahr, zu einer Art Betriebswirtschaft der öffentlichen Angelegenheiten zu denaturieren. Besser noch wäre zur Bezeichnung dieser Tendenz vielleicht die Erinnerung an die vordemokratische Phase der kameralistischen Polizey-Wissenschaften des 18. Jahrhunderts, eine Genealogie, auf die ja bereits in den frühen Debatten über die Policy-Forschung verwiesen wurde. Konstitutiv für diese Vergleiche ist die auffällige Gemeinsamkeit, „Politik" dominant als rationales Problemlösungshandeln zu konzipieren, „Macht" vorwiegend als dafür notwendige Ressource zu betrachten und die Eigeninteressiertheit und systembezogene Interessenverflochtenheit der politischen Akteure weitgehend auszublenden.

Wo der herrschaftskritische Ansatz in der Disziplin überhaupt noch vorkam, da aus der Perspektive gruppenbezogener Diskriminierungserfahrung wie etwa in feministischen Ansätzen oder aber in den zunehmend abstrakten, überwiegend empiriefernen und zumeist an Foucault angelegten Analysen von „Machtdiskursen" in der neueren Gouvernementalitätsdebatte. Zwischen diesen weiterhin herrschaftskritischen Ansätzen und dem fachwissenschaftlichen *mainstream* empirischer Politikfeld- und Policyforschung scheint aber weitgehend kein Austausch mehr stattzufinden und wo doch Wahrnehmung existiert, da eher einseitig auf Seiten der kritischen Ansätze, die, wie bereits gesagt, von der empirischen Politikforschung Detailkenntnisse beziehen und in ihre Analysen einbauen. Umgekehrt ist von einer fruchtbaren Rezeption oder Anregungsbereitschaft durch die eher theoretischen Konzepte heutiger Herrschafts- und Machttheorien in der Politikfeld und Policy-Forschung wenig bis gar nichts zu erkennen.

Diese wenigen Bemerkungen über den Zusammenhang mit der politischen und gesellschaftlichen Entwicklung in der Bundesrepublik der 1970er Jahre sollen darüber hinaus diese These durch die Behauptung ergänzen, daß diese Veränderung der semantischen Dominanz überwiegend *nicht* wissenschaftsintern zu deuten wäre, sondern daß sich in ihr die durchaus teilweise erfolgreiche Etablierung der Politikwissenschaft als *praktische* Wissenschaft im politischen Prozeß niederschlägt.

5 Der Beitrag der Policy-Perspektive zur Entstehung des politisch-wissenschaftlichen Machtkomplexes und der Verlust der kritischen Distanz

„Problemverarbeitung" und Politik insgesamt als „Problemverarbeitungsprozeß" (Schneider/Janning 2006: 46ff) werden so auf dem Hintergrund eines gesellschaftlichen Stimmungswandels und veränderter Problemstellungen zu Schlüsselbegriffen der realen Politik wie der Policy- und Politikfeld-Analyse. „Politikfeldanalyse als Teil einer allgemeinen Policy-Analyse ist durch ihre sozialtechnologische Orientierung vor allem *Problemlösungswissenschaft*" (Schneider/Janning 2006: 216, hervorg. i.O.).

Es wäre eine interessante begriffsgeschichtliche Studie deren Ergebnis hier nur vermutet werden kann, zu prüfen, welche Rolle semantische Verbindungen wie „Problemsetzung, -wahrnehmung, -lösung" in der politikwissenschaftlichen Literatur der 1950er und 1960er Jahre und danach gespielt haben. Ich möchte hier die These aufstellen, dass die *rationalistische* Semantik von Politik als Problembearbeitung und -lösung seit Anfang der 1970er Jahre des letzten Jahrhunderts in den USA wohl einige Jahre früher die vorher lange Zeit dominante *machtrealistische* Semantik von Politik als Auseinandersetzung konfligierender Interessen, bei der es nicht nur mehr oder weniger rationale Problemlösungen, sondern vor allem gesellschaftliche Gewinner und Verlierer gibt, abgelöst und marginalisiert hat. Andeutungsweise scheinen auch Janning und Schneider diesen Wandel als Problem und nicht nur Erfolgsstory der Politikwissenschaft insgesamt anzusehen, wenn sie ihre eben zitierte zusammenfassende Diagnose über die Policy-Forschung mit der Bemerkung ergänzen: „Auch wenn dieser Policy-Zyklus letztlich als Entscheidungs- und Diskussionsprozess konzipiert ist, wird häufig ausgeblendet, dass die Auseinandersetzung um öffentliche Politiken in Politikfeldern letztlich ein politischer Prozess ist. Aus einer sozialtechnologischen Perspektive wird leicht vergessen, dass öffentliche Politik dominant machtvermittelt ist und dass in ihr Machtkämpfe, Machtressourcen und Machtstrukturen weiterhin eine zentrale Rolle spielen" (Schneider/Janning 2006: 217). Die Gegenüberstellung der Policy-Forschung mit ihrer „sozialtechnologischen Perspektive" und „öffentlichen Politiken" als „letztlich politischem Prozess" ist vielsagend. Offenkundig scheinen die beiden Verfasser ja die machtrealistische Einschätzung des politischen Prozesses mit seinen „Machtkämpfen, Machtressourcen und Machtstrukturen" und damit einen Begriff des Politischen, der mehr enthält, als die durchaus bedeutsame, aber in ihrer Isolierung ideologisch verkürzende Problemlösungsdimension (Greven 2001), irgendwie noch zu teilen. So nutzen Janning und Schneider den Ausblick ihres einführenden Buches in die Politikfeldforschung, um auf eineinhalb Seiten für die Zukunft „das Studium der politischen Macht" auch innerhalb der Politikfeldanalyse einzufordern ; dazu dient ihnen u.a. die Referenz auf meinen eingangs erwähnten Text, denn wie sie zutreffend und keineswegs überraschend feststellen, seien auch in „demokratischen Systemen... die Chancen „zur erfolgreichen (Einflussnahme, M.G.) asymmetrisch verteilt" (Schneider/Janning 2006: 223). Wenn sie dann mit folgender Feststellung fortfahren: „Die Frage worauf sich diese Machtasymmetrien zurückführen lassen, war eine wichtige Frage der politischen Soziologie und Politikwissenschaft der 1960er und 1970er Jahre. Leider ist diese Frage nach den unterschiedlichen Gesichtern und Dimensionen der Macht in der heutigen Policy-Forschung und Governance-Anylyse weitgehend in den Hintergrund gerückt" (Schneider/Janning 2006: 224), so darf man angesichts ihrer ansonsten sich auf wenige verstreute machtkritische Bemerkungen beschränkenden affirmativen Darstellung des Policy-Zyklus diesen Ausführungen wohl nur den Status einer salvatorischen Klausel zubilligen.

Vielleicht sollte man doch auch die eigene Tradition und die ursprünglich durchaus kritischen Ansätze der Policy-Forschung ernster nehmen und sie nicht lediglich selektiv im

Schlusskapitel rezipieren. Harald D. Lasswell[5] zum Beispiel, von Schneider und Janning als einer der Initiatoren der neuen Policy-Wissenschaft erwähnt, machte bereits im Titel seiner berühmten Programmschrift die Fragestellungen deutlich, um die es ihm primär ging: „Politics: Who Gets What, When, How" (Lasswell 1958)[6]. Das Buch beginnt mit den berühmten Sätzen: "The study of politics is the study of influence and the influential... The influential are those who get the most of what there is to get. Available values may b classified as *deference, income, safety*. Those who get the most are the *elite*; the rest are *mass*" (Lasswell 1958: 13, hervorg. i.O.). Demgegenüber heisst laut Schneider und Janning, die sich dabei auf T.R. Dye berufen, die zentrale Frage der „Public Policy analysis":„finding out, what governments choose to do or not to do... why they do it, and what difference it makes" (Schneider/Janning 2006: 16f). Ursprünglich also die substantielle und gesellschafts- bzw. politikkritische Frage nach den Policy-Outcomes in den drei Dimensionen Achtung, Einkommen und Sicherheit. In diesen drei Dimensionen geht es um subjektiv wahrnehmbare und objektiv messbare Politikergebnisse, wie sie auch im alltäglichen Leben der von Politik Betroffenen zählen und nach Richard Rose auch für die Wissenschaft orientierend sein sollten (Rose 1989: 6). Man braucht das nur am Beispiel von „Hartz IV" und den neuerlich diskutierten „Reformvorschlägen" (Reformen der Reform) zu durchdenken, um zu verstehen, was etwa eine Veränderung der Anreizstrukturen, zu Deutsch der Zumutbarkeiten, für einen nach heutigen Maßstäben zumeist arbeitsmarktuntauglichen Mitfünziger mit ehemals durchaus angemessen verwertbarer Qualifikation bedeutet, um zu sehen, wie hier die individuellen und gesellschaftlichen Politikfolgen nicht mehr mit den sozialtechnokratischen Erfolgskriterien der Policy-Produzenten übereinstimmen.

Anders als bei Lasswell steht aber praktisch politisch wie in der Art wie Janning und Schneider die Frage für die Policy-Forschung stellen heute die abstrakte Frage nach den Effekten, also der Effektivität der Policies, die noch dazu zumeist immanent allein an der gouvernementalen Programmformulierung der politischen *entrepreneurs* gemessen wird, im Zentrum. Auch hierzu lohnt es sich nochmals Lasswell zu zitieren: "The act of using new frames of reference for purposes of political analysis will, as usual, modify the preferences of those who use them" (Lasswell 1958: 168); im *mainstream* der heutigen Policy-Forschung ist das bereits geschehen, indem dort die sozialtechnokratische Ideologie eines politischen Expertentums der Berufspolitiker auf wissenschaftlichem Wege überwiegend nur reproduziert wird. Vermeintliche politische Problemlösung und wissenschaftliche Forschung verschränken sich epistemologisch immer mehr zu einem *politisch-wissenschaftlichen Machtkomplex*, wie man heute in Deutschland beispielsweise an der Wirtschafts- oder Gesundheitspolitik gut beobachten kann. Welchem angeblich funktional mit eigenem autopoietischen Code ausdifferenzierten System gehören die öffentlichen Kommunikationen eines Rürup oder Lauter-

---

5 Ist es ein Zufall, dass auch in dem bereits erwähnten PVS-Sonderheft zu Policy-Analyse Peter deLeons kritischer Beitrag den Ausklang oder sollte man besser sagen: den Abgesang bildet? Zu Lasswell stellt er einleitend fest: „die Verbindung zwischen Policy-Analyse und Demokratie, die Lasswell vorgeschlagen hatte, wurde... immer schwächer" (deLeon 1993: 471).

6 Hier zitiert nach der um ein „Postscript" erweiterten 11. Aufl., Cleveland (Meridian Book) 1958.

bach an? „Beraten" hier die Wissenschaftler nach eigenen Maßstäben die Politik oder „treiben" die Herren Professoren eben solche in der Maske des Wissenschaftlers? Die Frage nach der einen oder anderen Seite hin eindeutig beantworten zu wollen, setzt eben jene Differenzierung voraus, die in diesem integrierten Machtkomplex nicht mehr gegeben ist. Übrig geblieben sind nur für die Öffentlichkeit inszenierte Rollenspiele, die der medial vermittelten Einflussgewinnung innerhalb dieses Machtkomplexes dienen.

Die akademische Politikwissenschaft kann sich solche Entdifferenzierung nicht dauerhaft erlauben, auch dann nicht, wenn sie zunächst öffentlich kaum wahrgenommen sich lediglich in den notorisch ungelesen bleibenden empirischen Dissertationen und Habilitationsschriften ihrer Adepten vollzieht. Der epistemologischen Entdifferenzierung durch die konzeptuelle und begriffliche Übernahme der gouvernementalen Politiksprache und technokratischen Problemlösungsperspektive entspricht innerwissenschaftlich deren Politisierung. Einige wenige treten auf diesem Wege schließlich in den mit mancherlei *incentives* versehenen politisch-wissenschaftlichen Machtkomplex ein, werden Teil jenes Reputation und Zusatzeinkommenden versprechenden Betriebes von Wissenschaftlichen Beiräten, Expertenkommissionen und ausstattungsmäßig priviligierten Beratungs- und Forschungsanstalten. Die meisten aber bleiben als akademisches Fußvolk zurück, nicht selten als auf lediglich ein Politikfeld und die konzeptionelle Perspektive der Policy-Forschung hochspezialisierte Forschungsfacharbeiter, deren Einsetzbarkeit in der akademischen Lehre und „Pflege der Fachdisziplin"[7] höchst begrenzt bleibt. Auch Kolleginnen und Kollegen, die bei der Rekrutierung in hochkarätige Kommissionen und Räte ihre Einordnung in den Parteienproporz wahrnehmen, sollten gewarnt sein, denn sie können sicher sein, daß die jeweils sie rekrutierende Partei von ihnen bereits nicht mehr vordringlich wissenschaftliche Kompetenz und Expertise, sondern das berechenbar unterstützende Verhalten als Parteigänger erwartet. Jedes abweichende unabhängige Votum produziert hier unmittelbare Enttäuschung und mittelfristig Exklusion. Nun könnte diese Kritik am technokratischen Grundverständnis der Policy-Forschung von all jenen als ungerecht oder zumindest unzeitgemäß aufgefasst werden, die wie allen voran John S. Dryzek (z.B. Dryzek 1989) in ihren eigenen Beiträgen zur *kritischen* Policy-Forschung unter Berufung auf neorepublikanische oder habermasianische Ansätze seit langem selbst zu den vehementesten Kritikern der vor allem mit ökonomischen und rationalistischen Modellen arbeitenden Policy-Forschung gehören, oder, wie der bereits zitierte Peter deLeon selbst die „Democratization of the Policy Sciences" gefordert haben" (deLeon 1992). Und in der Tat können die Vertreter dieser Richtung inzwischen auf eine nicht mehr zu überblickende Anzahl von partizipatorischen Policy-Experimenten mit dem Ziel „Enhancing Citizen Participation" (Lyn/Martin 1991) verweisen. Man könnte geradezu von einer eigenen Subdisziplin des Designs solcher partizipatorischen Policy-Experimente sprechen, die in Deutschland etwa von der etwas hausbackenen, gleich wohl von edlen demokratischen Antrieben gesteuerten "Planungszelle" Peter Dienels bis zu wissenschaftstheo-

---

7 Ich gebrauche diese Formulierung in bewußter Anlehnung an die ursprüngliche Zielbestimmung der Universitäten im HRG: „Pflege der Wissenschaft durch Forschung und Lehre": Ersteres also der Zweck, Forschung und Lehre gleichrangig als die Mittel dazu.

retisch ausgetüftelten Projekten des Wissenschaftszentrums Berlin zur Genforschung reichen. Die Zahl solcher Experimente von „Policy-Polling" über „Advocacy-Planning", „Negotiated Discourses" bis heute zu „Participatory Governance" sind gerade in den USA kaum noch zu überschauen. Auch „Regieren mit Mediation" (Geis 2005) gehört dazu. Thomas Risse hat in lakonischer Kürze ihren gemeinsamen optimistischen appellativen Nenner in der Formel „Let's Argue" (Risse 2000) bis auf die Ebene der Weltpolitik hinaufgeschraubt. „Communicative Action", „Discours" und „Arguing" bilden die normativen Schlüsselbegriffe aller dieser praktisch orientierten Appelle und Unternehmungen, deren wissenschaftliche Bedeutung hier im Einzelnen nicht nachgegangen werden kann und soll.

Meine Formulierung „partizipatorische Policy-Experimente" war allerdings bewusst gewählt, denn wenn es um die Frage geht, ob und inwiefern diese zumeist von Wissenschaftlern ‚seltener von lokalen Initiativen oder NGOs, initiierten Projekte tatsächlich auf den politischen Prozess und seine Veränderung in Richtung auf mehr Partizipation, Interessenberücksichtigung und kognitives Potential hinwirken, dann wird man zu einem recht skeptischen Urteil kommen müssen. Bereits 1990 hatte Charles Lindblom den tatsächlichen praktischen Effekt der Policy-Sciences generell trotz aufwendiger Suche für in der Regel nicht nachweisbar gehalten (Lindblom 1990). Sieht man sich die zahlreichen „Experimente" an, so drängt sich der Eindruck auf, dass ihr praktischer Politikeffekt im umgekehrt proportionalen Verhältnis zu den Erwartungen liegt, die in den viel zahlreicheren eher programmatischen Beiträgen geweckt werden. Am ehesten wird man in zwei Bereichen einen praktischen Effekt der Verbindung von Partizipation und Policy-Analysis erwarten können, nämlich einerseits bei lokalen Einzelprojekten wie der Entscheidung für den Bau und die konkrete Platzierung einer Umgehungsstraße oder Müllverbrennungsanlage und andererseits bei politischen Entscheidungsprozessen, in denen die professionelle politische und bürokratische Elite auf wissenschaftliche oder technische Kompetenz angewiesen ist. Beide Fälle eignen sich *nicht* als Modelle für „Discursive Democracy" (Dryzek 1990) auf nationaler oder gar supranationaler Ebene und für zentrale politische Fragen, wie sie den Alltag der politischen Willensbildung im Parteien- und Verbändesystem auf dem Forum der Massenmedien charakterisieren. Hier ist die Kommunikation, auch wenn sie sich kognitiver Wissenselemente bedient, wie sie von den Policy-Studies bereitgestellt werden, nämlich dominant *durch den Modus strategischer Kommunikation* geprägt. Auch wenn der politische Prozess vielfältig durch argumentative Elemente angereichert ist, deren begrenztes Rationalisierungspotential hier keineswegs vollständig geleugnet wird, so dominiert am Ende doch die legitimierte *Amtsgewalt* oder *Mehrheitsentscheidung*. „Politische Beratungen müssen aber mit Rücksicht auf Entscheidungszwänge durch Mehrheitsbeschluss beendet werden," schreibt selbst Jürgen Habermas (Habermas 1992: 371) – ein Satz, den ich in den zahlreichen, sich auf ihn berufenden Texten zur deliberativen oder diskursiven Policy-Forschung noch nie zitiert gefunden habe. Dies zeichnet den fundamentalsten und letztlich unüberbrückbaren Gegensatz zwischen den wissenschaftlichen Policy-Experimenten und contrafaktischen Annahmen zahlreicher Policy-Theorien und den *Politics of Policies* in der realen Welt der Politik aus. Der Gedanke an ein politisches System, das nicht länger durch strategische, sondern durch „verständigungsorientierte" Kommunikation gesteuert würde, in der „kommunikative Vernunft" und nicht Interessen und Konfliktaustragung mit den verschiedensten zur Verfügung stehenden Mitteln und Strategien dominierte, stellt heute die zeitgenössische Variante der platonischen Utopie dar.

Was sich selbst als Herrschaftslosigkeit begreift, liefe auf die Herrschaft der Policy-Aktivisten hinaus, die in ihren Experimenten und Foren das Framing besorgten und die Rationalitätsstandards vorgäben, so wie jetzt in ihren begrenzten Experimenten. Die Unterstellung, es ließe sich stets ein konsensuelles Ergebnis herbeidiskutieren, dem noch dazu die Vermutung der Vernunft zugeschrieben wird, hat mehr oder weniger offen anti-pluralistische Tendenzen, wie sie einerseits für technokratische, andererseits für vor- oder antimoderne homogene Gemeinschaftsvorstellungen typisch sind. Die Verwirklichung dieser immanenten Utopie ist freilich ebenso unwahrscheinlich wie im Falle des platonischen Philosophenkönigtums.

In dem Maße, in dem dieses Denken sich freilich heute sogar in den weitgehend technokratisch orientierten Policy-Studies seinen prominenten Platz in Büchern und Zeitschriften erobert hat, bewegt es sich von den realen Macht- und Herrschaftsprozessen fort und trägt zu deren Aufklärung auf Seiten der „ordinary people" kaum etwas bei. Deren Interesse würde durch eine empirisch fundierte, kommunikativ an die breite Öffentlichkeit adressierte Policy-Forschung mehr wahrgenommen, die zur plausiblen Beantwortung der Lasswellschen Fragen „Who Gets What, When and How" etwas beitrüge.

Ich würde noch das fehlende „Why" hinzufügen, ohne das eine wirklich *kritische* Policy-Forschung nicht auskommt.

6   Literatur

Blanke, B./Jürgens, U./Kastendiek, H. 1975: Kritik der Politischen Wissenschaft, 2 Bde. Frankfurt/new York.

Bleek, Wilhelm 2001: Geschichte der Politikwissenschaft in Deutschland, München.

Bleek, Wilhelm/Lietzmann, Hans J. (Hrsg.)1999: Schulen in der deutschen Politikwissenschaft, Opladen.

Ellwein, Thomas (Hrsg.) 1980: Politikfeld-Analysen 1979. Wissenschaftlicher Kongress der DeutschenVereinigung für Politische Wissenschaft in Augsburg, Opladen.

Euchner, Walter 1987: Zur Nutzanwendung der ideengeschichtlichen Tradition für die moderne Politikwissenschaft, in: Hartwich 1987, 49 – 57.

Dryzek, John 1989: Policy Sciences of Democracy, in: Polity, Vol.22, 1989, 97 – 11.

Dryzek, John S. 1990: Discursive Democracy, New York.

Geis, Anna 2005: Regieren mit Mediation, Wiesbaden 200.

Greven, Michael Th. 1978: Zur Soziogenese und Gestalt von Theorien der Reform, in: M. Greiffenhagen (Hrsg.), Zur Theorie der Reform, Heidelberg/ Karlsruhe, 35 – 56.

Greven, Michael Th.. 1985: Macht, Herrschaft und Legitimität. Eine Erinnerung der Politologen an die Grundfragen ihrer Disziplin, in: Hartwich 1985, 143 – 147.

Greven, Michael Th. 2001: Dimensions of Politics. A Critique of the One-dimensional Concept of Politics, in: Finnish Yearbook of Political Thought, Vol. 5, Jyväskylä 89 – 110.

Greven, Michael Th. 2006: Aktualität und Bedeutung einer kritischen Politikwissenschaft nebst Bemerkungen zur Pluralismustheorie, in: R. Eisfeld, Streitbare Demokratie, Baden-Baden, 7 – 16.

Habermas, Jürgen 1992: Faktizität und Geltung, Frankfurt am Main.

Hartwich, Hans-Hermann (Hrsg.) 1985: Policy-Forschung in der Bundesrepublik Deutschland. Ihr Selbstverständnis und ihr Verhältnis zu den Grundfragen der Politikwissenschaft, Opladen 1985.

Hartwich, Hans-Hermann (Hrsg.) 1987: Politikwissenschaft. Lehre und Studium zwischen Professionalisierung und Wissenschaftsimmanenz, Opladen.

John, Peter 1998: Analysing Public Policy, London/New York.

Kevenhörster, Paul 2006: Politikwissenschaft. Band 2: Ergebnisse und Wirkungen von Politik, Wiesbaden.

Lasswell, Harold D. 1958: Politics: Who Gets What, When and How?, 11nd ed. Cleveland.

Lehner, Franz 1987: Politikwissenschaft als Sozialwissenschaft: Integrierte Ausbildung als Alternative zur eigenständigen Professionalisierung von Politikwissenschaft und Soziologie, in: Hartwich 1987, 167 – 181.

deLeon, Peter 1992: The Democratization of the Policy Sciences, in: Public Administration Review, Vol. 52, 125 – 129.

Lindblom; Charles E. 1990: Inquiry and Change, New Haven 1990.

Lyn, Kathlene/Martin, John A. 1991: Enhancing Citizen Participation: Panel designs, Perspectives and Policy Formation, in: Journal of Policy Analysis and Management, Vol. 10 46-63.

Narr, Wolf-Dieter (Hrsg.) 1973: Politik und Ökonomie. Autonome Handlungsmöglichkeiten des politischen Systems (Tagung der Deutschen Vereinigung für Politische Wissenschaft in Hamburg), Politische Vierteljahresschrift SH 6, Opladen 1975.

Risse, Thomas 2000: Let's Argue! Communicative Action in World Politics, in: International Reorganization, Vol. 54, 1 – 39.

Rose, Richard 1989: Ordinary People in Public Policy, Newbury Park.

Rüb, Friedbert W. 2006: Wissenspolitologie, in: Joachim Behnke u.a. „Hrsg.), Methoden der Politikwissenschaft, Baden-Baden, 345 – 354.

Scharpf, Fritz W. 1983: Bericht aus der Arbeitsgruppe A: Politikfelder, in: Hans-Hermann Hartwich (Hrsg.), Gesellschaftliche Probleme als Anstoß und Folge von Politik, Opladen, 504 – 509.

Schneider, Volker/ Janning, Frank 2006: Politikfeldanalyse. Akteure, Diskurse, und Netzwerke in der öffentlichen Politik, Wiesbaden.

Tudyka, Kurt 1973: Kritische Politikwissenschaft, Stuttgart.

Windhoff-Héretier, Adrienne 1987: Policy-Analyse. Eine Einführung, Frankfurt/New York 1987.

Windhoff-Héretier, Adrienne (Hrsg.)1993: Policy-Analyse. Kritik und Neuorientierung PVS-SH 24), Opladen 1993.

Verständnisfragen

1. Warum wurde das Fach Politikwissenschaft durch die Policy-Forschung verunsichert?

2. Was versteht Greven als semantische und inhaltliche Umpolung des Reformbegriffes?

3. Inwiefern ist „Politik" mehr als „rationales Problemlösungshandeln"?

Transferfragen

1. Ist der von Greven beklagte „Verlust der kritischen Distanz" spezifisch für die Policy-Forschung und die Politikwissenschaft?

2. Inwiefern werden Probleme „politisch und durch Politik ... auch allererst erzeugt und verstärkt"? Nennen Sie Beispiele!

Problematisierungsfragen

1. Greven definiert „Politikwissenschaft als historische Sozialwissenschaft" – problematisieren Sie dies.

2. Diskutieren Sie die These Grevens, dass „im mainstream der heutigen Policy-Forschung ... die sozialtechnologische Ideologie eines politischen Expertentums der Berufspolitiker ... reproduziert wird".

3. Diskutieren Sie den von Greven postulierten "letztlich unüberbrückbaren Gegensatz zwischen den ... contrafaktischen Annahmen zahlreicher Policy-Theorien und den Politics of Policies in der realen Welt der Politik".

Perspektiven der Politikfeldanalyse zwischen Grundlagen und Anwendungen, Szientismus und Kritik

Nils C. Bandelow und Klaus Schubert

1 Einleitung

Die in diesem Lehrbuch vorgelegte Darstellung und Reflektion der wichtigsten Ansätze, Methoden und Anwendungsfelder der Politikfeldanalyse spiegelt die große Heterogenität des Faches wider. Diese Heterogenität ist teilweise schon in der Geschichte der Politikfeldanalyse angelegt (von Beyme und Schubert in diesem Band). Bereits die Ursprünge der Policy Science verbinden (schon begrifflich) die Idee einer naturwissenschaftlichen, also „szientistischen" Politikwissenschaft mit der Vorstellung einer praktisch anwendbaren und damit in die Zukunft gerichteten Beratung.

Mit dem Begriff der Policy Analysis wurde im Englischen eine Abgrenzungsmöglichkeit zwischen verschiedenen Perspektiven geschaffen, die aber nicht einheitlich genutzt wird. Aufgrund des Wortstamms ist es naheliegend, szientistische Forschung zur theoretischen Herleitung und empirischen Prüfung zwischen Gesetzmäßigkeiten bei der Politikproduktion als Policy Science zu bezeichnen. Mitunter wird dabei der Begriff auf quantitative Methoden begrenzt. Policy Analysis wird allerdings nur von wenigen Autoren als Gegenbegriff dazu genutzt und etwa auf qualitative Methoden beschränkt. Daher ist eine allgemein anerkannte Gegenüberstellung der heutigen Verwendung der beiden englischen Begriffe nicht möglich.

Die deutschen Begriffe Politikfeldanalyse und Policy-Analyse werden üblicherweise deckungsgleich verwendet. Sie verzichten gleichermaßen auf begriffliche Positionierungen – anders als etwa die französischen Konzepte „Sociologie Politique" und „Action Publique" (Hassenteufel 2008), in denen die angelsächsische Begriffstrennung verbunden mit der speziellen französischen Perspektive aufgenommen wird. Politikfeldanalyse kann, wie die Beiträge des Bandes gezeigt haben, als Teil der szientistischen Politikwissenschaft mit einem speziellen Gegenstandsbereich aufgefasst werden (etwa bei Schneider, Obinger, Kritzinger/Michalowitz und van Waarden in diesem Band). Sie steht aber gleichermaßen auch für andere ontologische, epistemologische und normative Positionen. Diese können von einem technokratischen Politikverständnis bis zu konstruktivistischen und diskursanalytischen Positionen reichen (Bandelow, Wewer, Saretzki und Greven in diesem Band).

Die Perspektiven unterscheiden sich nicht nur im Hinblick auf das Wissenschaftsverständnis, sondern auch durch den Grad des jeweils explizit oder implizit vermittelten Anspruchs, mit der die Analyse auch auf praktische Politik wirken zu wollen. Dabei finden sich alle denkbaren Positionen: Von einem explizit demokratietheoretisch und praxisorientierten Anspruch (Schubert und Saretzki in diesem Band) über rein akademisch orientierte Perspektiven (Schneider, Obinger, Kritzinger/Michalowitz, van Waarden in diesem Band) bis zur Kritik an dem Versuch zur Verwissenschaftlichung von Politik (Greven in diesem Band). Andere Beiträge nehmen entweder eine Zwischenstellung ein (Rüb in diesem Band) oder stellen Ansätze mit unterschiedlichen Ansprüchen vor (Bandelow in diesem Band).

Angesichts der Vielfalt der Perspektiven stellt sich die Frage, was aus der Lektüre des Lehrbuchs für die eigene Arbeit gelernt werden kann. Gibt es so etwas wie „gute" Politikfeldanalyse? Was sind die Kriterien dafür? Stehen sich die unterschiedlichen Perspektiven auch in der praktischen Arbeit so unversöhnlich gegenüber, wie es die abstrakten Darstellungen teilweise vermitteln?

Mit diesem abschließenden Ausblick wollen wir die Beiträge des Bandes unter dieser Fragestellung reflektieren und vor dem Hintergrund der vorliegenden Erfahrungen grundlagenorientierter und angewandter Politikfeldanalyse mögliche Kriterien dafür formulieren, was gute Politikfeldanalyse ausmacht. Dazu werden im Folgenden zunächst die unterschiedlichen Perspektiven gegenübergestellt. Es wird gezeigt, dass sich nicht nur szientistische und kritische Politikfeldanalyse einerseits, sowie grundlagenorientierten und angewandte Politikfeldanalyse andererseits unterscheiden. Auch innerhalb der jeweiligen Perspektiven gibt es jeweils mehrere Interpretationsmöglichkeiten.

Dennoch ist die Politikfeldanalyse nicht in jeder Hinsicht so fragmentiert, wie es die abstrakte Gegenüberstellung der Perspektiven vermuten lässt. In unserem einleitenden Beitrag hatten wir bereits zu zeigen versucht, dass Theorie und Praxis keineswegs in einem Antagonismus zueinander stehen, sondern miteinander verbunden sind (Schubert/Bandelow in diesem Band). Auch die gegensätzlich scheinenden Empfehlungen der szientistischen und kritischen Politikfeldanalyse fließen ineinander und lassen übergreifende Empfehlungen zu, wie abschließend gezeigt wird.

2   Ziele der Politikfeldanalyse

Versuche, Kriterien für „gute" Politikfeldanalyse festzulegen, orientieren sich oft an der zu verwendenden Methode und Vorgehensweise. Dabei werden wünschenswerte Aspekte betont: Das politische Problem soll in all seinen Facetten analysiert werden, die Lösungsmöglichkeiten umfassend bewertet werden, die politischen Rahmenbedingungen bedacht und die Kräfteverhältnisse zwischen den Akteuren berücksichtigt werden (Friedman 2002: 12). Neben der Methode werden gleichermaßen die Wirkungen der Politikfeldanalyse als Gütekriterium genutzt. So soll sie etwa zur Verteilungsgerechtigkeit beitragen (Friedman 2002: 8). Der mögliche Zusammenhang zwischen Erkenntnismethode und politischer Wirkung ist nicht direkt ersichtlich. Daher ist es notwendig, die Anforderungen zunächst zu konkretisieren.

Grundlage jeder guten Wissenschaft sind klare Begriffe und Konzepte. Die Politikfeldanalyse hat sich zur Entwicklung von Basiskonzepten verschiedener Grundlagen nicht nur aus der Politikwissenschaft bedient. So entspricht etwa die Phasenheuristik Vorstellungen, die unter anderem auch in der Verwaltungswissenschaft und in der Fachdidaktik gebräuchlich sind (Jann/Wegrich in diesem Band). Die neuere Governancedebatte greift auf unter anderem auf Grundlagen der Institutionenökonomie zurück (Braun/Giraud in diesem Band). Die Idealtypen der Entscheidungsfindung und Konfliktlösung entstammen dem Kernbereich der Politikwissenschaft und spielen nicht nur für die Politikfeldanalyse eine zentrale Rolle (Eberlein/Grand in diesem Band). Lediglich die Spezifizierung des Verhältnisses von Policy und Politics verweist auf eine Debatte, die ihre unmittelbaren Wurzeln in der Politikfeldanalyse selbst hat (Heinelt in diesem Band).

Über klare Begriffe und Konzepte hinaus sind die konkreten Kriterien weitaus schwerer festzulegen. Wie erkennt man also gute Politikfeldanalyse? Bedeutet eine umfassende Berücksichtigung aller Interessen etwa die Verwendung besonders gesicherter Methoden (wie die Beiträge von Schneider, Obinger und Kritzinger/Michalowitz in diesem Band implizieren)? Oder muss Politikfeldanalyse auch und vor allem im Hinblick auf ihre politischen Wirkungen angelegt sein und ihre eigene politische Rolle kritisch reflektieren, wie Wewer, Saretzki und Greven in diesem Band aus unterschiedlichen Perspektiven fordern?

Ein Vergleich der verschiedenen Perspektiven der aktuellen Politikfeldanalyse deutet darauf hin, dass die Unterschiede zwei Ebenen betreffen, die nicht deckungsgleich sind (Hegelich 2009; Übersicht 1). Die erste Unterscheidung ist nicht spezifisch für die Politikfeldanalyse, sondern greift einen Konflikt auf, der alle Wissenschaften mehr oder weniger stark prägt. Dabei geht es um die Frage, ob Wissenschaft objektive Erkenntnisse produzieren kann und soll. Aus szientistischer Sicht ist es das Ziel guter Wissenschaft, die reale Welt möglichst umfassend, einfach, klar und „richtig" zu erklären (Übersicht 1, Feld 1). Im akademischen Umfeld bedeutet dies, dass Wenn-Dann-Aussagen mit möglichst hohem Informationsgehalt idealerweise deduktiv hergeleitet und dann empirisch geprüft werden. Konkret heißt dies für die Identifikation guter Wissenschaft, dass diese sich an bewährte Regeln des Erkenntnisgewinns zu halten hat. Die methodisch orientierten Beiträge dieses Lehrbuchs beschreiben und begründen die wichtigsten dieser Regeln. Gemeinsam ist den Regeln, dass sie auf interpersonale Nachvollziehbarkeit (Reliabilität) und Transparenz des Erkenntnisprozesses und vor allem auf Validität, also „Gültigkeit" der Methoden und Ergebnisse zielen.

Übersicht 1: Ziele und Kriterien guter Politikfeldanalyse

	szientistisch	kritisch
akademisch	**1** *Ziel*: empirisch gestützte Erkenntnisse über kausale Zusammenhänge *Kriterium*: Verwendung von Methoden, die in der Wissenschaftsgemeinschaft anerkannt sind	**2** *Ziel*: Verständnis politischer Entscheidungsprozesse *Kriterium*: Anerkennung der vorgeschlagenen Interpretationen durch die Wissenschaftsgemeinschaft
anwendungsbezogen	**3** *Ziel*: Entwicklung erfolgreicher politischer Programme und Strategien *Kriterium*: Bewährung der Lösungen in der politischen Praxis	**4** *Ziel*: kritische Reflektion der politischen Praxis durch politische Akteure *Kriterium*: Anerkennung der vorgeschlagenen Interpretationen in der politischen Kommunikation

Quelle: eigene Darstellung

Innerhalb des szientistischen Paradigmas sind unterschiedliche Teilperspektiven möglich. So ließe sich „gute" Wissenschaft etwa (primär) über einen großen Informationsgehalt der Thesen definieren. Alternativ wäre das Kriterium der empirischen Solidität der Belege denkbar. Auch Anforderungen an die Innovationskraft der Methoden oder Ergebnisse liegen in dieser Perspektive. In der Regel finden sich die genannten Kriterien bei jeder szientistischen Forschung. Sie können aber untereinander verschieden gewichtet werden. So sind dieser Sichtweise gleichermaßen spekulative und innovative sowie bisher nicht widerlegte Thesen zuzuordnen; bspw. aber auch Arbeiten, die zusätzliche empirische Evidenz für bekannte Thesen liefern.

Kritische Wissenschaft zeichnet sich durch Kritik an den Voraussetzungen der szientistischen Perspektive aus (Übersicht 1, Feld 2). In der radikalsten, konstruktivistischen Fassung lehnt sie die Vorstellung einer objektiven Wahrheit grundsätzlich ab. Als kritisch sollen hier aber auch weniger radikale Perspektiven gefasst werden, die etwa „nur" die Anwendbarkeit der Vorstellung von gesetzmäßigen, kausalen Zusammenhängen zwischen Variablen in der Politikfeldanalyse kritisieren. Diese Kritik kann allgemein die Anwendung des Kausalitätsmodells auf Variablen betreffen, oder speziell für den Bereich der Kulturwissenschaften bzw. des Politischen darauf verweisen, dass die zu erklärenden Ergebnisse von Menschen geprägt werden und diese subjektiven Intentionen und keinen allgemeinen Regeln folgen. Kritische Politikfeldanalyse geht somit nicht davon aus, dass es Gesetze der wirklichen Welt gibt, die durch die Wissenschaft zu entdecken sind (Lincoln/Guba 1985:129-159, Schubert 2003: 57ff.).

Vor diesem Hintergrund ist es schwierig, intersubjektiv zuverlässige Regeln des Erkenntnisgewinns zu formulieren. Wissenschaft lässt sich aus einer kritischen Sicht nicht mehr über die Validität der Methoden definieren. Sie ist vielmehr ein soziales Kommunikationssystem, das auf sich selbst bezogen ist. Gute Wissenschaft verfolgt dabei das Ziel, in der wissenschaftlichen Kommunikation wahrgenommen zu werden, indem sie den Regeln dieser Kommunikation folgt. Sie lässt sich dann nicht über die Wahrheitsfindung identifizieren, sondern über die Stellung im wissenschaftlichen Diskurs. Gute Wissenschaft kann dann etwa daran etwa erkannt werden, dass sie den wissenschaftlichen Diskurs entscheidend prägt.

Auch innerhalb des kritischen Paradigmas lassen sich mehrere Teilperspektiven identifizieren. Diese orientieren sich daran, wie jeweils der wissenschaftliche Diskurs abgegrenzt wird. Ist Wissenschaft jede Kommunikation, die sich am Code der „Wahrheit" orientiert? Oder wird unter Wissenschaft jede Kommunikation verstanden, an der Akteure beteiligt sind, die Wissenschaft als Beruf betreiben? Möglich wäre es auch, inhaltlich (qualitative) Voraussetzungen zu formulieren, bevor etwas als „Wissenschaft" anerkannt wird. Einen relativ offenen und breiten Zugang bieten hier neuerdings Internetdienste, welche die immer umfassendere Digitalisierung der schriftlichen wissenschaftlichen Kommunikation nutzen. Ein Bespiel ist die Ende 2004 vorgestellte und seitdem schrittweise erweiterte Suchmaschine Google Scholar (http://scholar.google.com/ oder http://scholar.google.de/). Sie nimmt relativ umfassend die wissenschaftliche Literatur auf und gibt nicht nur die Häufigkeit der Zitierung an, sondern ermöglicht zunehmend auch die qualitative Einsichtnahme in die konkreten Verweise. Google Scholar macht somit qualitativ und quantitativ die Stellung einzelner Arbeiten oder bestimmter Forscher in ihrer Community sichtbar.

Älter und bisher noch anerkannter sind spezielle Kataloge zur Erfassung eines gezielt selektierten Teils der wissenschaftlichen Kommunikation. Vor allem an süddeutschen Universitäten und großen Teilen der angelsächsischen Wissenschaft wird etwa das Web of Science (http://scientific.thomsonreuters.com/products/wos/) des nordamerikanisch-britischen Medienkonzerns Thomson Reuters mit seinen fachspezifischen Zitationsindizes als zentraler Maßstab anerkannt. In der Politikwissenschaft dient entsprechend der Social Science Citation Index (SSCI; http://scientific.thomsonreuters.com/products/ssci/) als Kriterium (teilweise ersetzt durch die billigere Datenbank Scopus der niederländischen Verlagsgruppe Elsevier; www.scopus.com). Der Index bezieht sich auf eine Auswahl von meist englischsprachigen Fachzeitschriften, die bestimmte Kriterien erfüllen müssen. Werte für die Zeitschriften, für einzelne Beiträge oder für Autoren lassen sich über die Häufigkeit der Zitierungen innerhalb der aufgenommenen Zeitschriften ermitteln.

Anders als Google Scholar setzt der SSCI grundsätzlich eine formalisierte Qualitätskontrolle voraus, da nur Journals berücksichtigt werden, die ein anonymes Gutachterverfahren bei der Entscheidung über die Annahme von Beiträgen verwenden. Dieses Gutachterverfahren stammt aus den Naturwissenschaften und orientiert sich entsprechend zumindest grundsätzlich am szientistischen Paradigma, indem methodische Kriterien fast immer eine zentrale Rolle spielen. Insofern stellt der SSCI eine Kombination von Kriterien szientistischer und kritischer Perspektiven dar. Er hat dadurch allerdings auch den Nachteil, nur die Schnittmenge dessen zu erfassen, was als „Wissenschaft" anerkannt wird: Aufgenommen werden nur Studien, die als „wahr" anerkannt wurden und in dem Diskurs an herausgehobener Stelle sichtbar sind.

Aus kritischer Sicht ist der SSCI als Kriterium problematisch, wenn Literatur mit großer Bedeutung für den Diskurs (etwa Fachbücher, die sich als Standardwerke etabliert haben) nicht berücksichtigt wird. Auch einer radikalen szientistischen Sicht entspricht der SSCI nicht vollständig, da auch Zeitschriften mit normativer und konstruktivistischer Ausrichtung vertreten sind und die Aufnahme von Beiträgen in die erfassten Zeitschriften von thematischen Ausrichtungen abhängig sein kann. Hinzu kommt, dass der Messwert der Zitationshäufigkeit nicht notwendigerweise einen Bezug zur Qualität des Beitrags selbst hat.

Eine Besonderheit der Politikfeldanalyse stellt die Nähe zur politischen Praxis dar. Daraus ergeben sich für beide wissenschaftlichen Paradigmen weitere Perspektiven. Aus szientistischer Sicht ist die Herausforderung der Praxis zunächst besonders groß (Übersicht 1, Feld 3). Der szientistische Anspruch an objektiven Erkenntnisgewinn ist klassischerweise verbunden mit der Forderung nach einer Trennung zwischen Begründungszusammenhang einerseits und Entstehungs- sowie Verwertungszusammenhang von Wissenschaft andererseits. Szientistische Methoden sind zeitlich retrospektiv und folgen daher einer anderen Logik als die Politikgestaltung (Schubert 2003). In der Politikfeldanalyse wird allerdings dennoch keine Unvereinbarkeit von Theorie und Praxis angenommen. Vielmehr können die Erkenntnisse über kausale Zusammenhänge eine nützliche Grundlage für die politische Praxis sein (Bandelow/Widmaier 2000).

In der Praxis steht allerdings nicht die Erklärung, sondern die Wirkung von Politik im Mittelpunkt. Maßstab erfolgreicher Politik ist, dass sie ihre Ziele erreicht. Es geht also nicht etwa darum zu erklären, warum die Arbeitslosigkeit hoch ist. Vielmehr müssen Instrumente benannt werden, um die die Arbeitslosigkeit zu senken. Es tritt also eine „Um-zu-Logik" an die Stelle der kausalen (Wenn-dann-) Logik (vgl. auch Schubert 1995: 239)

Auch der Anwendungsbezug muss aber die Grundlagen des szientistischen Wirklichkeitsverständnisses nicht sprengen. So lässt sich auch gute Politikberatung am Kriterium von Wahrheit messen. Wahrheit meint dann nicht die Richtigkeit der Erklärung, sondern den Erfolg der Maßnahme. Ziel guter Politikfeldanalyse ist es also dafür zu sorgen, dass vorgegebene Ziele erreicht werden. Dabei steht der Forscher vor dem Problem des Konfliktes zwischen wissenschaftlicher „Wahrheit" und politischen Machtverhältnissen. Der Forscher muss aber an der Umsetzung seiner Vorschläge interessiert sein, da sich der Wahrheitsanspruch nicht aus der Theorie sondern aus der Verwirklichung der Ziele ergibt – mit anderen Worten, daraus, was sich von dem Vorhaben „bewahrheiten" lässt (vgl. Schubert 2003). Die Hypothesen dieser Perspektive sind die realen politischen Entscheidungen, deren Annahmen durch die Politikergebnisse bestätigt oder widerlegt werden können (Wildavsky 1979: 16, siehe auch Wewer in diesem Band).

Die Teilperspektiven innerhalb dieses Feldes sind von den jeweiligen Zielen abhängig. Geht es darum, vorgegebene Einzelziele effektiv zu verwirklichen? Oder soll ein besonders hohes Maß an Effizienz zwischen Aufwand und Zielerreichung erreicht werden? Bei inhaltlichen Zielen handelt es sich um eine problemorientierte Policy-Analyse. Politikwissenschaftliche

Expertise spielt aber auch und vor allem dann eine Rolle, wenn nicht inhaltliche Instrumente zur Zielerreichung, sondern politische Wege zur Durch- und Umsetzung von Maßnahmen gefunden werden sollen. Konkret lässt sich zudem unterscheiden, ob Ziele als Politikergebnisse (Output) oder als Auswirkungen (Outcome) definiert werden (Jann/Wegrich in diesem Band). Andererseits kann eine szientistisch geprägte, und anwendungsorientiert ausgerichtete Policy-Forschung auch Beiträge zur Suche nach Win-Win-Lösungen und Super-Optimum-Solutions erfassen (Bandelow in diesem Band).

Um dies exemplarisch zu verdeutlichen: Eine anwendungsorientierte szientistische Studie kann etwa zu dem Ergebnis kommen, dass eine konkrete Arbeitsmarktreform in einem bestimmten Zeitfenster – etwa kurz nach einer Bundestagswahl – durchsetzbar ist. Wenn dieser Ratschlag dann erfolgreich umgesetzt wird, entspricht der Output, also etwa das verabschiedete Gesetz, den vorgegebenen Zielen. Die Studie hat dann „richtig" gelegen. Eine andere Studie könnte dagegen das Ziel verfolgen, Maßnahmen zur Senkung der Jugendarbeitslosigkeit zu entwickeln. Der Erfolg würde sich dann an den Auswirkungen politischer Programme (Outcome) – in diesem Fall etwa den Zahlen der Arbeitslosenstatistiken – messen lassen.

Win-Win-Lösungen werden oft bei scheinbar gegensätzlichen Zielen angestrebt. Klassisch ist hier der mögliche Konflikt zwischen einer Wirtschaftspolitik, die primär Arbeitslosigkeit bekämpfen will und einer Wirtschaftspolitik, die primär auf Inflationsbekämpfung ausgerichtet ist. Win-Win-Lösungen wären Maßnahmen, mit denen sich derartige Zielkonflikte versöhnen lassen könnten. In dem Beispiel beansprucht dies etwa der Vorschlag, Investitionsprogramme auf Bildung und Ausbildung zu konzentrieren.

Der kritischen Perspektive scheint die Anwendungsorientierung zunächst näher zu stehen als der szientistischen Sicht. Das Kriterium einer zentralen Rolle für in der Kommunikation lässt sich leicht von der wissenschaftlichen auf die politische Kommunikation übertragen (Übersicht 1, Feld 4). Gute Politikfeldanalyse ist aus dieser Sicht daran zu erkennen, dass sie von den politischen Akteuren aufgegriffen wird. Hierzu sind andere Medien zu nutzen als für den Fachdiskurs: Politikfeldanalytiker können beispielsweise über Tageszeitungen, politische Talkshows oder auch Expertengremien Politik und Politiker beeinflussen. Wissenschaftliche Plattformen erreichen dagegen nur selten kurzfristige Sichtbarkeit für politische Akteure.

Die Binnendifferenzierung dieser Perspektive hängt von der jeweils adressierten politischen Teilgemeinschaft ab. Politikfeldanalyse kann etwa auf unterschiedlichen Ebenen bestrebt sein, Relevanz zu erlangen. Dafür sind verschiedene Strategien notwendig: Politik in Regionen verläuft nach anderen Regeln als Politik auf Bundesebene. Je nach Zielgruppe kann eine direkte Adressierung der Öffentlichkeit eine nützliche oder schädliche Strategie zur Gewinnung politischer Bedeutung durch den Forscher sein.

Zudem ist die kritische Politikfeldanalyse nicht auf eine herausgehobene Stellung im politischen Diskurs als Selbstzweck ausgerichtet, sondern verfolgt darüber hinaus inhaltliche Ziele. Diese können sich aus der Forschung selbst ergeben oder extern vorgegeben sein, indem etwa die Interessen oder Normen der Forscher und/oder ihrer Auftraggeber vorausgesetzt werden.

Keines der Kriterien der hier unterschiedenen vier Perspektiven kann allein einen überzeugenden Maßstab zur Bewertung guter Politikfeldanalyse bieten. Überraschend ist, dass die theoretisch nur schlecht zu vereinbarenden Kriterien in der Praxis durchaus zu ähnlichen Maßstäben führen können – etwa zu einer Verwendung von Zitierindizes bei der Beurteilung von wissenschaftlichen Arbeiten. Zu beachten ist weiterhin, dass wissenschaftliche und politische Kommunikation vor allem durch das Internet einer rasanten Veränderung unterworfen ist. Die vorher stärker abgeschotteten Kommunikationssysteme sind zunehmend füreinander einsehbar. Neue webbasierte Instrumente bieten immer umfassendere Möglichkeiten, um Informationen zu finden und zu bewerten. Sie erfordern dadurch ständig neue Selektionsmechanismen, um die als relevant akzeptierten Informationen von irrelevanten Informationen zu trennen. Vor diesem Hintergrund ist die Politikfeldanalyse eine äußerst dynamische Disziplin, die nicht nur kontinuierlich neue Ergebnisse hervorbringt, sondern auch ihre eigenen Regeln ständig weiterentwickelt.

3   Ausblick

Wie bei der Politikfeldanalyse selbst so hängt auch die Reflektion über die Politikfeldanalyse vom Wissenschaftsverständnis des Betrachters ab. Die hier vorgeschlagenen Kriterien wurden so formuliert, dass sie möglichst offen für die verschiedenen Perspektiven sind, indem das Verhältnis zwischen den vier Feldern der Übersicht 1 nicht festlegt wurde. Die Typologie lässt sich – je nach eigener Perspektive – unterschiedlich interpretieren. Anhänger eines szientistischen Paradigmas würden fordern, die Unterscheidung als Kategorien zu begreifen und mit klaren Operationalisierungen trennscharf messbar zu machen. Dann ließe sich etwa die Bedeutung der unterschiedlichen Perspektiven für die aktuelle Politikfeldanalyse empirisch vergleichen.

Aus verstehender Sicht würden die Kriterien dagegen als Idealtypen gesehen. Um die tatsächlichen Ziele von einzelnen Studien verstehen zu können, müsste der jeweilige subjektiv gemeinte Sinn der Akteure – hier also der Forscher – erkannt werden. Die Idealtypen würden dafür Unterscheidungen liefern.

Politikfeldanalyse ist als Disziplin nicht entweder praktisch oder theoretisch orientiert, sie ist nicht entweder szientistisch oder kritisch. In der Praxis spielen vielmehr auch theoretische Bezüge immer eine zentrale Rolle, der Abstraktionsgrad eines Arguments ist zudem nicht identisch mit der logischen Stringenz (Schubert/Bandelow in diesem Band). Gleichzeitig nutzen auch kritische Politikfeldanalysen oft szientistische Argumentationsmuster und Heuristiken. Der Verweis auf Daten kann etwa dazu beitragen, die eigene Bedeutung im Diskurs zu erhöhen. Szientistische Arbeiten wiederum sind faktisch nicht allein an der reinen Wahrheitssuche interessiert, sondern stets auch bemüht, die eigenen Ergebnisse sichtbar zu machen und in den Diskurs einzubringen.

Die aktuelle und zukünftige Entwicklung der Policy-Analyse ist daher weniger von den abstrakten ontologischen und epistemologischen Konflikten geprägt. Eine größere Bedeutung hat die institutionelle Einbettung des Faches. Anders als etwa in den USA war die deutsche

Policy-Analyse zunächst überwiegend universitär verankert. Sie hat sich von den Anforderungen der Politik daher stärker gelöst als etwa in den USA. Dies hatte sich aus verschiedenen Gründen in den letzten Jahren verändert: So hat der Wandel in den Hochschulen selbst einen starken Veränderungsdruck nicht nur auf die Politikfeldanalyse ausgelöst. Universitäten sind unter verstärkte Rechtfertigungszwänge geraten. Einzelne Forscher müssen über etwa über die Einwerbung von Drittmitteln den Anwendungsnutzen ihrer Arbeiten konkret belegen. Grundlage ist unter anderem die Einführung des Neuen Steuerungsmodells, an der auch die Politikfeldanalyse selbst wiederum beteiligt ist (Wollmann in diesem Band)

Zudem hat sich die institutionelle Einbettung der Policy-Analyse in Deutschland pluralisiert. Die Politikfeldanalyse ist auch in der Politikberatung zunehmend in Konkurrenz zu hier bereits etablierten Disziplinen getreten. Vor allem das Verhältnis zur Verwaltungswissenschaft ist dabei nicht nur von Konkurrenz geprägt, sondern von einem zunehmenden Austausch zwischen beiden Perspektiven. Dagegen steht die deutsche Politikfeldanalyse oft noch in Konkurrenz zur Rechtswissenschaft oder zur Ökonomie, da diese Disziplinen sich in ihrem Mainstream an Paradigmen orientieren, die mit der heute zunehmend geforderten interdisziplinären Sichtweise nicht immer vereinbar sind.

Wissenschaftliches Wissen als theoretisches und – im Idealfall – experimentell gestütztes disziplinäres Wissen entspricht als sogenanntes „Mode 1"-Wissen nicht den kurzfristigen Anforderungen der angrenzenden gesellschaftlichen Teilsysteme. Von wachsender wirtschaftlicher und gesellschaftlicher Bedeutung ist das „Mode 2"-Wissen, das sich durch Transdisziplinarität und Anwendungsorientierung auszeichnet (Gibbons et al. 1994).

Trotz dieser verstärkten Anwendungsorientierung nimmt die szientistische Grundlegung der akademischen Policy-Analyse in Deutschland nicht ab, sondern zu. Die akademische Politikfeldanalyse strebt nicht danach, praktische Anwendbarkeit über methodische Beliebigkeit zu erkaufen. Dies gilt aber nicht immer für diejenigen Arbeiten, die nicht von universitätseigenen Ressourcen finanziert werden. So fragen viele Drittmittelgeber Beratungstätigkeiten nach, die nur eine begrenzte theoretische und methodische Fundierung erfordern. Auch begrifflich unterscheiden sich anwendungsbezogene Forschung und akademischer Diskurs oft. Während im akademischen Diskurs eine maximale Präzision von Begriffen angestrebt wird, übernimmt die anwendungsorientierte Forschung oft politische Konzepte. Dies lässt sich beispielsweise an dem eher akademisch geprägten Diskurs über Verbände in der Politikproduktion beobachten, die in der Politikberatung mit den eher normativ geprägten und analytisch weniger präzisen Begriffen Zivilgesellschaft oder Bürgergesellschaft geführt werden. Teilweise werden auch gleiche Begriffe mit unterschiedlichen Bedeutungen verwendet, wie etwa an dem Beispiel politisches Lernen von Bandelow in diesem Band beschrieben wird.

Verschiedene handwerkliche Empfehlungen für gute politikfeldanalytische Arbeit können unabhängig von der jeweiligen Perspektive gegeben werden und sollten auch dann beachtet werden, wenn dies von Auftraggebern nicht direkt gefordert wird (Morgan/Henrion 2000: 37; Nørgaard 2007: 7-9). Transparenz und Nachvollziehbarkeit stehen dabei im Vordergrund: Neben einer klaren und möglichst eng gefassten Fragestellung und präzisen Begriffen sind umfassende Kenntnisse der Fachdebatte, geeigneter theoretischer Ansätze und der jeweiligen Besonderheiten Politikfelds wünschenswert. Die Auswahl der theoretischen Bezüge sollte so einfach und gleichzeitig so umfassend wie möglich und dem Gegenstand angemessen sein. Die eigenen Normen, subjektiven Entscheidungen und mögliche Alternativen sollten expliziert werden. Jeder Schritt der Vorgehensweise ist möglichst detailliert zu dokumentieren. Bei allen Schlussfolgerungen ist zu beachten, wie tragfähig die jeweiligen Begründungen sind, welche von der Analyse geliefert werden.

Der wichtigste Ratschlag bleibt aber in jedem Fall, die eigene Arbeit mit möglichst vielen Experten zu diskutieren. Diese Experten können Praktiker sein, sollten aber immer auch Kollegen mit anderen Sichtweisen umfassen. Die kritische und gleichzeitig konstruktive Kommunikation von Forschungsansätzen und Ergebnissen ist der beste Weg, um die Vielfalt der Perspektiven zu einer produktiven Weiterentwicklung zu nutzen. Wir hoffen, mit dem vorliegenden Lehrbuch einen Beitrag zu dieser übergreifenden Debatte leisten zu können.

4 Literatur

Bandelow, Nils/Widmaier, Ulrich, 2000: Ungenutzte Optionen – Perspektiven aktiver Politikgestaltung für deutsche Akteure, in: Knodt, Michèle/Kohler-Koch, Beate (Hrsg.): Deutschland zwischen Europäisierung und Selbstbehauptung (Mannheimer Jahrbuch für Europäische Sozialforschung, Band 5). Frankfurt a. M./New York, 411-436.

Friedman, Lee S., 2002: The Microeconomics of Public Policy Analysis. Princeton.

Gibbons, Michael/Limoges, Camille/Nowotny, Helga/Schwartzman, Simon/Scott, Peter/Trow, Martin, 1994: The New Production of Knowledge. Los Angeles et al.

Hassenteufel, Patrick, 2008: Sociologie Politique: L'Action Publique. Paris.

Hegelich, Simon, 2009: Policy Analysis – State of the Art, Vortrag bei der Masters Spring Academy/German Policy Studies Conference. 2.-4. April 2008. Münster. Druckfassung in PoliThesis: Veröffentlichungen des Instituts für Politikwissenschaft und der Graduate School of Politics. Münster.

Lincoln, Yvonna S./Guba, Egon G., 1985: Naturalistic Inquiry. Beverly Hills.

Morgan, M. Granger/Henrion, Max, 1990: Uncertainty. A Guide to Dealing with Uncerteinty in Quantitative Risk and Policy Analysis. Cambridge.

Schubert, Klaus, 1995: Struktur-, Akteur- und Innovationslogik: Netzwerkkonzeptionen und die Analyse von Politikfeldern, in: Jansen, Dorothea/Schubert, Klaus (Hrsg.): Netzwerke und Politikproduktion – Konzepte, Methoden, Perspektiven, Marburg, 222-240.

Schubert, Klaus, 2003: Innovation und Ordnung. Grundlagen einer pragmatistischen Theorie der Politik. Münster.

Nørgaard, Asbjørn, 2007: Polical Science: Witchcraft or Craftsmanschip? Standards for Good Research, in: World Political Science Review 4/1, article 5: 1-28.

Wildavsky, Aaron, 1979: Speaking Truth to Power. The Art and Craft of Policy Analysis. Boston.

Verständnisfragen

1. Was versteht der Beitrag jeweils unter „Grundlagen", „Anwendungen", „Szientismus" und „Kritik"?

2. Worin unterscheiden sich der „Social Science Citation Index" und „Google Scholar"?

Transferfragen

1. Bewerten Sie die Beiträge des Lehrbuchs auf Grundlage der in Übersicht 1 vorgeschlagenen Typologie.

2. Wenden Sie die in dem Beitrag vorgeschlagene Typologie auf ausgewählte Politikfeldanalysen an.

Problematisierungsfragen

1. Gibt es eine „kritische" Politikfeldanalyse im Verständnis des Beitrags? Können also etwa verstehende Perspektiven und konstruktivistische Ansätze unter dieser Bezeichnung zusammengefasst werden?

2. Lässt sich der Beitrag selbst anhand der hier vorgeschlagenen Kriterien einordnen und bewerten?